Der Widerstand Kardinal Merciers gegen die deutsche Besetzung Belgiens 1914-1918

Europäische Hochschulschriften

Publications Universitaires Européennes
European University Studies

Reihe III

Geschichte und ihre Hilfswissenschaften

Série III   Series III

Histoire, sciences auxiliaires de l'histoire
History and Allied Studies

Bd./Vol.176

PETER LANG
Frankfurt am Main · Bern

Ilse Meseberg-Haubold

Der Widerstand Kardinal Merciers gegen die deutsche Besetzung Belgiens 1914-1918

Ein Beitrag zur politischen Rolle des Katholizimus im ersten Weltkrieg

PETER LANG
Frankfurt am Main · Bern

CIP-Kurztiteiaufnahme der Deutschen Bibliothek

Meseberg-Haubold, Ilse:

Der Widerstand Kardinal Merciers gegen die deutsche Besetzung Belgiens 1914 - 1918 [neunzehnhundert= vierzehn bis neunzehnhundertachtzehn] : e. Beitr. zur polit. Rolle d. Katholizismus im 1. Welt= krieg / Ilse Meseberg-Haubold. - Frankfurt am Main ; Bern : Lang, 1982.

(Europäische Hochschulschriften : Reihe 3, Geschichte u. ihre Hilfswiss. ; Bd. 176)

ISBN 3-8204-6257-0

NE: Europäische Hochschulschriften / 03

D 30

ISSN 0531-7320

ISBN 3-8204-6257-0

Druck und Bindung: fotokop wilhelm weihert KG, darmstadt

Dem Andenken meines Vaters
Vinzenz Meseberg

meinem Mann
Karl Haubold

INHALTSVERZEICHNIS

VORWORT

Der Erzbischof von Mecheln Kardinal Mercier war im ersten Weltkrieg die Seele des Widerstands des besetzten Belgiens gegen die deutsche Okkupationsherrschaft. Eine neun Bände umfassende Akte des Auswärtigen Amtes dokumentiert, welche Schwierigkeiten er den deutschen Behörden in Brüssel und Berlin bereitete, welche Anstrengungen sie unternahmen, seinen Widerstand zu brechen und wie wenig ihnen dies gelang, obwohl sie doch vier Jahre hindurch das besetzte Belgien beherrschten.

Seine Hirtenbriefe während des Krieges hatten ihm nicht nur Verehrung und Anerkennung seiner belgischen Mitbürger eingetragen, weit über alle politischen, sozialen und konfessionellen Schranken hinaus, sie machten ihn auch bei den Verbündeten Belgiens und im Lager der Neutralen populär. Diese Popularität fand ihren Ausdruck in den zahllosen Ehrungen, die Mercier nach 1918 zuteil wurden. Für die deutsche Öffentlichkeit hingegen gehörte Mercier zu den bestgehaßten Repräsentanten der westlichen Welt, widersprach er doch mit seinen Hirtenbriefen nicht bloß den machtpolitischen Zielen der deutschen Okkupationspolitik in Belgien, sondern auch der von allen christlichen Konfessionen vehement vorgetragenen religiös-ideologischen Deutung des Krieges, wonach Deutschland mit seinem Verteidigungskampf gegen eine übermächtige feindliche Koalition auch die Werte des Christentums gegen westlichen Materialismus, Liberalismus und Individualismus verteidigte, eine Überzeugung, die in dem berühmten "Gott mit uns" ihre prägnante Kurzformel gefunden hatte. Mercier also widersprach dieser deutschen propagandistischen Selbstdarstellung mit jedem Wort und jedem Schritt seines bischöflichen Wirkens unter der deutschen Okkupationsherrschaft und wurde nun seinerseits für die westliche Welt zu einem Symbol dessen, was in ihrer Kriegsdeutung den Kern dieses Kampfes ausmachte - "la force du droit contre le droit de la force", wie es in einem beliebten Wortspiel jener Zeit hieß.

Die nationale Rolle Kardinal Merciers während des ersten Weltkriegs ist in Belgien bis zum heutigen Tag unvergessen, zahlreiche Städte und Gemeinden ehrten ihn mit der Benennung eines Platzes oder einer Straße nach seinem Namen, sie gehört zum Kernbestand des zeitgeschichtlichen Wissens der belgischen Bevölkerung, während im historischen Bewußtsein der Deutschen die Erinnerung an diesen hervorragenden Gegner im ersten Weltkrieg so gut wie ausgelöscht ist. Selbst in Fachkreisen ist der Name Merciers eher noch im Zusammenhang seiner theologisch-philosophischen Arbeit, als eines Mitbegründers der neuthomistischen Philosophie, oder seiner ökumenischen Initiativen in den zwanziger Jahren bekannt als durch seinen Widerstand gegen die deutsche Besetzung Belgiens im ersten Weltkrieg.

Im Bewußtsein der Belgier hat der erste Weltkrieg tiefere Spuren hinterlassen als der zweite Weltkrieg, wie ich in zahlreichen Gesprächen mit Belgiern aus beiden Volksgruppen, und durchaus nicht nur mit akademisch vorgebildeten, während meines mehrjährigen Aufenthalts in Belgien feststellen konnte. Wenn die vorliegende Untersuchung den Widerstand Kardinal Merciers gegen die deutsche Besetzung Belgiens im ersten Weltkrieg zum Thema nimmt, so handelt es sich dabei nicht nur um die Erhellung eines bestimmten Ausschnitts der Geschichte des ersten Weltkriegs, sondern auch um den Hinweis auf ein Geschehen, das seine Bedeutsamkeit für Belgien bis zum heutigen Tag nicht verloren hat und das von deutscher Seite wahrgenommen werden sollte, wenn die Beziehungen zwischen den Völkern auf eine dauerhafte, in wechselseitigem Kennen und Verstehen begründete Basis gestellt werden sollen.

In wissenschaftlich-historiographischer Hinsicht treffen in dem Thema des Widerstands Merciers gegen die deutsche Besetzung Belgiens mehrere Aspekte zusammen, von denen einige, durchaus nicht alle, in der vorliegenden Untersuchung behandelt werden sollen. Zunächst geht es dabei um einen Beitrag zur Geschichte der deutschen Besetzung Belgiens im ersten Weltkrieg und zur deutschen Belgienpolitik in diesem Zeitraum. Mercier betrachtete es als politische **und** als religiöse Aufgabe, als staatsbürgerliche **und** als bischöfliche Pflicht, den nationalbelgischen Standpunkt zum Kriegsausbruch, zu den Methoden der deutschen Kriegführung in den ersten Kriegswochen, zur Verwaltungspraxis der deutschen Behörden und zur Friedensfrage, nämlich dem Recht Belgiens auf Wiederherstellung seiner Unabhängigkeit und territorialen Integrität, dem deutschen Okkupanten und der Weltöffentlichkeit im Bewußtsein zu halten.

Die deutsche Belgienpolitik im ersten Weltkrieg zielte dagegen auf eine Einbeziehung Belgiens in den deutschen Machtbereich, womit der Konflikt mit Mercier zwangsläufig gegeben war, denn dieser Zielsetzung stand der Mechelner Kardinal als Repräsentant des belgischen Unabhängigkeitswillens im Wege. Im Gegensatz zwischen dem annexionistischen Hintergrund der deutschen Belgienpolitik und Merciers Beharren auf dem belgischen Recht auf Wiederherstellung liegt also der Kern des Konflikts, nicht in einer prinzipiellen Deutschfeindlichkeit des Kardinals oder in einem mangelnden Verständnis der preußisch-protestantisch geprägten Okkupationsverwaltung gegenüber der katholischen Kirche.

Die Tendenz der Kirchenpolitik des Generalgouverneurs, Mercier als Sprecher des belgischen Unabhängigkeitswillens auszuschalten, wurde nicht aufgehoben, aber modifiziert durch die von der Reichsleitung betonte und von den Generalgouverneuren nur widerwillig akzeptierte politische Leitlinie der Rücksichtnahme auf die Beziehungen des Reichs zum Vatikan, die eine gewaltsame Lösung des Konflikts um Mercier verboten. Ein zweiter Aspekt der Untersuchung besteht also in der Frage nach dem Gewicht dieser Beziehungen im Krieg und nach den Rückschlüssen, die die Haltung des Vatikans im Konflikt um Mercier auf die Neutralitätspolitik Benedikts XV. ermöglicht. Ein dritter Aspekt der Auseinandersetzung mit Mercier betrifft die Haltung des deutschen Katholizismus im ersten Weltkrieg. Der deutsche Katholizismus hat, wie aus anderen Veröffentlichungen bekannt ist, die annexionistische Grundtendenz der deutschen Belgienpolitik akzeptiert und mit eigenen Beiträgen aktiv gefördert. Weniger bekannt ist, daß er die in Belgien betriebene Verwaltungsarbeit mit Interesse verfolgte, weitgehend guthieß - auch in ihren Kardinal Mercier betreffenden Auswirkungen - und nur bedauerte, personell nicht stärker an dieser Verwaltungsarbeit beteiligt zu sein, weil er sich für geeigneter hielt, eine spätere Annexion oder Angliederung des katholischen Belgiens vorzubereiten. Besonders der Kölner Erzbischof Kardinal von Hartmann ist über alle Schritte der Kirchenpolitik in Belgien eingehend informiert worden und hat sie Rom gegenüber zustimmend vertreten. Dem deutschen Katholizismus ist nicht bewußt geworden, daß er in noch viel stärkerem Maße als die offizielle deutsche Politik gegenüber Belgien Gegenstand der Enttäuschung und Kritik bei den belgischen Katholiken war, die mit Bestürzung die imperialistische Haltung des deutschen Katholizismus registrierten. Das als offener Brief verbreitete Kollektivschreiben des belgischen an den deutschen und österreichisch-ungarischen Episkopat vom Januar 1916 brachte die direkte Konfrontation zwischen dem deutschen und dem belgischen Episkopat. Die Art, wie die deutschen Bischöfe auf dieses Schreiben reagierten, beleuchtet ihre politische Haltung zu einer zentralen Frage der deutschen Politik im ersten Weltkrieg, läßt aber auch gewisse Divergenzen innerhalb ihrer grundsätzlich staatstreuen Positionen erkennen.

Da die Entwicklung der Beziehungen zwischen Mercier und den deutschen Behörden in Abhängigkeit von der militärischen und politischen Entwicklung Schwankungen unterlag, konnte es Ende 1916 überraschenderweise zu einer Beteiligung Merciers an deutschen Versuchen kommen, in der Friedensfrage mit Belgien bzw. den westlichen Ländern ins Gespräch zu kommen. Dieser bisher kaum bekannte Aspekt der Rolle Merciers im ersten Weltkrieg ist trotz der bruchstückhaften Quellen für den Standort der deutschen Politik Ende 1916 wie für die Auffassung Merciers als eines Vertreters der belgischen Öffentlichkeit von Interesse.

Merciers Rolle als Sprecher des belgischen Unabhängigkeitswillens brachte ihn schließlich in schärfsten Gegensatz zur deutschen Flamenpolitik als eines Versuchs, sich eine Einflußnahme auf die künftige Gestaltung des belgischen Staats über den flämischen Bevölkerungsteil zu sichern. Zwar ist dieser Aspekt des Widerstands Merciers gegen die deutsche Okkupation Belgiens schon von R. Boudens in "Kardinal Mercier en de vlaamse beweging" (Leuven 1975) dargestellt worden, doch kann die vorliegende Untersuchung einen eigenen Beitrag liefern in bezug auf die Haltung der deutschen Katholiken zur Flamenpolitik.

Zu den Fragen, die mit dem Widerstand Merciers in Verbindung stehen, aber nicht oder nur am Rande erwähnt werden konnten, gehören die belgischen diplomatischen Beziehungen zum Vatikan, das Verhältnis Merciers zur Exilregierung, die sonstigen innenpolitischen Auswirkungen seines patriotischen Widerstands und seine Rolle im internationalen Katholizismus, teils, weil sie aus dem Kern des Konflikts mit den deutschen Behörden hinaus und in andere Fragestellungen hinein führen, teils, weil sie von den überwiegend deutschen Quellen her nicht bearbeitet werden können.

Die Untersuchung folgt in ihrem Aufbau dem chronologischen Ablauf des Geschehens, die einzelnen Kapitel sind aber daneben um einen sachlichen Schwerpunkt zentriert. Die ersten beiden Kapitel - eine Übersicht zur Biographie Merciers und eine kurze Darstellung des deutsch-belgischen Verhältnisses in den ersten Kriegsmonaten - haben eine einleitende Funktion. Sie sollen die Voraussetzungen nennen, die zum Verständnis der folgenden Ausführungen notwendig sind. Das dritte Kapitel behandelt die erste Krise um Mercier infolge seines Weihnachtshirtenbriefes von 1914 "Patriotisme et Endurance", das vierte Kapitel ist im Grunde ein Exkurs, der auf den Stand der deutschen Beziehungen zum Vatikan und die Rolle der deutschen Kardinäle bei der Wahl Benedikts XV. eingeht. Er ist durch die in der ersten Krise um Mercier zutage getretene Rücksichtnahme auf den Vatikan bedingt. Das fünfte Kapitel stellt die zweite Krise um Mercier dar, die mit einem Wandel der Beziehungen zwischen den deutschen Behörden und Mercier endete, durch den erst die Kontakte zu Mercier in der Friedensfrage (7. Kapitel) ermöglicht wurden. Die Thematik des belgischen Kollektivschreibens von 1916 mußte in ihrer Funktion als Anstoß für die Verschärfung der zweiten Krise um Mercier schon im fünften Kapitel behandelt werden, ist aber als Frage nach der Haltung der deutschen katholischen Bischöfe zum belgischen Problem dem sechsten Kapitel vorbehalten. Im achten Kapitel werden die kirchenpolitischen Probleme des letzten Kriegsdrittels, darunter auch die Frage nach dem flämischen Aktivismus und der deutschen Flamenpolitik zusammengefaßt. Das neunte Kapitel steht für das Schlußwort - "Friede ohne Versöhnung" ist das Merkmal, das die Beziehungen zwischen deutschem und belgischem Katholizismus und exemplarisch auch zwischen Deutschland und Belgien nach Kriegsende kennzeichnet.

Die Auseinandersetzungen zwischen Mercier und den deutschen Behörden sind bisher schon Gegenstand einiger kürzerer Arbeiten gewesen, so der Veröffentlichung H. Lademachers "Kardinal Mercier, das deutsche Generalgouvernement und die Politik des Heiligen Stuhls" (1970), L. Volks "Kardinal Mercier, der deutsche Episkopat und die Neutralitätspolitik Benedikts XV. 1914-1916" (1974) und R. Boudens "Kardinaal Mercier volgens het archief van de Wilhelmstraße" (1972). Außerdem hat A. Simon in seiner biographischen Skizze "Le cardinal Mercier" (1960) reiches Quellenmaterial verarbeitet. (Für die vollständigen bibliographischen Angaben vgl. das Literaturverzeichnis am Schluß der Untersuchung). Jedoch behandeln diese Beiträge entweder Teilaspekte des Konflikts zwischen Mercier und den deutschen Behörden und beruhen von daher auf einer schmaleren Quellenbasis oder sie folgen, wie Simons Biographie, vom Ansatz her einer anderen Fragestellung.

Die hier vorgelegte Untersuchung unterscheidet sich von den genannten Arbeiten nicht nur durch eine größere Vollständigkeit in der Auswertung der zur Verfügung stehenden Quellen, sondern auch durch die Verknüpfung des Detailproblems "Mercier und die deutschen Behörden 1914-1918" mit den politischen Grundfragen des ersten Weltkrieges und, daraus hervorgehend, gelegentlich im wertenden Urteil.

Wenn an dieser Stelle von Inhalt und Aufbau der Untersuchung die Rede ist, dann gehört dazu auch eine Bemerkung zur Entstehung der Arbeit. Der Plan einer Dissertation über Merciers Widerstand gegen die deutsche Besetzung Belgiens geht zurück auf einen mehrjährigen Belgien-Aufenthalt in den sechziger Jahren. Ich hatte zu dieser Zeit Gelegenheit, den schon schwer erkrankten A. Simon zu sprechen, mit dessen Empfehlung ich die Nachlässe belgischer Politiker (de Broqueville, Van den Heuvel, Schollaert-Helleputte) in den "Archives Générales du Royaume" in Brüssel einsehen konnte. Ich gedenke mit Dankbarkeit der Begegnung mit diesem um äußerste Objektivität und Behutsamkeit des Urteils bemühten Historiker.

Nachdem ich mit meiner Familie nach Frankfurt/M umgezogen war, ermutigte mich Prof. Dr. D. Stoodt von der J.W.Goethe-Universität Frankfurt, das Dissertationsprojekt weiterzuführen, die wissenschaftliche Betreuung übernahm Prof. Dr. K.O. Freiherr von Aretin (Technische Hochschule Darmstadt/Institut für Europäische Geschichte Mainz). Beiden gilt mein besonderer Dank für die vielfältige Hilfe und Unterstützung, die ich jederzeit bei ihnen fand - und für die große Geduld, mit der sie das langsame Voranschreiten der Arbeit ertragen haben. Herrn Prof. Dr. R. Aubert von der katholischen Universität Löwen danke ich für einige Hinweise und Anmerkungen, die ich noch nach Abschluß des Dissertationsmanuskripts in die Arbeit einfügen konnte, im übrigen handelt es sich aber um die im wesentlichen unveränderte Fassung der Untersuchung, wie ich sie Ende 1978 der J.W.Goethe-Universität einreichte.

Schließlich habe ich Herrn Prof. Dr. F. Fischer (Hamburg) für seine lebhafte Anteilnahme an der Frage der Veröffentlichung der Arbeit zu danken, die für mich eine große Ermutigung darstellte.

Den Druck der Dissertation unterstützten mit einer Beihilfe das Generalvikariat des Erzbistums Köln und die beiden evangelischen Landeskirchen, in denen ich beheimatet war bzw. es jetzt bin - die Evangelische Kirche in Hessen und Nassau und die Evangelisch-Lutherische Landeskirche Oldenburg. Ich danke den Verantwortlichen, daß sie in einer Zeit steigender Aufgaben und schwächer sprudelnder Finanzquellen die Möglichkeit fanden, das Erscheinen der Dissertation zu fördern.

Ich widme die Dissertation dem Andenken meines Vaters, des Diplom-Landwirts Vinzenz Meseberg und meinem Mann, dem Diplom-Physiker und Hochschullehrer an der Universität Oldenburg, Karl Haubold. Mein Vater, 1897 geboren und seit 1945 in sowjetischer Kriegsgefangenschaft verschollen, hätte Mühe gehabt, die Ergebnisse dieser Arbeit zu akzeptieren. Sein Weltbild war geprägt durch das deutsche Kaiserreich, er hat als Soldat am ersten Weltkrieg teilgenommen und war in den letzten Monaten des Jahres 1918 auch in Belgien eingesetzt. In seinem beruflichen Wirken suchte er auf vorbildliche Weise die preußischen Beamtentugenden der Treue zum Staat, Pflichterfüllung, Disziplin und Opferbereitschaft zu erfüllen, wobei diese immer auch etwas starr und menschenfeindlich wirkenden Eigenschaften bei ihm gemildert waren durch Humor, Herzlichkeit und eine große menschliche Wärme. Ich bin mir sicher, daß er in seiner Rechtlichkeit und Ehrenhaftigkeit sich schließlich den Ergebnissen dieser Arbeit doch gebeugt hätte, auch da, wo diese seinen eigenen politischen und historischen Überzeugungen schmerzhaft widersprochen hätten.

Ohne die beständige Unterstützung durch meinen Mann wäre es mir nicht möglich gewesen, diese Dissertation zu schreiben. Sein Beitrag zu dem Zustandekommen dieser Arbeit reicht aber noch über das Ermöglichen meiner wissenschaftlichen Tätigkeit hinaus: nächst meinen akademischen Lehrern von der Theologischen Fakultät der Humboldt-Universität in Berlin (Ost) ist er es gewesen, der mich durch die Rigorosität und Unbestechlichkeit seines eigenen wissenschaftlichen Fragens und Arbeitens, durch sein Drängen auf das Herstellen größerer, auch fachübergreifender Zusammenhänge, durch seine Aufmerksamkeit für die gesellschaftlichen Voraussetzungen wissenschaftlicher Forschung und ihre Rückwirkungen auf die Gesellschaft und durch seine Hochschätzung der akademischen Lehre am nachhaltigsten beeinflußt hat.

Erstes Kapitel

KARDINAL MERCIER - PERSÖNLICHKEIT UND WERK

1. HERKUNFT UND BILDUNGSWEG

Désiré-Joseph Mercier(1) wurde am 22.11.1851 in Braine-l'Alleud, einem kleinen Ort südlich von Brüssel, im französisch sprechenden Teil Belgiens geboren. Seine Familie gehörte jener Schicht des mittleren Bürgertums an, die ein Hauptträger der Revolution von 1830 war. Mit ihr schuf sich die Bevölkerung der südlichen Niederlande einen Staat, der ihren historischen Traditionen und ihren wirtschaftlichen und politischen Bestrebungen besser entsprach als das 1815 vom Wiener Kongreß sanktionierte "Amalgam" mit Holland. Auch der Vater Merciers hatte als junger Mann an den Septemberkämpfen 1830 in Brüssel teilgenommen,(2) die die Trennung von Holland beschleunigten.(3)

Durch den frühen Tod des Vaters geriet die kinderreiche Familie in wirtschaftliche Bedrängnis; Verzicht und Entbehrung prägten die Kindheit des späteren Kirchenfürsten. Mercier wuchs heran unter dem fast ausschließlichen erzieherischen Einfluß der Mutter, die in ihrem Glauben und in der Verbindung zur Kirche Trost und Kraft für die schwere Aufgabe fand, allein sieben Kinder aufzuziehen. Ihr wichtigstes Erziehungsziel war es, ihre Kinder gleichfalls zu katholischem Glauben und Leben hinzuführen.(4) Merciers Entschluß, Priester zu werden, fiel früh und ohne Zögern. Er besuchte von 1863 an die bischöflichen Bildungsstätten in Mecheln, zunächst das "Collège St. Rombaut" (1863-1868), dann das "Petit" und das "Grand Seminaire" (1868-1873).

Das Echo der religiösen, der innen- und der außenpolitischen Ereignisse der Zeit erreichte auch die Schüler und Studenten in Mecheln: (5) hier fanden die katholischen Kongresse statt, an denen Montalembert und Dupanloup, die Protagonisten in der Auseinandersetzung um den liberalen Katholizismus,(6) teilgenommen hatten; nicht unberührt lassen konnte die angehenden jungen Priester die Festlegung des Dogmas der päpstlichen Unfehlbarkeit durch das erste vatikanische Konzil 1870 und die damit verbundenen Erschütterungen in der katholischen Geisteswelt; im gleichen Jahr fand der deutsch-französische Krieg statt, der wie "durch ein Wunder" Belgien einmal nicht zum Schauplatz europäischer militärischer Auseinandersetzungen werden ließ. Innenpolitisch schließlich gelang es 1870 erstmals der katholischen Partei, unter Jules Malou die Regierung zu stellen und die jahrelange liberale Vorherrschaft abzulösen.

Mercier war ein guter, wenn auch kein besonders glänzender Schüler trotz oder gerade wegen seiner wachen Intelligenz und hohen Sensibilität. Das Bildungsangebot seiner Schulen ließ ihn unbefriedigt - ohne Bezug zur Gegenwart wurden eine solide humanistische Bildung, eine in Formeln erstarrte Theologie und eine gegenüber rationalistischer Kritik und idealistischem Überschwang gleicherweise hilflose Philosophie gelehrt.(7) Von 1873 bis 1877 setzte Mercier seine Studien in Löwen an der katholischen Universität fort, die er mit einer "licence" in Theologie verließ. Das intellektuelle Klima war in Löwen kaum besser als in Mecheln, da nach der Verurteilung des Ontologismus und Traditionalismus Unsicherheit und Verwirrung über den fortan einzuschlagenden Weg herrschten.(8) Sofern die verbotenen Doktrinen nicht in abgeschwächter Form und unter der ständigen Gefahr weiterer Verurteilungen fortlebten, dominierte der Rückzug auf anerkannte theologische und philosophische Positionen ohne Auseinandersetzung mit den philosophischen Diskussionen der Zeit und den Ergebnissen der empirischen Forschung. Schon früh hatte der junge Mercier begonnen, in Ergänzung zum offiziellen Lehrstoff von Schule und Universität selbständig wissenschaftlich zu arbeiten und sich durch Quellenstudium (Bibel, scholastische Autoren) ein theologisch-philosophisches Fundament zu erwerben, das den kritischen Einwendungen des zeitgenössischen Denkens besser standzuhalten vermöchte als die ihm offiziell vermittelte Bildung.(9) Dabei waren ihm auch die neuscholastischen Ansätze der italienischen und deutschen Theologie begegnet. Die Enzyklika "Aeterni Patris" Leos XIII. von 1879, mit der der Papst zur Rückkehr zur thomistischen Philosophie aufrief, war ein weiterer Anstoß zum Ausbau eigener philosophischer Überzeugungen auf thomistischer Basis.(10)

2. LEHRTÄTIGKEIT 1877 - 1906

Im Anschluß an die Löwener Studienzeit kehrte Mercier, der 1874 zum Priester geweiht worden war, als Philosophielehrer an das "Petit Seminaire" in Mecheln zurück. In sein bis dahin in unauffälligen Bahnen verlaufendes Leben brachte die Berufung auf den 1882 auf Anregung Leos XIII. errichteten Lehrstuhl für thomistische Philosophie in Löwen eine Wende. Mercier wurde damit zum engen Mitarbeiter Leos XIII. bei dessen kirchenpolitischer Zielsetzung, den Thomismus als Grundlage katholischer Theologie und Philosophie durchzusetzen. Er stand fortan bei dem Kampf um die nähere Bestimmung dieser Zielsetzung in erster Reihe.

Das Pontifikat Pius IX. hatte 1878 in einer stickigen Atmosphäre für die katholische Geisteswelt geendet. Verurteilungen theologischer und philosophischer Schulen und zahlreiche Indizierungen der Werke katholischer Autoren hatten die Amtszeit dieses Papstes begleitet. Die Art, wie durch Syllabus und Unfehlbarkeitsdogma Diskussionen abgewürgt wurden und ein Rückzug auf unanfechtbare, aber auch unfruchtbare Positionen eingesetzt hatte, etablierte in der nichtkatholischen Welt die Überzeugung eines unüberbrückbaren Gegensatzes zwischen Katholizismus und zeitgenössischen kulturellen und politischen Bestrebungen, der resigniert auch viele Katholiken zustimmten. Trotz des restaurativen Anscheins des Wiederbelebungsversuchs der Scholastik wollte Leo XIII. damit nicht die kirchenpolitische Linie seines Vorgängers fortsetzen. Sein in der Antrittsenzyklika "Inscrutabili" entwickeltes Regierungsprogramm zielte auf "Verständigung von Kirche und Kultur".(11) Die thomistische Unterscheidung zwischen Natur und Übernatur, Vernunft und Glaube und die darin angelegte Hochschätzung der Möglichkeiten und Fähigkeiten menschlicher Vernunft erschienen ihm als der geeignetste Ausgangspunkt für die angestrebte Begegnung katholischen Denkens mit der wissenschaftlichen Forschung und philosophischen Spekulation.(12) Die Löwener Universität, bis dahin die einzige katholische Universität, die Leo XIII. aus der Zeit seiner Brüsseler Nuntiatur (1843-1846) persönlich kannte, erhielt den Auftrag, zur Verwirklichung des hochgesteckten Ziels mit einem eigens für diesen Zweck gegründeten Lehrstuhl für thomistische Philosophie beizutragen.

Gegen Widerstände an der Universität und im belgischen Episkopat (13) kam es schließlich 1882 zur Errichtung des Lehrstuhls und zur Berufung Merciers, der in den folgenden Jahren eine reiche wissenschaftliche und organisatorische Tätigkeit entfaltete. Die thomistische Vorlesung wandte sich an Hörer aller Fakultäten - ein Novum in der Löwener Universitätsgeschichte - ihr Besuch war freiwillig und sie wurde, um nicht nur Theologen anzusprechen, in französischer Sprache, nicht in Latein gehalten. Der Erfolg Merciers war beachtlich, ein wachsender Hörerkreis(14) bewies das Echo, das sein lebendiger, engagierter Wille zur Aktualität in der Studentenschaft fanden. Indessen wurde Mercier sehr bald deutlich, daß die gestellte Aufgabe,(15) katholisches Denken auf thomistischer Basis in der Konfrontation mit zeitgenössischen philosophischen Diskussionen und den Ergebnissen vor allem der naturwissenschaftlichen Forschung darzustellen und eine Elite von Priestern und Laien heranzuziehen, die ihren Glauben in voller Kenntnis der geistigen Entwicklungen ihrer Zeit verteidigen könnten, die Kraft eines Einzelnen und die Möglichkeiten einer Vorlesung bei weitem übersteigt. Er entwickelte daher den Plan und setzte ihn wiederum in zähen Kämpfen mit der Universität, vertreten durch den Rektor Abbeloos und dessen Vertrauensmännern im belgischen Episkopat und in Rom(16) durch, daß die Vorlesung für thomistische Philosophie abgelöst wurde durch ein "Institut supérieur de Philosophie", in dem durch einen Kreis von Mitarbeitern nebeneinander philosophische und empirische Forschung betrieben wurde.(17) Das Institut erhielt eigene Laboratorien für naturwissenschaftliche Experimente, da Mercier die Art, wie in den Fakultäten Forschung betrieben wurde, für unzureichend hielt, um als Grundlage philosophischer Arbeit zu dienen.(15) Mercier wurde 1888 zum Präsidenten des Instituts ernannt, das etwa 1898 in der Gestalt verwirklicht war, wie er es ursprünglich geplant hatte. (19) Schon 1891 hatten sich Mercier, seine Mitarbeiter am Institut und sein engerer Schülerkreis zur "Société philosophique" zusammengeschlossen, die von 1894 an eine eigene Zeitschrift, die "Revue Néoscolastique", herausgab.(20) Um dem Institut einen festen Stamm von Studenten als Nachwuchs zu sichern, erreichte Mercier, daß dem Institut das neugegründete Priesterseminar "Léon XIII" angeschlossen wurde, das gleichfalls seiner Leitung unterstand.(21) Mit Artikeln und Rezensionen beteiligte sich Mercier neben dieser Aufbauarbeit an der philosophischen Diskussion seiner Zeit, außerdem erschienen von 1892 an die verschiedenen Bände seines "Cours de Philosophie", von denen die "Critériologie générale ou Théorie générale de la certitude" (1899) als sein Hauptwerk gilt.(22) Den Jahren des Aufbaus und der Rückschläge folgte von 1898 bis 1906, Datum der Berufung Merciers auf den Erzbischofssitz von Mecheln, eine Phase der soliden Verwurzelung des Instituts und der Ehrungen für Mercier, der im Lauf seiner fast dreißigjährigen Lehr- und Forschungstätigkeit zu einem der prominentesten Vertreter katholischer Kultur in Belgien wurde.

Es ist im Zusammenhang der vorliegenden Arbeit nicht der Ort, eine Würdigung des philosophiegeschichtlichen Standorts Mercier zu versuchen.(23) Wichtiger als die von ihm im einzelnen erarbeiteten Lösungsversuche der Frage, wie sich katholisches Denken und die Entwicklung von Wissenschaft und Philosophie miteinander vereinbaren lassen, erscheint seine Bedeutung für die Geschichte der Universität Löwen und die Stellung der katholischen Intelligenz in der belgischen Gesellschaft. Nach den Jahrzehnten einer ängstlich defensiven Haltung gegenüber jedem Fortschritt der Wissenschaft trat mit ihm erstmals wieder ein Hochschullehrer vor die katholische belgische Studentenschaft, der nicht bloß die Vereinbarkeit von Wissenschaft und Glauben behauptete, sondern die aktive Teilnahme am Forschungsprozeß zu einer Aufgabe katholischer Philosophie erklärte.(24) Anstatt auf neue Forschungsergebnisse mit Apologetik zu reagieren, wurde die Wissenschaft von Mercier grundsätzlich als eine positive Leistung der menschlichen Vernunft bejaht. Der Philosophie kam die Aufgabe zu, sich den letzten Forschungsstand anzueignen und die Ergebnisse der einzelnen Spezialdisziplinen in einer höheren Ordnung - Metaphysik - zusammenzufassen.(25) Auch in der Auseinandersetzung mit nichtkatholischen philosophischen Schulen beschränkte sich Mercier nicht auf sterile Verurteilung. Voraussetzung der philosophischen Diskussion war für ihn eine gründliche Kenntnis der Autoren(26) - damals durchaus keine Selbstverständlichkeit bei vielen katholischen Philosophen - und ein wohlwollendes Bemühen um ein Verständnis des jeweiligen philosophischen Ansatzes mit dem Ziel, die für die katholische Philosophie akzeptablen Fragestellungen oder Problemlösungen herauszuarbeiten.(27)

Prämisse dieser Offenheit für die zeitgenössische Wissenschaft und Philosophie war für Mercier die unerschütterliche Überzeugung, daß der christliche Glaube grundsätzlich nichts von den Ergebnissen menschlicher Verstandestätigkeit zu befürchten hat, wenn diese ihren eigenen Gesetzen folgt:

"C'est tout juste parce que notre foi nous donne l'assurance qu'elle ne sera jamais en conflit avec la raison, que nous sommes toujours tranquilles dans la recherche de la vérité. Le chrétien qui a peur de l'inconnu, méconnait sa foi. Jamais ni un fait, ni une expérience, ni un témoignagne quels qu'ils soient n'ébranleront la certitude du croyant qui sait à quoi sa foi l'engage."(28)

Die intellektuelle Haltung, die Mercier auf dieser Basis seinen Studenten vermitteln konnte, war bestimmt von Weltoffenheit, Bereitschaft zum Gespräch mit Andersdenkenden, Hochschätzung der zweckfreien Forschung, aber auch von ruhiger Selbstgewißheit hinsichtlich der christlichen Bindung der eigenen weltanschaulichen Position.(29) Damit ermöglichte er dem katholischen akademischen Nachwuchs in Konkurrenz mit der liberalen Bourgeoisie, die einen Monopolanspruch auf echte Wissenschaftlichkeit der "voraussetzungslosen", "neutralen", nicht an "Dogmen gebundenen" Forschung erhob, seinen Anteil an den Führungspositionen in Wirtschaft, Verwaltung, Politik und Justiz zu wahren. In Belgien wurde diese Konkurrenz von "freier" und "dogmatisch gebundener" Wissenschaft repräsentiert durch die beiden größten und zugleich privaten Universitäten des Landes, die zusammen den überwiegenden Teil des akademischen Nachwuchses Belgiens ausbildeten, die "Université Libre de Bruxelles" und die katholische Universität Löwen.(30) Wenn die Universität Löwen in einem kritischen Moment der Entwicklung der Wissenschaften ihren Platz als eine führende Ausbildungsstätte im belgischen Bildungssystem behaupten konnte und weder in Provinzialität versank noch ihre katholische Prägung aufgab, so war dies nicht ausschließlich, aber auch mit ein Verdienst Merciers, der mit seinem Lebenswerk als Philosoph dazu beigetragen hatte, daß sie einen notwendigen Öffnungs- und Anpassungsprozeß vollzog ohne jedoch andererseits ihr katholisches Fundament zu verleugnen und der später als Erzbischof dank seiner langjährigen Lehrtätigkeit an der Universität mit besonderem Verständnis über der weiteren Entwicklung der Universität wachen konnte.(31)

Die Ernennung zum Erzbischof Anfang des Jahres 1906 stellte für Mercier persönlich keinen Bruch in seiner bisherigen Entwicklung dar. Auch wenn ihn bis dahin vorwiegend Fragen der Wissenschaft beschäftigt hatten, verstand sich Mercier doch immer als ein Mann der Kirche. Sein Ziel, die Präsenz der Kirche auf dem Feld des modernen Geisteslebens zu sichern und eine Elite heranzuziehen, die für Konflikte mit einer dem Glauben und der Kirche skeptisch bis feindseligen gegenüberstehenden Umwelt gerüstet war, war ein außerwissenschaftliches Ziel, von der Kirche gesetzt und von ihm selbst voll bejaht. Im übrigen war Mercier auch während seiner Löwener Zeit seelsorgerlichen Aufgaben nicht ganz entfremdet durch die Leitung des Priesterseminars "Léon XIII" und andere priesterliche Tätigkeiten. Dabei hatte sich in seiner eigenen Entwicklung eine Tendenz verstärkt, die auf eine stärkere Personalisierung und Verinnerlichung der eigenen Frömmigkeit zielte,(32) eine Tendenz, die auch in seiner seelsorgerlichen Praxis und bei der Ausbildung des Priesternachwuchses bestimmend wurde. Entsprechend sollte einen Schwerpunkt seines späteren Episkopats die Sorge um die geistliche Formung seines Diözesanklerus bilden, für den er selbst zu Retraiten predigte, eine eigene Zeitschrift herausgab und mehrere Schriften geistlichen Inhalts verfaßte, die eine überregionale Anerkennung fanden und mehrfach übersetzt wurden.(33) In dieser Tendenz lag auch eine Brücke zum Pontifikat Pius X. (1903-1914), in dessen Amtszeit Mercier nach Mecheln berufen wurde. Das Reformprogramm dieses Papstes,(34) der unter dem Motto "instaurare omnia in Christo" eine Rückbesinnung und Konzentration der Kirche auf ihre Grundlagen anstrebte, setzte unter anderem bei der Ausbildung der Priester an. Hier lagen Berührungspunkte zur Vorgeschichte Merciers, so wenig auch sonst anzunehmen ist, daß dieser mit den weltfeindlichen, rückwärtsgewandten, engherzigen und denunziatorischen Zügen einverstanden war, die mit der Ära Pius X. im Gefolge der Modernismuskrise und der Integralismusverschwörung vor allem in ihren letzten Jahren verbunden waren.(35)

Mochten die persönlichen Qualitäten Merciers - sein intellektuelles Format, die Seriosität seines Glaubenslebens, sein internationales Prestige, seine Kontakte zu vielen Bereichen der belgischen Gesellschaft über seine ehmaligen Schüler und schließlich seine Erfahrungen mit den kirchlichen Zentralbehörden - ihn zu einem geeigneten Kandidaten für den Erzbischofssitz machen - seine faktische Wahl erklären sie nicht.(36) Daß sich Rom, die belgische Regierung und der belgische Katholizismus auf Mercier als Nachfolger Kardinal Goossens einigten, beruhte auf unterschiedlichen Interessen, die in der Person Merciers am ehesten aufgehoben waren. Während der Gegenkandidat Merciers, der tatkräftige, in der kirchlichen Verwaltung erfahrene und noch junge Bischof von Namur Thomas-Louis Heylen(37) von der belgischen Regierung abgelehnt wurde,(38) galt Mercier in politischer Hinsicht als nicht festgelegt, hatte er sich doch während seiner Löwener Zeit kaum zu tagespolitischen Fragen geäußert, sieht man von einigen Artikeln in der Zeitschrift "Justice sociale", dem Organ des demokratisch und sozial orientierten linken Flügels der katholischen Partei Belgiens ab.(39) Da Mercier für Rom offenbar ein gleichwertiger Kandidat war wie Heylen, erfolgte die Einigung auf seine Person rasch, und er konnte schon zwei Monate nach dem Tode Goossens sein neues Amt antreten.(40)

3. DAS EPISKOPAT MERCIERS 1906 - 1914

Unter den belgischen Bistümern (außer Mecheln noch Gent, Brügge, Tournai, Lüttich und Namur)(41) kam der Diözese Mecheln allein schon von ihrer Größe, ihrer zentralen Lage und dem Umfang ihres kirchlichen Aufgabengebiets eine führende Stellung zu: mit mehr als 2000 Priestern und 2,4 Millionen Einwohnern,(42) mit zahlreichen Klöstern, Krankenhäusern, Schulen, Inernaten und katholischen Werken,(43) mit den auf ihrem Gebiet liegenden Zentren des politischen, geistigen und wirtschaftlichen Lebens Belgiens Brüssel, Antwerpen und Löwen war sie die gewichtigste aller belgischen Diözesen.(44) Mehr aus der faktischen Bedeutung der Diözese als aus den formalen Prärogativen des Erzbischofs gegenüber seinen Suffraganbischöfen erklärt es sich, daß dem Erzbischof von Mecheln eine Führungsrolle zufiel.(45) Diese wurde durch die ihm traditionellerweise verliehene Kardinalswürde von Rom anerkannt und verstärkt.(46) Gegenüber Rom, der belgischen Regierung und der Öffentlichkeit war der Erzbischof von Mecheln der anerkannte Sprecher des belgischen Katholizismus. Diese nationale Funktion war für Mercier der Sinn des alten, rechtlich bedeutungslosen Ehrentitels "Primas von Belgien", den der Mechelner Erzbischof zu führen berechtigt war(47) und den er im Sinn einer moralischen Verantwortung für die ganze Nation verstand - nicht erst seit seinen Kämpfen mit den deutschen Okkupationsbehörden während des ersten Weltkrieges, sondern schon während seiner Amtsjahre vor dem Krieg.

Eine Mammutdiözese wie die Mechelner bewirkte für den Inhaber des Bischofsamts allein schon durch den regulären Gang ihrer Geschäfte ein beträchtliches Maß an Aufgaben und Verpflichtungen. Hinzu kamen die aus eigener Intention gesetzten und die durch die politische und gesellschaftliche Entwicklung erzwungenen Schwerpunkte. Trotz seiner akademischen Vergangenheit repräsentierte Mercier als Bischof nicht den sich auf Analyse und Reflexion beschränkenden Intellektuellen, sondern bemühte sich um eine aktive Bewältigung der Aufgaben der Stunde. "Aktualität" war für ihn eine moralische Kategorie, die dazu beitrug, den Pflichtbegriff zu bestimmen,(48) daher verzichtete er auf eine Fertigstellung seiner philosophischen Studien(49) und wandte sich mit ganzer Kraft dem neuen Aufgabenkreis zu, denn Pflicht eines Bischofs war seiner Überzeugung nach nicht die rationalem Denken verpflichtete philosophische Forschung, sondern die Verkündigung der übernatürlichen Wahrheiten des Christentums und die Verteidigung des Glaubens gegen alle Bedrohungen einer sich dem kirchlichen Einfluß langsam entziehenden Gesellschaft.

Unter diesem Gesichtspunkt lassen sich in Merciers bischöflichen Wirken zwei Bereiche unterscheiden - die auf innerkirchlichem Feld liegenden Initiativen und die in den Raum der Gesellschaft hineinwirkenden Aktivitäten und Maßnahmen.

Von seinen Bemühungen um eine qualifiziertere Ausbildung der Priester war schon oben die Rede.(50) Er ging von der Anschauung aus, daß das wirkungsvollste Mittel des Apostolats das persönliche Vorbild des Priesters ist. Je vollkommener ein Priester - und in viel höherem Maße der Bischof selbst - in seiner eigenen Person christliches Leben repräsentiert, umso überzeugender wird er seine Gemeinde bzw. Diözese ansprechen können.(51) Seine Sorge galt daher nicht nur der wissenschaftlichen Qualität der Ausbildung der Priester, sondern in zunehmendem Maße der beständigen Arbeit an ihrer geistlichen Weiterentwicklung, wie die schon genannten Veröffentlichungen, die Herausgabe der Diözesanzeitschrift und seine Bemühungen um persönlichen Kontakt zu seinem Klerus belegen.(52) Ein bevorzugtes Mittel der direkten Einwirkung auf die Gläubigen der Diözese waren für Mercier die Hirtenbriefe, die er in großer Zahl veröffentlichte.(53) Um der Volksfrömmigkeit eine größere innere Konsistenz zu geben und sie gegen Einflüsse sozialistischer und liberaler Herkunft zu immunisieren,(54) suchte Mercier fundierte Kenntnisse der christlichen Glaubenslehre in den Gemeinden durch seine Hirtenbriefe dogmatischen, moraltheologischen und apologetischen Inhalts zu verbreiten.(55)

Die von Pius X. bekämpfte innerkatholische theologische Richtung des Modernismus spielte zwar in Belgien keine Rolle, gleichwohl unterstützte Mercier die päpstliche Kampagne mit einigen Hirtenbriefen, in denen er - anschließend an die philosophischen Frontstellungen seiner Löwener Zeit - als Wurzel aller Zeitübel und auch der modernistischen Theologie die Kantsche Philosophie und dahinter den Protestantismus diagnostizierte,(56) er konnte sich aber trotz dieser energischen Stellungnahmen gegen den Modernismus nicht allen Verdächtigungen seiner Amtsführung durch die integralistische Gegenbewegung entziehen.(57)

Mit besonderem Nachdruck förderte Mercier die Herz-Jesu-Devotion und die Marienverehrung sowie deren theologische Fundierung durch die Lehre von der Vermittlung aller Gnaden durch Maria ("Maria Mediatrix Gratiarum"). Ein Gelübde zu Beginn des Krieges ließ ihn besonders nach dem für Belgien siegreichen Kriegsausgang intensiv die weitere Entwicklung der marianischen Theologie betreiben.(58) Unterstützung erfuhr auch die unter Pius X. sich ausdehnende liturgische Bewegung, deren Ziel sowohl die würdigere Gestaltung der kirchlichen Zeremonien als auch eine intensivere Beteiligung der Gläubigen am gottesdienstlichen Geschehen war. Mercier propagierte in seiner Diözese die Einführung des Gemeindegesangs, die Rückkehr zum gregorianischen Gesang, die Verlesung der Evangelien in der Muttersprache, die häufigere Kommunion der Erwachsenen und die frühe Zulassung der Kinder zur Kommunion.(59) Einen glanzvollen Höhepunkt erlebte sein Vorkriegswirken in der Veranstaltung des Mechelner Kongresses von 1909, einer Art Katholikentag des gesamten belgischen Katholizismus, der mit den Beratungen seiner Sektionen nicht bloß Leitlinien für die künftige Arbeit der vielen kirchlichen Werke und Institutionen festlegte, sondern in einer Zeit, die auch in Belgien den kirchlichen Einfluß auf das öffentliche Leben zurückgehen ließ (unter anderem ablesbar an den Wahlergebnissen der katholischen Partei), mit seinen großartigen Massenveranstaltungen der Selbstdarstellung und Selbstvergewisserung der Katholiken diente.(60)

Vorgezeichnet durch die Politik seiner Vorgänger und aus eigener Überzeugung aufgenommen traten an Mercier zahlreiche Anforderungen auf kirchlich-politischem Gebiet heran. Hier ist an erster Stelle das katholische Schul- und Erziehungswesen zu nennen, in dem der belgische Katholizismus von jeher ein Bollwerk seines Einflusses auf die Bevölkerung sah. Mercier hat kaum neue Schulen gegründet, da unter seinen Vorgängern das katholische Primär- und Sekundarschulwesen sehr ausgebaut worden war.(61) Seine Sorge galt vielmehr der Anpassung der katholischen Schule an neue pädagogische und gesellschaftspolitische Forderungen - etwa der verstärkten Verwendung des Flämischen als Unterrichtssprache, der Einführung des Sports, der verbesserten Mädchenbildung(62) - und der Erneuerung der christlichen Erziehungswissenschaft, der er mit einigen grundsätzlichen Reflexionen neue Impulse zu geben suchte. (63)

Neben dem direkter bischöflicher Aufsicht unterstehenden katholischen Schulwesen bestand das staatliche Schulwesen, das nach einem von der katholischen Partei 1895 durchgesetzten Gesetz gleichfalls christlich geprägt sein sollte. Der Verteidigung und Ausfüllung dieser Gesetzesbestimmung gegen liberale Säkularisierungsbestrebungen diente die 1908 von Mercier und seinen bischöflichen Kollegen gegründete "Ligue scolaire catholique", um in Konkurrenz zur liberalen "Ligue d'enseignement" die Arbeit der örtlichen katholischen Schulkommitees zu koordinieren.(64).

Es kennzeichnet Merciers zukunftsorientierten Blick, wenn er schon früh auf die Fragen der beruflichen Bildung aufmerksam wurde. Angesichts fehlender staatlicher berufsbegleitender Ausbildungsmöglichkeiten förderte er die Einrichtung der "patronages", die sowohl

Weiterbildungsaufgaben wahrnehmen wie für Freizeitbedürfnisse der jungen Arbeiter und Angestellten aufkommen sollten.(65) Als schließlich während des Krieges das Ausmaß der wirtschaftlichen Aufbauarbeiten der Nachkriegszeit und die Wichtigkeit einer qualifizierten Arbeiterschaft deutlich wurden, engagierte sich Mercier für eine bessere berufliche Bildung der Arbeiter und erreichte noch während des Krieges die Eröffnung einer "École professionelle" in Brüssel.(66)

Unter den katholischen Bildungseinrichtungen nahm naturgemäß die Universität Löwen für Mercier als ihrem ehemaligen lehrenden Mitglied einen besonderen Rang ein. Es wurde schon oben(67) erwähnt, daß er als Bischof die von ihm selbst initiierte Entwicklung der wissenschaftlichen Forschung und Lehre ohne Furcht vor kirchlicher Kontrolle und kleinlicher Zensur kräftig unterstützte.(68) Umso härter traf ihn die Nachricht, als er nach Kriegsausbruch zum Konklave in Rom weilte (August 1914), daß die Stadt und vor allem die Universitätsbibliothek mit ihren unersetzlichen Bücherschätzen durch die einmarschierenden deutschen Truppen zerstört worden war.(69)

Noch in Rom gab er die Parole zum Wiederaufbau "nous rébâtirons" aus, die zu vorbereitenden Arbeiten während des Krieges und zur Grundsteinlegung der neuen Bibliothek noch zu Lebzeiten Merciers nach dem Krieg führte.(70)

Nach der Schule war die katholische Partei das wichtigste Instrument zur Wahrung kirchlicher Interessen in der belgischen Gesellschaft.(71) Mercier bekannte sich 1907, anläßlich der Regierungsneubildung unter Jules de Trooz, zu dem strikt konstitutionellen Standpunkt, von einer von der katholischen Partei getragenen Regierung keine Privilegien, sondern nur den vollen Respekt der Kultusfreiheit zu erwarten: "Sur l'égide protectrice de votre berceau (sc. der Wiege der neuen Regierung, d. Verf.) je lis ces simples mots: Liberté pour tous, et j'y applaudis. Nous ne demandons aucun privilège. Il nous suffit, que vous n'excluiez pas vos amis du bénéfice de la liberté. Nous ne nous ingérons point dans la politique ... Le jour où l'un de nous oublierait le respect qu'il doit à la légitime autonomie du pouvoir civil, rappelez lui, Monsieur le Ministre, cette parole qui est sacrée pour nous, parce qu'elle est tombée des lèvres divines du Christ: "Rendez-à Dieu ce qui revient à Dieu et à César ce qui revient à César."(72) Allerdings glaubte Mercier - und mit ihm die übrigen Bischöfe Belgiens - daß nur die katholische Partei willens und in der Lage wäre, der Kirche den vollen Genuß der Kultusfreiheit zu garantieren. Sie sahen daher das oberste Ziel ihrer Politik gegenüber der Partei in der Bewahrung ihrer inneren Kohäsion und in ihrem Verbleib an der Macht.(73)

Doch in dem Maß, in dem die katholische Partei auf die vielfältigen politischen Anforderungen, die vor allem an eine regierende Partei gestellt werden, ein politisches Programm zu entwickeln hatte - sei es in der Wahlrechtsfrage, in der Militärpolitik, in der Kolonial- oder Sozialpolitik - brachen in ihr tiefe innere Widersprüche auf, die sich vor allem an der Demokratisierungsproblematik und der sozialen Frage entzündeten. Die Taktik der Bischöfe konnte demgegenüber in zwei Richtungen gehen - Wiederbelebung des konfessionellen Interesses als einigendem Band der Partei oder Eingriff in ihre inneren Diskussionen, um sie auf eine bestimmte Programmatik als allein verbindlicher katholischer Politik festzulegen. Mercier konnte sich beider Methoden bedienen - als vor den Wahlen von 1910 die katholische Partei wegen der Militärpolitik besonders zerstritten war,(74) suggerierte er dem Regierungschef Franz Schollaert eine die Schule betreffende Gesetzesinitiative, um die Partei über ein konfessionelles Anliegen wieder zu einigen.(75) Daneben stützte Mercier in den kontroversen politischen Auffassungen die Richtung der christlichen Demokratie gegenüber dem konservativen Flügel der Partei und gegenüber den Bischöfen, die ausschließlich in der konservativen Richtung einen adäquaten Ausdruck katholischer Politik erblickten. Konkret hieß das unter anderem, daß Mercier stets eine angemessene Vertretung der "Jeune Droite" auf den Wahllisten der katholischen Partei befürwortete.(76)

Die massive Tendenz des belgischen Episkopats vor 1914, die katholische Partei für allein regierungsfähig und verfassungstreu anzusehen, erfuhr bei Mercier eine Wandlung während des Krieges durch das Erlebnis des gemeinsamen Widerstands aller Belgier gegen den deutschen Eindringling. Die Erfahrung, daß die Katholiken kein moralisches Monopol auf Vaterlandsliebe und Opferbereitschaft hatten, führte bei Mercier zu einer distanzierteren Haltung gegenüber der katholischen Partei. Es ging ihm von da an stärker um die Bewahrung der "union sacrée" aller Belgier als um die unbedingte Stützung von Einzelinteressen, mögen diese der eigenen Tradition und Anschauung noch so nahe stehen.(77) Mercier hat damit der katholischen Partei zweifellos die Anpassung an die relativen Mehrheiten der Nachkriegszeit, die zur Bildung von Koalitionsregierungen zwangen, erleichtert und selbst noch die Flexibilität besessen, einer Koalition der katholischen Partei mit den Sozialisten (1925) zuzustimmen, als dies die tragfähigste Lösung einer politischen Krise darstellte.(78)

In enger Verbindung mit der bischöflichen Politik gegenüber der katholischen Partei ist die Pressepolitik zu sehen, denn ein Katholizismus, der sich wie der belgische früh entschlossen hatte, seine Interessen in der Gesellschaft über eine konfessionelle Partei und die Teilnahme am parlamentarischen System zu wahren, brauchte zur Unterstützung seiner Aktion eine eigene Presse. Entsprechend hatte der belgische Katholizismus schon früh ein weitverzweigtes Pressenetz aufgebaut, das in seiner Vielfalt die in ihm herrschenden unterschiedlichen politischen, sozialen und regionalen Tendenzen spiegelte.(79) Für Mercier stand die Rolle der Presse zur Erhaltung eines "katholischen Klimas" in Belgien außer Frage - er konnte erklären, vor die Wahl gestellt, eine Kirche zu bauen oder eine Zeitung zu gründen, würde er sich zunächst für die Zeitung entscheiden(80) - so daß die Förderung der katholischen Presse für ihn selbstverständlich war: er forderte zur ausschließlichen Lektüre katholischer Zeitungen auf,(81) unterstützte materiell und ideell die Zeitungen, die seinen eigenen Vorstellungen am nächsten kamen (82) und wußte, vor allem im Krieg, die Presse meisterhaft als Instrument seiner kirchlich-politischen Aktion zu handhaben.(83)

Die politische Wirksamkeit Merciers wäre jedoch unvollständig beschrieben, wenn sie nur als Fortsetzung eines traditionellen bischöflichen Verständnisses, wie es sich in Belgien seit 1830 herausgebildet hat, verstanden wird. Für Mercier war neben der von Amts wegen vorgezeichneten politischen Einflußnahme ein lebhaftes patriotisches Engagement bestimmend, das ihn von der Mehrzahl seiner Mitbürger vor 1914 unterschied.(84)

Weite Teile der belgischen Öffentlichkeit hatten im Vertrauen auf das System der garantierten Neutralität das Bewußtsein einer möglichen Bedrohung von außen verloren. Wie sich in der Frage der Einführung der allgemeinen Wehrpflicht 1909 zeigte - sie löste das unsoziale System der Auslosung mit der Möglichkeit des Freikaufs für die begüterten Schichten ab(85) - war es in allen Parteien nur eine schmale Schicht, die die Gefährdung Belgiens angesichts der sich verfestigenden Mächtegruppen und der zunehmenden internationalen Spannungen erkannte.(86) Der Mangel an außenpolitischen Konflikten ließ die inneren Gegensätze sich ungehemmt entfalten, zunächst der weltanschaulichen zwischen Katholiken und Liberalen, dann des sozialen zwischen Proletariat und den besitzenden Schichten und schließlich des regionalen zwischen Flamen und Wallonen, wobei die belgische Innenpolitik durch die Verknüpfung und Überlagerung der einzelnen Konfliktebenen noch weiter kompliziert wurde, so hatte etwa der Sprachenstreit auch eine soziale und weltanschauliche Komponente.(87)

"Sire, il n'y a pas de Belges", formulierte 1912 der sozialistische Abgeordnete Jules Destrée in einem "Lettre au Roi sur la séparation de la Wallonie et de la Flandre" und gab damit auch der latenten Stimmung der Erosion des belgischen Nationalgefühls Ausdruck.(88)

Während die konservativen Kräfte im Liberalismus und im Katholizismus an dem Ideal eines Belgiens festhielten, das sich selbstgenügsam mit dem Platz beschied, den ihm die europäischen Großmächte 1831 zugewiesen hatten und daher auch die auf nationale Größe gerichtete Politik Leopolds II. ablehnten, formulierte eine jüngere Generation, der Mercier zuzurechnen ist, eine neue Politik der wirtschaftlichen und kolonialen Expansion, einer aktiven Verteidigungspolitik und sozialer und demokratischer Reformen nach innen, um die innere Festigkeit des belgischen Staatswesens zu erhöhen. Mercier gab dem veränderten kraftvollen Selbstbewußtsein dieser Richtung Ausdruck, wenn er 1906 in einer Tischrede auf Leopold II. erklärte: "Oui, la petite Belgique a des grandes ambitions, ... si petite soit-elle, elle a marché à pas de géant ... ... aujourd-hui les portières sont larges ouvertes, les barrières nationales sont tombées; après l'expansion coloniale, c'est l'expansion mondiale, nos forces sont décuplées, notre activité déborde, en même temps que notre fierté nationale grandit et s'affirme. En esquissant cette transformation qui s'est opéré en Belgique, qu'ai-je fait, ... sinon ébaucher l'oeuvre grandiose de notre Roi?"(89)

Daß Mercier zu einem Repräsentanten dieser neuen nationalen Gesinnung werden konnte, hatte biographische wie zeithistorische Gründe. Die Kolonialpolitik Leopolds II. eröffnete der belgischen Industrie neue Absatzmärkte, sicherte ihre Rohstoffversorgung und diente der belgischen Bevölkerungsentwicklung als Ventil. Merciers persönliche Voraussetzungen - seine "sensibilité wallonne",(90) die patriotische Tradition seiner Familie,(91) die Verbundenheit mit französischer Tradition und Kultur(92) und die als Philosoph erworbene Gewohnheit, in Detailfragen einen übergeordneten Standpunkt zu suchen, ermöglichten es ihm, neue ökonomische und politische Notwendigkeiten frühzeitig zu erkennen und sich flexibler als viele seiner Glaubensgenossen auf sie einzustellen.

Sein spontanes patriotisches Engagement suchte Mercier christlich zu legitimieren und unter seinen Mitbürgern zu verbreiten. Gerade im belgischen Katholizismus waren die Widerstände gegen die "imperialistische" Politik Leopolds II. stark, während das in den großen Städten und in den Industrieregionen verankerte liberale Bürgertum die Intentionen Leopolds II. sehr viel bereitwilliger aufgriff. Als nach dem Tod des Königs 1909 eine erneute Welle der Kritik an dem verstorbenen Monarchen durch die belgische Öffentlichkeit ging, veröffentlichte Mercier einen Hirtenbrief über die "Piété patriotique", der nicht bloß das Ansehen des toten Königs verteidigte und seine Leistungen für den belgischen Staat würdigte, sondern darüber hinaus grundsätzlich zur Frage von Christentum und Patriotismus Stellung nahm.(93)

Im Anschluß an Thomas von Aquin ordnete Mercier in diesem Schreiben den Patriotismus als "natürliches" Empfinden ein, natürlich im Gegensatz zu "geoffenbart", "von der Gnade eingegeben", das in den Gefühlen gegenüber der Familie seine Parallele hat.(94) Patriotismus ist daher kein sentimentaler Luxus, sondern eine moralische Pflicht, eine "dette sacrée", die jedermann, Christ oder Nichtchrist, dem Vaterland schuldet.(95) Sie wird auf verschiedene Weise, durch den Respekt der Obrigkeit etwa oder durch die Erfüllung der Standespflichten, in konkreten Taten abgegolten.(96)

Die Verbindung zum Christentum wird von Mercier in der Weise hergestellt, daß der christliche Glaube alle "natürlichen" Tugenden und Pflichten aufnimmt, bekräftigt und vervollkommnet.(97) Wenn schon jeder Staatsbürger zum Patriotismus verpflichtet ist, um wieviel mehr nicht der Christ, der durch seinen Glauben nicht in Widerspruch zur menschlichen Natur gebracht wird, sondern mit der Gnade die Kraft erhält, diese vollkommen zu verwirklichen: "Le devoir de piété filiale ou de patriotisme est un devoir naturel. L'Evangile et l'Eglise l'ont confirmé et sanctionné."(98) Bischöfliches Amt und patriotisches Interesse stehen demnach nicht in Widerspruch zueinander, ja sind nicht einmal zwei getrenne Bereiche seiner Wirksamkeit, sondern durchdringen und ergänzen einander. Findet der Glaube im Patriotismus sein Betätigungsfeld im sozialen Leben, so erhält der Patriotismus durch den Glauben Kraft und Erleuchtung zu seiner konkreten Verwirklichung. Die enge Verquickung der patriotischen und kirchlichen Motivation durchzieht Merciers ganzes Reden und Handeln, sie ließe sich mit zahlreichen Zitaten aus seinen Reden und Hirtenbriefen belegen. Ist in kirchlichen Angelegenheiten immer ein patriotisches Moment mitberücksichtigt, so läßt sich Mercier durch seinen Patriotismus auf Themen aufmerksam machen, die zum Vorwurf einer kirchlichen Stellungnahme werden. So überrascht es nicht, daß alle großen nationalen

Angelegenheiten Belgiens - die Kolonialpolitik, die soziale und die Flamenfrage, die Bevölkerungsentwicklung und die Militärpolitik, ganz zu schweigen von den Fragen des Krieges, des Friedens und der nationalen Reorganisation der Nachkriegszeit, in Merciers Tätigkeit ein Echo gefunden haben.

Wenigstens in Umrissen soll im folgenden die Position Merciers zu den genannten Problembereichen gekennzeichnet werden.

Schon seit dem letzten Drittel des 19. Jahrhunderts war die sogenannte "soziale Frage" in das Bewußtsein der Katholiken gedrungen. Die Not des Proletariats in den Städten und Industrieregionen ließ sich mit den herkömmlichen Methoden und Einrichtungen christlicher Karitas nicht mehr bewältigen. Auf der anderen Seite entzogen sich die Arbeiter, denen die Kirche als Verbündete der besitzenden und herrschenden Schichten erschien, in zunehmendem Maße dem kirchlichen Einfluß und entwickelten gesellschaftskritische, sozialistische Vorstellungen, die meist stark antichristlich und antikirchlich geprägt waren. Eine Verbesserung ihrer Lage erwarteten sie von eigenen politischen und gewerkschaftlichen Organisationen, nicht aber von kirchlichen Institutionen. Die verschiedenen Ansätze der belgischen Arbeiterbewegung konsolidierten sich schließlich 1885 in der Gründung des "Parti Ouvrier Belge" und gewannen damit den Ausgangspunkt für einen gezielteren Kampf um bessere Lebens- und Arbeitsbedingungen der Arbeiterschaft. In programmatischer Hinsicht vom Erfurter Programm der deutschen Sozialdemokratie beeinflußt, galt die erste Forderung der belgischen Arbeiterpartei der Demokratisierung des Wahlrechts, um über eine stärkere Vertretung von Arbeiterinteressen im Parlament gesetzliche Maßnahmen zur Verbesserung der Lage der Arbeiter durchsetzen zu können. Daneben entstanden zahlreiche Selbsthilfeeinrichtungen (Kassen, Versicherungen, Kooperativen, Konsumgenossenschaften), die dem belgischen Sozialismus ein eigenes Gesicht in der internationalen Arbeiterbewegung gaben.

Der belgische politische Katholizismus, der sich bis dahin vornehmlich auf die ideologische Auseinandersetzung mit dem Liberalismus - bei sonst ähnlichen politischen und ökonomischen Vorstellungen - konzentriert hatte, erhielt in der Arbeiterbewegung einen neuen Gegner, der ihn zur Fortentwicklung seines politischen Selbstverständnisses zwang. Die Reaktion der belgischen Bischöfe und der katholischen Partei war zwiespältig. Während der etablierte Flügel des politischen Katholizismus um Charles Woeste(100) jeglichen Eingriff des Staates in die Wirtschafts- und Sozialordnung ablehnte und es auch weiterhin privater Initiative überlassen wollte, die Lage der Arbeiter zu verbessern - von daher war die "Vielle Droite" auch zu partiellen Bündnissen mit den Liberalen bereit - so hatten jüngere katholische Politiker begriffen, daß eine derartige bloß passive Haltung die Katholiken auf die Dauer jeden Einfluß und Gehör in der Arbeiterschaft kosten mußte. Gleichfalls aus verschiedenen Ansätzen heraus - den sozialen Kongressen in Lüttich (1886, 1887, 1890), dem Engagement einzelner Priester wie des flämischen Priesters Daens(101) oder des Lütticher Abbé Pottier,(102) der Gruppe junger katholischer Politiker um die Zeitschrift "Avenir social", später "Justice sociale",(103) der Förderung christlicher

Arbeitervereine durch G. Helleputte und A. Verhaegen (Gründung der "Ligue Démocratique Belge" 1891)(104) konstituierte sich der Flügel der christlichen Demokratie innerhalb des belgischen politischen Katholizismus als diejenige Fraktion, die sich der Demokratisierungsforderung der Sozialisten und progressiver Liberaler anschloß und eine Vertretung von Arbeiterinteressen durch die Arbeiter selbst (Ablehnung des Paternalismus, Unterstützung christlicher Gewerkschaften) bejahte.

Die Politik der belgischen Bischöfe gegenüber der neuerlichen Kontroverse, kaum daß der Streit zwischen ultramontanen und liberalen Katholiken abgeklungen war, zielte in erster Linie auf Wahrung der Geschlossenheit der katholischen Partei, doch konnte diese Politik sehr verschieden nuanciert sein angefangen von der rigiden Ablehnung jeglicher demokratischer und sozialer Weiterentwicklung katholischer Politik über vorsichtige Vermittlung zwischen divergierenden Gruppen bis hin zu wohlwollender Duldung christlich sozialer Bestrebungen aus seelsorgerlichen und politischen Erwägungen heraus.(105) Mercier, der während seiner Löwener Lehrtätigkeit nicht als prononcierter christlicher Demokrat hervorgetreten war,(106) wenn er auch in seiner Moralphilosophie erkennen ließ, daß er kein Anhänger der liberalen Auffassung von der Rolle des Staats in wirtschaftlichen Fragen war,(107) stellte sich nach seiner Ernennung zum Erzbischof als ein energischer Förderer der christlichen Demokratie heraus. Die auf Wahrung der Einheit der Partei gerichtete Politik des Episkopats wurde von ihm so interpretiert, daß er eine angemessene Vertretung der christlichen Demokratie bzw. der parlamentarischen Jeune Droite auf Wahllisten, in der Parlamentsfraktion und in den katholischen Regierungen befürwortete und die Anhänger dieser Richtung gegenüber den konservativen Katholiken und auch gegenüber Rom verteidigte.(108) Zu dieser Politik stand nicht im Widerspruch, daß Mercier gleichzeitig die sozialistische Partei und Doktrin aufs schärfste bekämpfte, vor allem vor 1914, bevor durch das Kriegserlebnis die inneren belgischen Auseinandersetzungen etwas relativiert wurden. Da er deutlicher als andere den Aufbau einer christlichen Demokratie als Gebot der Stunde erkannt hatte, um die totale Entkirchlichung der Arbeiterschaft zu verhindern,(109) mußte er umso schärfer den Nachweis des antichristlichen Charakters der sozialistischen Arbeiterbewegung, ihrer materialistischen Geschichtsauffassung, der Klassenkampftheorie und der daraus abgeleiteten Forderungen hinsichtlich der Verfügung über die Produktionsmittel zu führen versuchen, um die Arbeiter zu überzeugen, daß sich allein in der christlichen Demokratie eine gottgewollte Ordnung der Gesellschaft und berechtigte soziale Forderungen der Arbeiterschaft miteinander verbinden lassen.(110)

Während es Mercier in der sozialen Frage gelungen war, sich von dem paternalistischen Standpunkt zu befreien, blieb er in der flämischen Frage den Verstehensbeschränkungen seiner wallonisch-frankophonen Herkunft und seines sozialen Stands als eines Mitglieds der bisher privilegierten Oberschicht verhaftet. Bei seiner Wahl an die Spitze einer zweisprachigen Diözese war die flämische Bewegung noch zu schwach, um auf die Besetzung eines so wichtigen

Postens des belgischen Katholizismus Einfluß zu nehmen. Erst im Lauf seines Episkopats trat die Sprachenproblematik politisch und kirchlich zunehmend in den Vordergrund und ließ Mercier selbst zu einer umstrittenen Gestalt unter sprachenpolitischem Gesichtspunkt werden.(111)

Trotz der verfassungsmäßig garantierten Sprachenfreiheit war in der Verfassung von 1830 nur die französische Sprache als offizielle Landessprache anerkannt. Sie dominierte in Politik, Justiz, Administration, im Bildungswesen und beim Militär. Erst 1893 wurde das Flämische als zweite Landessprache anerkannt, was unter anderem zur Folge hatte, daß erst von diesem Zeitpunkt an Gesetze auch in einer flämischen Fassung verabschiedet wurden.(112) Es versteht sich, daß der flämische Volksteil durch diesen Zustand in seinen Rechten und Entwicklungsmöglichkeiten erheblich behindert war. Ein sozialer Aufstieg war für Flamen nur zu erreichen, sofern es ihnen gelang, durch einen Prozeß der "francisation" die Sprachbarriere zu überwinden, was nur einem kleinen Teil der flämischen Bevölkerung möglich war, der dadurch gleichzeitig für die Weiterentwicklung der flämischen Kultur ausfiel. Die Mehrheit der Bevölkerung verharrte in Unwissenheit, sozialer und ökonomischer Rückständigkeit und Analphabetismus. Schon in der Mitte des 19. Jahrhunderts erhob sich unter gebildeten Flamen Widerstand gegen den allgemeinen Niedergang Flanderns.(113) In dieser ersten Phase war die flämische Bewegung allerdings mehr auf kulturelle Förderung des Flämischen und auf Beseitigung der gröbsten Mißstände und Ungerechtigkeiten auf sprachlichem Gebiet(114) gerichtet als auf eine politische und soziale Emanzipation des flämischen Bevölkerungsteils. Sie ähnelte insofern dem paternalistischen Lösungsversuch der sozialen Frage, als die betroffenen Volksschichten Objekte der Bemühungen der Gebildeten blieben und nicht selbst zum Kampf um Gerechtigkeit in der Sprachenfrage aktiviert wurden. Erst in einer zweiten Phase gegen Ende des Jahrhunderts änderte die flämische Bewegung ihren Charakter, nicht ohne inneren Zusammenhang mit der parallel verlaufenden demokratischen und sozialen Bewegung in Belgien, indem sie eine breitere Basis in der flämischen Bevölkerung selbst gewann, indem sie sich des ökonomischen und sozialen Aspekts der Sprachenfrage bewußter wurde und indem sie in die politischen Diskussionen der etablierten Parteien einzudringen begann.(115)

Wiewohl in der Periode von 1890 bis zum Ausbruch des ersten Weltkriegs eine Reihe von Gesetzen zugunsten der flämischen Sprache verabschiedet worden waren,(116) blieb das Französische nach wie vor die faktisch dominierende Sprache. Dies hatte mehrere Ursachen. Teils stellten die genannten Gesetze keine wirkliche Gleichheit her, teils wurden sie von einer französisch orientierten Bürokratie halbherzig oder widerwillig ausgeführt, vor allem aber blieb die Vorherrschaft des Französischen im Bildungswesen ungebrochen. Der Weg zur Heranbildung einer flämisch sprechenden und "flämisch gesinnten"(117) Elite für Staat, Wirtschaft und Kultur blieb damit weiterhin versperrt. Die flämische Bewegung vor 1914 konzentrierte sich deshalb auf eine "Verflamung" des Bildungswesens, vor allem aber auf die Schaffung einer flämischen Universität. In der Forderung nach Umwandlung der Genter Universität in eine flämische Hochschule fanden flämische Politiker aus den drei großen Parteien zusammen und erreichten mit mehr als 100 000 Unterschriften für eine entsprechende Petition 1910/1911 einen beachtlichen politischen Erfolg.(118)

Die flämische Bewegung tangierte in verschiedener Hinsicht die politischen Interessen des belgischen Katholizismus. Für den Wahlerfolg der katholischen Partei war die Gefolgschaft der flämischen Bevölkerungsteile ausschlaggebend. Setzte sich in ihnen ein flämisches Bewußtsein durch, mußte die katholische Partei in der Fortbildung ihrer politischen Programmatik darauf Rücksicht nehmen.(119) Sympathien fand die flämische Bewegung auch im niederen Klerus Flanderns, der in der flämischen Sprache einen Schutzwall gegen den mit der französischen Sprache eindringenden aufklärerischen, kirchenfeindlichen Zeitgeist sah.(120) Andererseits berührte die flämische Forderung nach verstärkter Einführung des Flämischen im Bildungswesen die von der katholischen Kirche eifersüchtig gehütete "liberté d'enseignement", bot sie doch dem Staat die Möglichkeit, reglementierend in das private Schulwesen einzugreifen.(121)

Die Position Merciers zur Sprachenfrage war weitaus differenzierter als ihm von aktiven Flaminganten unterstellt wurde.(122) Schon in seinen ersten Verlautbarungen als Bischof bot sich ihm Gelegenheit, zur Flamenfrage Stellung zu nehmen.(123) In den später von flämischer Seite heftig angegriffenen "Instructions aux Directeurs et aux Professeurs des collèges libres d'humanités" von 1906 bekannte er sich zur Zweisprachigkeit der Nation als einem besonderen Reichtum und hoch zu achtenden kulturellem Erbe,(124) das den Belgiern die unvergleichliche Chance eines Zugangs zum lateinischen und zum germanischen Kulturkreis bietet.(125) Die bei vielen Belgiern übliche Verachtung des Flämischen als Sprache der Dienstboten und des ungebildeten Volks geißelte er als "préjugé antichrétien, antisocial, antinational".(126) Ziel eines jeden gebildeten Belgiers müsse es sein, beide Landessprachen zu beherrschen - auch Mercier selbst hatte sich schon während seiner Mechelner Ausbildungszeit um Kenntnis des Flämischen bemüht und war als Bischof zu flämischen Ansprachen in der Lage.(127) Er war deshalb kein prinzipieller Gegner einer Ausweitung des Flämischanteils im Bildungswesen - sofern zwei Vorbedingungen erfüllt wurden: Die Sprachenfrage durfte nicht zum Vorwand staatlicher Eingriffe in das katholische Schulwesen werden(128) und der vermehrte Anteil für das Flämische durfte nicht auf Kosten guter Französischkenntnisse der flämischen Schüler und Studenten gehen.(129) Blieb Mercier mit der ersten Vorbedingung einer Tradition des belgischen Katholizismus treu, der die liberale Verfassung von 1830 vornehmlich wegen der der Kirche gewährten Kultus- und Unterrichtsfreiheit akzeptiert hatte, so wurden in der zweiten Vorbedingung ein Element der persönlichen Psychologie Merciers(130) und eine Tradition des frankophonen Bürgertums Belgiens wirksam, aus denen heraus er die Sprachenfrage nur unter dem Gesichtspunkt des kulturellen Werts der konkurrierenden Sprachen, nicht aber unter ihrem ökonomischen, sozialen und demokratischen Aspekt beurteilte. In dieser Sicht konnte das Flämische als Sprache von nur regionaler Verbreitung und als Träger einer begrenzten kulturellen Ausstrahlung nicht die gleiche Berücksichtigung beanspruchen wie die Weltsprache Französisch, vor allem nicht im universitären Unterricht: "Quiconque comprend le rôle de l'Université, au premier point de vue, ne peut raisonnablement prétendre que le français et le flamand doivent être mis sur un pied d'égalité dans l'enseignement universitaire."(131)

Dank seiner Sprache, seiner wallonischen Herkunft und des Bewußtseins seiner entfernten französischen Abstammung(132) wußte sich Mercier Frankreich auf besondere Weise verbunden. Frankreich war für ihn mehr als nur ein wichtiger Nachbar Belgiens, zu dem aufgrund der gemeinsamen Sprache besonders enge Beziehungen bestehen mußten. In einer als selbstverständlich vorausgesetzten Hierarchie der Sprachen und Kulturen rangierte für ihn Frankreich als Erbe der christianisierten lateinischen Zivilisation an der Spitze aller Völker,(133) weshalb er es ablehnte, einer Zurückdrängung seines kulturellen Einflußbereichs (z.B. durch Abschaffung des Französischen als Unterrichtssprache an der Universität Gent) die Hand zu bieten: "J'attache une importance très relative à la quantité d'heures de cours de français que l'on impose aux étudiants flamands dans les diverses facultés. Les étudiants y apprendront un nombre plus ou moins considérable de mots français, il ne s'y laisseront pas pénétrer par la culture française."(134)

Seine Ablehnung, flämisch als Unterrichtssprache an der Universität einzuführen, begründete Mercier außerdem noch mit dem wohlverstandenen Interesse der Flamen selbst, die sich durch den Rückzug auf ihre international bedeutungslose Muttersprache kulturell und wissenschaftlich isolieren und ökonomisch schädigen würden,(135) doch wird deutlich, daß der Kern seiner Gegnerschaft in der Überzeugung liegt, jeder gebildete Flame müsse französisch nicht nur kennen, sondern sich von französischer Kultur "durchdringen" lassen.

Die aus dem Nebeneinander zweier Sprachen in einem Staatswesen erwachsenden Probleme sind nach Mercier durch die Zweisprachigkeit seiner Führungsschicht zu lösen, deren innere Kohäsion durch ihre gemeinsame kulturelle französische Prägung gegeben ist, während die Verbindung zum flämischsprechenden einfachen Volk durch ihre Flämischkenntnisse hergestellt wird: "Préjugé antisocial: qu'est une société sinon une réunion d'hommes dont les aspirations montent ensemble vers un même idéal? Comment entretenir, comment developper ces aspirations divergentes, sans une langue commune à tous pour les traduire? Et puisque le peuple flamand, l'ouvrier, le petit bourgeois n'ont ni la faculté, ni le loisir d'apprendre la langue française, que parlent les classes instruites, n'est-ce pas à celles-ci qu'incombe le devoir de s'initier à la langue des classes populaires pour se rapprocher d'elles?"(136) Träger der flämischen Bewegung, wie Mercier sie versteht, ist nicht das flämische Volk selbst, sondern die "classes instruites" um ihrer Verpflichtung willen, für den inneren Zusammenhalt der Nation flämisch zu lernen.(137)

Die politische Folge der Mercierschen Position konnte nur sein, daß nach wie vor französisch die Sprache des sozialen Aufstiegs und der Ausweis höherer Bildung blieb, daß nach wie vor die Förderung des Flämischen vom guten Willen und der Einsicht der französischsprechenden Oberschicht abhing(138) und daß nach wie vor der Status der Flamen als Bürger zweiter Klasse - bei allem proklamierten Wohlwollen für die Flamen - erhalten blieb. Der Kontrast zum Selbstverständnis der flämischen Bewegung ist offenkundig, die sich gerade erst auf die Forderung nach einer flämischen Universität geeinigt hatte und sich davon einen entscheidenden Durchbruch für die Stellung der flämischen Sprache im belgischen Staat erwartete; ebenso offenkundig ist das in Merciers Stellungnahme zur flämischen Bewegung enthaltene Konfliktpotential im Verhältnis zu dem Teil seiner Diözesanen, seines Klerus und seiner bischöflichen Kollegen, die die weltlichen und religiösen Interessen der Flamen entgegengesetzt interpretierten, ein Konfliktpotential, das die deutschen Behörden während der Besetzung Belgiens im ersten Weltkrieg nicht erst zu schaffen brauchten, um ihren unbequemsten innenpolitischen Gegner zu bekämpfen.(139)

Ein weiteres Vorkriegsproblem, in dem sich kirchliche und politische Interessen mischten und das von Mercier mit Aufmerksamkeit bedacht wurde, war die belgische koloniale Expansion im Kongo. Mehrfach nahm er darauf in der für ihn charakteristischen Verquickung patriotischer und religiöser Motive(140) bezug. Eine erste Gelegenheit bot sich ihm dazu 1908 anläßlich der Annexion des Kongo durch den belgischen Staat.(141)

Mit der Übernahme des bis dahin von Leopold II. als absolutem Herrscher verwalteten "Unabhängigen Kongo-Staats"(142) - ein Zustand, der sich zu einer politischen Belastung für Belgien und zu einer Gefährdung der wirtschaftlichen Nutzung des Kongo durch die belgische Wirtschaft ausgewachsen hatte(143) - wurde die Kolonie der Verantwortlichkeit der belgischen Regierung und parlamentarischer Kontrolle unterstellt und das System der quasi privaten Verfügung des Königs über das riesige Territorium durch eine geordnete staatliche Verwaltung abgelöst.(144)

Der Kollektivhirtenbrief des belgischen Episkopats von 1908 begrüßte das von der Mehrheit der Bevölkerung eher mißtrauisch betrachtete koloniale Engagement begeistert, das er christlich deutete und moraltheologisch überhöhte. Zwar anerkannten die Bischöfe auch die positiven nationalen Auswirkungen des Erwerbs einer Kolonie, der dazu angetan sei, Belgiens internationales Prestige zu vermehren, seine Wirtschaftskraft zu stärken, seiner wachsenden Bevölkerung ein neues Aktionsfeld zur Verfügung zu stellen und ganz allgemein seine Leistungsfähigkeit zu stimulieren,(145) doch verwahrten sie sich gegen ein ausschließlich materiell orientiertes Verständnis von Kolonialisierung, umso mehr, als ihnen aus den Erfahrungen der Vergangenheit die Möglichkeit des Mißbrauchs der Kolonien zur alleinigen Bereicherung der Mutterländer durchaus bewußt war.(146) Die begeisterte Zustimmung galt vielmehr einem Konzept von Kolonialisierung, das diese als Auftrag zur Zivilisation und Missionierung zurückgebliebener Völker durch die vom Schicksal begünstigten Nationen verstand analog zu Solidarität, die innerhalb der Familie zwischen schwächeren und stärkeren Mitgliedern herrschen sollte: "La colonisation apparaît ainsi, dans le plan providentiel, comme un acte collectif de charité qu'à un moment donné une nation supérieure doit aux races déshéritées et qui est comme une obligation corollaire de la supériorité de sa culture."(147) Entsprechend können materielle Vorteile nur als Kompensation der Anstrengungen und Opfer entgegengenommen werden, die die Mutterländer aus brüderlicher Hilfe für die "enterbten Völker" aufgewendet haben nach dem Jesuswort Mt.VI,33, das die Bischöfe in diesem Zusammenhang zitieren.(148) Es wurde Mercier und seinen Kollegen in diesem Zusammenhang nicht zum Problem, über welche Institutionen oder mit welchen Kontrollmechanismen ihr ethisch anspruchsvolles Kolonialisierungskonzept durchgesetzt werden kann und wie weltliche Größen wie Nation, Regierung, Parlament, Kolonialgesellschaften zu einem Akt christlicher Nächstenliebe in der Lage sein sollen, die doch per theologischer Definition durch Gnade in dem Glaubenden gewirkt wird. Mercier, der an anderer Stelle sehr wohl zwischen der der menschlichen Natur erreichbaren Philanthropie und der "charité chrétienne" unterschied(149) und der durchaus ein kritisches Bewußtsein von der Realisierungschance christlicher Utopien im sozialen Leben der Völker hatte,(150) ließ es hier bei der appellativen Form seiner Darlegungen bewenden, ohne sich um die Frage der Durchführbarkeit zu sorgen. Der Hirtenbrief erscheint somit als christlich begründete Rechtfertigung nationaler Interessen gegenüber dem Teil der katholischen Bevölkerung, der die Notwendigkeit und Wichtigkeit der belgischen Kolonialpolitik nicht einsehen wollte. Obwohl sie sich verbal zu Anwälten der "enterbten Völker" machten, eröffnete ihr Optimismus, mit dem sie im Grunde wider besseres Wissen eine Kolonialisierungstätigkeit zugunsten der weniger zivilisierten Völker für möglich hielten, der kolonialen Ausbeutung Tür und Tor.

Wie in der Kolonialfrage, so suchte Mercier auch in den militärpolitischen Auseinandersetzungen der Vorkriegszeit einen übergeordneten nationalen Standpunkt zu definieren. Leopold II. und mit ihm eine Gruppe von Militärs und Politikern vornehmlich aus dem liberalen Lager, aber auch einige Katholiken waren überzeugt, daß Belgien angesichts der Aufteilung der europäischen Großmächte in zwei Bündnissysteme und der zunehmenden Spannungen zwischen den Bündnissen sich nicht allein auf den Schutz der garantierten Neutralität verlassen darf, sondern aktiv seinen Willen zur Unabhängigkeit durch verstärkte Verteidigungsanstrengungen, d.h. durch den Ausbau der Festungsanlagen und durch Verbesserung der Qualität seiner Armee bekunden muß.(151) Gelang es, während der Regierungszeit Leopolds II. (1865 - 1909) die erste Forderung des Königs noch relativ leicht zu erfüllen und die Befestigung Antwerpens, Lüttichs und Namurs auf den neuesten Stand der Technik zu bringen,(152) so stieß seine zweite Forderung, die Einführung der allgemeinen Wehrpflicht, auf den erbitterten Widerstand der regierenden katholischen Partei, die aus agrarischen und religiösen Interessen heraus die Heeresreform ablehnte.(153) Mehrere Anläufe zur Einführung der allgemeinen Wehrpflicht scheiterten an dem negativen Votum der katholischen Fraktion im belgischen Abgeordnetenhaus.(154) Erst kurz vor seinem Tod im Dezember 1909 konnte Leopold II. ein Gesetz unterzeichnen, das die persönliche Dienstpflicht einführte und das ungerechte und unsoziale Rekrutierungsverfahren durch Auslosung (mit der Möglichkeit des Freikaufs für die Söhne begüterter Familien) ablöste.(155) An diesem Ergebnis wie an der 1913 eingeführten allgemeinen Wehrpflicht hatte die positive Einstellung des Mechelner Kardinals zum Militär und die daraus resultierende Unterstützung der Regierungspolitik einen bedeutenden Anteil.(156)

Merciers Position zu den Militärfragen gewinnt also erst auf dem Hintergrund der Militärfeindlichkeit der katholischen Partei ihr eigenes Profil. Entgegen der antimilitärischen Stimmung unter den belgischen Katholiken sah Mercier in der militärischen Lebensform positive ethische Werte, die sogar Parallelen zum Priestertum aufwiesen: "Il m'a toujours semblé que votre vocation et la nôtre se touchent par le fond. Vous et nous devons nous effacer devant l'intérêt général: l'individu, la famille, pour le soldat comme pour le prêtre se subordonnent sous la loi du devoir d'état au bien commun de la patrie et de l'humanité."(157)

Der Soldat, der sein Leben für sein Vaterland opfert, befindet sich nach Mercier sogar in der Nähe christlicher Vollkommenheit, d.h. der Märtyrer, wenn seine Intention beim Einsatz seines Lebens auf die Verteidigung des Rechts und nicht auf Rache oder die Befriedigung persönlichen Ehrgeizes gerichtet war, entsprechend einem Johanneszitat, das Mercier häufiger im Zusammenhang mit dem Beruf des Soldaten anführt: "Nous n'avons pas, dit Notre Seigneur, de meilleur moyen de pratiquer la charité, que de donner notre vie pour ceux que nous aimons".(158)

Im christlichen Gebot der Feindesliebe lag für Mercier kein Widerspruch zur Aufgabe des Militärs, die gerade in der Gewaltanwendung gegen den Feind, ja sogar dessen Tötung besteht. Warnend schrieb er an die Gründer einer pazifistischen Organisation in Belgien unter Hinweis auf die Sündhaftigkeit der Menschheit, die immer wieder den Einsatz von Gewalt zum Schutz des bedrohten Rechts notwendig machen werde: "Vous n'obligerez pas vos adhérants à croire au règne future d'une fraternité terrestre qui rendrait inutile l'emploi de la force au service du droit."(159)

"Gewalt im Dienst des Rechts" ist die Formel, die nach Mercier die Funktion des Militärs, nach außen die Unabhängigkeit des Staats zu verteidigen und im Innern für Ruhe und Ordnung zu sorgen, in komprimierter Form zusammenfaßt: "... votre passion dominante est celle de l'ordre, de la paix, de la justice. Le soldat qui se plairait à la guerre ... serait un inconscient ou un misérable. Vous avez la mission sublime d'accepter la guerre, mais seulement lorsque la défense du droit la réclame. Ce qui fait votre honneur, ce n'est pas la force musculaire qui vous fait terrasser l'ennemi, mais la force d'âme qui vous tient prêts à verser, s'il le fallait, votre sang pour assurer la paix générale et sauvegarder l'indépendance de la patrie."(160) Damit liegt für Mercier dann auch die Begrifflichkeit bereit, um während des Kriegs Belgiens Widerstand gegen den deutschen Einfall, das Verhältnis zum Okkupanten und seine Forderungen für die Wiederherstellung des Friedens zu begründen. Zunächst aber ermöglichte sie es ihm, die Notwendigkeit von Verteidigungsanstrengungen zu bejahen und als aktiver Förderer der Regierungspolitik aufzutreten.

Innerhalb des belgischen politischen Katholizismus setzte sich die Gruppe der "Jeune Droite" für die Wehrdienstreform ein. Für sie war neben den außenpolitischen Erwägungen ein innenpolitisches Motiv maßgebend. Sie hielt den Zustand, daß die Verteidigung des Staats ausgerechnet denen überlassen wurde, die am wenigsten zu verlieren hatten, für untragbar und forderte auch aus Gründen der Demokratisierung die persönliche und allgemeine Dienstpflicht.(161) Mercier hat öffentlich nicht zu erkennen gegeben, inwieweit er auch in dieser Hinsicht den Standpunkt der "Jeune Droite" teilte, immerhin hielt er die Situation 1909 für so gravierend, daß er die Taktik des Regierungschefs Schollaert, die Reform der Dienstpflicht mit den Stimmen der Opposition durchzusetzen und eine Spaltung der ohnehin geschmolzenen katholischen Mehrheit(162) in Kauf zu nehmen, guthieß: "La question a un caractère national, ce n'est pas une question de parti ... Après tout, les idées de plusieurs droitiers sont mesquines. Ainsi que l'a très bien relevé M. Levie, l'honneur de defendre son pays n'est pas le malheur suprême."(163) So konnte die Regierung mit Merciers voller Unterstützung bei der Propagierung der neuen Militärlasten nach der Verabschiedung des Gesetzes rechnen.(164)

Die einzelnen, in der vorangegangenen Darstellung nacheinander aufgezählten Initiativen, Reaktionen und Stellungnahmen Merciers auf wissenschaftlichem, kirchlichem und politischem Gebiet lassen sich zu einem einheitlichen Bild zusammenfügen, das im folgenden kurz umrissen werden soll, um Merciers Rolle in der Vorkriegsentwicklung Belgiens zusammenzufassen.

Die in die Wende vom 19. zum 20. Jahrhundert fallende Tätigkeit Merciers als Philosoph und als Bischof ging mit tiefgreifenden Strukturveränderungen in der belgischen Gesellschaft einher, die durch die industrielle Weiterentwicklung, Expansion und Konzentration in der Industrie bedingt war und die die Basis aller anderen gesellschaftlichen Prozesse bildete. Der belgische politische Katholizismus, der sich unter dem Regime des Zensuswahlrechts auf den katholischen Teil von Adel und Bürgertum gestützt hatte, war nach der Wahlrechtsreform von 1893, die die Zahl der Wahlberechtigten verzehnfachte,(165) gezwungen, seine politische Basis zu verbreitern.

Dabei bot sich der Rückgriff auf die Landbevölkerung von selbst an, deren Loyalität zur Kirche noch unerschüttert war, während in den großen Städten der Einfluß von Liberalismus und Sozialismus überwog. Gegen Ende des 19. Jahrhunderts war der politische Katholizismus in Belgien in Gefahr, zu einer Ideologie agrarischer und großbürgerlicher Interessen abzusinken(166) und die Verbindung zu den Faktoren zu verlieren, die die moderne Entwicklung prägten - der Wissenschaft, der Arbeiterbewegung, der demokratischen Bewegung, der Presse, der kolonialen Expansion, den Erfordernissen der industriellen Produktion, der Verteidigung in einer Zeit zunehmender außenpolitischer Spannungen. Mercier war nicht der einzige, wohl aber prominenteste Vertreter des belgischen Katholizismus, der die in dieser Tendenz liegende Gefahr für die Zukunft der Kirche in Belgien erkannte und sich für eine Überbrückung der Kluft zwischen Kirche und moderne Welt einsetzte. Es war der gemeinsame Kern seiner äußerlich vielgestaltigen Ansätze auf kirchlichem, politischem und wissenschaftlichem Gebiet, daß es ihm immer um die

Erarbeitung der Grundlagen ging, die geeignet waren, den katholischen Glauben auch künftig als Basis des Selbst- und Weltverständnisses der Mehrheit der Bevölkerung zu erhalten.(167) Mercier scheute dabei nicht vor dem Konflikt mit den katholischen Kräften zurück, die von der Fortführung kirchlichen Lebens in Belgien eine konservativere, d.h. an überholten gesellschaftlichen Verhältnissen orientierte Vorstellung hatten.(168)

Wenn sich im Lauf seines Episkopats die Gewichte innerhalb der belgischen Regierungen von der konservativen Richtung zur Tendenz "Jeune Droite" verschoben, dann ging das auch auf den Rückhalt zurück, den diese Richtung bei dem Mechelner Kardinal fand. Wie sein Vorgänger Goosens, war auch Mercier ein "évêque gouvernemental",(169) wenn auch nicht in einem so engen, auf kurzfristige parteipolitische Interessen ausgerichteten Sinn. Er bemühte sich, in allen nationalen Angelegenheiten ein übergeordnetes allgemeines Interesse zu fördern, das er jedoch im Licht katholischer Überzeugungen interpretierte, so daß letztlich auch für ihn nur die katholische Partei regierungsfähig und der Garant der Befolgung des nationalen Interesses war.

4. MERCIERS KRIEGS- UND NACHKRIEGSWIRKEN (1914 - 1926)

Der Kriegsausbruch 1914 stellte schon rein äußerlich einen Einschnitt in Merciers Wirken dar, als der normale Ablauf des öffentlichen Lebens durch den Kriegs- und Okkupationszustand gestört war und andererseits eine Fülle neuer Aufgaben entstand, die mit eingeschränkten Mitteln bewältigt werden mußte. Mercier hat die Übergriffe deutscher Soldaten auf belgische Zivilisten in den ersten Kriegswochen (später von deutscher Seite den Belgiern als völkerrechtswidriger "Volkskrieg" in die Schuhe geschoben) nicht im Land selbst miterlebt, da er Ende August 1914 zum Konklave nach Rom reisen mußte, das den Nachfolger Pius X. zu wählen hatte.(170) In Rom erfuhr er von den Zerstörungen und Gewalttaten der deutschen Armee, dort gewann er auch einen Eindruck von der Einschätzung des Kriegs durch das noch neutrale Italien und den Vatikan. Es schockierte ihn tief, daß die politische und moralische Notwendigkeit der belgischen Antwort auf das deutsche Ultimatum nicht begriffen wurde.(171) Nach der Rückreise über Frankreich und England, die ihm Gelegenheit zu Kontakten mit dem Klerus dieser Länder bot, kehrte er für kurze Zeit in das noch unbesetzte Mecheln zurück, um es bald darauf mit der übrigen Zivilbevölkerung im Zuge der Kämpfe um Antwerpen zu verlassen. In Antwerpen erlebte er die Belagerung und Übergabe der Stadt an die deutschen Truppen mit.(172) Hier kam es auch zu einem ersten Kontakt mit deutschen Militärs. Mercier erhielt vom Kommandanten der Festung Antwerpen die Zusicherung, die wehrfähigen Belgier hätten keine Deportation nach Deutschland oder eine Eingliederung in die deutsche Armee zu befürchten. Mit einer beruhigenden Erklärung wandte er sich daraufhin an die Bevölkerung.(173) Die ersten Wochen nach der Rückkehr in das teilweise zerstörte Mecheln - auch die Kathedrale St. Rombaut wies erhebliche Beschädigungen auf - waren ausgefüllt mit einer Bestandsaufnahme der Verluste und Schäden,(174) die die ersten Kriegswochen hinterlassen hatten sowie mit der Reorganisation von Seelsorge und Verwaltung unter den Bedingungen der Okkupation. Die Diözese Mecheln gehörte zu den von der deutschen Franktireurhysterie am stärksten betroffenen belgischen Gebieten. Hier wurden Löwen und Aarschot zu Synonymen blinder Gewalt und Zerstörung.(175) In diesen Wochen verschaffte sich Mercier auch ein anschauliches Bild von der materiellen Notlage der Bevölkerung, die von Arbeitslosigkeit, Wohnungsnot, Trennung der Familien und Abwesenheit des Ernährers bestimmt war. Er forderte den Klerus zur Organisation effektiver Hilfe auf(176) und unterstützte, gegen den Widerstand konservativer Katholiken, die Tätigkeit des "Comité National", das sich schon im August 1914 zur Versorgung der Brüsseler Bevölkerung gebildet hatte und bald darauf in Zusammenarbeit mit der belgischen Regierung, den belgischen Verbündeten und den deutschen Okkupationsbehörden die Versorgung des ganzen besetzten Gebiets organisierte.(177) Gerade auch die überparteiliche Zusammenarbeit innerhalb des Komitees wurde von Mercier in Abkehr von dem politischen Stil der Vorkriegszeit bejaht.(178) Neue Anforderungen ergaben sich auch für Seelsorge und Verwaltung: die geistliche Versorgung der kämpfenden Truppen, der belgischen Flüchtlinge in Holland, England und Frankreich, der Kriegsgefangenen in Deutschland, in zunehmendem Maße auch der politischen Gefangenen war sicherzustellen und Kontakte zu den übrigen belgischen Bischöfen, nach Rom und zur belgischen Regierung im Exil aufzubauen.(179)

Die Vorgeschichte erklärt, warum Mercier erst relativ spät, nämlich Weihnachten 1914 mit einem programmatischen Hirtenbrief zum Kriegsausbruch und zum Verhältnis gegenüber dem Okkupanten an die Öffentlichkeit trat, zu einem Zeitpunkt, als die deutschen Behörden die Lage längst "beruhigt" glaubten. Mit "Patriotisme et Endurance"(180) setzte der die ganze Kriegszeit anhaltende Konflikt Merciers mit den deutschen Behörden in Belgien ein. Der ersten patriotischen Verlautbarung folgten im Lauf der Jahre zahlreiche weitere,(181) in denen Mercier den Widerstand der Bevölkerung und ihren Durchhaltewillen stärkte und die ihn zum anerkannten Sprecher aller Belgier des besetzten Gebiets machten. Bis auf einen Romaufenthalt Anfang 1916 erlebte er die gesamte Okkupationszeit im besetzten Gebiet mit und konnte sich trotz seiner politisch unbequemen Haltung in seiner Diözese ungehindert bewegen, denn weder gelang es den deutschen Behörden, ihn durch Drohungen oder Einflußnahme über Rom zum Schweigen zu bringen noch wagten sie es, ihn zu inhaftieren oder des Landes zu verweisen. Gegen Ende des Krieges wurde seine nationale Rolle sogar von deutscher Seite bestätigt, als sie sich seiner als Mittler zu Wilson im Lauf der Waffenstillstandsverhandlungen zu bedienen versuchten.(182)

Der Kriegsausbruch hatte das innerbelgische politische Kräfteverhältnis verändert, er veränderte auch Merciers Einstellung zur katholischen Partei im Sinn einer gewissen Überwindung der parteipolitisch verhärteten Denkweise der Vorkriegszeit. Die Bedrohung von außen zwang alle Parteien zur Zusammenarbeit, die sich in der einmütigen Ablehnung des deutschen Ultimatums vom August 1914 und der Aufnahme von Oppositionspolitikern in die Regierung äußerte.(183) Die katholische Partei hatte das Monopol der Regierungsfähigkeit verloren, nachdem auch die Sozialisten und die Liberalen nationales Verantwortungsgefühl bewiesen hatten. Für Mercier war die Erfahrung, daß sich Opfermut und nationales Engagement nicht auf die Katholiken allein beschränkten, ein entscheidendes Kriterium für die Weiterentwicklung seiner Patriotismus-Doktrin(184) und damit seiner Einflußnahme auf die Tagespolitik. Die Bewahrung der inneren Geschlossenheit der Nation stand nunmehr im Mittelpunkt seines politischen Interesses vor der Durchsetzung bloßer Parteiinteressen.(185) Mit der Relativierung der politischen Aktivitäten ging einher eine Konzentration auf kirchliche Aufgaben, deren vornehmste er in der Priesterbildung und im Lehramt gegenüber den Gläubigern sah. Gerade während des Krieges wandte er sich auch mit zahlreichen "unpolitischen", "rein religiösen" Hirtenbriefen an seine Diözesanen,(186) in denen es ihm um eine Verarbeitung des Zeitgeschehens zur Intensivierung des christlichen Lebens in den Gemeinden und im einzelnen Gläubigen ging. Frucht dieser Entwicklung war auch die 1918 erschienene Schrift "La vie interieure", mit der er sein gewandeltes Verständnis christlicher Existenz Priestern und Laien einprägen wollte.(187)

Umso heftiger fiel die Reaktion Merciers gegen die flämischen Aktivisten aus, die auch unter dem niederen flämischen Klerus manche Sympathisanten hatten, erblickte er doch in dieser politischen Bewegung nicht bloß einen Angriff auf die gerade erst hergestellte und für die Aufbauarbeit der Nachkriegszeit so notwendige "union nationale", sondern auch einen Widerspruch zu seinem veränderten Priesterideal, das weniger gesellschaftspolitische Betriebsamkeit und mehr christliche Perfektion der eigenen Existenz vorsah.(188)

Kritik bis hin zu offener Feinseligkeit erntete Mercier infolgedessen bei jenen Flamen, die, enttäuscht von dem zähen Widerstand des offiziellen Vorkriegsbelgiens gegen durchgreifende sprachenpolitische Reformen, sich von der Zusammenarbeit mit den deutschen Okkupationsbehörden eine Verbesserung der Lage der flämischen Bevölkerung erhofften. Aber auch im Regierungslager fand Merciers politisch-nationale Rolle nicht nur Zustimmung. Die Entfremdung zwischen den Belgiern "drinnen" und "draußen" bewirkte, daß manche seiner Äußerungen außerhalb des besetzten Gebietes nicht verstanden wurden.(189)

Mit seiner Kriegsdeutung und seinem nationalen Engagement geriet Mercier in eine Konkurrenzsituation zum Papst, sprach er doch aus, was nach Meinung der Katholiken in den westlichen Ländern (besonders in Belgien und in Frankreich) der Papst hätte sagen müssen.(190) "Le pape du Nord" war ein Mercier von der Presse gern beigelegter Titel, der anzeigte, daß er im Verhältnis zum Vatikan zu besonderer Ergebenheit gezwungen war, um römische Empfindlichkeiten zu schonen. Das große internationale Prestige, das er sich jedoch durch seine Hirtenbriefe und seine Auseinandersetzungen mit den deutschen Okkupationsbehörden erworben hatte, schützte ihn vor offener Desavouierung durch den Vatikan und machte ihn gleichzeitig zu einem Machtfaktor, der für die vatikanischen Interessen eingesetzt werden konnte.(191) In der Gesamtkirche seiner Zeit gehörte Mercier zweifellos zu den wenigen Bischöfen der Peripherie, die trotz der zentralistischen Struktur der katholischen Kirche und gewissermaßen gegen sie in ihr zu Einfluß und Gewicht kamen.

Mit dem für Belgien siegreichen Kriegsende, das wie eine perfekte Bestätigung der Mercierschen Kriegsdeutung erschien, wurden die Widersprüche und Konflikte der inneren und äußeren Politik Belgiens, die sich in den Kriegsjahren schon angedeutet hatten, zunächst überdeckt durch die Befriedigung über den Kriegsausgang. Mercier stand an der Spitze des Klerus, der König Albert nach seinem triumphalen Einzug in Brüssel an der Spitze seiner Truppen zu einem Tedeum begrüßte.(192) In den folgenden Wochen und Monaten stand er selbst häufig im Mittelpunkt von Feiern und war Gegenstand zahlreicher Ehrungen als nationaler Heros und als Verkörperung des moralischen Kriegsziels der westlichen Verbündeten.(193) Das Ausmaß seines internationalen Ansehens wurde deutlich an der Zahl prominenter Besucher in Mecheln und an den Einladungen ins Ausland, die Mercier erhielt.(194) Zwar zerschlug sich der Plan, Mercier als einen der belgischen Delegierten zur Friedenskonferenz in Versailles einzusetzen,(195) doch unternahm er im Auftrag der Regierung im Oktober 1919 eine Reise in die USA, um das amerikanische Interesse an Belgien wiederzubeleben, wovon sich die belgische Politik eine wirkungsvolle Unterstützung des Wiederaufbaus Belgiens versprach.(196)

Der Siegesjubel konnte nur für kurze Zeit darüber hinwegtäuschen, daß auch der gewonnene Krieg seinen Preis kostete. In der Bevölkerung breiteten sich Unzufriedenheit und Enttäuschung aus, je mehr sich die Hoffnungen auf deutsche Reparationsleistungen als Illusion herausstellten und je krasser der Gegensatz zwischen den Lebensbedingungen der Menge der Bevölkerung und der schmalen Schicht derer zutage trat, die am Krieg profitiert hatten. In Merciers Nachkriegspredigt spiegelte sich der Stimmungsumschwung wider: stehen seine ersten Äußerungen noch ganz im Zeichen des Danks für den Sieg(197) und des Ausblicks auf den Wiederaufbau,(198) so tritt allmählich der Ausdruck der Enttäuschung über die Nachkriegsentwicklung,(199) über Deutschlands mangelnden guten Willen bei der Reparation der Kriegsfolgen,(200) über die "moralischen Ruinen", die der Krieg hinterlassen hat,(201) in den Vordergrund und führt zur beschwörenden Erinnerung an die Erfahrungen der Kriegszeit und zum Appell an die Kräfte der Selbsthilfe.(202) Trotz zahlreicher Aufforderungen zu internationalem Auftreten (Vorträge, Auslandsreisen) war Mercier bestrebt, seine Aktivitäten außerhalb seiner Diözese und außerhalb der belgischen Kirche einzuschränken und sich wieder stärker seinem kirchlichen Auftrag zuzuwenden. In Erfüllung eines Gelübdes zu Beginn des Krieges(203) und angesichts der fortschreitenden Entkirchlichung der Bevölkerung, die auch der Krieg nicht hatte aufhalten können, bemühte er sich um die Festigung der Glaubensbindungen bei seinen Diözesanen durch Intensivierung der Herz-Jesu- und der Marienverehrung.(204) Ein 1920 unter Vorsitz Merciers stattfindendes Provinzialkonzil, einberufen zur Anpassung der Diözesanstatuten an die 1916 veröffentlichte Neufassung des kanonischen Rechts, zog die Bilanz der kirchlich-religiösen Situation nach dem Krieg und setzte Schwerpunkte für die Arbeit der kommenden Jahre, die in der Bekämpfung der diagnostizierten Zeitübel wie Alkoholismus, Scheidung, neutrale Moral gipfelten.(205)

Die letzte bedeutende Initiative seines Lebens galt der ökumenischen Bewegung. Die Kriegserfahrungen, das Erlebnis der gemeinsamen Abwehr eines nach Merciers Interpretation die Grundlagen der europäischen christlichen Zivilisation bedrohenden Angriffs(206) durch Nationen unterschiedlicher Konfession, die begeisterte Zustimmung, die Mercier während seiner Amerikareise gerade auch von seiten der protestantischen Kirchen entgegengebracht worden war, hatten in ihm eine Entwicklung zur Toleranz bewirkt, die im Andersgläubigen nicht mehr unbedingt den Gegner der eigenen Auffassungen, sondern eher den noch nicht zur vollen Erkenntnis der Wahrheit Gekommenen sah, mit dem eine gewisse Gemeinschaft möglich war, sofern seine Auffassungen sich auf ein Absolutes bezogen.(207) Dieses neugewonnene Toleranzvermögen befähigte Mercier, auf Anregungen anglikanischer Kreise einzugehen, über die Möglichkeit einer Rückkehr "en bloc" zur katholischen Kirche zu sprechen. Diese Gespräche, bekannt geworden als "conversations de Malines",(208) fanden in unregelmäßigen Abständen zwischen 1921 und 1925 statt, um Detailprobleme, wie z.B. die Anerkennung der anglikanischen Ordination, zu erörtern.(209) Es gelang den Mechelner Zusammenkünften nicht, Wege zur Überwindung der historisch gewachsenen Unterschiede aufzuzeigen. Je länger sie dauerten, desto klarer traten die durch den Willen Einzelner nicht aufzuhebender Diverganzen hervor, zumal auch Rom und die englische katholische Hierarchie die Mechelner Gespräche mit Mißtrauen verfolgten. Durch die an Mercier ergangene Aufforderung zu den Einigungsgesprächen sahen sich die englischen Katholiken wie der Vatikan übergangen, außerdem zogen Rom und die englische katholische Kirche eine Fortsetzung der Bewegung individueller Konversionen der ungewissen Rückkehr der anglikanischen Kirche im ganzen vor.(210) Mit einem Hirtenbrief an seine Diözese suchte Mercier über Ziel und Tragweite der Mechelner Gespräche aufzuklären und Mißverständnisse auszuräumen, konnte aber ihr Scheitern nicht verhindern.(211)

Trotzdem gehört der ökumenische Ansatz zu den fruchtbarsten, in die Zukunft weisenden Initiativen Merciers, führte er doch zu der Erkenntnis, daß die Einigung der Christen verschiedener Konfessionen nicht über die theologische Konfrontation, sondern über ein vertieftes Verständnis der "charité"(212) gefördert wird. Neu an den Mechelner Gesprächen war nicht eine theologische Kompromißformel, sondern das Klima des Vertrauens und der Aufgeschlossenheit, in dem sie stattfanden und das die Erinnerung an diesen Vorläufer der ökumenischen Bewegung nicht hat untergehen lassen.(213) Einwirkungen auf das tagespolitische Geschehen waren für den belgischen Episkopat in der Nachkriegszeit nur noch in geringerem Maße möglich verglichen mit der Zeit vor 1914, da die Einführung des allgemeinen Wahlrechts die massive Mehrheit der katholischen Partei gebrochen hatte und die ausgewogenere Stimmenverteilung die großen Parteien zu Koalitionen zwang.(214) Allerdings blieb die katholische Partei bis 1940 an der Regierungsverantwortung beteiligt, so daß auch weiterhin in den großen nationalen Fragen ein gewisser politischer Einfluß des Episkopats erhalten blieb. So hat Mercier 1925, als die katholische Partei erstmals vor der Frage eines Regierungsbündnisses mit den Sozialisten stand,(215) diese Lösung als vernünftigsten Ausweg einer besonders verwickelten politischen Krise akzeptiert und gegenüber dem Vatikan verteidigt.(216) Aber die gesellschaftspolitischen Aktivitäten waren für Mercier nicht mehr das hervorragende Mittel zur Verteidigung des Christentums in einer Zeit, in der der christliche Glaube als Basis des öffentlichen und privaten Selbstverständnisses weiter zurückging. In einer Aufzählung der Schwerpunkte seiner Arbeit kurz vor seinem Tod(217) erwähnte Mercier weder die katholische Partei noch die christliche Schule oder Presse, sondern neben den Einigungsgesprächen mit den Anglikanern die Mariologie und zwei Ordensgründungen für Priester und Laien zur Unterstützung seines Apostolats.

Nach lange unterdrückter Krankheit starb Mercier am 23.1.1926. Er wurde beigesetzt in seiner Kathedrale in Mecheln. Belgien ehrte ihn - auf Anregung Emile Vanderveldes, des Chefs der sozialistischen Partei und Außenministers in der katholisch-sozialistischen Koalition von 1925 - mit einem Staatsbegräbnis und bekundete damit die nationale Bedeutung dieses Inhabers des Mechelner Bischofssitzes.(218) Die Feier symbolisierte zugleich den Wandel, den Belgiens Staat und Gesellschaft in den gut fünfzig Jahren der Wirksamkeit Merciers(219) erfahren hatten.

Trotz der Bestätigung, die Merciers Kriegspredigt durch das Kriegsende erhalten zu haben schien und trotz der glänzenden Ehrungen, die ihm nach 1918 zuteil wurden, standen die Nachkriegsjahre im Zeichen des Scheiterns und der Defensive. Mercier, der vor 1914 mit vielfältigen Initiativen versucht hatte, zwischen moderner Welt und katholischer Tradition zu vermitteln, der von dem Kriegserlebnis eine Wiederbelebung von Glaube und christlicher Sitte erhofft hatte, mußte nach Kriegsende sehen, daß weder im Innern noch in den internationalen Beziehungen die "Ordnung wiederhergestellt" war. Die politischen, sozialen und ökonomischen Spannungen in Belgien hatten sich weiter verschärft, die staatliche Autorität wurde durch häufige Regierungskrisen erschüttert, die als "Sittenverfall" interpretierten Änderungen der moralischen Normen beschleunigten sich. Mit der Niederlage Deutschlands war für das allgemeine Empfinden nicht der "Frieden" zurückgekehrt, Deutschlands "Unbußfertigkeit" blieb eine Belastung für die internationalen Beziehungen; das Entstehen eines sozialistischen Staats in Rußland stellte die europäisch-christliche Gesellschaftsordnung auf noch tiefergehende Weise in Frage als die von Mercier so scharf angegriffene, zum Krieg führende Politik des kaiserlichen Deutschlands. Zwar versuchte Mercier sein Deutungsmodell der Kriegszeit auch für die Nachkriegsverhältnisse aufrechtzuerhalten, doch gelang es ihm nicht, die Entwicklungen der Nachkriegszeit in einem ähnlich geschlossenen Weltbild zusammenzufassen wie während des Krieges. Es scheint, daß sein Rückzug aus den gesellschaftspolitischen Aktivitäten, die zwar fortgeführt werden, aber nicht mehr im Zentrum seines Interesses stehen, mit diesem Scheitern zu tun haben; nämlich mit der Einsicht, daß ohne eine Rückbesinnung auf den Gehalt christlichen Glaubens alle Anstrengungen zur äußeren Einflußsicherung nutzlos sind.(220)

Zweites Kapitel

DEUTSCHLAND UND BELGIEN IN DEN ERSTEN KRIEGSMONATEN

1. DIE VERSTÄNDIGUNGSVERSUCHE MIT BELGIEN IN DER ERSTEN AUGUSTHÄLFTE 1914

Am 2.8.1914 überreichte der deutsche Gesandte in Brüssel von Below-Saleske(1) der belgischen Regierung das Ultimatum, in dem Belgien unter Androhung von Gewalt aufgefordert wurde, dem Durchmarsch der deutschen Truppen nach Frankreich keinen Widerstand entgegenzusetzen.(2)

Für die belgische Öffentlichkeit war das Ultimatum ein Schock, das Vertrauen auf den Schutz der garantierten Neutralität hatte sich als Illusion erwiesen.(3) Über die belgische Haltung konnte es keinen Zweifel geben, und sie wurde ursprünglich, während der Ausarbeitung des Schlieffenschen Feldzugsplans, von der deutschen politischen und militärischen Führung realistisch eingeschätzt.(4) Dennoch war die Übergabe des Ultimatums von vagen Hoffnungen begleitet, es könnte in letzter Stunde gelingen, Belgien zur Duldung des deutschen Durchmarschs bewegen. Der deutsche Entschluß zum Bruch der belgischen Neutralität war nicht von vornherein mit Planungen verbunden, den belgischen Staat von der europäischen Landkarte verschwinden zu lassen. Weder auf politischer noch auf militärischer Seite hatte man sich Gedanken darüber gemacht, wie sich das deutsch-belgische Verhältnis nach der Neutralitätsverletzung weiterentwickeln könnte oder müßte. So versuchte die deutsche Politik zunächst, mit der belgischen Regierung zu einer gütlichen Übereinkunft zu kommen. Von Below erhielt den Auftrag, auch nach der Rückweisung des deutschen Ultimatums durch die belgische Regierung(5) "dauernd" zu versichern, "daß Deutschland jederzeit bereit ist, Belgien Bruderhand zu reichen und über annehmbaren modus vivendi zu verhandeln."(6)

Auf einen versöhnlichen Ton war auch die erste Bekanntmachung des Oberbefehlshabers der deutschen Truppen beim Überschreiten der belgischen Grenzen gestimmt: "Zu meinem größten Bedauern haben sich die deutschen Truppen genötigt gesehen, die belgische Grenze zu überschreiten ... Belgier, es ist mein höchster Wunsch, daß es noch möglich sei, einen Kampf zwischen zwei Völkern zu vermeiden, die bis jetzt Freunde, früher sogar Bundesgenossen waren." Der Erinnerung an "den Tag von Belle Alliance" folgte die Aufforderung, feindliche Handlungen zu unterlassen, da die deutschen Truppen nicht gegen Belgien, sondern gegen Frankreich kämpfen wollten, und die Zusicherung der Schonung und Entschädigung für alle durch Deutschland verursachten Schäden. Sie schloß mit dem Rat: "Es hängt von euerer Klugheit, von euerem wohlverstandenen Patriotismus ab, euerem Lande die Schrecken des Krieges zu ersparen."(7) Bewußter politischer Zielsetzung, nämlich dem Versuch, doch noch zur Verständigung mit Belgien zu kommen, entsprang auch die später viel kritisierte Wendung des Reichskanzlers Bethmann Hollweg vor dem Reichstag am 4.8.1914, in der er das an Belgien begangene Unrecht offen zugab, ebenfalls eine Entschädigung anbot und versicherte, daß Deutschland keine Eroberungen in Belgien anstrebe.(8) Schließlich wurde nach dem Fall Lüttichs ein letzter Versuch unternommen, Belgien, "nachdem die belgische Armee in heldenmütigem Widerstand gegen die große Überlegenheit ihre Waffenehre aus glänzendste gewahrt hat", zur Aufgabe seines militärischen Widerstandes zu bewegen.(9)

Die Antworten der belgischen Regierung auf die verschiedenen Annäherungsversuche brachten die Ernüchterung.(10) Es wurde deutlich, daß Deutschland Belgien durch die Neutralitätsverletzung an die Seite Englands und Frankreichs getrieben hatte. Die deutsche Politik mußte fortan mit Belgien als einem weiteren entschlossenen Gegner rechnen. Mehr noch, es war nicht zu erwarten, daß Belgien, würde es nach dem Krieg in alter Gestalt und unter der alten Führungsschicht wiedererstehen, zu der Neutralitätspolitik zurückkehren würde, die es nicht vor der Einbeziehung in den Krieg hatte schützen können. Die Überzeugung war allgemein, daß ein wiederhergestelltes Belgien sich nach dem Krieg wirtschaftlich, politisch und militärisch England und Frankreich anschließen würde, wodurch Deutschland nicht nur einen seiner besten europäischen Handelspartner verlöre,(11) sondern auch zu befürchten hätte, daß englische und französische Truppen über ein Bündnis mit Belgien das Herz der deutschen Industrie, das Ruhrgebiet, unmittelbar bedrohten.

Nun erst, Mitte August 1914, entstand der deutschen Politik die "belgische Frage",(12) d.h. die Frage nach der Zukunft Belgiens, dessen Staatsgebiet inzwischen zum größeren Teil von deutschen Truppen besetzt war.(13) Am 20.8.1914 zogen deutsche Truppen in Brüssel ein, das belgische Heer mit dem König an der Spitze und die belgische Regierung hatten sich in den Festungsbezirk Antwerpen zurückgezogen. Jetzt erst begann die lange Reihe der Planungen und Überlegungen nach der für die deutschen Interessen günstigsten Lösung des "furchtbaren"(14) belgischen Problems, deren gleichbleibender und bis in das Jahr 1918 hinein festgehaltener Kern die Überzeugung war, daß der status quo ante nicht wiederhergestellt werden dürfe.(15)

Diese Planungen standen zunächst, d.h. zwischen dem 16.8. und dem 9.9.1914, ganz im Zeichen der Erwartung der Niederwerfung Frankreichs, wie es der Schlieffensche Feldzugsplan für einen Zweifrontenkrieg vorsah. Sie kondensierten in dem Septemberprogramm, (16) das in den Punkten 2,3 und 4 Belgien betraf und Annexionen an Preußen bzw. Luxemburg, eventuell Antwerpen mit einer Verbindung zu Lüttich) vorsah sowie die Umbildung des verbleibenden Gebiets in einen "Vasallenstaat" und seine Einbeziehung in ein mitteleuropäisches Wirtschaftssystem forderte.(17)

2. DIE PROPAGANDISTISCHE OFFENSIVE GEGEN BELGIEN AB MITTE AUGUST 1914

Die Wende in der deutschen Belgienpolitik Mitte August 1914 von den Verständigungsversuchen mit der belgischen Regierung zu den gegen den belgischen Staat von 1830 gerichteten Plänen zeichnete sich, auch für die Öffentlichkeit erkennbar, in einer verschärften Sprache gegenüber Belgien ab. Schon in der Note des Auswärtigen Amtes vom 13.8.1914, mit der die Wilhelmstraße auf die am gleichen Tag eingegangene belgische Note(18) reagierte, wurde die Autorität der belgischen Regierung angefochten, für das Land zu sprechen, da sie "Deutschlands aufrichtig gemeinte Anerbietungen" zurückgewiesen hatte, "dem Land die Schrecken des Krieges zu ersparen, und ... dem deutschen, durch die Maßnahmen der Gegner Deutschlands gebotenen Einmarsch, bewaffneten Widerstand entgegengesetzt" hatte. "Sie hat den Krieg gewollt."(19) Darin steckte der Vorwurf, die belgische Regierung habe den Krieg leichtfertig ins Land geholt und somit die wahren Interessen Belgiens verraten. In die gleiche Kerbe hieb der zweite Teil der Note, der Belgien der völkerrechtswidrigen Kriegführung - Teilnahme von Zivilisten am Krieg, Grausamkeiten der Bevölkerung an Verwundeten, deutschem Pflegepersonal und deutschen in Belgien lebenden Staatsangehörigen - beschuldigte. Damit wurde der sogenannte Franktireurkrieg zur politischen Waffe in der Auseinandersetzung mit der belgischen Regierung.(20) Schon in den ersten Kriegstagen waren in der deutschen Presse Greuelberichte aus Belgien erschienen, doch während in der Phase der Verständigungsversuche mit Belgien der Regierung nahestehende Zeitungen wie die "Frankfurter Zeitung"(21) zu kritischer Rezeption rieten,(22) erfuhr diese Berichterstattung nun eine offizielle Bestätigung. Als Fazit mußte sich aufdrängen, daß Belgien bei seiner "jeder Zivilisation hohnsprechenden Art der Kriegführung"(23) keine Achtung als souveräner Staat fordern und Deutschland über das eroberte Territorium frei verfügen kann.(24) Wiewohl sich schon diese Note einer kräftigen Sprache bediente, wurde sie noch übertroffen durch die Erklärung des Reichskanzlers vor amerikanischen Pressevertretern vom 2.9.14 und durch das Telegramm Kaiser Wilhelms an Wilson vom 7.9.14, zumal nun die Vorwürfe gegen Belgien von den prominentesten Vertretern des Deutschen Reichs erhoben wurden. So hieß es in der Erklärung des Reichskanzlers, "daß belgische Mädchen wehrlosen Verwundeten auf dem Schlachtfeld die Augen ausgestochen haben. Beamte belgischer Städte haben unsere Offiziere zum Essen geladen und über den Tisch hinüber erschossen ... Belgische Frauen haben Soldaten, die sich im Quartier angekommen niederlegten, die Hälse durchschnitten."(25) Ähnlich waren die Anschuldigungen des Kaisers, nur daß zusätzlich noch die belgische Geistlichkeit in die Anklagen einbezogen wurde.(26)

Eine weitere Motivation für die propagandistische Offensive bleibt nachzutragen. Schon im deutschen Kalkül der Julikrise war angelegt, daß unmittelbar Rußland und mittelbar England als die am

Kriegsausbruch Schuldigen erscheinen sollten,(27) während sich Deutschlands Kampf der Öffentlichkeit als Verteidigungskrieg darstellen sollte.

Dieses Kalkül ging innenpolitisch auf, die Sozialdemokratie übernahm die Version des Deutschland aufgezwungenen Krieges,(28) der die Verletzung der belgischen Neutralität als "Notwehr"(29) rechtfertigte. Auch die deutschen Katholiken - eine andere Gruppe, von der potentiell Kritik ausgehen konnte- schlossen sich völlig der offiziellen These vom Verteidigungskrieg an.(30) Im neutralen Ausland dagegen wurde die Glaubwürdigkeit der deutschen Position vor allem durch den Fall Belgien geschwächt. Der Nachricht von der Verletzung der belgischen Neutralität folgten die Berichte vom grausamen Vorgehen der deutschen Truppen beim Einmarsch in Belgien auf dem Fuß. Die deutschen Auslandsvertretungen mußten von zunehmender Kritik an Deutschland, vom Sinken des deutschen Ansehens und erfolgreicher belgisch-französisch-englischer Propaganda berichten.(31) Nicht der gewünschte Eindruck von Deutschland als überfallenem, in seiner Existenz bedrohtem Staat entstand, sondern das Bild einer aggressiven, Recht, Gesetz und Menschlichkeit mit Füßen tretenden Macht. Vor allem in Amerika, aber auch in Holland und in den skandinavischen Staaten machte sich die von Belgien, England und Frankreich ausgehende Propaganda bemerkbar.(32)

In Deutschland beklagte man sich bitter über den englischen "Feldzug der Lüge"(33) und über die nachrichtentechnische Isolierung, in die Deutschland durch die Unterbrechung der Kabel nach Übersee durch England geraten war.(34) Man suchte der Entente-Propaganda entgegenzuwirken, indem der Spieß umgekehrt wurde und nun belgische, englische und französische Völkerrechtsverletzungen behauptet wurden. Aus diesem Grund erschienen die Anklagen gegen den "belgischen Volkskrieg" verwuickt mit Behauptungen, England und Frankreich verwendeten die durch das Völkerrecht verbotenen "Dum-Dum-Geschosse."(35)

Dennoch blieb die deutsche propagandistische Position schwach, denn unbezweifelbaren Tatsachen und symbolträchtigen Vorfällen wie dem Brand der Löwener Bibliothek oder der Beschießung der Kathedrale von Reims(36) standen deutscherseits nur vage Behauptungen gegenüber, die den negativen Eindruck des deutschen Vorgehens nicht verwischen konnten. Auch die Veröffentlichungen aus belgischen Archiven vom Herbst 1914 an,(37) unter dem Tenor, Belgien selbst habe seine Neutralität so ausgehöhlt, daß Deutschland es bei seinem Einmarsch nicht mehr mit einem wirklich neutralen Staat zu tun hatte, verliehen der deutschen Position nicht mehr Überzeugungskraft. Belgien blieb die Achillesferse der deutschen propagandistischen Selbstdarstellung nach außen. Den im Verlauf der ersten Kriegsmonate gegenüber Belgien aufgebauten Standpunkt nach den anfänglichen Ausgleichsversuchen resümierte die Rede des Kanzlers während der zweiten Kriegstagung des deutschen Reichstages, in der Bethmann Hollweg sein Wort vom deutschen Unrecht an Belgien zurücknahm und Belgien die Verantwortung für seine Einbeziehung in den Krieg zuschob,(38) womit er faktisch Deutschland von der moralischen Verpflichtung zur Wiederherstellung des Landes befreite.

3. DIE ERRICHTUNG DES GENERALGOUVERNEMENTS IN BELGIEN UND DIE BEIDEN ERSTEN DEUTSCHEN GENERALGOUVERNEURE

Die Errichtung des Generalgouvernements in Belgien ging auf eine Anregung der in Belgien kämpfenden Truppen vom 21.8.14 zurück, die mit der Verwaltung des eroberten Gebiets überlastet waren.(39) Daraufhin wurden von den militärischen Stellen im Großen Hauptquartier die Grundlagen der in Belgien einzurichtenden Verwaltung ausgearbeitet und dem Kaiser der Generalfeldmarschall von der Goltz als Generalgouverneur vorgeschlagen.(40) Angelpunkt der militärischen Vorstellungen von den Zielen der deutschen Verwaltung in Belgien war die "militärische und wirtschaftliche Ausnutzung" des Landes, wie es programmatisch im Titel der von Moltke dem Kanzler übersandten Denkschrift hieß, um die deutschen Kriegslasten zu vermindern.(41) Erst an nachgeordneter Stelle wurde an die Versorgung der einheimischen Bevölkerung gedacht. Der Reichskanzler wurde von den militärischen Stellen informiert, unternahm aber nicht den Versuch, bei der Ernennung des Generalgouverneurs und der Ausarbeitung der ihm zu erteilenden Richtlinien ein Mitspracherecht der Politik anzumelden.(42) Die Errichtung des Generalgouvernements wurde von ihm als ein militärisch-technisches Problem betrachtet, was sich auch daran ablesen läßt, daß zum höchsten Zivilbeamten der Aachener Regierungspräsident von Sandt(43) ernannt wurde, ein konservativer Verwaltungsfachmann, der gegen einen von Weisungen des Reichskanzlers unabhängigen, eigene Vorstellungen entwickelnden Generalgouverneur kein Gegengewicht sein konnte. Nur durch die Entsendung des Gesandten von der Lancken (44) in die Zivilverwaltung war eine Verbindung zum Auswärtigen Amt gegeben. Die Unterlassung des Reichskanzlers, eine Verpflichtung des Generalgouverneurs zu erwirken, bei der Verwaltung Belgiens politische Interessen des Reichs zu berücksichtigen,(45) bliebe unverständlich, wenn nicht bekannt wäre, daß Bethmann Hollweg in den Tagen der Errichtung des Generalgouvernements unter "Zukunft Belgiens" noch die Aufteilung des Landes verstand(46) und sich erst Ende August, unter Rathenaus,(47) Gwinners(48) und Riezlers(49) Einfluß zu den Vorstellungen durcharbeitete, die mit den Stichworten "Mitteleuropa" und "Vasallenstaat" bezeichnet sind.(50) Nachdem ein Fortbestehen Belgiens, wenn auch als deutscher "Tributärstaat",(51) ins Auge gefaßt wurde, gewann auch die Verwaltung Belgiens für Bethmann Hollweg politische Bedeutung, und er suchte die Unterlassung gewissermaßen zu korrigieren, indem er den Generalgouverneut auf dem Weg der Überzeugung zur Berücksichtigung politischer Interessen zu bestimmen versuchte. "Wenn auch die Eurer Excellenz in Belgien anvertraute Aufgabe in erster Linie eine militärische ist, so ist doch diese militärische Aufgabe mit so weittragenden politischen Nebenwirkungen verbunden, daß ich auf eine enge Fühlung zwischen uns großen Wert legen muß", hieß es im Entwurf eines Schreibens an den Generalgouverneur vom 4.9.14.(52) Um zu verhindern, daß seine Belgienpolitik durch gegenwärtige Verwaltungsmaßnahmen gestört bzw. in eine bestimmte Richtung gedrängt werde, bat der Reichskanzler den Generalgouverneur, "nach Möglichkeit alles (zu) vermeiden, was der in Zukunft zu treffenden Entscheidung in der einen oder der anderen Richtung präjudizieren könnte." Gleichzeitig informierte er den Generalgouverneur über den derzeitigen Stand seiner Überlegungen zur Regelung der belgischen Frage: wegen der noch ungeklärten militärischen Lage sei es ungewiß, ob Deutschland allein über das Schicksal Belgiens werde entscheiden können, aber auch für den Fall eines Sieges sei es sehr fraglich, ob einer Annexion nicht eine "wirtschaftliche Besitzergreifung" vorzuziehen sei (dies die in dem Zitat gemeinte "eine" oder "andere" Richtung). Dabei wird deutlich, daß Bethmann Hollweg vor allem eine vorzeitige Festlegung der Verwaltungspolitik auf eine künftige Annexion Belgiens verhindern wollte, die in der Heimat schon massiv gefordert wurde, jedoch seiner Meinung nach Komplikationen mit den an der Lösung der belgischen Frage ebenfalls interessierten Staaten wie Holland heraufbeschwören konnte. Dennoch blieb der Reichskanzler auf den guten Willen des Generalgouverneurs zur Zusammenarbeit angewiesen, eine Verpflichtung zur Abstimmung der Verwaltungspolitik mit den Zielen des Reichskanzlers bestand nicht.(53) Der nur dem Kaiser verantwortliche Generalgouverneur konnte in Belgien eine eigene Politik betreiben, ohne auf die Politik der Reichsleitung Rücksicht zu nehmen. Die Gefahr war umso größer, als als Generalgouverneure hohe Militärs ernannt wurden und schon bald nach Ausbruch des Krieges Divergenzen zwischen militärischer und politischer Führung auftraten, die im Lauf des Krieges zur kaum verhüllten Militärdiktatur führten. Wie sich die latente Gefahr eines Konflikts zwischen Reichskanzler und Generalgouverneur in Belgien praktisch auswirkte, wird jeweils im Zusammenhang mit der Behandlung der Politik der einzelnen Generalgouverneure zu erörtern sein.

In den wenigen Monaten der Amtszeit von der Goltz' wurde die deutsche Verwaltung aufgebaut. Sie unterschied sich in eine militärische und eine zivile Verwaltung. Die Zivilverwaltung war in mehrere Abteilungen untergliedert, an deren Spitze Referenten(54) standen, die mit den belgischen Ministerien zusammenarbeiteten und sie beaufsichtigten. Der gleiche Dualismus von militärischer und ziviler Verwaltung wiederholte sich auf Provinz- und Kreisebene.(55) Die zentrale Zivilverwaltung war überwiegend mit preußischen Beamten besetzt, wobei durchaus ein Bestreben erkennbar ist, das katholische und rheinische Element wegen der Nachbarschaft zu Belgien zu berücksichtigen. So gehörten der Zentrumspolitiker Trimborn und der Euskirchener Landrat Kaufmann zu den Referenten der Zivilverwaltung, von Sandt selbst war Katholik, stammte aus Bonn und war seit 1907 Aachener Regierungspräsident. Trotzdem wurde von deutscher katholischer Seite eine zu geringe Beteiligung der Katholiken an der Verwaltung Belgiens bemängelt und nach dem ersten Konflikt mit Mercier die Einrichtung einer mit einem Katholiken besetzten kirchenpolitischen Abteilung in der Zivilverwaltung gefordert.(56) Von der Goltz war durch seine Ernennung zum Generalgouverneur enttäuscht, er hatte sich bei Ausbruch des Krieges ein Truppenkommendo erhofft und begrüßte daher seine Versetzung im November 1914 in die Türkei.(57) Dieser eigenwillige, als Persönlichkeit den Durchschnitt der preußischen Offiziere überragende Offizier verlangte in seiner ersten Bekanntmachung vom 2.9.14 an die belgische Bevölkerung zwar "verständige Unterwerfung" und einen "vollkommenen Gehorsam unter die Befehle des Generalgouverneurs", versicherte aber auch: "Ich verlange von niemandem, seine vaterländischen Gefühle abzuschwören" und bat um Vertrauen zur Regierung, vor allem von seiten der belgischen Behörden.(58) Das Mißtrauen vieler deutscher in Belgien stationierter führender und mittlerer Offiziere gegen die Belgier, die noch ganz unter dem Einfluß der Franktireurpsychose standen und hinter jedem Strauch Aufruhr und Widersetzlichkeit witterten, war ihm fremd.(59) Prompt wurde von Scharfmachern in der Heimat seine zu große Milde gerügt und "hartes Durchgreifen" verlangt.(60) Auch in der Frage der belgischen Kriegskontributionen entwickelte Goltz realistische Vorstellungen und widersprach den maßlosen Forderungen aus dem Großen Hauptquartier und aus dem preußischen Kriegsministerium,(61) was wohl gleichfalls zu seiner Abberufung und Versetzung beitrug.

Zum Nachfolger von der Goltz' wurde der stellvertretende Kommandierende General des VII. Armeekorps in Münster, Moritz Freiherr von Bissing bestimmt.(62) Von den drei Generalgouverneuren in Belgien hat Bissing am stärksten das Bild der deutschen Verwaltung gegenüber der belgischen Bevölkerung geprägt. Er entstammte altem sächsischen Adel, doch standen seine Vorfahren schon seit einigen Generationen in preußischen Diensten. Der Familientradition folgend schlug er die Offizierslaufbahn ein, die ihn als Flügeladjutant bis in die engste Umgebung des Kaisers und an die Spitze des VII. Armeekorps in Münster (1901) führte. Nach seiner Verabschiedung 1907 zog er sich auf sein schlesisches Gut zurück und widmete sich sozialpolitischen und Wohlfahrtsangelegenheiten. Bissing repräsentierte den Typ des altpreußischen konservativen Offiziers, dessen grundsätzliche monarchische Gesinnung nicht mit Höflingsmentalität zu verwechseln ist. Mit seinem sozialpolitischen Engagement bewies er, daß seine Interessen nicht auf militärisches Gebiet begrenzt waren, wobei für ihn patriarchalische Fürsorge und staatserhaltende Ziele das treibende Motiv waren.(63) Bei Kriegsausbruch wurde Bissing als stellvertretender Kommandierender General wieder an die Spitze seines alten Armeekorps nach Münster berufen, um am 28.11.14 zum Generalgouverneur für Belgien ernannt zu werden. Wiewohl Bissing ein auf seine Art durchaus nicht unsympathischer Vertreter preußischer Traditionen war, war der Gegensatz zur belgischen Mentalität doch unüberbrückbar.(64)

Schon vor dem Krieg schätzten die Belgier zwar deutschen Fleiß, Strebsamkeit und Ordnung, doch waren die belgischen Empfindungen mehr von Achtung und Furcht als von Sympathie bestimmt, als Lebensstil war die französische Kultur verbindlich. Die Betonung der Disziplin, die Unterwerfung unter die Autorität des Staates und das militärische Gepräge des öffentlichen Lebens stießen die Belgier ab, die in ihrer wechselvollen Geschichte ein ausgeprägtes Freiheitsbewußtsein entwickelt hatten. Die belgische Grundeinstellung war liberal, nicht als theoretische Überzeugung, sondern als täglich gelebte Wirklichkeit. Zwang von oben, Eingriffe in Wirtschaft und Gesellschaft wurden mit Mißtrauen betrachtet und bis zum letzten abgewehrt; mehr als vom Staat erwartete man die Lösung auftauchender Probleme von der Initiative Einzelner oder gesellschaftlicher Gruppen. Ein ausgeprägter Sinn für das Nützliche und Vernünftige, der sprichwörtliche "bon sens belge" bildeten ein Gegengewicht gegen denkbare chaotische Tendenzen. Fanatismus und Übertreibung gediehen nicht in diesem der Realität und dem Lebensgenuß zugewandten Volk. Wurden auch vor dem Krieg die innenpolitischen Gegensätze mit Schärfe ausgetragen, so daß der Eindruck der inneren Auflösung des belgischen Staatswesens entstehen konnte, so schlossen sich doch im Moment der Bedrohung von außen alle Kräfte zusammen, um diesen Staat als die adäquateste Verwirklichung der belgischen Mentalität zu verteidigen.

Bissings Hoffnung, unter Spekulation auf den Nützlichkeitssinn der Belgier durch die Leistungen einer geordneten Verwaltung die belgische Bevölkerung für eine Annäherung an Deutschland gewinnen zu können,(65) war daher von vornherein zum Scheitern verurteilt. Für den subjektiv ehrlich bemühten Bissing war das eine Enttäuschung, die jedoch die notwendige Folge seines auf das konservative preußische Weltbild beschränkten Denkens war, aus dem heraus er für den ganz anderen Entwicklungsgrad und die politische Reife der belgischen Bevölkerung kein Verständnis hatte.(66)

In seiner Stellung zu den Reichsbehörden war sich Bissing seiner formalen Unabhängigkeit bewußt und betonte gern seine Immediatstellung zum Kaiser.(67) So glaubte er auch, als Vertreter des Kaisers in Belgien und als amtierendes Staatsoberhaupt im besetzten Gebiet etwas von fürstlichem Glanz darstellen zu müssen.(68) In seinen Auffassungen von der Zukunft Belgiens unterschied er sich, wie sich bald nach seinem Amtsantritt herausstellen sollte, von den Vorstellungen des Reichskanzlers. Daß es trotzdem nicht zum Konflikt kam, daß sich Bissing nicht der Rechtsopposition gegen den Kanzler anschloß, hatte politische und menschliche Gründe. Gerade weil Bissing Belgien für Deutschland festhalten wollte,(69) war er zur engen Zusammenarbeit mit dem Reichskanzler und zur Abwehr der militärischen Ansprüche an das besetzte Gebiet gezwungen. Belgien konnte nur als intaktes Wirtschaftsgebiet für Deutschland ein Gewinn sein. Auch nach Bissings Meinung sollte Belgien zur Deckung der deutschen Kriegslasten herangezogen werden, aber im Gegensatz zu den Wünschen der militärischen Behörden nicht wie eine "Zitrone, die man auspressen soll," behandelt werden.(70) In diesem Sinn wollte Bissing die wirtschaftliche Leistungsfähigkeit Belgiens erhalten bzw. wieder in Gang setzen.

Damit kam Bissing, wie schon sein Amtsvorgänger von der Goltz, in Gegensatz zu den maßlosen militärischen Forderungen an das besetzte Gebiet.(71) Außerdem war Bissing politisch weitsichtig genug, um zu erkennen, daß er, gerade wenn seine Verwaltungsarbeit einen Anschluß Belgiens vorbereiten sollte, auf ein enges Zusammenwirken mit den Reichsbehörden angewiesen war. Nicht zuletzt die Kirchenpolitik führte ihm vor Augen, daß eine isolierte Politik des Generalgouverneurs in Belgien nicht möglich war. So kam es, daß gerade die annexionistische Auffassung Bissings von der Zukunft Belgiens ihn zum Bündnis mit dem Reichskanzler trieb, dessen Rat und Unterstützung er oft direkt erbat.(72) Schließlich trug die geschickte Vermittlung von der Lanckens, des Chefs der Politischen Abteilung, zwischen dem Generalgouverneur und dem Reichskanzler bzw. dem Auswärtigen Amt dazu bei, Konflikten vorzubeugen und Entscheidungen Bissings in die vom Reichskanzler gewünschte Bahn zu lenken.(73) Insgesamt läßt sich sagen, daß trotz aller Betonung seiner Unabhängigkeit durch Bissing wenigstens während der Amtszeit dieses Generalgouverneurs in der Verwaltung Belgiens die politischen Vorstellungen des Reichskanzlers verwirklicht wurden.(74)

4. DIE ANNEXIONISTISCHE ZIELSETZUNG DES BISSINGSCHEN VERWALTUNGSPROGRAMMS FÜR BELGIEN

Zum Zeitpunkt der Übernahme des Amtes des Generalgouverneurs von Belgien durch Bissing war allen führenden militärischen und politischen Kreisen in Deutschland klar, daß das ursprüngliche deutsche Konzept für einen Zweifrontenkrieg gescheitert war, im ersten Anlauf an der Marne, im zweiten Anlauf im Oktober/November an der Yser.(75)

Für die Verwaltung Belgiens bedeutete dies, daß sich Deutsche wie Belgier auf eine längere Besatzungsdauer einrichten mußten. Stand die deutsche Verwaltung unter von der Goltz noch überwiegend im Zeichen der Improvisation und der Reaktion auf die drängendsten Aufgaben des Tages,(75) so stellte sich ihr unter Bissing die Aufgabe, systematisch für die Fortführung des belgischen Staatswesens zu sorgen. Diese Verwaltungsaufgabe konnte nicht losgelöst von der Frage nach der Zukunft Belgiens wahrgenommen werden. Bissing war sich dessen bewußt, wie sein Gespräch mit Rathenau am 1.12.14 in Berlin zeigt.(76) Rathenau hatte Bissing auf dessen Bitte um Rat geantwortet, er müsse sich darüber im klaren sein, ob er Belgien für Deutschland oder Belgien für Belgien verwalten wolle und hinzugefügt, daß ihm diese Entscheidung niemand, auch niemand im Großen Hauptquartier, abnehmen werde. Bissing stimmte dieser Alternative zu. Seine Entscheidung stand, wie aus einem denkschriftähnlichen Privatbrief an seinen in München lebenden Sohn F.W. von Bissing vom 15.1.1915 hervorgeht, bei Amtsantritt fest, da er dort mitteilt, er habe an eine Proklamation der Annexion Belgiens noch während des Krieges gedacht, sich aber durch seine Gespräche im Großen Hauptquartier davon überzeugen lassen, daß dies die größten praktischen und politischen Schwierigkeiten hervorrufen müsse.(78) Seine Zukunftsvorstellungen für Belgien teilte er einem größeren Kreis von Adressaten mit einer Denkschrift vom Frühjahr 1915(79) mit, in der er die Überzeugung äußerte, Deutschland müsse Belgien so eng an sich binden, daß zukünftig jeder englische und französische Einfluß ausgeschaltet bleibt.(80) Diese Forderung war seiner Meinung nach nur durch Annexion Belgiens zu verwirklichen, wobei ihm die Einzelheiten der staatsrechtlichen Ausgestaltung des Anschlusses Belgiens an Deutschland als zweitrangiges Problem erschienen.(81) Soviel wird jedoch deutlich, daß er, zumindest für eine Übergangszeit, an einen mit weitreichenden Befugnissen ausgestatteten kaiserlichen Statthalter und an eine Fortdauer des Belagerungszustandes dachte, d.h. im Grunde an eine Fortsetzung des Okkupationsregimes, wie es sich im Krieg eingespielt hatte.(82)

Wiewohl Bissings grundsätzliche Entscheidung zur Zukunft Belgiens feststand und er nicht bereit war, den Belgiern in dieser Frage irgendein Mitspracherecht einzuräumen, so hoffte er doch, auf längere Sicht die belgische Bevölkerung für die von ihm vorgeschlagene Lösung gewinnen zu können. Dem konservativen Denken Bissings stand es außer Frage, daß deutsche Kultur und deutsche staatliche Einrichtungen den belgischen Verhältnissen überlegen waren und daß infolgedessen die Belgier selbst sich auf die Dauer davon überzeugen würden.(83) Nach traditionellem konservativem Rezept, wie es etwa Bismarck gegenüber der deutschen Sozialdemokratie angewandt hatte, glaubte er, die politische Entmündigung durch erhöhte staatliche Fürsorge ausgleichen und damit eine Integration der politisch widerstrebenden politischen Kräfte erreichen zu können.(84)

Dieses Konzept ist in der Denkschrift deutlich ausgesprochen,(85) es deutete sich aber auch in Bissings öffentlichen Äußerungen an, wenn er von der "deutschen Kulturmission" in Belgien sprach.(86) Um es in der Bissing von Rathenau vorgestellten Alternative zu sagen: Bissing glaubte aufrichtig, indem er "Belgien für Deutschland" verwaltete, damit auch den Belgiern selbst einen Dienst zu erweisen.

Die annexionistische Grundentscheidung Bissings bedeutete nun nicht, daß er das Okkupationsgebiet allen militärischen und wirtschaftlichen Einzelinteressen wie einen riesigen Steinbruch zur Verfügung stellten wollte, in dem sich jeder nach Belieben bedienen konnte, sondern daß er das ihm anvertraute Gut erhalten und mehren wollte. In dem schon erwähnten Brief an seinen Sohn schrieb er: "Es muß bei dem Zustand bleiben (sc. daß eine Annexion Belgiens während des Krieges nicht ausgesprochen werden kann, d.Verf.), in welchem ich mich als möglichster Schützer Belgiens anzusehen habe und der alles tun muß, um Handel und Wandel wieder aufzurichten und um dafür zu sorgen, daß die Ernährungsmöglichkeit Belgiens zukünftig auf eigene Füße gestellt wird ... Daß viele Fehler in Betreff der materiellen Aufrichtung Belgiens, in Betreff seiner Schonung ... gemacht worden sind, und leider, ohne daß ich es hindern kann, noch gemacht werden, ist eine bedauerliche Tatsache. Freilich, dadurch daß ich das Requisitionsunwesen verboten ... habe, wird ja die materielle Aufrichtung gebessert, aber der angerichtete Schaden, der läßt sich nicht in kurzer Zeit wiedergutmachen."(87) In diesem Sinn war Bissings annexionistische Grundentscheidung wenigstens zeitweilig ein gewisser Schutz für das besetzte Gebiet gegen eine rücksichtslose Ausbeutung. Wenn er auch die Arbeiterdeportationen schließlich nicht verhindern konnte,(88) wenn er auch die Anwendung des Hindenburg-Programms auf Belgien - und damit die Stillegung der belgischen Industrie und die Verschrottung seines Maschinenparks - dulden mußte,(89) so hat er manche Maßnahmen hinausgezögert, andere verhindert(90) oder an ihrer Aufhebung, wie im Fall der Arbeiterdeportationen mitgewirkt.(91)

Da Bissing die künftige Regelung des deutsch-belgischen Verhältnisses im Grunde als Fortsetzung des Okkupationsregimes ansah, konnte ihm die Okkupationszeit nahtlos als Vorbereitungsphase für die spätere Annexion Belgiens dienen.

Die Denkschrift Bissings zur Zukunft Belgiens vom Frühjahr 1915 ist deshalb gewissermaßen auch das Regierungsprogramm für die Verwaltung Belgiens während des Krieges. Neben den durch die Kriegsnotwendigkeiten und die unmittelbare Versorgung der Bevölkerung gesetzten Aufgaben ging es ihm zentral darum, die für die Zukunft erwünschte Lösung des Belgienproblems schon während des Krieges einzuleiten.(92) In diesem Licht, schon während des Krieges aktiv eine spätere Annexion Belgiens vorzubereiten, sind alle Maßnahmen des Generalgouverneurs auf wirtschaftlichem, politischem und sozialem Gebiet zu interpretieren.(93)

5. DIE ROLLE DER KIRCHENPOLITIK IN BISSINGS VERWALTUNGSPROGRAMM

In Bissings Verwaltungsprogramm für Belgien war von Anfang an der Kirchenpolitik ein fester Platz zugewiesen als einem Instrument zur Gewinnung der belgischen Bevölkerung für eine spätere Angliederung an Deutschland.

Unmittelbar vor Amtsantritt hatte Bissing persönlich in Köln Kardinal von Hartmann aufgesucht, um mit ihm die in Belgien zu verfolgende Kirchenpolitik im Detail zu besprechen.(94) Bei dieser Gelegenheit wurde zweifellos auch das Verfahren verabredet, wie Bissing den Kontakt zu Mercier aufnehmen könnte. Ohne seinen Besuch in Köln zu erwähnen, wandte sich Bissing von Brüssel aus an Hartmann mit der Bitte um ein Empfehlungsschreiben an Mercier.(95) In diesem Brief an Hartmann gab Bissing seiner Hochschätzung für den Katholizismus als einer bedeutenden sozialen Macht in Belgien Ausdruck und sprach die Hoffnung auf Zusammenarbeit aus, nicht nur im eigenen Interesse, sondern auch im Interesse der belgischen Bevölkerung und der katholischen Kirche.(96) Das Ziel seiner Verwaltungstätigkeit umschrieb Bissing höchst allgemein - neben der Wahrnehmung der deutschen militärischen Belange - mit "soulagement des misères que les circonstances actuelles ont créés en Belgique". (97) Da er jedoch gleichzeitig die strikte Ausklammerung aller Fragen, die mit der Entstehung des Krieges und den Ereignissen beim Einmarsch der deutschen Truppen zusammenhingen, verlangte,(98) bedeutete die Aufforderung an den belgischen Klerus, in humanitärem Interesse und auf humanitärem Gebiet mit der deutschen Verwaltung zusammenzuarbeiten, unter diesen Bedingungen den Versuch, den belgischen Katholizismus für die Versöhnung zwischen Belgiern und deutscher Verwaltung einzusetzen und damit letzten Endes die Angliederung an Deutschland vorzubereiten. Mercier hat die politische Zweideutigkeit der zunächst so harmlos klingenden Einladung an den belgischen Klerus sofort durchschaut und sich mit Schärfe dagegen zur Wehr gesetzt.(99) Auch die von Bissing gebotene Gegengabe - eine privilegierte Behandlung der katholischen

Kirche, für die er sofort praktische Beweise gab,(100) konnte ihn nicht bewegen, den nationalbelgischen Standpunkt aufzugeben.

In der Sicht Bissings schien diese Politik zunächst Früchte zu tragen. Noch im Dezember 1914 kam es zu einem Austausch von Höflichkeitsbesuchen zwischen dem Generalgouverneur und dem Mechelner Kardinal,(101) über die sich Bissing in einem längeren, auf einen besinnlichen Ton gestimmten Schreiben vom Jahreswechsel an Kardinal von Hartmann sehr zufrieden äußerte: "Dankbar bin ich auch für die Bemühung Euerer Eminenz, die Beziehungen zwischen mir und Ihrem Bruder im Hl. Kollegium, dem Kardinal Mercier, im Geiste politischer Versöhnlichkeit zu fördern ... ich habe schon mehrere mich besonders befriedigende Unterredungen mit diesem mir so entgegenkommenden und einsichtigen Kirchenfürsten gehabt. Mit dessen Hülfe hoffe ich, die Pazifizierung eines Landes, dessen freiheitsliebende Bevölkerung wenn auch nicht mehr von einem furchtbaren Hasse, so doch von Feindschaft gegen uns erfüllt ist, mit der Zeit erreichen zu können. Die Bevölkerung wird bei einer gerechten, die Wunden heilenden Verwaltung allmählich zu der Überzeugung gelangen können, daß sie nicht geknechtet, wohl aber so geleitet werden soll, daß sie sich in das Unabänderliche fügt und auch mit der Zeit die Vorteile einer fürsorgenden Ordnung erkennt. Je mehr es mir dabei gelingt, die Diener der katholischen Kirche mit dem augenblicklichen Zustand zu versöhnen, um so mehr werden die vielen Schwierigkeiten, welche ich gewiß nicht verkenne, gemildert oder überwunden werden."(102)

Für den Kölner Kardinal war Bissing kein Fremder. Beide, Hartmann wie Bissing, hatten einige Jahre zur gleichen Zeit in Münster gelebt, wo Bissing als Kommandierender General an der Spitze des VII. Armeekorps stand (1901 - 1907), während Hartmann dort zuerst als Generalvikar (1905 - 1911), dann als Bischof (1911 - 1912) wirkte.(103) In dieser Stellung hatte sich ihm mit Sicherheit die Gelegenheit geboten, sich ein Bild von der Persönlichkeit dieses preußischen Offiziers zu verschaffen,(104) dessen Berufung an die Spitze der deutschen Verwaltung in Belgien er nun aufs wärmste begrüßte: "Je trauriger die Nachrichten lauten über die Ablehnung, ja den tiefen Haß, der alle Kreise Belgiens gegen uns Deutsche durchdringt, desto mehr freue ich (Wort fehlt), daß Ew. Excellenz als oberste Militärische Spitze nach Belgien berufen sind. Wenn es Jemand gelingt die Geister zu beschwichtigen, dann ist es Ihr gerader rechtlicher Sinn, und Ihr aufrichtiges Bestreben wo immer möglich, Jedem in seinen Anliegen und Bedürfnissen zu helfen."(105) Betont herzlich und zustimmend ging Hartmann daher auf die Bitte Bissings um ein Empfehlungsschreiben an Mercier ein, das er noch am gleichen Tag an den Mechelner Kardinal richtete.(106) Umgekehrt mag für Bissing der jahrelange Aufenthalt im katholischen Westfalen Anlaß gewesen sein, den Katholizismus als Ordnungsfaktor kennen- und schätzen zu lernen, denn ganz im Gegensatz zur Mentalität vieler preußischer Junker, deutsch, preußisch und protestantisch für Synonyme zu halten, waren Bissing ein antikatholischer Affekt oder kulturkämpferische Tendenzen fremd. Im Gegenteil, es traf ihn schwer, daß seine Auseinandersetzungen mit Mercier als eine Art Kulturkampf gedeutet wurden, und er legte den größten Wert darauf, das Verständnis der katholischen Kreise Deutschlands und des Vatikans für seine Politik gegenüber Mercier zu gewinnen.(107) Schon in den ersten Kriegsmonaten hatte Bissing seine Unvoreingenommenheit gegenüber der katholischen Kirche unter Beweis gestellt, als infolge des kaiserlichen Telegramms an Wilson, das belgische Geistliche der Teilnahme am Franktireurkrieg beschuldigte,(108) eine Pressekampagne gegen die katholische Geistlichkeit und die katholische Kirche überhaupt zu entbrennen drohte, die die deutschen Katholiken sehr beunruhigte.(109) In seiner Funktion als Stellvertretender Kommandierender General des VII. Armeekorps kündigte Bissing der Presse im Bereich seiner Zuständigkeit eine scharfe Zensur für alle Artikel an, "die geeignet erscheinen, konfessionelle und parteipolitische Gegensätze zu verschärfen."(110)

Bissings Programm, das den Katholizismus als mächtigen politischen Faktor in Belgien für die Ziele seiner Verwaltungsarbeit einspannen wollte, kontrastierte zwar mit dem Mißtrauen bzw. der offenen Feindseligkeit, mit der die ersten in Belgien einmarschierenden deutschen Truppen und ihre Offiziere der katholischen Kirche begegneten. Trotzdem war Bissings Kirchenpolitik zum Scheitern verurteilt, denn er hatte in ungebrochener Selbstverständlichkeit Erfahrungen und Erwartungen, die von der Stellung der Kirchen im Deutschen Reich ausgingen, auf Belgien übertragen, ohne sich Rechenschaft über die andersartige Entwicklung der belgischen Staatsverfassung und der Rolle der katholischen Kirche in ihr zu geben.(111) Wie sehr für Bissing die deutschen Verhältnisse als Maßstab dienten, zeigt auch die Denkschrift vom Frühjahr 1915, in der er, nach den Erfahrungen der ersten Auseinandersetzung mit Mercier, für die Zukunft Belgiens auch an eine tiefgreifende Umgestaltung des Verhältnisses von Kirche und Staat nach deutschem Vorbild ins Auge faßte.(112)

Ergänzend ist zu erwähnen, daß die Flamenpolitik im ursprünglichen Verwaltungsprogramm Bissings keine besondere Rolle spielte, sei es aus Unkenntnis des belgischen Sprachenproblems,(113) sei es, daß es seiner autoritären Staats- und Amtsauffassung anfangs widerstrebte, sich mit Forderungen einer Volksbewegung zu befassen.(114) Zudem waren die Erfahrungen der ersten Kriegsmonate nicht dazu angetan, große Hoffnungen auf die Flamenpolitik als eines erfolgversprechenden Mittels zur Gewinnung von Sympathien in der belgischen Bevölkerung zu setzen, denn wer sich von seiten der deutschen Besatzungsbehörden ehrlich Rechenschaft gab über die Stimmung der belgischen Bevölkerung, mußte zugeben, daß die Ablehnung gegen Deutschland alle Volksschichten durchzog und bei den Flamen nicht geringer war als bei den französischsprechenden Belgiern.(115) Als daher Bethmann Hollweg mit seinem Schreiben vom 16.12.14 erneut einen Anstoß zur Berücksichtigung flämischer Wünsche und Interessen gab,(116) antwortete Bissing in seinem Bericht über die bisher getroffenen und die noch projektierten Maßnahmen mit realistischer Einsicht in die Stimmung der großen Mehrheit der flämischen Bevölkerung und von daher auch mit Zurückhaltung in die Erfolgsaussichten einer allzu forcierten Flamenpolitik.(117)

Die Leistungsfähigkeit der deutschen Verwaltung, eine Sozialpolitik nach deutschem Muster und die Kirchenpolitik waren in der Sicht Bissings die erfolgversprechendsten Mittel, um die belgische Bevölkerung mit der Aussicht auf eine deutsche Vorherrschaft zu versöhnen. Es ist denkbar, daß die Undurchführbarkeit des kirchenpolitischen Konzepts den Generalgouverneur geneigter machte, sich der vom Reichskanzler angeregten Flamenpolitik zuzuwenden.

Drittes Kapitel

DER ERSTE KONFLIKT ZWISCHEN DEM GENERALGOUVERNEMENT UND MERCIER AUS ANLAß DES WEIHNACHTSHIRTENBRIEFS VON 1914 "PATRIOTISME ET ENDURANCE"

1. ZUR VORGESCHICHTE DES HIRTENBRIEFS

Auf ganz andere Weise als Bissing es sich vorgenommen hatte, sollte die Kirchenpolitik zu einem Dauerthema während der deutschen Besetzung Belgiens werden. Aus der Illusion, kirchenpolitisch einen guten Anfang in der gewünschten Richtung gefunden zu haben, riß ihn schon das Antwortschreiben Merciers an Hartmann vom 28.12.14, (1) das Mercier ihm zur Weiterleitung an den Kölner Kardinal übermittelt hatte.(2) Zwar sprach sich Mercier darin anerkennend über die wohlwollenden Intentionen des Generalgouverneurs aus und dankte Hartmann für sein Eintreten für die Belange der katholischen Kirche in Belgien, gleichzeitig ließ er es sich jedoch angelegen sein, jeden Zweifel über die grundsätzlichen Positionen zu zerstreuen: "Mais il doit être entendu, cependant, que si nous nous courbons momentanément sous un pouvoir plus fort que nous, nous réservons fièrement notre droit et notre inébranlable confiance dans l'avenir."(3) Im gleichen Schreiben bezichtigte er den Reichskanzler eines "mensonge monstrueux" wegen seiner Erklärung vor dem Reichstag vom 2.12.14, in der dieser von der "Unbill" gesprochen hatte, "mit der man sich an unseren in Feindesland lebenden wehrlosen Landsleuten, zum Teil in einer jeder Zivilisation hohnsprechenden Weise, vergangen hat",(4) eine Erklärung, die sich tatsächlich nur auf Belgien beziehen konnte.(5) Dem hielt Mercier entgegen, daß er nach sorgfältiger, persönlich geführter Untersuchung keine barbarischen Handlungen belgischer Zivilisten gegen deutsche Soldaten feststellen konnte, wohl aber auf "des centaines d'actes cruels, 'jurant avec toutes les lois de la civilisation', commis par des soldats allemands sur des Belges innocents" gestoßen sei.(6)

Mit gleicher Schärfe bezeichnete Mercier gegenüber Bissing die Grenze, an der Dank und Anerkennung für wohlwollende Intentionen enden müssen: "... je considère comme un devoir de franchise d'ajouter que, quelles que soient les dispositions personnelles de Monsieur le Baron von Bissing, M. le Gouverneur Général représente chez nous une nation usurpatrice et ennemie, en face de laquelle nous affirmons notre droit à notre indépendance et au respect de notre neutralité."(7) Und nochmals nannte er beim Namen, was Bissing unter verharmlosenden Formeln wie "die Wunden heilen, die der Krieg geschlagen hat", als vergangen abtun wollte: "Au surplus, en ma qualité de représentant des intérêts religieux et moraux de la Belgique, je proteste contre les injustices et les violences dont mes compatriotes ont été les innocentes victimes."(8)

Kaum hatte Bissing die ihn schockierenden Briefe erhalten, so traf im Generalgouvernement eine weitaus ärgere Nachricht ein - die Herausgabe und teilweise schon vollzogene Verlesung des Weihnachtshirtenbriefs "Patriotisme et Endurance", der durch irgendwelche Zensurmaßnahmen nicht mehr zu unterdrücken war.(9)

So unerwartet den Generalgouverneur die Veröffentlichung des Hirtenbriefs traf, so folgerichtig ordneten sich seine Abfassung und Verbreitung in die Tradition des belgischen Katholizismus und die persönliche Biographie Merciers ein,(10) der nicht erst seit Kriegsausbruch die politischen Aspekte seines Amtes erkannt hatte, sondern schon früher unter Berufung auf die von ihm wahrzunehmenden religiösen und moralischen Interessen den katholischen Standpunkt zu aktuellen Fragen präzisiert hatte.(11) Um wieviel mehr mußten nicht die tiefgreifend veränderten Umstände seit Kriegsausbruch und die zahlreichen, durch den Okkupationszustand aufgeworfenen politisch-moralischen Fragen Mercier zu einer öffentlichen Kundgebung herausfordern. Ein weiterer Beweggrund kam hinzu: Nach dem Fall Antwerpens und der Okkupation fast des ganzen Staatsgebietes gab es außer der katholischen Kirche keine nationale Autorität in Belgien, die, in engem Kontakt mit den Bedürfnissen und Stimmungen der Bevölkerung, ermutigende, das Geschehen interpretierende, zum Durchhalten anspornende Worte an sie hätte richten können: die Regierung war im Exil, die Presse durch die Zensur gefesselt, Parlamentarier, Parteiführer, Gewerkschaftler, sofern sie im Lande verblieben waren, an einer den deutschen politischen Intentionen zuwiderlaufenden politischen Aktivität gehindert.(12) Nur die katholische Kirche besaß eine intakte, vom Okkupanten unabhängige und, wie sich herausstellen sollte, unangreifbare Organisation, über die sie praktisch alle Bevölkerungskreise ansprechen konnte.(13) Ein Resümee des Geschehens und eine Ausrichtung auf die Zukunft mußten Mercier umso dringlicher erscheinen, als sich im Herbst 1914 ein Stimmungsumschwung bemerkbar machte. Zwar hatte sich die belgische Bevölkerung im August 1914 in einem die Zeitgenossen ergreifenden patriotischen Aufschwung hinter die Entscheidung ihrer Regierung gestellt, das deutsche Ultimatum abzulehnen(14) und - kontrastierend zur Militärfeindlichkeit der Vorkriegszeit(15) - hatten sich Freiwillige in Scharen gemeldet, doch konnte es der belgischen Armee bei aller Tapferkeit und trotz ihres unerwartet zähen Widerstands(16) nicht gelingen, die deutsche Übermacht aufzuhalten. Nach dem Rückzug der belgischen Armee aus dem Antwerpener Festungsbereich(17) trat die Perspektive eines langen, an Opfern reichen Kampfes an die Stelle der Hoffnung auf einen schnellen Sieg über den deutschen Eindringling, wobei für die Zivilbevölkerung vor allem die Aussicht auf einen Kriegswinter ohne ausreichende Ernährung, Heizung und Arbeit(18) bedrückend war. Dazu kam die Sorge um die Angehörigen in der Armee bzw. im Exil, zu denen die Verbindung abgeschnitten oder sehr erschwert war.(19) Nicht zuletzt die Ungewißheit über die Zukunft des belgischen Staates und die Unsicherheit in der Einschätzung der militärischen Lage bedrängten die Gemüter.(20) Zu verhindern, daß der Prozeß der Ernüchterung nicht umschlug in Entmutigung, war das bewegende innenpolitische Motiv Merciers für die Abfassung von "Patriotisme et Endurance".(21)

Neben die Erfordernisse der inneren Situation trat ein außenpolitisches Motiv. Während seines Romaufenthalts zum Konklave 1914 war

Mercier im Vatikan und in der katholischen Gesellschaft Italiens tiefem Unverständnis für die Notwendigkeit der belgischen Haltung gegenüber dem deutschen Ultimatum begegnet.(22) Mag es auch nicht zutreffend sein, von einer offenen "Germanophilie" des Vatikans bei Kriegsausbruch zu sprechen, so ist sicher richtig, daß unter dem Gesichtspunkt des katholischen Interesses die Sympathien des Vatikans stärker den Kaisermächten galten und die belgische Frage demgegenüber zumindest in den ersten Kriegsmonaten zurücktrat. In Rom erlebte Mercier die Auswirkungen der deutschen Propaganda gegen Belgien, an der sich auch die deutschen Katholiken beteiligten.(24) Gegenwirkung gegen die deutsche Propaganda, vor allem in vatikanischen Kreisen, aber auch bei den Katholiken der neutralen Länder wie Italien, Spanien, in Südamerika oder in den USA, Aufklärung des wahren Sachverhalts in der Frage des "Franktireurkriegs" und Begründung der politisch-moralischen Notwendigkeit der belgischen Politik im August 1914 waren ein weiteres Motiv für Mercier bei der Herausgabe von "Patriotisme et Endurance".(25)

Zu den Anklagepunkten Bissings gegen Mercier gehörte auch der Zeitpunkt der Veröffentlichung des Hirtenbriefs. In der Sicht des Generalgouverneurs war Mercier mit seinem Hirtenbrief in einem Moment an die Öffentlichkeit getreten, in dem gerade eine Beruhigung der Bevölkerung eingetreten war und eine Phase aufbauender Verwaltungsarbeit und behutsamen Zusammenwirkens begonnen hatte.(26) Einen besonderen "Vertrauensbruch" erblickte Bissing darin, daß scheinbar auch Mercier auf eine solche Zusammenarbeit eingegangen war.(27) Vom Standpunkt Merciers aus war jedoch eine Veröffentlichung zu einem früheren Zeitpunkt kaum möglich.(28) Nach seiner Rückkehr aus Rom hatte er zunächst die Kämpfe vor Mecheln miterlebt, dann die Belagerung Antwerpens in der eingeschlossenen Stadt. Erst am 23.10.1914 konnte er wieder nach Mecheln zurückkehren. Die nächsten Wochen galten einer Bestandsaufnahme der Verluste an Menschen und Material in seiner Diözese, besonders aber der Sammlung von Aussagen zum sog. Franktireurkrieg.(29) Außerdem waren die zur Aufrechterhaltung des kirchlichen Lebens und der Seelsorge notwendigsten Maßnahmen zu treffen.(30)

In ersten Kontakten mit deutschen Militärs und den Generalgouverneuren von der Goltz bzw. von Bissing hatte er sich als Fürsprecher der Interessen der Zivilbevölkerung eingesetzt,(31) gleichzeitig aber seinen grundsätzlichen Protest gegen das deutsche Vorgehen gegenüber Belgien angemeldet. Es ging nicht auf das Konto einer besonders hinterhältigen Politik Merciers, wenn Bissing sich nun überrascht sah, da er sich durch seine Weigerung, politische Themen im Verkehr mit Mercier zuzulassen,(32) selbst die Informationsquelle über die politische Haltung Merciers verstopft hatte.

2. "PATRIOTISME ET ENDURANCE" - EINE INHALTSÜBERSICHT

Wie der gesamten Predigt Merciers während des Krieges, so lag auch dem Hirtenbrief "Patriotisme et Endurance"(33) eine doppelte Zielsetzung zugrunde: Einmal ging es ihm um eine Fruchtbarmachung der durch den Krieg bedingten Krisensituation, die die Menschen in ihren eingeschliffenen Denk- und Verhaltensweisen verunsicherte, für die Festigung der Glaubensbindungen und für die Wiedergewinnung der entkirchlichten Bevölkerungsteile zum christlichen Glauben, zum anderen um eine Orientierung des konkreten Verhaltens unter den veränderten Bedingungen des öffentlichen Lebens. Selbstverständlich lassen sich die theologischen und die moraltheologischen Aussagen - oder, um in der Sprache der Zeit zu bleiben, die "religiösen" und die "politischen" Inhalte nicht deutlich voneinander scheiden, sondern gehen ineinander über und sind miteinander verquickt, dennoch sind die zwei Schwerpunkte deutlich erkennbar.

In "Patriotisme et Endurance" - aufgebaut aus zwei Hauptteilen, einem Vor- und einem Schlußwort - geht es theologisch um die Abwehr von Zweifeln an der Gerechtigkeit Gottes, der das Leiden zuläßt und um die Aufforderung zur Leidensbereitschaft unter Hinweis auf den Vorsehungs-(34) und Schöpfungsglauben,(35) auf die Nachfolge Jesu(36) und auf die Bedeutung der Versuchung im Leben des Christen.(37)

Das Problem des Leidens gibt Mercier das Stichwort für eine Aufzählung der Leiden Belgiens in den ersten Kriegsmonaten - gefallene Soldaten, trauernde Familien, Bombardement seiner Städte, Deportationen von Zivilisten, Zerrüttung des Wirtschaftslebens, Desorganisation des kirchlichen Lebens. Er läßt keinen Zweifel daran, daß es sich dabei nicht nur um "normale" Kriegsfolgen handelt, sondern auch um willkürliche Terrorakte gegen die Zivilbevölkerung:

"Des centaines d'innocents furent fusillés; je ne possède pas au complet ce sinistre nécrologe, mais je sais qu'il y en eut, notamment, 91 à Aerschot et que là, sous la menace de la mort, leurs concitoyens furent contraints de creuser les fosses de sépulture. Dans l'agglomération de Louvain et des communes limitrophes, 176 personnes, hommes et femmes, vieillards et nourrissons encore à la mamelle, riches et pauvres, valides et malades, furent fusillées ou brulées."(38)

Namentlich erwähnt werden dreizehn unschuldig getötete Priester der Diözese Mecheln, wobei Mercier hinzufügt, daß in den Diözesen Namur, Lüttich und Tournai mindestens noch weitere dreißig Priester und Ordensgeistliche umkamen.(39)

Nach dem Thema des Leidens, das auch als Strafe Gottes für die Sünden der Vorkriegszeit interpretiert wird,(40) geht Mercier über zu dem Thema der Barmherzigkeit Gottes, der die Vernichtung der an ihn Glaubenden nicht zuläßt.(41) Ein erstes Anzeichen der Errettung liegt in dem Wiederaufleben des belgischen Patriotismus, der vor dem Krieg sehr lau war, nun aber alle Belgier sich einmütig um König und Regierung scharen läßt: "Mais lorsque, le 2 août, une puissance étrangère, confiante dans sa force et oublieuse de la foi des traités, osa menacer notre indépendance, tous les Belges, sans distinction ni de parti, ni de condition, ni d'origine, se levèrent comme un seul homme ... pour dire à l'envahisseur: tu ne passeras pas."(42)

In kurzer, aphorismenartiger Weise skizziert Mercier daraufhin das religiöse Moment an den sozialen bzw. historischen Tatsachen "patrie" und "patriotisme".(43) Das Vaterland wird von ihm als eine soziale Organisation beschrieben, deren Aufgabe über bloß technische Funktionen für das Überleben einer nationalen Gemeinschaft hinausgeht. das Vaterland ist eine "Seelengemeinschaft" mit einer gemeinsamen Vergangenheit und Zukunft, die "à tout prix" zu verteidigen ist.(44) Dieses "à tout prix" grenzt Mercier ab gegen den Machtanspruch eines sich selbst vergötzenden Staats, wie ihn antike und moderne Staatskonzeptionen behaupten: "Il n'est pas vrai que la patrie soit un Dieu Moloch, sur l'autel de qui toutes les vies puissent être légitimement sacrifiées. La brutalité des moeurs paiennes et le despotisme des Césars avaient conduit à cette abberration, - et le militarisme moderne tendait à la faire revivre - que l'état est omnipotent et que son pouvoir discrétionnaire crée le Droit."(45)

Was den legitimen Anspruch des einen Staates von den ungerechtfertigten Opferforderungen des anderen unterscheidet, ist die Idee des Rechts, in dessen Namen allein die Opfer an Gut und Leben der Staatsbürger legitim sind. Es wird deutlich, daß nach Mercier nicht materielle Vorteile der Staatsbürger, nicht die äußere Macht und das Ansehen eines Staats die unerhörten Opfer eines Krieges rechtfertigen, sondern allein der Widerstand gegen eine Verletzung des Rechts: "Les interêts de famille, de classe, de parti, la vie corporelle de l'individu sont, dans l'échelle de valeurs, audessous de l'idéal patriotique, parce que cet idéal c'est le Droit, qui est absolu."(46)

Über die Idee des Rechts erhält der Staat einen religiösen Charakter, denn alles Recht hat seine Wurzel in der göttlichen gerechtigkeit: "... le Droit c'est la Paix, c'est à dire l'ordre intérieur de la nation, bâti sur la Justice. Or, la Justice elle-même n'est absolue que parce qu'elle est l'expression des rapports essentiels des hommes avec Dieu et entre eux."(47) Wo also das Recht als ein absoluter Wert anerkannt wird, dort liegt immer auch ein Bekenntnis zu Gott vor: "Or, il n'y a d'Absolu, dans la réalité, que Dieu ... Affirmer la nécessité absolu de tout subordonner au Droit, à la Justice, à l'Ordre, à la Vérité, c'est donc implicitement affirmer Dieu."(48)

Der religiösen Qualität des Vaterlands entspricht der religiöse Charakter des patriotismus: "A la lumière de cet enseignement ... le patriotisme revêt un caractère religieux."(49) Das patriotische Eintreten für das verletzte Recht des Vaterlands enthält, bewußt oder unbewußt, immer auch ein Glaubensbekenntnis. Diese religiöse Bekundung im und über den Patriotismus wird für den Christen zur absoluten Pflicht: "La religion du Christ fait du patriotisme une loi: il n'y a point de parfait chrétien, qui ne soit un parfait patriote." (50)

Aus dem religiösen Element der sozialen Erscheinungen Vaterland und Patriotismus ergibt sich der Maßstab zur Bewertung des Krieges: Ist es ein Verbrechen, wenn er aus niederen Beweggründen geführt wird, so muß er als moralische Pflicht akzeptiert werden, wenn er der Wiederherstellung der angegriffenen Rechtsordnung dient. "Aussi la guerre pour la guerre est-elle un crime. La guerre ne se justifie qu'a titre de moyen nécessaire pour assurer la paix"(51) Der Soldat, der sein Leben in diesem Sinn opfert, ist zwar kein Märtyrer in der strengen theologischen Bedeutung des Worts, begeht aber eine Tat vollkommener Nächstenliebe, die ihm das ewige Seelenheil sichert. Mit diesem Trost an die Angehörigen der kämpfenden Soldaten endet das erste Kapitel des Weihnachtshirtenbriefs.

Mit Endurance - Ausharren, Durchhalten - ist das Gebot der Stunde für die kommende Zeit unter dem Okkupationsregime bis zur Wiederherstellung Belgiens beschrieben. In dem 2. Kapitel erörtert Mercier zunächst die Frage, ob Belgien sich nicht mit einem Scheinwiderstand oder einem bloß verbalen Protest gegen den Durchmarsch der deutschen Truppen hätte begnügen können. Eine derartige opportunistische Vertragsauslegung wird von ihm jedoch als moralisch minderwertig zurückgewiesen.(52) Unter Berufung auf den Wortlaut der Verträge stellt er den belgischen Entschluß zum Widerstand mit allen Kräften als den einzig möglichen heraus und konfrontiert ihn mit der vertragsbrüchigen deutschen Haltung: "La Belgique était engagée d'honneur à défendre son indépendance; elle a tenu parole. Les autres Puissances sétaient engagées à respecter et à protéger la neutralité Belge: l'Allemagne a violé son serment, l'Angleterre y est fidèle."(53)

Diesen Elan der ersten Stunde gilt es nun durchzuhalten bis zur "revanche", von deren Kommen sich Mercier immer wieder fest überzeugt zeigt: "... le peuple a de l'énergie dans sa souffrance. Il attend la revanche, il n'appelle point l'abdication."(54) Allerdings darf nur die Armee mit Waffengewalt für die Befreiung kämpfen. Diese völkerrechtliche Vorschrift schärft Mercier der Bevölkerung erneut ein unter Hinweis darauf, daß die belgischen Behörden dies seit Kriegsbeginn getan hätten.(55) In Wiederanknüpfung an den religiösen Argumentationsstrang - der Krieg als Strafe Gottes - liegt in der tugendhaften Lebensführung der Beitrag, den jedermann zur Befreiung Belgiens leisten kann: "Méritons notre libération. Hâtons-la par notre vertu, plus encore que par les prières de nos lèvres." (56)

Nach der Klarstellung der grundsätzlichen moralisch-politischen Position Belgiens bei Kriegsausbruch wendet sich Mercier der konkreten Situation und dem verhalten gegenüber dem Okkupanten zu, die gleichfalls aus prinzipiellen moralischen Erwägungen abgeleitet werden. Er unterscheidet die faktische Gewalt des Okkupanten von der Frage nach ihrer Rechtmäßigkeit und stellt die These auf, daß erst die stillschweigende Zustimmung der legitimen Regierungsgewalt den Maßnahmen des Okkupanten, die im nationalen Interesse liegen, Verbindlichkeit verleiht.(57) Das Okkupationsregime für sich selbst genommen kann nicht die der legitimen staatlichen Autorität zustehende Achtung und Anerkennung beanspruchen: "Ce Pouvoir n'est pas une autorité légitime. Et, dès lors, dans l'intime de votre âme, vous ne devez lui ni estime, ni attachement, ni obéissance."(58)

Diese völkerrechtliche Theorie Merciers wurde nicht nur von deutscher Seite bestritten.(59) Ihre politische Zielsetzung jedoch ist klar- zu betonen, daß Belgien die Okkupation nur unter Protest erträgt und zu verhindern, daß sich, vor allem in den neutralen Staaten wie Holland, den USA und Italien, die Auffassung festsetzt, die die Okkupation Belgiens als Vorstufe der Annexion oder einer sonstigen souveränitätseinschränkenden Annäherung an Deutschland akzeptiert, eine Auffassung, für die es um die Jahreswende 1914/1915 in der Presse der nicht am Krieg beteiligten Länder schon Beispiele gab.(60)

Trotz des grundsätzlichen Vorbehalts gegen den Okkupanten ermahnte Mercier die Bevölkerung aber doch zu einer gewissen Respektierung seiner Anordnungen: "Envers les personnes qui dominent par la force militaire notre pays ... ayons les égards que commande l'intérêt général ... Respectons les règlements qu'elles nous imposent, aussi longstemps qu'ils ne portent atteinte ni à la liberté de nos consciences chrétiennes, ni à notre dignité patriotique."(61)

Mit einer besonderen Ermahnung an den Klerus, "les meilleurs gardiens du patriotisme" und gleichzeitig "les soutiens de l'ordre publique" zu sein,(62) schließt das zweite Kapitel, wobei Mercier noch eine besondere Ehrenerklärung für den in der deutschen Franktireurpropaganda besonders angegriffenen Klerus anfügte: "Or j'affirme sur l'honneur et je suis prêt à déclarer. sous la foi du serment, que je n'ai pas jusqu'à présent rencontré un seul ecclésiastique, séculier ou régulier, qui ait excité la population civile à se servir d'armes contre l'ennemi."(63) Mit dem Aufruf zu einem allgemeinen Buß- und Bettag in den ersten Januartagen,(64) mit der Mitteilung eines Schreibens des Papstes an ihn(65) und - letzte Bekundung seines Vertrauens in die Wiederherstellung eines unabhängigen Beldiens - mit dem Gelöbnis, nach der Befreiung eine mit dem Sacré-Coeur geweihte Basilika in Brüssel zu errichten,(66) schließt der Hirtenbrief, mit dem er offene Konflikt zwischen Mercier und den deutschen Behörden im besetzten Gebiet Belgiens begann.

3. DIE DEUTSCHE REAKTION AUF "PATRIOTISME ET ENDURANCE"

Nach einer ersten Prüfung waren es zwei Stellen, die Bissing in höchste Erregung versetzten und ihn zum Eingreifen bestimmten: Die Erklärung über die Natur der deutschen Okkupationsgewalt und die Anordnung eines Buß- und Bettages unter ausdrücklicher Berufung auf einen Wunsch des englischen Königs, um für den Sieg der belgischen Armee und seiner Alliierten zu beten.(67)

Erblickte Bissing in der ersten Aussage eine Unterminierung seiner Autorität und eine Aufforderung zum Widerstand gegen die Anordnungen der deutschen Behörden,(68) für die Mercier mit der Mißachtung der Zensurbestimmungen selbst ein Beispiel gegeben hatte,(69) so schien in der zweiten Aussage ein Beweis zu liegen, Mercier habe in Abhängigkeit von England gehandelt. Die kaum abgeklungene Psychose eines belgischen Volkskrieges lebte für einen kurzen Moment wieder auf, denn aus der Anordnung eines Bußtages las Bissing die psychologische Vorbereitung einer belgisch-englischen Offensive heraus.(70) Militärisches Eingreifen schien ihm geboten und er ordnete die Verhaftung Merciers an. Doch von der Lancken waren die möglichen politischen Konsequenzen klar, und es gelang ihm, den Generalgouverneur zur Rücksprache mit dem Reichskanzler, der sich gerade in Charleville im Großen Hauptquartier aufhielt, zu bewegen.(71) Die Besprechungen Bissings mit dem Reichskanzler und mit Staatssekretär von Jagow ergaben, wie Lancken richtig vermutet hatte, den Rat zur Zurückhaltung gegenüber Mercier: "Gewaltsames Einschreiten gegen Cardinal und Klerus erscheint unmöglich, da diese nicht zu Märtyrern gemacht werden dürfen und Kulturkampf verhindert werden muß ... Wir müssen versuchen, Sache gütlich zu regeln und Cardinal wenigstens in Zukunft an ähnlichen Maßregeln zu verhindern", telegrafierte der Reichskanzler an Zimmermann in Berlin.(72) Statt dessen wurde der auf tatkräftiges Handeln drängende, in seinem Amtsbewußtsein tief gekränkte Generalgouverneur auf die Möglichkeit einer diplomatischen Aktion verwiesen, um Mercier über Rom zu beeinflussen. Der preußische Gesandte beim Vatikan Mühlberg erhielt den Auftrag, über Merciers Hirtenbrief Beschwerde zu führen und die Forderung Bissings nach einer Gegenerklärung Merciers zu unterstützen.(73)

In Erwartung der päpstlichen Ermahnungen an Mercier versuchte Bissing in der Zwischenzeit die Verbreitung und weitere Verlesung des Hirtenbriefs zu verhindern.(74) Daneben tauchte in Brüssel ein anderer Vorschlag auf, wie das Problem Mercier zu lösen sei - durch die Berufung ad audiendum verbum nach Rom, um ihn dann nach Möglichkeit für immer dort zurückzuhalten.(75) Dies war der Grund, weshalb Bissing, der erst am 3.1.15 an Hartmann geschrieben hatte, sich schon am 5.1.15 wieder an Hartmann wandte, und zwar diesmal durch Entsendung des Zentrumspolitikers und Mitarbeiters der Zivilverwaltung in Brüssel Trimborn nach Köln.(76) Hartmann teilte Bissings Urteil über den Hirtenbrief rückhaltlos(77) und schrieb umgehend an den holländischen Kurienkardinal van Rossum in Rom, einen "besonnenen Mann", der in Rom "den Kriegswirren völlig entrückt" sei und "daher die Ruhe bewahrt habe",(78) um über diesen die Kurie für den Brüsseler Vorschlag zu gewinnen.(79) Der preußische Gesandte wehrte jedoch die Idee, die schon sehr aktive belgisch-englische Kolonie in Rom durch einen Kardinal von der Gewandtheit und Tatkraft Merciers zu verstärken, entsetzt ab,(80) und so mußte sich Bissing resignierend dazu bequemen, zunächst weiterhin den unbotmäßigen Kardinal im Lande zu dulden.(81)

Der Reichskanzler und Jagow teilten die Empörung Bissings über den Hirtenbrief.(82) Während jedoch für den Generalgouverneur die seiner Belgienpolitik entstehenden Schwierigkeiten im Vordergrund standen, sahen Bethmann und Jagow auch die möglichen Auswirkungen auf die innere und äußere Situation Deutschlands: "Kardinal von Mecheln hat in Belgien Hirtenbrief verlessen lassen, der polemische Stellen über Kämpfe in Belgien, Stellungnahme der Mächte, Neutralitätsfrage enthält."(83) Mercier hatte damit alle die Themen berührt, in denen die deutsche Propaganda mühsam versuchte, die Tatsache des Überfalls auf Belgien mit der These vom deutschen Verteidigungskrieg in Einklang zu bringen. So gerne auch Bethmann und Jagow mit Gewalt gegen Mercier vorgegangen wären, so sehr befürchteten sie doch einen "Kulturkampf" mit seinen Auswirkungen für den Burgfrieden und die deutschen Beziehungen zum Vatikan.(84) Daneben verbot die angespannte militärische Lage, durch Beunruhigung der belgischen Bevölkerung die Situation im besetzten Gebiet zu verschärfen, denn es fehlte an Reservetruppen, um die schwachen Besatzungskräfte in Belgien zu verstärken.(85) Deutschland mußte sich deshalb jeder Provokation der Zivilbevölkerung, die zu einem Aufruhr führen konnte, enthalten. In dieser Zwangslage konnte sich die Politik des Reichskanzlers nur darauf beschränken, den Generalgouverneur von Gewaltanwendung zurückzuhalten, eine Beeinflussung des unbequemen Kardinals über diplomatische Kanäle in Aussicht zu stellen und jede Störung des Burgfriedens durch Zensurmaßnahmen zu verhindern.(86)

Mit einem verharmlosenden Kommuniqué für die Öffentlichkeit glaubte man deutscherseits die Angelegenheit abschließen zu können,(87) zumal die ersten Äußerungen Mühlbergs über die Reaktion des Vatikans(88) und die Nachrichten aus Brüssel über die Bemühungen des dortigen Nuntius(89) erwarten ließen, daß es dem Vatikan gelingen werde, Mercier wenigstens für die Zukunft mehr Zurückhaltung aufzuerlegen, als die Mercier-Angelegenheit durch Pressemeldungen von der Verhaftung Merciers(90) erneut aufflammte und nun doch zu einer Verstimmung des Vatikans gegen Deutschland führte, die die deutsche Politik so ängstlich zu vermeiden gesucht hatte. Die Nervosität der Kurie(91) war begreiflich, denn eine Verhaftung Merciers hätte die Politik der "absoluten Neutralität" Benedikts XV. gefährdet. Der Vatikan konnte, ohne sich dem Vorwurf der Deutschfreundlichkeit auszusetzen, nicht zulassen, daß ein Mitglied des Kardinalskollegiums durch deutsche Militärs in seiner Bewegungsfreiheit eingeschränkt war. Andererseits konnte ein päpstlicher Protest im Fall Merciers von der belgischen Diplomatie und Presse leicht in eine generelle Parteinahme für Belgien und damit für die Sache der

Entente umgemünzt werden und damit das bisher gute Verhältnis des Vatikans zu den Mittelmächten belasten.(92) Gasparri bemührte sich deshalb um eine Freilassung Merciers(93) und nahm das Dementi des preußischen Gesandten erfreut und erleichtert auf.(94) Trotzdem erhielt Mühlberg am 10.1.15 eine Protestnote des Vatikans (95), die der Kardinalstaatssekretär erst nach einer ausführlichen Gegendarstellung zurückzog.(96) Hinter der schwankenden Haltung des Vatikans stand der massive Druck der belgischen Politik auf die Kurie.(97) Enttäuscht, daß der Papst nicht bei Kriegsausbruch die Verletzung der belgischen Neutralität durch Deutschland verurteilt hatte,(98) wünschte die belgische Politik nun wenigstens über die ausführliche Darstellung der deutschen Greuel in Belgien, vor allem gegen Geistliche und Klosterfrauen,(99) unter Ausnutzung eines latent immer vorhandenen antiprotestantischen Affekts im römischen Milieu,(100) und durch den Nachweis der Mißachtung der kirchlichen Rechte durch die Besatzungsbehörden eine Stellungnahme des Papstes zu erzwingen.(101) Daher konnte der Vatikan die Aufregung um Merciers Verhaftung nicht vorübergehen lassen, ohne den belgischen Wünschen ein Zugeständnis zu machen. Dies war der Hintergrund der später zurückgezogenen päpstlichen Protestnote sowie der Konsistorialansprache Benedikts XV. vom 22.1.1915, in der der Papst ganz allgemein gegen Rechtsbrüche im Krieg protestierte und als einzige Nation Belgien namentlich erwähnte.(102)

Indessen blieb Mercier, trotz der wiederholten Zusicherungen Roms, der Kardinal sei zur Mäßigung ermahnt worden(103) und trotz der Vermittlungsbemühungen des Brüsseler Nuntius(104) bei seiner "fortdauernden Renitenz".(105) Er erneuerte in scharfem Gegensatz zum Verbot des Generalgouverneurs sein Gebot, den Hirtenbrief weiter zu verlesen;(106) in der Antwort auf eine Anfrage des Haager AP-Vertreters nach den Ereignissen der ersten Januartage beklagte er sich über die "mesures tracassières" der deutschen Behörden.(107) In einem auch in die Presse gelangten Rundschreiben an den Klerus seiner Diözese protestierte er gegen die Mißachtung seiner und der Priester Rechte.(108) Es hatte den Anschein, als wollte Mercier tatsächlich einen Eklat provozieren,(109) doch verhielt sich Bissing vorerst noch abwartend in der Hoffnung, es werde dem Vatikan schließlich doch gelingen, den Mechelner Kardinal zu mehr Zurückhaltung zu bewegen.

4. DIE HALTUNG DER DEUTSCHEN KATHOLIKEN ZUM KONFLIKT DES GENERALGOUVERNEURS IN BELGIEN MIT KARDINAL MERCIER

Als Jagow den preußischen Gesandten beim Vatikan Mühlberg beauftragte, über die "renitente" Haltung des Mechelner Kardinals erneut Beschwerde zu führen, konnte er sich mit Recht darauf berufen, daß "in einem uns aufgezwungenen Kampfe ... bei dem Verhalten des Kardinals auch die Katholiken Deutschlands nicht die Partei des letzteren nehmen" würden.(110)

Mit Hilfe der Zensur war es zwar gelungen, die Verbreitung und Kommentierung des Mercierschen Textes zu unterdrücken und damit eine Kenntnisnahme durch die katholische Öffentlichkeit zu verhindern,(111) aber die wichtigsten Vertreter des deutschen Katholizismus waren nachweislich informiert. Das Archiv der Erzdiözese München enthält ein mit Unterstreichungen versehenes Exemplar,(112) Kardinal von Hartmann erhielt den Text aus Brüssel.(113) Er äußerte seinen Eindruck sowohl gegenüber dem Generalgouverneur selbst als auch gegenüber Trimborn und Middendorf.(114) In seinem Schreiben vom 6.1.15 an Bissing heißt es: "Ich kann garnicht sagen, wie tief ich das Vorgehen des Herrn Kardinals Mercier beklage, und wie schmerzlich ich es empfinde, daß Euer Excellenz so überaus dankenswertes Entgegenkommen eine solche Antwort gefunden hat." (115) Ebenso ablehnend beurteilte Hartmann die erste, vom Generalgouverneur nicht akzeptierte Version des Mercierschen Schreibens an ihn(116): "Auch der Brief, den ... Ew. Excellenz mit vollem Recht zurücksandten, ist in s. erstem Theil nach Form und Inhalt höchst beklagenswert, und ich freue mich, daß Ew. Excellenz durch die Zurücksendung mich der Pflicht enthoben haben zu antworten." (117) Über den Ausdruck pauschaler Ablehnung kam auch Bischof Schulte von Paderborn,(118) der durch Hartmann unterrichtet worden war, nicht hinaus: "Der Hirtenbrief von Mecheln ist viel schlimmer noch als ich ihn mir gedacht hatte. Möchte doch mehr Besonnenheit in die Geister einkehren". Und nach der Klage über Äußerungen französischer Priester fuhr er fort: "Und nun die Dinge in Mecheln. Was soll man da den gewöhnlichen Geistern und den Hetzblättern noch zum Vorwurf machen?"(119)

Auffällig ist, daß sich in den Stellungnahmen Hartmanns und Schultes keinerlei Eingehen auf die von Mercier vorgetragenen Tatsachen und Argumente findet, die, wie Schultes Beispiel zeigt, einfach mit allerlei nationalistischen Äußerungen in einen Topf geworfen wurden. Sicher konnte Mercier nicht den auch von den deutschen Katholiken geteilten Glauben an einen deutschen Verteidigungskrieg erschüttern, dazu war die Vorstellung von der Einkreisung des Reichs durch eine Welt von Feinden und Neidern zu sehr Allgemeingut der gesamten deutschen Öffentlichkeit geworden.(120) Aber auch die Erinnerung an den Neutralitätsbruch, ein vom Reichskanzler selbst zugegebenes deutsches Unrecht an Belgien, und die feierliche Beteuerung deutscher Gewalttaten an belgischen Zivilisten in den ersten Kriegstagen durch einen aus der Vorkriegszeit bekannten und geachteten Amtsbruder konnten keine Erschütterung des politischen Weltbilds führender deutscher Katholiken auslösen. Nun war es Mercier mit seinem Weihnachtshirtenbrief ja nicht nur um die Zerstörung deutscher Propagandalügen zum Fall Belgiens gegangen, sondern auch um die Betonung des belgischen Anspruchs auf Wiederherstellung und damit um Widerspruch gegen die in der deutschen Öffentlichkeit hochgehenden annexionistischen Wogen. Es ist nicht bekannt, inwieweit Hartmanns und Schultes negatives Urteil über den Hirtenbrief Merciers auch von geheimen expanionistischen Kriegszielwünschen mitbestimmt war.(121) An sich enthielt die Überzeugung einer deutschen Notwehrsituation bei Kriegsausbruch, wie Hartmann sie vertrat,(122) wenn sie sich ernstnahm, die Verpflichtung zu einer Wiederherstellung Belgiens und seiner materiellen Entschädigung. Doch davon war bei Hartmann so wenig die Rede wie bei Erzberger, dem neben dem bayrischen Ministerpräsidenten Hertling(123) bestinformiertesten und einflußreichsten katholischen Politiker im deutschen Reich.(124)

Immer bereit, die Nützlichkeit und Unentbehrlichkeit des deutschen Katholizismus für die Interessen des Reichs zu beweisen, und damit auch die eigene Nützlichkeit und Unentbehrlichkeit, stellte Erzberger dem Auswärtigen Amt seine Kenntnisse katholischen Lebens zur Verfügung und wies auf die bevorstehenden Fastenhirtenbriefe hin, um vorbeugend auf deren Wortlaut über den Vatikan einwirken zu lassen.(126)

Die zweite Initiative Erzbergers bezog sich auf die Personalpolitik Bethmanns bei der Besetzung der verantwortlichen Posten der deutschen Zivilverwaltung in Belgien. Erzberger führte die Schwierigkeiten mit Mercier darauf zurück, daß das katholische Element zu gering beteiligt war. Er schlug die Ernennung eines Katholiken mit der speziellen Aufgabe, mit den belgischen Bischöfen Fühlung zu halten, vor.(127) Auch nach Ablehnung seines Vorschlags hat sich Erzberger für diese Idee in etwas abgewandelter Form mit Zähigkeit eingesetzt. Er plädierte für die Errichtung einer "kirchenpolitischen Sektion" bei der Politischen Abteilung des Generalgouvernements.(128) Seiner Meinung nach lag die Wurzel des Übels in dem mangelnden Verständnis der preußischen und protestantischen Beamten und Militärs für die belgische Mentalität und den katholischen Glauben.(129) Nun enthielt dieser Vorwurf etwas Wahres, was das Auftreten vieler deutscher Soldaten in Belgien betraf, es traf aber nicht den Kern des Konflikts zwischen Bissing und Mercier, denn der Generalgouverneur hatte ja der katholischen Kirche Schutz und Förderung sehr angelegentlich angeboten. Hier handelte es sich nicht um Fragen des Stils, sondern um einen politisch begründeten Gegensatz, was Mercier selbst sehr deutlich zum Ausdruck gebracht hat.(130) Der von Erzberger geforderten kirchenpolitischen Sektion wäre nur dann ein Erfolg beschieden gewesen, wenn die Katholiken Deutschlands willens und in der Lage gewesen wären, für die Wiederherstellung der Unabhängigkeit Belgiens einzutreten. Davon konnte aber keine Rede sein, und es entsprach auch nicht Erzbergers Vorstellungen von der Zukunft Belgiens zu jenem Zeitpunkt.(131) Die kirchenpolitische Sektion war, was Erzberger in seinen Memoiren verschweigt, im Gegenteil als Beitrag des deutschen Katholizismus konzipiert, um das katholische Belgien mit seiner Einverleibung in das deutsche Reich zu versöhnen: "Es gilt, den katholischen Volksteil Belgiens, insbesondere die katholisch-kirchlichen Personen Belgiens, für die deutsche Sache zu gewinnen. Dies wird nach der Auffassung einsichtiger Kenner der Verhältnisse am ehesten dadurch erreicht, daß eine kirchenpolitische Sektion innerhalb der belgischen Verwaltung eingerichtet wird. Diese Sektion mit ihren katholischen Mitgliedern würde die Brücke sein, auf der sich die katholisch-kirchlichen Personen Belgiens und hinter ihnen der katholische Volksteil Belgiens den Deutschen näherten ..."(132) Noch deutlicher wird der annexionistische Hintergrund der "kirchenpolitischen Sektion" aus einer anderen undatierten und unsignierten Aufzeichnung, die dem Erzbergerschen Vorschlag im

Kölner Erzbischöflichen Archiv beiliegt und, dem Inhalt nach zu schließen, aus den Kreisen der deutsch-katholischen Kolonie in Belgien zu stammen scheint:(133) "Grundlegend bei der ganzen Sache (sc. der kirchenpolitischen Sektion, d.Verf.) soll der deutsch-christliche Gedanke sein. Das katholische Deutschland hat stets, zu allen Zeiten und besonders in diesem Weltkrieg gezeigt, daß es von glühendem Patriotismus durchdrungen ist. Selbst solche Deutsche, die ihr ganzes Leben im Ausland zugebracht haben, und speziell den Deutsch-Belgiern liegt vor allen Dingen am Herzen, aus der belgischen Bevölkerung deutschfreundliche Bürger allmählich zu erziehen." Die Aufzeichnung schließt mit nicht zu überbietender Offenheit: "Genau wie ein katholisches Bayern wird auch ein katholisches Belgien in einigen Jahren ein guter deutscher Bundesstaat werden." Wenn Erzberger für eine gerechtere Beteiligung deutscher Katholiken an der Verwaltung Belgiens eintrat, dann setzte er damit eine Tradition des politischen Katholizismus der Vorkriegszeit fort. (134) Schon lange vor Kriegsausbruch hatten die deutschen Katholiken ihre Distanz zum Deutschen Reich Bismarckscher Prägung aufgegeben - Hertlings Weg vom großdeutsch gesinnten, dem Bismarckreich kritisch gegenüberstehenden Zentrumspolitiker zum vorletzten Kanzler dieses Reichs belegt diese Entwicklung exemplarisch(135) - ihr Hauptziel war nicht eine strukturell andere Politik des kaiserlichen Deutschlands, sondern ein gerechterer Anteil für die Katholiken an dieser Politik bzw. den diese Politik ausführenden Positionen in Bürokratie, Militär und Diplomatie. Ein als Unterströmung immer vorhandenes Ressentiment der Benachteiligung der Katholiken bzw. der Süddeutschen gegenüber den Preußen und Protestanten war ständig bereit, sich in kleinlichem Beharren auf erworbenen Positionen oder in gekränkter Eifersucht zu äußern.(136) Die Furcht vor dem preußischen Führungsanspruch ging sogar soweit, daß sie selbst im Verhältnis des Münchner Kardinals Bettinger zu seinem preußischen Kollegen in Köln nicht ganz fehlte.

Der Beitrag der deutschen Katholiken zur Kirchenpolitik in Belgien bestand also nur in Vorschlägen personalpolitischer Art, sie befürworteten keine andere Politik als die vom Generalgouverneur betriebene, sondern glaubten, nicht ohne ein geheimes Überlegenheitsgefühl, die gleiche Politik klüger und geschickter durchführen zu können als die für ihre mangelnde Begabung im Umgang mit anderen Völkern bekannten Preußen. Im übrigen stellten sie die spezifischen Kenntnisse und Beziehungen, die ihnen als Katholiken zur Verfügung standen, vor allem die Beziehungen zum Vatikan, in den Dienst der Reichsinteressen. Hartmann wandte sich an Frühwirth, den Nuntius in München(137) und an van Rossum, um die Forderung nach Abberufung Merciers nach Rom zu unterstützen. Erzberger setzte sich im Frühjahr 1915 gleichfalls für Merciers Entfernung aus Belgien ein(138) und von Hertling, dem bayrischen Ministerpräsidenten, der für Fragen der katholischen Kirche und des Vatikans eine besondere Ratgeberrolle für Bethmann spielte,(139) kamen keinerlei Einwände gegen die Bestrebungen, den Störfaktor Mercier aus dem Weg zu räumen.

5. DAS ERGEBNIS DES KIRCHENPOLITISCHEN KONFLIKTS UM "PATRIOTISME ET ENDURANCE"

Die Furcht des Generalgouverneurs vor Aufruhr und offenem Widerstand infolge der Veröffentlichung von "Patriotisme et Endurance" mag im ersten Moment ehrlich gewesen sein, stellte sich aber bald als unbegründet heraus. Wie Mercier vorausgesagt hatte,(139) verstanden die Belgier sehr wohl den dialektischen Charakter der Empfehlung ihres Oberhirten von faktischer Anerkennung des Okkupationsregimes auf der einen Seite und grundsätzlichem Vorbehalt gegen seine Legitimität auf der anderen Seite. Da die Rücksicht auf den Vatikan zur Zurückhaltung zwang, wie Bissing widerwillig anerkannte, wäre es in der Tat besser gewesen, den Hirtenbrief zu übergehen oder mit einem abschwächenden Pressebericht zu kommentieren, wie es Zimmermann geraten hatte. Doch inzwischen war, ehe sich Bissing dazu verstehen konnte, durch das barsche militärische Vorgehen der deutschen Behörden in Belgien Mercier zu weiteren Schritten gereizt und der Ärger noch größer geworden. Es kostete nun umsomehr Mühe, die Wogen zu glätten und die mit dem Reichskanzler vereinbarte Politik durchzuhalten.

Das Ausmaß der Irritation Bissings wird erst verständlich unter Berücksichtigung seiner Vorstellungen zur Zukunft Belgiens, die sogar soweit ging, daß er an eine Annexion noch während des Krieges dachte, und die der Kirche im Zusammenhang damit zugewiesene Funktion, eine Brücke zur Verständigung mit der einheimischen Bevölkerung zu schlagen. Anstatt in Mercier einen Verbündeten seiner patriarchalischen Wohlfahrtspolitik zu finden, stellte sich der ranghöchste Vertreter des belgischen Katholizismus als klarsehender und entschlossener Gegner der auf Einverleibung zielenden Politik Bissings heraus, der den Unabhängigkeitswillen der zum Schweigen verurteilten Bevölkerung des besetzten Gebietes formulierte und für den Alltag im Umgang mit den deutschen Behörden die Grenze von notwendiger Zusammenarbeit und nationalbewußter Weigerung bestimmte. Merciers politische Gegnerschaft traf ins Herz der Belgienpolitik Bissings, und es ist deshalb nur konsequent, daß der Generalgouverneur in der Folge mit Zähigkeit daran arbeitete, Mercier auf die eine oder andere Weise aus dem besetzten Gebiet zu entfernen.

Bissing ging in seinem ursprünglichen kirchenpolitischen Konzept von einer Vorstellung von den Aufgaben der Kirche und ihrem Verhältnis zur staatlichen Gewalt aus,(141) die sich ganz selbstverständlich an preußisch-deutschen Verhältnissen orientierte und einerseits ein enges Bündnis von Staat und Kirche vorsah, andererseits aber die Kirche auf ein "rein religiöses" Aufgabenfeld beschränken wollte.(141) Bethmanns und Jagows Erwartungen an die Kirche und ihre Amtsträger waren ähnlich: "Der Clerus kann über die staatlichen Fragen sehr wohl Schweigen bewahren und sich darauf beschränken, dem Volk geistlichen Zuspruch und Rath zu ertheilen. Dieses liegt im eigensten Interesse des Volkes und seiner ökonomischen Wohlfahrt, im Interesse der Aufrechterhaltung der öffentlichen Ordnung und vor allem im Interesse der Kirche, deren Wirken wir bestrebt sind zu unterstützen."(142) Ganz im Sinn des deutschen Ressortdenkens war die Kirche nach Bethmanns, Bissings und Jagows Meinung für die Seelsorge und die private Moral "zuständig", hatte sich aber aus den politischen Angelegenheiten herauszuhalten, es sei denn, sie ermehnte zum Respekt der Obrigkeit.(143) Auch den Ausdruck eines "würdigen", d.h. sich nicht konkret politisch auswirkenden Patriotismus wollte Bissing dem belgischen Katholizismus durchaus gestatten, nicht aber eine Einmischung in "politische Fragen".(144)

Es versteht sich, daß Mercier sich nach der Tradition des belgischen Katholizismus, der sich immer sehr lebhaft mit den "staatlichen Fragen" befaßt hat, und nach seiner eigenen Amtsauffassung(145) nicht auf ein derartig eingeschränktes Verständnis des kirchlichen Aufgabengebietes zurückdrängen lassen konnte und wollte. Der belgische Katholizismus hatte gelernt, seine Interessen und seine Entfaltungsansprüche in einer sich demokratisierenden, parlamentarischen Gesellschaftsordnung durchzusetzen, und gerade Mercier gehörte zu den belgischen Bischöfen, der am entschiedensten die demokratische Fortentwicklung des belgischen politischen Katholizismus gefördert und die liberale belgische Verfassung bejaht hat. Ging es in der Auseinandersetzung zwischen Mercier und Bissing im wesentlichen um die Zukunft Belgiens und um die Rolle des belgischen Katholizismus bei der Vorbereitung einer späteren Einbeziehung Belgiens in den deutschen Machtbereich, so trug zu dem wechselseitigen Unverständnis auch die unterschiedliche Auffassung von den Aufgaben der Kirche bei. Während für Bissing in der Kirchenpolitik wie in allen anderen Bereichen die deutschen Verhältnisse maßgebend waren, verteidigte Mercier in seinen Auseinandersetzungen mit Bissing nicht bloß als Staatsbürger den belgischen nationalen Standpunkt, sondern als Repräsentant der kirchlichen Interessen auch die als Produkt der belgischen Geschichte seit der Staatsgründung 1830 erworbene Stellung des belgischen Katholizismus im und zum Staat,(146) von der aus ihm die Lage des deutschen Katholizismus im Kaiserreich als wenig begehrenswert und Bissings Versuche einer Angleichung des belgischen Verhältnisses von Kirche und Staat an deutsche Verhältnisse als historischer Rückschritt in ein vom belgischen Katholizismus seit 1830 überwundenes Stadium erscheinen mußte.

Viertes Kapitel

DIE DIPLOMATISCHEN BEZIEHUNGEN DEUTSCHLANDS ZUM VATIKAN BEI AUSBRUCH DES ERSTEN WELTKRIEGES

1. DIE KRISENHAFTEN DIPLOMATISCHEN BEZIEHUNGEN ZUM VATIKAN IN DEN LETZTEN JAHREN DES PONTIFIKATS PIUS X.

In der Behandlung der ersten Krise um Mercier im Januar 1915 dominierten die Rücksichten auf den Vatikan über die Interessen, die mit der Besetzung Belgiens verknüpft waren.(1) Dies läßt nach der Bedeutung fragen, die gute politische Beziehungen zum Vatikan für das deutsche Reich besaßen. Sie werden brennpunktartig deutlich im Moment des Wechsels an der Spitze der römisch-katholischen Kirche im August 1914, der praktisch mit dem Kriegsausbruch zusammenfiel.(2)

Die letzten Jahre des Pontifikats Pius X. hatten ganz im Zeichen scharfer Auseinandersetzungen um Modernismus und Integralismus gestanden.(3) Schon mit der Enzyklika "Pascendi Dominici gregis" von 1907 und der Borromäus-Enzyklika "Editae saepe" von 1910 hatte der antimodernistische Kampf eingesetzt,(4) der in der Intention Pius X. der Abwehr dogmatischer Irrtümer galt, aber nicht ohne Rückwirkungen auf das innerkirchliche Leben der nationalen Katholizismen blieb und in Deutschland zur innenpolitischen Belastung wurde.(5) Gerade der deutsche Katholizismus stand wegen seines ständigen Kontakts mit dem Protestantismus im konfessionell gemischten Deutschland bei der Kurie unter Pius X. im Verdacht der Anfälligkeit für häretische Einflüsse und hatte unter dem Unverständnis Roms für seine spezifische Situation zu leiden.(6) Die Forderung eines jährlichen antimodernistischen Eides von 1911 und die gegen die Teilnahme von Katholiken an konfessionell oder weltanschaulich gemischten Vereinigungen gerichtete Enzyklika "Singulari quadam" von 1912 setzten die antimodernistische Kampagne fort. Verschärfend kam hinzu, daß die auf Pius sich berufende integralistische Bewegung um den römischen Prälanten Benigni aggressiv und mit geheimbündlerischen Methoden katholische Personen und Institutionen, die ihr nicht genehm waren, als nicht glaubens- und kirchentreu denunzierte.(7) Sie hatte auch in Deutschland ihre nicht sehr zahlreichen, aber finanzkräftigen und einflußreichen Anhänger und Fürsprecher im Episkopat und unter den katholischen Laien, die "Berliner Richtung" um den Grafen Oppersdorff, den Trierer Bischof Korum und den Breslauer Fürstbischof Kardinal Kopp,(8) die die "Kölner Richtung" und den Mönchen-Gladbacher Volksverein heftig befehdete.(9) Der Streit entzündete sich an zwei Grundsatzfragen - der Beteiligung von Katholiken an den konfessionell gemischten

Gewerkschaften und am Charakter des Zentrums als politischer oder konfessioneller Partei. Der "Zentrums"- und "Gewerkschaftsstreit", angeheizt durch direkte römische Einflüsse auf den Episkopat und einzelne katholische Laien,(10) konnte auf die politische Anziehungskraft des Zentrums und der christlichen Gewerkschaften nicht ohne Rückwirkungen bleiben. Die Schwächung des deutschen politischen Katholizismus, die zwar nicht ausschließlich auf diese inneren Spannungen zurückzuführen ist, aber durch sie mitbedingt wurde, wird am Ergebnis der letzten Vorkriegs-Reichstagswahl von 1912 deutlich, in der die Zahl der Zentrumsmandate von 105 (1907) auf 91 sank; von den katholischen Wahlberechtigten stimmten 1912 nur noch gut 54 % für das Zentrum.(11) Die von Rom in das Zentrum hineingetragene Unruhe führte zu Verbitterung bei Bischöfen und führenden Zentrumspolitikern.(12) Hertling, seit 1909 Vorsitzender der Zentrumsfraktion im Deutschen Reichtag und seit 1912 bayrischer Ministerpräsident, schrieb anläßlich eines geheimen römischen Schreibens an die deutschen Bischöfe(13) verärgert an Lerchenfeld, den bayrischen Gesandten in Berlin: "Es paßt mir nicht, daß man uns gegenüber so wenig ehrlich sich verhält, und es wäre mir nur angenehm, wenn man das an der Kurie merkte ... Ein derartiges Verhalten ist entschieden zu mißbilligen, denn wenn man an unsere Bischöfe neue Erlasse richtet, dann haben wir doch einen Anspruch darauf, informiert zu werden, wenn anders das ganze Gerede von Zusammenwirken zwecks Beilegung der schwebenden Mißverständnisse einen Wert haben soll."(14)

Da die Zentrumsstimmen seit der Jahrhundertwende für jede gouvernementale Mehrheitsbildung im Reichstag unentbehrlich waren und erst Flottenbau, Reichsfinanzreform und Wehrvorlage von 1913 ermöglichten, was gerade auch der Versuch einer Blockbildung gegen das Zentrum unter Bülow bewiesen hatte, konnte die Reichsleitung einer Schwächung des Zentrums(15) - und der christlichen Gewerkschaften (16) nicht tatenlos zusehen. Mit lebhafter diplomatischer Aktivität über den preußischen Gesandten in Rom(17), über Kardinal Kopp(18) und über Bayern(19) reagierte Bethmann Hollweg auf die Störung des konfessionellen Friedens, die immer gleichzusetzen war mit einer Verschärfung der parteipolitischen Gegensätze zwischen Konservativen, Liberalen und Zentrum und einer Erschwerung der Regierungsarbeit.(20) Diese Reaktion auf die von Rom ausgelöste innenpolitische Beunruhigung war umso empfindlicher, als die Reichstagswahlen von 1912 eine Stärkung der Sozialdemokratie zu bringen versprachen und in der Tat auch brachten(21), so daß die Rolle des Zentrums als einer zuverlässigen Stütze der Regierung noch unterstrichen wurde.(22)

2. DER DEUTSCHE ANTEIL AN DER WAHL BENEDIKTS XV.

Als deshalb 1913 eine Erkrankung Pius X. einen Wechsel an der Spitze der römisch-katholischen Kirche in Aussicht stellte, galt der

Frage seines Nachfolgers ein besonderes Interesse von seiten der Reichsleitung. Die Liste der "papabili" wurde von dem preußischen Gesandten beim Vatikan von Mühlberg unter dem Gesichtspunkt dreibundfreundlich oder frankophil, liberal-aufgeklärt oder intransigent kommentiert.(23) Nach dem Tod Pius X. im August 1914 hatte sich diese Liste insofern verändert, als mit Rampolla inzwischen das bedeutendste Mitglied des Kardinalskollegiums verstorben und der Erzbischof von Bologna Giacomo della Chiesa mit seiner Kardinalsernennung im Mai 1914 zum Kreis möglicher Nachfolger Pius X. hinzugekommen war.(24) Durch den Kriegsausbruch war das deutsche Interesse an einem Papst, von dem "peinliche Überraschungen, unbedachte friedensstörende Encyclicen und motu proprios wie bei Pius X."(25) nicht zu erwarten waren, noch gesteigert. Mühlbergs ganzer Einsatz(26) galt deshalb der Durchsetzung eines Kandidaten im Konklave, der "nicht ausgesprochen integral und francophil gesinnt ist."(27) Über die Überlegungen, die seinen Beratungen mit den deutschen und österreichisch-ungarischen Kardinälen vor ihrem Eintritt ins Konklave und mit dem österreichischen und bayrischen Vertreter beim Hl. Stuhl zugrunde lagen, berichtete er nach Berlin: "Dazu, daß sie ihre Stimme einem kirchlich und staatlich modern gesinnten Kardinal geben, werden unsere und die österreichisch-ungarischen Kardinäle kaum zu bewegen sein. Wir müssen uns deshalb auf der mittleren Linie halten und unsere Bemühungen auf einen modern gemäßigten Kandidaten richten, von dessen Antecedentien man annehmen darf, daß die Gefährdung des konfessionellen Friedens, wie wir sie unter dem vergangenen Pontificat zu wiederholten Malen zu erleiden hatten, von der Kurie nicht weiter fortgesetzt wird."(28) Mühlberg selbst plädierte also nicht für einen bestimmten Kandidaten, sondern für ein kirchenpolitisches Programm, das der Entscheidung für eine Person voranstehen sollte. Als sich jedoch noch vor Zusammentritt des Konklaves eine Strömung zugunsten della Chiesas, des Bologneser Erzbischofs und früheren Unterstaatssekretärs unter Rampolla, herausbildete,(29) drängte er die deutschen und österreichischen Kardinäle, geschlossen für ihn zu stimmen.(30) Als taktisches Verfahren empfahl er, sofort massiv für den gewünschten Kandidaten einzutreten, um einen Kern zu bilden, an den sich die Stimmen der noch unentschlossenen Kardinäle anlagern könnten.(31)

In der gleichen Richtung war Kardinal von Hartmann vor seiner Abreise nach Rom vom Reichskanzler bearbeitet worden, der ihm ein Schreiben überbringen ließ, in dem es nach Aufzählung der Kandidaten für die Papstnachfolge hieß: "Die augenblickliche Weltlage bringt es mit sich, daß bei der diesmaligen Papstwahl das nationale Element eine bedeutsame Rolle spielen wird. Es ist daher für die deutschen Interessen von Bedeutung, ein Gegengewicht gegen die sechs französischen Kardinäle zu schaffen, denen sich vermutlich als siebenter und achter der Kurienkardinal Billot und der belgische Kardinal Mercier anschließen werden. Vielleicht läßt sich dies durch eine Vereinigung der deutschen mit den sechs österreich-ungarischen, eventuell auch mit den amerikanischen Kardinälen erreichen."(32) Wie auch Mühlberg, so empfahl Bethmann nicht die Wahl einer bestimmten Person, sondern legte dem Kardinal - unter äußerlicher Schonung der kirchlichen Autonomie - einige Überlegungen aus nationalem deutschem Interesse zur Berücksichtigung bei der Festlegung seines Votums nahe:(33) "Wenn die Wahl sich auch in erster Linie unter dem Einfluß der rein kirchlichen Fragen vollziehen wird und vollziehen muß, so glaube ich mich doch des Einverständnisses Euerer Eminenz in der Ansicht versichert halten zu dürfen, daß die Wahl eines politisch weitblickenden und nicht national festgelegten Papstes bei den gegenwärtigen politischen Verhältnissen nicht nur im Interesse der katholischen Kirche liegen würde."(34) Immerhin erfuhr der Kandidat della Chiesa insofern eine gewisse Unterstreichung, als es von ihm in der Liste der von Bethmann genannten papabili hieß, er sei "im politischen Geschäft versiert" und Kardinal Bettinger sei, "wie ich höre", für ihn.(35)

Dem Reichskanzler war auch bekannt, daß della Chiesa der bevorzugte Kandidat Hertlings war(36), der ihn während seiner römischen Mission in der Angelegenheit der Straßburger katholischen Professur (37) persönlich kennen - und "als eine Persönlichkeit von hoher Bildung, vornehmer Gesinnung, großer Begabung und starkem Willen" (38) schätzengelernt hatte. Entsprechend enthusiastisch äußerte sich Hertling zum preußischen Gesandten in München von Schön nach dem Wahlausgang, dem er erklärte: "Er begrüße es mit besonderer Freude, daß der neue Papst über ein solches Maß von Gaben des Verstandes und des Geistes sowie von geschäftlicher Erfahrung verfüge, daß er nicht, wie Pius X., seine Hauptstütze in seiner Umgebung und namentlich in seinem Staatssekretär zu suchen haben werde."(39) Ebenso "hochbefriedigt"(40) wie Hertling und der Münchner Nuntius Frühwirth äußerte sich Mühlberg über die Wahl della Chiesas. Ihm war es gelungen, die deutschen und österreichisch-ungarischen Kardinäle gegen gewisse Widerstände Hartmanns und des österreichischen Vertreters beim Hl. Stuhl(41) beim Zusammentritt des Konklaves auf della Chiesa festzulegen und so konnte er das Wahlergebnis zu einem Teil seinen Bemühungen gutschreiben: "Über die inneren Vorgänge im Konklave ist diesmal außerordentlich strenges Stillschweigen bewahrt worden ... Nichtsdestoweniger sickert durch, daß die deutsch-österreichisch-ungarischen Kardinäle von Anfang an fest an der Wahl della Chiesas gehalten und dadurch vorwiegend den Ausgang der Wahl beeinflußt haben. Es darf die Beständigkeit und Einheit unserer Kardinäle wohl auf die ihnen in den gemeinschaftlichen Beratungen gegebenen Ratschläge zurückgeführt werden."(42) Entsprechend optimistisch beurteilte er in seiner Vorausschau auf das kommende Pontifikat die weitere Entwicklung der Beziehungen des deutschen Reichs zum Vatikan: "Wenn Papst Benedikt das hält, was die Vergangenheit des Kardinals della Chiesa verspricht, so gehen wir einem Pontifikat entgegen, das uns nicht soviel Sorgen, Kämpfe und Proteste schaffen wird als dasjenige Pius X."(43)

Unter dem neuen Papst versprachen die Beziehungen des deutschen Reichs zum Vatikan sich ruhig und verständnisvoll zu gestalten.(44) Schon dies war ein bedeutender politischer Gewinn für Deutschland angesichts der Notwendigkeit, den Burgfrieden aller Parteien für die Kriegsführung zu erhalten. Darüber hinaus deuteten sich aber noch weitere Perspektiven an, die Möglichkeiten des Vatikans für die deutsche Kriegsführung und ihre Ziele zu verwerten, und zwar für den Kampf gegen Rußland durch Einwirkung auf das katholische Polen(45) und zur Erhaltung der italienischen Neutralität.(46)

3. DIE BEDEUTUNG DER PÄPSTLICHEN NEUTRALITÄT FÜR DIE DEUTSCHE POLITIK IM ERSTEN WELTKRIEG

Aufgrund der Stimmung der Kurie gegenüber den kriegführenden Parteien und aufgrund des deutschen Anteils an der Wahl Benedikts XV. zum Nachfolger Pius X. befanden sich die deutschen diplomatischen Beziehungen zum Vatikan nach dem Amtsantritt Benedikts in einer "lune-de-miel"-Phase(47), die Mühlberg durch mancherlei entgegenkommende Gesten zu erhalten suchte.(48) Es ist nach den deutschen Akten nicht zu entscheiden, inwieweit der preußische Gesandte einer Selbsttäuschung über die Einstellung Benedikts zu den Kriegsfragen erlag(49) oder inwieweit Benedikt in den ersten Kriegswochen tatsächlich eine Unsicherheit des Urteils zeigte, die erst langsam, nicht zuletzt dank des beharrlichen belgischen Widerspruchs, einer klareren Sicht des Konflikts wich.

Das gute Einvernehmen zwischen Deutschland und dem Vatikan wurde bedroht durch die Art der deutschen Kriegsführung im Westen. Noch vor Beginn des Konklaves wurde die Zerstörung Löwens bekannt,(50) und zwar mußten aufgrund der Formulierung des deutschen Kommuniqués zunächst noch weitaus größere Schäden angenommen werden als es in Wirklichkeit der Fall war.(51) Die Vorgänge in Löwen gaben der belgischen Kolonie in Rom Gelegenheit zur Gegenwirkung gegen den deutschen Einfluß in der Kurie mit dem Argument, Deutschland führe einen Kampf gegen die katholische Kultur.(52) Kaum war der deutschen Diplomatie eine gewisse Beruhigung gelungen, so wurde die Beschädigung der Kathedrale von Reims bekannt, deren Symbolwert für den Katholizismus noch größer war als der der katholischen Universitätsstadt Löwen.(53) Erneut mußte Mühlberg mit beruhigenden Erklärungen im Vatikan gegen die französischen Anklagen(54) vorstellig werden.(55) Schließlich verursachte das Kaiser-Telegramm an Wilson, das französische und belgische Geistliche der Teilnahme an grausamen, völkerrechtswidrigen Handlungen der Zivilbevölkerung gegen die deutschen Truppen beschuldigte,(56) nicht bloß Spannungen im Verhältnis der Konfession in Deutschland,(57) sondern auch weitere diplomatische Aktionen.(58) Damit erhielten die Beziehungen Deutschlands zur Kurie nach den Erfahrungen der ersten Kriegsmonate einen etwas veränderten Stellenwert. Bethmann war überrascht von dem moralischen Pathos, mit dem England und Belgien den Kampf gegen Deutschland begründeten.(59) Die Berichterstattung der deutschen Diplomaten aus den neutralen Ländern ließ ihn die Wirksamkeit dieser Kampagne auf die Einstellung dieser Länder zu Deutschland erkennen.(60) Umso höher stieg der Wert der päpstlichen Neutralität, denn eine auch nur punktuelle Verurteilung der deutschen Kriegführung hätte die gesamte westliche Kriegspropaganda sanktioniert und die deutsche psychologische Position erheblich verschlechtert. Mühlberg riet deshalb ganz allgemein zu Entgegenkommen gegenüber dem Papst mit dem Argument: "Die Hilfe der Kurie für uns kann sich zwar vorläufig nur auf das moralische Gebiet erstrecken, aber gerade da ist sie bei dem gegen uns in aller Welt zu Tage getretenen Haß nicht zu unterschätzen."(61) Sehr ähnlich äußerte sich etwas später der bayrische Gesandte beim Hl. Stuhl Baron Ritter, nachdem die päpstliche Neutralität durch die erste Mercier-Krise einer ernsthaften Belastung ausgesetzt worden war: "Der Hl. Stuhl steht ... bei aller Unparteilichkeit doch in seinem innersten Innern mehr auf unserer Seite, d.h. auf der Seite der Zentralmächte, die ihm in Europa doch die sichersten Stützen der Kirche zu sein scheinen. Für uns hinwiederum kann die moralische Macht, die der Hl. Stuhl repräsentiert, nach Umständen eine nicht zu unterschätzende Hilfe sein und bestünde sie nur darin, daß der Vatikan streng an seiner Neutralität festhält."(62) Fortan wurde es zum erklärten Ziel der deutschen Politik gegenüber dem Papst,(63) die neutrale Haltung des Vatikans zu erhalten, um zu verhindern, daß der westlichen Seite neben dem freiheitlich-demokratischen Anspruch Englands auch noch die moralische Autorität Roms zugute kam. Die päpstliche Neutralität war im politischen Kalkül Deutschlands ein Gewinn, weil sie die These vom Verteidigungskrieg intakt ließ, unter deren Deckmantel ein weitausgreifendes expansionistisches Kriegszielprogramm verfolgt werden konnte. Umgekehrt war sie für Frankreich, Belgien und England eine Niederlage, weil sie den moralischen Anspruch der Gegener Deutschlands, wie er etwa von Mercier exemplarisch mit Absolutheit formuliert wurde, relativierte, so daß es das Ziel Englands, Belgiens und Frankreichs sein mußte, den Papst zur Aufgabe seiner unparteilichen Haltung gegenüber allen kriegführenden Parteien zu bewegen. Die Auseinandersetzung um die Politik des Vatikans wurde vor allem im Lauf des Jahres 1915 sehr heftig geführt, als sich die Position der Mittelmächte durch den Kriegseintritt Italiens und die dadurch bedingte Abreise der deutschen und des österreichischen diplomatischen Vertreters beim Vatikan verschlechtert hatte(64) und der Wechsel an der Spitze der belgischen Botschaft sowie die Entsendung eines englischen Vertreters(65) den Einfluß der Entente-Staaten verstärkt hatte.

Neben der längerfristigen politischen Perspektive spielte gerade um die Jahreswende 1914/1915 in den Beziehungen Deutschlands zum Vatikan noch ein anderes politisches Problem eine Rolle - die Verhinderung des italienischen Kriegseintritts an der Seite der Entente-Staaten, in der die Interessen des Vatikans mit denen des deutschen Reichs parallel gingen.(66) Die ungelöste "römische Frage", die Erschwerung seiner neutralen Haltung inmitten eines im Kriegszustand befindlichen Landes und die Furcht vor einer Schwächung der katholischen Großmacht Österreich waren die Gründe,(67) die den Vatikan an die Seite Deutschlands in dieser Frage führten und ihn bestimmten, sich in die Verhandlungen um die Kompensationen Österreichs an Italien zur Verhinderung des italienischen Kriegseintritts einzuschalten.(68) Der intensive diplomatische Austausch zwischen Deutschland, Österreich, Italien und dem Vatikan bildete den zeitlichen Hintergrund der ersten Mercierkrise und macht verständlich, daß die in Belgien aufgetretenen Schwierigkeiten von Bethmann Hollweg dem Ziel, mit Hilfe des Vatikans Italiens Teilnahme am Krieg zu verhindern, untergeordnet wurden.

Fünftes Kapitel

DER ZWEITE KONFLIKT ZWISCHEN MERCIER UND DEM GENERALGOUVERNEMENT 1915/1916

1. ZIELE DER DEUTSCHEN VERWALTUNGSPOLITIK IN BELGIEN 1915

Kaum ein anderes deutsches Kriegsziel beschäftigte die Phantasie von Fürsten, Militärs, Politikern, Industriellen, Journalisten und Professoren 1914/15 so sehr wie die Frage nach der künfigten Stellung Belgiens zum deutschen Reich, wobei als Selbstverständlichkeit vorausgesetzt wurde, Deutschland könnte den Frieden nach seinem Belieben gestalten.(1)

Nachdem durch Zensurverfügung der Regierung Ende 1914 die öffentliche Diskussion der Kriegsziele unterbunden war,(2) fand sie eine umso intensivere Fortsetzung im halböffentlichen Bereich der interessierten Kreise und zwar in direkter Koppelung mit der Kritik oder Zustimmung zu Person und Politik des Reichskanzlers.(3) Denkschriften wurden ausgetauscht und dem Reichskanzler übersandt, in denen je nach Interessenlage und beruflicher Sozialisation der Verfasser die militärischen, handelspolitischen, wirtschaftlichen, verkehrstechnischen oder staatsrechtlichen Fragen des "belgischen Problems", d.h. seiner zukünftigen Einbeziehung in den deutschen Machtbereich, in den Vordergrund gerückt wurden.(4) Besonders beliebt war bei den Verfechtern einer massiven deutschen Vorherrschaft über Belgien natürlich eine Kontaktaufnahme mit dem Generalgouverneur von Bissing,(5) der sich mit seiner Denkschrift vom Frühjahr 1915 einer größeren Öffentlichkeit als Annexionist zu erkennen gegeben hatte(6) und der seinerseits lebhaft daran interessiert war, eine Unterstützung für seine Vorstellungen von Belgiens Zukunft bei einflußreichen Kreisen im Reich zu gewinnen.(7) Besonders eng waren die Verbindungen zwischen Brüssel und Bayern. Graf Hertling reiste im November 1915 auf Einladung Bissings nach Belgien,(8) nachdem er schon vorher laufend über belgische Angelegenheiten durch den Sohn des Generalgouverneurs, den Ägyptologen an der Münchner Universität Friedrich Wilhelm von Bissing, unterrichtet worden war.(9) Mehrere Male traf der Generalgouverneur mit dem bayrischen Kronprinzen Rupprecht zusammen, der als Oberkommandierender der VI. Armee im nahen Lille stationiert war.(10) Auch Rupprecht gehörte zu den Adressaten der Bissing-Denkschrift vom Frühjahr 1915, auf die dieser mit der Übersendung seiner eigenen Denkschrift antwortete.(11)

Die Reise Kardinal von Bettingers, des Münchner Erzbischofs, an die Westfront (in seiner Eigenschaft als Feldpropst der bayrischen Armee)(12) erscheint in diesem Kontext nicht als Zufall. Bettinger besuchte vom 25.9.16 - 13.10.16 die bayrischen Truppen in Elsaß-Lothringen, Nordfrankreich und Belgien. In Brüssel hielt Bettinger vor den katholischen, aus dem ganzen Okkupationsgebiet herangeführten Truppen einen glanzvollen Gottesdienst in der eng mit der staatlichen belgischen Geschichte verbundenen Brüsseler Hauptkirche St. Gudule,(13) an dem die militärischen und zivilen Spitzen der deutschen Behörden teilnahmen und der von den Belgiern als Affront empfunden werden mußte,(14) zumal zu gleicher Zeit die Deportationen belgischer Arbeiter nach Deutschland begannen.(15)

Mit dem Bewußtsein der Zustimmung und des Rückhalts bei gewichtigen politischen Kräftes des Reichs ging Bissing nach dem Mercier-Rückschlag tatkräftig daran, die Okkupationszeit im Sinn seiner Vorstellungen von Belgiens Zukunft zu nutzen, wenn sich schon seine ursprüngliche Idee, Belgien noch während des Krieges zu annektieren, nicht verwirklichen ließ.(16) Unter dem Deckmantel der Neutralität gegenüber der Frage der späteren Friedensregelung(17) ließ der Generalgouverneut die zivilen Abteilungen seines Amts die Grundlagen eines späteren Friedensschlusses, vor allem die damit zusammenhängenden wirtschaftlichen Fragen, erarbeiten.(18) Auch seine Politik der Abwehr von Schäden des Landes durch das Requisitionsunwesen der deutschen Truppen und der Wiederbelebung der belgischen Wirtschaft war nicht ohne annexionistische Hintergedanken, denn ging es dabei auch vornehmlich um die aktuellen Belange der deutschen Kriegführung und der Versorgung der belgischen Bevölkerung, so wollte Bissing mit diesen Maßnahmen doch auch die Attraktivität Belgiens als Kriegsziel bewahren.(19)

Trotz seiner machtpolitischen Denkweise verkannte Bissing nicht die Bedeutung des psychologischen Faktors bei einer Annexion Belgiens. (20) Je besser es ihm gelang, die Belgier mit der Aussicht auf eine deutsche Herrschaft zu versöhnen, umso geringer konnte die Anwendung äußerer Machtmittel sowohl während des Krieges als auch nach der Angliederung an Deutschland bleiben. Da nach dem Weihnachtsbrief Merciers zumindest mit einer Mitwirkung des Mechelner Kardinals nicht mehr zu rechnen war(21) und sich nach Ansicht der Politischen Abteilung(22) im Gefolge Merciers auch die Haltung der belgischen Geistlichkeit insgesamt verschärft hatte,(23) mußte Bissing andere Mittel und Methoden ins Auge fassen, um sich seinem Ziel, der Aussöhnung der Belgier mit einer Einverleibung in das deutsche Reich, zu nähern.(24) Außerdem war er gezwungen, sein ursprüngliches kirchenpolitisches Konzept einer Revision zu unterziehen: Kirchenpolitik hieß fortan Kampf gegen die Identifikation des belgischen Katholizismus mit dem belgischen Staat von 1830, Kampf gegen die besondere, unabhängige Stellung der Kirche gegenüber dem Staat(25) und Kampf gegen Mercier, der als Seele des belgischen Widerstands galt. Die Repression der "politischen" Seite des belgischen Katholizismus sollte aber einhergehen mit einer betonten Förderung seiner "religiösen" Aufgaben, um nicht in Kulturkampf-Verdacht zu geraten,(26) denn ganz glaubte Bissing auch nach den Erfahrungen des ersten Konflikts mit Mercier noch nicht auf kirchliche Unterstützung für seine Annexionspläne verzichten zu müssen. Am Schluß seiner Denkschrift vom Frühjahr 1915 äußerte er die Hoffnung, den Vatikan zum Bündnispartner seiner Belgienpläne und von daher auch zur Duldung seines an gleicher Stelle skizzierten Programms zur Umgestaltung der Stellung der belgischen Kirche zum Staat gewinnen zu können: "... und ich hebe hervor, daß entscheidender Wert darauf zu legen ist, daß die katholische Kirche für die Einverleibung gewonnen wird. Dem Vatikan müßte doch klar zu machen sein, daß, wenn Belgien nicht in engste Beziehung zu Deutschland tritt, es seinem völligen kulturellen Heimfall an Frankreich entgegensieht und daß damit die dereinstige Trennung von Staat und Kirche bedingt würde, daß andererseits das Deutsche Reich nicht daran denkt und denken kann, den religiösen Grundzug des Belgierlandes, seinen Katholizismus und seine Anhänglichkeit an Rom, in irgendeiner Weise anzutasten.(27)

Damit ist die Quintessenz der kirchenpolitischen Entwicklung der nächsten Monate vorweggenommen, die im Verlauf des Jahres 1915 zu ständig neuen Reibungen zwischen dem Generalgouverneur und dem Kardinal führte und die schließlich in der zweiten Mercier-Krise im Herbst 1915 gipfelte.

2. DAS GENERALGOUVERNEMENT IN BELGIEN UND MERCIER VOM FRÜHJAHR 1915 BIS ZUM HERBST 1915

Zur Illustration der These, daß es bei den Zusammenstößen Bissings mit Mercier im Kern immer um die Vorbereitung der künftigen Annexion Belgiens von seiten des Generalgouverneurs und um eine Verteidigung des belgischen Anspruchs auf Unabhängigkeit und Wiederherstellung sowie um die Erhaltung der historisch erkämpften Stellung des belgischen Katholizismus zum Staat auf der Seite Merciers ging, seien aus der Fülle des Materials, das aus an sich unbedeutenden und kleinlichen Konflikten zu bestehen scheint, einige Beispiele ausgewählt.

Der Plan des Generalgouverneus, die Bezahlung der belgischen Geistlichen abhängig zu machen von der Unterzeichnung einer Loyalitätserklärung, scheiterte an dem Widerstand Merciers, der mit einem Memorandum über die verfassungsrechtliche Stellung des belgischen Klerus zum Staat antwortete und den Generalgouverneur zum Rückzug zwang.(28) Ein Versuch des preußischen Kriegsministeriums, die Frage der bei Kriegsausbruch getöteten belgischen Priester zu klären,(29) veranlaßte Mercier zu der Forderung nach Einsetzung einer gemischten deutsch-belgischen Untersuchungskommission unter Vorsitz eines Neutralen,(30) die von deutscher Seite unbeantwortet blieb. Darauf stellte Mercier der belgischen Regierung den Briefwechsel zur Verfügung, die ihn in der Presse veröffentlichte.(31) Kleinliche Vorhaltungen machte der katholische Militäroberpfarrer Middendorf(32) im Auftrag des Generalgouverneurs dem Kardinal wegen eines Schreibens an Kardinal Amette von Paris,(33) das unter Umgehung der deutschen Zensurbestimmungen ins Ausland gelangt und vom Empfänger veröffentlicht worden war. In dem Schreiben dankte Mercier für die Anteilnahme des französischen Episkopats und beschwor die enge französisch-belgische Gemeinschaft und die Stunde der Befreiung, die den Gläubigen und Bischöfen beider Länder wieder einen offenen Austausch ermöglichen werde. - Mit einer Ansprache bei der Neubestattung des Pfarrers von Herent(34) erinnerte Mercier an das Geschehen der ersten Kriegstage, dem der Einundsiebzigjährige zum

Opfer gefallen war.(35) Auch diese Ansprache fand ihren Weg in die ausländische Presse.(36) Die äußerst geschickte Pressepolitik Merciers, die über das Unrecht der deutschen Herrschaft und die Forderung nach der Wiederherstellung Belgiens kein Gras wachsen ließ, trug ganz besonders zur Verärgerung des Generalgouverneurs bei: "Aus allem geht hervor, daß der Kardinal in Belgien nicht nur die Seele eines systematischen Widerstands gegen den Generalgouverneur sein wird, sondern auch jeden geeigneten Vorfall zu publizistischer Agitation ausbeuten wird."(37) Im Generalgouvernement verstärkte sich deshalb die Überzeugung, Mercier wolle die deutschen Behörden zum gewaltsamen Eingreifen provozieren und damit die deutschen Beziehungen zum Vatikan stören. Nur die Überlegung, eine Verhaftung oder Ausweisung liege ganz auf der Linie der von Mercier verfolgten Politik, hielt den Generalgouverneur von einer gewaltsamen Lösung zurück.(38)

Bissing griff deshalb noch einmal auf den schon im Januar 1915 erörterten Gedanken(39) zurück, Mercier durch den Papst nach Rom berufen zu lassen.(40) Auch einen Nachfolger hielt er schon bereit - den Bischof von Namur Heylen, mit dem die deutschen Behörden besser auskommen zu können glaubten und von dem sie sich auch eine Unterstützung ihrer Flamenpolitik erhofften.(41) Dieser höchst naive Vorschlag, der vom Papst nichts weniger als eine Aufgabe seiner Neutralität zugunsten der Bissingschen Annexionspläne verlangte, wurde vom Reichstagsabgeordneten Erzberger während seiner zweiten römischen Reise im Frühjahr 1915 in der Audienz vom 3.4. 1915 Benedikt XV. persönlich vorgetragen.(42)

Auch nach dem erneuten abschlägigen Bescheid(43) gab Bissing die Hoffnung, Mercier irgendwie aus dem besetzten Gebiet loszuwerden, offenkundig nicht auf, denn die Berichterstattung der Politischen Abteilung an das Auswärtige Amt in den folgenden Wochen und Monaten läßt eine Tendenz zur Verschärfung des ohnehin gespannten Verhältnisses erkennen, das seine Lösung eigentlich nur in der Verhaftung oder Abschiebung Merciers finden konnte.(44) Immer ging es jedoch bei den von Bissing inkriminierten Vorfällen, sofern sie nicht durch deutsche Ungeschicklichkeit verursacht waren,(45) um Bekundungen des belgischen Unabhängikeitswillens, auf die der Generalgouverneur mit großer Gereiztheit reagierte.(46) Da sich Bissing gegenüber Mercier nicht offen auf seine annexionistischen Endabsichten berufen konnte, schob er die Wahrung von Ruhe und Ordnung vor, die durch den politischen Gehalt der Mercierschen Aktionen gefährdet seien.(47) Mit Leichtigkeit konnte Mercier die Anklage der Aufreizung zum Widerstand gegen die Okkupationsmacht widerlegen und die Gelegenheit zu einer Polemik gegen die deutsche Erziehung zu mechanischem Gehorsam nutzen, die für die politische Psychologie des belgischen Volkes kein Empfinden hat,(48) denn tatsächlich verhielt sich die belgische Bevölkerung bei aller inneren Abwehr gegen die deutschen Eindringlinge sehr diszipliniert. Gefährlicher als solche Nadelstiche war für die Kirchenpolitik Bissings, daß Mercier sich ihm gegenüber - und zweifellos auch Rom gegenüber - über Behinderungen der religiösen Freiheit beklagte, Klagen, die im Vatikan immer auf ein aufmerksames Interesse stoßen mußten. (49) Mit der Androhung, den direkten Verkehr mit dem Kardinal abzubrechen(50) und mit einem requisitorischen Schreiben Bissings an den Brüsseler Nuntius Tacci über die von Mercier geschaffene kirchenpolitische Situation(51) erreichten die Beziehungen des Generalgouverneurs zu Mercier im Frühsommer 1915 einen Tiefpunkt, der den Kardinal zu einem gwissen taktischen Einlenken bewog.(52) Schon rühmte sich Bissing gegenüber dem Reichskanzler eines Erfolgs seiner "mit Geduld verfolgten Politik der Nachsicht und des nur leisen Zufassens", die dazu geführt habe, daß "die Verhältnisse neuerdings versprechen, eine günstigere Wendung zu nehmen", (53) als Mercier mit "Appel à la Prière" vom 12.9.15 einen weiteren politischen Hirtenbrief erließ,(54) der deutscherseits mit dem Zeitpunkt der französisch-englischen Gegenoffensive in Verbindung gebracht wurde und nach Meinung Bissings darauf angelegt war, "die feindselige Stimmung gegen uns zu schüren, in den Gläubigen Siegeshoffnungen zu nähren und sie zu Widersetzlichkeiten aufzureizen."(55) Damit mußte der Generalgouverneur erkennen, daß er nach fast einem Jahr der Kämpfe, Drohungen und Beschwerden auf dem Weg, den belgischen Katholizismus seinen Zukunftsplänen dienstbar zu machen bzw. das in der kompromißlos nationalbelgischen Haltung Merciers liegende Hindernis gegen seine Annexionspläne zu beseitigen, nicht einen Schritt weitergekommen war.

3. DER STAND DER DEUTSCH-VATIKANISCHEN BEZIEHUNGEN NACH DEM ITALIENISCHEN KRIEGSEINTRITT

Die Hoffnung des Generalgouverneurs, den Papst zum Bundesgenossen seiner Annexionspolitik in Belgien gewinnen zu können, war umso utopischer, als sich in den Tagen des April und Mai 1915 die italienische Haltung zum Krieg entschied.(56) Der Vatikan hatte sich durchaus nicht nur auf geheimem diplomatischem Weg, sondern auch öffentlich gegenüber dem italienischen Katholizismus für die Beibehaltung der italienischen Neutralität eingesetzt.(57) Er mußte von einer Anwesenheit Merciers in Rom eine Erschwerung seiner Politik, wenn nicht eine offene Verstärkung des interventionistischen Lagers befürchten.(58) Völlig zutreffend konnte daher Benedikt XV. in der Audienz für Erzberger die Forderung, Mercier nach Rom zu berufen, mit dem Argument zurückweisen, dies läge nicht im "deutschen Interesse."(59)

Mit der von dem rührigen Erzberger vorbereiteten Übersiedlung der deutschen Diplomaten in die Schweiz(60) entfiel für die deutsche Politik die Möglichkeit der ständigen Einwirkung auf die Kurie und das katholische römische Milieu. Hatte dadurch schon die Repräsentanz der deutschen Politik in Rom eine schwere Einbuße erlitten im Vergleich zu ihrer glänzenden Stellung zu Beginn des Krieges, so wurde dieser Rückgang an Einfluß- und Informationsmöglichkeiten noch verschärft durch die verbesserte Vertretung der Ententemächte durch die Entsendung eines englischen Diplomaten an die Kurie und den Wechsel auf dem belgischen Botschafterposten.(61) Es rächte sich nun, daß aus jeweils kurzfristigen tagespolitischen Interessen heraus die Frage der Einrichtung einer Nuntiatur in Berlin seit Bismarcks Zeiten ungelöst geblieben war(62) und die verschiedenen politischen Kräfte des Reichs sich nicht einmal auf die Forderung nach Ernennung eines deutschen Kurienkardinals hatten einigen können. (63)

So standen der preußische und der bayrische Gesandte beim Vatikan nach ihrer Übersiedelung in die Schweiz vor der Aufgabe, sich neben dem offiziellen diplomatischen Verkehr mit dem Vatikan möglichst vielfältige Informationsquellen und Verbindungswege nach Rom zu erschließen, um den Verlust an direkten Einwirkungsmöglichkeiten etwas wettzumachen. Hierfür boten sich neben dem Nuntius in München, dem Österreicher Andreas Frühwirth, der in den Kriegsfragen ganz für die Mittelmächte Partei ergriff,(64) der im Frühsommer 1915 in die Schweiz entsandte frühere Uditore der Münchner Nuntiatur Marchetti an,(65) der offiziell mit der Organisation des Gefangenenaustausches beauftragt war, inoffiziell aber die Verbindung zu Deutschland herstellen und die päpstlichen Bemührungen um die Anbahnung des Friedens unterstützen sollte.(66) Hierfür konnte die neutrale Schweiz mit der Möglichkeit zu zahlreichen Kontakten aus allen Lagern eine wichtige Drehscheibe werden.(67) Wegen seines nüchternen, aber durchaus nicht deutschfeindlichen Urteils wurde dieser jüngere päpstliche Diplomat zu einer Zielscheibe wütender Angriff Mühlberg,(68) der jede Abweichung von deutschen Sieg- und Durchhalteparolen unnachsichtig anprangerte.(68) Bis zu seiner Ausweisung Anfang 1917 gehörte der päpstliche Kammerherr Rudolf Gerlach zu den Vertrauensleuten der deutschen Politik in Rom, der über vatikanische Vorgänge berichtete und Adressat von vertraulichen Mitteilungen war, die den Papst möglichst direkt erreichen sollten. (70) Die Person Gerlachs bezeichnet den Übergang zu der Grauzone nachrichtendienstlicher Verbindungen, in der naturgemäß neben der Aufgabe der Berichterstattung für die deutschen Behörden auch private und andere politische Interessen eine Rolle spielten.(71) Als größten Erfolg konnte Erzberger, der diesen Nachrichten- und Informationsdienst organisiert hatte,(72) die Anwerbung eines hochgestellten Freimaurers in Rom verbuchen, der regelmäßig über italienische und vatikanische Angelegenheiten berichtete. Diese "99"-Berichte sind allerdings solange mit Vorsicht zu verwerten, als Identität und politische Zielsetzung des Informanten nicht eindeutig bestimmt werden können.(73) Zu den genannten konstanten Verbindungen kamen die gelegentlichen Informations- und Einwirkungsmöglichkeiten, die sich über den Bischof von Chur Schmidt von Grüneck,(74) über den Jesuitengeneral Graf Ledochowski,(75) durch die Romreise Hartmanns(76) oder durch die durchreisenden Münchner Nuntien Aversa(77) und später Pacelli(78) boten. Insgesamt aber blieb die Bilanz dürftig im Vergleich zu den Möglichkeiten der in Rom verbliebenen Entente-Diplomaten. Die mißtrauische Beobachtung der päpstlichen Äußerungen und Handlungen auf Auswirkungen des Übergewichts der Entente-Informationen und auf ein Abweichen von der Politik der "impartialità perfetta" bestimmten fortan den Grundtenor der Mühlbergschen(79) und auch der Ritterschen Berichterstattung,(80) die sich, abgesehen von einigen konfessionellen und bayrisch-partikularistischen Nuancen, in den Kriegsfragen nicht wesentlich von der Auffassung Mühlbergs unterschied.

Die erste Verstimmung nach der Übersiedlung der deutschen Diplomaten in die Schweiz ließ nicht lange auf sich warten. Nach dem aufsehenerregenden, dem Papst ungewöhnlich deutschfreundliche Worte in der belgischen Frage unterstellenden "Latapie-Interview" (81) und dem sich daran anschließenden "Hexensabbath"(82) in der französischen, italienischen und belgischen Presse sah sich der Kardinalstaatssekretär zu einer ausführlichen Darstellung der Haltung des Vatikans in der belgischen Frage gezwungen, die er in Form eines Schreibens an den belgischen Gesandten Van den Heuvel richtete.(83) Nun wiederum zeigte sich die deutsche Politik "peinlich berührt"(84) und konnte erst durch mehrfache Erklärungen der Kurie beruhigt werden, "che la S. Sede, fascendo voti per la pace, non intendo punto dispartirsi da quella impartialità che sie è proposta ed ha gelosamente osservata fin dal principio dell' immane guerra."(85) Dennoch blieb ein massives Mißtrauen bestehen. Mühlberg kommentierte ein Schreiben Gerlachs, das für die Situation des Vatikans um Verstehen werben sollte, nach Abschluß der Affäre durch den Besuch Hartmanns bei dem Reichkanzler mit den Worten: "Ohne irgendwie die Überzeugungstreue des uns als durchaus zuverlässig bekannten Briefstellers in Zweifel zu ziehen, dürfen wir uns doch durch Worte nicht einlullen lassen. Wir müssen die Augen offen halten und bei jedem bemerkbaren Schwanken des Vatikans, auch wenn es durch die Verhältnisse erklärlich scheint, ihm durch feste und bestimmte Erklärungen einen Halt bieten. So und nicht anders ist allein der starke gegnerische Einfluß in Schach zu halten."(86)

Für Mühlberg stand fest, daß der Vatikan dem Druck der Entente-Vertreter bedenkliche Zugeständnisse machte(87) und daß insbesondere der Kardinal-Staatssekretär ins Entente-Fahrwasser geriet,(88) dem er unterstellte, im Vatikan der eifrigste Verfechter der "Erschöpfungstheorie" zu sein.(89) Wenn der preußische Gesandte auch nicht ganz die Zwangslage des Papstes verkannte,(90) so wurde von ihm doch jedes Zweifeln an den deutschen Siegesaussichten und jedes Anzeichen einer realistischen Einschätzung des Kräftepotentials der beiden Lager kritisch registriert. Auf Anraten Mühlbergs lautete daher der wichtigste politische Auftrag für den nach Rom reisenden Bischof von Chur Schmidt von Grüneck, die Erschöpfungstheorie zu bekämpfen und den Vatikan von der militärisch, wirtschaftlich und psychologisch starken deutschen Position zu überzeugen.(91)

Alarmierender noch als der Gasparri-Brief an Van den Heuvel wirkte eine Veröffentlichung des "Osservatore Romano" vom 16.10.15 mit dem Titel "I conflitti internazionali e l'Autorità Pontifizia", der Auszüge aus einer Studie des englischen Kurienkardinals Gasquet über die Autorität des Papstes im Weltkrieg und die damit zusammenhängenden politisch-moralischen Fragen brachte und die als "un importantissimo studio" wegen seiner Argumente und wegen der Stellung seines Verfassers angekündigt wurden.(92) Die Auszüge enthielten allgemeine Betrachtungen über die moralische Autorität des Papstes in den Kriegs- und Friedensfragen, vermischt mit scharfen Angriffen gegen Deutschland wegen des Bruchs des Völkerrechts, wegen seiner Verantwortung für den Krieg und wegen seines Weltmachtstrebens. Die Veröffentlichung schien von programmatischer Bedeutung für die weitere Politik des Vatikans zu sein und zumindest von seiten des

"Osservatore Romano" ein Abweichen von der Neutralitätspolitik anzuzeigen. Da es sich um Ausführungen eines Kurienkardinals handelte, erschien ein Protest der deutschen Kardinäle geboten.(94) Weder Bettinger noch Hartmann verschlossen sich dem Ruf der Politik, den deutschen propagandistischen Standpunkt in den Kriegsfragen der Kurie gegenüber zu verteidigen.(95) Beide hatten sich bis dahin, einem Wunsch der Kurie und des Auswärtigen Amts folgend, aus der Polemik um Kirche, Papsttum und Krieg herausgehalten und speziell im Fall der Baudrillart-Schrift "La guerre allemande et le Catholicisme" vom Frühjahr 1915 auf ein Replik verzichtet,(96) was zumindest von Mühlberg nicht begrüßt worden war.(97) Beide brauchten sich nicht wider besseres Wissen zu einer Stellungnahme zu zwingen, denn Gasquets Angriffe auf die deutsche Position im Weltkrieg trafen ein politisches Weltbild, das von ihnen voll geteilt wurde. So schrieb Bettinger an Gasparri: "... der Zweck meines Briefes ist, dem Heiligen Vater den allgemeinen schmerzlichen Eindruck mitzuteilen; denn die deutschen Katholiken mit ihren Bischöfen und ihren Priestern sind ohne Ausnahme davon überzeugt, daß es in Deutschland niemanden gibt, der den Krieg gewollt hat, daß dieser Krieg von unseren Feinden durch gegenseitige Verträge von langer Hand vorbereitet gewesen ist und uns in dem Augenblick aufgedrungen worden ist, in dem unsere Feinde sich ihres Erfolgs sicher glaubten."(98)

Nicht ganz so markig, aber gleichfalls politisch eindeutig brachte Hartmann den "lebhaften Unmut" des deutschen Volks und der deutschen Regierung zum Ausdruck, weil Gasquet seine akzeptablen allgemeinen Ausführungen über die moralische Autorität des Papstes mit politischen Urteilen über Deutschland vermischt habe und "Anklagen hinzu(fügte), die geeignet sind, die deutsche Regierung und das deutsche Volk zu beleidigen."(99)

Trotz des energischen Schritts der beiden deutschen Kardinäle war Bethmann Hollweg wegen der weiteren Entwicklung der deutsch-vatikanischen Beziehungen beunruhigt.(100) Er griff deshalb den Vorschlag des Bischofs von Chur auf,(101) ein deutscher Bischof möge nach Rom reisen, um durch sein persönliches Auftreten die Entente-Einflüsse auszubalancieren und bat Kardinal von Hartmann, die Reise nach Rom zu unternehmen zur "Eindämmung der zunehmenden Bedrohung unserer Stellung in Rom."(102) Wiederum verschloß sich Hartmann nicht dem Appell an seine patriotische Pflicht, von der ihm feststand, daß er damit auch kirchlichen Interessen diente. (103) Nach persönlicher Instruktion durch den Reichskanzler begab sich Hartmann vom 25.11.15 bis 9.12.15 nach Rom.(104)

4. DIE DEUTSCHE REAKTION AUF "APPEL A LA PRIERE" UND MERCIERS ROMREISE ANFANG 1916

Wenn der Hirtenbrief "Appel à la Prière" vom 29.9.1915 den Generalgouverneur in Harnisch brachte, so war es nicht so sehr die von Mercier nahegelegte spektakuläre Assoziation zwischen Luzifer und seinem Gefolge und dem deutschen Kaiser und seinen Truppen,(105) sondern, wie aus dem Schreiben Bissings an den Reichskanzler hervorgeht,(106) wiederum die Tatsache, daß Mercier gewagt hatte, die Autorität des Okkupanten zu relativieren und die Hoffnung auf Befreiung wachzuhalten. Und wiederum schob Bissing Sicherheitserwägungen vor, um eine Handhabe gegen den Kardinal zu haben.(107)

Aus seinen Kämpfen mit Mercier hatte Bissing gelernt, daß eine Bekehrung des Kardinals zur Zusammenarbeit mit den deutschen Behörden nicht zu erwarten war(108) und daß deshalb nur seine Entfernung aus dem besetzten Gebiet Abhilfe schaffen konnte. Nochmals griff er auf den Gedanken einer Berufung Merciers nach Rom zurück, um den politischen Schaden so gering wie möglich zu halten. Er hoffte sie diesmal mit dem Ultimatum durchzusetzen, daß der Kardinal, wenn Rom ihn nicht von sich aus aus dem besetzten Gebiet abberuft, dann nach Deutschland oder in ein neutrales Land abgeschoben wird.(109) Der von Bethmann gebilligte Plan(110) sollte in einer Konferenz Lanckens mit Mühlberg und Nuntius Frühwirth in München besprochen werden.(111) Ziel des aufwendigen Verfahrens war es, die Maßnahme als ausschließlich gegen die Person des Kardinals gerichtet erscheinen zu lassen, ihr das Odium einer kirchenfeindlichen Aktion zu nehmen und die Unterstützung des Nuntius Frühwirth zu gewinnen.(112) Bei der "fanatisch österreichischen"(113) Gesinnung Frühwirths und Mühlbergs nationalistisch deutscher Einstellung konnte Bissing der Unterstützung beider Diplomaten sicher sein.(114)

Auffällig war, daß nach einer Weisung Jagows Graf Hertling erst nachträglich informiert werden sollte und auch Erzberger an der geplanten Aktion gegen Mercier nicht beteiligt war.(115) Das darin liegende Mißtrauen gegen die katholischen Politiker war jedoch unbegründet, beide hatten aus ihrer Verurteilung Merciers kein Hehl gemacht.(116) Gerade in Bayern standen 1915 die belgischen Aspirationen in höchster Blüte und auch Erzberger hatte 1915 seine annexionistischen Friedensvorstellungen noch nicht aufgegeben.(117) Sowohl für Hertlings wie für Erzbergers Belgienpläne war der patriotische Widerstand Merciers ein Hindernis, an dessen Beseitigung sie interessiert sein mußten. Hertling stimmte denn auch, als er nachträglich informiert wurde, den gegen Mercier geplanten Maßnahmen zu.(118) Die zunächst für Mitte Oktober geplante Konferenz Lanckens mit Mühlberg und Frühwirth konnte erst Ende Oktober stattfinden. Wie erwartet, setzte sich Frühwirth bereitwillig für Merciers Berufung nach Rom ein.(119)

Nur wenige Tage danach erschien der Nuntius in Brüssel Tacci in der Politischen Abteilung, um eine Ausreisegenehmigung für Mercier zu erbitten.(120) Indiskretionen aus der deutschen Verwaltung, Mercier werde auf Ansuchen der deutschen Behörden nach Rom zitiert und seine Rückkehr ins besetzte Gebiet sei unwahrscheinlich, ließen ihn die für den 12.11.15 geplante Abreise verschieben,(121) bis der Generalgouverneur die Wiedereinreise garantiert hatte.(122) Es ist nicht mit Sicherheit festzustellen, ob der Generalgouverneur schon in diesem Stadium der Mercierschen Reiseangelegenheit gewillt war, Merciers Rückkehr unter einem Vorwand zu verhindern, doch läßt das lange Zögern, ehe die formelle Zusicherung der Wiedereinreise erfolgte, darauf schließen, daß tatsächlich Überlegungen in dieser Richtung im Gange waren.(123) Feststeht, daß Bissing im Januar nach erfolgter Abreise des Kardinals versuchte, unter Berufung auf verschiedene Vorfälle, die eine neue Situation geschaffen hätten, Mercier trotz des gegebenen Worts nicht ins besetzte Gebiet zurückkehren zu lassen.(124)

Zu diesen Vorfällen gehörte die Neubesetzung des Bischofsstuhls von Tournai, das Bekanntwerden des belgischen Kollektivschreibens an den deutschen und östereichisch-ungarischen Episkopat(125) und das Zusammentreffen Merciers mit dem französischen Ministerpräsidenten Briand in Rom.

Im Rahmen seines kirchenpolitischen Programms, das die Belgier über die katholische Kirche mit einer deutschen Vorherrschaft aussöhnen wollte,(126) konnte Bissing die Neubesetzung eines Bischofsstuhls nicht gleichgültig sein. Schon frühzeitig richtete er deshalb sein Augenmerk auf die Frage der Nachfolge des im Februar 1915 verstorbenen Bischofs von Tournai Walravens.(127) Sein Kandidat war der Prälat Prinz Croy, der als "deutschfreundlich" galt; tatsächlich ernannt wurde der Regent des Mechelner Priesterseminars Amédée Crooy, "eine Kreatur Merciers", wie Lancken an das Auswärtige Amt telegrafierte.(128) Bissing und Lancken nahmen an, Mercier sei es gelungen, seinen Favoriten durchzusetzen und glaubten sich erneut von dem Kardinal überspielt.(129)

Zum Zeitpunkt der Abreise Merciers(130) wurde der Kollektivbrief des belgischen an den deutschen und österreichisch-ungarischen Episkopat bekannt.(131) Bissing war zunächst geneigt, den Vorfall als rein kirchliche Angelegenheit zu betrachten, wenig später ließen ihn der "ungeheuerliche Inhalt"(132) und der heimliche Vertrieb in Belgien sowie die damit verbundene Stärkung des belgischen Widerstandswillens zu der Überzeugung kommen, daß das Kollektivschreiben auch seine Verwaltungspolitik in Belgien berührt.(133)

Nach all diesen sich seit dem Erscheinen des Hirtenbriefs "Appel à la Prière" häufenden Aktivitäten des Kardinals mit einer politischen Stoßrichtung war das Treffen Merciers mit dem französischen Ministerpräsidenten Briand am 11.2.1916(134) in Rom der letzte Tropfen, der das Faß zum Überlaufen brachte: "Damit setzt Kardinal seiner ohnehin in Rom schon mehrfach bekundeten Deutschfeindlichkeit die Krone auf. Diese öffentlich vollzogene Annäherung an Briand, den leitenden Staatsmann des Landes, das unter unseren Feinden uns am meisten mit Verleumdungen überhäuft, macht es völlig unmöglich, den Kardinal wieder unter meiner Verwaltung auf seinem wichtigen Posten fortwirken zu lassen. Ein so greifbares Vorkommnis wird es meines Erachtens auch jedem deutschen Katholiken verständlich machen, daß ich Kardinal nicht mehr ins Land hereinlasse."(135)

Trotz des Odiums der Wortbrüchigkeit erschien Bissing die Rücknahme der Wiedereinreisegenehmigung politisch immer noch weniger gefährlich als die möglicherweise mit einer Verhaftung des Kardinals verbundenen Szenen mit der belgischen Bevölkerung und dem Kardinal selbst.(136) Mühlberg und das Auswärtige Amt hielten es für günstiger, Mercier erst zurückkehren zu lassen und dann bei der nächsten sich bietenden Gelegenheit abzuschieben,(137) als günstigste Lösung sahen allerdings alle beteiligten Stellen an, der Vatikan hielte Mercier unter einem ehrenvollen Vorwand in Rom fest und ersparte somit den deutschen Behörden den Ärger, der auf die eine oder andere Weise unvermeidlich war.(138)

Zu einer solchen Maßnahme konnte sich der Vatikan jedoch nicht verstehen. Es gab keinen überzeugenden Grund, mit dem Mercier gegen seinen erklärten Willen, so schnell wie möglich nach Belgien zurückzukehren, in Rom festgehalten werden konnte, und jeder Versuch, ihn autoritär an die Kurie zu fesseln, mußte von Belgien und seinen Verbündeten als Unfreundlichkeit interpretiert werden.

Eine Anwesenheit Merciers in Rom war aber auch wegen der beabsichtigten päpstlichen Mittlerrolle beim Friedensschluß nicht wünschenswert.(139) Benedikts Friedensvorstellung setzte Kompromißbereitschaft und den Verzicht auf die Klärung der Schuld- und Unrechtfrage voraus.(140) Merciers dogmatisch intransigenter Haltung in den Kriegsfragen war bei einer Anwesenheit in Rom ein sehr viel größeres Wirkungsfeld gegeben, sie mußte in der Kurie, im italienischen und im internationalen Katholizismus polarisierend wirken (141) und der päpstlichen Mittlerrolle, wie sie Benedikt konzipiert hatte, direkt entgegenstehen. Der Papst konnte und wollte aus seinen eigenen Zwängen und Abhängigkeiten heraus Mercier nicht in Rom behalten und erst recht nicht die Zurücknahme der Einreisegenehmigung hinnehmen.(142) Andererseits war ihm eine gewisse Eindämmung der Mercierschen Aktivitäten zweifellos willkommen.(143) Auf die deutsche Ankündigung, Mercier dürfe vorerst nicht nach Belgien zurückkehren,(144) antwortete der Vatikan erwartungsgemäß mit Protest und drohte, den diplomatischen Schriftwechsel mit Deutschland zu der Angelegenheit zu veröffentlichen.(145) Vor diesem Eklat wich Bethmann zurück. Über eine kaiserliche Entscheidung (146) konnte Bissing bestimmt werden, die Wiedereinreise des Mechelner Kardinals zu gestatten,(147) behielt sich aber vor, im Fall neuer Schwierigkeiten zur Selbsthilfe zu schreiten.(148)

5. POLITISCHE ASPEKTE DER ROMREISE MERCIERS AUS BELGISCHER SICHT

Von den Hintergründen der Mercierschen Romreise(149) wurde dem belgischen Gesandten beim Vatikan nur soviel bekannt, daß der Anstoß dazu von Rom ausgegangen war, nicht aber, daß der Papst damit dem deutschen Drängen nachgegeben hatte.(150) Van den Heuvel erfuhr auch, daß die deutschen Behörden der Rückkehr Merciers nach Belgien Schwierigkeiten bereiteten.(151) Als offizieller Anlaß für die

Einladung Merciers nach Rom diente die Reorganisation der Studienkongregation, an deren Arbeiten Mercier mit großem Erfolg teilnahm.(152) Als wirklichen Grund vermutete Van den Heuvel, "qu'on allait lui parler de modération; le questionner sur l'état des populations, le sonder à nouveau sur les perspectives de paix."(153) Aus der gleichen Aufzeichnung, in der Van den Heuvel eine Bilanz der Romreise Merciers aufstellte,(154) geht hervor, daß Mercier nicht gewillt war, in der Rolle des Büßers nach Rom zu kommen und sich päpstlichen Ermahnungen zur Zurückhaltung zu beugen, sondern im Gegenteil beabsichtigte, seine Kriegstheologie und die daraus abgeleiteten politischen Konsequenzen gegenüber den deutschen Behörden als das in der gegebenen Situation gebotene, einzig richtige Vorgehen offensiv zu verteidigen: "Il se proposait de parler franc, de dire au pape, comment il souhaiterait voir son autorité morale s'affirmer avex plus de force, lui exposant, qu'en prenant une attitude ferme et fière, les évêques belges défendaient tout à la fois la justice, les intérêts de la religion et l'avenir du parti catholique."(155) Zur Bekämpfung der deutschen Franktireur-Propaganda hatte Mercier ausführliches dokumentarisches Material mitgebracht, das die deutschen Greuel in Belgien belegte,(156) mit dem er in Rom endgültig jeden Zweifel an der Realität der deutschen Verbrechen an der Zivilbevölkerung ausräumen wollte und auch tatsächlich beeindruck hat.(157)

Zwei Dinge erhoffte sich Mercier als Ergebnis seiner Romreise nach Darstellung Van den Heuvels - eine die Stellung des belgischen Königshauses betreffende kleine liturgische Reform(158) und ein die Haltung des belgischen Klerus im Krieg anerkennendes und die Deutschen verurteilendes Schreiben des Papstes: "Le cardinal n'a pas obtenu la lettre d'encouragement p(ou)r(159) le clergé et de blâme p(ou)r(159) les allemands qu'il souhaitait. Il ne voulait pas une lettre se bornant à des simples condoléances. Tout le monde savait les douleurs que le Pape avait dû éprouver, il était résolu à n'accepter qu'une lettre de condamnation. Cette lettre, il n'a la pas expressément démandée, elle ne lui a pas été refusée."(160)

Merciers ist vom Papst wegen seiner Hirtenbriefe kritisiert worden, wie er selbst, Van den Heubel und andere Belgier es erwartet hatten,(161) und zwar hat Benedikt XV. Einzelheiten des Weihnachtshirtenbriefes "Patriotisme et Endurance" als auch des Hirtenbriefs "Appel à la Prière" sowie das Kollektivschreiben des belgischen an den deutschen und österreichisch-ungarischen Episkopat insgesamt mißbilligt.(162) Mercier seinerseits hat die Neutralitätspolitik des Papstes(162) angegriffen und sich auseinandersetzen lassen, welche Überlegungen Benedikt XV. dazu bestimmt haben.(163) Wenn er auch weder das Anerkennungsschreiben noch die gewünschte liturgische Reform durchsetzen konnte, so war seine Romreise in anderer Hinsicht sehr erfolgreich: der glänzende Empfang für den "kleinen Auslandskardinal"(164) durch italienische katholische Kreise, die Presse, kommunale Behörden, Diplomaten, Freimaurer und die in Rom residierende Ausländerkolonie stärkte das öffentliche Interesse für Belgien,(165) auf das das kleine Land Freund wie Feind gegenüber angewiesen war. Merciers große Popularität in Frankreich und in Italien schützte ihn vor allzu starkem Druck des Vatikans(166) und konnte, wie sein Gespräch mit Briand zeigte,(167) für die Politik des Vatikans zur Wiederherstellung der diplomatischen Beziehungen zu Frankreich und die Besserstellung des französischen Katholizismus im Frankreich der III. Republik sogar ein wichtiger Faktor sein.(168)

Die mehrfachen persönlichen Begegnungen Merciers mit dem Papst führten nicht zu einer Annäherung der Standpunkte, sondern ließen den Gegensatz in der grundsätzlichen Bewertung des Krieges deutlich hervortreten. Wenn Mercier bedauerte, daß der Papst seine moralische Autorität nicht stärker zum Ausdruck brachte,(169) so lag darin der schwere Vorwurf, der Papst vernachlässige die religiösen und moralischen Aspekte seines Amtes zugunsten politischer Rücksichten,(170) wie er auch häufig auf belgischer, französischer oder englischer Seite geäußert wurde.(171) Mercier zeigte damit, daß er Benedikt XV. gleichfalls als "politischen" Papst einschätzte (und geringschätzte) und das in Benedikts Äußerungen liegende Moment eines eigenständigen theologischen Denkens verkannte.(172)

Auch sein Argument, seine pointierte Stellungnahme zu den Kriegsfragen sei wegen des Schweigens des Papstes notwendig gewesen, um von der katholischen Kirche Belgiens und der katholischen Partei Schaden abzuwenden,(173) enthielt eine massive Kritik des Papstes, behauptete er doch damit, er sei für den sich aus politischen Gründen verweigernden Papst in die Bresche gesprungen und habe das ausgesprochen, was eigentlich Sache des Papstes gewesen sei.(174) Wie das westliche Presseecho bewies, geriet Mercier auf diese Weise in eine religiöse Konkurrenz zum Papst,(175) dessen scheinbar vorsichtiges Taktieren mit dem sich ohne Rücksicht auf seine Person exponierenden Mercier verglichen wurde.(176) Diese Rivalität erklärt die gegenseitige Gereiztheit in Merciers zweiter Audienz bei Benedikt XV., als der Papst auf Merciers Vorwurf der Untätigkeit auf sein Eintreten für den Kardinal bei den deutschen Behörden verwies. Mercier erwiderte, "qu'il le remerciait, mais q.(177) il le priait de ne pas avoir tant d'attentions pour sa personne, qu'il ne s'inquietait pas de qq.(177) mois de prison. "Alors aux palmes du confesseur vous ajouteriez les palmes du martyre" - "oh je ne cherche aucune palme, mais je ne crains pas les maux q.(177) je puis subir, lesquels seraient un facheux incident individuel, bien peu de chose en comparaison du mal q. causerait un silence décourageant pour les catholiques."(178) Trotz des insgesamt positiven Urteils Van den Heuvels über die Begegnungen Merciers mit dem Papst(179) ist nach alldem wenig wahrscheinlich,(180) daß Benedikt XV. Merciers politisch-religiöse Haltung guthieß,(181) wenn er auch den Kardinal wegen seiner großen Popularität nur vorsichtig tadeln konnte. Mercier seinerseits war es nicht gelungen, den Papst zu einer Stellungnahme über das Unrecht zu bewegen und damit seine Neutralitätspolitik bzw. sein Engagement für einen Kompromißfrieden aufzugeben. Damit war er in dem zentralen Anliegen seiner Romreise gescheitert.

Neben der inneren Situation Belgiens nahm in den Gesprächen Merciers und Heylens(182) mit dem Papst die Friedensfrage einen bedeutenden Platz ein. Beide Bischöfe äußerten ihre Ansicht und konnten der belgischen Regierung ergänzende Informationen über die Intentionen des Vatikans zur Verfügung stellen.(183)

Für die belgische Regierung im Exil war Merciers und Heylens Rom-Aufenthalt eine Quelle wertvollster Informationen über die Verhältnisse im besetzten Gebiet. Über Van den Heuvel ließen die Minister den Kardinal und den Bischof von Namur befragen,(184) außerdem berichtete Van den Heuvel ausführlich über die spontanen Mitteilungen der beiden Bischöfe, so etwa über die Geschichte der Geiselhaft des Bischofs von Namur in den ersten Kriegstagen(185) oder über die "Verhaftung Merciers" im Januar 1915.(186)

Interessierte sich der Außenminister Beyens besonders für die Einstellung der Belgier im besetzten Gebiet zur Frage der Friedensbedingungen,(187) so ließ der Regierungschef de Broqueville Mercier und Heylen um ihre Meinung zur Regierungsumbildung Anfang 1916 befragen, durch die in das bis dahin rein katholische Kabinett Vertreter der liberalen und sozialistischen Opposition aufgenommen wurden.(188) Es kennzeichnet Merciers politische Weitsicht, daß er schon vor der Abreise aus dem besetzten Gebiet diese Möglichkeit mit den übrigen Bischöfen erörtert hatte und somit dem Premierminister ein Meinungsbild des ganzen Episkopats übermitteln konnte.(185) Über die Stimmung der Bevölkerung im besetzten Gebiet äußerte sich Mercier im ganzen optimistischer(190) als Heylen, der stärkeres Mißtrauen gegenüber dem parteipolitischen Gegner und der patriotischen Haltung der Arbeiterschaft bekundete.(191)

Einig zeigten sich beide Bischöfe in ihrer Antwort auf die Frage nach dem Verhältnis der Belgier "drinnen" zu den Belgiern "draußen" und bejahten das Vorhandensein von Anzeichen einer Entfremdung, die sich auch in der Verstimmung gegen die Politiker im Exil auswirkte, die das Land ohne Not verlassen hatte.(192) Die unter der deutschen Zensur wiedererschienenen belgischen Blätter beurteilten Mercier und Heylen unterschiedlich. Heylen verteidigte das Wiedererscheinen einer belgischen Presse,(193) Mercier hielt es für gefährlich, weil auf die Dauer doch ein korrumpierender Einfluß auf die Mentalität der Bevölkerung auftreten könnte.(194) Auf die Frage nach der Respektierung der Kultusfreiheit durch die deutschen Behörden fielen die Antworten beider Bischöfe ähnlich aus. Beide betonten, daß von deutscher Seite zwar Wohlwollen gegenüber der katholischen Kirche bekundet würde, daß aber eine ständige Wachsamkeit gegen deutsche Übergriffe notwendig sei, daß die Predigten der Priester überwacht würden, daß die Unterstützung der Priester für junge belgische Wehrpflichtige, die über Holland zur belgischen Armee wollten, hart geahndet werden würde, daß es Versuche gäbe, die bischöflichen Hirtenbriefe einer Vorzensur zu unterwerfen.(195) Besonders aufschlußreich ist Merciers Urteil über den Stil der deutschen Behörden im Umgang mit ihm, weil es trotz der scharfen Auseinandersetzungen einen klaren, nicht von persönlichem Haß gefärbten Blick des Kardinals zeigt: "Les Allemands temoignent de la déférence au cardinal, mais ils ont grand méfiance à son égard, ils craignent qu'il ne veuille susciter une révolte de la population. De là des tracasseries et parfois des entraves dans sa mission. C'est à cette frayeur qui jette parfois les autorités dans une agitation presque puérile, qu'est dû l'incident de la Lettre Pastorale de Noel 1914".(196)

Heylen wie Mercier bestätigten damit den politischen Charakter der Auseinandersetzungen mit den deutschen Behörden, der im Grunde von den handelnden Personen unabhängig war und zwangsläufig aus der unrechtmäßigen deutschen Herrschaft in Belgien einerseits und der patriotischen Mission des belgischen Katholizismus andererseits erwachsen mußte.

Sechstes Kapitel

DAS KOLLEKTIVSCHREIBEN DES BELGISCHEN AN DEN DEUTSCHEN UND ÖSTEREICHISCH-UNGARISCHEN EPISKOPAT - DIE ÖFFENTLICHE KONFRONTATION DES DEUTSCHEN KATHOLIZISMUS MIT DEM BELGISCHEN PROBLEM

1. ZUR VORGESCHICHTE DES KOLLEKTIVSCHREIBENS

Während Merciers und Heylens Romaufenthalt 1916 war naturgemäß mehrfach von dem Kollektivschreiben des belgischen Episkopats an die Bischöfe der Zentralmächte(1) die Rede, das gerade in den ersten Januartagen von der Presse veröffentlicht worden war(2) und das wegen der Frage der deutschen Reaktion(3) die Gemüter stark beschäftigte.(4)

In ihren Gesprächen mit dem belgischen Gesandten beim Vatikan Van den Heuvel hatten sich Mercier und Heylen auch über die Motive, die zur Abfassung des Kollektivschreibens geführt hatten und die Erwartungen, die an seine Versendung geknüpft waren, geäußert. Danach war es die mit unverminderter Heftigkeit fortgesetzte Propagandakampagne gegen Belgien,(5) die sogar auf belgischem Boden ausgetragen wurde,(6) die die belgischen Bischöfe zu diesem Schritt der Gegenwehr zwang: "Cette campagne de calomnies exige une défense continue et serrée. Il y va de l'honneur de nos populations et du clergé, et il importe de ne pas laisser la vérité s'obscurcir aux yeux des neutres."(7) Besonders erbitterte die belgischen Katholiken die Rolle, die der deutsche Katholizismus in dem Streit um die Vorgänge in Belgien bei Kriegsausbruch gespielt hatte. Anstatt ihre belgischen Glaubensbrüder aus alter Kenntnis heraus(8) zu verteidigen, übernahmen sie leichtfertig die regierungsamtliche Propaganda und trugen zu ihrer Verbreitung bei.(9) Mercier und Heylen prangerten besonders die auch in einer französischen und niederländischen Version verbreitete Schrift des Paderborner Theologen A.J.Rosenberg "Die falschen Anklagen französischer Katholiken gegen Deutschland, eine Entgegnung auf das Buch 'La guerre allemande et le Catholicisme'" an,(10) die unter Berufung auf das deutsche Weißbuch(11) vom Mai 1915 alle Vorwürfe gegen Belgien wieder aufwärmte und das Vorgehen der deutschen Armee verteidigte. Damit hatte sich in den Augen der belgischen Bischöfe der ganze deutsche Episkopat die Anklagen gegen die belgische Zivilbevölkerung zu eigen gemacht(12). Durch die Anwesenheit katholischer deutscher Militärgeistlicher im besetzten Gebiet Belgiens kam es während des Krieges außerdem zu zahlreichen persönlichen Begegnungen zwischen deutschen und belgischen Priestern. Auch hierbei mußten die Belgier die Erfahrung machen, daß die deutschen katholischen Priester den protestantischen Offizieren in nichts an Nationalismus nachstanden.(13) Daß schließlich auch das deutsche Zentrum die Politik der Regierung voll unterstützte, wurde im besetzten Gebiet nicht bloß durch die deutsche katholische Presse(14) und die unübersehbare Propagandatätigkeit Erzbergers(15) bekannt, sondern auch durch die vertraulichen Anknüpfungsversuche von deutschen Zentrumspolitikern bei belgischen katholischen Politikern, um diese für eine Annäherung an Deutschland, sprich eine Hinnahme des deutschen Machterweiterungsstrebens auf belgische Kosten zu gewinnen.(16)

Mercier, Rutten und Heylen haben die Verteidigung Belgiens gegen die deutsche Propaganda frühzeitig aufgenommen, unter großen technischen Schwierigkeiten Unterlagen über die Vorgänge bei Kriegsausbruch gesammelt(17) und sowohl öffentlich wie vertraulich protestiert, Mercier mit dem Hirtenbrief "Patriotisme et Endurance"(18) und dem in der Presse veröffentlichten Briefwechsel mit dem Kreischef von Mecheln Graf Wengersky,(19) Heylen und Rutten mit je einem Memorandum vom Frühjahr 1915, das sie den zuständigen deutschen Behörden übersandten und auch Kardinal von Hartmann mitteilten.(20) Nachdem die deutsche Propaganda mit dem deutschen Weißbuch über die völkerrechtswidrige Kriegführung Belgiens und mit der Rosenberg-Schrift eine qualitativ neue Stufe erreicht hatte, reagierten Rutten und Heylen zwar nochmals mit einer Gegendarstellung(21) und mit einer Aufzeichnung für den Bischof von Paderborn Schulte,(22) Mercier jedoch erschien das Verfahren, deutschen Behauptungen mit immer neuen feierlichen Gegenerklärungen entgegenzutreten, als unbefriedigend, weil auf diese Weise die deutsche Propaganda nicht ein für allemal widerlegt werden konnte. Er kam deshalb nochmals auf seinen und Heylens schon früher den deutschen Behörden unterbreiteten Vorschlag zurück, eine gemeinsame Untersuchungskommission unter neutralem Vorsitz zu bilden, um die zwischen Deutschland und Belgien umstrittenen Vorgänge bei Kriegsausbruch gemeinsam zu klären. Da dieser Vorschlag aber von den staatlichen Behörden schon einmal unbeantwortet geblieben war, richtete er ihn nunmehr stellvertretend(23) an die deutschen Bischöfe, die er durch die Berufung auf gemeinsame Glaubensüberzeugungen glaubte zur Reaktion zwingen zu können: "Mais il ne nous suffisait pas de protester, m'a dit le Cardinal, nie de réunir des preuves, nous étions certains que les Allemands ne s'inclinaient pas devant notre défense si précise et si convaincante qu'elle fut. Aussi longtemps nous est venue la pensée de solliciter une enquête contradictoire. J'ai demandé cet enquête...L'Evêque de Namur l'a demandée de son coté...Ce fut en vain. Alors d'un accord unanime, l'épiscopat belge décida l'envoie d'une lettre collective aux évêques d'Allemagne."(24)

Nun ergibt schon die Analyse des Textes des Kollektivschreibens einen inneren Widerspruch, daß nämlich Mercier die deutschen Bischöfe einerseits als Richter, andererseits als Angeklagte anspricht. Das Schreiben fordert die Einrichtung eines deutsch-belgischen Schiedgerichts unter Vorsitz eines Neutralen zur Klärung der zwischen beiden Völkern umstrittenen Vorgänge, nachdem es die Geschichte des deutschen Propagandafeldzugs gegen Belgien und seiner leichtfertigen Übernahme durch die deutschen Katholiken resümiert.(25) Es läßt aber keinen Zweifel über den einzig möglichen Ausgang der Untersuchungen, die Überführung der deutschen Katholiken von der Richtigkeit der belgischen Vorwürfe gegen die deutsche Armee und Kriegführung: "Nous inviterons à y comparaître (sc. vor der Untersuchungskommission, d.Verf.), tous les prêtres des paroisses, où des civils, prêtres, religieux ou laiques, furent massacrés ou menacés de mort ...; nous inviterons tous ces prêtres à signer, si vous le voulez, leur déposition sous la foi du serment, et alors, sous peine de prétendre que tous le clergé belge est parjure, vous devrez bien accepter, et le monde civilisé ne pourra pas recuser les conclusions de cette solennelle et décisive enquête."(26) Mercier drängte zwar auf eine Klärung der bei Kriegsbeginn umstrittenen Vorgänge, formulierte seinen Vorschlag aber so, daß er die Barrieren gegen die Annahme seines Vorschlags eher noch verstärkte: "Nous demandons cette enquête, Eminences et Vénerées Collègues, avant tout, pour venger l'honneur du peuple. Des calomnies, parties de votre peuple, l'ont violé. Et vous connaissez, comme nous, l'adage de la théologie morale, humaine, chrétienne, catholique: Sans restitution, pas de pardon ..."(27) Das Verfahren läßt vermuten, daß Mercier die Möglichkeit einer Ablehnung seines Vorschlags durch die deutschen Bischöfe von vornherein in sein Kalkül einbezog(28) und das Kollektivschrieben deshalb von Anfang an auf seine Wirksamkeit für eine spätere Veröffentlichung hin konzipiert hat, eine Vermutung, die durch Merciers Aussagen während seines Aufenthalts in Rom im Januar 1916 bestätigt wird.(29)

Auch Van den Heuvel bemerkte eine gewisse innere Widersprüchlichkeit der Mercierschen Haltung. Er notierte in einer Aufzeichnung zu Merciers Forderung eines päpstlichen Verurteilungsschreibens gegen Deutschland(30) und der gleichzeitig an die deutschen Bischöfe ergangenen Aufforderung zur Bildung einer gemeinsamen Untersuchungskommission: "Mais il me semble, que le Card.(31) se fesait quelque illusion à cette égard. La lettre collective des évêques belges mettait les Evq.(31) allemands en demeure de faire une enquête. Le Pape ne pouvait s'interposer(32) en prononcant avant toute enquête une condamnation. Pouvait-il insister auprès des évqûes allemands pour qu'ils acceptassent la proposition? C'était difficile vu que l'on était certain à l'avance q. le Gouvernement refuserait l'autorisation d'agir et de proceder. C'était par conséquent s'engager dans une impasse sans issue."(33)

Der logische Widerspruch löst sich allerdings unter dem Gesichtspunkt auf, daß es Mercier in erster Linie darum ging, einen entscheidenden Schlag gegen die Belgien betreffenden Behauptungen der deutschen Propaganda zu führen, sei es durch das bischöfliche Schiedsgericht selbst, sei es durch die Veröffentlichung des Schreibens, falls die deutschen Bischöfe seinen Vorschlag ablehnen oder mit Schweigen beantworten sollten.(34) Diese These wird auch durch das belgische Quellenmaterial bestätigt: Mercier erhoffte zwar eine zustimmende Antwort der deutschen Bischöfe und scheint ursprünglich sogar erwartet zu haben, der Papst würde in dieser Richtung Druck auf die deutschen Bischöfe ausüben,(35) er war aber gleichzeitig fest überzeugt, die deutsche Regierung würde die Bischöfe an einer zustimmenden Antwort hindern.(36)

Daß er allerdings das Kollektivschreiben veröffentlichen ließ, bevor die deutschen Bischöfe Gelegenheit zur Beratung und Beantwortung hatten,(37) weist noch auf einen weiteren Aspekt hin, der für die Mercierschen Absichten von Bedeutung war. Der Wunsch des Papstes, der hohe Klerus der kriegführenden Länder möge sich nicht in Polemiken gegeneinander verstricken, war Mercier so gut bekannt wie den deutschen Bischöfen.(38). In striktem Gegensatz dazu beschwor er mit dem Kollektivschreiben eine umfassende Auseinandersetzung (39) über die Kriegsfragen herauf, die den Episkopat der katholischen Kirche letztlich in zwei unverähnlich einander gegenüberstehende Lager gespalten hätte.(40) Etwa um den 9.12.1915 herum hatte Mercier dem Vatikan das Kollektivschreiben vorgelegt und darauf von Kardinal-Staatssekretär die ausweichende Antwort erhalten, "das Schreiben werde bei seiner bevorstehenden Anwesenheit in Rom Gegenstand der Beratung sein."(41) Er mußte danach gewärtig sein, der Papst werde während seines Romaufenthalts versuchen, ihn von der Versendung, auf alle Fälle aber von der Veröffentlichung des Kollektivschreibens abzubringen, womit seine zentrale Absicht, der deutschen Propaganda einen entscheidenden Schlag zu versetzen, hinfällig geworden wäre. Nun konnte Mercier nicht gut einem ausdrücklichen Wunsch des Papstes widersprechen. Er mußte also, wollte er sein Vorhaben retten, den Vatikan vor ein fait accompli stellen und das Kollektivschreiben veröffentlichen, bevor er nach Rom fuhr - selbst auf die Gefahr hin, daß er damit die deutschen Bischöfe noch zusätzlich verstimmte. Vor allzu massiver Kritik im Vatikan schützte ihn ohnehin der Beifall Belgiens und der Belgien verbündeten Länder.(42) Zu diesem taktischen Einzelheiten hat sich Mercier in Rom weder dem Papst noch dem belgischen Gesandten gegenüber offen bekannt, sondern die Sachlage konsequent so dargestellt, als sei das Schreiben an die deutschen Bischöfe rechtzeitig abgegangen, so daß sie es seit längerem hätten erhalten haben müssen und als sei die Veröffentlichung erst geraume Zeit nach der Übermittlung erfolgt. Van den Heuvel notierte über die 2. Audienz Merciers bei Benedikt XV.: "Il fut aussi question de la lettre collective des Evêq.(43) Le Pape fit observer q. les Evêq. de l'All. ne l'avaient reçu q. le 10 janvier et se plaignaient de la publicité antérieurement donné à la pièce - le 10 janvier répondit le Card. est arrivé le 2e envoi qu jai fait faire. Le les (sic) a été fait au commencement de 9bre.(44) Il n'a pu être fait dirett, (45) car si les autorités allemandes auraient su(46) ou soupçonné quoi que ce soit, elles eussent tout arrêté. Ce n'est qu'un certain temps plus tard qu'une publication s'est fait, mais hors de moi. Elle était cependt. à ma connaissance. - Pourquoi ne pas l'empêcher? - C'est qu'on ne nous a pas ménagé les attaques."(47) Merciers Sicherheit, zutiefst im Recht zu sein, ging also soweit, daß er dem Papst eine offenkundige Unwahrheit ins Angesicht sagen konnte.

Auch in der Angelegenheit des Kollektivschreibens endete die persönliche Begegnung Merciers mit Benedikt XV. mit einem tiefen wechselseitigen Unverständnis. Mercier hatte keinen Zugang zu der eigenen religiösen Botschaft dieses Papstes und seinem kirchlichpolitischen Programm,(48) Benedikt XV. vermochte in Merciers Kriegsdeutung und dem daraus abgeleiteten konkreten politischen Verhalten kein für die Leitung der Universalkirche übertragbares Konzept zu sehen. Mercier hatte innerhalb von nur 12 Monaten mit drei Veröffentlichungen die Politik des Vatikans in schwere Bedrängnis gebracht. Seine - aus vatikanischer Sicht - unruhestiftende Rolle bewirkte, daß in Rom nur persönliches Geltungsbedürfnis und taktische Versiertheit(49) gesehen wurden, nicht aber sein religiös-moralischer Impuls.(50) Eine aus dem Jahr 1917 stammende Äußerung Benedikts

XV. über Mercier resümierte auch die Erfahrungen der Jahre 1915/1916 mit dem Mechelner Kardinal: "Chaque fois qu'il écrit sur des sujets brulantes j'ai peur qu'il ne s'expose. Il a d'ailleurs parfois des phrases, qu'on peut difficilement approuver. Ainsi dans son allocution aux doyens(51) du mois de janvier..."(52). Die Kriegsumstände bedingten, daß Benedikt XV. und Mercier, die in einer anderen historischen Konstellation fruchtbar hätten zusammenwirken können - man denke an Benedikts Absage an den Modernismus - Integralismus-Streit und seine behutsame Förderung der christlichen Demokratie in Italien(53) und Merciers lebenslangen Kampf für eine Selbstbehauptung der Kirche in der modernen Welt - keine gemeinsame Sprache finden konnten.

Stattdessen wurde Mercier zu einem die vatikanische Politik ernsthaft gefährdenden Gegenspieler. Wenn Rom Mercier so beharrlich gegenüber den deutschen Behörden verteidigte,(54) trotz eigener Kritik an ihm, so trat es damit nicht nur für die Kardinalswürde und die Rechte der Kirche im allgemeinen ein, sondern auch für die eigene, unter den Kriegsumständen als einzig praktikabel erkannte und auch durch Merciers Argumente nicht erschütterte Neutralitätspolitik. Eben aus diesem Grund lehnte Mercier die Protektion seiner Person durch den Vatikan ab. Im Moment der Abreise, als seine Wiedereinreise ins besetzte Gebiet zwar feststand, die weitere Politik der Deutschen ihm gegenüber aber ungewiß war, instruierte er Vertraute aus der belgischen Kolonie in Rom, er wünsche, wenn die Deutschen ihn ausweisen sollten, nicht als "invité" nach Rom kommen, sondern nur als "expulsé".(55) Nichts bezeichnet besser das von Grund auf verdorbene Verhältnis zwischen Mercier und dem Vatikan zu diesem Zeitpunkt als ein Brief, den er wenig später aus Mecheln an Van den Heuvel richtete und in dem es heißt: "Vous n'avez pas oublié, je suis sur, la communication que j'ai eu le plaisir de vous faire, en gare de Rome, à la dernière minute, quand le train s'ébranlait. A l'heure présente, il n'y a point de danger. Mais il y a eu un "A notre retour de Rome", et j'aurais tant voulu qu l'on fut moins attentif à me proteger. A certain moments d'humeur, me saute à l'esprit le bavard diplomatique, dont je n'ose citer que la seconde moitié: ..., mes ennemis, je m'en charge."(56)

2. DIE DEUTSCHEN KATHOLIKEN UND DAS BELGISCHE PROBLEM

Mit dem Kollektivschreiben des belgischen Episkopats wurden die deutschen Katholiken öffentlich auf das belgische Problem angesprochen und im Namen ihre Glaubens aufgefordert, sich zur Neutralitätsverletzung, den deutschen Kriegsverbrechen beim Einmarsch in Belgien und den Völkerrechtsverletzungen der deutschen Okkupationsherrschaft in Belgien zu erklären.(57) Nun hatten bis dahin die katholischen Kreise Deutshlands in einem viel stärkeren Maß Anteil an den belgischen Fragen genommen als Mercier und seine bischöflichen Kollegen wußten und wissen konnten. Bayern, das sich gern als katholischer Gegenpol zum protestantischen Norden innerhalb des deutschen Reichs verstand und als berufener Hüter katholischer Interessen,(58) gehörte zu den treibenden Kräften, die den Reichskanzler in der Kriegszieldiskussion auf eine enge Verbindung mit Belgien festlegen wollten.(59) Die Zentrumspartei forderte das belgische Kriegsziel nicht weniger massiv als die nationalliberale und konservative Partei.(60) Dabei spielten konfessionelle Überzeugungen nicht, wie von Belgien erwartet, die Rolle einer Schutzfunktion für das Nachbarland, zu dem vor dem Krieg ausgezeichnete Beziehungen bestanden hatten,(61) sondern waren ein zusätzliches Motiv, Belgiens Angliederung an Deutschland zu betreiben. Nach Erzbergers schon bei Kriegsausbruch skizzierter(62) und Ende 1915 näher ausgeführter Überzeugung(63) zwangen die Interessen des Vatikans den Papst an die Seite der Kaisermächte. Mit einer Angliederung Belgiens an Deutschland würde das kleine katholische Land aus einer widernatürlichen Koalition mit dem kirchenfeindlichen Frankreich und dem orthodoxen Rußland gelöst(64) und in eine enge Verbindung zu den Staaten gebracht werden, deren Verfassung und deren katholischer Bevölkerungsanteil der katholischen Kirche einen sicheren Schutz versprachen.(65) Insgeheim mochte bei derartigen Überlegungen auch der innenpolitische Aspekt eine Rolle spielen, daß eine Einverleibung Belgiens die preußisch-protestantische Führungsrolle im Reich dämpfen mußte.(66) Rechtlich-moralische Bedenken, die Macht, Sicherheit und Einflußsphäre des eigenen Volkes auf Kosten einer anderen Nation und gegen deren erklärten Willen zur Unabhängigkeit auszudehnen, wurden von keinem prominenten Katholiken geäußert, weder von Hertling noch von Erzberger, weder von Hartmann noch von Faulhaber. Auf welche Weise der innere Anstoß, der im belgischen Beharren auf Unabhängigkeit lag, aus dem Weg geräumt werden konnte, zeigt ein Memorandum aus Erzbergers Propagandawerkstatt, in dem auf Bayerns Widerstreben bei der Reichsgründung verwiesen wurde, das sich indessen auch glücklich in das deutsche Reich eingefügt hätte.(67) Ähnlich wie Bissing subjektiv ehrlich glaubte, es sei ein Vorzug, unter preußisch-deutscher Ordnung zu leben und erhoffte, die Belgier würden im Lauf der Zeit diesen Vorzug zu schätzen wissen,(68) so war man auch unter den deutschen Katholiken der Meinung, die Belgier würden sich auf die Dauer mit einer deutschen Vorherrschaft aussöhnen.(69)

Ebensowenig wie die Frage der Annexion Belgiens bot die Verletzung der belgischen Neutralität den deutschen Katholiken Anlaß zu moralischen Bedenken gegen die Politik der Reichsleitung. Bettingers und Hartmanns Erklärungen auf die Gasquetschen Angriffe im "Osservatore Romano" vom Herbst 1915(70) können als repräsentativ gelten für die Art und Weise, wie das Unrecht an Belgien zu einem Recht im höheren Sinn, dem Recht der Notwehr und der Verteidigung gegen einen existenzbedrohenden Angriff, umgedeutet wurde, so daß auch hier jeglicher moralischer Anstoß eliminiert war. Die Tätigkeit der deutschen Verwaltung in Belgien wurde zwar von katholischer Seite aufmerksam beobachtet und auch kritisiert, die Kritik bezog sich aber auf das Paritätsproblem(71) und das angebliche

Unverständnis preußischer Beamter für die Belange der katholischen Konfession,(72) nicht aber auf die annexionistische Grundtendenz der Bissingschen Verwaltungsarbeit und die daraus resultierenden dauernden Zusammenstöße mit der patriotischen Gesinnung der Belgier. Hertlings anerkennende Worte über die Bissingsche Verwaltung,(73) Hartmanns positives Urteil über Bissings wohlwollende Intentionen für Belgien(74) bezeugen, daß man auch hier keine Ursache zu einem religiös bedingten Protest sah.

Blieb das Franktireur-Problem. Hier ist zu unterscheiden zwischen dem Heer der Propagandisten, die sich auf das deutsche Weißbuch, auf die Aktenveröffentlichungen der deutschen Regierung und die Sprachregelung der Zensur verließen und dem Kreis der nachweislich über die tatsächlichen Vorgänge in Belgien gut unterrichteten Katholiken, also Erzberger,(75) Trimborn,(76) Ritter,(77) Hartmann,(78) Faulhaber(79) und Bertram,(80) sicher auch der in Belgien stationierte Militäroberpfarrer Middendorf(81) und die zahlreichen anderen deutschen Militärpfarrer, die durch ihre Tätigkeit zwangsläufig in Kontakt mit dem belgischen Klerus kamen.(82) Mochte die erste Gruppe gutläubig den Behauptungen der regierungsamtlichen Propaganda folgen, so schwieg die zweite Gruppe aus Gründen der Staatsräson und aus Furcht vor innenpolitischen Schwierigkeiten,(83) ließ die Propaganda gegen Belgien ins Kraut schießen oder beteiligte sich, wie Erzberger, wider besseres Wissen an ihr.(84)

So bot die belgische Frage dem deutschen Katholizismus rundherum keinen Anlaß zu einem Konflikt zwischen seinen patriotischen und seinen religiösen Überzeugungen. Im Rahmen des politischen Weltbildes, mit dem sich Neutralitätsverletzung, annexionistische Kriegsziele und die Repressionen der deutschen Armee gegen belgische Zivilisten rechtfertigen ließen, konnten die deutschen Katholiken auch besten Gewissens die Entfernung Merciers aus Belgien befürworten, handelte es sich dabei doch nur um eine Maßnahme gegen einen politischen Störenfried und nicht um einen Angriff auf kirchliche Interessen.(85) Bestenfalls plädierten sie für ein in der Form behutsames Vorgehen mit Rücksicht auf die Kardinalswürde des Betroffenen und auf die Beziehungen Deutschlands zum Vatikan.(86).

Gegenüber diesem politischen Selbstverständnis behauptete nun das Kollektivschreiben aus Belgien einen Konflikt des deutschen Katholizismus zwischen nationaler Gefolgschaft und religiöser Solidarität angesichts des belgischen Problems und forderte zur Entscheidung auf. Vor diese Alternative gestellt, mußten die deutschen Bischöfe auf die eine oder andere Weise Stellung beziehen. Die Diskussion um die Beantwortung des Kollektivschreibens bietet daher die seltene Gelegenheit, den politischen Standort des deutschen Episkopats in einer zentralen Kriegsfrage zu bestimmen.(87)

3. KARDINAL VON HARTMANNS ANTWORTENTWURF AUF DAS BELGISCHE KOLLEKTIVSCHREIBEN UND DIE HALTUNG DER FULDAER BISCHOFSKONFERENZ

War man sich in Deutschland nicht der verheerenden Wirkung der Rosenbergschen Entgegnung auf "La guerre allemande et le Catholicisme" und ihrer auslösenden Wirkung für das Kollektivschreiben bewußt,(88) so hatte Mercier nicht in Rechnung gestellt, daß die Aufnahme des Kollektivschreibens in Deutschland von der Baudrillart-Schrift vorgeprägt war.(89) Trotz der massiven Verdächtigung der Glaubenstreue und Glaubensreinheit des deutschen Katholizismus durch das französische Sammelwerk(90) und trotz der Schirmherrschaft des Pariser Erzbischofs Kardinal Amette für diese Vorwürfe waren die deutschen Bischöfe ohne allzu große innere Überwindung übereingekommen, die Abwehr der französischen Angriffe prominenten Laien zu überlassen und die Hierarchie, dem päpstlichen Wunsch entsprechend, aus dem Streit herauszuhalten.(91) Nur ein Protesttelegramm Bettingers und Hartmanns an den Kaiser(92) und eine zunächst nicht veröffentlichte Ergebenheitsadresse der Fuldaer Bischofskonferenz an den Papst(93) signalisierten die Empörung unter den deutschen Bischöfen. Mühlberg und Ritter hielten dies für eine zu schwächliche Reaktion im Vergleich zu der aktiven Unterstützung, die der nationale Standpunkt bei den Bischöfen Frankreichs und Belgiens fand.(94) Über Erzberger wurde Hartmann und Bettinger diese Kritik in Regierungskreisen bekannt(95) und förderte ihre Bereitschaft, bei der nächsten sich bietenden Gelegenheit, dem Gasquet-Artikel im "Osservatore Romano" vom 16.10.1915,(96) wenn schon nicht öffentlich, so doch Rom gegenüber energisch den deutschen Standpunkt im Weltkrieg zu vertreten.
Schon bei dieser Gelgenheit zeichnet sich bei genauerem Hinsehen in der Haltung Bettingers und Hartmanns ein Unterschied ab, der in der Frage der Beantwortung des belgischen Kollektivschreibens noch klarer hervortreten sollte. Die beiden deutschen Kardinäle protestierten nicht gemeinsam gegen Gasquets, vom "Osservatore Romano" übernommene Ausführungen zu Deutschlands politisch-moralischer Position im Weltkrieg, wie Hartmann es gewünscht hatte.(97) Als Hartmanns Anfrage in München eintraf,(98) hatte Bettinger schon im Alleingang nach Rom geschrieben und somit eine gemeinsame Aktion vereitelt.(99) Gegenüber Bettingers kurzem, nationalistisch auftrumpfendem Protest war Hartmanns Erklärung konzilianter, um Argumente bemüht und bestrebt, polemische Schärfen zu vermeiden. (100) Bezeichnend ist auch die unterschiedliche Reaktion beider deutscher Kardinäle auf die Antwort aus Rom: Während sich Bettinger empört zeigte über die ausweichende Antwort Gasparris und an eine scharfe Erwiderung dachte, wie er sowohl Mühlberg, als auch Ritter und Schön, dem preußischen Gesandten in München, zu verstehen gab(101) - wie Mühlberg hielt er Gasparri für einen ausgesprochenen Entente-Freund - gab sich Hartmann mit einigen begütigenden Worten des Papstes zufrieden und verzichtete auf eine schriftliche Beantwortung(102).

In den Augen der deutschen Bischöfe war das belgische Kollektivschreiben die Fortsetzung der von Frankreich initiierten und von

Gasquet sekundierten Aktion gegen den deutschen Katholizismus, um die deutsche nationale Geschlossenheit aufzubrechen und das Ansehen des deutscchen Katholizismus bei den Neutralen zu untergraben.(103) Hartmann, der als einziger Bischof direkt angesprochen war, fühlte sich für die Frage der Beantwortung zuständig und legte den Mitgliedern der Fuldaer Bischofskonferenz sowie über Kardinal Bettinger auch der Freisinger Bischofskonferenz(104) und dem Wiener Kardinal Piffl(105) einen Antwortentwurf vor, in dem er zunächst die belgischen Klagen und Anklagen zusammenfaßte: "...Indem Sie die Entwicklung des Zwistes schildern, geben Sie ihrer schmerzlichen Entrüstung über die Ihrem Lande zuteil gewordene Behandlung Ausdruck; Sie machen den deutschen Episkopat mitverantwortlich für das entstandene und noch fortdauernde Unheil und bezeichnen es als unsere heilige, von der Liebe und der strikten Gerechtigkeit diktierte Pflicht, dem unterdrückten und beleidigten Belgien zu einer Genugtuung zu verhelfen, die seine schwer verletzte nationale und sittliche Ehre vor der Welt und der Kirche wiederherstellt."(106) Hartmann versicherte darauf die belgischen Bischöfe der herzlichen Anteilnahme des katholischen Deutschlands: "Eure Eminenz und Eure Bischöfliche Gnaden können überzeugt sein, daß wir alle, die wir die Wucht der Kriegsgeißel, unter der ganz Europa seufzt, mitertragen, aus tiefstem Herzen auch die Bitterkeiten, Opfer und Verluste, die Belgien in diesem Kriege betroffen haben, nachempfinden."(107) Die Behauptung, die deutschen Katholiken müßten einen Beitrag zur Wiederherstellung der belgischen Ehre leisten, wehrte er jeoch ab und betonte, daß sich der deutsche Episkopat immer gegen Angriffe auf die Glaubenstreue feindlicher Völker ausgesprochen habe und insbesondere der leichtfertigen Verdächtigung belgischer Priester entgegengetreten sei. Das Ansinnen eines Schiedsgerichts lehnte er aus praktischen Erwägungen ab, bat aber für die Ablehnung um Verständnis: "Verzeihen Eure Eminenz und Eure Bischöflichen Gnaden, daß wir in Erwiderung Ihres Vorschlags und zur Begründung unserer ablehnenden Stellung diese Gesichtspunkte ausführen mußten und wollen Sie daraus nicht den Schluß ziehen, daß wir so mancher ergreifenden Stelle Ihres Schreibens, in der Sie ihre Bekümmernis aussprechen, teilnahmslos gegenüberständen."(108) Das Schreiben schließt mit einem Appell zu gemeinsamer Arbeit an der "Aufklärung der Geister" und "Aufrechterhaltung aller religiösen und humanen Beziehungen" und vertröstete mit einem Ausblick auf das klärende Werk der Zukunft: "Den vollen Sieg der Wahrheit und der Gerechtigkeit dürfen wir erst von der Zukunft erwarten; von dem wiederkehrenden Gleichgewicht der Geister, von der unparteiischen wissenschaftlichen Forschung, von dem unbefangenen, friedlichen Verkehr der Völker untereinander, in letzter Instanz jedoch allein von der Weisheit und Allmacht jenes höchsten Richters, der 'die Herzen und Nieren durchforscht' (Ps. 7,10), der 'die Völker in Gerechtigkeit richtet und die Nationen auf Erden lenkt' (Ps. 66,5)."(109)

Im Vergleich zur gängigen politischen Sprache der Zeit erweist sich Hartmanns Antwortschreiben als außerordentlich versöhnlich im Ton und vorsichtig im Gehalt, was die zwischen Deutschland und Belgien umstrittenen Fragen betraf. Er verzichtete auf flammende Erklärungen der deutschen Unschuld, auf die empörte Zurückweisung jeglichen Verdachts gegen die deutschen Armeen und die militärische und politische Führung sowie auf massive Gegenangriffe, wie sie sonst in der propagandistischen Auseinandersetzung die Regel waren. Er ließ die Frage des tatsächlichen Geschehens offen und lehnte das Schiedsgericht als technisch undurchführbar nur für die Dauer des Krieges ab. Die Tendenz des Schreibens zielte darauf hin, die Gräben zum belgischen Katholizismus nicht noch weiter aufzureißen.(110) Hartmanns Antwortentwurf löste deshalb nur geringe Begeisterung beim Reichskanzler aus, der erklärte, "im Großen und Ganzen" keine Einwände zu haben, aber bedauerte, "daß den Anklagen (nicht) in etwas positiverer Form" entgegengetreten wurde.(111) Wenn schon der in seiner Sprache eher maßvolle Bethmann den Antwortentwurf bemängelte, so hätte dieser bei der alldeutsch beeinflußten, nationalistischen Öffentlichkeit erst recht einen Sturm der Entrüstung hervorgerufen.(112) Hartmanns Konservatismus ist demnach als eine andere Nuance im Spektrum der bürgerlichen politischen Meinungen zu begreifen als die der nationalistischen Rechten, der der Münchener Erzbischof Bettinger und Faulhaber, Bischof von Speyer und später Bettingers Nachfolger in München, zuzurechnen sind.

In diesem Gegensatz ist der Kern des Streits um die Beantwortung oder schweigende Nichtbeachtung des belgischen Schreibens innerhalb des deutschen Episkopats zu sehen.(113)

Der Antwortentwurf war fertiggestellt, als Hartmann zur Frage des Kollektivschreibens vorbeugend eine Weisung Gasparris zur Zurückhaltung des deutschen Episkopats erhielt; sie war abgegangen, bevor Hartmanns Beschwerde über das Kollektivschreiben in Rom eingetroffen war.(114) Der Kardinalsstaatssekretär ließ ihn über den Münchner Nuntius daran erinnern, "che al Santo Padre dispiacciono queste polemiche tra i membri della Gerarchia nelle due nazioni."(115) Hartmann scheint die Mahnung als verschlüsselte Aufforderung an den deutschen Episkopat verstanden zu haben, wie im Fall der Baudrillart-Schrift nicht zu antworten, denn in einem ausführlichen Rechtfertigungsschreiben legte er dar,(116) daß der deutsche Episkopat auch ohne die neuerliche Weisung aus Rom "seine bisher sorgfältig beobachtete Haltung, jede Uneinigkeit mit dem Episkopate anderer Länder zu vermeiden, getreu geblieben wäre",(117) daß er aber wegen der großen Publizität, die das belgische Schriftstück gefunden habe, zu einer Antwort gezwungen sei(118) und daß er nur für den Fall, daß die belgischen Bischöfe ihr Schreiben zurückzögen, auf eine Antwort verzichten könne.(119) Nur wegen der vorangegangenen Mahnung aus Rom, der heilige Vater wünsche keine Polemiken unter den Hierarchien der kriegführenden Länder, legte Hartmann seinen Antwortentwurf in Rom vor und ließ den Nuntius anfragen, "ob gegen den Entwurf beim hl. Vater Bedenken bestehen,"(120) d.h. ob er auch noch mit diesem Entwurf gegen die päpstliche Direktive verstoße; ursprünglich hatte er durchaus beabsichtigt, den Text ohne ein vorheriges päpstliches Plazet bei den deutschen Bischöfen zirkulieren zu lassen.(121)

Das Verfahren, den Anwortentwurf in Rom vorzulegen und gleichzeitig die deutschen Bischöfe zur Äußerung aufzufordern, stieß bei vielen Bischöfen auf Kritik, die sich nun in ihrem Urteil nicht mehr frei glaubten.(122) Es mußte in der Tat unverständlich erscheinen, da Hartmann nicht erwähnte, wie dringlich er von Rom zur Zurückhaltung gemahnt worden war. Seine Mitteilung im Rundschreiben an die Mitglieder der Fuldaer Bischofskonferenz wirkte entschlußlos und bedenklich: "Da aber derartige Polemiken unter dem katholischen Episkopat höchst unerfreulich sind und vom hl. Vater, wie ich weiß, durchaus mißbilligt werden, so habe ich in Rom angefragt, wie wir uns im vorliegenden Falle verhalten sollen."(123) Hartmann hatte durchaus eine eigene Meinung und hat für sie beharrlich gekämpft, daß der deutsche Episkopat antworten müsse, so daß er schließlich sogar erwog, das Schreiben nach Belgien nur im Namen der Fuldaer Bischofskonferenz abgehen zu lassen.(124) Es lag seiner Mentalität(125) allerdings fern, wie Mercier den Vatikan vor ein fait accompli zu stellen oder gar wider einen ausdrücklichen Wunsch des Papstes zu handeln,(126) es lag ihm auch fern, die seit Kriegsausbruch erreichte enge und vertrauensvolle Zusammenarbeit mit dem Reichskanzler aufs Spiel zu setzen,(127) daher das Bestreben, seinen Antwortentwurf auch mit den politischen Verantwortlichen abzustimmen.(128)

Von den achtzehn Mitgliedern der Fuldaer Bischofskonferenz, die Hartmann angeschrieben hatte, antworteten fünfzehn mit vorbehaltloser Zustimmung,(129) drei Bischöfe erhoben Einwände, schlossen sich aber in zweiter Linie dem Hartmannschen Antwortentwurf an.(130) Der Text der Antworten war meist sehr kurz und förmlich. Diese Distanz ist jedoch nicht als ein Anzeichen für verborgene Kritik zu sehen, sondern bezeichnet die in diesem Kollegium üblichen Umgangsformen; die Zuschriften der bayrischen Bischöfe an Bettinger sind insgesamt aussagefreudiger und persönlicher.(131) So teilte etwa der Bischof von Mainz, der sich wenige Wochen zuvor gegenüber Heylen betroffen über dessen Bericht aus Belgien gezeigt hatte,(132) nur kurz sein "volles Einverständnis" mit.(133) Die Zustimmung galt, wenn sie näher qualifiziert wurde, ganz besonders Hartmanns defensivem Stil: "Das Antwortschreiben billige ich Satz für Satz";(134) "der schöne und würdige Ton des Entwurfs hat mir sehr gut gefallen";(135) "mit dem Entwurfe der Antwort bin ich vollständig einverstanden. In würdiger und zarter Weise zeigt sie, wie ungerecht die gegen uns erhobenen Anschuldigungen sind und wie unmöglich und ungereimt das vorgeschlagene Schiedsgericht von Bischöfen in dem jetzigen Augenblick sowie überhaupt erscheinen mag."(136) "... der mitgeteilte Entwurf dürfte in Inhalt und Form sowohl den tatsächlichen Verhältnissen als der amtsbrüderlichen Rücksicht entsprechen";(137) "der Entwurf ist im ganzen ein capolavoro".(138) Nur zwei Bischöfe fanden, es wäre besser, dem belgischen Episkopat nicht zu antworten, schlossen sich aber in zweiter Linie dem Entwurf an.(139)

Die bedeutendsten, auch von der Reichsregierung neben Hartmann gern konsultierten Bischöfe der Fuldaer Konferenz(140) waren der Paderborner Bischof Schulte und der Breslauer Fürstbischof Bertram. Schulte schlug einige kleinere Textänderungen vor, stimmte sonst aber zu.(141) Bertram wünschte als einziger eine wesentlich kürzere Fassung und äußerte Kritik an einzelnen Formulierungen.(142) Er hielt es für "wirksamer", das belgische Ansinnen kurz abzuweisen, denn "auf längere Darlegungen pflegen längere Gegenkundgebungen zu folgen."(143) Keiner der angesprochenen Bischöfe äußerte den Wunsch nach einer Klärung der Vorfälle in Belgien, keiner erwog auch nur im entferntesten, auf den belgischen Vorschlag einzugehen. Ein gewisses Verstehen äußerte der Bischof von Rottenburg: "Das belgische Schreiben erregt in machen Teilen Mitgefühl, in anderen aber Unwillen, denn die Grundtendenz scheint doch nur ein Hieb gegen uns und eine neue Anschwärzung der deutschen katholischen Kirche vor der Welt."(144) Auch der Bischof von Osnabrück zeigte sich angerührt von den Klagen der belgischen Bischöfe: "Eine Nichtbeantwortung könnte als Unhöflichkeit ausgelegt werden und die bittere Stimmung des belgischen Episkopats noch steigern." (145) Als einziger Bischof äußerte sich Felix Korum (Trier) in einer schärferen nationalistischen Tonart: "Eine Antwort auf die unbegreifliche Zumutung des belgischen Episkopats sowie eine Zurückweisung der teils offen teils versteckt in ihr enthaltenen Anklagen erscheint mir unbedingt notwendig. Wir schulden es der Ehre unserer Katholiken sowie unserer eigenen Ehre. Auch dürfen wir nicht schweigend über die unserem Lande gemachten schweren Vorwürfe hinwegsehen. Selbst wenn der hl. Vater den Wunsch äußerte, die Sache auf sich ruhen zu lassen, müßten wir dennoch den belgischen Bischöfen erwidern, daß wir ihre Anklagen zurückweisen und nur mit Rücksicht auf den hl. Vater eine eingehende Antwort unterlassen."(146) Aber auch er schloß sich gerade wegen dieser Überlegungen Hartmanns Entwurf an. Kardinal von Hartmann hatte also mit seinem Antwortentwurf der Fuldaer Bischofskonferenz aus der Seele gesprochen. Nur Bertram scheint den Entwurf grundsätzlich kritisch beurteilt zu haben, ohne diese Kritik jedoch Hartmann gegenüber näher auszuführen, so daß nicht gesagt werden kann, aus welcher politischen Richtung sie stammte.(147)

Die überwiegende Mehrheit der Fuldaer Bischofskonferenz stand hinter Hartmanns Position, der in dem belgischen Kollektivschreiben immerhin auch eine kirchliche Angelegenheit sah und dem der Versuch, die Brücken zum belgischen Katholizismus nicht ganz abzubrechen, wichtiger war als eine massive Neuauflage des deutschen propagandistischen Standpunkts. Keiner der von Hartmann angesprochenen Bischöfe forderte einen wuchtigen Gegenschlag oder, falls dieser nicht möglich wäre, völliges Schweigen, keiner fürchtete eine innenpolitische Isolierung des deutschen Katholizismus so sehr, daß er deshalb eine schärfere Tonart gefordert hätte.(148) Dies läßt Rückschlüsse auf die politische Haltung der Mitglieder der Fuldaer Bischofskonferenz zu einer Grundfrage der deutschen Politik im ersten Weltkrieg zu. Die relativ gemäßigte Haltung der außerbayrischen deutschen Bischöfe gegenüber dem belgischen Problem, das in der Tat eine Schlüsselstellung für alle Probleme des Weltkrieges hatte, kann als ein Indiz genommen werden, daß sie insgesamt nicht der alldeutsch-nationalistischen Rechten zuneigten, für die jedes differenzierende Urteil, jeder Zweifel und schon jedes vorsichtige Taktieren ein Verrat am Vaterland und an ihren weitgesteckten machtpolitischen Zielen war.(149) Ihr Konservatismus scheint eher von einer etwas altväterlichen, vielleicht sogar weltfremden Art gewesen zu sein – man denke an die Furcht des Bischofs von Osnabrück, "unhöflich" zu erscheinen(150) – und stand auf alle Fälle der Scharfmacher-Richtung, wie sie die "Kölnische Volkszeitung" innerhalb des deutschen Katholizismus repräsentierte, und wohl auch deren "Treibertaktik" gegen Bethmann Hollweg fern. (151)

4. DIE HALTUNG DER BAYRISCHEN BISCHÖFE UND DER VERZICHT AUF EINE BEANTWORTUNG DES BELGISCHEN KOLLEKTIVSCHREIBENS

Im Gegensatz zu Hartmann zeigte sich der Münchner Kardinal von Bettinger von den feierlichen Appellen und Erklärungen seiner belgischen Amtsbrüder unter Berufung auf das gemeinsame, der Wahrheit verpflichteten Amt völlig ungerührt.(152) Für ihn war das belgische Schriftstück eine rein "politische Aktion",(153) die nichts mit kirchlichen Interessen zu tun hatte, möglicherweise von Frankreich inspiriert war(154) und die den Zweck verfolgte, das Ansehen des deutschen Episkopats bei den Neutralen "wegen seiner vornehmen und selbstverleugnenden Zurückhaltung"(155) zu zerstören und ihn in Kontroversen hineinzuziehen, die die deutschen Bischöfe bei Freund und Feind in Schwierigkeiten bringen mußten. Auf das belgische Schreiben antworten und gar in Hartmanns Sinn antworten, bedeutete für Bettinger, voll in die vom Gegner gestellte "Falle" hineinzutappen.(156) Bettingers härterer Standpunkt zeigte sich schon daran, daß er keine besondere Eile an den Tag legte, um die Frage der Beantwortung des Kollektivschreibens zu erledigen. Als Hartmann auf eine Stellungnahme drängte, notierte er: "Diese Sache hat keine Eile. Da wir vom 24. November bis zum 7. Januar warten mußten, kann Mecheln demnach vom 7. Januar bis zum 7. Februar warten."(157) Erst am 2.2.1916 teilte er Hartmann sein Gutachten für den bayrischen Episkopat sowie die inzwischen eingetroffenen Antworten der bayrischen Bischöfe(158) mit und informierte ihn, daß er und die übrigen Bischöfe Bayerns - bis auf den Bischof von Würzburg - den Antwortentwurf ablehnten. Wiewohl sich auch Bettinger vor Hartmanns "leidenschaftsloser und würdiger" Sprache verbeugte,(159) ließ er keinen Zweifel, daß er das geplante Antwortschreiben für völlig verfehlt hielt.(160) Da er das Kollektivschreiben für einen propagandistischen Coup hielt, der Deutschland politisch treffen sollte, lag für ihn Hartmanns versöhnlicher Entwurf auf der falschen Ebene,(161) weil es garnicht um Versöhnung und Ausgleich ging, sondern um einen Schlagabtausch im propagandistischen Krieg. Hartmanns Entwurf würde also nur Deutschlands Stellung im Weltkrieg schwächen: "Bei dieser Auffassung der Aktion, die auch die unsere ist,(162) wird die vorgeschlagene Antwort die feindlich gesinnten Bischöfe nicht zum Schweigen bringen, sondern zu neuen Kundgebungen und zu einer wuchtigen Kritik über jeden Satz unserer Erwiderung veranlassen, in Deutschland selbst aber, das so maßlos von katholischen Bischöfen angeschuldigt wird, vieles schmerzlich vermissen lassen insbesondere dann, wenn man gegnerischerseits behaupten wird, daß die deutschen Bischöfe selbst fühlen, daß Belgien im Recht und Deutschland im Unrecht ist, und deshalb auch nicht einmal den Versuch einer Widerlegung der graven

Beschuldigungen machen und mit keinem Worte die "deutschen Greuel" weißzuwaschen sich bemühen und sogar ein gewisses Bedauern empfinden, das vorgeschlagene Schiedsgericht nicht durchführen zu können."(163) Wenn der deutsche Episkopat meine antworten zu müssen, dann dürften nach Bettingers Auffassung die zwischen Belgien und Deutschland umstrittenen Fragen nicht so verwaschen behandelt werden wie in Hartmanns Entwurf: "Wenn in unserer Gegenschrift auf Einzelheiten des Schreibens eingegangen wird, dürfen erhebliche Anschuldigungen desselben nicht unbesprochen bleiben, da unser Schweigen hierüber in der weiteren Polemik in deutschfeindlichem Sinne gedeutet, zum Teil auch deutscherseits Befremden erregen würde, so zum Beispiel: daß vor deutschen Bischöfen der deutsche Kaiser als böswilliger Verleumder behandelt wird; daß die Untersuchungen, die auf die belgischen Anschuldigungen hin bereits von deutschen Behörden vorgenommen wurden, als Humbug bezeichnet werden..."(164) Es ergibt sich also die paradoxe Situation, daß Bettinger als königstreuer Bayer und überzeugter Föderalist dem preußischen Kardinal von gleichfalls unzweifelhafter tiefer monarchischer Gesinnung(165) ein zu schwächliches Vorgehen für Kaiser und Reich vorwarf. Und nicht in Preußen, sondern in Bayern bei Bettinger und Faulhaber(166) wurde der Wunsch laut, den Belgiern mit einer "allseitigen, gründlichen Gegenschrift"(167) zu antworten, wie "die Belgier sie verdient"(168) hätten, d.h. mit einem Dokument, das den deutschen Episkopat mit allen Schwächen und Unrichtigkeiten der deutschen Kriegspropaganda belastet und ein Wiederanknüpfen der Beziehungen zum belgischen Katholizismus nach dem Krieg ungleich mehr erschwert hätte als nur die Rosenberg-Schrift.

Daß es sich bei dem Gegensatz Bettinger-Hartmann nicht nur um eine Frage des persönlichen Temperaments und der Taktik handelte, sondern um einen grundsätzlichen politischen Dissens, geht noch klarer aus dem leidenschaftlich-aufgeregten Schreiben Bettingers an Hartmann vom 14.2.1916 hervor, mit dem der Münchner Kardinal noch in letzter Minute den Abgang des Harmannschen Entwurfs nach Belgien zu verhindern suchte und auch tatsächlich verhindert hat. Seinem extremen Nationalismus, der nicht den geringsten Zweifel am deutschen Vorgehen in Belgien zuließ, während Hartmann doch wenigstens intern einige "Übelthäter" und "Ausschreitungen Einzelner" zuzugeben bereit war,(169) war Hartmanns Entwurf unter dem Gesichtspunkt der "vaterländischen Interessenvertretung"(170) viel zu lasch: "So wird man denn im Feindeslande und in den neutralen Ländern die beiden Schriftstücke also qualifizieren: Eine gewaltige, eine eindrucksvolle, die ganze Welt tiefergreifende Kundgebung der belgischen Bischöfe und ihr gegenüber eine lange Erwiderung der deutschen Bischöfe, die nichts zu widerlegen versucht, weil sie nichts wiederlegen kann, an den markantesten Stellen des belgischen Schreibens sich vorsichtig vorbeidrückt und sich außer einigen nichtssagenden Bemerkungen über die Verletzung der belgischen Neutralität und über das deutsche Weißbuch sich auf die belgischerseits erwarteten und im vorhinein abgelehnten Beruhigungsmahnungen und auf eine eingehende Zurückweisung des Schiedsgerichtsantrag mit unzutreffender Motivierung beschränkt."(171) Was

Bettinger einer vermuteten feindlichen Kritik in den Mund legte, waren in komprimierter Form seine eigenen Einwände und Bedenken. Er hielt den Hartmannschen Antwortentwurf aber nicht nur unter dem Gesichtspunkt der außenpolitischen Wirkung, sondern mindestens ebenso sehr mit Rücksicht auf seine innenpolitischen Folgen für eine Katastrophe. "Der Antwortentwurf des Kardinals von Hartmann wird die Feinde nicht zum Schweigen bringen, ihnen vielmehr ein willkommener Anlaß zu neuen Demonstrationen sein und wird in Deutschland selbst weite Kreise bitter enttäuschen."(172) Bettinger war sich bewußt, daß er und Faulhaber mit der Forderung nach einem massiven Gegenschlag gegen die belgischen Anklagen, die auf einer ungebrochenen Identifikation mit der offiziellen deutschen Propaganda beruhte, im deutschen Episkopat eine Außenseiterrolle einnahmen und daß ihr Vorschlag keine Aussicht auf Verwirklichung hatte, weil die Mehrheit der deutschen Bischöfe ihr nicht zustimmen würde: "Ich wäre für eine Antwort, wie sie die belgischen Bischöfe **verdient**(173) haben, für eine energische Zurückweisung ihrer unerhörten Anschuldigungen. Und nur deshalb, weil sich der deutsche Episkopat zu einer solchen Antwort nicht entschließen wird, bin ich für verurteilendes Schweigen."(174) Im Bewußtsein, seine Ideallösung sowieso nicht durchsetzen zu können, hat Bettinger deshalb im Rundschreiben an den bayrischen Episkopat vorgeschlagen, auf die belgische Zuschrift "in 3-4 markigen Sätzen" (und natürlich ablehnend) zu antworten oder aber "das belgische Schreiben offiziell völlig zu ignorieren."(175) Nach Eingang der Antworten der bayrischen Bischöfe überzeugte sich Bettinger allerdings, daß selbst diese markigen Sätze nicht so leicht zu formulieren wären, ohne die befürchtete Gegenreaktion im In- und Ausland auszulösen, und sprach sich nunmehr definitiv für das "verurteilende Schweigen" aus.

Wie schon oben erwähnt, haben die Stellungnahmen der bayrischen Bischöfe ganz wesentlich zu Bettingers Standpunkt, daß "Schweigen Gold"(176) wäre, beigetragen. Von den angesprochenen sieben Bischöfen erklärte sich nur der Bischof von Würzburg mit Hartmanns Antwortentwurf vorbehaltlos einverstanden.(177) Der Bischof von Eichstätt bevorzugte eine kürzere Formulierung, schloß sich aber in zweiter Linie Hartmanns Entwurf an, vor allem, sollte dieser die Genehmigung Roms erhalten.(178) Für eine kurze abweisende Antwort entsprechend Bettingers kommentierendem Rundschreiben(179) plädierten die Bischöfe von Passau,(180) Bamberg(181) und Augsburg.(182) Sie werteten, ganz im Sinne des Bettingerschen Kommentars, das belgische Kollektivschreiben als eine rein politische Angelegenheit, die in keiner Weise Fragen des Glaubens und der Moral berühre, sie fühlten sich in ihrer patriotischen Gesinnung jedoch nicht so tief getroffen, daß sie das dringende Verlangen verspürten, mit aller Wucht zurückzuschlagen. Eine Sonderstellung nahmen Faulhaber, der Bischof von Speyer, und der Erzbischof von Regensburg ein. Als einziger von den angesprochenen 27 deutschen Bischöfen erwog der Regensburger Erzbischof Henle ein Eingehen auf die belgische Forderung eines Schiedsgericht, seine Stellungnahme weist auch sonst die stärkste Distanz zur regierungsamtlichen Darstellung des deutsch-belgischen Konflikts auf: "Beim erstmaligen Durchlesen des Kollektivschreibens des belgischen Episkopats regte sich in mir ein doppeltes Gefühl, das des Mitleids, aber auch der Gerechtigkeit und ich meinte schon, mich dahin äußern zu sollen, es sei das Ansinnen des belgischen Eposkopats mit dem Vorbehalte endgültiger Entscheidung durch den Apostolischen Stuhl mindestens der Erwägung wert. Als ich mir aber die Art und Weise, wie man dem belgischen Episkopate etwa entgegenkommen könnte, näher zurecht legte, da stieß ich von Schwierigkeit auf Schwierigkeit und schließlich mußte ich mir sagen, auf alle Fälle würde schon der bloße Versuch einer schiedsgerichtlichen Entscheidung seitens nicht kompetenter Richter in ganz Deutschland den Eindruck erzeugen, als setzten die Bischöfe von vornherein Mißtrauen in das deutsche militärische bzw. Zivil-Gerichtsverfahren. Die Folgen könnten wir uns schon heute denken. Und wem nützt ein Schiedsgericht, das diejenigen, die es angeht, von vornherein ablehnen? Man kann über die Greuelszenen in Belgien sich seine Gedanken machen und es mögen auch eine Reihe falscher Aussagen inzwischen vorliegen, aber heute nach eineinhalb Jahren Dichtung und Wahrheit auseinanderzuhalten, dürfte ein Ding der Unmöglichkeit sein, zumal wenn man noch bedenkt, daß die höchst bedauernswerten Vorkommnisse fast alle in den Beginn des Krieges fallen, also in die Zeit der ersten furchtbaren Aufregung, wo die Zivilbevölkerung oft ebensowenig ihrer Sinne mächtig war, wie die Soldaten, die später vielfach selbst gestanden, daß sie oft trotz Abmahnung ihrer Vorgesetzten einfach blindlings dreinfuhren." (183) Von der Unmöglichkeit der praktischen Durchführung eines bischöflichen Schiedsgerichts mitten im Krieg überzeugt - und zwar wegen der Widerstände in Deutschland - und auch verstimmt durch die vorzeitige Publikation des Schreibens, die "doch sehr eine billige Rücksichtnahme auf das Empfinden des deutschen Episkopats vermissen läßt", votierte er schließlich für eine "offizielle Ignorierung" des belgischen Schreibens.(184)

Faulhaber hatte schon bei der Gelegenheit der Baudrillart-Schrift nur schwer das Schweigen der deutschen Bischöfe ertragen.(185) Er sah nun endlich die Gelegenheit gekommen, sowohl den Verdächtigungen der Glaubenstreue der deutschen Katholiken als auch den Angriffen auf den deutschen Standpunkt im ersten Weltkrieg entschieden entgegentreten zu können. Er antwortete auf Bettingers Anfrage mit vier Thesen, denen mehr oder minder lange Begründungen folgen: 1. der Schiedsgerichtsantrag sei als eine "sonderbare, absolut undurchführbare Zumutung abzulehnen", 2. "der deutsche Episkopat wird sich entschließen müssen, den belgischen Amtsbrüdern eine ebenso höfliche, ebenso umfangreiche und stilistisch ebenso wuchtige Antwort zu geben, schon um Schmähungen des deutschen Namens zurückzuweisen und den ohne Zweifel tiefhaltigen Eindruck dieser episkopalen Kundgebung im Ausland abzuschwächen."(186) Zur Begründung führte Faulhaber an, daß das vornehme Schweigen der deutschen Bischöfe, "das nicht auf einem amtlich mitgeteilten Wunsch des hl. Vaters oder auf einem Beschluß beruht", die feindlichen Angriffe auf die deutschen Katholiken nicht verhindert hat, sondern, "wie das neue corpus delicti beweist, die Angreifer immer mutiger macht, den Streit immer lauter werden läßt und uns als Eingeständnis des bösen Gewissens gedeutet wird."(187) Dem kämpferischen Temperament und der von Zweifeln an der deutschen Sache freien patriotischen Gesinnung Faulhabers war der Gedanke unerträglich, auf das belgische Schriftstück nicht seiner innersten Überzeugung entsprechend antworten zu dürfen. Doch auch Faulhaber sah voraus, daß sich die Mehrheit der deutschen Bischöfe diesem Standpunkt nicht anschließen würde, er stimmte deshalb unter 3. Bettingers Vorschlag einer kurzen markigen Antwort zu. Auch Faulhaber kritisierte die Vorlage des Hartmannschen Entwurfs in Rom, dessen Text ihm völlig ungenügend erschien(188) und erbat die Möglichkeit, sollte dieser von Rom approbiert werden, den endgültigen Antworttext kennenzulernen - doch wohl, um noch einige Ergänzungen anbringen zu können(These 4).

Für Faulhabers Stellungnahme spielte also der Wunsch des Papstes, Streit innerhalb der katholischen Hierarchie zu vermeiden, eine sehr viel geringere Rolle als für Kardinal von Hartmann, er fürchtete die Folgen einer massiven deutschen Antwort an die belgischen Bischöfe für die Einheit der Kirche nach dem Krieg(189) nicht in dem Maß, daß er bereit gewesen wäre, deshalb seinen Wunsch nach Vergeltung zu unterdrücken. Auch für Faulhaber war das Schriftstück aus Belgien eine ausschließlich politisch-propagandistische Angelegenheit, keine Gewissens- oder Glaubensfrage, die auf der gleichen Ebene zu beantworten wäre. Obwohl er nachweislich zu dem über die wahren Vorgänge in Belgien verhältnismäßig gut unterrichteten Personenkreis gehörte,(190) war ihm dies kein Anlaß, auf Klärung des Geschehens und auf Wiedergutmachung zu drängen oder wenigstens Zurückhaltung anzuempfehlen. Auch dem Scharfsinn und der politischen Übersicht eines Faulhaber entging, daß die Anklagen aus Belgien qualitativ auf einer anderen Stufe standen als die Baudrillart-Schrift oder manche anderen Äußerungen aus dem französischen Klerus,(191) bezogen sie sich doch auf konkrete, nachprüfbare Vorgänge. Seine Überzeugung von der Gerechtigkeit der deutschen Sache, der Überlegenheit der deutschen staatlichen Verfassung und der Weisheit seiner politischen und militärischen Führung(182) war so tief verwurzelt, daß sie von noch so feierlichen Appellen und Erklärungen der belgischen Amtsbrüder nicht erschüttert werden konnte.

Insgesamt bieten die Stellungnahmen des bayrischen Episkopats ein sehr viel bunteres Bild als die der Fuldaer Bischofskonferenz, die mit Ausnahme Bertrams ganz hinter Hartmanns konservativ-vermittelnder Position(193) stand. Neben dem erstaunlich kritischen Standpunkt des Regensburger Erzbischofs stehen mit Bettinger und Faulhaber die schärfsten Kritiker Merciers und die energischsten Verfechter eines massiven Gegenschlags. Zwischen diesen beiden Extremen sind die Stellungnahmen der Bischöfe einzuordnen, die zwar Bettingers hartem Urteil im Rundschreiben an die Freisinger Bischofskonferenz zustimmten,(194) die aber die innerkirchlichen Spannungen nicht weiter verschärfen wollten und deshalb für eine kurze ablehnende Antwort votierten.

Nun hing die endgültige Entscheidung Hartmanns nicht allein von den Stimmen aus dem deutschen Episkopat ab, sondern auch vom Urteil Roms über den Antwortentwurf entsprechend seiner Anfrage vom 16.1.1916. Es traf in Köln mit dem Schreiben Frühwirths vom 28.1.1916 ein, in dem der Nuntius Hartmann mitteilte, seitens des Kardinal-Staatssekretärs bestünden "Bedenken gegen den Entwurf nicht."(195) Das war genau die Formulierung, mit der Hartmann um römische Zustimmung gebeten hatte,(196) so daß er sich durch Frühwirths Schreiben bestätigt fühlen mußte.(197) Mit einem Schreiben vom 19.1.1916 schränkte Frühwirth jedoch den Wert seiner Mitteilung ein - "nelle sostanza", "im Wesentlichen", wie er selbst den italienischen Originaltext Gasparris übersetzte, bestünden keine Bedenken.(198) Hartmann wandte sich daraufhin direkt an Gasparri mit der Anfrage, ob die deutschen Bischöfe schweigen sollten. Für diesen Fall beantragte er allerdings, sich auf einen Wunsch des Papstes beziehen zu dürfen.(199) Die Antwort Gasparris über Frühwirt lautete: "Communichi subito riservatamente al Cardinale di Colonia che può pubblicare risposta che fu inviata esame S. Sede."(200) Aus der erneut gefestigten Überzeugung römischer Zustimmung riß Hartmann erst die Mitteilung Bettingers am Schluß seines Briefes vom 2.2.1916, der Nuntius habe noch ganz geheime Weisungen aus Rom, die er nur mündlich weitergeben könne, weshalb er, Bettinger, Hartmann zu einer Besprechung nach München einlade.(201) Hartmann reiste daraufhin Anfang Februar nach München. Erst hier erfuhr er,(202) daß dem ersten Gasparri-Telegramm in der Angelegenheit des Kollektivschreibens(203) noch ein weiteres Telegramm vom 22.1.1916 gefolgt war, in dem der Kardinalstaatssekretär den Nuntius beauftragte, nach Köln zu reisen und Hartmann davon zu überzeugen, nicht zu antworten. Dieses Telegramm war entstanden, bevor Hartmanns Antwortentwurf in Rom vorlag.(204) Als es bei Frühwirth eintraf, hatte dieser schon Kenntnis von Hartmanns fester Überzeugung, antworten zu müssen und von dem Entwurf einer Antwort. Frühwirth hat den Auftrag aus Rom nicht in der angegebenen Weise ausgeführt. Obwohl er zwischen dem 28.1. und dem 1.2. viermal mit Hartmann in der Angelegenheit des Kollektivschreibens korrespondierte,(205) ließ er kein Wort von dem zweiten Gasparri-Telegramm verlauten, begab sich aber auch nicht nach Köln um Hartmann mündlich zu informieren. Die Erklärung für dieses auffallende Verhalten des sonst so vorsichtigen und beflissenen Nuntius kann nur darin liegen, daß nach Hartmanns erklärter Absicht, antworten zu wollen, die wörtliche Befolgung der römischen Instruktion dieser ein anderes, vom Vatikan nicht intendiertes Gewicht gegeben hätte. Denn wie sollte Frühwirth dem Kölner Kardinal plausibel machen, er möge mit Rücksicht auf den Papst schweigen, wenn die belgischen Bischöfe eine Auseinandersetzung heraufbeschworen, ohne auf päpstliche Wünsche Rücksicht zu nehmen? Frühwirth mußte also versuchen, die römische Linie durchzusetzen, ohne Hartmann zu verletzen.(206) Hierzu bediente er sich des Widerstands der bayrischen Bischöfe gegen den von Hartmann vorgelegten Antwortentwurf.(207) So erfuhr Hartmann also erst durch Bettingers Schreiben vom 2.2. 1916,(208) daß es von seiten des Vatikans doch mehr Einwände gäbe als ihm bis dahin bekannt geworden war. In der Konferenz mit Bettinger und Hartmann am 6.2.16 in München gab Frühwirth den Inhalt des Gasparri-Telegramms vom 22.1.1916, das er an sich gleich verbrennen sollte, den beiden deutschen Kardinälen bekannt. Darin sprach Gasparri "das lebhafte Bedauern des h. Vaters über das Kollektivschreiben der belgischen Bischöfe und über seine Verbreitung, die er leider nicht mehr hindern könne" aus, wies den Nuntius an, mit Hartmann Verbindung aufzunehmen und ihm "die

Eröffnung zu machen, der deutsche Episkopat möge auf das Kollektivschreiben der Belgischen Bischöfe **nicht** antworten.(209) Wenn aber eine Antwort **unvermeidlich**(209) sei, so möge der Erzbischof von Köln ... die ruhige ... und würdevolle ... Erklärung veröffentlichen, daß das Kollektivschreiben der belgischen Bischöfe, während es bezwecke, eine lebhafte antideutsche Agitation in Belgien aufrecht zu erhalten, einen völlig unausführbaren Vorschlag (Bildung eines Schiedsgerichts) mache. Aus diesem Grunde lehne der deutsche Episkopat die Beantwortung des Schreibens ab."(210) Frühwirth interpretierte die römische Meinung in den Verhandlungen mit Bettinger und Hartmann so, daß es der "primäre Wunsch" des Papstes sei, die deutschen Bischöfe mögen nicht antworten und daß die späteren Genehmigungen nur auf Grund von Hartmanns Drängen erteilt wurden.(211) Es kennzeichnet die Zähigkeit, mit der Hartmann seinen Entschluß zu antworten verteidigte, daß er, konfrontiert mit Bettingers und Frühwirths Widerstand, nur um den Preis schweigen wollte, daß Gasparri den belgischen Episkopat wegen der Veröffentlichung des Kollektivschreibens tadeln und den deutschen Episkopat wegen seines Schweigens mit Rücksichtnahme auf den Papst loben würde.(212) In diesem Sinn telegrafierte Frühwirth am 7.2.1916 nach Rom.(213) Wie nicht anders zu erwarten war und auch Hartmann nicht anders erwartet haben konnte, fiel die Antwort Gasparris ablehnend aus. Statt dessen wiederholte er zum drittenmal das umstrittene "può", das von Hartmann als Einverständnis und von Bettinger als versteckte Kritik gewertet wurde: "Proposta del Cardinale de Colonia esporebbe troppo la S.Sede e quindi non é attuabili. Cardinal sullodato può pubblicare nota risposta, facendola precedere da una introduzione ..."(214) Für den Text der Einleitung machte Gasparri auch gleich einen Vorschlag, daß die deutschen Bischöfe nicht hätten antworten wollen, aber wegen der weiten Verbreitung des Kollektivschreibens zu einer Antwort gezwungen seien und sich auf weitere Polemiken nicht einlassen würden.(215) Am Ende seiner Verhandlungen mit dem Nuntius in München und dem Vatikan stand für Hartmann fest, daß er seinen Brief guten Gewissens nach Mecheln absenden könne. Da er sich der Öffentlichkeit gegenüber zu einer Antwort gezwungen glaubte und da der Papst ihm für ein Schweigen der deutschen Bischöfe keinerlei Kompensation geben konnte, sah er sich frei, seinen Entwurf, gegen den ernsthafte Einwände von seiten Roms nicht erhoben wurden, abgehen zu lassen. In diesem Sinn forderte er Bettinger nochmals zur Mitunterzeichnung im Namen der Freisinger Bischofskonferenz auf und erklärte sich sogar bereit, falls Bettinger immer noch negative Folgen in der Öffentlichkeit fürchtete, die Fuldaer Konferenz vorangehen zu lassen, der sich dann später die Freisinger Konferenz anschließen könne.(216) Wenn es schließlich doch nicht dazu kam, daß Hartmanns Konzept als Antwort der deutschen Bischöfe auf das belgische Kollektivschreiben abging, so lag das nicht an der ausweichenden römischen Haltung, sondern am unüberwindlichen Widerstand Bettingers. Seiner politisch motivierten Gegnerschaft war die Mehrdeutigkeit der römischen Stellungnahme gerade recht, um Hartmanns festen Willen zu einer versöhnlichen Antwort zu torpedieren. Er hielt daran fest, daß die deutschen Bischöfe nicht offen reden könnten und daher mit Schweigen am besten die deutschen Interessen gewahrt blieben: "Wenn also der Hl. Vater selbst jede Verantwortung für Gelingen oder Mißlingen der von uns geplanten Aktion ablehnt ... dann war das Befragen desselben immerhin insofern von Wert, als sich dadurch feststellen läßt ... was er selbst will und wünscht -. Er selbst aber wünscht, daß wir schweigen ... Das ist also der klar ausgesprochene Wille und Wunsch des Papstes. Wenn dieser für uns maßgebend ist, dann schweigen wir. Das fordert auch unsere eigene Würde, und das fordert auch, wenn wir denn doch nicht reden dürfen, wie es uns ums Herz ist, unsere nationale Würde."(217) Eine nachträgliche Unterzeichnung lehnte Bettinger kategorisch ab: "Indem ich das gnädigst überreichte Schreiben ergebenst zurückleite, bedaure ich als der "Schwächere" gegenüber dem "Stärkeren" das Auseinandergehen der beiden Bischofskonferenzen in dieser "causa major". Ein späteres Beitreten ist ausgeschlossen ..."(218) Dem drängenden Appell Bettingers, eine Antwort zu unterlassen, wenn es noch möglich wäre, verschloß sich schließlich Hartmann nicht. Eine nicht gezeichnete Notiz in der Kölnischen Volkszeitung vom 18.2.1916(219) gab bekannt, daß der deutsche Episkopat nicht antworten werde; in einer vertraulichen Mitteilung an die Fuldaer Bischofskonferenz vom 19.2.1916 gab Hartmann zur Begründung an, daß "von einer Antwort auf das Kollektivschreiben der belgischen Bischöfe abgesehen werden (mußte), weil die hochwürdigsten Herrn Bischöfe Bayerns einhellig widersprachen, aus Besorgnis, die Antwort könne eine unabsehbare Polemik zur Folge haben ... Da nun keinesfalls eine Differenz unter den deutschen Bischöfen nach außen hervortreten durfte, so habe ich keine Antwort nach Belgien gegeben, sondern mich darauf beschränkt, eine aufklärende Nachricht in Nr. 142 der Kölnischen Volkszeitung ... erscheinen zu lassen."(220)

Was Hartmann als einhelligen Standpunkt der bayrischen Bischöfe deklarierte, war jedoch nur der intransigente Standpunkt Bettingers und partiell auch Faulhabers. Gegen 18 Stimmen der Fuldaer Bischofskonferenz und eine bayrische Stimme, die mit dem vorgelegten Entwurf einverstanden waren, und gegen eine preußische und fünf bayrische Stimmen, die in einer kürzeren und meist auch schärferen Fassung antworten wollten, hat sich die Meinung Bettingers durchgesetzt, der sich für die moralisch-religiöse Seite des belgischen Dokuments völlig unzugänglich zeigte, der das Schreiben ausschließlich als Propagandacoup wertete und der, da keine Aussicht auf eine Mehrheit im deutschen Episkopat für eine politisch-propagandistische Antwort bestand, Schweigen für den günstigsten Ausweg im nationalen Interesse hielt, da es den deutschen Bischöfen wenigstens das Prestige unerschütterlicher Romtreue erhielt. Angesichts Bettingers nicht zu erschütternder Position blieb Hartmann nichts weiter übrig, als sich dem bayrischen Amtsbruder zu beugen, wollte er den noch größeren politischen Schaden vermeiden, den deutschen Episkopat vor der deutschen und internationalen Öffentlichkeit uneinig erscheinen zu lassen.

Die Diskussion um die Beantwortung des belgischen Schreibens läßt in der Einstellung des deutschen Episkopats zu einer zentralen Frage des ersten Weltkrieges ein deutliches Nord-Süd-Gefälle erscheinen.(221) Nirgends wurde das Kollektivschreiben so scharf verurteilt, nirgends wurde es so wenig als Anstoß empfunden, die moralische Position Deutschlands im ersten Weltkrieg zu reflektieren wie in Bayern. Mochten sich alle deutschen Bischöfe in der Grundüberzeugung einig sein, Deutschland führe einen gerechten Krieg, einen Kampf um seine Existenz, so zeigen sich doch zwischen dem Konservatismus eines Hartmanns, der von der Mehrheit der Fuldaer Bischofskonferenz geteilt wurde, und dem unbelehrbaren Nationalismus eines Bettingers oder eines Faulhabers Unterschiede. Konnten die einen wenigstens partiell ein deutsches Unrecht zugeben und waren sie von daher geneigt, eher vorsichtig zu antworten, so wiesen Bettinger und Faulhaber jeden Zweifel an der deutschen Position im ersten Weltkrieg entrüstet ab und zeigten sich bereit, dem nationalistischen Interesse des Augenblicks die Basis einer künftigen Verständigung mit dem belgischen Volk und dem belgischen Klerus zu opfern. Diese Unterschiede in der politischen Haltung des deutschen Episkopats sind als ein Beitrag für die - noch zu erforschende - Rolle der katholischen Hierarchie im ersten Weltkrieg und im Übergang zur Weimarer Republik(222) festzuhalten.

Siebtes Kapitel

MERCIER UND DIE FRIEDENSFRAGEN 1915/1918

1. DER WANDEL IN DEN BEZIEHUNGEN DES GENERALGOUVERNEURS VON BISSING ZU MERCIER IM LAUF DES JAHRES 1916

Das Jahr 1915 stand im Rahmen der Okkupationsgeschichte Belgiens ganz im Zeichen hochfliegender Annexionspläne des Generalgouverneurs von Bissing, die die Basis aller seiner Maßnahmen auf administrativem, wirtschaftlichem und eben auch kirchenpolitischem Gebiet bildeten. In dieser Zielsetzung wußte er sich gestützt vom überwiegenden Teil der öffentlichen Meinung bzw. von der Mehrheit der politischen Kräfte, die auf die öffentliche Meinung Einfluß hatten. Die illusionären Vorstellungen, über Belgiens Zukunft diktatorisch verfügen zu können, wurden durch die militärischen Erfolge Deutschlands im Osten und seine Selbstbehauptung im Westen gestützt.(1) Auch Bissing gab sich unerschütterlich siegessicher und duldete keinen Zweifel an einem für Deutschland siegreichen Kriegsende.(2) Diese Siegesgewißheit und die daraus abgeleiteten Annexionspläne in bezug auf Belgien waren die eigentliche Wurzel seiner Zusammenstöße mit Mercier. Wie oben dargestellt,(3) gehörte zu Bissings annexionsvorbereitendem Programm auch die Idee, die belgische Bevölkerung schon während des Krieges für eine Annäherung an Deutschland gewinnen zu können. Damit war aber der Anstoß zu den Konflikten mit Mercier gegeben, denn der Mechelner Kardinal durchschaute die politische Ambivalenz der Bissingschen Versöhnungsparolen und zerriß mit seinen Hirtenbriefen den Schleier, den der Generalgouverneur wie auch die regierungsamtliche Propaganda über die Ursachen des Krieges und der Entstehung der deutschen Okkupationsherrschaft über Belgien legen wollten. Da es Bissing nicht gelungen war, die katholische Kirche in den Dienst seiner Politik der "Aussöhnung" zu stellen, versuchte er zugleich, mit dem Kardinal das Zentrum des belgischen Widerstands auszuschalten, - ganz im Rahmen seiner autoritären Denkwelt, wonach es genügte, die hierarchische Spitze auszuwechseln, um die ganze Organisation in den Griff zu bekommen.(4)

Die Politik der Bekämpfung Merciers kollidierte mit dem Reichsinteresse an ungestörten, ja engen und vertrauensvollen Beziehungen zum Vatikan, der letzten moralischen Instanz, die Deutschland noch nicht verurteilt hatte, nachdem sich in Amerika und in anderen neutralen Ländern die Waagschale der Sympathien immer stärker zugunsten der Entente-Mächte neigte. Dieser Prozeß hatte sich im Lauf des Jahres 1915 durch die Zwischenfälle der U-Boot-Kriegführung außerordentlich beschleunigt.(5) Bissing ließ sich vom Vorrang des Reichsinteresses an den diplomatischen Beziehungen zum Vatikan vor den seiner Verwaltung in Belgien entstehenden Schwierigkeiten überzeugen, verzichtete auf den Einsatz von Gewalt und begnügte sich stattdessen mit den Mitteln der Diplomatie, um den Kardinal aus dem besetzten Gebiet zu entfernen. Mit der Einladung des Kardinals nach Rom schien er seinem Ziel schon sehr nahegekommen zu sein. Doch sein Bemühen um eine elegante, spektakuläres Aufsehen vermeidende Lösung scheiterte an der Entschlossenheit des Kardinals, wieder ins besetzte Gebiet zurückzukehren und an der Festigkeit Roms gegenüber allen deutschen Pressionen.

So traf der Kardinal am 29.2.1916 wieder im bestzten Gebiet ein.(6) Zur Stärkung seiner Autorität, die Bissing durch seine ständigen Niederlagen gegenüber Mercier ernsthaft angegriffen sah,(7) plante er, Mercier eine Loyalitätserklärung und eine Verpflichtung, die deutschen Bestimmungen als für sich bindend anzuerkennen, abzuverlangen.(8) Doch auch von diesem Vorhaben konnte ihn Bethmann abbringen mit dem Argument, der Anschein müsse vermieden werden, der Generalgouverneur wolle einen Konflikt provozieren, um eine Handhabe gegen Mercier zu haben.(9)

Eine Verschärfung der Situation in Belgien paßte dem Reichskanzler Anfang 1916 auf keinen Fall in das politische Konzept. Zwar hatte er den Generalgouverneur in der Bekämpfung Merciers immer unterstützt, weil dessen Widerstand die Wirkung der deutschen propagandistischen Selbstdarstellung schädigte und somit auch ein Reichsinteresse betroffen war, er hatte dies aber immer nur soweit getan, als sich der Generalgouverneur an politisch-diplomatische Mittel hielt. Sowie Bissing mit Gewalt vorzugehen drohte, hielt Bethmann ihn von einer Verschärfung des Konflikts zurück. Dies wird in einer telefonischen Weisung des Reichskanzlers an Lancken vom März 1916 deutlich, in der er den Chef der Politischen Abteilung in Brüssel beauftragte, dafür zu sorgen, "daß gegen Mercier nur eingeschritten wird, wenn er sich eine ganz eklatante Verfehlung zu Schulden kommen läßt. Die Schwierigkeiten, welche durch Merciers Renitenz der belgischen Verwaltung erwachsen, sind namentlich in der gegenwärtigen Situation geringer einzuschätzen als der Nachteil, den uns ein Märtyrertum Merciers beim Vatikan, in Amerika und auch beim österreichischen Episkopate einbringt."(10) Wieder einmal beugte sich Bissing den "staatsmännischen Erwägungen"(11) des Reichskanzlers, zumal es diesem gelungen war, seine politische Linie durch einen kaiserlichen Entscheid abzusichern.(12)

Mit dem Hirtenbrief "A notre retour de Rome" vom 7.3.1916,(13) verlesen in den belgischen Kirchen am 12.3.1916,(14) bewies Mercier, daß er - im Sinne Bissings - durchaus ungeläutert aus Rom zurückgekommen war. Er deutete den Empfang des Papstes für sich als Unterstützung seiner Haltung und als Eintreten des Papstes für eine Wiederherstellung des unabhängigen Belgiens, rechtfertigte nochmals Belgiens Politik bei Ausbruch des Krieges, stellte die glänzende moralische und politische Position Belgiens durch das Eintreten seiner Verbündeten für Belgien dar und stärkte das Vertrauen der Bevölkerung in den Sieg der Entente.(15) Trotz des offenkundig ausgebliebenen Sinneswandels Merciers hat Bissing nicht mehr versucht, die vom Kaiser bestätigte Entscheidung des Kanzlers im Fall Mercier zu revidieren. Er begnügte sich mit der hilflosen Maßnahme eines scharfen öffentlichen Verwarnungsschreibens, in dem er Mercier indirekt Ungehorsam gegenüber dem Papst, Mißbrauch seiner Romreise für politische Zwecke und das Erwecken unbegründeter Siegeshoffnungen vorwarf.(16) Außerdem kündigte er eine scharfe

Verfolgung weiterer politischer Aktivitäten des belgischen Klerus an.(17)

In Rom wurde Bissings Verwarnungsschreiben nicht als Rückzugsgefecht, sondern als eine Art Ultimatum angesehen.(18) Über mehrere Kanäle ließ der Vatikan die deutsche Regierung warnen, daß Gewaltmaßnahmen gegen Mercier den Papst nur an die Seite der Entente treiben müßten.(19) Erst durch Kardinal von Hartmann erfuhr der Vatikan, daß die Ausweisungs- oder Internierungspläne gegen Mercier endgültig aufgegeben waren.(20) Es ist sehr wahrscheinlich, daß der Vatikan gleichzeitig auch Mercier noch einmal dringlich vor einer Verschärfung des Konfliktes gewarnt hat, denn ein Besuch des Brüsseler Nuntius Tacci in der Politischen Abteilung deutete eine versöhnliche Haltung des Kardinals an.(21)
Damit setzte in den Beziehungen des Generalgouverneurs zu Mercier ein Wandel ein, der erst ermöglichte, daß Mercier gegen Ende des Jahres 1916 an Versuchen der deutschen Regierung beteiligt war, eine Verständigung mit Deutschlands westlichen Gegnern herbeizuführen.(22)

Dieser Wandel basierte nun allerdings nicht auf einer grundsätzlichen Sinnesänderung des Kardinals, wie dieser schon bald, zum belgischen Nationalfeiertag am 21.7.1916, mit einer flammenden patriotischen Ansprache in der Brüsseler Hauptkirche Ste. Gudule bewies,(23) sondern ganz eindeutig auf einem Rückzug des Generalgouverneurs in seiner Politik gegenüber dem streitbaren Kirchenfürsten. Die Behandlung des eben genannten Zwischenfalls zeigt sehr deutlich die veränderte kirchenpolitische Situation: Obgleich Mercier in seiner Ansprache erneut den unerschütterlichen belgischen Siegeswillen beschwor - er bediente sich dazu u.a. des stilistischen Mittels, in glühenden Farben die Feier des hundertjährigen Jubiläums der belgischen Unabhängigkeit im Jahr 1930 zu schildern(24) - obgleich er eine Bestrafung der für den Krieg Verantwortlichen forderte(25) und somit in der Tonart nicht im geringsten von dem Stil seiner früheren patriotischen Kundgebungen abwich, ließ der Generalgouverneur die ganze Angelegenheit herunterspielen, gab sich mit einigen Erklärungen des Kardinals zufrieden und interpretierte den Vorfall als "Unvorsichtigkeit des Kardinals" in der spannungsgeladenen Atmosphäre innerhalb der belgischen Bevölkerung, die wegen der Kämpfe an der Westfront in einer erregten Stimmung sei.(26)

Noch deutlicher wird die abwiegelnde Tendenz in der weiteren Behandlung des Falls Mercier, die in klarem Gegensatz zu der Aufbauschung eines jeden noch so unbedeutenden Vorfalls ein Jahr zuvor steht,(27) in einem besonderen Bericht Lanckens über die "kirchenpolitischen Verhältnisse in Belgien" vom 31.7.1916 für den Reichskanzler und das Auswärtige Amt.(28) Bis dahin war die Kirchenpolitik in Belgien von der Politischen Abteilung des Generalgouvernements im Rahmen der vierteljährlich zu erstattenden Tätigkeitsberichte(29) abgehandelt worden. Die Tätigkeitsberichte gelangten an zahlreiche militärische und zivile Behörden, sie konnten, ohne daß der Reichskanzler oder das Auswärtige Amt dies hätten unterbinden können, leicht einem größeren an den belgischen Fragen interessierten Leserkreis bekannt werden. Deshalb hatte Lancken diese Berichte schon immer sehr allgemein abgefaßt, um der Kritik möglichst wenig Angriffsflächen zu bieten und den Handlungsspielraum der Politik nicht unnötig einzuschränken. In der Tendenz der Bekämpfung der politischen Rolle Merciers waren sich die deutschen Behörden zwar mit der annexionistisch gesinnten Öffentlichkeit einig, doch die ständige Rücksichtsnahme auf den Vatikan und das Ausbleiben vorzeigbarer Erfolge konnten von dieser Öffentlichkeit leicht als "Schwäche" und "Schlappheit" ausgelegt werden.(30) Lancken hatte deshalb das Kunststück fertigzubringen, den Anschein energischen Handelns zu erwecken und zugleich das behutsame Vorgehen gegen Mercier zu rechtfertigen.(31) Mit dem Verzicht des Generalgouverneurs auf eine Fortführung seiner Politik der direkten Konfrontation mit Mercier wurde Lanckens Aufgabe bei der Abfassung der Tätigkeitsberichte noch schwieriger. Er verfiel deshalb auf den Ausweg, die Kirchenpolitik in seinem für August 1916 fälligen Bericht nur sehr kurz zu behandeln und ergänzend dem Reichskanzler und dem Auswärtigen Amt eine gesonderte Denkschrift zur Kirchenpolitik zu übermitteln.(32) Ein Vergleich der beiden, im gleichen Zeitraum entstandenen schriftlichen Äußerungen der Politischen Abteilung ist deshalb aufschlußreich für den Stand der kirchenpolitischen Verhältnisse Mitte 1916.

Der offizielle Tätigkeitsbericht enthält eine summarische Darstellung der Ereignisse seit Merciers Rückkehr ins besetzte Gebiet Ende Februar 1916 und behauptet kühn einen Erfolg des Generalgouverneurs in der Zurückdrängung der politichen Aktivität des Kardinals. (33) Entsprechend wurde Merciers Ansprache zum Nationalfeiertag in Ste. Gudule als Absicht des Kardinals, "beruhigend zu wirken", umgedeutet.(34) Möglichen späteren politischen Zwischenfällen mit Mercier beugte Lancken mit der Bemerkung vor, daß das Mercier unterstellte "Einlenken" sicher keine "dauernde Wandlung zum Guten" bedeute,(35) da bei "seinem Charakter als ausgesprochener Politiker und bei seiner lebhaften Natur ... er sich nie dazu bescheiden können (wird), dem Gang der Ereignisse schweigend zuzuschauen. Stets muß man daher auf Überraschungen gefaßt sein."(36) Trotz dieser Warnung endete der Abschnitt über die Kirchenpolitik eher zuversichtlich, da Mercier wie auch die übrigen belgischen Bischöfe ihre Bereitwilligkeit erklärt hatten, "auf die Geistlichkeit mäßigend einzuwirken."(37)

Trotz des kleineren Adressatenkreises ist die Denkschrift Lanckens zur Kirchenpolitik vom 31.7.1916 dem fast gleichzeitigen kirchenpolitischen Abschnitt des Tätigkeitsberichts in vielen Passagen ähnlich oder sogar wörtlich gleichlautend. Auch in diesem Schriftstück konnte sich Lancken keine ganz offene Sprache leisten, da Bissing als sein Vorgesetzter den Bericht zu Gesicht bekam oder zumindest zu Gesicht bekommen konnte. Deshalb mußte Lancken auch hier zu verschleiernden Formulierungen greifen, die die kirchenpolitischen Leitgedanken als autonome Überlegungen des Generalgouverneurs erscheinen ließen, dem Generalgouverneur einen Erfolg gegenüber Mercier suggerierten(38) und sein autoritäres Selbstbewußtsein schonten. Die Denkschrift beginnt mit dem Spannungszustand im Gefolge der Romreise Merciers, ohne sich dazu zu bekennen, welchen Anteil die deutsche Politik an der Erzeugung dieser Spannung hatte;(39) auch hier läßt Lancken nichts von der engen Zusammenarbeit des Generalgouverneurs mit dem Reichskanzler, den Bemühungen um Merciers Entfernung aus dem besetzten Gebiet und dem schließlichen Mißerfolg dieser Bemühungen durchdringen. Der politische Sinn der Denkschrift ist darin zu sehen, daß Lancken damit dem Reichskanzler seine ganz persönliche Erfolgsmeldung vorlegte und demonstrierte, wie es ihm gelungen war, den Generalgouverneur auf die gewünschte defensive Behandlung Merciers einzuschwören. Bemerkenswert ist die Denkschrift weiter in ihren Überlegungen, wie die deutsche Verwaltung bei fortdauerndem deutschen Machterweiterungsstreben mit dem auf Wiederherstellung der Unabhängigkeit Belgiens drängenden patriotischen Widerstand des Klerus fertigzuwerden hoffte, wenn sie auf das Mittel der massiven Verfolgung jeder patriotischen Regung verzichtete. Lancken gestand zunächst ein, daß die kirchenpolitischen Schwierigkeiten durchaus nicht nur von Merciers dominierendem Einfluß abhingen, sondern "auch in den anderen Bistümern in einem gewissen Grade mit selbständiger feindseliger Gesinnung gerechnet" werden muß.(40) Erläuternd setzte er hinzu, daß der Patriotismus der belgischen Geistlichkeit von Interessen der katholischen Partei diktiert sei, die in der Bevölkerung wegen der unzureichenden Verteidigungsanstrengungen der früheren katholischen Regierungen angegriffen werde. Der Klerus wolle deshalb durch seine betonte patriotische Haltung im Krieg die Scharte auswetzen und den Einfluß der katholischen Partei für die Nachkriegszeit sichern.(41) In der Interessenlage der katholischen Partei glaubte Lancken auf längere Sicht den Hebel gefunden zu haben, die politische Kraft des belgischen Katholizismus doch noch für die deutschen Ziele gewinnen zu können, nämlich dann, wenn sich im belgischen Katholizismus die Erkenntnis durchsetze, daß eine wie auch immer geartete deutsche Oberherrschaft unvermeidlich sei: "Wenn einmal Geistlichkeit und klerikale Partei erkennen, daß Deutschland doch die Hand in irgendwelcher Form über Belgien behält, so werden sie sich der Einsicht nicht verschließen, daß für ihre Stellung im Lande ein modus vivendi mit uns das Vorteilhafteste ist. Diese Entwicklungsmöglichkeit darf jedenfalls nicht aus den Augen verloren werden - weder von uns, noch sollten sich ihr die Belgier verschließen - namentlich dann nicht, wenn bei den Friedensverhandlungen der Heilige Stuhl eine Rolle zu spielen haben wird."(42) Als Richtlinie für die weitere Behandlung Merciers zeichnet sich damit die Maxime ab, nicht mehr jeden Vorfall mit hektischer Nervosität zu beantworten und den Kardinal in gewisser Weise gewähren zu lassen. Allerdings waren für Lancken weder Merciers weitere Schritte berechenbar noch die möglichen Reaktionen des Generalgouverneurs, er mußte sich daher bemühen, nach beiden Seiten temperierend zu wirken.(43)

2. DER POLITISCHE EINFLUẞ VON DER LANCKENS IM GENERALGOUVERNEMENT BRÜSSEL

An dieser Stelle ist zum Verständnis der politischen Rolle Lanckens die Entwicklung seiner Stellung und seines politischen Einflusses auf den Generalgouverneur im Verlaufe der ersten beiden Okkupationsjahre zu umreißen. Lancken gehörte zu den Männern der ersten Stunde im Generalgouvernement Belgien, er kannte die Auf- und Ausbauphase der deutschen Verwaltung in allen Details und wußte aus den Erfahrungen der Amtszeit des ersten Generalgouverneurs, mit welchem Konfliktpotential zwischen militärischer und politischer Führung bei der Verwaltung des besetzten Gebiets gerechnet werden mußte.(44)

Diese Kenntnisse verliehen ihm gegenüber dem später ernannten Generalgouverneur von Bissing(45) einen Informationsvorsprung, den der Gesandte klugerweise nicht offen ausspielte. Er verstand sich meisterhaft auf die Behandlung des Generalgouverneurs, dessen auf Anerkennung seiner unabhängigen Stellung drängende Mentalität er perfekt zu nehmen wußte.(46) Friedrich Wilhelm von Bissing, der den Alldeutschen nahestehende Sohn des Generalgouverneurs,(47) beklagte in seinen denunziatorischen Briefen an den bayrischen Ministerpräsidenten von Hertling offen die "vaterlandsschädliche" Tätigkeit des Gesandten: "Sodann ist leider der treffliche Verwaltungschef für Flandern Oberamtmann Schaible bei dem Versuche, größere Einheitlichkeit in der Verwaltung durch möglichste Ausschaltung der Politischen Abteilung zu erzielen, zunächst nicht erfolgreich gewesen. Weder die Zensur noch die Presse noch die Propagandatätigkeit in Flandern ist ihm, wie es sehr zu wünschen gewesen wäre, gegeben worden. Die unheilvolle Wirkung der Macht der Herrn Lancken und Harrach(48) wird von allen Seiten, Deutschen wie Flamen, empfunden ... Es ist immer dasselbe Bild, aber es scheint, als ob die beiden Herrn über irgendeine geheime Macht verfügen und es unmöglich ist, ihrem m.A. nach vaterlandsschädlichen Treiben ein Ziel zu setzen."(49) Wenn sich der Generalgouverneur von Bissing niemals der Rechtsopposition gegen Bethmann Hollweg angeschlossen hat, sehr zum Ärger seines Sohnes Friedrich Wilhelm, (50) dann lag dies zweifellos an der ebenso behutsamen wie beständigen Wirksamkeit Lanckens im Hintergrund.

Mit der Gründung der "Politischen Abteilung bei dem Generalgouverneur" im Februar 1915, zu deren Chef Bissing von der Lancken ernannte, gewann dieser eine persönliche Machtbasis im Generalgouvernement, da er fortan nur noch dem Generalgouverneur direkt unterstellt war und seine Abteilung die wichtigsten politischen Probleme - die diplomatischen Angelegenheiten, wozu auch das amerikanisch-belgische Ernährungswerk gehörte, die Flamen- und die Kirchenpolitik, das Pressewesen und die Zensur - zu bearbeiten hatte. (51) Mit seinem Vorschlag, erst mit dem Reichskanzler zu konferieren, hatte Lancken in der ersten Krise um Mercier, als der Generalgouverneur mit sofortiger Verhaftung drohte, diesen vor einem schweren politischen Fehler bewahrt.(52) Das damit erworbene Vertrauenskapital trug zweifellos dazu bei, daß Bissing kurz darauf der Verselbständigung der Politischen Abteilung zustimmte.(53) Mit einer eigenen Denkschrift zur Zukunft Belgiens vom Februar 1915 bewies von der Lancken, daß er zwar nicht Bissings naiven Annexionismus teilte, aber die belgische Frage bei der künftigen Friedensregelung ebenfalls unter dem dominierenden Aspekt der deutschen Machterweiterung lösen wollte und von der Notwendigkeit der "Zerstörung der völkerrechtlichen Persönlichkeit" Belgiens überzeugt war.(54) Lancken konnte deshalb die Kirchenpolitik des Generalgouverneurs aus innerster Überzeugung vertreten, die ja eine direkte Folge von dessen annexionistischen Belgienplänen war. Er genoß das volle Vertrauen des Generalgouverneurs, in dessen Auftrag er im Lauf des Jahres 1915 öfter selbständig mit dem Reichskanzler oder dem Auswärtigen Amt verhandelte. Aber anders als Bissing, der immer dazu neigte, die seiner Verwaltungsarbeit entstehenden Schwierigkeiten isoliert zu betrachten, brauchte Lancken nicht vom Vorrang der Reichsinteressen überzeugt zu werden. Als geschultem Diplomaten war es ihm selbstverständlich, die belgischen Detailprobleme immer auf ein deutsches Gesamtinteresse zurückzubeziehen. (55) Im Lauf des Jahres 1916 mehren sich in den Akten die Anzeichen, daß Lancken zunehmend hinter dem Rücken des Generalgouverneurs mit dem Auswärtigen Amt verhandelte.(56) Es ist offensichtlich, daß er sich immer stärker als Vertreter des Reichskanzlers und des Auswärtigen Amts im Generalgouvernement Belgien und immer weniger als politischer Beauftragter des Generalgouverneurs gegenüber den Reichsbehörden fühlte.(57) Bei aller äußerlichen Unterordnung unter den Generalgouverneur galt sein Einsatz der Durchsetzung der politischen Linie des Reichskanzlers in allen den belgischen Angelegenheiten, die für die Reichspolitik von Bedeutung werden konnten.

Lancken hat die schwierige Aufgabe, den Generalgouverneur unmerklich in die von Berlin gewünschte Richtung zu lenken, glänzend gelöst, wie nicht zuletzt die Kirchenpolitik seit Merciers Rückkehr aus Rom und die ganz unter seinem Einfluß stehende Flamenpolitik zeigen.(58) Lanckens Stellung im Generalgouvernement ging also über die eines Fachmanns für politische Angelegenheiten weit hinaus; es fragt sich, ob er nicht wenigstens seit Mitte 1916 als die entscheidende Persönlichkeit im Generalgouvernement Belgien anzusehen ist.(59)

Nach Bissings Rückzug in seiner Politik gegenüber Mercier ging auch in der Erledigung der laufenden kirchenpolitischen Angelegenheiten die Initiative an Lancken über. Solange Bissing noch hoffte, Mercier ausschalten zu können, fühlte er sich von jeder patriotischen Aktion des Kardinals persönlich betroffen und zu einer Reaktion herausgefordert. Nachdem er die Entscheidung, ihn auf alle Fälle im Land zu belassen, akzeptiert hatte, überließ er die weitere Korrespondenz mit Mercier dem Chef der Politischen Abteilung. Lancken suchte das Gespräch mit einer Debatte über die Rechte des Okkupanten anzuknüpfen, die im Gegensatze zu Bissings polterndem und drohendem Ton mit ausgesuchter Höflichkeit und einem gewissen akademischen Anspruch geführt wurde.(60) Mercier ging durchaus nicht ungern auf das Gesprächsangebot ein.(61) Er nutzte die Gelegenheit, um seine Thesen von der nur faktischen Gewalt des Okkupanten und der fortbestehenden legitimen Autorität des belgischen Königs und seiner Regierung(62) sowie der geistigen Urheberschaft Kants für den Niedergang des Rechtsbewußtseins in Deutschland, wie es sich mit Kriegsausbruch vor aller Welt dokumentiert hatte. (63) zu wiederholen. Lancken widersprach mit Gewandtheit und Festigkeit, indem er zu erkennen gab, daß er sich auch mit den Vorkriegsäußerungen Merciers beschäftigt hatte.(64) Führte der Briefwechsel, der bald mehr einem Austausch von Memoranden glich, auch nicht zu einer Einigung, so war er atmosphärisch doch ein Signal für eine entspanntere Einstellung zu Mercier und wurde von diesem wohl auch so verstanden. Darüber hinaus verfolgte Lancken ganz offenkundig die Absicht, über die Grundsatzdebatte das Feld für einen modus vivendi abzustecken, um die deutsche Verwaltung vor unliebsamen Überraschungen zu schützen. Vor allem war ihm an einer größeren Mäßigung des Klerus in seiner Predigttätigkeit gelegen,(65) die zu einem Eingreifen von Polizei- und Militärdienststellen führen konnte und dann nicht mehr allein von der Politischen Abteilung behandelt und beurteilt wurde,(66) sowie an einer Anerkennung der deutschen Zensurbestimmungen durch Mercier, um möglichen Konflikten bei weiteren Hirtenbriefen des Kardinals vorzubeugen.(67)

Ruhe auf kirchenpolitischem Terrain war für die deutsche Verwaltung in Belgien seit dem Wechsel in der Obersten Heeresleitung im August 1916 noch dringlicher geworden als im Frühjahr, denn Ludendorffs Programm der rücksichtslosen Ausbeutung aller Reserven für die Kriegsführung bedrohte mit ihrer Forderung an den Generalgouverneur von Bissing, der Deportation belgischer Arbeitskräfte nach Deutschland zuzustimmen, sein ganzes, auf eine zukünftige Angliederung Belgiens gerichtetes Verwaltungswerk, das auf ein Klima des Vertrauens in die Tätigkeit der deutschen Behörden und der innenpolitischen Ruhe angewiesen war. Der von Bissing vorausgesehen Widerstand der belgischen Bevölkerung, vermehrt durch neue kirchenpolitische Konflikte, konnte eine hochexplosive Mischung darstellen, die die Sicherheit der deutschen Truppen ernsthaft gefährden konnte. Eine Rückkehr zur Konfrontationspolitik des Jahres 1915 verbot sich damit von selbst, ja die deutsche Verwaltung war schließlich auf die Zusammenarbeit mit Mercier angewiesen, um sich aus der Sackgasse der Arbeiterdeportationen wieder zu befreien.(68)

Bissing hatte sich bis hin zur Rücktrittsdrohung(69) den Plänen des preußischen Kriegsministeriums und der OHL widersetzt, unter offener Mißachtung des Völkerrechts belgische Arbeiter nach Deutschland zwangsweise abzuführen oder im Stellungsbau an der Front einsetzen zu lassen.(70) Nur durch einen kaiserlichen Befehl ließ er sich dazu bewegen, auf seinem Posten auszuharren und an einer Maßnahme mitzuwirken, von deren Verfehltheit er zutiefst überzeugt war.(71) Die Deportationen begannen im Gebiet des Generalgouvernements Belgien am 26.10.1916, in der der Herrschaft des Generalgouverneurs entzogenen Etappe(72) schon am 8.10.1916. Verglichen mit den Zielvorstellungen der OHL und des Kriegsministeriums, endeten die Arbeiterdeportationen aus Belgien mit einem totalen Fiasko, ganz abgesehen von dem politischen Schaden, den die

Maßnahme in Belgien und im Ausland anrichtete. Statt der erwarteten mehreren hunderttausend Arbeiter konnten nur etwa sechzigtausend belgische Arbeitskräfte nach Deutschland abgeführt werden. Nach außen hin wurde die Maßnahme als sozial gebotener Eingriff gegen Arbeitsscheu und Müßiggang deklariert, die die belgischen Arbeitslosen vor Verwahrlosung bewahren sollte.(73) Wegen der Weigerung der belgischen Behörden, an der Aussortierung der Arbeitslosen mitzuwirken, kam es zu zahlreichen Mißgriffen, denn es wurden nicht nur Arbeitslose, sondern auch Beschäftigte, nicht nur Arbeitsfähige, sondern auch Kranke und Jugendliche für den Zwangseinsatz in Deutschland ausgewählt. Der überstürzte Beginn der Maßnahme führte zu empörenden Zuständen beim Transport, der Unterbringung und Versorgung der Betroffenen. Wie Bissing vorhergesagt hatte, erwiesen sich die zwangsrekrutierten Arbeitskräfte nur bedingt verwendbar für den technischen Produktionsprozeß, der ein Mindestmaß an Identifikation mit den geforderten Leistungen voraussetzt.(74) Nur ein Fünftel der nach Deutschland deportierten Arbeitskräfte konnte auch tatsächlich in deutsche Industriebetriebe vermittelt werden, die übrigen hatten in unzureichenden Lagern Hunger und Kälte des Kriegswinters 1916/17 zu erdulden.

Die offen völkerrechtswidrige Maßnahme rief in Belgien wie im neutralen und feindlichen Ausland Protest und eine Welle von Reklamationen in den Fällen hervor, in denen die Deportation eine besondere Härte darstellte.(75) Wie nicht anders zu erwarten war, beteiligte sich auch der belgische Episkopat an den Protestaktionen. In einem "Cri d'alarme des évêques belges à l'opinion publique" vom 7.11.1916(76) bezeichnete er die Deportationen belgischer Arbeitskräfte nach Deutschland als Sklaverei, deren wahre Motivation er in aller Schärfe herausstellte: "La vérité toute nue est que chaque ouvrier déporté est un soldat de plus pour l'armée allemande. Il prendra la place d'un ouvrier allemand dont on fera un soldat." (77) Bissing hatte schon in seiner Aufzählung der gegen die Deportationsaktion sprechenden Gegengründe für den Reichskanzler vom 26.9.1916(78) auf die katastrophalen Folgen für die Kirchenpolitik in Belgien und die Beziehungen des Reichs zum Vatikan verwiesen, doch konnte er mit seinen Warnungen den Reichskanzler nicht zu einer energischen Zurückweisung der Anforderungen von OHL und Kriegsministerium bewegen.(79) Vom Reichskanzler nur halbherzig unterstützt, hatte der Generalgouverneur seit dem Wechsel in der OHL gegen zwei Fronten zu kämpfen - einmal gegen den unvermindert anhaltenden und durch die Deportationsmaßnahme eher verschärften als entmutigten belgischen Widerstand gegen die deutsche Okkupation und zum anderen gegen die deutsche militärische Führung, die Belgien als Kriegsbeute betrachtete und seine Ressourcen an Menschen und Material ganz in den Dienst der deutschen Kriegsführung stellen wollte,(80) ohne jede Rücksicht auf den politischen Schaden für das zukünftige Verhältnis der beiden Völker.(81)

Angesichts der scharfen Mercierschen Proteste gegen die Arbeiterdeportationen wurde es für Lancken sehr schwierig, den Generalgouverneur weiterhin zum Stillhalten zu bewegen. Schon im Oktober hatte er vertraulich Befürchtungen geäußert, Bissing werde schließlich doch noch Mercier abschieben oder internieren.(82) Daß es ihm gelang, Bissing doch auf dem Kurs der Mäßigung zu halten, lag nicht zuletzt an einem kaiserlichen Anerkennungsschreiben für den Generalgouverneur aus Anlaß seines zweijährigen Dienstjubiläums in Belgien, das vom Reichskanzler explizit als Trostpflaster konzipiert worden war, um diesen für Anfeindungen aus der OHL und aus der deutschen Öffentlichkeit zu entschädigen.(83)

Wie sehr sich auf kirchenpolitischem Terrain seit dem Jahreswechsel 1915/16 die Gewichte verschoben hatten, wie abhängig die deutsche Politik inzwischen von einer gewissen Zurückhaltung Merciers geworden waren, während gleichzeitig die Anlässe zu Protest und Widerstand durch die zunehmende Ausplünderung Belgiens zunahmen, wird deutlich am Vorgehen der deutschen Behörden anläßlich seines Hirtenbriefes "La voix de Dieu" vom Oktober 1916.(84) Auch diesen Hirtenbrief hatte Mercier drucken und verbreiten lassen, ohne ihn der deutschen Zensur vorzulegen(85) und wiederum enthielt der Hirtenbrief einige Passagen, die auf die politische Lage Bezug nahmen, wobei Mercier ganz bei seiner früheren Sprache blieb.(86) Die Bearbeitung der Angelegenheit lag nun ganz in der Hand von der Lanckens, der es als großen Erfolg ausgab, daß Mercier sich auf einige Textänderungen eingelassen hatte.(87) Er wußte dem Generalgouverneur die Überzeugung beizubringen, Mercier sei konzilianter geworden - wieder sehr zum Ärger von Friedrich Wilhelm von Bissing(88) - und er sorgte dafür, daß die deutsche Presse nicht durch abfällige Bemerkungen das Bild von einer den Deutschen entgegenkommenderen Haltung störte: "Wegen einer in den Münchner Neuesten Nachrichten von gestern Nr. 540 erschienenen, in herausforderndem Ton gehaltenen und größtenteils unrichtigen Veröffentlichung über Hirtenbrief Merciers habe ich Oberzensurstelle Berlin gebeten, alles über Hirtenbrief zu unterdrücken. Wir dürfen den Kardinal, namentlich um scharfen Protest seinerseits in Arbeiterabschiebungsfrage zu vermeiden, jetzt nicht reizen."(89) Als die Zensurmaßnahmen nicht ausreichten, um jeden scharfen Kommentar in der deutschen Presse zu verhindern, ließ Lancken obendrein ein Wolff-Telegramm verbreiten, das "wegen der tendenziösen und teilweise direkt falschen deutschen Presseäußerungen über Hirtenbrief Merciers" auf den rein religiösen Charakter der bischöflichen Äußerung hinwies und betonte, daß einige Bemerkungen zur politischen Lage vom Generalgouverneur nicht schwer genommen werden würden, "da ihnen nicht die Absicht zugeschrieben werden kann, die Bevölkerung gegen die besetzende Macht zu erregen."(90) Der Druck, Merciers Aktionen als gemäßigt erscheinen zu lassen, war so groß, daß Lancken selbst den "Cri d'alarme" vom 7.11.1916, in dem doch immerhin von den Arbeiterdeportationen als moderner Sklaverei die Rede war,(91) als rhetorische Geste für das Ausland banalisierte, die deshalb von deutscher Seite nicht weiter zu beachten sei.(92)

3. LANCKENS ANKNÜPFUNGSVERSUCHE ZUR BELGISCHEN REGIERUNG 1916/1917 UND MERCIERS STELLUNG ZU DER FRIEDENSPROBLEMATIK

Erst mit dem Abbau der Konfrontationspolitik Bissings gegenüber Mercier und dem wachsenden Einfluß von der Lanckens auf die Politik der deutschen Behörden in Belgien waren die äußeren Voraussetzungen für eine Mittlerrolle Merciers zu der belgischen Regierung gegeben. Ein Wandel in den deutschen Vorstellungen für den Friedensschluß mit Belgien schuf die innere Voraussetzung dafür, daß Mercier bereit war, sein Prestige als Inkarnation des belgischen Unabhängigkeitswillens in Zusammenarbeit mit den Deutschen für eine Friedenssondierung einzusetzen.

Es ist daher kurz die Entwicklung der deutschen Friedensvorstellungen für Belgien im Verlauf der Kriegsjahre 1915/1916 zu resümieren, um den Stand vom Ende des Jahres 1916 zu bestimmen, der für Merciers Mittlerrolle die Ausgangsbasis bildete.

Bethmann Hollweg hatte sich gegenüber seinen Mitarbeitern schon Ende 1914 gegen eine Annexion Belgiens ausgesprochen.(93) Welche positiven Vorstellungen er von der künftigen Gestaltung des deutsch-belgischen Verhältnisses hatte, blieb jedoch lange Zeit unklar, denn es gibt zwar im Verlauf des Jahres 1915, also zur Zeit der hochgehenden Annexionswünsche der deutschen Öffentlichkeit, zahlreiche Äußerungen des Reichskanzlers zum Belgienproblem den verschiedensten Personen und Gremien gegenüber,(94) doch sind sie so stark taktisch geprägt, daß sie nicht wörtlich als Grundsatzerklärungen seiner politischen Absichten zu verwenden sind.(95) Die vom Reichskanzler angeregten Planungsvorarbeiten der Reichsämter für einen Friedensschluß mit Belgien,(96) die in dem vorläufigen Vertragsentwurf vom 9.2.1916 gipfelten,(97) ließen die Frage der staats- oder völkerrechtlichen Gestaltung des deutsch-belgischen Verhältnisses offen. Als politische Direktive hatte Bethmann nur angegeben, daß eine indirekte Abhängigmachung Belgiens durch vorwiegend wirtschaftliche Regelungen allen Formen einer direkten deutschen Herrschaft über Belgien, die Deutschland mit schweren innenpolitischen Problemen belasten müßte, vorzuziehen sei.(98) Das dehnbare Schlagwort von den in Belgien zu schaffenden "Garantien und Sicherheiten"(99) löste die "Tributärstaatvorstellung" ab,(100) sein machtpolitischer Kern war die Ablehnung einer Rückkehr zum "status quo" im deutsch-belgischen Verhältnis. Auch Bethmann strebte eine Verbesserung der deutschen wirtschaftlichen und militärischen Situation im Ringen mit der etablierten Weltmacht England an; das Bewußtsein, England militärisch nicht in die Knie zwingen zu können, ließ ihn aber nach Lösungen des belgischen Problems suchen, die eine Festsetzung Englands in Belgien verhinderten und den deutschen Einfluß sicherten, ohne diese Garantien so massiv zu gestalten, daß sie für England von vornherein inakzeptabel waren.(101) Die sich Ende 1915 abzeichnende Möglichkeit eines Sonderfriedens mit Belgien war für Bethmanns Kriegsziele die Probe aufs Exempel: Auch hier tritt als Kern der Belgien von deutscher Seite genannten Forderungen,(102) wie schon in den Planungen der Reichsämter im Lauf des Jahres 1915, das Ziel hervor, England über militärische Sicherungen in Belgien zu treffen. Scheiterten auch die Gespräche Törring-Waxweiler über einen Sonderfrieden mit Belgien am Widerstand des belgischen Ministeriums und der Verbündeten Belgiens, (103) so blieb doch als Ergebnis bestehen, daß es in der Person des Königs und einer unterlegenen Fraktion der belgischen Politiker Kräfte gab, die einer Verständigung mit Deutschland nicht grundsätzlich abgeneigt waren(104) und von daher möglicherweise bereit waren, gewissen deutschen "Garantiewünschen" entgegenzukommen, (105) sofern diese die belgische Souveränität und innere Autonomie nicht antasteten. Das Interesse des belgischen Königs an einer Verständigung mit Deutschland bestätigte sich mehrfach im Lauf des Jahres 1916, allerdings auch die Widerstände im belgischen Ministerium gegen eine Sonderfriedensregelung.(106)

Bei der Vorbereitung des deutschen Friedensangebotes im Herbst 1916 spielte die Frage der deutschen Bedingungen für einen Friedensschluß mit Belgien naturgemäß eine wichtige Rolle, allerdings gilt auch für zahlreiche Erklärungen bei dieser Gelegenheit die schon oben gemachte Einschränkung, daß Bethmanns politische Aussagen gegenüber der OHL und dem Kaiser, dem österreichischen Verbündeten oder Politikern des Reichstags und des Bundesratsausschusses immer so weitgehend taktisch geprägt waren, daß sie erst nach einer genauen Interpretation aus ihrer Entstehungssituation heraus als Hinweis auf die Friedensbedingungen des Kanzlers "an sich" verwertet werden können.(107) Heißt es etwa im Kriegszielprogramm vom 4.11.1916 für Hindenburg unter 3.: "Garantien in Belgien, welche möglichst durch Verhandlungen mit König Albert festzusetzen sind. Sollten solche Garantien nicht in genügendem Maße zu erreichen sein, Annexion eines Gebietsstreifens mit Lüttich zum Schutz unseres westlichen Industriegebiets",(108) so relativierte Bethmann die Forderung auf Lüttich in der fast gleichzeitig stattfindenden Sitzung des Bundesratsausschusses unter Berufung auf militärische Autoritäten. (109) Von einer Annexion Lüttichs und wirtschaftlichen Abmachungen mit Belgien sprach Bethmann vor dem preußischen Staatsministerium am 27.10.1916, schränkte diese Ziele aber durch die grundsätzliche Erklärung ein, daß es für Deutschland schon ein großer Erfolg sei, wenn seine "Entwicklungsfähigkeit nicht gehemmt sei" und wenn das "1870 Erreichte erfolgreich verteidigt" worden wäre.(110) Ende 1916 war Bethmann also zu einer Wiederherstellung Belgiens unter der Koburgischen Monarchie bereit, strebte soviel an wirtschaftlichen Vereinbarungen zur Sicherung des deutschen Einflusses in Belgien an, wie sich in direkten Verhandlungen mit Belgien selbst erreichen ließ und wünschte eine Annexion Lüttichs, ohne dieses Ziel jedoch zur conditio sine qua non zu erklären.(111)

Auch Lancken hat Ende 1916 noch einmal seine Vorstellungen für einen Friedensschluß mit Belgien in der "Skizze über die Belgien zu stellenden Friedensforderungen"(112) niedergelegt. Das Gutachten, das in allen seinen Einzelheiten unter der Prämisse steht, das Endziel deutscher Friedensforderungen gegenüber Belgien müsse sein "die schließliche Errichtung der deutschen Vorherrschaft über das belgische Land bis zum Meere, um dessen günstige geographische Lage und natürliche(n) Reichtum, sowie die Erwerbsfähigkeiten seiner Bevölkerung für den Ausbau der deutschen Vormachtstellung auszunutzen",(113) scheint für die ungebrochene Kontinuität deutschen Weltmachtstrebens zwischen dem Septemberprogramm 1914 und dem Herbst 1918 ein bedeutsames Zwischenglied zu sein.(114) Es fragt sich aber, ob das auf Anregung Bethmanns entstandene Schriftstück (115) tatsächlich als politisches Glaubensbekenntnis Lanckens oder gar als Widerspiegelung Bethmannscher Gedankengänge in der Friedensfrage Ende 1916 gelten kann,(116) da die Entstehungsgeschichte und der Verwendungszweck dunkel sind.(117) Lancken hob einleitend die Bedeutung des belgischen Problems für den Friedensschluß hervor, nachdem sich England und Frankreich politisch und militärisch, aber auch die noch außerhalb des Konflikts stehenden USA so stark für das Schicksal Belgiens engagiert hätten. Da aber auch Deutschland starke Interessen in Belgien habe, müsse die Staatskunst "eine Formel finden", die "die deutschen Interessen und Zukunftspläne in Belgien sicherstellt und zugleich dem belgischen Volke oder dessen augenblicklichen Schutzmächten nicht als völlig unannehmbar erscheint ..."(118) Die gesuchte Formel präsentierte Lancken mit dem Vorschlag, Belgien anstatt durch direkte Annexion durch wirtschaftliche Maßnahmen so von Deutschland abhängig zu machen, daß es äußerlich selbständig unter seiner Monarchie wiederhergestellt werden könne. Dabei wäre mit Belgiens westlichen Schutzmächten nur über "die Grundlinien der beabsichtigten Lösung zu sprechen", während Einzelheiten der direkten Verständigung mit Belgien selbst vorbehalten bleiben müßten.(119) In einem Minimalprogramm stellte Lancken zusammen, was von Belgien an wirtschaftlichen (und politischen) Zugeständnissen zu verlangen wäre von der Durchdringung der belgischen Wirtschaft mit deutschem Kapital bis zur Einflußnahme auf das belgische Verkehrswesen, der Einführung der Markwährung und der Zollunion.(120) Ein völlig utopisches "Maximalprogramm", das noch weniger Aussicht hatte, in direkten Verhandlungen mit der belgischen Regierung durchgesetzt zu werden, schloß sich für den Fall einer sehr günstigen deutschen militärischen Situation im Moment des Friedensschlusses an.(121) Angesichts der Maßlosigkeit der Lanckenschen Ausführungen ist es sehr fraglich, ob das Gutachten überhaupt als interne Grundlage für eventuelle deutsch-belgische Verhandlungen gedacht war. Es ist nicht vorstellbar, wie Mercier oder irgendeine andere belgische Mittelsperson auf der Basis dieser Friedensvorschläge auch nur einen Moment eine Beteiligung an einer Friedenssondierung in Betracht gezogen haben könnte. Die machtpolitisch forcierte Tonart des Lanckenschen Gutachtens, die zu einem Vorgespräch über Friedensmöglichkeiten mit der belgischen Regierung überhaupt nicht passen will, könnte aber die Bestimmung gehabt haben, Bissing und Ludendorff eine Friedenssondierung schmackhaft zu machen, denn Lancken gab vor, ein Programm zu besitzen, das die Ansprüche der Weltmachtpolitiker ebenso wahrte wie die direkte Annexion Belgiens, das aber den Vorzug besaß, durchsetzbar zu sein, ohne daß Frankreich und England endgültig niedergerungen waren. Auch die Ausführlichkeit, mit der sich Lancken gegen eine Annexion Belgiens selbst für den Fall einer günstigeren militärischen Situation Deutschlands aussprach, stützt die Hypothese, Lanckens "Skizze" sollte seine Sondierungsgespräche gegenüber Bissing und Ludendorff absichern, denn von der Problematik einer direkten Annexion Belgiens war Bethmann Hollweg nun wirklich nicht mehr zu überzeugen.(122) Formal war Lancken bei aller inzwischen erkämpften Selbständigkeit doch immer noch dem Generalgouverneur untergeben. Er konnte die mit seiner Mittlerrolle zusammenhängenden Reisen, Berichte, Treffen unmöglich vor dem Generalgouverneur geheimhalten und mußte ihn deshalb mit Sicherheit in irgendeiner Form von den von ihm eingeleiteten vertraulichen Kontakten informieren. Auch die OHL mußte zwangsläufig von den Lanckenschen Friedensaktivitäten erfahren, da die Ausreiseanträge für Belgier, die das besetzte Gebiet verlassen wollten, bei der OHL zu stellen waren.(123) Dann aber mußte die Reichsleitung bei dem zentralen Interesse Bissings und der militärischen Führung an den Bedingungen des Friedensschlusses notwenigerweise auch Auskunft geben, auf der Basis welcher Forderungen sie mit belgischen Politikern verhandeln wollte. Lancken hatte in der Behandlung Bissings - und später auch Ludendorffs (124) - eine glückliche Hand bewiesen; es ist gut denkbar, daß er deshalb von Bethmann den Auftrag erhielt, eine Aufzeichnung herzustellen, die durch Sprache und Argumentation geeignet war, Bissings und Ludendorffs Zustimmung zu den Sondierungen der belgischen Regierung zu erwirken.

Es ist aus den deutschen Akten nicht feststellbar, seit wann sich Lancken mit der Möglichkeit beschäftigt hat, selbst bei der Friedensanbahnung eine Rolle zu spielen und wann er erstmals mit dem Reichskanzler oder Vertretern des Auswärtigen Amtes über die sich ihm in Belgien bietenden Möglichkeiten gesprochen hat. Die kirchenpolitische Denkschrift vom Juli 1916 behandelte zwar die Kirchenpolitik in Belgien unter dem Aspekt des Friedensschlusses, aber nur recht allgemein über eine mögliche Mittlerrolle des Vatikans,(125) ein Schreiben Lanckens an Bergen vom 3.12.1916 setzt die Kenntnis des Referenten für die deutsch-vatikanischen Beziehungen über die inzwischen geknüpften Kontakte voraus.(126) Daß ein Diplomat vom Ehrgeiz Lanckens überhaupt den Versuch unternahm, sich bei der Wiederherstellung des Friedens Lorbeeren zu verdienen, war bei seiner Position in der Okkupationsverwaltung ein naheliegender Gedanke. Belgien gehörte zu den wenigen Gebieten, wo es zwischen den feindlichen Lagern zu inoffiziellen diplomatischen Berührungen kommen konnte. In Brüssel residierten trotz des Kriegszustandes auch weiterhin die diplomatischen Vertreter der neutralen Mächte, mit denen Lancken als Chef der Politischen Abteilung laufend dienstlich zu tun hatte. Unter ihnen war der spanische Gesandte Marquis de Villalobar ein von Lancken besonders geschätzter Gesprächspartner.(127) Zu Lanckens amtlichen Aufgaben gehörte auch die Zusammenarbeit mit dem belgisch-amerikanischen Ernährungswerk, die ihn in Verbindung mit einflußreichen belgischen Wirtschaftsvertretern und Politikern brachte, die ihrerseits durch mancherlei Kanäle mit der belgischen Regierung im Exil in Verbindung standen.(128) Dank seiner Sprachkenntnisse und seiner elastischen politischen Haltung gehörte Lancken zu den wenigen Vertretern der deutschen Okkupationsverwaltung, denen es gelungen war, gesellschaftliche Verbindungen zu einigen Familien der belgischen Oberschicht zu knüpfen bzw. fortzusetzen.(129) Aus diesen vielfältigen Quellen konnte er die sich wandelnde Stimmung im besetzten Gebiet seit 1916 wahrnehmen, von der er rückblickend Ende 1917 schrieb: "In der Beurteilung der militärischen und der politischen Kriegslage beginnen sich bei den Belgiern Auffassungen geltend zu machen, die unsererseits ernsteste Beachtung verdienen. Die Bevölkerung des besetzten Gebietes hat längst die Hoffnung aufgegeben, daß es den Verbündeten gelingen würde, die Deutschen mit den Waffen zu vertreiben. In weiten Kreisen hätte man die Befreiung jedenfalls nicht um den Preis der Verwüstung des Landes herbeigwünscht. Die von amtlicher deutscher Seite im Laufe der Zeit abgegebenen Erklärungen in Bezug auf die Zukunft Belgiens, die die Absicht der Wiederherstellung durchblicken ließen, hatten das Ihrige dazu beigetragen, eine nüchterne Anschauungsweise Wurzeln schlagen zu lassen. So festigte sich schon seit einem Jahr ungefähr die Überzeugung, daß Belgien von einer Fortsetzung des Krieges wenig Vorteile mehr zu erhoffen habe..."(130) Durch seine Kontakte zur belgischen Führungsschicht im besetzten Gebiet ist Lancken zweifellos auch nicht die wachsende Entfremdung zwischen den Belgiern "drinnen" und "draußen" verborgen geblieben, von deren ersten Anzeichen Mercier und Heylen schon im Januar 1916 in Rom berichtet hatten.(131) Während unter den Politikern und Journalisten im Exil annexionistische Phantasien wucherten,(132) wurde im besetzten Gebiet das ursprüngliche belgische Kriegsziel, die Wiederherstellung von Unabhängigkeit und Freiheit wie vor dem Krieg, stärker und eindeutiger bewahrt wie in der politisch aufgeregten Atmosphäre von Paris, London oder Le Hâvre - oder wo sonst belgische Politiker im Exil leben mochten - wo neue Grenzverläufe mit ähnlicher Leichtigkeit in die europäischen Landkarten eingetragen wurden wie in Berliner, Münchner oder westdeutschen politisierenden Zirkeln.(133) Unter dem Realitätsdruck der Okkupation erhielt sich im besetzten Gebiet das Bewußtsein, daß jede zusätzliche Forderung mit zusätzlichen Opfern auf dem Schlachtfeld und einer Verlängerung des Krieges bezahlt werden muß. Die 1916 nachlassende Annexionskampagne in Deutschland,(134) offizielle Andeutungen der Bereitschaft, Belgien wiederherzustellen(135) und die Furcht vor einer verlustreichen Rückeroberung Belgiens(136) wirkten zusammen und förderten ganz allgemein die Bereitschaft, sich mit Deutschland zu verständigen.(137) Lancken wußte andererseits aus seinen Gesprächen mit Villalobar, (138) daß König Albert und einige seiner Minister weiterhin eine gewisse Verständigungsbereitschaft gezeigt hatten. Der Gedanke lag daher nahe, durch Stimmen aus dem besetzten Gebiet diese Tendenz in der belgischen Regierung zu fördern und vor allem auf den wichtigsten belgischen Politiker, den Regierungschef de Broqueville, Einfluß zu nehmen, der bis dahin auf deutscher Seite als relativ verständigungsfeindlich eingeschätzt wurde.(139) Leider sind Konzeption und Zielrichtung der von Lancken im Herbst 1916 geplanten vertraulichen Gespräche nach der bisherigen Aktenlage nicht im einzelnen aufzuklären, da sich Lancken mit dem Reichskanzler und dem Auswärtigen Amt größtenteils mündlich verständigt hat. Soviel steht jedoch fest, daß es sich nicht um eine einfache Neuauflage der Törring-Waxweiler-Gespräche, d.h. der "Lösung ohne die Schutzmächte"(140) handeln sollte, sondern zumindest um eine deutsch-belgische Verständigung als erstem Schritt zu einer allgemeinen Verständigung im Westen,(141) möglicherweise aber auch um eine von Anfang an auf Frankreich, Belgien und England zielende Aktion. (142) Lancken empfand Bethmanns Entschluß zu einem allgemeinen Friedensangebot zunächst als Störung für seine zwischen September und November zu datierenden Pläne,(143) hat sich dann aber nach seinem eigenen Eingeständnis "nach weiterer reiflicher Überlegung ... doch mehr und mehr mit dem Gedanken befreundet",(144) er hielt also schließlich die Kombination von öffentlichem allgemeinem Friedensangebot und gleichzeitigen inoffiziellen Friedenssondierungen für aussichtsreich.(145) Im Zusammenhang dieser Pläne spielte nun auch Kardinal Mercier eine Rolle, mit dem Lancken Ende September

1916 ein vertrauliches Gespräch über die Friedensfrage führte, in welchem dieser "das Interesse Belgiens an einem baldigen Friedensschluß" anerkannte.(146) Diese von Lancken sicher als sensationell empfundene Äußerung Merciers war der Ausgangspunkt einer Entwicklung, die sich schließlich zu dem Projekt verdichtete, Mercier solle das besetzte Gebiet verlassen, um bei der belgischen Regierung und den Verbündeten Belgiens" auf eine Beschleunigung des Friedensschlussen hinzuwirken."(147) Wenn das merkwürdige Vorhaben auch scheiterte - Mercier berief sich bei seiner Absage auf das deutsche Vorgehen in der Frage der Arbeiterdeportationen(148) - so ist dennoch von großem Interesse, welche deutschen Friedensbedingungen Lancken dem Kardinal genannt haben mochte, die diesen bewegen konnten, sein Prestige als moralischer Interpret des belgischen Standpunkts im Weltkrieg in die Waagschale zu werfen. Da direkte Unterlagen hierzu fehlen, können nur die deutschen Friedensbedingungen herangezogen werden, die Villalobar nach seinen Gesprächen in Berlin im Dezember 1916(149) Anfang Januar in Paris gegenüber belgischen Politikern verbreitete. Louis de Lichtervelde schrieb über die offensichtlich als aufsehenerregend empfundenen Erklärungen des Reichskanzlers an Broqueville vom 3.1.1917: "A ma demande Villalobar m'a encore repété que l'indépendance de la Belgique était d'ores et déjà admise par le chancelier. Celui-ci a parlé d'arrangements économiques dont il faudrait traiter mais n'a parlé ni d'union douanière ni de clause de la nation favorisée. Je me le suis fait repéter car une lettre dont le Cte de Jehay a donné lecture au Ministre de la guerre affirmait le contraire. Le Marquis de Villalobar revient avec l'impression que les alliés sauf Angleterre veulent la paix mais pas avec tant d'ardeur que les Allemands ..."(150) Ähnlich berichtete der belgische Botschafter Gaiffier aus Paris, der schon am 30.12.1916 mit Villalobar gesprochen hatte. Danach solle Deutschland zur Wiederherstellung Belgiens bereit sein unter der Bedingung, daß Belgien einen Handelsvertrag mit Deutschland schließt und daß es nicht Aufmarschgebiet Englands und Frankreichs gegen Deutschland wird.(151) Auch Broqueville traf in den ersten Januartagen mit Villalobar in Paris zusammen - möglicherweise veranlaßt durch die als bedeutsam gewerteten Nachrichten aus Paris.(152) Reduzierten sich die deutschen Bedingungen gegenüber Belgien auf wirtschaftliche Abmachungen, die Belgien nicht an Deutschland fesselten und es nicht zum Vasallenstaat machten, und auf die Forderung, Belgien solle auch England und Frankreich gegenüber seine Unabhängigkeit wahren, so waren dies Bedingungen, sollte Lancken sie auch Mercier genannt haben, die ein belgischer Patriot durchaus akzeptabel finden konnte.(153)

Der Plan, im Auftrag der Deutschen das besetzte Gebiet zu verlassen, taucht zwar in der Korrespondenz Merciers mit Broqueville nicht auf, was allerdings nicht heißen muß, daß er von Merciers Seite her nicht ernsthaft bestanden hat.(154) Daß sich der Kardinal Ende 1916 intensiv mit der Friedensfrage beschäftigte und die Notwendigkeit erwog, einen Verständigungsfrieden zu schließen, zeigt sein Schreiben an Broqueville vom 11.12.16, in dem er den Regierungschef bat, sich hierzu zu äußern: "Et pour quand pouvons-nous vous attendre? Une lettre qui m'arrive d'une haute personnalité d'Angleterre,(155) jadis très desireuse de la guerre à outrance jusqu'à l'écrasement de l'Allemagne, m'insinue que nos Alliés ne sont plus aussi surs de cet écrasement et envisagent la possibilité de négociations de paix avant ce terme extrême. Vous m'obligeriez beaucoup si vous vouliez me dire en toute confiance, ce que nous devons penser et chercher à suggerer aux autres à ce sujet. Nous ne demandons qu'à soutenir ou à rassurer(156) les courages; mais il est uile de savoir comment il faut s'y prendre pour ne pas créer de déceptions."(157) Das Schreiben belegt auch die Ende 1916 von verschiedenen Seiten bezeugte(158) Kriegsmüdigkeit im besetzten Gebiet, die eine psychologische Voraussetzung für Merciers Vermittlungsbemühungen war: "Je vous disais donc avant d'ouvrir cette digression,(159) wue nous sommes très privés de nouvelles réconfortantes et notre peuple en a pourtant grand besoin, car l'échec de la Roumanie a causé ici une amère déception, les tortures morales que l'ennemi nous inflige augmentent le découragement. Si donc vous pouviez charger quelqu'un ... de nous adresser de temps à autre un journal, une brochure ... vous nous rendriez un signalé service. Nous avons besoin d'aide morale en ce moment."(160)

Das Schreiben Merciers an Broqueville vom 11.12.1916 zeigt eindrucksvoll die Fähigkeit des Kardinals zur nüchternen Einschätzung der Lage. Trotz allen patriotischen Überschwangs seiner Hirtenbriefe und Reden hat er sich nicht zu einem imperialistischen Kriegszielprogramm und bloßen Rache- und Vergeltungsforderungen hinreißen lassen(161) oder eine Richtung unterstützt, die Annexionen zugunsten Belgiens für eine unabdingbare Voraussetzung zur Beendigung des Krieges erklärte.

Seine grundsätzliche Position zur Friedensfrage im ersten Kriegsdrittel ist durch mehrere Äußerungen während seines Romaufenthalts Anfang 1916 gut zu rekonstruieren, denn durch die Papstaudienz für den belgischen Jesuiten Hénusse(162) wurde gerade zu diesem Zeitpunkt die Friedensproblematik unter den belgischen Politikern im Exil lebhaft erörtert, sie stand daher auch mehrfach im Mittelpunkt der Unterredungen Merciers mit dem Papst und dem belgischen Gesandten beim Vatikan Van den Heuvel. Als belgische Forderungen für den Friedensschluß nannte Mercier neben der Wiederherstellung der vollen Unabhängigkeit und territorialen Integrität Belgiens deutsche Reparationszahlungen für die Belgien durch den Krieg verursachten Schäden und Verluste, womit Mercier nicht nur den Anspruch auf materielle Entschädigung erhob, sondern auch auf eine moralische Wiedergutmachung durch die Anerkennung des Belgiens von Deutschland zugefügten Unrechts. Außerdem sprach sich Mercier für einen dauerhaften Frieden und damit für eine empfindliche Niederlage Deutschlands aus, das die europäische Ordnung gestört hatte, so daß eine Wiederherstellung von Ruhe und Sicherheit in Europa erst von einer Zurückdrängung Deutschlands erwartet werden konnte.(163) In diesem Sinn umriß er schon in seiner ersten Audienz beim Papst am 16.1.1916 seine Einstellung zur Friedensfrage, nachdem Benedikt XV. seine Äußerungen gegenüber Hénusse erläutert und betont hatte, im Falle einer Friedensinitiative im Juni 1915 hätte er auf jeden Fall die "libération de la Belgique" gefordert. Mercier erwiderte, "que les Belges ne se contenteraient pas du départ des occupants, de la libération de leur territoire, qu'ils poursuivaient une indépendance complète sans servitudes militaires ou économiques."(164)

In diesem Sinne äußerte sich Mercier auch über die Haltung der Bevölkerung des besetzten Gebietes zum Friedensschluß, die Van den Heuvel mit Bericht vom 13.2.1916 seinem Außenminister referierte: "On désire la paix, mais on la veut réparatrice et durable. Et on s'indignerait d'une paix prématurée qui ne nous rendrait qu'une indépendance mutilée ou qui apparaîtrait n'être qu'une trêve ou un intermède ..."(165) Es lag ganz auf der Linie dieser Einstellung, die auch als Merciers persönliche Meinung anzusehen ist, daß er Anfragen des Kardinalstaatssekretärs Gasparri im Juni 1915(166) und im Oktober 1915(167) über die Opportunität eines päpstlichen Friedensvermittlungsschritts negativ beantwortete. Wie schon erwähnt,(168) hatte sich unter den belgischen Exilpolitikern eine starke annexionistische Richtung gebildet, deren Auseinandersetzung mit den einer Vergrößerung Belgiens widerstrebenden Kräften - auch Außenminister Beyens wurde dazu gerechnet, gerade Ende 1915 scharfe Formen angenommen hatte, nicht zuletzt auch durch die Hénusse-Erzählungen über sein Gespräch mit dem Papst angefacht.(169) Beyens beauftragte daher Van den Heuvel, Mercier auch nach der Stimmung des besetzten Gebiets gegenüber Annexionen zu befragen. (170) Merciers Antwort fiel eindeutig aus. Wenn er sich auch nur auf seine persönlichen Eindrücke bezog, so konnte doch kein Zweifel darüber bestehen, daß auch er selbst keine über die Forderung nach "Freiheit und Unabhängigkeit wie vor dem Krieg" hinausgehende Wünsche hatte: "Quand on parle de l'avenir, on ne souhaite ordinairement que la libération du territoire. Être délivré, jouir de l'indépendance et de la liberté de la veille, c'est le rêve commun. Depuis cinq à six semaines on entend parfois discuter d'autres problèmes, entre autre celui de l'aggrandissement du Pays en cas de victoire. On dirait que l'initiative de ces discussions vient du déhors ... Le cardinal n'a pu à cet égard que rapporter le sentiment de personnes de son diocèse qu'il a eu l'occasion de rencontrer. La plupart lui ont semblé fort peu désireuses de voir adjoindre à la Belgique des populations allemandes pénétrées d'une mentalité abhorrée."(171).

Die von Mercier Anfang 1916 geäußerten Vorstellungen zur Friedensfrage haben sich im Lauf des Jahres 1916 offenkundig insofern geändert, als er Ende 1916 die militärischen Lage skeptischer beurteilte als Mitte 1915 oder zum Jahreswechsel 1915/1916. Glaubte er im Januar 1916 noch an die überlegenen finanziellen und personellen Ressourcen der Alliierten Belgiens,(172) so erschienen ihm nach mehr als zwei Kriegsjahren, die an keiner Front einen entscheidenden Durchbruch gebracht hatten, die Kräftepotentiale so ausgeglichen, daß auch von einer Fortsetzung des Krieges keine wesentliche deutsche Niederlage zu erwarten war, - Mercier konnte Ende 1916 nicht wissen, daß Deutschland durch die Aufnahme des unbeschränkten U-Boot-Krieges den Kriegseintritt Amerikas provozieren würde. Seine Skepsis in bezug auf die militärische Lage ging aber nicht soweit, daß er einen Friedensschluß "à tout prix" verlangte, wie dem Schreiben an Broqueville vom 11.12.1916 zu entnehmen ist.(173) Es ist daher wenig wahrscheinlich, daß er in seinen Gesprächen mit Lancken über eine deutsch-belgische Verständigung zwischen September und Dezember 1916 in der zentralen Friedenbedingung, der Wiederherstellung der belgischen Unabhängigkeit, wesentliche Abstriche gemacht haben könnte. Da auch Lancken und der Reichskanzler in vertraulichen Gesprächen Ende 1916 ihre Bereitschaft zu maßvollen Friedensbedingungen bekundet hatten,(174) war offensichtlich von beiden Seiten her eine Annäherung erfolgt, die jenes überraschende Projekt einer Reise Merciers zu den Verbündeten Belgiens und zur belgischen Regierung ermöglichte.

Mercier hat die Reise im Januar 1917 mit Berufung auf die Arbeiterdeportationen abgesagt,(175) deren volles Ausmaß und deren unmenschliche Verfahrensweise im Lauf der vorangegangenen Wochen immer deutlicher geworden waren und die eine gleichzeitige Friedensvermittlungsaktion psychologisch unmöglich machten.(176)

Mercier hat im weiteren Verlauf des Krieges keine weiteren eigenen Schritte zur Beschleunigung des Friedensschlusses unternommen. Er wußte von den Bemühungen der Gräfin Merode und des Industriellen Coppée, zwischen Lancken und Briand bzw. Lancken und Broqueville vertrauliche Gespräche zu arrangieren und hat diese Bemühungen wohlwollend unterstützt,(177) hat sich aber selbst nicht mehr exponiert.(178) Die forcierte deutsche Flamenpolitik seit Beginn des Jahres 1917, die zu erneuten Spannungen zwischen Mercier und der deutschen Verwaltung geführt hatte,(179) mochte dazu beigetragen haben, daß Mercier eigene Aktivitäten in der Friedensfrage später nicht mehr für aussichtsreich hielt. Trotzdem scheint er die grundsätzliche Bereitschaft zum Verständigungsfrieden für den Rest des Krieges nicht mehr aufgegeben zu haben. Nach einem Gespräch mit dem Kardinal im Mai 1917(180) berichtete Lancken an das Auswärtige Amt in Berlin: "Auch der Ton der Unterhaltung bestärkt mich in der Absicht, daß der Kardinal sich mit politischen Überlegungen trägt, welche uns durchaus nicht so ungünstig sind wie es nach seinem öffentlichen Auftreten zu erwarten wäre. Was aus diesen Überlegungen wird, hängt natürlich nicht allein von ihm ab, sondern ganz wesentlich von den äußeren Umständen der kommenden Entwicklung, vor allem auch von unserem eigenen Verhalten sowohl in Belgien wie in der Friedensfrage. ...Aber festhalten muß ich hier doch den Eindruck, daß der Kardinal mir seine eigenen inneren Dispositionen bloßlegte und sein öffentliches Auftreten gegen uns gewissermaßen **unseren** politischen Fehlern zur Last legte."(181) Im gleichen Bericht erwähnte Lancken noch, daß Mercier sich auch den deutschen Katholiken gegenüber verständigungsbereit gezeigt und betont hätte, "wie gute Beziehungen er früher zu den deutschen Katholiken gehabt hätte. Dabei beklagte er sich allerdings, daß die deutschen Katholiken in der Frage des Einmarsches in Belgien so wenig Verständnis für die Haltung der Belgier gehabt hätten. Der Kardinal ließ also auch hier erkennen, daß ihn bestimmte politische Vorgänge zu unserem Gegner machten, daß aber noch ein Untergrund vorhanden ist, der nutzbar gemacht werden könnte."(182)

Im Herbst 1917 beantragte Lancken die Unterstützung des Auswärtigen Amtes für eine Romreise Heylens, die er aus politischen Gründen wärmstens empfahl, auch unter Hinweis auf die Verhinderung einer Zusammenkunft der belgischen Bischöfe bei dem Nuntius in Brüssel

Locatelli durch die militärischen Behörden,(183) für die die Absendung einer Dankadresse an den Papst geplant war: "In der Adresse sollte dem Papst die volle Zustimmung des belgischen Episkopats zu seiner Friedensnote ausgedrückt und die Glückwünsche zum Erfolg seiner Bemühungen dargebracht werden. Diese Kundgebung aus dem besetzten Gebiete hätte mittelbar auch die Friedenspolitik der Reichsregierung unterstützt und wäre darum von einem nicht zu unterschätzenden Wert gewesen."(184) In der Tat wäre es eine Aufweichung der moralischen Isolierung gewesen, in die Deutschland seit Kriegsbeginn geraten war, wenn die Bischöfe des Landes, das an erster Stelle und in stärkster Weise unter dem Weltkrieg zu leiden hatte, die Initiative des Papstes für einen Verständigungsfrieden unterstützt hätten. Das Abweichen des belgischen Episkopats von der auf westlicher Seite verbreiteten Kreuzzugsmentalität, die die "guerre à outrance" zur quasi religiösen Forderung erhob, hätte zweifellos auch im französischen Katholizismus Beachtung gefunden, der bis dahin jedem päpstlichen Friedensappell ablehnend gegenübergestanden hatte und auch den Friedensvermittlungsvorschlag Benedikts XV. vom 1.8.1917 nicht günstiger beurteilte.(185)

Merciers grundsätzliche Verständigungsbereitschaft, die auf der Forderung der vollständigen Wiederherstellung Belgiens basierte, erhielt sich bis in die letzten Kriegswochen hinein. Noch am 27.9.1918 konnte Lancken dem Reichskanzler Graf Hertling mitteilen, Mercier verfolge mit Interesse die innere Entwicklung Deutschlands(186) und sei auch weiterhin zu einer Verständigung mit dem deutschen Katholizismus und zu einer Mitwirkung an der "Herbeiführung des Friedens" bereit, "wenn die Voraussetzungen dazu gegeben seien."(187) Als wichtigste Voraussetzung nannte er die "Freigabe und Wiederherstellung Belgiens, ohne die er im Gegenteil selbst weiter zum Krieg treiben müßte"(188) und als psychologische Vorbedingung eine behutsame deutsche Okkupationspolitik, um nicht den verständigungsbereiten Belgiern den Mut zu nehmen.(189)

Lancken zeigte sich nach derartigen Unterredungen immer sehr beeindruckt von den differenzierten, durchaus nicht blind haßerfüllten Überlegungen des Kardinals, die zu den intransigenten öffentlichen Äußerungen scheinbar im Gegensatz standen,(190) er verstand aber nie so recht die inneren Beweggründe des Kardinals. Seine frühere Opposition war immer als grundsätzliche Deutschfeindlichkeit mißdeutet worden(191) und nicht als politisch-moralisch bedingter Widerstand gegen die deutschen Ansprüche auf eine mehr oder minder direkte Einbeziehung Belgiens in den deutschen Machtbereich, wie sie in den ersten zwei Kriegsjahren bei Bissing und der deutschen Politik bestanden hatten. Lancken blieb deshalb auch unverständlich, daß Mercier sich in dem Moment gesprächsbereit zeigen konnte, in dem die deutsche Politik den Eindruck erweckte, Belgien nicht mehr als deutsches Kriegsziel zu beanspruchen.(192) Ohne die innere Kontinuität von Merciers ersten klarstellenden Äußerungen (193) an sehen zu wollen, deutete Lancken die angeblichen "Wandlungen" des Kardinals als Reflex jeweiliger politischer Stimmungen in Belgien.(194) Nun ist Mercier natürlich nicht ganz unbeeinflußt geblieben von den politischen und militärischen Entwicklungen. Es wurde schon oben erwähnt, daß für Merciers Haltung in der Friedensfrage seit dem Herbst 1916 seine Einschätzung der militärischen Lage eine gewisse Rolle spielte. Der mit der Februarrevolution sich abzeichnende Zusammenbruch des zaristischen Rußlands hatte auf die Stimmung in Belgien einen deprimierenden Effekt, dem sich auch Mercier nicht entziehen konnte. An Broqueville schrieb er am 6.3. 1917: "A quand votre retour? Nous devenons impatients. Pour ma part, j'ai épuisé mes réserves d'exhortations au courage et à l'endurance. Il nous est si bon d'apprendre que notre armée reste toujours également vaillante ...".(195) Mit Sorge verfolgte Mercier die Entwicklung der Lebensmittelversorgung für die Mehrheit der Bevölkerung, die ihre geringen Rationen nicht durch Schwarzmarktkäufe aufbessern konnte: "Le ravitaillement de la classe ouvrière et des petits bourgeois est très insuffisant. J'ai un nombre croissant d'ouvriers qui se mettent au service des allemands, en Belgique et même en Allemagne. Nous en sommes très peinés, mais, en vérité, les malheureux qui cèdent à la nécessité sont excusables. Faites, je vous en supplie, tout ce que vous pouvez afin que le gouvt. Anglais nous laisse arriver les vivres moins parcimonieusement mésurés. Ayant fait la connaissance de M. Hoover, à Malines, je lui ai écrit directément pour lui demander des envois de riz, de lait condensé, de lard. J'ai écrit dans le même but au cardinal Bourne, afin qu'il agisse sur son Gouvernement."(196) Wie groß er die Gefahr sozialer Unruhen einschätzte, zeigen die Überlegungen von 1916 zum allgemeinen Wahlrecht, das er nicht grundsätzlich ablehnte, aber wegen der verbitterten Stimmung in der Arbeiterschaft hinausgezögert wissen wollte.(197) Seine Befürchtungen hatten sich 1917 eher noch vermehrt, denn im Schreiben vom 6.3.1917 an Broqueville befürwortete Mercier die Idee, den Friedenskongreß in Brüssel abzuhalten, auch mit Sicherheitserwägungen, denn die Anwesenheit der ausländischen Delegierten würde die Stationierung starker Truppen in Brüssel rechtfertigen.(198) Die wenigen Hinweise mögen genügen, um zu zeigen, in welche Richtung tatsächlich Merciers Sorgen und Befürchtungen gingen und wie wenig man auf deutscher Seite davon wußte.

Als Resultat bleibt festzuhalten, daß Mercier, bei aller Schärfe und Rigorosität seines Urteils über Deutschlands Haltung im Krieg gegenüber Belgien in seinen öffentlichen Äußerungen, kein maßloses Kriegszielprogramm vertrat und nicht ein unbedingter Verfechter eines Krieges bis zur totalen Niederlage Deutschlands war. Wenn er bis 1916 gegen einen vorzeitigen Friedensschluß votierte, dann aus der Besorgnis vor einer instabilen europäischen Ordnung, die den Keim für den nächsten europäischen Krieg in sich trägt. Als im Lauf des Jahres 1916 die Hoffnung auf einen entscheidenden Sieg der belgischen Verbündeten schwand und viele Belgier eine verlustreiche Rückeroberung Belgiens befürchteten, besaß Mercier die politische Klarsicht und den inneren Mut, sich die Notwendigkeit eines Verständigungsfriedens einzugestehen. Wenn diese Einsicht nicht wirksam werden konnte, so trug hierfür die deutsche Politik die Verantwortung, die durch die Arbeiterdeportationen und durch die forcierte Flamenpolitik seit 1917 immer wieder alle Ansätze einer versöhnlicheren Einstellung zerstörte: "Si l'Occupant ne commettait pas la maladresse - cruelle, il est vrai - de nous faire souffrir et de rouvrir nos plaies, chaque fois qu'elles se cicatrisent, je crois que l'endurance patriotique ne serait pas telle que vous l'admirez et à bon droit".(199)

Achtes Kapitel

DIE KIRCHENPOLITIK UNTER GENERALGOUVERNEUR VON FALKENHAUSEN IM LETZTEN KRIEGSDRITTEL

1. DER WECHSEL AN DER SPITZE DES GENERALGOUVERNEMENTS UND SEINE RÜCKWIRKUNGEN AUF DIE STELLUNG LANCKENS IN DER VERWALTUNG DES BESETZTEN BELGIENS

Am 22.4.1917 wurde der Generaloberst Ludwig Freiherr von Falkenhausen, bis dahin Oberbefehlshaber der VI. Armee, zum Nachfolger des am 18.4.1917 verstorbenen Generalgouverneurs von Bissing ernannt.(1) Zermürbt durch die Auseinandersetzungen mit der OHL, deren Anforderungen an das besetzte Belgien seine politischen Zielsetzungen bei der Verwaltung Belgiens zunichte machten und enttäuscht von der Abnahme des deutschen Interesses an einer Annexion Belgiens,(2) war Bissing den Folgen einer Grippeerkrankung erlegen. In den Monaten seiner Krankheit lag die Vertretung der Interessen der Okkupationsverwaltung gegenüber der Reichsleitung und der OHL in den Händen von der Lanckens, der formal im Namen des Generalgouverneurs handelte, in Wahrheit aber weitgehend selbständig die Kirchen- und Flamenpolitik sowie seine Friedensvermittlungsinitiative weiterführen konnte.

Seine vordringlichste Aufgabe sah Lancken Anfang 1917 darin, mit der OHL ein klärendes Gespräch über die politischen Absichten der bis dahin in Belgien betriebenen Verwaltungsarbeit zu führen. Mit den Arbeiterdeportationen vom Oktober 1916(3) hatte die neue militärische Führung erstmals in die Verwaltung Belgiens nach dem Grundsatz eingegriffen, "daß Belgien zu den Lasten des Krieges in so erheblichem Maße herangezogen werden muß, daß im Lande der Wunsch nach Frieden gewaltsam hervorbricht und das Land nach dem Krieg ... möglichst geschwächt wird."(4) Damit vertrat die OHL einen der Auffassung Bissings von der möglichsten Schonung Belgiens im Interesse einer späteren Annexion völlig entgegengesetzten Standpunkt. Unter Berufung auf seine Immediatstellung(5) wehrte sich Bissing gegen Eingriffe der militärischen Führung in seine Amtsführung, doch konnte er nicht verhindern, daß seine unabhängige Position durch weitere Maßnahmen der OHL ausgehöhlt wurde. Anfang 1917 wurden die Grenzen zwischen Etappe und Generalgouvernement zuungunsten des Generalgouvernements verschoben, was weitere belgische Gebiete dem direkten militärischen Zugriff zugänglich machte und die einheitliche Behandlung des gesamten besetzten Gebietes erheblich erschwerte.(6) Mehr noch als die Arbeiterdeportationen drohte eine weitere militärische Maßnahme zur Ausnutzung des besetzten Gebiets die belgische Bevölkerung gegen die deutsche Okkupation zu erbittern und alle Ansätze einer weniger feindseligen Stimmung gegenüber Deutschland zu vernichten - die Einziehung belgischen Kirchenguts aus Sparmetallen wie Glocken und Orgelpfeifen aus Zinn für die deutsche Rüstungsproduktion.(7) Alle diese Fragen kamen bei den Verhandlungen Lanckens am 20.2.1917 in Kreuznach zur Sprache.(8)

In langen vertraulichen Gesprächen mit Hindenburg und Ludendorff erreichte Lancken eine atmosphärisch verbesserte Einstellung der beiden mächtigsten deutschen Militärs gegenüber Bissings Belgienpolitik, die sich in den anschließenden Detailbesprechungen im größeren Kreise bewährte.(9) Nachdem Lancken die mit der Flamen- und Kirchenpolitik verfolgten Intentionen dargelegt hatte, gab Ludendorff seine Zustimmung zur Politik des Generalgouverneurs und schien damit vom Prinzip der Ausnutzung Belgiens ohne Rücksicht auf das spätere deutsch-belgische Verhältnis abzuweichen. Das vordringlichste Problem war jedoch die Einstellung der Arbeiterdeportationen, deren Scheitern seit Anfang 1917 nicht mehr zu übersehen war.(10) Sie sollte nach der von Lancken mit dem spanischen Gesandten in Brüssel Villalobar vorbereiteten Lösung in Form eines kaiserlichen Bescheides auf die Petition erfolgen, die Mercier und andere belgische Notabeln am 14.2.1917 an Wilhelm II. gerichtet hatten.(11) Die OHL-Vertreter widersetzten sich anfangs jeder Lösung, die nach dem Eingeständnis eines Fehlers aussah, stimmten dann aber einem Text zu, der die vorläufige Aufhebung der Maßnahme in Aussicht stellte.(12)

Weitere kontroverse Fragen, die Lancken in Kreuznach zur Sprache brachte, waren außer der schon genannten Flamenfrage die Stellung der Commission for Relief(13) und die Abhaltung protestantischer Militärgottesdienste in katholischen Kirchen Belgiens.(14) Dagegen wagte er es nicht, das Thema der - aus Gründen der Flamenpolitik sehr erwünschten - Verschiebung der Etappengrenze zugunsten des Generalgouvernements in Ostflandern anzuschneiden, um die mühsam erreichte Verständigung mit der OHL nicht zu gefährden.(15)

Das in Kreuznach erzielte Einverständnis war nicht von langer Dauer, denn schon bald danach suchte die OHL durch die Formulierung neuer Grundzüge für die Verwaltung Belgiens die autonome Stellung des Generalgouverneurs einzuschränken, um Belgien leichter für die Lasten der Kriegführung heranziehen zu können. Diese Versuche scheiterten am Widerstand des Reichkanzlers und auch des neuen Generalgouverneurs, der für den Fall einer Verschlechterung seiner Stellung mit Rücktritt drohte, doch zeigten sie die Richtung an, aus welcher auch künftig Schwierigkeiten von seiten der OHL zu erwarten waren.(16)

Nach dem Tod Bissings war Lancken verständlicherweise außerordentlich daran interessiert, auf die Ernennung des Nachfolgers Einfluß zu nehmen, um die Wahl eines Militärs zu verhindern, der sich politischen Erwägungen völlig unzugänglich zeigte.(17) Unter diesem Gesichtspunkt gehörte Falkenhausen ganz offensichtlich nicht zu seinen bevorzugten Kandidaten.(18) Nachdem aber Falkenhausens Ernennung nicht abzuwenden war, konnte Lancken wenigstens auf die Instruktion des neuen Generalgouverneurs durch den Reichskanzler Einfluß nehmen, da er die Aufzeichnung verfertigte, die dem Reichskanzler als Unterlage für das Gespräch mit Falkenhausen diente. Besonderen Wert legte er auf die Fortsetzung der defensiven Behandlung Merciers, da er sich hier von einem Offizier mit überzogenem Standes- und Nationalbewußtsein die größten Schwierigkeiten erwartete.(19)

Falkenhausen bemerkte bald nach der Amtsübernahme, welche Machtstellung sich Lancken auf Kosten des Generalgouverneurs geschaffen hatte. Da die noch zu Lebzeiten Bissings eingeleitete Verwaltungstrennung(20) zu einer Umbildung der Zivilverwaltung und einer Neuverteilung der Kompetenzen zwang, wurde im Zuge dieser Reorganisation auch das Aufgabengebiet der Politischen Abteilung beschnitten und damit die Machtfülle ihres Chefs eingeschränkt.(21) Aber auch Falkenhausen konnte nicht auf die Erfahrung und das politische Geschick des wichtigsten Mitarbeiters seines Vorgängers verzichten.(22) Seine Auffassung von der deutschen Politik in Belgien unterschied sich nicht wesentlich von der Bissings. Er war nach seinen Erfahrungen als Truppenführer im Elsaß zwar ein Gegner einer direkten Annexion, wünschte aber eine - erst nach der militärischen Lage bei Kriegsende näher zu bestimmende - Abhängimachung Belgiens von Deutschland.(23) Für dieses Ziel erschien ihm die Flamenpolitik ein nützliches Instrument, und er führte deshalb die von Bissing begonnene Verwaltungstrennung durch.(24) Aus tief verwurzelten Vorurteilen gegen das Auswärtige Amt und die Diplomatie lehnte Falkenhausen die Lanckensche Friedensinitiative ab, er hielt sie für nutzlos oder gar schädlich, doch legte er dem von Reichsleitung und OHL gebilligten Unternehmen keine Steine in den Weg.(25)

Wenn Falkenhausen also insgesamt bemüht war, die Politik seines Vorgängers fortzusetzen, so stellte sich trotzdem zwischen ihm und von der Lancken nicht das Vertrauensverhältnis ein, das es Lancken unter Bissing ermöglicht hatte, dem Generalgouverneur politische Leitlinien des Kanzlers als eigene Politik zu suggerieren. Unter Falkenhausen wirkte sich die Machtverschiebung zwischen militärischer und politischer Führung, die seit der Ernennung der 3. OHL die Reichspolitik beherrschte, auch auf die Verwaltung Belgiens aus. Falkenhausen war ganz von den gängigen Vorurteilen des Offizierskorps über die Schwäche des Kanzlers und die von ihm geduldeten inneren Zersetzungserscheinungen erfüllt.(26) Anders als Bissing, der sich gegenüber den Einflüsterungen der Rechtsopposition gegen den Kanzler taub zeigte, ließ sich Falkenhausen stärker von der Kritik der Gegner Bethmanns und Lanckens im Generalgouvernement beeinflussen. Schon die Veröffentlichung einer älteren Bissing-Denkschrift zur Zukunft Belgiens als "Politisches Testament" des Generalgouverneurs in der Zeitschrift "Das größere Deutschland" vom Mai 1917(27) war eine gegen die Politische Abteilung, das Auswärtige Amt und den Reichskanzler gerichtete Intrige, deren Urheber nicht bekannt wurde, wohl aber in den Kreisen um Friedrich Wilhelm von Bissing zu suchen ist.(28)

Dieser hatte schon früher mehrfach die Politik der Politischen Abteilung bekämpft und bedauert, daß ausgerechnet Lancken mit den Kreuznacher Verhandlungen am 20.2.1917 betraut worden war, deren erfolgreicher Verlauf die Stellung des Chefs der Politischen Abteilung zunächst noch weiter stärkte.(29) Ende 1917 gelang es ihm, die Flamenpolitik Lanckens bei Ludendorff zu denunzieren und eine Verstimmung des Generalquartiermeisters gegen Lancken herbeizuführen, die aber nicht zu der erhofften Ablösung Lanckens von seinem Posten als Chef der Politischen Abteilung ausreichte.(30) Lancken berichtete hierzu an Staatssekretär Kühlmann: "Ich habe zuverlässige Nachricht darüber, daß dieses Telegramm(31) durch eine Zuschrift des Professors von Bissing an die Oberste Heeresleitung veranlaßt worden ist. Dieser stand seit langem mit gewissen radikal-jungflämischen Kreisen in enger Fühlung und hat sie immer wieder gegen die Politische Abteilung, insbesondere gegen den Grafen Harrach, vorgetrieben. Bissing lebt in dem Wahne, daß er das Erbe seines Vaters retten müsse, das von der Politischen Abteilung vergeudet werde, was die deutsch-vlämische Politik angeht. Er bildet sich ein, man wolle hier letzten Endes doch alles im Stiche lassen und teilt die Meinung derjenigen, die da sagen: Flamenpolitik hat nur einen Sinn, wenn Deutschland in weitestgehendem Maße machtpolitisch und militärpolitisch die Hand auf Belgien behält ... Bei alledem ist es mir aufgrund langer Erfahrungen vollkommen klar, daß sein Vater, trotz der bekannten Denkschrift, die er selbst sicherlich **nie** veröffentlicht hätte, in seiner belgischen Politik den jeweiligen Verhältnissen Rechnung getragen hätte, in dem Augenblicke, wo er verantwortlich zu handeln hatte." (32)

Nach der bisherigen Aktenlage sind die persönlichen Querelen innerhalb der deutschen Verwaltungsbehörde in Belgien(33) nicht im einzelnen aufzuklären. Sicher ist aber, daß hinter den persönlichen Differenzen weitgehende politische Meinungsverschiedenheiten standen. Während die Belgienpolitik in der Ära Bissing überwiegend den politischen Vorstellungen des Reichskanzlers und des Auswärtigen Amtes entsprach, kann sie unter Falkenhausen nur bedingt als Ausdruck des politischen Wollens der Reichsleitung angesehen werden. Insbesondere in der Flamenpolitik hat Lancken als Vertreter des Reichskanzlers im Generalgouvernement nicht in der Weise das Heft in der Hand behalten, wie er es sich bei der Intensivierung der deutschen Flamenpolitik noch unter Bissing vorgestellt haben mochte.(34)

2. DIE DEUTSCHE FLAMENPOLITIK IM ERSTEN WELTKRIEG UND DIE HALTUNG KARDINAL MERCIERS ZU FLAMENPOLITIK UND AKTIVISMUS(35)

In deutlichem Gegensatz zum Desinteresse der deutschen Vorkriegspolitik an der Flamenfrage(36) hat Bethmann Hollweg nach Kriegsausbruch sehr bald die Möglichkeit einer Ausbeutung des innerbelgischen Sprachenproblems für deutsche politische Ziele erkannt. Allerdings waren weder Ziel noch Methode der deutschen Flamenpolitik den Krieg hindurch identisch; sie entwickelte sich in innerer Abhängigkeit von den Vorstellungen, die jeweils bei Bethmann und Lancken, Bissing und später Falkenhausen in den verschiedenen Phasen des Krieges von der Lösung des belgischen Problems vorherrschten.

In der äußeren Erscheinung der deutschen Flamenpolitik lassen sich zwei Phasen unterscheiden - die Förderung des Flämischen im Rahmen und auf der Basis der belgischen Gesetzgebung und die intensivierte Flamenpolitik ab 1916, die auf die Zerschlagung des belgischen Einheitsstaates gerichtet war. Erst im Verlauf der zweiten Phase kam es zu erneuten Spannungen zwischen Mercier und den deutschen Behörden in Belgien. Wenn also bisher noch nicht von einer Reaktion Merciers auf die deutsche Flamenpolitik und den dadurch entstandenen flämischen Aktivismus die Rede war, so beruht dies auf der Tatsache, daß Mercier erst nach dem Scheitern seiner Beteiligung an der Friedensanbahnung Anlaß zu neuerlichen Protesten fand.

Den ersten Anlaß zu einer Berücksichtigung des Sprachenstreits gab Bethmann Hollweg mit seinem Schreiben vom 2.9.1914 an den Chef der Zivilverwaltung von Sandt, in dem er diesem nahelegte, "die kulturelle flämische Bewegung, die ja auch eine Bewegung zugunsten der holländischen Sprache ist, nach Möglichkeit sichtbar zu unterstützen."(37) Im Generalgouvernement Belgien war man sich zu diesem Zeitpunkt darüber im klaren, daß die Verbitterung der Flemen gegen Deutschland mindestens ebenso heftig war wie die der französisch sprechenden Belgier. Selbst von der Lancken, später der eifrigste Verfechter der deutschen Flamenpolitik im Generalgouvernement, wies auf das zu erwartende geringe Echo einer betonten Förderung des Flämischen hin.(38) Der Reichskanzler sah zu diesem Zeitpunkt das flämische Problem noch ganz im Rahmen der deutsch-holländischen Beziehungen,(39) erst in seinem Schreiben vom 16.12. 1914 verstand er es als Möglichkeit, unabhängig vom Ausgang des Krieges einen deutschen Einfluß in Belgien zu etablieren.(40)

Bissing sah zwar ein, daß eine Berücksichtigung des Sprachenproblems sinnvoll sein könnte, er verwies in seiner Antwort vom 10.1. 1915 an den Reichskanzler auf die schon getroffenen und die noch projektierten Maßnahmen,(41) die den Flamen die wohlwollende Haltung der deutschen Behörden gegenüber den Belangen ihrer Sprache signalisieren sollten, im übrigen riet er aber zu einem behutsamen Vorgehen, um die Masse der Flamen, die den Deutschen noch feindselig gegenüberstünde, nicht zu verschrecken.(42) Noch sehr viel skeptischer beurteilte von Sandt die Erfolgsaussichten einer Annäherungspolitik zwischen Deutschen und Flamen,(43) während Bethmanns Anregung bei Lancken auf lebhafte Zustimmung stieß. Lancken hatte sich schon in seiner Denkschrift zur Zukunft Belgiens vom Februar 1915 für eine sehr radikale Verwertung des Sprachenstreits ausgesprochen, schlug er doch eine Vernichtung der "völkerrechtlichen Persönlichkeit Belgiens" und die Schaffung mehrerer kleiner Einzelstaaten, darunter auch eines flämischen Staats, vor.(44) Lancken war es auch gelungen, nach der Gründung der Politischen Abteilung(45) die Kompetenz für die Flamenpolitik an sich zu ziehen.(46) Seine im Grunde auf die Zerschlagung Belgiens gerichteten Vorstellungen vom Friedensschluß im Westen erklären es, daß er unter der Herrschaft Bissings zur treibenden Kraft auf flamenpolitischem Gebiet wurde. Zunächst war er jedoch an die Weisungen des Generalgouverneurs gebunden, der nur im Rahmen der belgischen Gesetzgebung vorgehen wollte und vor allem kein offenes Paktieren mit den radikalen, antibelgischen Kräften unter den Flamen (47) wünschte.(48)

Das Angebot der deutschen Behörden, auf langgehegte und von der belgischen Regierung nur widerwillig oder gar nicht erfüllte Wünsche einzugehen, spaltete die flämische Bewegung. Während die übergroße Mehrheit der aus der Vorkriegszeit bekannten flämischen Vorkämpfer politische Geschenke des das Land besetzenden Feindes ablehnte und klar erkannte, daß die flämische Bewegung nur für deutsche machtpolitische Ziele mißbraucht werden sollte,(49) fiel das deutsche Werben um die Sympathie der Flamen bei einigen flämischen Kreisen auf fruchtbaren Boden. Es entstand der "flämische Aktivismus", jene Richtung in der flämischen Bewegung, die den Kampf für die Gleichberechtigung der flämischen Sprache während des Krieges fortsetzen wollte und infolgedessen zur Zusammenarbeit mit den Deutschen bereit war bzw. dahin getrieben wurde, im Gegensatz zu den "Passivisten", die den Sprachenstreit für die Dauer des Krieges ruhen lassen wollten.(50) Die deutsche Einflußnahme auf den Sprachenstreit hat zwar die radikaleren Tendenzen in der flämischen Bewegung nicht erzeugt, die Forderung nach Verwaltungstrennung war eine schon in der Vorkriegszeit aufgekommene, wenn auch erst in Ansätzen diskutierte Frage,(51) doch muß die Erscheinung des eigentlichen Aktivismus weitgehend als Produkt der deutschen Flamenpolitik angesehen werden.(52)

Die Zusammenarbeit der Aktivisten mit den deutschen Behörden spielte sich zunächst nur im Verborgenen ab, weil sie das Verdikt der belgientreuen Mehrheit der Bevölkerung und Sanktionen seitens der belgischen Regierung im Fall ihrer Rückkehr zu fürchten hatten.(53) Aber auch die deutschen Behörden legten anfangs Wert auf Diskretion, um das aktivistische Auftreten nicht allzu offen als Produkt der deutschen Einflußnahme erscheinen zu lassen.(54) Ziel und Inhalt der deutschen Flamenpolitik wurden 1915 im Dialog zwischen dem Auswärtigen Amt, dem Generalgouvernement Brüssel und der deutschen Botschaft in Den Haag(55) erörtert, in dessen Verlauf Bissings Zurückhaltung gegen eine forcierte Flamenpolitik überwunden werden konnte.(56) Ein von Kühlmann aus Den Haag übermitteltes Programm einer angeblichen flämischen Gruppe zur Zukunft Belgiens, das eine Wiederherstellung des neutralen Belgiens mit innerer Autonomie für Flandern vorsah und darin eine ausreichende Garantie für die deutschen, holländischen und die flämischen Interessen erblickte, trieb die Entwicklung voran.(57) Lancken widersprach Kühlmanns befürwortender Kommentierung.(58) Vom Standpunkt des Generalgouvernements Brüssel aus war eine Föderalisierung Belgiens für den Schutz der deutschen Interessen nach dem Krieg nicht ausreichend, nur eine "Anlehnung"(59) Flanderns an Deutschland könne dauerhaft die deutschen Sicherheitsbedürfnisse erfüllen. Kühlmanns Replik vom 28.12.1915(60) auf Lanckens Aufzeichnung vom 10.12.1915 brachte einen neuen Gedanken ins Spiel, der den Reichskanzler beeindruckte: Flamenpolitik sei nicht für den Fall einer offenen oder verschleierten Annexion Belgiens von Interesse, in welchem Fall Deutschland ja nach Gutdünken über Belgien verfügen könne, sondern gerade für den Fall, daß derart massive Formen deutschen Einflusses auf Belgien nicht durchsetzbar oder nicht wünschenswert seien. Es sei infolgedessen die bis zum Kriegsende verbleibende Zeit zu nutzen, um in Belgien ein "fait accompli" zu schaffen. Das war ein Gedankengang, der von Bethmann aufgegriffen wurde, weil er bekanntlich eine Annexion Belgiens weder für wünschenswert noch militärisch für erreichbar hielt.(61) Er wandte sich deshalb an Bissing, um ihm im Sinne der Kühlmannschen Darlegungen vom 28.12.1915 eine Intensivierung der Flamenpolitik vorzuschlagen, und zwar empfahl er eine Zusammenfassung der zersplitterten flämischen Gruppen um ein gemeinsames Programm, damit Deutschland beim Friedensschluß auf eine "starke nationalvlämische Bewegung" hinweisen könne, die "von sich aus gegen die Regierung in Le Hâvre und ihre Helfershelfer Front macht."(62) Unter Verwendung eines gleichfalls von Kühlmann übermittelten Vorschlags regte Bethmann dann noch die Bildung eines flämischen Nationalkomitees an, das die flämischen Wünsche zusammenstellen sollte(63) und bat um Beschleunigung der Vorbereitungen zur Umgestaltung der Genter Universität in eine flämische Hochschule, eine alte flämische Forderung,(64) auf die er den Generalgouverneur schon Ende 1914 aufmerksam gemacht hatte.(65)

Bissing mußte in seiner Entgegnung vom 11.1.1916, wie schon ein Jahr zuvor, wiederum seine zurückhaltende Flamenpolitik verteidigen.(66) Die Bildung eines flämischen Nationalkomitees erschien ihm noch zu früh, mit Bezug auf die Genter Hochschule konnte er auf den Beschluß verweisen, im belgischen Budget Mittel für die Wiedereröffnung der Genter Universität bereitzustellen, der im Dezember 1915 veröffentlicht worden war.(67) Im übrigen sagte er zu, nach Kräften die Vorbereitungen für die Wiedereröffnung voranzutreiben. Trotz Bethmanns Drängen, den Vorlesungsbetrieb noch im Frühjahr 1916 aufzunehmen,(68) gelang es den deutschen Behörden aber erst zum Herbst 1916, mehr schlecht als recht einen Lehrkörper für die Genter flämische Universität zusammenzustellen - die Mehrzahl der Genter Professoren hatte es abgelehnt, in einer flämischen Universität unter deutscher Führung mitzuwirken - und den Vorlesungsbetrieb aufzunehmen.(69)

In der illusionären Vorstellung einer flämischen antibelgischen Massenbewegung, die durch die optimistischen Berichte aus Brüssel und Den Haag genährt wurde, drängte Bethmann seit dem März 1916 auf die Verwaltungstrennung.(70) Der grundsätzliche Beschluß hierzu wurde schon im Sommer 1916 gefaßt, im Herbst 1916 wurde zunächst das Ministerium für Wissenschaft und Kunst in eine flämische und eine wallonische Abteilung gespalten, und noch kurz vor seinem Tod verkündete Bissing die allgemeine Verwaltungstrennung.(71) Er war sich darüber im klaren, daß er mit dem Beschluß, die Genter Universität noch während des Krieges zur flämischen Hochschule umzuwandeln, erstmals den Rahmen der belgischen Gesetzgebung überschritten hatte. Die zweite Phase der deutschen Flamenpolitik ist also von Ende 1915 an zu datieren.(72)

Sie fand ihre Entsprechung in der Entwicklung des flämischen Aktivismus. Hatten sich die aktivistischen Kräfte anfangs darauf beschränkt, durch ihre von der deutschen Zensur geförderte Presse und andere propagandistische Mittel ihre politischen Vorstellungen zu verbreiten, sich in Gruppen zu sammeln und bestehende flämische Organisationen für sich zu gewinnen,(73) so setzte 1916 ein

Prozeß der organisatorischen Zusammenfassung ein, ganz wie es Bethmann in seinem Schreiben vom 6.1.1916 gewünscht hatte,(74) der in der Gründung des "Rates von Flandern" auf der "nationalflämischen Landestagung" vom 4.2.1917 gipfelte.(75) Eine vorbereitende Versammlung von aktivistischen Vertrauensleuten im Januar 1917 hatte ein Programm ausgearbeitet, das die "größtmögliche Unabhängigkeit" für Flandern forderte, aber offen ließ, ob damit die staatliche Unabhängigkeit oder eine Föderalisierung Belgiens gemeint war.(76) Dieses Programm wurde von der Versammlung am 4.2.1917 gebilligt und der aus den anwesenden Vertretern aktivistischer Gruppen gewählte 50-köpfige "Rat von Flandern" beauftragt, dafür im flämischen Volk und bei den kriegführenden und neutralen Mächten zu wirken. Die Maßnahmen der deutschen Behörden zur Stärkung der Stellung der flämischen Sprache wurden begrüßt und ihre Bestätigung durch die zukünftige Friedenskonferenz verlangt. Außerdem setzte sich die Versammlung für die schnellstmögliche Durchführung der Verwaltungstrennung ein.(77) Das war für die aktuelle deutsche Politik von Bedeutung, konnte sie sich doch nun auf einen angeblichen Wunsch des unterdrückten flämischen Volkes beziehen.(78) Eine Delegation des Rates von Flandern wurde am 3.3.1917 vom Reichskanzler empfangen und erhielt die Zusicherung, Deutschland werde noch während des Krieges "den berechtigten von Ihnen vorgetragenen Wünschen" des flämischen Volkes entgegenkommen, die Verwaltungstrennung durchführen und auf der Friedenskonferenz für die Rechte Flanderns eintreten.(79)

Mit der Bildung des Rates von Flandern und seinem öffentlichen Auftreten hatte auch die aktivistische Bewegung eine neue Stufe erreicht, denn sie bekannte sich nun in aller Öffentlichkeit zur Zusammenarbeit mit den Deutschen und verband ihr Schicksal definitiv mit dem Erfolg der deutschen Waffen, während bis dahin nur die Genter Jungflamen öffentlich für ihr Programm eingetreten waren.(80)

Die Durchführung der zweiten Phase der Flamenpolitik - Eröffnung der Genter Universität im Oktober 1916, Spaltung des Ministeriums für Wissenschaft und Kunst ebenfalls im Oktober 1916, Bildung des Rates von Flandern im Februar 1917 und Ankündigung der Verwaltungstrennung im März 1917 - geht zeitlich parallel(81) mit den Bemühungen Lanckens, über Vertreter der alten belgischen Führungsschicht - die Gräfin Merode, Kardinal Mercier und den Industriellen Coppée - Friedenskontakte zu knüpfen. Allein schon das Zustandekommen der Bereitschaft Merciers, für einen baldigen Friedensschluß einzutreten, setzt voraus, daß Lancken sehr akzeptable Friedensbedingungen genannt haben muß, denn anders ist nicht zu erklären, wie Mercier je den Plan gefaßt haben soll, bei der belgischen Regierung für einen Verständigungsfrieden einzutreten.(82) Andererseits war gerade Lancken derjenige Politiker im Generalgouvernement Brüssel, der am energischsten die Anregungen des Reichskanzlers aufgriff, über die Flamenpolitik die Struktur des belgischen Staates noch während des Krieges tiefgreifend zu verändern. Die Parallelität beider Aktionen und ihre Verknüpfung in der Person von der Lanckens weisen auf ihre innere Zusammengehörigkeit in den Planungen des Reichskanzlers und seines engsten Mitarbeiters in Brüssel hin.(83)

Flamenpolitik konnte bei den politisch und militärisch Verantwortlichen auf deutscher Seite in zwei Versionen diskutiert werden, einmal als Alternative zur Annexionspolitik (oder anderen Formen massiver deutscher Sicherungen in Belgien, die nach der Kriegslage nicht durchzusetzen waren), als Alternative zur Annexionspolitik wurde sie von Bethmann, Kühlmann und Lancken konzipiert, bei denen die Einsicht wuchs, Deutschland werde in die Wiederherstellung Belgiens einwilligen müssen.(84) Auf der anderen Seite wurde die Flamenpolitik als Ergänzung zur offen machtpolitischen Lösung des belgischen Problems verstanden, als mehr oder weniger willkommene Verbrämung der realen Anforderungen an Belgien auf territorialem, militärischem und wirtschaftlichem Gebiet wurde sie von Ludendorff und der nationalistischen Rechten,(85) vom Generalgouverneur von Bissing und seinem Sohn f.W. von Bissing(86) aufgegriffen. Sie fand in der Presse und besonders in der Professorenschaft begeisterte Propagandisten unter Verwendung alldeutschen, rassistischen Gedankenguts.(87)

Wenn der Generalgouverneur von Bissing nur zögernd auf Bethmanns Drängen einging, die Flamenpolitik voranzutreiben, so lag dies nicht nur an seiner realistischen Einsicht in die tatsächliche Stimmung der Flamen,(88) sondern auch an der Ablehnung der Prämisse der Bethmannschen Flamenpolitik, diese für den Fall einer Freigabe Belgiens auszubauen, um über den mit deutscher Hilfe erstarkten flämischen Volksteil auf die zukünftige Entwicklung Belgiens Einfluß nehmen zu können. Erst mit verschleiernden Formulierungen über diesen Hintergrund seiner Flamenpolitik konnte Bethmann Hollweg den Generalgouverneur für die zweite Phase der Flamenpolitik gewinnen.(89)

Bethmann, Kühlmann und Lancken übersahen aber, daß auch ihre Konzeption von Flamenpolitik einen entscheidenden Sieg Deutschlands voraussetzte, denn nur eine vollständige Niederlage konnte die belgische Regierung zwingen, Maßnahmen wie die Umwandlung der Genter Universität oder die verwaltungstrennung zu übernehmen. Auch hing die Verbreiterung der Basis des Aktivismus in der flämischen Bevölkerung von einer Klärung der militärischen Situation ab. Bethmann täuschte sich aber nicht nur über die Voraussetzungen seiner Flamenpolitik, sondern auch über die Realisierungschance des damit verfolgten Ziels, in Belgien irreversible Tatsachen zu schaffen, die die Politik der zukünftigen belgischen Regierung binden sollten, ohne eventuelle Friedensaussichten zu gefährden.(90) Die Flamenpolitik sollte durch die Hintertür erreichen, was von der Konfrontation der Waffen auf dem Schlachtfeld nicht mehr zu erwarten war. Wenn der Reichskanzler durch Villalobar und Lancken Andeutungen einer deutschen Friedensbereitschaft unter der Voraussetzung eine Freigabe Belgiens machen ließ, dann bezog er nicht in sein Kalkül ein, daß die Forcierung der Flamenpolitik die Glaubwürdigkeit der Friedensbereitschaft schwächen und die friedensbereiten Kräfte in Belgien enttäuschen mußte.(91) Damit erweist sich die ausgeklügeltere Version der deutschen Flamenpolitik letztlich als ebenso illusionär wie die der offen machtpolitischen Richtung in Deutschland, die die Flamenpolitik von vornherein im Zusammenhang mit anderen handfesten Sicherungen militärischer, territorialer und ökonomischer Art gesehen hatte und ganz selbstverständlich von der Voraussetzung eines deutschen Sieges ausging.

Mercier hat auf die Flamenpolitik und ihr aktivistisches Echo zunächst sehr zurückhaltend reagiert. Natürlich verurteilte er scharf die aktivistische Kollaboration, als während seines Romaufenthalts 1916 von der inneren Lage im besetzten Gebiet die Rede war, und regte eine Verlautbarung der Regierung an, die den Aktivisten eine spätere Bestrafung ankündigte;(92) er widersetzte sich, im Verein mit den übrigen belgischen Bischöfen, der flämischen Genter Universität, wie aus einem anonymen, aber gut unterrichteten Memorandum hervorgeht, das Erzberger dem Auswärtigen Amt übermitteln konnte.(93) Aber er vermied doch einen spektakulären Protest, als sich im Herbst 1916 mit der "Verflamung" der Genter Universität und der Spaltung des Ministeriums für Wissenschaft und Kunst die zweite Phase der deutschen Flamenpolitik abzuzeichnen begann, während er gleichzeitig in der Frage der Arbeiterabschiebungen nicht zögerte, an die Öffentlichkeit zu treten. Über die Gründe können nur Mutmaßungen geäußert werden.(94) Es ist denkbar, daß Mercier die internationale Aufmerksamkeit nicht von dem vordringlichen Problem der Arbeiterabschiebungen ablenken wollte, es ist aber auch denkbar, daß er in Erinnerung an die lebhafte Enttäuschung der Flamen über den Passus der Instruktionen von 1906 über das Flämische als Unterrichtssprache an der Universität (95) nicht den Burgfrieden durch eine prinzipielle Stellungnahme gegen die Genter flämische Universität belasten wollte, die leicht auch bei loyalen Flamen als flamenfeindlich hätte erscheinen können. Schließlich könnte der gerade erst angesponnene Kontakt zu Lancken in der Friedensfrage Mercier bewogen haben, mit einer öffentlichen Verurteilung von Flamenpolitik und Aktivismus noch zurückzuhalten. Auch als Mercier kurz nach der Gründung des "Rates von Flandern" seinen Fastenhirtenbrief "Courage, mes Frères" verbreitete(96), erwähnte er zwar die Arbeiterdeportationen, nicht aber die Aktivisten, obgleich er darin durchaus "quelques ombres au tableau" der moralischen Größe Belgiens benannte.(97)

Die öffentliche Zurückhaltung des Kardinals bedeutete nun aber nicht Passivität gegenüber der Entwicklung auf sprachenpolitischem Gebiet. In einer Ansprache vor der Jahresversammlung der Dechanten der Diozöse Mecheln am 27.1.1917 gab er Direktiven zur Beurteilung und Bekämpfung des Aktivismus: "Or, le Gouvernement occupant a la prétention de bouleverser l'Administration générale de notre pays: il semble avoir pris pour devise: divide et impera. La création de la soi-disant Université de Gand; la séparation administrative opérée depuis longtemps dans certains ministères et qu'un décret récent vient de généraliser; les encouragements publics ou clandestins donnés, d'une facon exclusive, aux journaux et aux réunions, tant des wallons étourdis que des flamingants échevelés, qui poussent à l'antagonisme des deux races traditionellement unies sous le drapeau belge représentent autant de tentatives, heureusement stériles, de disloquer notre union nationale. Traitres à la patrie ceux qui seconderaient ces procédés équivoques. Les questions de politique intérieure de la Belgique ne regardent que les Belges, ne peuvent être resolues que par les Chambres Belges, par le Gouvernement Belge, par le Roi des Belges."(98) Anschließend ermahnte Mercier die Dechanten zur Wachsamkeit, um die Gläubigen von aktivistischen Bestrebungen fernzuhalten. Nach der Verkündung der Verwaltungstrennung gab Mercier seine öffentliche Zurückhaltung gegenüber der deutschen Flamenpolitik auf und ließ die Ansprache vom 27.1.1917 gedruckt verbreiten.(99) Von diesem Zeitpunkt an bekämpfte er die deutsche Flamenpolitik grundsätzlich und praktisch mit einer ganzen Serie von Maßnahmen, die die deutschen Behörden konsternierte:(100) Aus Furcht nicht bloß vor aktivistischen, sondern ganz allgemein flamingantischen Einflüssen auf den Klerus verlangte er im Mai 1917 am Vorabend einer Priesterweihe die Unterzeichnung einer totalen Gehorsamserklärung gegenüber dem Bischof von den angehenden Priestern, die sich, wie er in einer Ansprache bei gleicher Gelegenheit erläuterte, deutlich auf die Abkehr vom Kampf der Flamen um die Gleichberechtigung ihrer Sprache bezog.(101) Anfang Juni wandte er sich mit einem langen Memorandum an den Generalgouverneur, um die belgischen Beamten zu verteidigen, die infolge der Verwaltungstrennung von ihren Ämtern zurückgetreten waren und mit Strafe bedroht wurden.(102) Ebenfalls in den ersten Junitagen organisierte er den Widerstand der katholischen Normalschulen (Lehrerbildungsanstalten) seiner Diözese gegen das neue flämische Ministerium für Wissenschaft und Kunst,(103) und in einer Ansprache vor den Direktoren der "mittelbaren" katholischen Schulen soll er sogar die Mitarbeit an der Verwaltungstrennung zur Todsünde erklärt haben.(104)

Merciers Widerstand gegen die Flamenpolitik wurde den deutschen Behörden erst mit einer gewissen Verzögerung bekannt. Falkenhausen beklagte sich mit Schreiben vom 29.5.1917(105) über die im März erfolgte Veröffentlichung der Ansprache vom 27.1.1917, nachdem Lancken gerade erst wenige Tage vorher über ein Gespräch mit Mercier über die Friedensfrage und die Arbeiterabschiebungen berichtet und die versöhnliche Haltung des Kardinals gerühmt hatte.(106)

Nach Bekanntwerden der weiteren oppositionellen Handlungen Merciers wandte sich Falkenhausen, nun schon in drängenderem Ton, nochmals an den Reichskanzler, um eine Intervention des Vatikans zu fordern.(107) Damit war der neue Generalgouverneur erstmals mit Merciers Widerstand gegen die deutsche Okkupation Belgiens konfrontiert. Insgesamt reagierte er wesentlich kühler als der cholerische Bissing, der sich von Merciers Widerstand immer auch persönlich getroffen sah. Falkenhausen war bei Amtsantritt durch den Kaiser und den Reichskanzler auf eine defensive Behandlung Merciers verpflichtet worden,(108) er zeigte sich nun bereit, mit den Mitteln der Diplomatie dem neuerlichen Konflikt zu begegnen.

In Berlin verzögerte sich die Bearbeitung der Angelegenheit, - vermutlich wegen des bevorstehenden Besuchs des Münchner Nuntius Pacelli bei der Reichsleitung und bei dem Kaiser im Großen Hauptquartier, der der Vorbereitung des päpstlichen Friedensvermittlungsangebots galt,(109) dann durch die zum Sturz Bethmann Hollwegs führende innenpolitische Krise im Juli 1917. Erst Mitte Juni ging ein erster Erlaß an Mühlberg heraus, mit dem der preußische Gesandte angewiesen wurde, den Vatikan von der Januar-Ansprache Merciers vor den Doyens der Diözese zu informieren,(110) ein zweiter Erlaß infolge Falkenhausens Schreiben vom 27.6.1917 wurde gar erst einen Monat später abgeschickt (20.7.1917)(111). Lancken hatte als Grundgedanken für den Protest in Rom vorgeschlagen, dem Vatikan gegenüber nicht die politische oder moralische Berechtigung der deutschen Flamenpolitik zu diskutieren, sondern gegen eine unzulässige politische Einmischung des Kardinals Einspruch zu erheben, die nicht durch die, von den Deutschen durchaus respektierte, Kulturfreiheit gedeckt sei.(112) In diesem Sinne erhielt denn Mühlberg auch seine Anweisungen aus Berlin, es ist aber deutlich, daß das Auswärtige Amt die wiederauflebenden Schwierigkeiten mit Mercier weit weniger aufgeregt beurteilte als die deutschen Behörden in Brüssel.(113)

Die diplomatische Aktion in Rom verlief völlig nach dem gewohnten Schema, wie es sich durch die Proteste gegen Merciers angebliche politische Übergriffe in den Jahren 1915/1916 eingespielt hatte: Mühlberg erhob, sekundiert von Ritter,(114) Kardinal von Hartmann(115) und in gewissem Sinn auch von dem Münchner Nuntius Pacelli,(116) "ernste Vorstellungen" und bat, der Vatikan möge Mercier "in seine kirchlichen Schranken verweisen".(117) Gleichfalls wie gewohnt versicherte darauf der Vatikan, ohne auf die deutschen Beschwerden im einzelnen einzugehen oder gar die Haltung des Mechelner Kardinals zu beurteilen, Mercier sei zu "prudence et modèration" ermahnt worden.(118) In einem Punkt allerdings wich die Protestaktion in Rom von dem eingefahrenen Gleis ab, - sie wurde diesmal unterstützt durch Stimmen aus dem besetzten Gebiet, und zwar richteten katholisch-aktivistische Flamen im September 1917 eine Beschwerdeschrift an den Papst, die Mercier bezichtigte, die Flamen aus kultureller Voreingenommenheit zu benachteiligen, sein Amt zur Gewissensbedrückung zu mißbrauchen und seinen Pflichten als Seelsorger und Hirte einer zweisprachigen Diözese nicht gerecht nachzukommen.(119)

Die Art, wie Lancken dem Gesandten von Bergen im Auswärtigen Amt von dem bevorstehenden Schritt der Flamen berichtete, läßt vermuten, daß die Politische Abteilung an diesem Schritt zumindest beteiligt war, wenn sie ihn nicht sogar völlig inszeniert hat.(120) Für den Vatikan war es jedenfalls neu, daß der gefeierte und berühmte Kirchenfürst nun nicht bloß von deutscher Seite, sondern auch aus seiner eigenen Diözese heraus angegriffen wurde. Obwohl der Brüsseler Nuntius Locatelli(121) die Weitergabe der Beschwerdeschrift ablehnte,(122) obwohl der Vatikan sie offiziell nicht zur Kenntnis nahm,(123) war Mercier doch beunruhigt, inwieweit die deutschen Anschuldigungen und die flämischen Beschwerden in Rom nicht doch ernstgenommen werden würden. Er begnügte sich deshalb nicht bloß mit einer direkten Rechtfertigung,(124) sondern bat auch Van den Heuvel und Broqueville um Schützenhilfe.(125)

Dem Vatikan kamen die wiederauflebenden Schwierigkeiten mit Mercier ungelegener denn je, befand sich doch die päpstliche Diplomatie in der Schlußphase ihrer Vorbereitungen für das Friedensvermittlungsangebot.(126) Wie Mercier sehr richtig vermutet hatte, wurden die deutsch-aktivistischen Vorstellungen durchaus nicht einfach ad acta gelegt. Benedikt XV. sprach darüber mit Van den Heuvel und ließ deutlich seine Mißbilligung durchscheinen,(127) außerdem wurde Mercier mündlich durch Locatelli und, nach Mühlbergs zweitem Protest und Hartmanns ergänzender Intervention, schriftlich durch Gasparri zur Gegenäußerung aufgefordert.(128)

Mercier hat sich durch die Anfragen aus Rom nicht einschüchtern lassen, wie seine Antworten an den Papst und an Gasparri zeigen. (129) Bei aller Ehrerbietung in der Form antwortete er selbstbewußt und offensiv, vor allem aber ließ er sich nicht auf die von deutscher Seite immer wieder geforderte Trennung von Politik und Religion ein, er argumentierte politisch und betonte zugleich den moralisch religiösen Aspekt der politischen Stellungnahmen.

Die von den Deutschen eingeleitete Verwaltungstrennung charakterisierte er klarsichtig als Versuch, die nationale Einheit der Belgier zu zerschlagen, um das Land bequemer unter die deutsche Fuchtel zu bringen.(130) Widerstand gegen diesen Spaltungsversuch sei patriotische Pflicht und damit auch Christenpflicht, wie Mercier unter Berufung auf seinen Vorkriegshirtenbrief über die "Piété patriotique" ausführt.(131) Aus dem allgemeinen Prinzip heraus werden dann die einzelnen Widerstandsmaßnahmen erläutert, die von Mercier teils unterstützt, teils angeregt worden waren und die unter dem Gesichtspunkt der nationalen Würde wie der Christenpflicht die einzig mögliche Antwort auf den Spaltungsversuch darstellten, ähnlich wie Belgiens Antwort auf das deutsche Ultimatum 1914 die einzig mögliche, einzig ehrenhafte Haltung darstellte.(132)

Mit großer Überzeugungskraft verteidigt Mercier dann die politische Reife des belgischen Volkes, das zwar durch die deutsche Okkupationsherrschaft äußerst belastet werde, sich aber nicht zu unkontrollierten Reaktionen hinreißen lasse, sondern eben so entschlossen wie maßvoll zu reagieren wisse: "De fait, l'attitude de la nation, dans cette question de 'séparation administrative' ... a été admirable de mesure. Il faut à nos gouvernants de passage une rare outrecuidance pour oser appeler insurrectionelle une conduite aussi sobre dans sa résistance que fière dans son insoumission."(133) Nahm Mercier in seinem Schreiben vom 5.8.1917 an den Papst zur Frage der Verwaltungstrennung Stellung, so hatte er sich im Schreiben an den Kardinalstaatssekretär vom 4.9.1917 zu drei konkreten Fragen zu äußern, die sich auf seine Amtsführung als Bischof einer zweisprachigen Diözese bezogen und teils aus Mühlbergs und Hartmanns Eingaben, teils aus den aktivistischen Klagen zusammengestellt waren.(134) Mercier erläuterte, ergänzte und korrigierte die ihm vorgelegten Sachverhalte in ungebrochenem Selbstbewußtsein.(135) Seine Antwort war von der Überzeugung durchdrungen, er habe sich in allen Punkten völlig im Rahmen seiner bischöflichen Pflichten und Rechte bewegt. Da nach August 1917 keine weiteren deutschen Klagen eintrafen, ist die Angelegenheit vom Vatikan nicht weiterverfolgt worden, dies vermutlich umso lieber, da sich Mercier auch nur für den leisesten Tadel uneinsichtig gezeigt hatte.

Nach der aufgeregten Reaktion der deutschen Behörden in Brüssel über die neuen Schwierigkeiten mit Mercier ist es überraschend, daß trotz der unverändert unbeugsamen Haltung des Mechelner Kardinals die deutschen Klagen über Mercier im Herbst 1917 aufhören. Hierfür können mehrere Gründe angeführt werden. Einmal nahm der Druck der militärischen Führung auf den Generalgouverneur zu, die letzten verfügbaren Rohstoffe des besetzten Gebiets für die deutsche Kriegführung herauszugeben. Hierzu war eine gewisse Zusammenarbeit mit dem Kardinal wünschenswert, es empfahl sich deshalb nicht, die Konflikte auf dem Terrain der Flamenpolitik zu verschärfen.(136) Falkenhausen bemerkte in seinen Erinnerungen zu diesem Zurückstecken der deutschen Politik nur, "wir hatten uns mit der Zeit, wie man zu sagen pflegt, miteinander gesetzt."(137) Das Abflauen des Konflikts geht aber deutlich nicht auf eine Änderung in der Haltung des Kardinals, sondern des politischen Handlungsspielraums der deutschen Behörden zurück. Weitere Gründe für das deutsche Einlenken waren die bereitwillige Intervention Kardinal von Hartmanns in Rom, von der gleich zu sprechen sein wird, und die aktivistische Pressekampagne gegen Mercier im Spätherbst 1917, die es den deutschen Behörden abnahm, sich in der Bekämpfung Merciers zu exponieren, und die von deutscher Seite nicht bloß geduldet, sondern zweifellos aktiv unterstützt wurde.(138)

3. DER DEUTSCHE KATHOLIZISMUS UND DIE FLAMENFRAGE

Die Haltung der deutschen Katholiken zur Flamenfrage im besetzten Gebiet kann nach dem vorliegenden Quellenmaterial nicht erschöpfend dargestellt werden. Trotzdem lohnt es sich, die einzelnen Hinweise in den Akten zu sammeln, zu ordnen und zu analysieren, denn sie weisen in ihrer Tendenz ingesamt in die gleiche Richtung, daß nämlich das Interesse im deutschen Katholizismus für die Flamenfrage als Fortsetzung des in den ersten Kriegsjahren lebhaft bekundeten deutsch-katholischen Interesses an einer Annexion Belgiens anzusehen ist.(139) Nachdem die Versuche deutscher Zentrumspolitiker gescheitert waren, Kontakte zu Vertretern der belgischen katholischen Partei anzuknüpfen, um diese für eine Annäherung an Deutschland bzw. eine Hinnahme der Annexion Belgiens durch Deutschland zu gewinnen,(140) schien sich nun auf dem Feld der Flamenpolitik eine Möglichkeit zu bieten, wenigstens mit einem Teil der belgischen Bevölkerung zu erfolgreicher Zusammenarbeit zu kommen. In diesem Sinne ist die Flamenpolitik der Okkupationsbehörden von deutscher katholischer Seite mit Sympathie verfolgt und gegebenenfalls unterstützt worden. Kardinal von Hartmann wurde schon sehr früh auf die politischen Möglichkeiten der katholischen Seelsorge für die kriegsgefangenen Flamen aufmerksam gemacht. Eine Zuschrift vom 28.1.1915 aus dem Kreis Erzbergerscher katholischer Propagandaeinrichtungen bat den Kölner Kardinal um Unterstützung für eine flämische Kriegsgefangenenseelsorge, die letztlich "die Flamen den Deutschen näherbringen" solle.(141) Wegen der Seelsorge für gefangene und deportierte Flamen ist Hartmann auch von Mercier Anfang 1917 angesprochen worden.(142) Während der Kölner Kardinal eine gewisse Bereitschaft andeutete, Merciers Wunsch durch seine Fürsprache bei deutschen militärischen Stellen entgegenzukommen,(143) zeigte sich Bettinger völlig abweisend und scheint dadurch eine Aktion Hartmanns verhindert zu haben.(144) Die ganze Flamenproblematik war für Hartmann jedenfalls nicht völlig neu, als Lancken im Juni 1917 bat, vermittelnd nach Rom tätig zu werden.

Hartmann hatte sich dem Generalgouverneur von Bissing bereitwillig als kirchenpolitischer Berater zur Verfügung gestellt, nicht nur wegen seiner persönlichen Bekanntschaft mit Bissing, sondern auch, weil er ehrlich meinte, hier der Kirche und dem Vaterland einen Dienst erweisen zu können, indem er Konflikte zwischen Mercier und dem Generalgouverneur zu mildern oder zu verhindern suchte. (145) Er konnte sich diese Stellung auch unter Falkenhausen erhalten, denn der neue Generalgouverneur legte großen Wert darauf, die Verbindung zu Hartmann nicht abreißen zu lassen.(146) Der genaue Zweck von Lanckens erstem Besuch bei Hartmann am 5.6.1917 ist aus den Akten nicht ersichtlich, aus einem daran anschließenden Schreiben Hartmanns an Lancken vom 6.6.1917 geht nur hervor, daß Lancken eine Presseintervention des Kölner Kardinals erbeten hatte.(147) Doch muß auch von Merciers Januaransprache die Rede gewesen sein, denn Hartmann äußerte sich abfällig über das jüngste "Pastorale" des Mechelner Kardinals.(148) In seiner Antwort vom 18.7.1917 kündigte Lancken einen weiteren Besuch in Köln für den 23. des Monats an, "um eine wichtige Frage der belgischen Kirchenpolitik" dem Kardinal "persönlich vorzutragen".(149) Bei diesem zweiten Gespräch zwischen Hartmann und Lancken innerhalb kurzer Zeit ging es nun mit Sicherheit in erster Linie um Mercier, denn Falkenhausen erwähnte in seinem Schreiben an den Reichskanzler vom 27.6.1917 Lanckens Entsendung nach Köln: Hartmann habe "den beabsichtigten Schritt in Rom gebilligt" und habe ihm ausrichten lassen, "er werde mit dem ihn demnächst besuchenden Nuntius Pacelli die Form vereinbaren, in welcher er, Kardinal von Hartmann, unsere amtlichen Vorstellungen in Rom unterstützen könne". (150) Nach seinem zweiten Besuch übermittelte Lancken zur weiteren Unterrichtung Hartmanns noch zwei Denkschriftentwürfe von katholischen Mitarbeitern der Politischen Abteilung (Kisky und Beyerle) sowie eine Abschrift von Falkenhausens Schreiben vom 27.6.1917. (151) Da es zu Pacellis Besuch Ende Juni in Köln nicht kam,(152) mußte sich Hartmann ohne eine Vorbesprechung mit dem Nuntius direkt an Gasparri wenden, um ihn "im Interesse unserer h. Kirche darauf aufmerksam zu machen, daß in Belgien ein neuer schwerer Konflikt auszubrechen droht zwischen dem deutschen Generalgouverneur und Sr. Eminenz dem Herrn Kardinal Mercier, wenn es der Weisheit des h. Vaters nicht gelingt, ihn noch rechtzeitig abzuwenden."(153) Hartmann schilderte daraufhin die Verwaltungstrennung als Maßnahme der deutschen Behörden zur Förderung des katholischen flämischen Volksstammes,(154) Merciers Widerstandshandlungen - die Gehorsamserklärung der Priester, die Verhinderung der Abschlußexamen der Normalschulen und die Gewissensbedrückung der aktivistischen Flamen - referierte er sehr vorsichtig als nur auf den Vorwürfen der deutschen Verwaltung beruhend, nicht als eigene Meinung. Schließlich bat er um ein schnelles Eingreifen des Vatikans, weil der Konflikt gefährlicher sei als die Krise vom Frühjahr 1916.(155)

Eine weitere Anregung Lanckens, die vermutlich bei einem dritten Besuch in Köln zur Sprache gekommen war,(156) behielt sich Hartmann für ein Schrieben an Pacelli vom 12.7.1917 vor, den er dringlich bat, der Vatikan möge doch auch die Meinung der übrigen belgischen Bischöfe, vor allem des Lütticher Bischofs Rutten anhören:

"Das Urtheil des Bischofs von Lüttich ist von besonderem Gewicht, da sein Bistum sowohl zu Flandern wie zur Wallonie gehört."(157)

Damit berührte Hartmann in der Tat eine schwache Stelle der Mercierschen Rechtfertigungsargumente, denn so einheitlich die belgischen Bischöfe die Verwaltungstrennung und den Aktivismus als Kollaboration mit dem Feind ablehnen mochten, so uneins waren sie doch hinsichtlich des praktischen Verhaltens in den Angelegenheiten, in denen sie mit der von Deutschland umgeformten Verwaltung zu tun hatten. Dies mußte selbst Mercier in seinem Schreiben an den Papst vom 5.8.1917 zugeben, er führte die Divergenzen aber teils auf lokale Sonderbedingungen, teils auf die Kommunikationsschwierigkeiten innerhalb des belgischen Episkopats unter den Okkupationsbedingungen zurück.(158) Wenn nun im November 1917 der von den Deutschen als konzilianter eingestufte Bischof von Namur Heylen(159) nach Rom reiste, wenn die Politische Abteilung dessen Romreise angelegentlich unterstützte,(160) dann liegt der Gedanke nahe, hier einen Zusammenhang mit Hartmanns Anregung vom 12.7.1917 im Schreiben an Pacelli zu sehen. Allerdings haben sowohl Heylen wie der Vatikan über diesen Hintergrund Stillschweigen bewahrt. Van den Heuvel berichtete seiner Regierung nur, die Reise sei durch eine Reihe von Problemen der kirchlichen Verwaltung, die ständig auf Schwierigkeiten mit den deutschen Okkupanten stieße, veranlaßt.(161) Immerhin erklärte Heylen dem belgischen Gesandten nach seiner Audienz bei dem Papst, er sei "surtout" wegen Merciers Haltung zur Flamenfrage befragt worden: "Il (sc. der Papst) a fait allusion aux plaintes allemandes qui concernaient 2 ecclésiastiq. (162) frappé bien à raison par le Cardinal de Malines, à la mesure prise par le Card.(162) relativement aux Ecoles Normales, et à la sentence qu'il avait prononcée an disant qu'on commettait un péché mortel en lui dèsobéissant."(163) Erklärte Heylen den letzten Punkt zu einer schlichten Vermutung, die aus der Gehorsamsforderung abgeleitet sei (in der Tat war der deutsche Vorwurf so nicht formuliert worden,(164) so kritisierte er Mercier freimütig in der Frage der Abschlußexamen. Er sei in dieser Sache mit dem Bischof von Lüttich einig, der die Examen in der vorgeschriebenen Form hatte stattfinden lassen, habe aber Mercier nicht isolieren wollen und sich deshalb seiner Vorgehensweise angeschlossen. "Mais je ne recommencerai une autre fois. Les périls sont trop grands."(165) In der Frage der Beamtenrücktritte aus Anlaß der Verwaltungstrennung zeigte sich Heylen ebenfalls flexibler als der Kardinal, der von einem dogmatisch-patriotischen Standpunkt ausging, außerdem kritisiert er die Haltung der Exilregierung gegenüber den flamingantischen Bestrebungen in der belgischen Armee (Frontbewegung),(166) die die bestraften Priester nur zu Märtyrern der flämischen Bewegung mache.(167)

Es scheint, daß Van den Heuvel über die offenen Bemerkungen des Bischofs Heylen nur abgemildert nach Le Havre berichtet hat, - wohl wegen der sich abzeichnenden Regierungskrise, die zum Rücktritt de Broquevilles als Ministerpräsident und zur Ernennung des liberalen Politikers Hymans zum Außenminister führte.(168) Van den Heuvel übernahm in seine Berichterstattung die These Bruynzeels und auch Heylens, daß die deutsche Flamenpolitik als Fortsetzung der Versuche des Jahres 1915, über deutsche Zentrumspolitiker die nationale Geschlossenheit der Belgier aufzubrechen, anzusehen ist: "Les Allemands ont essayé deux moyens pour diviser les Belges. En 1915 ils ont timidement poussé en avant quelques membres du Centre dans le dessein de gagner l'influence du parti catholique belge. Vain effort. Les catholiques tournèrent le dos aux enjôleurs. Ils se sont addressés alors au parti flamand dans l'espérance qu'ils trouveraient chez lui plus de complaisance. La très grande majorité des flamands resta hostile malgré tous les assauts. Un petit groupe seulement celui des activistes, accepta de subordonner ses devoirs nationaux à la passion flamingante."(169)

Es gab also im katholischen Belgien ein ausgeprägtes Bewußtsein dafür, daß die deutschen Katholiken nicht bloß die Politik des Reichs gegenüber Belgien duldeten, sondern aktiv stützten und mittrugen bis hin zu der annexionistischen Kampagne, denn Zentrumspolitiker wie Trimborn und Sonnenschein waren in Belgien aus der Vorkriegszeit gut bekannt. Ebenso war in Belgien bekannt, daß es zwischen aktivistischen Flamen und deutschem Katholizismus Querverbindungen gab; Bruynzeels konnte Van den Heuvel mitteilten, daß eine aktivistische Delegation nach Deutschland gereist sei, um den deutschen Episkopat über Klagen gegen Mercier zu informieren.(170) Während die Kölner erzbischöflichen Akten hierzu keine Unterlagen enthalten,(171) erklärt Bruynzeels Mitteilung, auf welchem Weg ein Exemplar der aktivistischen Beschwerdeschrift gegen Mercier in die Münchner erzbischöflichen Archive gelangt ist,(172) es ist also ein Zusammentreffen zwischen Faulhaber oder einem Vertreter des Erzbischofs von München und der aktivistischen Delegation im Lauf des September oder Oktober 1917 vorauszusetzen.(173) Die Vermutung drängt sich auf, daß die aktivistischen Flamen dann auch versucht haben werden, Nuntius Pacelli und den Ministerpräsidenten Hertling zu sprechen. Ein Brief von Pius Dirr, einem Mitarbeiter der Politischen Abteilung, der schon öfter als Verbindungsmann nach Bayern fungiert hatte,(174) an Hertlings Nachfolger als bayrischem Ministerpräsident von Dandl bestätigt denn auch diese Kontakte.(175) Dirr erwähnt dort, daß er Dandl vor einiger Zeit einen Vortrag über die belgischen Fragen gehalten habe, er erwähnt auch, daß dem Nuntius Pacelli die Antwort des "Rates von Flandern" auf das päpstliche Friedensvermittlungsangebot und die Beschwerdeschrift gegen Mercier übergeben worden sei und daß auch Hertling im Besitz der flämischen Beschwerdeschrift sei.

In München ist die Flamenpolitik des Generalgouverneurs von Anbeginn an mit großem Interesse verfolgt worden, und zwar im Zusammenhang mit den bayrischen Plänen der inneren Umgestaltung des Reichs unter Einbeziehung Belgiens.(176) Hertling verfügte in den Berichten des Geheimen Legationsrates Krafft von Dellmensingen aus dem Hauptquartier des bayrischen Kronprinzen Rupprecht über eine eigene Informationsquelle, die ihm eine selbständige, von den Berichten des Auswärtigen Amtes unabhängige Unterrichtung ermöglichte.(177) Rupprecht war Oberbefehlshaber der in Nordfrankreich stationierten VI. Armee, zu deren Etappengebiet auch belgisches Territorium um Tournai gehörte. Da der Generalgouverneur wegen der Einheitlichkeit der Verwaltung des besetzten Belgiens eine Zusammenarbeit mit den Armeeoberkommandos anstrebte, nahm Krafft von Dellmensingen als Vertreter der VI. Armee an den Sitzungen des Ausschusses für flämische Angelegenheiten in Brüssel teil und berichtete Hertling laufend über die Entwicklungen auf diesem Gebiet.(178) Damit war Hertling über die Flamenpolitik vorinformiert, als er im Herbst 1917 von aktivistischer Seite wegen Merciers Widerstand gegen Aktivismus und Verwaltungstrennung angesprochen wurde. Eine Stellungnahme Hertlings zur deutschen Flamenpolitik fehlt zwar sowohl in den Münchner Akten wie in seinem Nachlaß, doch deutet nichts darauf hin, daß er sich in dieser politischen Frage in einem tiefen Gegensatz zur Politik des Reichskanzlers und des Generalgouverneurs befunden haben könnte.(179)

Schließlich bleibt, wenn vom deutschen Katholizismus und der Flamenpolitik die Rede ist, nach der Haltung Erzbergers zu fragen, der zu den einflußreichsten und prominentesten katholischen Politikern des Kaiserreichs gehörte, der sich in den ersten Kriegstagen an der propagandistischen Kampagne gegen Belgien beteiligt hat, der mehrfach Annexionspläne gegen Belgien entwickelt hat und der im Auftrag des Generalgouverneurs für eine Entfernung Merciers aus Belgien eingetreten war.(180)

Nach dem Mißerfolg seiner Anregung, im Generalgouvernement eine mit Katholiken besetzte kirchenpolitische Sektion einzurichten,(181) scheint Erzbergers Interesse für die Verwaltung Belgiens etwas nachgelassen zu haben, ohne völlig zu erlöschen. Seine Zuschriften beziehen sich auch nach dem Fehlschlag mit der kirchenpolitischen Sektion auf personalpolitische Fragen,(182) nicht nur, weil Erzberger attraktive Verwaltungsposten auch an deutsche Katholiken vergeben wissen wollte, sondern weil er der festen Überzeugung war, daß die deutschen Katholiken dank der gemeinsamen Glaubenszugehörigkeit eine Brücke zu den belgischen Katholiken schlagen und auf diese Weise einen spezifischen Beitrag für die Annäherung zwischen Deutschen und Belgiern, d.h. für eine spätere Annexion, leisten könnten, der so von protestantischer Seite nicht zu erbringen war.(183) Erzberger entging aber, daß die Enttäuschung des katholischen Belgiens über die Haltung der deutschen Katholiken noch tiefer ging als die über das protestantische Deutschland, weil man sich wegen der früheren engen Beziehungen zum deutschen Katholizismus von diesem eine Art Fürsprache oder doch wenigstens mehr Verständnis für den belgischen Unabhängigkeitswillen erwartet hatte.(184) Erzbergers annexionistische Grundeinstellung blieb bis Anfang 1917 erhalten.(185) Sie war kein geeigneter Nährboden für Kritik an der Flamenpolitik oder für Verständnis für Merciers Widerstand gegen den Aktivismus. Alle Äußerungen Erzbergers zur Flamenfrage weisen denn auch in die Richtung positiver Anteilnahme an der Flamenpolitik des Generalgouverneurs und aktiver Unterstützung des Aktivismus: Mitte 1916 reichte er den Text der flämischen Ansprachen bei Gelegenheit einer deutsch-flämischen katholischen Konferenz ein, bei der in bekannter Weise die Flamenromantik beschworen wurde, die so oft zur Vernebelung der realen Annexions- oder Angliederungsabsichten herangezogen wurde.(186) Ein wohl mit der gleichen Konferenz in Verbindung stehendes Programm flämischer Katholiken erörtert denn auch die Möglichkeiten flämischer Autonomie in Anlehnung an Deutschland und stellte ein Aktionsprogramm flämisch-deutscher Zusammenarbeit auf, in dem übrigens auch die Absetzung Merciers als Erzbischof von Mecheln gefordert wurde.(187)

In der Frage der Umgestaltung der Genter Universität taucht Erzbergers Name im Zusammenhang mit einer Aufzeichnung über die Gegnerschaft des belgischen Klerus gegen die flämische Universität Gent auf,(188) dies ist aber nicht als grundsätzliche Kritik Erzbergers, sondern eher als Mahnung zu behutsamem Vorgehen zu werten. Vermutlich war es auch Erzbergers personalpolitischen Interventionen zuzuschreiben, daß seit dem Frühjahr 1916 der Archivrat Kisky und seit dem Herbst 1916 der Jurist Beyerle der Politischen Abteilung angehörten.(189) Wenn nun Kisky im Februar 1917 mit zwei Denkschriften die Flamenpolitik des Generalgouverneurs und der Reichsleitung gegenüber prominenten deutschen Katholiken propagierte, dann können seine Anschauungen als repräsentativ gelten für eine ganze Reihe deutscher katholischer Politiker und auch für Erzberger selbst, da diese durch mancherlei Kontakte miteinander verbunden waren und seit Kriegsbeginn in der belgischen Frage in die gleiche Richtung gearbeitet hatten.

Angesichts der verbreiteten annexionistischen Grundhaltung der deutschen Katholiken überrascht es nicht so sehr, daß Kisky sich in seinen Denkschriften "Die belgische Frage und der deutsche Katholizismus" vom 20.2.1917 und "Die flämische Bewegung und die katholischen Interessen" vom 23.2.1917(190) als eifriger Verteidiger der amtlichen Flamenpolitik zeigte, sondern mehr, daß es offensichtlich auch Widerstände im deutschen Katholizismus gegen eine allzu enge Verbindung mit dem flämischen Aktivismus gab. Kisky polemisierte gegen die Meinung, "das gesamt-katholische Interesse verbiete es den deutschen Katholiken, einem deutschen Eingriff in Belgien zuzustimmen, in dem Belgien, in welchem die katholische Kirche die größte Freiheit zur Entfaltung ihrer Heilsmission und ihrer Kräfte, in Kirche und Schule wie im ganzen öffentlichen Leben, genießt" und es verbiete auch "jede Überspannung des Nationalitätsprinzips, eine solche sei aber in der Verwirklichung des autonomen Flanderns enthalten."(191) Die "flaumacherischen" Kräfte(192) bedienten sich nach Kisky zweier Argumente, um ihre Ablehnung des flämischen Aktivismus zu begründen: erstens, für die kirchlichen Interessen sei der belgische Einheitsstaat vorteilhafter, weil dadurch die Vorherrschaft der katholischen Partei in ganz Belgien und ein katholischer Einfluß auf die Wallonie gesichert sei und zweitens, der Aktivismus trage hochverräterischen Charakter und könne daher nicht guten Gewissens von den deutschen Katholiken unterstützt werden.(193) Kisky äußert die Vermutung, hinter derartigen Anschauungen könne nur der Einfluß Merciers stehen, dem es gelungen sei, seinen Ententestandpunkt als katholisches Interesse auszugeben und im deutschen Katholizismus zu verbreiten.(194) Leider benennt er die Kreise in Deutschland nicht näher, in denen der Aktivismus distanziert betrachtet wurde, so daß nicht gesagt werden kann, ob es sich nun um Einwände aus dem Episkopat oder kirchlichen Institutionen oder aus regionalen Zentrumsgliederungen handelte.(195)

Kisky sah nun seine Aufgabe darin, über das deutsch-katholische Interesse an der Flamenfrage aufklärend zu wirken. Er geht von zwei Tatsachen als vorgegeben aus, dem flämischen Aktivismus als einer machtvollen Volksbewegung, die in alle Schichten der flämischen Bevölkerung eindringt - dies wider besseres Wissen, denn als Mitarbeiter der Politischen Abteilung mußte Kisky die reale Stärke des Aktivismus kennen(196) - und von der anstehenden "Lösung der flämischen Frage als einem unserer wichtigsten Kriegsziele".(197) Dem deutschen Katholizismus bleibe nur die Wahl, sich an die Seite der nationalen Ziele zu stellen oder faktisch dem Gegner in die Hand zu arbeiten, denn indirekt behauptet Kisky, daß jeder Katholik, der dem flämischen Aktivismus kritisch gegenübersteht, sich vor den Karren der Entente-Interessen spannen läßt.(198) Aber nicht nur das nationale deutsche, sondern auch das genuin katholische Interesse gebietet eine Förderung der flämischen Aktivismus, von dem segensreiche Wirkungen für das katholische Leben in einem autonomen Flandern zu erwarten sei.(199) "Bei dieser Sachlage dürfte es nicht zweifelhaft sein, auf welche Seite sich der deutsche Katholizismus stellen wird. Heute, wo unsere Existenz bedroht ist und wo Flandern die Schicksalsstunde seiner Wiedergeburt erkennt, überwiegt das völkische Interesse alles andere. Die Fortsetzung einer, wenn auch von hohen kirchlichen Stellen protegierten, letzten Endes deutschfeindlichen Politik, welche diesem völkischen Interesse zuwiderläuft, müßte notgedrungen zu einer Schädigung auch des kirchlichen Ansehens führen."(200)

Mit den Thesen seiner Denkschriften drückte Kisky sicher nicht nur seine persönliche Überzeugung aus, sondern formulierte, was in weiten Kreisen des deutschen Katholizismus, vor allem aber in der Berliner Führung des Zentrums gedacht wurde.

Der Konsensus in der Zentrumspartei geriet ja Ende 1916 nicht durch die Annexionsfrage, sondern durch die Entscheidung für oder wider die Einführung des unbeschränkten U-Boot-Krieges ins Wanken.(201) Die Frage ist nun, ob Erzberger nach seiner politischen Wende vom Juli 1917 auch zu einer kritischen Sicht der Flamenpolitik kam und ob er Anstrengungen unternommen hat, auf die Flamenpolitik dämpfend einzuwirken. Dies scheint nicht der Fall gewesen zu sein.(202) In den Sitzungen des Interfraktionellen Ausschusses war bei Gelegenheit der Beratungen über die deutsche Antwort auf die Papstnote auch von der Flamenpolitik die Rede und hier zeigt sich nun, daß Erzberger eine Erklärung der "bedingungslosen Wiederherstellung Belgiens" für durchaus vereinbar hielt mit der Forderung nach "Sicherungen" und nach "Unabhängigkeit der Flamen von den Wallonen".(203) In seiner Haltung zur Flamenpolitik setzte der deutsche Katholizismus - ausgenommen eine sprachlos gebliebene kritische Tendenz - seinen seit Kriegsbeginn beobachteten Kurs der nationalen Überzuverlässigkeit fort, der ihn schon die Verletzung der belgischen Neutralität, die Methoden der deutschen Kriegführung in den ersten Kriegsmonaten und die Verwaltungspraxis der deutschen Behörden einschließlich der Auseinandersetzungen mit Mercier, einem Kardinal der römisch-katholischen Kirche, bedingungslos hatte unterstützen lassen.

4. MERCIER UND DIE OKKUPATIONSBEHÖRDEN IM LETZTEN KRIEGSJAHR

Die Beziehungen zwischen Mercier und den deutschen Okkupationsbehörden standen im letzten Kriegsjahr fast ausschließlich(204) im Zeichen der verschärften wirtschaftlichen Ausbeutung Belgiens, gegen die Mercier nach Kräften Einspruch erhob, und der sich seit dem Scheitern der Westoffensive im Juli 1918 abzeichnenden deutschen Niederlage, die schließlich in der Phase der Waffenstillstandsverhandlungen zu einer Umkehrung der Gewichte führte, indem nun Lancken als Bittsteller zu Mercier gehen mußte.(205)

Bissings Bemühungen, die belgische Wirtschaft nach Möglichkeit wieder in Gang zu setzen, wurden schon Anfang 1916 durch die Beschlagnahmung aller Erz- und Metallvorräte sowie der Treibriemen (wegen des in Deutschland herrschenden Ledermangels) zunichte gemacht.(206) Die Ausnutzungspolitik der militärischen Stellen erfuhr durch die Ernennung der 3. OHL und durch das von ihr konzipierte "Hindenburgprogramm" eine Steigerung, die zu der schon oben erwähnten Maßnahme der Arbeiterdeportationen,(207) zu Betriebsstilllegungen(208) und zur Beschlagnahmung aller Gegenstände aus Kupfer, Zinn und anderen "Sparmetallen", auch aus dem Besitz privater Haushalte, führte.(209) Schon in dieser Phase der Ausplünderung Belgiens war es die Absicht der militärischen Beschaffungsstellen, die belgischen Kirchenglocken. und Orgelpfeifen aus Zinn, ähnlich wie in Deutschland, für die Munitionsproduktion einzuziehen, sie konnten sich aber gegen den vereinten Widerstand des Generalgouvernements, des Auswärtigen Amtes und Kardinal von Hartmanns nicht durchsetzen.(210) Nachdem Mitte 1917 der Heeresbedarf an Munition wegen Rohstoffmangels nur unzureichend gedeckt werden konnte, nahm der militärische Druck auf das besetzte Gebiet wieder zu. Der Maschinenpark der stillgelegten Betriebe wurde verschrottet, um geringe Mengen an Buntmetall zu gewinnen, die in keinem Verhältnis zum vernichteten Maschinenwert standen.(211) Auch die belgischen Glocken gerieten wieder in Gefahr.(212) Hatte sich Falkenhausen schon der Demontage der belgischen Produktionsanlagen mit politischen Argumenten widersetzt,(213) so hielt er erst recht die Glockenbeschlagnahmung für politisch verhängnisvoll.(214) Aber Reichskanzler von Hertling und das Auswärtige Amt resignierten gegenüber den Anforderungen der Militärs und wagten keinen energischen Einspruch mehr gegen eine Maßnahme, deren negative Auswirkungen ihnen mindestens ebenso klar sein mußten wie dem Generalgouverneur und dem Chef der Politischen Abteilung.(215) In dieser Situation, als das Auswärtige Amt und das Generalgouvernement schon von der Einziehung der belgischen Glocken als einer feststehenden Tatsache ausgingen,(216) war es dem zähen und unerschrockenen Einsatz Kardinal von Hartmanns zu danken, daß es schließlich doch nicht zur Ausführung einer Maßnahme kam, die auf besonders nachhaltige Weise das deutsch-belgische Verhältnis vergiftet hätte.

Hartmanns Bereitschaft, in humanitären Fragen und in kirchlichen Einzelinteressen für die Belange der Zivilbevölkerung und für die Rechte des belgischen Katholizismus einzutreten, gehört zu den wenigen Ruhmesblättern des deutschen Katholizismus in seinem Verhältnis zum belgischen Nachbarland während des ersten Weltkrieges. Hartmann hat schon 1917 auf die ersten Gerüchte einer bevorstehenden Glockenbeschlagnahme hin bei dem Generalgouverneur und bei dem preußischen Kriegsminister von Stein interveniert, um eine Befreiung der belgischen Kirchen und Klöster von der allgemeinen Anordnung der Einziehung aller Gegenstände aus Kupfer, Zinn und anderen Buntmetallen zu erreichen. Sein Einsatz hat dazu beigetragen, daß die dem Kultus geweihten Metallgegenstände (nicht der profanen Zwecken dienende kirchliche Besitz an Metallgeräten z.B. in Schulen, Klöstern, Krankenhäusern) in dieser Requisitionsphase verschont wurden.(217)

Mit Bekanntwerden der neuerlichen Bedrohung der belgischen Glocken wandte sich der Vatikan wiederum an den Kölner Kardinal, um ihn um nochmalige Fürsprache bei den Reichsbehörden zu bitten.(218) Mercier schrieb außerdem noch persönlich an Reichskanzler von Hertling, den er, im Gegensatz zu den früheren deutschen Reichskanzlern und den Generalgouverneuren, auf den gemeinsamen Glauben hin und sogar auf eine jahrelange gemeinsame Bemühung um die katholische Philosophie hin ansprechen konnte.(219) Es bezeichnet Merciers Persönlichkeit, daß er sich nicht mit einer trockenen Darlegung der rechtlichen Lage begnügte, sondern eine seelsorgerliche Mahnung über die Bedeutung der Glocken für den Gläubigen anfügte.(220) Während Hertlings Reaktion nicht bekannt ist, zeigte sich Kardinal von Hartmann beeindruckt. Er begriff sehr wohl, welche Gefühlswerte die Glocken im Gemeindeleben repräsentieren(221) und welche Empörung es bei den Belgiern auslösen mußte, wenn ihre Glocken zur Munitionsherstellung gegen ihre eigene Armee verwendet werden sollte.(222) Er besaß den Mut, gleichfalls nicht bloß vom Standpunkt des kanonischen Rechts her zu argumentieren, sondern sich auf das gefährliche Terrain des patriotisch begründeten Einspruchs zu begeben, auf dem ihm leicht irgendeine nationalistisch auftrumpfende Phrase entgegengehalten werden konnte: "Es würde das ...(223) eine ganz außerordentliche Aufregung hervorrufen und den Haß dieses irregeleiteten Volkes gegen Alles, was deutsch ist, ins Ungemessene steigern. Das neutrale Ausland aber werde dadurch aufs neue gegen uns aufgebracht werden - und das alles, ohne daß dabei erheblicher Nutzen herauskäme."(224) Der sonst so förmlich-bürokratische Hartmann schloß seinen Brief mit einem pathetischen Appell an den Kaiser, der nicht nur den schlichten Monarchismus des Kölner Kardinals belegt, sondern auch Rückschlüsse auf seine Position in den Kriegsfragen erlaubt: "Eure Exzellenz möchte ich darum inständig bitten, mein Bittgesuch um Errettung(223) der belgischen Glocken an Allerhöchster Stelle angelegentlich zu befürworten. Se. Majestät unser geliebter Kaiser würde dadurch den vielen edlen Thaten, die ihn während des Krieges dem Herzen seines Volkes so nahe gebracht haben, eine neue hinzufügen, die freilich unsere verblendeten Feinde zur Zeit noch nicht würdigen werden, die aber die Geschichte mit goldenen Lettern vermerken wird und die ...(223)

helfen wird, die tiefe Kluft zu überbrücken, die gegenwärtig die christlichen Völker spaltet."(225)

Hartmann dokumentierte mit diesem Schreiben, daß er, anders als so viele seiner Glaubensgenossen, anders auch als eine starke Fraktion des deutschen Protestantismus, die sich mit der Vaterlandspartei verbunden hatte, noch nicht der Ideologie des totalen Krieges erlegen war, die nur einen deutschen Sieg oder die Niederlage als Weltuntergang kannte und für die die Frage nach den internationalen Beziehungen nach dem Krieg irrelevant war, weil Deutschland entweder den Frieden diktierte und sich dann nicht um die Empfindungen der besiegten Völker zu kümmern hatte oder weil im Fall einer Niederlage alles Denken aufhörte.(226) Hartmann bewies dagegen, als er sich so energisch der Beschlagnahmung der belgischen Glocken widersetzte,(227) daß bei ihm noch ein Rest von Verständnis dafür vorhanden war, daß nicht alle Dinge in den Dienst der Kriegführung gestellt werden konnten, daß die Kirche nicht total, nicht bis in den letzten Winkel hinein, für die Ziele des Krieges da sein konnte, daß auch der Feind noch nicht so total zum Feind geworden war, daß deshalb jeder Gedanke an eine gemeinsame Zukunft nach dem Krieg erlosch.

Hartmann hatte mit seiner aufrichtig besorgten Intervention Erfolg. Plessen telegrafierte ihm am 20.4.1918: "Euer Eminenz kann ich zu meiner Freude mitteilen, daß seine Majestät den Wunsch auf Freilassung der belgischen Glocken erfüllt haben."(228)

Man muß es wohl nicht nur auf Hartmanns größere Nähe als "preußischer" Kardinal zum Kaiser und zur Reichsregierung zurückführen, sondern auf seine dem Vatikan bekannte Grundhaltung, wenn ständig der Kölner Kardinal und eben nicht Bettinger oder sein Nachfolger Faulhaber um Vermittlung und Fürsprache in humanitären Angelegenheiten oder in konkreten kirchlichen Angelegenheiten gebeten wurde. So hat sich Hartmann nicht nur für die belgischen Glocken eingesetzt, er hat auch gegen die Nutzung katholischer Kirchen für protestantische Militärgottesdienste gekämpft.(229) Schließlich bearbeitete er in bewundernswürdigem Arbeitseinsatz eigenhändig zahllose Bittgesuche um Hafterleichterungen, um Strafmilderungen, um Ausreisegenehmigungen oder um Verlegungen in andere Lager und Gefängnisse. Es verließ kaum ein Schreiben das Kölner Generalvikariat an den Vatikan, an den Generalgouverneur oder an andere militärische Stellen, ohne daß darin nicht in irgendeiner Weise von Bittgesuchen die Rede war. Sicher, diese Gesuche bezogen sich meist auf Honoratioren - Priester, Offiziere, Damen der Gesellschaft, Nonnen, Bürgermeister - das lag aber daran, daß Hartmann meist nur Gesuche aus diesen Kreisen und für diese Kreise vorgelegt wurden. Erreichte ihn ein Bittgesuch für einen Lokomotivführer, dann hat Hartmann dies mit gleicher Promptheit und Sorgfalt bearbeitet.(230)

Diese Seite von Hartmanns Haltung im ersten Weltkrieg ist nicht selbstverständlich oder bedeutungslos. Zunächst einmal hatte sie für die Betroffenen oft lebensrettende Wirkungen, außerdem entfalteten andere prominente deutsche Katholiken durchaus nicht eine vergleichbare Aktivität zugunsten ihrer belgischen Glaubensbrüder, was auch als faktische politische Stellungnahme zu werten ist. Oder umgekehrt: ein massiver Einsatz deutscher Katholiken in humanitären Fragen für Belgien wäre auch ein Politikum für die Reichsleitung gewesen. Durch sein engagiertes Eintreten für belgische Belange auf kirchlichem und humanitärem Gebiet(231) glaubte sich Hartmann nach dem Krieg berechtigt, sich seinerseits mit einem Bittgesuch an Mercier zu wenden. Auf Anregung des Münsteraner Theologen A. Donders bat er Mercier um eine Initiative zugunsten der hungernden deutschen Bevölkerung, da nach den Waffenstillstandsbedingungen die Blockade noch nicht aufgehoben war.(232)

Mit der drohenden Niederlage veränderten sich die Beziehungen zwischen Mercier und den deutschen Behörden. Lancken und auch Falkenhausen war klar, daß der belgische Katholizismus für ein Wiederanknüpfen nach dem Krieg gerade im Fall einer deutschen Niederlage eine wichtige Rolle spielen würde, man besann sich daher auf eine zuvorkommende Behandlung des Kardinals.

Lancken benutzte einen relativ nichtigen Anlaß, um den Kardinal im letzten Septemberdrittel aufzusuchen und mit ihm die allgemeine Lage zu besprechen.(232) Er fand Mercier versöhnungsbereit - vorausgesetzt, die Wiederherstellung Belgiens sei gesichert - und auch an einer Herstellung guter Beziehungen zum deutschen Katholizismus interessiert,(234) andererseits konnte er feststellen, daß Mercier stärkste Befürchtungen hegte, Belgien könnte möglicherweise nur durch neuerliche verlustreiche Kämpfe befreit werden, Befürchtungen, die Lancken noch kräftig schürte, weil er in ihnen einen gelegentlich zu verwertenden politischen Aktivposten sah.(235)

Schneller als Lancken es am 27.9.1917, Datum der Abfassung des Berichts an das Auswärtige Amt, erwartet haben mochte, stellte sich die Situation ein, in der Merciers großes Prestige für die deutsche Politik von Interesse sein konnte. Nach dem überraschenden Waffenstillstandsersuchen vom 3.10.1918 meldete sich Lancken unter Wiederanknüpfung an seine Friedenskontakte zu prominenten Belgiern, die er bis in den Januar 1918 hinein aufrecht erhalten hatte,(236) beim Auswärtigen Amt mit dem Vorschlag zu Wort, über Mercier und andere prominente Belgier eine Erklärung zur Zukunft Belgiens abzugeben, "damit sie für Annahme des Waffenstillstandsangebots wirken."(237) Die Idee Lanckens konkretisierte sich in den folgenden Tagen zu dem Plan, der offensichtlich auch schon mit Mercier und anderen führenden belgischen Persönlichkeiten besprochen worden ist, Mercier solle sich mit einem persönlichen Schreiben an Wilson wenden, nachdem er sich der Zustimmung der belgischen Notabeln vergewissert hat, und ihm die Belgienerklärung abgeben.(238) Es scheint, daß Lancken sogar schon den Text des an Wilson zu sendenden Schreibens besprochen hat: "Darin hätte er ausgeführt: Er sei seit langem in fortlaufenden Beziehungen zu mir. Ich hätte ihm im Verfolg früherer Unterredungen, ermächtigt von meiner Regierung, in Rede stehende Erklärung abgegeben. Mit dieser Erklärung sei alles erreicht, was Belgien für sich beanspruche und was Wilson für Belgien wolle. Namentlich seien in der Frage der Räumung die gestellten Forderungen des Herrn Wilson im voraus erfüllt, nun möge der Präsident zeigen, daß er ein Herz für Belgien habe und ihm das aus der Ablehnung deutschen Angebots für das Land erwachsende Unglück ersparen."(239) Geplant war ferner, daß ein Beauftragter Merciers oder sogar Mercier selbst(240) das Schreiben an Wilson der amerikanischen Gesandtschaft in Den Haag überbringen und danach auch die diplomatischen Vertreter Englands und Frankreichs informieren sollte.(241) Wie schon Ende September skizziert, versuchte Lancken jetzt tatsächlich die Furcht der Belgier vor einer restlosen Zerstörung ihres Landes(242) zur Beeinflussung Wilsons auszubeuten. Es muß vorerst offenbleiben, inwieweit Mercier tatsächlich bereit war, auf den Plan einzugehen.(243) Zur großen Enttäuschung Lanckens zerschlug sich die schon in die Wege geleitete Aktion durch Einwände des Auswärtigen Amtes, die mit dem Bekanntwerden der ersten Wilson-Note am 9.10.1918 in Verbindung standen.(244)

Auch Mercier selbst soll enttäuscht gewesen sein, weil sein Eingreifen nun nicht mehr nötig zu sein schien.(245) Immerhin blieb Lanckens Verbindung nach Mecheln erhalten, und in abgewandelter Form kam es ein paar Tage später dann doch noch zu dem Brief Merciers an Wilson. Lancken wählte Mercier zum Adressaten einer Erklärung über die bevorstehende Amnestie für die belgischen politischen Gefangenen und Internierten, die er mit einigen anerkennenden Worten für die Haltung des Kardinals im Krieg und für den belgischen Patriotismus verband: "Vous incarnez pour nous la Belgique occupée, dont vous êtes le pasteur vénéré et écouté ..." und über die Belgier hieß es: "Cette déclaration devant réjouir votre coeur, je suis heureux de venir vous la faire, d'autant plus que je n'ai pu vivre quatre années au milieu des Belges sans les estimer et sans apprécier leur patriotisme à sa juste valeur."(246) Mercier ließ die Amnestieankündigung von den Kanzeln verbreiten,(247) die ersten Freilassungen im besetzten Gebiet begannen am 21.10.1918.(248) Vor allem aber interpretierte Mercier Wilson gegenüber wie verabredet die deutsche Geste als Anzeichen guten Willens und echter Friedensbereitschaft, so daß Lanckens Ziel erreicht war: "Ils (sc. die Vereinigten Staaten, d.Verf.) ont eu sur les événements une influence si décisive que je considère comme un devoir de me tourner immédiatement vers Votre Excellence pour lui faire connaître la démarche bienveillante et spontanée, dont je viens d'être l'objet. Je vois dans cette démarche la preuve d'un désir sincère d'arriver à la paix et j'entrevois avec émotion pour notre chèr peuple belge qui a tant et si noblément souffert l'arrivée d'une ère prochaine de calme et d'apaisement".(249)

Über die Auswirkungen der Amnestieerklärungen auf die Stimmung im besetzten Gebiet äußerte sich Lancken in illusionärem Optimismus. Er konstatierte, daß Mercier in allen Kreisen der belgischen Bevölkerung eine Welle der Anerkennung entgegenschlug und daß der Kardinal in der Nachkriegszeit eine gewichtige politische Rolle in Belgien und im internationalen Katholizismus spielen werde.(250) Aus dem versöhnlichen Zusammenarbeiten in der Frage der Amnestierung der belgischen Gefangenen leitete Lancken trügerische Hoffnungen ab - so als könnte die späte Geste guten Willens, die zudem noch schleppend ausgeführt wurde,(251) die traumatischen Erfahrungen des Kriegsausbruchs und der vier Jahre deutscher Okkupationsherrschaft in Belgien übertünchen und als würde Mercier in den Friedensverhandlungen(252) plötzlich als Anwalt einer Versöhnung mit Deutschland und damit für gemäßigte Friedensbedingungen auftreten.(253) Lancken mochte sich wohl auch der Illusion hingeben, er habe sich seine politische Integrität als verständigungsbereiter, gemäßigter Diplomat bewahren können.(254) Er vergaß, daß er im Konflikt der deutschen Behörden mit Mercier bis zum Frühjahr 1916 die Politik des Generalgouverneurs von Bissing, wenn auch nicht in der Form, so doch in ihrem materiellen Gehalt, mit Überzeugung vertreten hatte. Mochte er seit Mitte 1916 etwa erkannt haben, vielleicht in Verbindung mit der Einsicht, daß ein deutscher Siegfrieden unerreichbar ist, daß der belgische Katholizismus eine politische Kraft darstellte, mit der Deutschland bei seiner künftigen Belgienpolitik auf alle Fälle zu rechnen haben wird,(255) mochte sich Lancken auch in seinen Kontakten zu führenden Belgiern persönlich konziliant geben, so konnte er doch nicht erwarten, daß die Belgier oder gar die Entente-Vertreter derartigen inneren Differenzierungen im deutschen Lager ein großes Gewicht beimessen würden und daß vor allem Mercier durch ein paar freundliche Worte über seine Haltung im Krieg die Erinnerung an das Unrecht Deutschlands gegenüber Belgien auslöschen könnte. Insofern erscheinen die politischen Hoffnungen, die Lancken an die rasche Amnestierung der gefangenen Belgier knüpfte, reichlich unrealistisch, so begrüßenswert die Maßnahme sonst auch war.

In den letzten Oktobertagen war Lancken damit beschäftigt, die Durchführung der Amnestie auch in den Etappengebieten, die nicht dem Generalgouvernement, sondern der militärischen Führung unterstanden, und in Deutschland voranzutreiben. Ebenso energisch setzte er sich gegen die Zerstörung der Förderanlagen der südbelgischen Bergwerke im Lauf des deutschen Rückzugs ein, die auf die Stimmung vergiftend wirken und den politischen Erfolg der Amnestierung zunichte machen mußte.(256) Ein letztes Zusammentreffen mit Mercier fand am 11.11.1918 im Auftrag des Brüsseler Soldatenrats statt, der am 9.11.1918 die Zivilverwaltung übernommen hatte und die Rückführung der deutschen Truppen nach Deutschland organisierte. Lancken bat Mercier um einen Aufruf zur Ruhe an die belgische Bevölkerung, dem Mercier mit einem Anschlag an die Kirchentüren vom gleichen Tag nachkam.(257) Am 14.11.1918 verließen die letzten deutschen Beamten der Zivilverwaltung, darunter auch Lancken mit den Beamten der Politischen Abteilung, die belgische Hauptstadt.(258)

Neuntes Kapitel

FRIEDE OHNE VERSÖHNUNG

Lancken hat, wie oben ausgeführt, aus der von ihm als offen und vertrauensvoll empfundenen Zusammenarbeit mit Mercier in den letzten Kriegstagen geschlossen, der Kardinal sei zur Aussöhnung mit Deutschland bereit und mit eben dieser Zusammenarbeit sei der Grundstein für eine spätere Aussöhnung gelegt.(1)

Wie die Entwicklung der Beziehungen zwischen belgischem und deutschem Katholizismus in den Nachkriegsjahren zeigen sollte, war Lanckens Sicht richtig und falsch zugleich. Mercier hatte schon während des Krieges zu erkennen gegeben, daß er grundsätzlich an einer Wiederaufnahme der Verbindungen zum deutschen Katholizismus interessiert war. Er löste mit derartigen Andeutungen immer großes Erstaunen bei den deutschen Behörden aus, die nur in den starren Kategorien "deutschfeindlich" oder "deutschfreundlich" denken konnten und deshalb diese Position des Kardinals nicht in Einklang zu bringen wußten mit seinem Widerstand gegen die deutsche Besetzung Belgiens.(2) Mercier hat allerdings während des Krieges auch unüberhörbar die Bedingungen genannt, die von deutscher Seite erfüllt sein müßten, ehe es wieder zu normalen Beziehungen zwischen deutschen und belgischen Katholiken kommen konnte: das Eingeständnis des deutschen Unrechts an Belgien, womit sowohl die Neutralitätsverletzung als auch der angebliche Franktireurkrieg und die völkerrechtswidrigen Methoden der deutschen Verwaltung Belgiens (man denke etwa an die Arbeiterdeportationen) gemeint war, eine gründliche Mentalitätsänderung des deutschen Volkes ("Reue" in der Terminologie des Bußsakraments) und als Anzeichen des wirklichen Umdenkens die Bereitschaft zur Wiedergutmachung im Rahmen des Möglichen.(3) Der Kriegsausgang war für Mercier eine Bestätigung seiner theologischen Interpretation des Krieges als eines Ringens zwischen Recht und Unrecht, Glaube und Unglaube, Michael und Luzifer.(4) Der Sieg der westlichen Koalition als Sieg der Gerechtigkeit Gottes ist das Grundthema seiner "politischen", d.h. seiner sich auf den staatlich-gesellschaftlichen Raum beziehenden Nachkriegshirtenbriefe.(5)

Auch in der deutschen Kriegstheologie - in der katholischen ebenso wie in der protestantischen - ist der Weltkrieg theologisch gedeutet und überhöht worden als ein Kampf um höchste geistige, kulturelle und christliche Werte, als deren Hort Deutschland anzusehen sei und die durch die Koalition der westlichen Staatengruppe mit dem zaristischen Rußland bedroht seien. Im Rahmen dieser Gesamtschau wurde das belgische Problem während des Krieges gelöst: die Neutralitätsverletzung - eine entschuldbare Notwehrhandlung, der Franktireurkrieg - eine Verleumdung des deutschen Heeres und seiner Führer, in die unbegrenztes Vertrauen gesetzt wurde, Mißgriffe der deutschen Verwaltung in Belgien - Klagen eines verblendeten Volkes, das die patriarchalische Fürsorge der deutschen Obrigkeit nicht zu schätzen oder sich der Kriegsnotwendigkeit nicht zu beugen wußte.

Der schon in den ersten Kriegstagen auflebenden annexionistischen Kampagne setzten die deutschen Katholiken keinen Widerstand entgegen, auch für sie bildete der Sicherungsgedanke die Brücke, auf der man von der Überzeugung eines Verteidigungskrieges zur Forderung von Annexionen als Kriegsergebnis übergehen konnte. Die Belgien betreffenden annexionistischen Forderungen wurden sogar noch mit speziellen katholischen Gründen gestützt, wie Erzbergers oder Kiskys Denkschriften zeigen.(6) Merciers Kriegspredigt und deutsche katholische Kriegsdeutung waren einander diametral entgegengesetzt, Mercier hat darauf im ersten Satz des Kollektivschreibens angespielt.(7) Im Grunde war das belgische Kollektivschreiben auch ein Angebot, über eine gemeinsame Durcharbeitung des zwischen Deutschen und Belgiern umstrittenen Geschehens wieder zu einem Neubeginn zu kommen. Es mußte den Bruch zwischen deutschem und belgischem Katholizismus verschärfen, daß auf dieses Angebot keine Antwort ergangen ist.

Für die deutsche katholische Kriegsdeutung stellte der Kriegsausgang den Bankrott aller ihrer während des Krieges verkündeten Anschauungen dar. Wenn vom Krieg als einem Gottesurteil über die Völker die Rede war, das die Spreu vom Weizen trennt, dann doch immer in der Perspektive des Sieges der gerechten, der deutschen Sache, nicht als warnende Prophezeiung einer möglichen Niederlage. Fast noch tiefer als die Niederlage auf dem Schlachtfeld wurde der Zusammenbruch der monarchischen Staatsform empfunden, in der die christlichen Kirchen den Ausdruck einer göttlich sanktionierten Staatsordnung sahen. Es stellt sich nun die Frage, ob im deutschen Katholizismus nach 1918 Ansätze einer kritischen Reflexion des eigenen Weges im Kaiserreich und besonders in den vergangenen Kriegsjahren vorhanden waren, wofür die Frage nach der Wiederanknüpfung mit dem belgischen Katholizismus ein Gradmesser sein konnte.

Dieses Wiederanknüpfen wurde auch nicht dadurch erleichtert, daß die beiden deutschen Kardinäle, die 1916 Adressaten des belgischen Kollektivschreibens waren, nicht mehr lebten. An die Stelle Bettingers war 1917 der Bischof von Speyer Faulhaber getreten, an die Stelle Hartmanns 1918 der Paderborner Bischof Schulte. Die beiden Nachfolger waren also keine neuen Gesichter im deutschen Episkopat, beide hatten für je "ihren" Kardinal im Krieg eine besondere Ratgeberrolle gespielt.(8) Beide mußten in den Augen Merciers kompromittiert erscheinen, Faulhaber durch seine ganz besonders pointierte Vertretung des deutschen Standpunkts in seinen Kriegspredigten,(9) von denen anzunehmen ist, daß Mercier sie kannte, so wie man auf deutscher Seite ja auch die Hirtenbriefe westlicher Bischöfe kannte, Schulte als der Vorgesetzte jenes Paderborner Theologen Rosenberg, der mit seiner Erwiderung auf die französische Anklageschrift "La guerre allemande et le Catholicisme" den Anstoß für das belgische Kollektivschreiben gegeben und damit in den Augen der Belgier den ganzen deutschen Episkopat mit der Übernahme der deutschen Propagandathesen im Fall Belgiens belastet hatte.(10) Die Tatsache, daß auch die neuen deutschen Kardinäle - hierzu ist noch Fürstbischof Bertram von Breslau zu rechnen, der schon 1916 in petto zum Kardinal ernannt wurde(11)- aufs engste mit der Haltung des deutschen Katholizismus im ersten Weltkrieg verbunden waren, erleichterte, im Verein mit den von Mercier genannten grundsätzlichen Vorbedingungen einer deutsch-belgischen Aussöhnung, nicht das Wiederanspinnen der durch den Krieg zerrissenen Fäden.

Die Initiative zum Wiederaufbau deutsch-belgischer bischöflicher Kontakte ging von Schulte aus, wohl im Bewußtsein, daß das Schweigen der deutschen Bischöfe 1916 die deutsche Seite zum ersten Wort verpflichtete. Er bediente sich des seit langem in Brüssel lebenden deutschen Karmeliters Pater Cyrill, der schon Hartmann öfter als Mittelsmann gedient hatte,(12) und ließ durch ihn Mercier um eine geheime Zusammenkunft bitten, bei der die strittigen Fragen in Ruhe besprochen werden könnten.(13) Mercier sagte ursprünglich zu, scheint sich dann aber zurückgezogen zu haben, ohne daß aus den deutschen Akten der Grund ersichtlich ist.(14) Erst bei dem Konklave vom Februar 1922, das Achille Ratti zum Nachfolger Benedikts XV. wählte, trafen deutsche und belgische Kardinäle zum ersten Mal nach dem Krieg persönlich zusammen. Schulte bereitete sich planmäßig auf diese Begegnung vor, nahm er doch Originalakten über die Angelegenheit des Kollektivschreibens nach Rom mit, um sie Mercier zur Einsicht zu überlassen.(15) Trotzdem brachte die Begegnung nicht die angestrebte Klärung des zwischen deutschem und belgischem Episkopat schwelenden Konflikts, obwohl beide Seiten immer wieder den brüderlichen Geist ihrer Gespräche in Rom betonten.(16) Schon bei dieser Gelegenheit hat Mercier seine Auffassung von Nächstenliebe, die nicht in einem allgemeinen Vergessen und Verzeihen ohne Klärung der Schuldfrage bestehen könne, dargelegt.(17) Die Begegnung aus Anlaß des Konklaves blieb zunächst ohne weitere Folgen. Erst Ende 1922 ergriff Schulte die Gelegenheit der im Kardinalskollegium üblichen wechselseitigen Gratulationen zum Jahreswechsel, um Mercier erneut seinen Wunsch nach einer Klärung des "Mißverständnisses" zwischen deutschen und belgischen Bischöfen auszudrücken: "Mir lag schon wegen des Andenkens meines Vorgängers, des hochsel. Kardinals von Hartmann, so sehr viel daran, Euerer Eminenz zu zeigen, welche Mühe sich der deutsche Episkopat 1915/1916 um eine friedfertige Beantwortung des offenen Kollektivschreibens ... gegeben hat. Durch Überreichung der diesbezüglichen Originalakten durfte ich Euerer Eminenz Einblick in die Gründe ermöglichen, die den deutschen Episkopat von öffentlicher Kritik der sich in Belgien überstürzenden Kriegsereignisse zurückhalten mußten. Daß diese Zurückhaltung keine Teilnahmslosigkeit oder gar Herzlosigkeit bedeutet hat, wird durch die umfassende und unausgesetzte an den Opfern des Krieges, nicht zuletzt an denen der belgischen Nation, geübte Caritas der deutschen Bischöfe evident gemacht."(18) Mit liebenswürdiger Ungenauigkeit deckte Schulte im Interesse des "gegenseitigen friedlichen Verstehens"(19) genau jene Punkte zu, die den Kern des Konfliktes bildeten und zeigte damit, daß er nicht verstanden hatte, worum es Mercier ging, eine offene Auseinandersetzung mit der eigenen Haltung, die gerade ein sehr genaues Hinschauen und die Bereitschaft zur Selbstkritik zur Voraussetzung hatte. Trotz seines äußerst entgegenkommenden, ja fast devoten Tones mußte die Anfrage Schultes Mercier enttäuschen, der dann auch ausweichend antwortete, die Zeit sei noch nicht gekommen, um die Frage des deutschen Schweigens auf das belgische Kollektivschreiben noch einmal aufzugreifen.(20)

Nach einjähriger Pause nahm ein Schreiben Merciers an Schulte den Gesprächsfaden wieder auf, das fast denkschriftartig die Erwartungen des belgischen an den deutschen Episkopat formulierte. (21) Im Mittelpunkt steht wieder die Frage nach dem richtigen Verständnis von "charité" in der konkreten historischen Situation und im Verhältnis von Deutschen und Belgiern: "Wollen, daß die Opfer freigebig sind mit der Barmherzigkeit und der Verzeihung denen gegenüber, die die Urheber ihres Unglücks waren, selbst bevor sie von ihnen ein aufrichtiges Wort des Widerrufs, der Reue, des Willens sich zu bessern (Wort fehlt, d.Verf.), von einem ganzen Volke einen solchen Heroismus in der Liebe fordern, der bis zum Äußersten geht, das heißt wahrhaftig zu viel verlangen."(22) Eine Erklärung des deutschen Episkopats oder doch wenigstens der deutschen Kardinäle über das an Belgien begangene Unrecht, "um der internationalen Gerechtigkeit Genugtuung (zu) geben",(23) müsse also vorangehen, ehe Belgien Verzeihung gewähren könne.

Wenn Mercier nach dem Kriegsende einen Prozeß des Umdenkens im deutschen Katholizismus erwartet hat, so mußte er von der realen Entwicklung enttäuscht sein, nicht nur von den Anschauungen, wie sie ihm in der Person Schultes entgegentraten, der doch immer noch um Verständigung bemüht war, sondern mehr noch von dem, was sonst in der deutschen Öffentlichkeit zum Fall Belgien - man denke nur an die unvermindert und fast unverändert fortgesetzte Behauptung von dem belgischen Volkskrieg gegen die deutschen Truppen in den ersten Kriegswochen(24) - erklärt wurde. Wie weit auch deutsche Katholiken davon entfernt waren, sich ihrem Teil der Verantwortung für das Geschehen in Belgien zu stellen, zeigt das Belgien-Kapitel der Erzberger-Memoiren "Erlebnisse im Weltkrieg". (25)

Schulte war über Merciers Ansinnen sehr erschrocken, wie sein erstes Konzept einer Antwort an den Mechelner Kardinal erkennen läßt: "Das schlimme Unrecht und das unverdiente Leid, das Deutschland im Kriege über Belgien gebracht, und das E.E. noch einmal in Ihrem geschätzten Schreiben zusammengestellt hat, bewirkt ohne weiteres, wie ich E.E. schon in Rom offen zugab, daß Deutschland gegenüber Belgien in eine Situation gekommen ist, die ganz verschieden ist von derjenigen, in der Deutschland gegenüber seinen sonstigen Kriegsfeinden sich befindet. Daß diese Schuldhaftigkeit Deutschlands bedauernd und selbstanklagend öffentlich von den deutschen Bischöfen zugegeben werde, ist das Verlangen E.E. und des hochw. Episkopats. Bei der Erfüllung dieses Verlangens, das wie ich nicht verhehle in der Geschichte nicht seines Gleichen hat, ergibt sich für den deutschen Episkopat noch die besondere Schwierigkeit, daß er sich der Gefahr aussetzt, seine etwaige Erklärung von belgischer Seite, deren Mentalität man in Deutschland vielleicht nicht vollkommen richtig erkennt, als nicht ausreichend charakterisiert zu sehen."(26) In dem genannten ersten Konzept bat Schulte deshalb um einen Formulierungsvorschlag Merciers, was nun gerade nicht im Sinne des Mechelner Kardinals sein konnte, weil dadurch das Schuldbekenntnis zu einer Siegerlaune degradiert wurde. Es konnte nur dann seinen Sinn erfüllen, wenn es nicht von außen aufoktroyiert wurde, sondern wirklich aus innerer Einsicht erwuchs. Schulte hat die Bitte um einen Entwurf des Schuldbekenntnisses nicht in seine endgültige Antwortfassung vom 10.1.1924(27) übernommen, sie muß Mercier aber bekannt geworden sein, denn er erklärte dem ersten deutschen Gesandten in Belgien von Keller bei dessen Antrittsbesuch im Juni 1924: "... er sei der Überzeugung, daß beide Völker wieder in friedlichen und freundschaftlichen Beziehungen neben- und miteinander leben müßten, und er sei sicher, daß die Zeit die Stimmung, von der weite Kreise des belgischen Volkes sich noch nicht frei machen könnten, allmählich zum Verschwinden bringen würde. Aber die Zeit arbeite langsam, und wenn man ihr allein dieses Werk der Wiederannäherung überlassen wolle, werde man zur Erreichung des Zieles Jahre brauchen."(28) Mercier meinte deshalb, daß der Geistlichkeit in dieser Frage eine besondere Aufgabe zufalle, die Initiative könne aber nicht vom belgischen Episkopat ausgehen: "Es bedürfte dazu eines Anlasses von außen, der alsdann hier ergriffen werden würde. Als einen solchen Anlaß denke er sich, - freilich in ganz vagen Umrissen - irgendeine Kundgebung deutscher christlicher Kreise, am besten wohl des deutschen Episkopates ... Er sei weit davon entfernt, eine Formel vorzuschlagen, sondern gerade um des Zweckes willen müsse sie auf deutscher Seite im gleichen Geiste wirkenden Persönlichkeiten überlassen werden und schon weil er in seinem Vorschlage nichts im Auge habe, was dem deutschen Ehr- und Selbstgefühl entgegenstehe, wolle er sich in dieser Beziehung zurückhalten. Aber wenn es je gelänge, einen solchen Anstoß für eine Aktion des belgischen Episkopats im Sinne der Annäherung der Seelen zu geben, verspreche er sich weittragende Wirkungen davon zu einer Versöhnung der beiden Völker auch auf politischem Gebiet."(29) Deutlicher als die doch recht förmliche Korrespondenz zwischen den Kardinälen bezeichnet dieser Gesprächsbericht des deutschen Diplomaten den Geist der Mercierschen Erwartung eines deutschen Schuldbekenntnisses und sein fast verzweifeltes Ringen, von deutscher Seite ein erstes Wort des Bedauerns über die Vorgänge um Belgien im Weltkrieg zu hören, das ihm die Wiederanknüpfung ermöglichte.

Schulte hat parallel zum Entwurf seiner Antwort an Mercier den Rat der beiden anderen deutschen Kardinäle, des Kölner Oberbürgermeisters Adenauer und des "Belgienspezialisten" A. Knoch eingeholt, ehe er sich zu einer Antwort entschloß. Adenauer antwortete ebenso präzise wie nüchtern: Er bejahte die Möglichkeit einer öffentlichen Anerkennung des deutschen Unrechts an Belgien im Fall der Neutralitätsverletzung, lehnte aber, in Verkennung des realen katholischen Einflusses auf die Belgien-Politik im ersten Weltkrieg, die Anerkennung einer katholischen Verantwortung für das Geschehen während des Krieges in Belgien ab.(30) Das war eine klare Auskunft, die in ihrem ersten Teil in die von Mercier erwartete Richtung ging.

Bertrams und Faulhabers Antworten waren für Schultes Anliegen, die Beziehungen zum belgischen Episkopat wiederherzustellen, wenig hilfreich. Bertram äußerte sich mit einer erschreckenden Unempfindlichkeit für das von Mercier angesprochene Problem, und es muß vorerst offen bleiben, warum Schulte die Antwort Bertrams in ihrer ganzen verletzenden Kleinlichkeit Mercier ausführlich und wörtlich mitgeteilt hat.(31) Möglicherweise wollte er Mercier einen Begriff davon geben, welche Widerstände im deutschen Episkopat gegen ein episkopales Schuldbekenntnis zu erwarten waren.(32) Bertrams Antwort scheint auch zu einem Rückzug Schultes beigetragen zu haben, vergleicht man den ersten Antwortentwurf Schultes und die endgültig abgesandte Fassung vom 10.1.1924.(33)

Bertram erklärte unter anderem, die Schuldfrage sei weder religiös noch historisch von bischöflicher Seite zu klären, weil die Geheimarchive der am Krieg beteiligten Staaten noch nicht geöffnet seien (Punkt 1 und 2), ein besonderes Schuldbekenntnis zur Frage der Neutralitätsverletzung sei wegen Bethmann Hollwegs Erklärung vom August 1914 nicht nötig (Punkt 3); das deutsche Volk dürfe nicht mit der Schuld einzelner Täter belastet werden (Punkt 4), der deutsche Wunsch nach Aussöhnung sei eigentlich "vernünftig" und erfordere von belgischer Seite keinen besonders heroischen Akt der Nächstenliebe (Punkt 6).(34) Faulhaber antwortete so spät auf Schultes Anfrage, daß dieser die Meinung des Münchner Kardinals nicht mehr in seine definitive Antwort nach Mecheln einarbeiten konnte. Faulhabers Äußerung behält aber ihren Wert als Auskunft über den politischen Standort des Münchner Kardinals zu diesem Zeitpunkt.(35)

Faulhaber zeigte sich durchaus nicht ungerührt von dem Ton des Schreibens Merciers, obwohl er ihm mit dessen Nachkriegshirtenbriefen zu kontrastieren schien. Er will zu den deutschen Bischöfen gehört haben, die schon immer für eine höfliche Beantwortung des belgischen Kollektivschreibens gehörten und das Schiedsgericht nur aus Zweckmäßigkeitsgründen im Krieg ablehnten.(36) Gern wäre Faulhaber jetzt auf den Vorschlag eines gemeinsamen deutsch-belgischen Schiedsgerichts eingegangen, weil er sich davon eine Reduzierung der im Ausland verbreiteten "Übertreibungen" und zu "neunzehntel" eine Ehrenrettung des deutschen Volkes versprach, doch war diese Erörterung insofern überflüssig, weil die Frage eines Schiedsgerichts nach dem Krieg nicht mehr zur Debatte stand.

Wie Schulte, so wünschte auch Faulhaber einen Brückenschlag zum belgischen Episkopat, der konkreten Anfrage wegen eines bischöflichen Schuldbekenntnisses wich er aber aus. Da er innenpolitische Konsequenzen für den deutschen Katholizismus fürchtete, wenn auch nur die Tatsache einer bischöflichen Korrespondenz mit Mecheln bekannt würde. so ist als Antwort auf Schultes Anfrage eigentlich nur ein Nein zu erheben, denn die Angriffe gegen die katholische Kirche von rechts wären im Fall eines deutsch-katholischen Schuldbekenntnisses noch heftiger gewesen: "Die völkische Bewegung ... würde allein schon die Tatsache einer Korrespondenz mit Mecheln als Anlaß nehmen, um eine neue Hetze gegen die Kirche in Szene zu setzen. Unser Volk ist heute ebensowenig innerlich zu einer Versöhnungsaktion fähig, wie es im Sommer 1917 zum Frieden reif war, und wird eine spätere Versöhnung ebenso mit größeren Opfern bezahlen müssen, wie es die versäumte Friedensgelegenheit des Jahres 1917 mit schweren Opfern bezahlen mußte."(37)

Wie in der Kontroverse um den Krieg als Mittel der Politik(38) zeigt es sich, daß Faulhaber faktisch seine Meinung geändert hat, die Meinungsänderung aber nicht als solche zugeben wollte, sondern den neu erworbenen Standpunkt in die Kriegsjahre zurückprojizierte. Es zeigt sich weiter, daß Faulhaber nicht bereit war, sich an die Spitze eines Umdenkungsprozesses zu setzen, sondern nur Einsichten im deutschen Volk folgen wollte aus Furcht vor schädlichen Folgen für die katholische Kirche, ohne die größeren Schäden für die innere Glaubwürdigkeit der Kirche und den staatlichen Neubeginn zu bedenken.

Die Rolle des Dr. A. Knoch in der Angelegenheit des eventuellen deutschen Schuldbekenntnisses ist nicht ganz zu klären, weil die Kölner Akten hier Lücken aufweisen. Als langjähriges Mitglied des Lütticher Metropolitankapitels kannte Knoch Sprache und Mentalität der Belgier gut.(39) Er fertigte für Schulte ein Schreiben an, das in den Akten fehlt, aber wohl einen vermittelnden Standpunkt zwischen deutscher und belgischer Sicht der Kriegsereignisse zu formulieren suchte.(40) Diesen Entwurf legte Schulte seiner Antwort an Mercier vom 10.1.1924 mit einer seltsam gewundenen Erklärung zu seiner Entstehung bei.(41) Knoch verhandelte über den Text bzw. über Merciers Anliegen mit einem belgischen Militärgeistlichen als Vertreter Merciers, die Angelegenheit verlief sich aber im Lauf des Jahres 1924 im Sande.(42) Im Mai 1924 gratulierte Schulte Mercier zum 50. Priesterjubiläum, und dieser dankte liebenswürdig, ohne auf die Angelegenheit zurückzukommen(43) - somit waren auf äußerer Ebene die kirchlichen deutsch-belgischen Beziehungen wiederhergestellt, denen übrigens kurz danach die Wiederaufnahme der diplomatischen Beziehungen folgte.

Nun spielte sich die ganze Angelegenheit nicht im luftleeren Raum ab, sondern auf dem historischen Hintergrund der innenpolitischen Wirren in Deutschland, der Verhandlungen um die Reparationszahlungen, der Ruhrbesetzung - an der Belgien beteiligt war - und des rheinischen Separatismus, an dem Belgien gleichfalls politisch interessiert war. Sicherlich haben für Schulte und für Mercier politische Nebenabsichten eine Rolle gespielt, ohne daß diese nach dem vorliegenden Quellenmaterial schon zu bestimmen wären. Es eröffnet ein neues Forschungsfeld, die Frage nach dem Nichtzustandekommen des deutsch-katholischen Schuldbekenntnisses vollständig zu erhellen. Der Hinweis auf die politischen Hintergründe und Zwänge, in die die deutschen Kardinäle einerseits und Mercier andererseits eingebunden waren und die letztlich verhindert haben mochten, daß die Schuldfrage als Kern der zwischen deutschem und belgischem Katholizismus umstrittenen Vergangenheit gelöst wurde, dieser Hinweis vermag die deutschen Kardinäle nicht restlos von der Verantwortung zu entbinden, daß es nicht einmal im vertraulichen Kontakt zu einem schlichten, menschlich überzeugenden Wort des Bedauerns und der Trauer über das Geschehen gekommen ist.

ANMERKUNGEN

VORBEMERKUNG

Um den Anmerkungsapparat nicht unnötig aufzublähen, werden die gedruckten Quellen und die Sekundärliteratur in einer Kurzform zitiert, jedoch jeweils so, daß sie über den Namen des Autors oder das Anfangswort des Titels im Literaturverzeichnis eindeutig identifiziert werden können. Nur in den wenigen Fällen, wo auf eine Monographie oder einen Zeitschriftenbeitrag als Ganzes verwiesen wird, erfolgen die vollständigen bibliographischen Angaben schon im Anmerkungstext. Eine Liste der in den Anmerkungen verwendeten Abkürzungen befindet sich am Schluß des Anmerkungsapparats.

ANMERKUNGEN 1. KAPITEL

1 Nach dem Tod Merciers im Jahre 1926 erschienen zahlreiche erbaulich-patriotische Biographien des Kardinals, die als Zeugnisse für die Stimmung der Nachkriegszeit und für das von Mercier im Laufe seines Lebens erworbene Ansehen von Interesse sind, vgl. C. Vervoort, Kardinal Mercier, zijn leven, zijn werk, 2 Bde. Löwen 1926; A. Laveille, Le Cardinal Mercier, Paris 1926; G. Goyau, Le cardinal Mercier, Paris 1932 (weitere Angaben im Anhang zu A. Simon, Le cardinal Mercier, Bruxelles 1960). Die äußeren Stationen seines Lebens dokumentiert das von einem internationalen Comité unter Vorsitz von H. Carton de Wiart herausgegebene Sammelwerk Le Cardinal Mercier, Bruxelles 1927. Eine erste wissenschaftliche Biographie, die auf der Auswertung reichen Quellenmaterials beruht, stellt die schon im Vorwort genannte Arbeit von A. Simon, Le cardinal Mercier, Bruxelles 1960 dar. Auf deutscher Seite hat W. Kisky, während des Krieges Mitarbeiter der Politischen Abteilung in Brüssel (s. unten S. 164 ff.) in der katholischen Kultur-Zeitschrift "Hochland" eine um Sachlichkeit bemührte Würdigung des Mechelner Kardinals versucht, die zwar faktisch die von Kisky im Krieg eingenommene Position gegenüber dem Kardinal revidiert, sich aber nicht dem Kern der zwischen dem deutschen und dem belgischen Katholizismus umstrittenen Frage, dem Unrecht Deutschlands an Belgien und der Schuld des deutschen Katholizismus gegenüber den belgischen Glaubensgenossen (s. hierzu das 9. Kapitel "Frieden ohne Versöhnung" S. 167 ff.)

zu stellen wagt, vgl. W. Kisky, Kardinal Mercier und wir, Sonderdruck aus dem Maiheft 1926 der Monatsschrift "Hochland", hrsg. von K. Muth, München-Kempten.

2 Ch. Mercier, L'enfance de Désiré Mercier. Sa famille, in Le Cardinal Mercier, Bruxelles 1927

3 Zur belgischen Geschichte seit 1830 vgl. H. Prienne, Histoire de la Belgique, Bd. 7 De la Revolution de 1830 à la Guerre de 1914, Bruxelles 1932; F. Van Kalken, La Belgique contemporaine. 1780-1949, Paris 1949; F. Petri, Belgien, Niederlande, Luxemburg von der Krise 1867 bis zum Ende des ersten Weltkrieges, § 19 in Handbuch der europäischen Geschichte, hrsg. von Th. Schieder, Bd. 6, Europa im Zeitalter der Nationalstaaten und Europäischer Weltpolitik bis zum ersten Weltkrieg, Stuttgart 1968.

4 vgl. die Würdigung des Einflusses seiner Mutter auf sein Leben und seine Berufswahl durch Mercier aus Anlaß der Feier seines 50jährigen Priesterjubiläums am 12.5.1924, D.J. Mercier, OP VII, S.350 f.

5 vgl. Simon, Le cardinal Mercier, S.18 f., S.23 ff., S.30 f.

6 In Mecheln hielt Montalembert 1863 seine später unter dem Titel "L'Eglise libre dans l'état libre" veröffentlichte Rede, vgl. Heyer, Die katholische Kirche von 1648-1870, S. N. 131 ff. Über die Rolle des französischen Bischofs Dupanloup bei der Verteidigung des liberalen Katholizismus und der Abschwächung des Syllabus vgl. ebd., S. N. 120, S. N. 132 f. und besonders S. N. 134. Nach Simon, Le Cardinal Mercier, S.19 begeisterte sich der junge Mercier für Montalembert.

7 Zur Kritik Merciers an seinen Schulen vgl. Simon, Le cardinal Mercier, S.17, S.20 ff. und S.25 ff. und ders., Position philosophique, S.13 ff.

8 Zur theologischen Situation in der katholischen Kirche gegen Ende des Pontifikats Pius IX. vgl. Heyer, Die katholische Kirche von 1648-1870, S. N 141 ff., Aretin, Papsttum, S.93 ff.. Speziell zur Situation in Löwen s. Simon, Position philosophique, S.14 f.

9 Mercier hat sein Leiden an der Kluft zwischen katholischer Kirche und zeitgenössischer Kultur sowie die Zielsetzung seines philosophischen Unterrichts, diese in früheren Jahrhunderten nicht existierende Kluft zu überwinden, formuliert in dem "Rapport sur les études supérieures de Philosophie présenté au congrès de Malines le 9 septembre 1891", Louvain 1892.

10 de Raeymaeker, Le cardinal Mercier, S.42 ff.

11 Nach Maron, Die römisch-katholische Kirche von 1870-1970, S. N 205

12 vgl. die im Anhang bei de Raeymaeker, Le cardinal Mercier, S.231 ff. abgedruckten verschiedenen Anregungen und Hinweise Leos XIII. auf die thomistische Philosophie und die mit der Gründung des thomistischen Lehrstuhls verbundenen Ziele.

13 s. hierzu Simon, Position philosophique, S.18 f.

14 Bei einer Gesamtzahl von etwa 1100 Studenten an der Löwener Universität erreichte Mercier zwischen 1882-1887 eine sich von 89 auf 161 steigernde Hörerzahl, vgl. Simon, Le cardinal Mercier, S.46.

15 s. dazu die programmatischen Artikel Merciers "La création d'une école supérieure de Philosophie" in "Science catholique", 1890; ders., Rapport sur les études supérieures (s.oben Anm.9); ders. "La philosophie néo-scolastique" in "Revue Néo-Scolastique" Jg. 1, 1894 S.5 ff.; ders. "Le bilan philosophique du XIX siècle", ebd., Jg. 7, 1900.

16 Simon, Le cardinal Mercier, S.48 ff., de Raeymaeker, Le cardinal Mercier, passim

17 Über Merciers erste Schüler und spätere Mitarbeiter am Institut vgl. de Raeymaeker, Le cardinal Mercier, S.58 f. und S.153.ff.

18 Simon, Position philosophique, S.32 ff. Hinter den Divergenzen Merciers mit dem Rektor der Universität Löwen Abbeloos standen unterschiedliche Auffassungen von der. Antwort einer katholischen Universität auf die Herausforderung der modernen Wissenschaft. Wollte der Rektor von der Fähigkeit der Katholiken zu wissenschaftlicher Forschung durch die Qualität der in den Fakultäten betriebenen Forschung überzeugen, wobei das eigentlich Katholische auf die private Lebensführung beschränkt blieb, so suchte Mercier in der Philosophie die Begegnungsstätte von Wissenschaft und Glaube. Der Aufbau des Instituts mit eigenen wissenschaftlichen Laboratorien entzog der Universität, die auf Spenden wohlhabender Katholiken angewiesen war, naturgemäß Mittel zum Ausbau ihrer übrigen wissenschaftlichen Einrichtungen. - Die Auseinandersetzung zwischen Mercier und dem Rektor spielte sich auf dem Gebiet des Sprachengebrauchs in den Vorlesungen des Instituts ab; der Rektor erreichte, daß dem Institut Latein als wissenschaftliche Sprache vorgeschrieben wurde, wodurch die Hörerschaft auf Theologiestudenten beschränkt wurde. Erst eine Kräfteverschiebung in der römischen Kurie brachte 1898 eine Aufhebung der Maßregel, die die Entwicklung des Instituts behindert hatte, den Rücktritt des Rektors und eine Ende der Isolierung Merciers innerhalb der Universität, ein Ende auch der Demütigungen, Überwachungen und Denunziationen, denen seine Arbeit in den Jahren zuvor ausgesetzt war (Simon, Le cardinal Mercier, S.53 ff.).

19 Korrespondierend zu den einzelnen Zweigen der Philosophie arbeiteten sich die Mitarbeiter des Instituts in ein empirisches Spezialgebiet ein. Obwohl Mercier auch historische, philologische und soziologische Forschungen zu berücksichtigen suchte, lag das Schwergewicht auf der Auseinandersetzung mit den Natur-

wissenschaften. Mercier selbst wählte sich als Spezialgebiet die Psychologie, der sein 1897 erschienenes Werk "Les origines de la psychologie contemporaine" galt.

20 Nur durch die Weltkriege unterbrochen, erscheint die Zeitschrift bis zur Gegenwart unter dem Titel "Revue philosophique de Louvain".

21 vgl. L. de Raeymaeker, Le Séminaire Léon XIII de 1892 à 1942, Louvain 1942

22 Zur Bibliographie der Werke Merciers s. den Anhang des Sammelwerks Le cardinal Mercier, S.341 ff.

23 S. hierzu das der Philosophie Merciers gewidmete Mai-Heft 1926 der "Revue Néo-Scolastique" mit Beiträgen von M. de Wulf, O. Noel, N. Balthasar, P. Harmignie, L. Legrand und P. Charles; L. de Raeymaeker, Le Cardinal Mercier et la philosophie d'aujourd'hui, in Revue générale belge, August 1951, Nr.70 S.567 ff.; ders., Dominanten in de philosophische persoonlijkheid van Kardinaal Mercier, in Mededelingen van de Koninklijke Vlaamse Akademie voor Wetenschapen, Letteren en Schone Kunsten, Klasse der Letteren, Jg. XIV, 7, Brüssel 1952; ders., Vérité et libre recherche selon le cardinal Mercier, in Vérité et libre recherche, Löwen 1954; trotz des psychologischen Ansatzes enthält auch die Studie von Simon, Position philosophique zahlreiche Hinweise auf Grundzüge und zeitgeschichtliche Einbindung der Philosophie Merciers.

24 "Les sciences particulières sont parties intégrantes de la philosophie: tout savant conséquent avec lui-même est, dans sa branche, un metaphysicien." D.J. Mercier, Les origines de la psychologie contemporaine, zitiert nach Simon, Position philosophique, S.33. Von einem so umfassenden Philosophieverständnis führte ein driekter Weg zur Gründung des Instituts, denn Philosophie als Synthese der Wissenschaften konnte nicht mehr von einem Einzelnen verwirklicht werden: "Dès lors, comme en présence du champs d'observation qui va s'élargissant tous les jours, les efforts individuels sont impuissants, il faut que l'association supplée à l'insuffisance d'un travailleur isolé, et que des hommes d'analyse et de synthese se reunissent pour réaliser, par leur commerce journalier et leur action commune, un milieu approprié au developpement harmonieux de la science et de la philosophie.". D.J. Mercier, La philosophie néo-Scolastique, S.17. - Mercier, der im Sommer 1887 selbst die Vorlesungen des berühmten französischen Nervenarztes Charcot in Paris hörte, zwei Jahre nach dem jungen Freud, hat stets seine Schüler ermutigt, mit den Koryphäen ihrer Spezialdisziplinen Kontakt aufzunehmen.

25 "La philosophie est l'explication la plus complète possible de l'ordre universel. Elle est cela et pas autre chose. Les sciences commencent cette explication; elles y tâchent dans un domaine particulier; la philosophie vient après elles, bénéficie de leurs résultats acquis, s'efforce de les mieux comprendre en les

rattachant à des principes plus simples et par suite plus évidents, d'affirmer leur certitude par une reflexion plus profonde et ainsi d'établir parmi toutes les connaissances humaines un ordre de subordination logique, qui soit une expression à la fois fidèle et sûre, de l'ensemble des choses connues." D.J. Mercier, Le bilan philosophique, S.320 f.

26 Wie selbst von der deutschen Kantschule lobend vermerkt wurde, war Mercier einer der wenigen wirklich guten Kantkenner auf katholischer Seite, vgl. F. Medicus, Ein Wortführer der Neuscholastik und seine Kantkritik, in Kantstudien, 5. Bd. Berlin 1901, S.30 ff., vgl. auch F. Paulsen, Kant der Philosoph des Protestantismus, ebd. 4. Bd. 1900, S.1 ff.

27 "Les Néo-Scolastiques doivent aussi se tenir en commerce avec les contemporains. Averroës, Siger de Brabant, Pierre Olive sont morts, ils appartiennent à l'histoire, mais Kant, Spencer, Comte vivent toujours dans les milieus intellectuels contemporains et leur esprit est partout répandu dans l'atmosphère que nous respirons ..." D.J. Mercier, Le bilan philosophique, S.327. Selbstverständlich blieb Mercier an den Thomismus als Ausgangspunkt seiner Philosophie gebunden, schließlich war er durch den Papst beauftragt, Vorlesungen in thomistischer Philosophie zu halten. Diese Abhängigkeit blieb für Mercier Gegenstand der Reflexion. Er glaubte, den darin liegenden Widerspruch zu seinem eigenen Anspruch, eine rationale Philosophie zu betreiben, damit auflösen zu können, daß der Thomismus auch nach kritischer Prüfung sich als diejenige Philosophie erweist, die die dem menschlichen Denken gestellten Probleme am befriedigendsten zu lösen vermag.

28 D.J. Mercier, La philosophie néo-scolastique, S.13. Vgl. auch die mit Verve vorgetragenen Verteidigung der Wissenschaft im "Rapport ..." von 1892: "Dormez plutôt en paix dans l'inaction si vous ne savez pas vous résigner, sans frayeur ni impatience, aux rétards, aux hésitations, aux inquiétudes inséparables du traivail de l'esprit. Renonçons pour de bon et une fois pour toutes à l'histoire, aux sciences, à la philosophie, si nous n'avons pas l'assurance que la révélation est assez vraie pour n'avoir rien à redouter des conflits et des complications des opinions humaines." (Nachweis oben Anm.9)

29 Vgl. Simon, Le cardinal Mercier, S.63 f.

30 1834 wurde die mittelalterliche Universität Löwen von den belgischen Bischöfen wiedereröffnet; im gleichen Jahr gründeten private liberale Stifter die Brüsseler Universität. Zum zeithistorischen Hintergrund vgl. Simon, L'hypthèse libérale, S.88 ff.

31 Vgl. Merciers Ansprache vom 8.12.1907 bei seinem ersten offiziellen Besuch der Universität Löwen als Erzbischof, D.J. Mercier, OP I, S.324 ff.

32 Simon, Le cardinal Mercier, S.68 ff., ders., Position philosophique, S.37 ff. und S.47 ff.

33 Ab 1907 erschien die Zeitschrift "La vie diocésaine", an Schriften geistlichen Inhalts verfaßte Mercier "A mes Séminaristes" 1908, "Retraite pastorale" 1910, "La vie intrieure" 1918.

34 vgl. Schmidlin, Papstgeschichte, Bd. 3, S.24 ff.

35 Selbst Mercier entging nicht den Verdächtigungen der Integralisten, die ihm die Förderung der christlichen Demokratie in Belgien verübelten (Schmidlin, Papstgeschichte, Bd. 3, S.165; Simon, Le cardinal Mercier, S.77 f.; Poulat, Intégrisme, S.330, S.511 u. öfter)

36 Kritik an Mercier als künftigem Erzbischof von Mecheln scheint innerhalb der Mechelner Diözese geäußert worden zu sein, da er sich hier während der Kämpfe um das Institut für Philosophie manche Feinde geschaffen hatte. (Simon, Le cardinal Mercier, S.67 f.).

37 Vgl. Simon, Heylen, in Biographie Nationale, Bd. 32, Sp.295.ff.

38 Leopold II. und die belgische Regierung lehnten Heylen wegen seiner Opposition gegen die Militärpolitik des Königs als Kandidaten für den Mechelner Erzbischofssitz ab (Simon, Le cardinal Mercier, S.66 f.).

39 Ebd., S.119. Dennoch scheint Mercier eher für konservativ eingeschätzt worden zu sein, wie die Zustimmung von Charles Woeste, des Führers des konservativen Flügels der katholischen Partei, zu seiner Ernennung und die Zurückhaltung Carton de Wiarts, eines der aktivsten Vertreter der "Jeune Droite", zeigen (vgl. Woeste, Mémoires, Bd. 2, S.285 ff. und Carton de Wiart, Souvenirs politiques, S.174 f.).

40 Es scheint, als sei während des ganzen Episkopats Merciers eine kritische Unterströmung an seiner Amtsführung nicht verstummt, die sich, abgesehen von der Kritik von flämischer Seite (s. unten Anm.111), auf einen zu gering ausgeprägten Sinn für eine geordnete, gleichmäßige Verwaltungsarbeit berief (Simon, Le cardinal Mercier, S.74 f.).

41 Zur Geschichte der belgischen Diözesen und ihrer Bischöfe seit der Gründung des belgischen Staates 1830 vgl. das 1930 erschienene repräsentative Werk Un siecle de l'Eglise catholique en Belgique 1830-1930, 2 Bde. hrsg. von C. Joset, Paris -Bruxelles-Courtrai o.J.

42 Angaben nach D.J. Mercier, Ansprache vom 15.2.1906 vor Professoren und Studenten der Universität, OP I, S.21 ff.

43 Statistische Angaben zur Entwicklung der Diözese Mecheln in Collectanea Mechlinensia 46, Jg. 1961.

44 Die Diözese wurde 1961 in die Diözesen Antwerpen und Mecheln -Brüssel geteilt, nachdem die Einwohnerzahl auf 3,5 Millionen und die Zahl der Priester auf etwa 2500 angewachsen war, vgl. ebd. 47, Jg. 1962, S.233 f.

45 Zu den Prärogativen des Erzbischofs von Mecheln gehören der Vorsitz in der belgischen Bischofskonferenz und das Amt des Grand Chancelier der Universität Löwen.

46 Mercier wurde schon 1907 zum Kardinal ernannt, ein Zeichen für die konfliktfreien Beziehungen des Hl. Stuhls zu Belgien (vgl. Schmidlin, Papstgeschichte, Bd. 3, S.55 und S.82 ff., vgl. auch D.J. Mercier, OP I, S.231 ff.).

47 Simon, Primas Belgii, Collectanea Mechlinensia 34, Jg. 1949

48 "A quoi donc se réduit pour chacun de nous, le jeu des causes secondes dont la Providence tenait, dans notre passé, les fils? A une chose unique: à préparer le moment présent. C'est ce moment donc; c'est cette disposition providentielle d'aujourd'hui que nous voulons adorer, bénir et, fût-ce avec des serrements de coeur ou même des frissons, intrépidément réaliser." D.J. Mercier, Ansprache vom 15.2.1906, OP I, S.23, vgl. auch Simon, Position philosophique, S.22 f.

49 Simon, Position philosophique, S.53 f. Ein philosophisches Interesse bleibt erhalten, Mercier verfolgt die weitere philosophische Diskussion und steht u.a. mit Maurice Blondel in schriftlicher Verbindung; unter dem Einfluß der Ernennung zum Bischof erfährt sein philosophisches Denken jedoch eine wesentliche Fortentwicklung (vgl. Simon, Position philosophique, S.51 ff.), doch außer in einigen philosophischen Vorträgen (vgl. etwa D.J. Mercier "Vers l'unité", Vortrag vom 7.5.1913 vor der Académie Royale de Belgique, OP IV, S.3 ff.) hat Mercier seine späteren philosophischen Anschauungen nicht mehr öffentlich vertreten.

50 S. oben S.19 f.

51 vgl. D.J. Mercier, Ansprache vom 16.4.1906 an den Klerus und die Gläubigen der Metropolitankirche, OP I, S.34 ff.

52 Merciers Kompetenz in Fragen der Priesterausbildung wurde durch Benedikt XV. mit der Berufung in die Studienkongregation anerkannt (vgl. AGR Brüssel, FVdH 23, Bericht Van den Heuvels vom 13.11.1915 und ebd., Bericht Van den Heuvels vom 25.2.1916). Wenn auch diese Berufung als Vorwand für Merciers Romreise Anfang 1916 diente (s.unten S.84 ff), so hat doch Mercier den Arbeiten dieser neugebildeten Kongregation den Stempel seiner Erfahrungen und Kenntnisse aufgeprägt.

53 Merciers "Oeuvres pastorales" von 1906 bis 1926 umfassen ohne die geistlichen Schriften 7 Bände.

54 vgl. D.J. Mercier, Begleitschrieben an den Klerus vom 25.4.1915 zum Hirtenbrief "La devotion au Christ et à Marie, sa Mère et notre Mère", OP V, S.135 f.

55 vgl. D.J. Mercier, Fastenhirtenbrief von 1907, OP I, S.179 ff.; Fastenhirtenbrief von 1911, OP III, S.169 ff.; Fastenhirtenbrief von 1912, OP III, S.334 ff.

56 D.J. Mercier, Fastenhirtenbrief von 1908 über die Irrtümer des Modernismus, OP I, S.363 ff.

57 S. oben Anm. 35

58 Zahlreiche Hirtenbriefe Merciers dienten der Erläuterung der Herz-Jesu- und der Marienverehrung, vgl. außer den schon oben Anm.55 genannten auch den Hirtenbrief vom 15.5.1921 "Maria Médiatrice", OP VI, S.479 ff. und den Hirtenbrief vom 1.11.1924 "La médiation universelle de la Très Sainte Vierge Marie", OP VII S. 436 ff. Mit wiederholten Aufforderungen, sich an das Herz Jesu und den Beistand Marias zu wenden, intensivierte Mercier während des ersten Weltkrieges sowohl diese Devotionen wie das patriotische Durchhalten der Bevölkerung (vgl. OP V, S.171 f., S.388, S.484 ff., S.490 f., S.499 ff., S.559 ff.)

59 vgl. D.J. Mercier, OP I, S.109 ff.; ebd. S.199; ebd. S.383 ff. und OP III, S.117 ff.

60 Die Schlußansprache Merciers vom 25.9.1909 und ein sich auf den Kongreß beziehendes Interview des Kardinals vom 5.10.1909 in OP II, S.356 ff. und S.389 ff.; zur innenpolitischen und innerkirchlichen Bedeutung des Kongresses vgl. Simon, Le cardinal Mercier, S.85 ff.

61 vgl. Simon, Goossens, in Biographie Nationale, Bd. 31, Sp.412 ff.

62 D.J. Mercier, Instructions sur l'enseignement de la langue flamande, OP I, S.155 ff.; Entretiens avec MM. les Inspecteurs et Directeurs des établissements d'enseignement moyen du diocèse von 1907 und 1908, OP I, S.210 ff., S.301 ff., OP II, S.126 ff.; Schreiben vom 22.9.1907 an die Oberinnen der Frauenklöster der Diözese, OP I, S.308 ff.

63 D.J. Mercier, Causerie sur l'éducation chrétienne vom 12.6.1906, OP I, S.71 ff.; Ansprache vom 31.5.1908 zum 50. Jubiläum des "Institut St. Louis", OP II, S.7 ff.; Vortrag auf dem Kongreß des "Katholischen Lehrerbundes für Österreich" vom 11.9.1912 in Wien, OP III, S.375 ff.

64 Vgl. D.J. Mercier, Schreiben vom 8.11.1909 an den Klerus der Diöszese, OP II, S.400 f.

65 D.J. Mercier, Ansprache vom 4.6.1910 auf der Generalversammlung der Antwerpener "patronages", OP III, S.29 ff. und ebd., S.35 ff. sein Gespräch mit den geistlichen Leitern der "patronages" vom 26.10.1910.

66 D.J. Mercier, Schreiben vom 27.11.1915 an den Klerus der Diözese über die Errichtung einer "Ecole professionelle", OP V, S.222 f.

67 s. oben, S.21

68 vgl. D.J. Mercier, Ansprache vom 8.12.1907, OP I, S.324 ff. und Ansprache zum 75. Jahrestag der Wiedereröffnung der Universität durch den belgischen Episkopat, OP II, S.270 ff.

69 Die ersten deutschen Meldungen über die Vorgänge in Löwen erweckten den Anschein, die ganze Stadt sei zerstört worden. Erst spätere Kommuniqués berichtigten diesen Eindruck (vgl. unten Kap.4 Anm.51).

70 D.J. Mercier, "Note", OP V, S.24 f.; Kollektivhirtenbrief des belgischen Episkopats vom 25.4.1919, OP VI, S.41 ff.; Fastenhirtenbrief Merciers von 1921 "Où en sommes-nous? Nos devoirs de l'heure présente", ebd., S.428 f. und Ansprache Merciers zur Grundsteinlegung der neuen Löwener Bibliothek am 28.7. 1921, ebd. S.536ff.

71 Zu den verfassungsrechtlichen Grundlagen des in Belgien herrschenden Verhältnisses von Staat und Kirche und seinen historischen Wurzeln vgl. R. Aubert, Kirche und Staat in Belgien im 19. Jahrhundert, in Beiträge zur deutschen und belgischen Verfassungsgeschichte im 19. Jahrhundert, Beiheft zur Zeitschrift Geschichte in Wissenschaft und Unterricht, hrsg. von W. Conze, Stuttgart 1967

72 D.J. Mercier, Tischrede aus Anlaß der Feier der Erhebung zum Kardinal am 13.5.1907, O.P. I, S.257.

73 Simon, Le parti catholique belge, S.84 ff.

74 s. unten, S.35 ff.

75 Simon, Le cardinal Mercier, S.126.

76 ebd., S.119 ff.; Simon, Mercier, Biographie Nationale, Bd. 30, Sp.583 und ders., Catholicisme et Politique, S.68.

77 Simon, Le cardinal Mercier, S.95 ff. und S.123, s. auch unten, S.94

78 Simon, Le cardinal Mercier, S.149 f., vgl. auch Höjer, Le régime parlementaire belge, S.145 ff.

79 Aubert - Lill, Die Auseinandersetzung zwischen Katholizismus und Liberalismus, Handbuch der Kirchengeschichte Bd. 6, 1 S.717 und S.745.

80 Simon, Le cardinal Mercier, S.84

81 D.J. Mercier, Gespräch mit den Doyens der Diözese vom Januar 1909, OP II, S.200, und Instruktion an den Klerus vom 27.2. 1909, OP III, S.458 ff.

82 Merciers persönliche Präferenz galt dem "XX siècle", einer Zeitung christlich-demokratischer und nationaler Prägung, die dem späteren Regierungschef de Broqueville nahestand (Simon, Le cardinal Mercier, S.84, S.88 und S.127).

83 s. unten S.83 f.

84 Nicht nur Mercier selbst klagte über die patriotische Lauheit seiner Mitbürger vor 1914 (vgl. die oben Anm.68 nachgewiesene Ansprache zum 75. Jahrestag der Wiedereröffnung der Löwener Universität), auch andere zeitgenössische Autoren stellten das Desinteresse der Belgier an nationalen Fragen kritisierend fest, vgl. Carton de Wiart, Souvenirs politiques, S.122 f., s. auch Devleeshouwer, Les Belges, S.12 ff.

85 Über die verschiedenen Militräreformprojekte und die endgültige Verabschiedung der allgemeinen Wehrpflicht 1909 unter F. Schollaert vgl. Devleeshouwer, Les Belges, S.59 ff. und S.141 ff.

86 Vgl. Lademacher, Die belgische Neutralität, S.280 ff.

87 Hojer, Le régime parlementaire belge, S.3 ff. und S.31 ff.

88 Lademacher, Die belgische Neutralität, S.400.

89 D.J. Mercier, Tischrede vom 16.4.1906 aus Anlaß der Feier seines Einzugs als Bischof in Mecheln, OP I, S.42 f.

90 Simon, Position philosophique, S.66 Anm.1

91 S. oben Anm.2

92 Simon, Position philosophique, S.64 ff.. Über die Zugehörigkeit Merciers zum "génie latin" und über seine Verbindung zu Frankreich, die ihn auch den flämischen Forderungen verständnislos gegenübersehen ließ, siehe unten S.30 ff.

93 Gleichfalls als Kollektivschreiben des belgischen Episkopats veröffentlicht am 6.1.1910, D.J. Mercier, OP II, S.421 ff. - Zur Kritik an Person und Politik Leopolds II. vgl. de Lichtervelde, Leopold II., S.339 ff. und S.407 ff.

94 "Nous avons tous, trois créanciers ... Dieu, nos parents, la patrie. Dieu, notre Créateur et notre Providence, nos parents, auteurs de nos jours et nos premiers éducateurs, la patrie, principe et force directrice de notre vie sociale. Aussi devons nous un culte, fait d'estime, de respect et d'amour, à Dieu d'abord, à nos parents et à la patrie ensuite." D.J. Mercier, OP II, S.429.

95 Vgl. auch Merciers Rückblick anläßlich der Feier seines goldenen Priesterjubiläums am 22.5.1924: "J'avais prêché le patriotisme pendant la paix, j'avais consacré une Pastorale de 1911 (sic!) à la Piéte patriotique ... j'ai prêcé cette doctrine pendant la guerre. Le patriotisme n'est pas seulement un sentiment issu de la communauté des souvenirs, de la communauté des aspirations entre citoyens d'un même pays. Le patriotisme est une vertu. La patrie, c'est la famille aggrandie. Le citoyen lui doit sa sécurité, en partie au moins le libre developpement de ses facultés. Il lui est donc débiteur des mêmes sentiments dont il est redevable envers la famille. Le patrio-

tisme est une "dette sacrée". C'est un devoir. Aimons notre patrie. Prêtres, laics, tous fidèles, citoyens, unissons - nous par ce lien du patriotisme au sein de la grande famille belge, à travers tous les différenciations de croyances ou d'opinions, autour du Souverain qui préside à ses destinées." D.J. Mercier, OP VII, S.364 f.

96 "Que ferez-vous, nos très chers Frères, pour pratiquer le devoir patriotique? Que ferons-nous, nous catholiques, qui devons avoir à coeur d'être partout les premiers, lorsqu'il y a une obligation à remplir, un poste d'honneur ou de combat à prendre? Chacun dans votre état ... vous occuperez consciencieusement votre poste social et vous poursuivrez fidèlement votre tâche. La grandeur de la patrie, dans les domaines divers de la richesse, des lettres, des arts, des sciences, de la philosophie, de la religion, doit aiguillonner et soutenir votre ambition. A ce but élevé vous devez tous collaborer activement, ou fournir à ceux qui s'y devouent tout au moins le soutiens moral de votre sympathie. La patrie grandit en fonction du progrès de ses membres, mais chacun des membres bénéficie, à son tour, de la solidarité sociale. L'union fait la force." D.J. Mercier, OP II, S.430 f. Entsprechend dem konkreten Anlaß des Hirtenbriefs fällt dieser Teil besonders ausführlich aus. Mercier unterstreicht die Rolle der Obrigkeit für das Gedeihen des Staates und würdigte die Verdienste Leopolds für Belgien, der selbst als Beispiel patriotischer Pflichterfüllung gelten kann (ebd., S.422 f. und S.425 ff.).

97 Das Verhältnis von Natur und Gnade ist ein beliebtes Thema Mercierscher Predigt. Vgl. Schlußrede des Mechelner Kongresses von 1909, D.J. Mercier, OP II, S.362; s. auch Fastenhirtenbrief von 1912, OP III, S.334 ff. oder Fastenhirtenbrief von 1914, OP IV, S.182 f.

98 D.J. Mercier, OP II, S.430. Mercier verweist in diesem Zusammenhang auf Mt 20,21 und Rm 13 bzw. auf ein Wort Pius X. vor französischen Pilgern, die unter der III. französischen Republik der Vaterlandsfeindschaft beschuldigt wurden: "Si le catholicisme était l'ennemie de la patrie, il ne serait plus une religion divine".

99 Vgl. E. Vandervelde, Souvenirs d'un militante socialiste, Paris 1939.

100 Zur Rolle Woestes, des Führers der konservativen Katholiken, vgl. Carton de Wiart, Souvenirs politiques, passim.

101 Simon, Daens, in Biographie Nationale, Bd. 31, Sp.745 ff.

102 Guérin, Pottier, in Biographie Nationale, Bd. 30, Sp.726 ff.

103 Carton de Wiart, Couvenirs politiques, S.86 ff.

104 R. Reszohazy, "Origines et formation du catholicisme social en Belgique" 1842-1909, Louvain 1958

105 Simon, Le parti catholique belge, S.50 ff.

106 s. oben S.22

107 Simon, Mercier, in Biographie Nationale, Bd. 30, Sp.582

108 Simon, Le cardinal Mercier, S.124 f. Zu Merciers Kritik an Kardinal von Hartmann wegen dessen rigider Haltung gegenüber den Arbeitervereinen s. unten, Kap. 7 Anm.186.

109 Für die Entfremdung der Arbeiterschaft von der Kirche gab es schon im Vorkriegsbelgien aufschlußreiche Beispiele. So wurden in Seraing, einem Industrieort nahe bei Lüttich, 23 % der Kinder nicht getauft, 46 % der Ehen nicht kirchlich getraut und 64 % der Beerdigungen nicht kirchlich vorgenommen. (Aubert, Defensive Kräftekonzentration, S.120 Anm.35b). Der erste Weltkrieg verschärfte diese Entwicklung. Mercier stellte 1924 anläßlich eines Provinzialkonzils fest, daß in den großen Städten 70 % der Männer und 60 % der Frauen nicht mehr die sonntägliche Messpflicht befolgten. (Simon, Le cardinal Mercier, S.93).

110 Der Auseinandersetzung mit dem Sozialismus galten eine ganze Reihe von Ansprachen Merciers bei den verschiedensten Gelegenheiten vor dem Krieg, vgl. OP I, S.99 ff., ebd., S.292 ff., OP II, S.86 ff., ebd., S.313 ff., ebd., S.321 ff., OP IV, S.38 ff.

111 Im Gegenteil, die Berufung Merciers ist von flämischer Seite ursprünglich begrüßt worden, war doch von dem neuen Mechelner Erzbischof bekannt, daß er in seiner Mechelner Schulzeit flämisch gelernt hatte. Umso tiefgehender war die Enttäuschung, nachdem sich mit den Instructions von 1907 (Nachweis unten, Anm.123) herausstellte, daß die in Mercier gesetzten flämischen Hoffnungen eine Illusion waren (vgl. Boudens, Kardinaal Mercier en de vlaamse beweging, S.39 ff. und S.50 ff.)

112 Willemsen, Het Vlaams-Nationalisme, S.12 ff.; s. auch M. Lamberty, Die flämische Frage, in Beiträge zur deutschen und belgischen Verfassungsgeschichte im 19. Jahrhundert, Beiheft zur Zeitschrift Geschichte in Wissenschaft und Unterricht, hrsg. von W. Conze, Stuttgart 1967, S.170 ff.

113 Der Liberale Willems und der Priester David waren die Protagonisten dieser ersten Phase der flämischen Bewegung, vgl. Toebosch, Willems, Biographie Nationale, Bd. 38, Sp.838 ff. und Wils, David, ebd., Bd. 35, Sp.157 ff.

114 Eine Regierungsenquete (Gründung der "Commission des griefs flamandes" 1856) hatte die Notwendigkeit von Maßnahmen auf sprachenpolitischem Gebiet in aller Deutlichkeit herausgestellt (Willemsen, Het vlaams-nationalisme, S.15 f.)

115 Die Periode der flämischen Bewegung von 1883-1914 behandelt Elias, Geschiedenis van de vlaamse gedachte, deel vier, S.225 ff. und S.328 ff., vgl. auch Willemsen, Het vlaams-nationalisme, S.20 ff., Höjer, Le régime parlementaire belge, S.9 ff.

116 Elias, Geschiedenis van de vlaamse gedachte, deel vier, S.1 ff., S.9 ff., S.199 ff.

117 Es war das besondere Kennzeichen der flämischen Bewegung im Unterschied zu anderen Nationalitätenbewegungen in Europa, daß die Flamen mit einer französisierten, denationalisierten Bourgeoisie im eigenen Land, den "fransquillons" oder "franskiljons" zu kämpfen hatten, es war also nicht jeder Flame von vornherein auch "vlaamsgezind", vgl. Elias, Geschiedenis van de vlaamse gedachte, deel vier, S.331 ff. und Höjer, Le régime parlementaire belge, S.6.

118 Die Petition wurde von dem katholischen Abgeordneten F. Van Cauwelaert, dem liberalen Abgeordneten L. Franck und dem Sozialisten C. Huysmans getragen, vgl. Willemsen, Het vlaamsnationalisme, S.25, Elias, Geschiedenis van de vlaamse gedachte S.140 ff.

119 Simon, Le parti catholique belge, S.88 f. und S.114 f.

120 Willemsen, Het Vlaams-nationalisme, S.12 und S.18 f.

121 Simon, Le Cardinal Mercier, S.155 f., vgl. auch Boudens, Kardinaal Mercier en de vlaamse Beweging, S.36, S.61 passim.

122 Zu den während des Krieges gegen Mercier verbreiteten Flugblättern vgl. Simon, Le Cardinal Mercier, S.115 ff., Willemsen, Het Vlaams-nationalisme, S.122 f., Boudens, Kardinaal Mercier en de vlaamse Beweging, S.155.

123 D.J. Mercier, Ansprache vom 16.6.1906 zur 50-Jahr-Feier des Collège St. Rombaut in Mecheln, OP I, S.80 ff. und ebd., S.155 ff. die vom ganzen Episkopat ausgehenden "Instructions aux Directeurs et aux Professeurs des Collèges Libres d'humanités sur l'enseignement de la langue flamande", vom August 1906. Zur Reaktion der Flamen vgl. Boudens, Kardinaal Mercier en de vlaamse Beweging S.53 ff.

124 D.J. Mercier, Instructions vom August 1906, OP I, S.157.

125 Ebd., S.157

126 Ebd., S.156

127 Die "Oeuvres pastorales" bieten einige Beispiele dafür, die weitaus meisten Hirtenbriefe und Ansprachen Merciers sind dort allerdings auf französisch veröffentlicht worden.

128 "Ce que nous pouvons demander ensemble, c'est qu'on avance raisonnablement vers la solution; mais je réclame avant tout la liberté pleine et entière pour l'enseignement catholique. Cette liberté est au-dessus de toutes les causes. Il fait que nous puissions faire ce que nous voulons dans nos collèges libres." D.J. Mercier, OP I, S.83 in der Ansprache vom 16.6.1906 zum 50. Jubiläum des Collège St. Rombaut in Mecheln.

129 "Toutefois, l'emploi du flamand ne doit, en aucune branche, être exclusif du français". Ebd., S.159.

130 Vgl. Simon, Le Cardinal Mercie, S.151 ff. und ders., Position philosophique, S.64 ff.

131 D.J. Mercier, Instructions, OP I, S.167.

132 Ch. Mercier, Généalogie du cardinal Mercier in Le cardinal Mercier, 1927.

133 vgl. D.J. Mercier, Ansprache vom 13.12.1919 vor dem "Institut de France", OP VI S.181; "Messieurs et chers Confrères, j'ai besoin de vous dire la Vérité, telle que je la vois, telle que je la sens dans les profondeuts de mon âme: parmi tous les peuples du globe, le plus attachant, le plus beau, le plus grand, par le rayonnement de sa pensée, par la précision et le charme de sa langue, par la bravoure souriante de ses soldats, par son caractère chevaleresque et l'élan de son apostolat, par la fécondité de son héroisme chrétien, c'est, n'en doutez-pas, votre peuple, le peuple français."

134 Zitiert nach Simon, Le Cardinal Mercier, S.157. - Nach Meinung Merciers kann der Nachteil der Abschaffung des Französischen als Unterrichtssprache an der Universität Gent nicht aufgewogen werden durch einen parallel laufenden, mehr oder minder intensiven Französischunterricht der Studenten. Worum es ihm ging und was durch den Gesetzesvorschlag Nolf eben nicht gewährleistet schien, war die "Durchdringung" der Studenten mit französischer Kultur!

135 D.J. Mercier, Instructions vom August 1906, OP I, S.167 f.

136 Ebd., S.156.

137 Vgl. auch ebd., S.158: "Comment préparer la classe élevée au rôle qui lui est naturellement dévolu au sein des populations flamandes?"

138 Darin liegt die Parallele zum Paternalismus in der sozialen Frage, den Mercier auf sozialem Gebiet jedoch überwunden hatte (s. oben S.29 ff.). Sein paternalistischer Standpunkt in der Sprachenfrage wird auch beleuchtet durch seine Stellungnahme zur Frage besserer Bildung für die Flamen: "Pourquoi ne pas faire partager au peuple les bienfaits d'une instruction plus avancée, pourquoi lui refuser de l'associer dans la mesure compatible avec son labeur quotidien, au progrès des sciences, à la culture esthétique, à une éducation religieuse plus relevée?" (OP I, S.156/157). Danach ist Teilhabe an höherer Bildung kein berechtigter Anspruch, sondern großmütig gewährtes Almosen derer, die über Bildung verfügen.

139 S. unten, S.144 ff.

140 vgl. oben, S.27

141 D.J. Mercier, OP II, S.117 ff. Der Hirtenbrief über die aus der Kongo-Annexion erwachsenden Pflichten für die Nation wurde als Kollektivschreiben des belgischen Episkopats veröffentlicht.

142 Die Gründung des "Etat indépendant du Congo", dessen Eigentümer und Souverän Leopold II. war, wurde auf der Berliner Konferenz 1884/1885 beschlossen, vgl. Lichtervelde, Leopold II., S.172 ff.

143 Über die Rolle Leopolds II. bei dem Erwerb der Kongo-Kolonie, die Kampagne gegen seine Kongo-Verwaltung und die internationalen Rivalitäten um die Aufteilung Afrikas s. auch ebd., S.149 ff., S.215 ff., S.253 ff. und S.344 ff.

144 Ebd., S.349 ff.

145 D.J. Mercier, OP II, S.118.

146 Ebd.

147 Ebd., S.119.

148 Ebd., S.120.

149 Vgl. Merciers Ausführungen über "philantrophie" und "charité" in der Ansprache vom 27.2.1909, D.J. Mercier, OP II, S.244 und in der Rede vom 11.9.1912 über die "Principes d'éducation chrétienne", OP III, S.397 f.

150 S. unten Anm. 159.

151 Vgl. Lademacher, Die belgische Neutralität, S.196 ff., S.255 ff., S.274 ff., S.280 ff., S.320 ff., Devleeshouwer, Les Belges, S.61 ff., Lichtervelde, Leopold II, S.288 ff.

152 Lademacher, S.258 ff. und S.290 f.

153 Der konservative Flügel der katholischen Partei befürchtete durch die allgemeine Wehrpflicht einen Arbeitskräftemangel in der Landwirtschaft und einen negativen Einfluß des Kasernenlebens auf die Moral der wehrfähigen jungen Männer, vgl. Carton de Wiart, Souvenirs politiques, S.54 f. und Devleeshouwer Les Belges, S.59 ff.

154 Lademacher, Die belgische Neutralität, S.272 f., S.280 f., S.323 ff., s. auch Petri, Belgien, die Niederlande, Luxemburg, in Handbuch der europäischen Geschichte, Bd. 6, S.471 ff.

155 Das Gesetz wurde von Franz Schollaert, Regierungschef von 1908-1911 mit den Stimmen der liberalen und der sozialistischen Opposition und nur eines Teils der katholischen Fraktion im Parlament durchgebracht, vgl. Carton de Wiart, Souvenirs politiques, S.159 f.

156 Schreiben Merciers an Schollaert vom 1.11.1909 (abgedruckt in Devleeshouwer, Les Belges, S.75 f.), und Mercier an Schollaert vom 21.11.1909 und vom 10.12.1909 (abgedruckt in Simon, Catholicisme et Politique, S.265 ff.); s. dazu auch Simon, Le cardinal Mercier, S.124 und ders., Mercier, in Biographie Nationale,

Bd. 31, Sp.587. Bevor Broqueville, der letzte belgische Vorkriegs-Premierminister, 1913 die allgemeine Wehrpflicht einführte, informierte er die Bischöfe über seine das Gesetz bedingende Einschätzung der internationalen Lage (vgl. Lichtervelde, Avant l'orage, S.47 ff.) und fand dabei offensichtlich die Unterstützung Merciers.

157 D.J. Mercier, Ansprache vor dem "Cercle Baudouin" vom 10.3. 1910, OP II, S.454, vgl. auch ebd., S. 257 ff. und OP I, S.45.

158 Joh. 15,13. Vgl. D.J. Mercier, Tischrede bei der Feier seiner Bischofsernennung mit Bezug auf die anwesenden Vertreter des Militärs OP I, S.45; die gleiche Idee ohne wörtliches Zitat in der Ansprache zur Osterkommunion des "Cercle militaire" von Mecheln vom 4.4.1909, OP II, S.258 f.; mit direktem Zitat in Merciers erstem großen Kriegshirtenbrief "Patriotisme et Endurance", Weihnachten 1914, OP V, S.66.

159 D.J. Mercier, Schreiben vom 30.1.1911 an die Gründer der "Lique catholique belge pour la paix", OP III, S.167, vgl. auch "Lettre collective de l'Episcopat belge 'Paix et Fraternité" vom 2.2.1925 über Völkerbund und Pazifismus, OP VII, S.481 ff., bes. S.517-523.

160 D.J. Mercier, Ansprache vom 10.3.1910 vor dem "Cercle Baudouin", OP II, S.455, vgl. auch seine Aussage in der Tischrede vom 16.4.1906 (Nachweis oben Anm.158): "L'epée est le symbol lumineux du devoir au service du droit" oder in der Ansprache vom 22.7.1919 vor Poincaré, dem Präsidenten der französischen Republik, in Mecheln, über Marschall Foch: "Le soldat dont le nom, bref comme un ordre de bataille, symbolisera à jamais la grandeur morale de la force militaire au service du droit" (D.J. Mercier, OP VI, S.90 f.).

161 Carton de Wiart, Souvenirs politiques, S.54 f., Devleeshouwer, Les Belges, S.79.

162 Von 1902 bis 1910 hatte sich die katholische Mehrheit im Parlament von 26 Stimmen auf 6 Stimmen verringert, um erst 1912 auf 16 Stimmen anzuwachsen. Das "cartel" der Sozialisten und Liberalen hatte die gemäßigte Mitte wieder in die Arme der katholischen Partei getrieben, vgl. Hymans, Mémoires, Bd. I, S.46 ff.

163 D.J. Mercier, Schreiben an Schollaert vom 1.11.1909 in Devleeshouwer, Les Belges, S.74 f.

164 Konservativen Befürchtungen um die Moral der Wehrpflichtigen setzte Mercier die Parole "die Besten in die Armee" entgegen, vgl. D.J. Mercier, "La piéte patriotique", Hirtenbrief von 1910, OP II, S.456, außerdem engagierte er sich für eine Verstärkung der Seelsorge, ebd., S.433 f..

165 Mit der Wahlrechtsreform von 1893 wurde in Belgien das Pluralwahlrecht eingeführt, durch das sich die Zahl der Wahlberechtigten von etwa 137 000 auf 1,37 Mill. erhöhte, vgl. Petri, Belgien, Niederlande, Luxemburg, S.478.

166 Simon, Le parti catholique, S.86 ff.

167 Es ist zu fragen, ob Merciers Stellung zur Flamenfrage von daher nicht etwas anders bewertet werden muß. Der Charakter der flämischen Bewegung, die vor 1914 bis auf einige Ansätze keine wirkliche Verbindung zur sozialen und demokratischen Bewegung gefunden hatte, war zwiespältig: zwar enthielten ihre Forderungen ein Moment der Selbstbestimmung, in der engen Verbindung von Sprache, Religion, Bodenständigkeit lag aber auch ein rückwärtsgewandtes, Auseinandersetzungen mit der eigenen Zeit abwehrendes Moment. Es ist denkbar, daß Mercier in der flämischen Bewegung auch die Gefahr der Festlegung des belgischen Katholizismus auf eine konservative, an der vorindustriellen Welt orientierte Haltung sah, wie sie in dem belgischen Episkopat seiner Zeit etwa der Lütticher Bischof Rutten repräsentierte (Simon, Rutten, in Biographie Nationale, Bd. 31, Sp.659 ff.

168 Wie etwa der langjährige Fraktionsführer der katholischen Partei Woeste, dessen Auffassungen Mercier häufig widersprach (Simon, Le cardinal Mercier, S.86, S.92, S.96.) Wegen seiner Unterstützung der "Jeune Droite" kam er auch mit dem Vatikan in Konflikt (Simon, Le cardinal Mercier, S.120, vgl. auch ders., Catholicisme et Politique, S.68).

169 Simon, Goossens, in Biographie Nationale, Bd. 31 Sp.416.

170 Sein Erleben in den ersten Kriegsmonaten schilderte Mercier in einer den Kriegshirtenbriefen vorangestellten "Note", OP V, S.24 ff.

171 Ebd., S.24 f., s. auch unten, S.60 f.

172 S. unten S.61

173 D.J. Mercier, Schreiben vom 16.10.1914 an den Klerus der Diözese, OP V, S.38 ff.

174 Durch eine Fragebogenaktion und durch eigenen Augenschein, vgl. D.J. Mercier, "Note", OP V, S.27 und ebd., S.55 in "Patriotisme et Endurance", s. auch unten, Kap. 3 Anm.29.

175 Eine Aufzählung der am stärksten betroffenen Ortschaften seiner Diözese gab Mercier in "Patriotisme et Endurance", OP V, S.55 ff., ähnlich stark in Mitleidenschaft gezogen waren die Diözesen Lüttich und Namur, die im Durchzugsgebiet der deutschen Truppen nach Frankreich lagen und den ersten Kriegsfuror zu erdulden hatten. Auch die Bischöfe dieser beiden Diözesen Rutten und Heylen verwahrten sich gegen die Anschuldigung eines belgischen Volkskriegs gegen die deutschen Truppen und klagten ihrerseits die deutschen Soldaten grausamer Kriegsführung gegen die belgische Zivilbevölkerung an (s. unten, S.98).

176 D.J. Mercier, Schreiben vom 16.10.1914 an den Klerus der Diözese Mecheln, OP V, S.39 f.

177 S. unten, Kap.3 Anm. 18

178 Simon, Le cardinal Mercier, S.92

179 Die Verbindungen innerhalb des besetzten Gebietes waren erschwert durch die Unterteilung in die den Armeeoberkommandos unterstehenden Etappenzonen und das Generalgouvernement Belgien. Im Etappengebiet lagen die Bistümer Gent, Brügge und Tournai, s. auch unten Kap. 8 Anm.6.

180 D.J. Mercier, "Patriotisme et Endurance", OP V, S.49 ff.

181 Weitere besonders kritisierte Hirtenbriefe Merciers waren "Appel à la Prière" vom September 1915, s. unten S.89 das Kollektivschreiben des belgischen an den deutschen und österreichisch-ungarischen Episkopat vom November 1915, s. unten S.97 f., der Hirtenbrief "A notre retour de Rome" vom März 1916, s. unten S.120 und die im März 1917 als Hirtenbrief verbreitete Ansprache vor den Doyens der Diözese vom Januar 1917, s. unten S.155

182 s. unten, S.164 f.

183 vgl. Devleeshouwer, S.321, s. auch Hymans, Memoires, Bd.1, S.84 f.

184 S. unten S.62 ff.

185 Simon, Le cardinal Mercier, S.123, vgl. auch ebd., S.95 ff.

186 Sie wurden von deutscher Seite jeweils als Zeichen der Anpassung an die Okkupationssituation freudig begrüßt, ohne daß dem jedoch ein Wandel in Merciers politischer Grundhaltung vorausgegangen wäre. Zu den deutscherseits mehrfach auftretenden Illusionen über Merciers Einstellung zum Okkupationsregime s. unten S.85, s. auch S. 128 und S.138 f.

187 S. oben S.21 f.

188 S. unten S.150 ff.

189 Simon, Le cardinal Mercier, S.141.

190 S. unten Kap. 5 Anm. 171, Anm.173 und Anm.178.

191 Merciers Gespräch mit Briand 1916 während seines Romaufenthalts diente der Wiederanknüpfung von diplomatischen Beziehungen zwischen Frankreich und dem Vatikan (s. unten Kap. 5, Anm.167 und Anm. 168); nach dem Kriegsende suchte Mercier der Lösung der "römischen Frage" dienlich zu sein, vgl. Martini, Studi sulla questione romana, S.85 passim und Aubert, Le cardinal Mercier et la question romaine (Nachweis unten Anm.195).

192 D.J. Mercier, Ansprache vom 23.11.1918, OP V, S.629 f.

193 vgl. Le cardinal Mercier, Brüssel 1927, S.228 ff.

194 Über die prominenten Besucher des Jahres 1919 in Mecheln, zu denen auch der amerikanische Präsident Wilson gehörte, vgl. ebd., S.133 ff.

195 Zur internationalen Rolle Merciers nach dem Krieg vgl. Simon, Le cardinal Mercier, S.162 f.; s. auch R. Aubert, Le cardinal Mercier et la question romaine en 1918-1919, in Risorgimento, Bd. XX, Bruxelles 1979, S.195-242 und ders., Les démarches du cardinal Mercier en vue de l'octroi à la Belgique d'un mandat sur la Palestine, in Bulletin de la classe des Lettres et des Sciences morales et politiques, 5e série, t.LXV, Bruxelles 1979-5 S.166-128

196 D.J. Mercier, Notiz über seine Amerikareise in OP VI, S.164 ff. und M. de Wulfs Reisebericht in Le cardinal Mercier, 1927, S.CLXV ff.

197 D.J. Mercier, Ansprache zur Feier der "Reconnaissance nationale au Sacré Coeur de Jesus" nach Abschluß des Friedensvertrages am 29.6.1919, OP VI, S.84 f.

198 Ebd., Fastenhirtenbrief von 1920 "Rébâtissons", OP VI S.209 ff.; vgl. auch die Ansprache vom 27.6.1919 vor der Generalversammlung der "Conférences de St. Vincent de Paul" ebd. S.92.ff.

199 Ebd., Fastenhirtenbrief von 1921 "Où en sommes-nous? Nos devoirs de l'heure présente," OP VI, S.417 ff.

200 D.J. Mercier, Fastenhirtenbrief von 1924 "Nos déceptions d'après-guerre. Confiance quand-même", OP VII, S.308 ff.

201 Der Verfall der Sitten in Familien und Gesellschaft, Immoralität der Kleidung und der Tänze, Jagd nach Gewinn und Genuß, übertrieben luxuriöse Lebensführung sind die von Mercier häufig in den genannten Hirtenbriefen angeprangerten Zeitübel.

202 S. vor allem den in Anm.200 nachgewiesenen Fastenhirtenbrief von 1924.

203 s. oben S.24

204 Vgl. D.J. Mercier, Ansprache vom 29.6.1919, OP VI, S.84 f., Hirtenbrief der belgischen Bischöfe vom 15.10.1925, OP VII, S.603 ff.; Hirtenbrief vom Juli 1921, OP VI, S.523 ff.; Schreiben vom April 1921 an alle Erzbischöfe, OP VI, S.470 ff.; Schlußansprache Merciers zum mariologischen Kongreß in Brüssel vom 10.9.1921, OP VI, S.558 ff.; Schreiben an die Kardinäle Spaniens vom 17.4.1925, OP VII S.543 ff.

205 vgl. Simon, Le cardinal Mercier, S.93 f.

206 vgl. D.J. Mercier, "Patriotisme et Endurance", OP V, S.65 f.

207 Ebd., s. auch Simon, Le cardinal Mercier, S.95.

208 vgl. Simon, Le cardinal Mercier, S.106 ff., ders., Le cardinal Mercier et l'union des Eglises, in Union et dèsunion des chrétiens, Bruges - Paris 1963, S.109 ff.; R. Aubert, Les conversations de Malines, in Bulletin de la classe des Lettres et des Sciences morales et politique, Bruxelles 1967; Boudens, Kardinaal Mercier en de vlaamse beweging, S.270 ff.

209 Simon, Le cardinal Mercier, S.106 ff. und ders., Le cardinal Mercier et l'union, S.116 ff.

210 Simon, Le cardinal Mercier et l'union, S.119 ff.

211 D.J. Mercier, Hirtenbrief vom 18.1.1924, OP VII, S.288 ff.

212 Die "charité chrétienne" ist ein schon in der Kriegspredigt Merciers öfter reflektiertes Thema, das in seinen letzten Lebensjahren zu einer Art Leitmotiv wird, vgl. D.J. Mercier, Ansprache vom 25.9.1925 zur "Semaine pour l'union des Eglises", OP VII, S.588 ff., vgl. auch unten S.170.

213 Simon, Le cardinal Mercier et l'union, S.135 ff., s. hierzu auch das Sonderheft "Le cardinal Mercier (1851-1926). Les consevations de Malines" der Zeitschrift Unité des chrétiens, Paris, Juli 1976, das der Erinnerung an die ökumenischen Initiativen Merciers, vor allem an die Mechelner Gespräche, gewidmet ist.

214 Höjer, Le régime parlementaire belge, S.314 ff.

215 Ebd., S.145 ff.

216 Simon, Le cardinal Mercier, S.149 f.

217 ebd. S.104. Die letzten schriftlichen Äußerungen Merciers galten der anglikanischen Angelegenheit und dem Klerus seiner Diözese, vgl. D.J. Mercier, Schreiben vom 21.1.1926 an den Erzbischof von Canterbury, OP VII, S.640 und ein Schreiben an den Klerus der Diözese vom 18.1.1926, ebd., S.641 f.

218 Simon, Le cardinal Mercier, S.164.

219 1924 feierte Mercier sein goldenes Priesterjubiläum, vgl. OP VII, S.338 ff.

220 s. auch die Würdigung des Lebenswerks Kardinal Merciers bei Simon, Le cardinal Mercier, S.165 ff.

ANMERKUNGEN 2. KAPITEL

1 Zu den deutschen Gesandten in Brüssel s. Lademacher, Die belgische Neutralität, S.394 f. und S.413, zur Überreichung des Ultimatums vom 2.8.1914 ebd. S.464 f.

2 Text des deutschen Ultimatums vom 2.8.1914 in DD, Bd. 2, Anlage zu Nr. 375 (Erlaß Jagows an Below vom 29.7.1914); Analyse des Ultimatums und seiner Entstehungsgeschichte bei Wende, die belgische Frage, S.17 f.

3 Zur belgischen Reaktion vgl. Devleeshouwer, Les Belges, S.297 f., s. auch Carton de Wiart, Souvenirs politiques, S.202 ff., Hymans, Mémoires, Bd. 1, S.85 ff.; zur flämischen Reaktion s. Boudens, Kardinal Mercier en de vlaamse beweging, S.129 f.

4 vgl. Wende, Die belgische Frage, S.15 f.

5 Text der belgischen Note vom 3.8.1914 in DD Bd. 4 Nr.779.

6 Jagow an Below, Tel.Nr.49 vom 4.8.1914, DD Bd. 4 Nr.805.

7 Schultheß, Europäischer Geschichtskalender, Jg. 1914 Bd. 2, S.757. Als erste deutsche Truppen überschritten Teile der 2. Armee unter General Emmich die belgische Grenze (Wende, die belgische Frage, S.19).

8 Bethmann Hollweg, Kriegsreden, S.9. Auf die politische Funktion des Eingeständnisses Bethmann Hollwegs vom Unrecht an Belgien weist Wende, Die belgische Frage, S.24 f. hin. Seine Analyse wird bestätigt durch ein Schreiben Oberst Schwertfegers an den früheren Mitarbeiter in der Politischen Abteilung der deutschen Verwaltung in Brüssel O.P. Oßwald, in dem Schwertfeger als früheres Mitglied des Generalstabs bestätigte, daß diese Formulierung auf Wunsch der OHL gewählt wurde. (BA Koblenz, Nachlaß Schwertfeger Nr. 97, Schreiben an Oßwald vom 16.2.1919).

9 Schultheß, Europäischer Geschichtskalender, Jg. 1914 Bd. 2 S.760, die über die deutsche Gesandtschaft im Haag übermittelte Note (s. auch PA Bonn, AHQ 6, Bd. 1/2, Moltke an AA, Tel. vom 7.8.1914) wurde am 8.8.1914 von Berlin abgesandt.

10 Neben der schon oben Anm.5 zitierten Antwort der belgischen Regierung auf das Ultimatum s. auch die von Müller (deutsche Gesandtschaft in Den Haag) übermittelte Antwort der belgischen Regierung (PA Bonn, AHQ 6 Bd. 1/2, Tel. Nr. 66 vom 13.8. 1914).

11 Zu den deutsch-belgischen Handelsbeziehungen vor dem Krieg vgl. Devleeshouwer, Les Belges S.87 ff. und Wende, Die belgische Frage, S.9 f.

12 Nach Wende (ebd. S.26) wurde die Zukunft Belgiens erstmals am 21.8. vom Reichskanzler im GHQ erörtert. Nach dem Riezlerschen Tagebuch fanden schon am 19.8.1914 Gespräche über Belgien im Zusammenhang mit dem Mitteleuropa-Projekt statt (vgl. Riezler, Tagebücher, S.198, Eintragung vom 19.8.1914.) Eine Bemerkung im Schreiben Bethmanns vom 4.9.1914 an Delbrück verweist auf Gespräche über Mitteleuropa vor der Abreise ins GHQ am 17.8. 1914, vgl. Zechlin, Friedensbestrebungen, S.41 und ders., Deutschland zwischen Kabinetts- und Wirtschaftskrieg, S.398 Anm.1. - Zur Frage, wie Belgien, das in den deutschen Vorkriegsplanungen keine Rolle spielte, zum die ganze Kriegszeit hindurch festgehaltenen Kriegsziel werden konnte, vgl. auch F. Wende, Machtpolitik und kontinentaler Imperialismus. Zu den Motiven der deutschen Belgienpolitik 1914-1918, in Revue belge d'histoire contemporaine, Bd. 17, Jg. 1976, S.55-82.

13 Zum deutschen Vormarsch auf belgischem Gebiet vgl. RAW Bd.1, S.108 ff., S.214 ff., S.346 ff., s. auch Karte Nr. 5.

14 Riezler, Tagebücher, S.216 (Eintragung vom 11.10.1914).

15 Vgl. die ausdrückliche Weisung Hintzes an Bussche, den Terminus "status quo ante" zu vermeiden, wenn Romberg über die Belgien betreffenden Friedensziele zur Weitergabe an Wilson informiert wird (s. Wende, Die belgische Frage, S.198 Anm.269 zum Tel. Hintzes vom 16.8.1918).

16 Nach dem von Zechlin veröffentlichten Text des Konzepts in Friedensbestrebungen und Revolutionierungsversuche, Beilage 20/63 der Wochenzeitschrift "Das Parlament", S.42 ff.

17 Das Riezlersche Tagebuch zeigt, daß daneben auch andere Vorstellungen erörtert wurden. So dachte der Reichskanzler vor der Formulierung des Septemberprogramms an eine Aufteilung Belgiens zwischen Deutschland, Frankreich und eventuell Holland, um mit Frankreich zu einem Versöhnungsfrieden zu kommen, ein Gedanke, der nach der Marneschlacht noch einmal auftaucht (Riezler, Tagebuch, Eintragung vom 22.8.1914, S.202, siehe auch Erdmann in der Einleitung zu Riezler, Tagebücher, S.56 ff.).

18 vgl. PA Bonn, AHQ 6 Bd. 1/2, Moltke an AA, Notenentwurf vom 12.8.1914.

19 Schultheß, Europäischer Geschichtskalender, Jg. 1914 Bd. 2, S.760.

20 Zwischen den Weltkriegen ist die publizistische und wissenschaftliche Behandlung des Franktureurkrieges bei der Frage stehengeblieben, ob es in Belgien bei Kriegsbeginn Franktireurs gab oder nicht. Sie konnte wegen der damit verbundenen politischen Interessen zu keiner von Belgiern wie Deutschen akzeptierten Klärung kommen. Erst nach dem zweiten Weltkrieg war in Deutschland die Situation so verändert, daß eine Untersuchung wie die von P. Schöller, Der Fall Löwen und das deutsche Weißbuch, erscheinen konnte. (Dort auch S.16 ff. zur Geschichts-

schreibung zwischen den Weltkriegen, s. auch L. Wieland, Der deutsche Angriff auf Belgien, S.7 ff.). Da die Erforschung des tatsächlichen Herganges nicht mehr möglich war, mußte sich Schöller auf eine Untersuchung des Quellenwerts des deutschen Weißbuchs über die Vorgänge in Belgien beim Einmarsch der deutschen Truppen beschränken, die aber Rückschlüsse auf das tatsächliche Geschehen erlaubte (vgl. S.69 ff.). Die Untersuchung Schöllers ergab für den Fall Löwen, daß erstens die deutschen Truppen von der Existenz von Franktireurs überzeugt waren, zweitens, daß sich deutsche Truppen irrtümlich selbst beschossen haben, und drittens, daß es keinen organisierten oder spontanen Aufstand der Einwohner von Löwen gab. Die Existenz einzelner, die deutschen Reaktionen auslösender Franktireurs ist denkbar, aber nicht erwiesen. (Vgl. auch F. Petri und P. Schöller, Zur Bereinigung des Franktireurproblems vom August 1914 in Vierteljahreshefte für Zeitgeschichte, Jg. 1961, S.232 f.). Die Vorgänge in Löwen erscheinen demnach weder als bewußte Terrormaßnahme der deutschen Truppen, um den belgischen Widerstand zu brechen (so hatte es die Note der belgischen Regierung vom 20.8.1914, vgl. Der Völkerkrieg Bd. 1, S.223 angedeutet) noch als berechtigte Abwehr eines Aufstands der Zivilbevölkerung, sondern als Massenpsychose bei den deutschen Truppen (zur militärischen Situation dieser Tage vgl. RAW Bd.3, S.327 ff.). Daß in der überreizten Atmosphäre der ersten Kriegstage die Bereitschaft zu Massenpsychosen groß war, zeigt das Beispiel der "russischen Spione" und der "französischen Goldtransporte" (vgl. Koszyk, Deutsche Pressepolitik, S.80). Die deutsche Franktireurpsychose könnte ihren Ursprung in den Presseberichten über die angebliche grausame Behandlung deutscher Staatsangehöriger in Belgien nach Bekanntwerden des Ultimatums am 3.8.1914 haben. Eine Zusammenstellung bringt Der Völkerkrieg, Bd. I, S.73 ff., doch zeigten spätere Untersuchungen, daß diese Berichte maßlos übertrieben waren, vgl. PA Bonn, AHQ 6, Bd. 1/2, Delbrück an Jagow, Tel. o.Nr. vom 4.9.1914. Tatsächlich war es in Brüssel und Antwerpen vereinzelt zu Übergriffen auf Bürger deutscher Herkunft gekommen, die jedoch bald wirksam von der belgischen Polizei geschützt wurden (vgl. Devleeshouwer, Les Belges, S.315). Diese Vorgänge wurden in der deutschen Presse maßlos aufgebauscht. Dabei ist auffällig, daß diese Pressemeldungen mit den späteren Franktireurmeldungen viele stilistische Gemeinsamkeiten aufweisen: die gleiche Ungenauigkeit bei den Orts-, Zeit- und Personenangaben, die gleichen typisierten Anklagen (Verstümmelungen, heimtückische Morde, Schütten von Teer oder heißem Wasser usw.), das gleiche Schwelgen in sadistischen Details, die vermuten lassen, daß es sich nicht um Tatsachenberichte, sondern um Phantasieerzeugnisse handelte, die bestenfalls von einem realen Anlaß ausgingen und bei denen nicht nach dem Wahrheitsgehalt, sondern nach dem Zweck der Veröffentlichung zu fragen ist. Es ist verständlich, daß die deutsche Bevölkerung von derartigen Berichten schockiert und empört war. Die Überzeugung mußte entstehen, die Belgier seien zu allem fähig, und mit dieser Überzeugung marschierten die deutschen Truppen in Belgien ein. Daß die Vorfälle in Belgien in Wirklichkeit anders verlaufen waren als die offizielle Version vorgab, war übrigens manchen führenden Persönlichkeiten bewußt und wurde gewissermaßen hinter vorgehaltener Hand auch ausgesprochen. So schreibt gelegentlich der Chef der Politischen Abteilung beim Generalgouverneur in Belgien von der Lancken mit Bezug auf Merciers Forderungen nach einer gemischten Untersuchungskommission im Kollektivschreiben des belgischen Episkopats von Ende 1915: "Da in der Tat während der ersten erregten Kampfeszeit mancherlei vorgekommen ist, was besser vergessen bleibt, gebietet es unser Interesse, auf keinen Fall und unter keiner Form diese Vorkommnisse wieder aufleben zu lassen. Um das nicht zu erkennen zu geben, könnten wir nach außen hin das Zugeständnis machen, nach dem Kriege zu unparteiischer Untersuchung bereit zu sein. In Wirklichkeit wird dann Niemand mehr daran denken." PA Bonn, Wk 17 Bd. 3, Lancken an AA, Bericht vom 10.1.1916, s. auch Müller, Regierte der Kaiser? S.62, Eintragung vom 30.9.1914, vgl. auch unter Anm.65)

Auch der Erzbischof von Köln, Kardinal von Hartmann, war durch Zuschriften von Geistlichen informiert. So schrieb ihm der deutsche Domkapitular in Lüttich, Prof.A. Knoch am 2.5.1915 und am 7.5.1915 über die Vorgänge in Belgien (AGV Köln, CR 25, 14 Bd.20). In letzterem Schreiben wies Knoch im Auftrag des Bischofs Rutten von Lüttich auf die Rolle der Presse hin und bat Hartmann, "daß gelegentlich auf die deutsche Presse in entsprechender Weise" eingewirkt werde, damit "tunlichst verhindert werde, daß die Zeitungen künftighin in verwirrender und verletzender Weise die öffentliche Meinung beeinflussen." Ein in Belgien stationierter freiwilliger Feldgeistlicher schrieb an Hartmann im Herbst 1914 (Name schwer leserlich, vielleicht Kassiepe): "Es handelt sich um das traurige Los vieler belgischer Geistlicher, besonders in kleinen Orten, die fortwährend ungerecht verdächtigt werden. Wenn unser katholisches deutsches Volk alles erfährt, was sich hier zugetragen hat, - und es wird sicher einmal die Wahrheit erfahren, so wird ein Sturm der Entrüstung durch die ganze katholische Welt gehen. Unsere katholischen Zeitungen in Deutschland erfahren entweder nichts davon oder dürfen nichts darüber bringen, während zu Anfang des Krieges Blätter vom Schlage der Täglichen Rundschau ungestraft Schauergeschichten über den französischen und besonders den belgischen Klerus berichten durften. Es ist die feste Überzeugung vieler rechtlich und ruhig denkender Leute, daß unter dem Einfluß jener Preßberichte, vielleicht auch unter dem Einfluß des bekannten Telegramms S. Majestät an Präsident Wilson (Anm.d.Verf.: s.unten, S.47) mehrere Justizmorde an katholischen Geistlichen verübt worden sind und eine Animosität gegen den Klerus eingerissen ist, daß man öfter das Schlimmste befürchten muß. Das was geschehen ist, läßt sich nicht mehr rückgängig machen, aber vielleicht ließe sich doch manches Unheil abwenden, wenn Euere Eminenz durch ihren Einfluß dahin wirken wollten, daß zu den kriegsgerichtlichen Verhandlungen gegen katholische Priester solche Richter hinzugezogen werden, die katholisches Leben und Wesen einigermaßen kennen und nicht in den üblichen protestantischen Vorurteilen befangen sind ... Ist jemand unzweifelhaft schuldig, so möge er nach Recht und Gesetz verurteilt werden. Aber es geht doch nicht an, unschuldige Priester auf krankhaft phantastische Vermutungen hin hier wochenlang gefangen zu halten, zu malträtieren, von einer Gerichtsverhandlung zur anderen zu schleppen, sie dann schließlich mangels genügender Beweise zwar in Freiheit zu setzen, sie aber nicht an Ehre und Vermögen zu rehabilitieren." (Es folgt das Beispiel eines 68-jährigen Pfarrers, der schmutzig und mit geborgter Kleidung nach wochenlangen Hin- und Hertransporten entlassen worden sei.) Zu den Kenntnissen oder Vermutungen deutscher Katholiken, in Belgien sei in den ersten Kriegswochen Unrecht geschehen, s. auch unten, Kap. 6 Anm.75 bis Anm.80 sowie Anm.147. Allerdings zeigten sich die prominenten deutschen Katholiken nur durch die Möglichkeit alarmiert, die deutschen Truppen könnten an belgischen Priestern Unrecht verübt haben; warum aber sollte, was für die Gruppe der Geistlichen anerkannt wurde, nicht auch für die anderen Opfer des "Franktireurkrieges" gelten?

Die Franktireurpsychose der deutschen Truppen scheint sich, nachdem die Greuel-Berichte der ersten Tage durch die Erklärungen der Regierung eine offizielle Beglaubigung erfahren hatten, nochmals verstärkt zu haben, denn nachdem bis dahin nur in Einzelfällen Zivilisten und Priester erschossen worden waren, ereigneten sich in der zweiten Augusthälfte die sinnlosen Massenerschießungen und die Zerstörung ganzer Städte oder Stadtteile wie in Andenne (20.8.1914), Dinant (23.8.1914) und in Löwen (25.-28.8.1914). Allerdings bedarf die Frage nach der Entstehung der Franktireurpsychose der deutschen Truppen und ihrer möglicherweise gezielten Verwertung durch den Generalstab noch einer weiteren eingehenden Untersuchung.

21 Vgl. Mommsen, Die Regierung Bethmann Hollweg, S.129.

22 Vgl. das bei Wende, Die belgische Frage, S.32 angeführte Beispiel.

23 So der Text der deutschen Note vom 13.8.1914, Nachweis Anm.18.

24 Vgl. auch das bei Wende, Die belgische Frage, S.32 zitierte Kommuniqué des Generalquartiermeisters von Stein vom 21.8.1914 zu den Verständigungsversuchen mit Belgien. Fortan wird es in der Presse ein beliebtes Thema, von Belgien als künstlichem Staat, als nicht lebensfähiger Schöpfung der europäischen Diplomatie zu sprechen.

25 Schultheß, Europäischer Geschichtskalender, Jg. 1914 Bd.1, S. 397 f.

26 Ebd., S.398 b: "Die selbst von Frauen und Geistlichen in diesem Krieg begangenen Grausamkeiten ... waren derartig, daß meine Generale endlich gezwungen waren, die schärfsten Mittel zu ergreifen, um die Schuldigen zu bestrafen." Über die sich daran anschließende Kontroverse in der deutschen katholischen Presse vgl. unten S.57 zur Entstehung des Kaisertelegramms s. auch unten, Kap.4 Anm.56.

27 Vgl. Fischer, Griff, S.46 ff., bes. S.60 f., S.68, S.70 f., S.73, S.75 ff.

28 Zur Haltung der deutschen Sozialdemokratie vgl. Fischer, Griff, S.78 ff.; Riezler, Tagebücher, S.195, (Eintragung vom 15.8. 1914), S.189 (Eintragung vom 23.7.1914) und S.192 f. (Eintragung vom 27.7.1914).

29 So Bethmann Hollweg in seiner Reichstagsrede vom 4.8.1914, vgl. Bethmann Hollweg, Kriegsreden, S.8 f., s. auch Lademacher, Die belgische Neutralität, S.12 ff.

30 Zur Haltung der deutschen Katholiken s. unten, S.88

31 S. unten S.79 f.

32 Die belgische Diplomatie, Pressevertreter und zahlreiche Privatleute waren sehr aktiv, im neutralen Ausland den belgischen Standpunkt zu verbreiten. Schon am 7.8.1914 wurde auf Anordnung des Justizministeriums eine Kommission gebildet, die die von Deutschland begangenen Verletzungen des Völkerrechts feststellen sollte (Schultheß, Europäischer Geschichtskalender, Jg. 1914 Bd.2, S.759). Am 17.9.1914 veröffentlichte sie einen Bericht (ebd., S.763). Gegen die deutsche Kriegsführung protestierte die belgische Regierung in einer Note vom 20.8.1914 (Der Völkerkrieg Bd.1, S.223 f.), nach den Vorfällen von Löwen verbreitete die belgische Regierung eine amtliche Darstellung (vgl. ebd., S.224). Gleichzeitig entsandte sie eine Kommission aus den Ministern Carton de Wiart, Hymans und Vandervelde über England nach Amerika, um Wilson selbst den belgischen Standpunkt zu erläutern und dokumentarisches Material zu überreichen (vgl. Carton de Wiart, Souvenirs politiques, S.250 ff.; Hymans, Mémoires, Bd.1 S.108 ff.) Zur belgischen Propaganda in den ersten Kriegsmonaten vgl. auch R. Dumoulin, La propaganda belge dans les pays neutres au début de la première guerre mondiale (Août 1914-Février 1915), in Revue belge d'histoire militaire, Jg. 1972 S.246-259).

33 So Bethmann Hollweg in seiner Erklärung gegenüber amerikanischen Pressevertretern, vgl. oben Anm.25.

34 Vgl. E. Jäckh, Der Lügenkrieg gegen Deutschland, in Der Völkerkrieg, Bd.1 S.192 ff.

35 So in der Erklärung des Reichskanzlers vom 2.9.1914 vor amerikanischen Pressevertretern (Nachweis oben, Anm.25) und in dem Telegramm des Kaisers an Wilson (Nachweis oben Anm.26), vgl.

auch die Erklärung des Reichskanzlers zur Guildhall-Rede Asquiths in Schultheß, Europäischer Geschichtskalender, Jg. 1914, Bd.1 S.398e f.) Zur Frage der Dum-Dum-Geschosse als einer von der Presseabteilung des Generalstabs inszenierten Angelegenheit vgl. Koszyk, Deutsche Pressepolitik, S.81 ff.

36 S. unten, S.79.

37 Vgl. Schultheß, Europäischer Geschichtskalender, Jg. 1914 Bd. 1, S.406 ff. über die Veröffentlichung der Gespräche zwischen Ducarne und Barnardiston in der "Norddeutschen Allgemeinen Zeitung" vom 12.10.1914 und ebd. Bd.2, S.1067 über die Veröffentlichung belgischer Gesandtschaftsberichte in der "NAZ" vom 29.7.1915 bis zum 23.8.1915; vgl. auch Lademacher, Die belgische Neutralität, S.23 ff.

38 Bethmann Hollweg, Kriegsreden, S.16 f.

39 Vgl. Wende, Die belgische Frage, S.20 f.

40 Zur Person des ersten deutschen Generalgouverneurs in Belgien vgl. H. Teske, Colmar Freiherr von der Goltz, Göttingen 1957 und die Erinnerungen des Generalfeldmarschalls, C.Frh. von der Goltz, Denkwürdigkeiten, Berlin 1929. Von der Goltz wurde schon am 28.11.1914 durch Moritz Frh. von Bissing als Generalgouverneur abgelöst, vgl. Schultheß, Europäischer Geschichtskalender, Jg. 1914 Bd.1, S.166 f.

41 Vgl. Wende, Die belgische Frage, S.21.

42 Die "Grundzüge über die militärische und wirtschaftliche Ausnutzung des Königreichs Belgien" wurden fast unverändert als "Anhaltspunkte für die Geschäftsführung des Generalgouverneurs in Belgien" an den Generalgouverneur weitergegeben, vgl. Wende, Die belgische Frage, S.21 f.; s. auch R.P. Oßwald, Die Errichtung des deutschen Generalgouvernements in Belgien 1914, in Staat und Persönlichkeit, Festschrift für Erich Brandenburg, Leipzig 1928, S.234 ff.

43 Zur Person von Sandts vgl. die Notiz in Der Völkerkrieg Bd.1, S.225, seine Beurteilung durch Riezler, vgl. Tagebücher, S.218 (Eintragung vom 19.10.1914).

44 Vgl. PA Bonn, Wk 14b Bd.1, Bethmann an Delbrück, Tel. Nr.22 vom 24.8.1914. Lancken war zunächst dem Chef der Zivilverwaltung unterstellt, bis am 12.2.1915 die Politische Abteilung als selbständige Abteilung neben der Zivilverwaltung gebildet wurde (s. hierzu unten, S.129 f.). Für die Wahl Lanckens sprachen wohl seine vorhergehende Tätigkeit an der deutschen Botschaft in Paris und seine guten Französischkenntnisse, entsprechend der zunächst noch weiterverfolgten deutschen Vorkriegspolitik, die sich an der flämischen Frage uninteressiert gezeigt hatte (vgl. J. Gotovitch, La légation d'Allemagne et le vouvement flamand entre 1867 et 1914, in Revue belge de Philologie et d'Histoire, Bd. XLV Jg. 1967, S.438 ff.).

45 Siehe auch Oßwald, Die Errichtung, S.252 f. und S.254 f..

46 Riezler, Tagebücher, S.201 (Eintragung vom 22.8.1914) und S.56 ff. (Einleitung Erdmanns), vgl. auch oben, S.46.

47 Vgl. E. Zechlin, Deutschland zwischen Kabinetts- und Wirtschaftskrieg, in HZ 199, Jg. 1964, S.395 ff.

48 Fischer, Griff, S.91.

49 Riezler, Tagebücher, S.198 (Eintragung vom 19.8.1914) und S.201 f. (Eintragung vom 22.8.1914).

50 Vgl. oben, S.46.

51 S. hierzu Bethmann an Delbrück vom 18.10.1914, abgedr. bei Fischer, Griff, S.100, aber auch die wieder von dieser Vorstellung abrückende Bemerkung Bethmanns im Schreiben an Hamann vom 14.11.1914: "Belgien ist eine harte Nuß. Ich habe anfangs die Phrase vom halbsouveränen Tributärstaat nachgeschwatzt", abgedr. bei Vietsch, Bethmann Hollweg, S.326.

52 PA Bonn, AHQ 6, Bd.1/2, Schreiben vom 4.9.1914 an Goltz, s. auch Wende, Die belgische Frage, S.28.

53 Zu den Spannungen zwischen Generalgouverneur und Reichskanzler unter Falkenhausen, ablesbar an der Stellung Lanckens im Generalgouvernement, s. unten S.141 ff.

54 Schultheß, Europäischer Geschichtskalender, Jg. 1914 Bd.2, S.761.

55 Zum Aufbau der deutschen Zivilverwaltung in Belgien vgl. Anholt, Die deutsche Verwaltung in Belgien, S.20 ff.; Volkmann, Das Generalgouvernement Belgien, S.30 ff., von Köhler, Die Staatsverwaltung der besetzten Gebiete, Bd.1, S.23 ff.

56 Vgl. PA Bonn, AHQ 6 Bd. 1/2; Erzberger an Bethmann, Tel. o.D. Es ist nicht ersichtlich, inwieweit die Entsendung des bayrischen Ministerialrats von Lutz in die Zivilverwaltung im Frühjahr 1915 (vgl. das erste Berichtschreiben Lutz an Hertling vom 18.4.1915 über seine Tätigkeit in der Zivilverwaltung als Stellvertreter von Sandts in GStA München, MA 971) auf derartige Beschwerden deutscher Katholiken zurückgeht. Zum Anteil von Nichtpreußen und Katholiken in der deutschen Verwaltung Belgiens s. unten Kap. 3 Anm.129.

57 Vgl. Teske, von der Goltz, S.73 f. und von der Goltz, Denkwürdigkeiten, S.346 ff.

58 Der Völkerkrieg, Bd.1, S.225.

59 Ein charakteristisches Stimmungsbild dieser Denkweise gibt die Stellungnahme des 4. AOK's zum Schreiben Bethmann Hollwegs vom 16.12.1914 an Bissing über die Flamenpolitik, in der jedes Entgegenkommen an die einheimische Bevölkerung abgelehnt wird. (PA Bonn, AHQ 28 Bd.2, Anlage zum Schreiben des Chefs des Generalstabs an den Reichskanzler vom 15.1.1915). Das Mißtrauen richtete sich vor allem gegen die katholischen Geistlichen, wie der schon oben (Anm.20) zitierte Brief eines deutschen Feldgeist-

lichen an Hartmann zeigt. Auch nach der Besetzung Belgiens wurden Geistliche noch oft als Geiseln festgenommen. Mit einem Erlaß untersagte der Generalgouverneur die Geiselnahme für das ihm unterstehende Gebiet, im Etappengebiet setzten sich diese Praktiken jedoch noch länger fort (PA Bonn, AHQ 28 Bd.1, Sandt an Bethmann, Schreiben vom 3.10.1914).

60 Zur Kritik an Goltz vgl. v.d.Goltz, Denkwürdigkeiten, S.361 und Teske, v.d.Goltz, S.75 f.

61 Vgl. Wende, Die belgische Frage, S.23 ff.; s. auch die Eintragung Riezlers vom 21.8.1914 (Riezler, Tagebücher, S.199 f.), vom 27.8.1914 (ebd., S.203) und vom 4.9.1914 (ebd. S.205).

62 Zur Biographie Bissings vgl. R.P. Oßwald, Bissing, in Deutsches Biographisches Jahrbuch, Überleitungsband II, Berlin-Leipzig 1928, S.35 ff.

63 Ebd., S.41 ff.

64 Zum Urteil seiner Untergebenen über Bissing vgl. Lancken, Meine dreißig Dienstjahre, S.22 f.; Bittmann, Werken und Wirken, 3.Bd. S.116 ff. und von Wilmowsky, Rückblickend möchte ich sagen, S.69 f.. - Es kennzeichnet die von persönlicher Animosität freie, nur auf politischen Gegensätzen beruhende Gegnerschaft Merciers, daß er beim Tode Bissings anerkennende Worte für den Generalgouverneur fand (s. Mayence, La correspondance, Mercier an Lancken, Schreiben vom 19.4.1917, S.362).

65 Zu Bissings Verwaltungsprogramm s. unten, S.55 ff.

66 "Wenn wir Belgien tatsächlich sollten behalten wollen, so werden wir vor eine unendliche Aufgabe gestellt sein. Ich kann mich des Eindrucks nicht erwehren, daß im Anfang zur Zeit der Kriegshysterie (unleserlich, d.Verf.) so Manches geschehen ist, was uns mit Recht vorgehalten werden kann und was den Nährboden für den Glauben an alle unwahren Gerüchte über unsere Barbarei abgibt... Die politische Reife des Landes ist so hoch, daß ich glaube, daß die Zuweisung einer politischen Stellung minderen Rechts im Falle einer politischen Angliederung an das Reich nicht eine Assimilation erleichtern, sondern sie geradezu erschweren würde." Lutz an Hertling, Schreiben vom 18.4.1915 (Nachweis oben Anm.56).

67 Vgl. Wende, Die belgische Frage, S.34 f.

68 Vgl. Naumann, Profile, S.313 und Bittmann, Werken und Wirken, Bd.3, S.117.

69 S. unten S.54.

70 Wende, Die belgische Frage, S.71.

71 Einzelheiten ebd., S.64 f., bes. 70-73.

72 Typisch für eine ganze Reihe von Briefen an den Reichskanzler ist es, wenn Bissing etwa am 30.9.1915 (PA Bonn, Wk 17 Bd.2) schreibt: "Euerer Exzellenz hatte ich mehrfach auszusprechen

die Ehre, daß ich die Kirchenpolitik in Belgien in Einklang halten möchte mit den Richtlinien der allgemeinen Politik der Reichsregierung. Ich bitte daher Euere Exzellenz, mir in der folgenden Angelegenheit einen Rat zu erteilen. ..." Ähnlich freimütig konnte sich Bissing auch an andere, für kompetent gehaltene Persönlichkeiten weden, zum Beispiel an den bayrischen Ministerpräsidenten Hertling oder an den Kölner Kardinal Hartmann, so heißt es in dem unten Anm.102 nachgewiesenen Schreiben Bissings an Hartmann vom 28.1.1914: "Besonders dankbar bin ich für jede Anregung, die mir von vaterländisch gesinnter berufener Seite zugeht." Auch Rathenau hatte es als auffallend empfunden, daß sich Bissing als hoher preußischer Offizier vor Amtsantritt in Berlin ratsuchend an mehrere Persönlichkeiten gewandt hatte (s. unten Anm.77).

73 Zur Rolle Lanckens im Generalgouvernement s. unten S.124 ff.

74 Gegen Wende, Die belgische Frage, S.35 f., der sein Urteil ausgehend von den Beziehungen Bissings zum Reichsamt des Innern bildet. Es ist sicher richtig, daß Bissing in Einzelfragen der Verwaltungsarbeit seine Selbständigkeit gegenüber den Reichsressorts behauptete, in den Grundlinien seiner Verwaltungspolitik, z.B. in der Flamen- und in der Kirchenpolitik, hat er sich faktisch durchaus dem "Rat" des Reichskanzlers untergeordnet.

75 Vgl. Janßen, Der Kanzler und der General, S.30 ff.

76 Zunächst veränderten sich die Grenzen des Okkupationsgebietes noch ständig. Am 1.9. war noch ungewiß, ob Brüssel als Sitz des Generalgouvernements sicher genug sei (v.d.Goltz, Denkwürdigkeiten, S.353), Antwerpen fiel am 9.10.1914, Ostende am 15.10.1914 (vgl. RAW Bd.5, S.221 ff. und S.299). Erst nach der Schlacht an der Yser kam die Front auf belgischem Gebiet zum Stillstand. Danach gehörten die Provinzen Lüttich, Limburg, Brabant, Antwerpen, Namur und Luxemburg ganz, die Provinz Hennegau teilweise zum Generalgouvernement Belgien, während die Provinzen Ost- und Westflandern das Etappengebiet bildeten. Nur ein kleiner Zipfel belgischen Territoriums blieb unbesetzt und wurde, verteidigt von der belgischen Armee unter dem Kommando König Alberts, zum Symbol des belgischen Unabhängigkeitswillens während des Krieges.

Zu den ersten Aufgaben der deutschen Zivilverwaltung gehörten die Sicherstellung der Ernährung der belgischen Bevölkerung. ein notdürftiges Ingangsetzen der Industrieproduktion und die Wiederbelebung der Presse, um der Gerüchtebildung vorzubeugen (vgl. v.d.Goltz, Denkwürdigkeiten, S.350 f.).

77 Vgl. Haußmann, Schlaglichter, S.20 f.

78 "Ganz im Vertrauen habe ich neulich an entscheidender Stelle vorgeschlagen, zu erklären, daß Belgien zunächst annektiert sei." GStA München, MA 97657, Bissing an seinen Sohn F.W. von Bissing, Schreiben vom 15.1.1915, durch diesen auszugsweise

dem Grafen Hertling mitgeteilt. Der Auszug umfaßt acht Schreibmaschinenseiten und behandelt auf fünf Seiten den Mercier-Zwischenfall, auf drei Seiten Bissings Vorstellungen von der Zukunft Belgiens und sein Verwaltungsprogramm in Belgien. Von der Absicht einer Annexion Belgiens noch während des Krieges hat sich Bissing durch politisch-administrative Gründe abbringen lassen, und zwar, daß Belgien noch nicht vollständig erobert sei, daß Deutschland im Fall einer sofortigen Annexion Belgiens die Ernährung des Landes sicherstellen müßte und daß es für die Verwaltung Belgiens ein großes Heer deutscher qualifizierter Beamter zur Verfügung stellen müßte, was im Krieg unmöglich sei. (Ebd., S.6). Bissing untersagte deshalb seinem Sohn eine weitere Propaganda dieser Idee: "Deshalb kann mein Gedanke, so energisch er klingen mag und so sehr er in Deutschland von all denjenigen, die eine Verantwortung nicht tragen, begrüßt werden würde, nicht weiter erörtert werden." (Ebd., S.7). Der Einleitungssatz der Bissing-Denkschrift vom Frühjahr 1915 "Nach dem Recht der Eroberung ist fast ganz Belgien deutsches Eigentum" (Nachweis unten Anm.79) ist demnach ein Nachklang der ursprünglichen Ansicht Bissings.

79 GStA München, MA 944. Die Bissing-Denkschrift zur Zukunft Belgiens war vorbereitet durch ein Schreiben des Generalgouverneurs an den Chef der Zivilverwaltung von Sandt vom 20.2.1915 (vgl. Wende, Die belgische Frage, S.54 und Janßen, Macht und Verblendung, S.214 f. Anm.205); zur Datierung der Denkschrift s. auch Wende, ebd., S.38 Anm.114.

80 Denkschrift Bissings vom Frühjahr 1915 (Nachweis oben, Anm.79) S.8.

81 Ebd., S.12.

82 "Eine Übergangszeit wird notwendig sein, welche ähnlich sich ausnehmen kann wie die deutsche Verwaltung während der Okkupationszeit", ebd., S.17.

83 Vgl. die Argumentation in der Denkschrift S.9 f. und S.21 f.

84 Nicht zufällig ist deshalb die deutsche Sozialpolitik in Belgien ein Paradebeispiel deutscher Verwaltungsarbeit, die in den Darstellungen der deutschen Okkupation Belgiens, die während des Krieges erschienen, voll Stolz herausgestellt wurde (vgl. Volkmann, Das Generalgouvernement Belgien, S.37 ff., Anholt, Die deutsche Verwaltung in Belgien, S.62 ff. und S.129 ff., vergl. aber auch von Köhler, Die Staatsverwaltung, Bd.1, S.168 ff.).

85 Bissing-Denkschrift vom Frühjahr 1915 (Nachweis oben Anm.79), S.22.

86 Vgl. das bei Volkmann, Das Generalgouvernement Belgien, S.46 zitierte Vorwort Bissings zu einer Broschüre über die deutsche Sozialpolitik in Belgien: "Deutsches Wesen und sozialer Geist gehören zusammen. Wie einst die Griechen das Kunst- und Schön-

heitsideal, die Römer den Staats- und Rechtsgedanken zur Blüte brachten, so haben die Deutschen Vorbildliches in der Erfüllung der sozialen Pflicht geleistet. - Als mir die Verwaltung des besetzten Gebietes übertragen wurde, betrachtete ich es als Pflicht, im feindlichen Lande und zu seinem Nutzen Wohlfahrtspflege nach deutscher Weise zu treiben."

87 Moritz von Bissing an F.W. von Bissing, Schreiben vom 15.1. 1915 (Nachweis oben Anm.78). Bissings Bemühungen, das Land vor noch rücksichtsloserer Ausbeutung zu bewahren, brachte ihn in Gegensatz zu der deutschen militärischen Führung, besonders unter der III. OHL, was ihn als hohen Offizier bedrückte, wie sein Schreiben an Hertling vom 28.12.1916 (GStA Münbchen, MA 971) zeigt: "Euere Exzellenz werden darüber unterrichtet sein, daß ich seit Wochen auf erhebliche Meinungsverschiedenheiten bei der Obersten Heeresleitung über die Aufgaben eines General-Gouverneurs in Belgien gestoßen bin und ich dort mehr oder weniger klar die Auffassung vertreten fand, daß meine Politik nicht immer im Interesse Deutschlands geführt worden wäre. In zwei langen Briefen an den Feldmarschall habe ich diese mich auch als alten Soldaten verletzenden Auffassung widerlegen müssen."

88 S. unten S.126 ff.

89 Vgl. Wende, Die belgische Frage, S.183 ff., s. auch unten S.161 ff.

90 So in der Frage der Beschlagnahmung des belgischen Kirchenguts, s. unten Kap.8, Anm.210.

91 S. unten, S.141.

92 Bissings Denkschrift vom Frühjahr 1915 (Nachweis oben Anm.79) enthält bezeichnenderweise ein Programm von Vorbereitungsarbeiten für den Friedensschluß, s.S.15 ff.

93 Während die Absicht einer späteren Annexion oder sonstigen Einverleibung Belgiens in den deutschen Machtbereich in den während des Krieges erschienenen deutschen Arbeiten über die Verwaltung Belgiens durchscheint (vgl. Anholt, Die deutsche Verwaltung Belgien, S.90 und Volkmann, Das Generalgouvernement Belgien, S.109 ff.) zieht sich von Köhler in seiner Darstellung, Die Staatsverwaltung, Bd.1 S.4 ff. auf den Standpunkt zurück, Deutschland habe sich bei der Verwaltung Belgiens nur von dem Völkerrecht und der belgischen Gesetzgebung leiten lassen.

94 Bissing selbst erwähnt diesen Besuch Ende 1914 bei Hartmann in seiner Aufzeichnung für den Auditor der Brüsseler Nuntiatur de Sarzana, Nachweis unten Kap.3, Anm.141. Zur Bekanntschaft zwischen Hartmann und Bissing s. unten S.56.

95 Das Schreiben Bissings an Hartmann vom 4.12.1914 wurde vom Kölner Kardinal im Original an Mercier weitergeleitet (als Anlage zu seinem eigenen Schreiben an Mercier vom 6.12.1914, vgl. Mayence, S.2 f. und s.4 f., s. auch unten Anm.104).

96 "... je m'efforce de trouver des personalités influentes qui si elles ne peuvent me soutenir dans l'accomplissement de cette tâche, auront cependant à coeur de ne pas en aggraver les difficultés. Dans une grande partie de la Belgique, le clergé catholique représente une force dont on ne peut méconnaître l'importance; aussi ne voudrais-je pas manquer d'entrer en relation avec lui et avec ses chefs, non seulement dans l'intérêt de ma mission, mais aussi dans l'intérêt du pays et dans l'intérêt de la population catholique." Bissing an Hartmann, Schreiben vom 4.12.1914, Nachweis oben Anm.95.

97 Ebd.

98 In der Unterredung mit Mercier am 16.12.1914 in Brüssel (Mayence, La correspondance, S.7) und in seinem Schreiben vom 31.12. 1914 an Mercier (ebd., S.29).

99 Zur Haltung Merciers s. unten S.59.

100 Bissing bemühte sich um die Rückführung der nach Deutschland deportierten katholischen Geistlichen und Lehrer (Bissing an Mercier, Schreiben vom 9.12.1914, Mayence, La correspondance, S.5 f.). Um seinen guten Willen unter Beweis zu stellen, sicherte Bissing in seinem ersten Gespräch mit Mercier diesem den freien Verkehr mit den übrigen belgischen Bischöfen zu (Mayence, La correspondance, S.7), eine Maßnahme, die auf Kardinal von Hartmanns Anregung zurückging. Weitere Vorschläge, wie die Lage der katholischen Kirche Belgiens zu erleichtern sei, unterbreitete Hartmann in seinem Schreiben vom 6.12.1914 an Bissing (AGV Köln, CR 25,14 Bd.20), die Bissing mit seinem Brief vom 28.12.1914 (ebd.) zu berücksichtigen versprach.

101 S. oben Anm.98.

102 AGV Köln, CR 25,14 Bd.20, Bissing an Hartmann, Schreiben vom 28.12.1914.

103 Zur Biographie Bissings s. oben, S.51 f., zur Biographie Hartmanns vgl. LThK, 2. Aufl. Bd.5 Sp.21. In der Ausfertigung seines Schreibens vom 6.12.1914 an Mercier (Nachweis oben, Anm.95) sowie im Schreiben vom 5.1.1915 an den holländischen Kurienkardinal van Rossum in Rom (AGV Köln, CR 25,14 Bd.20) berief sich Hartmann auf eine langjährige Bekanntschaft mit Bissing.

104 AGV Köln, CR 25,14 Bd.20, Konzept des Schreibens an Bissing vom 6.12.1914 von der Hand Hartmanns (schwer leserlich).

105 Ebd., Konzept vom 6.12.1914, vgl. auch Mayence, La correspondance, S.4 f. Die Ausfertigung ist gegenüber dem Konzept verändert, teils erweitert, teils im Inhalt neutralisiert, so hat Hartmann die Wendung seines handschriftlichen Konzepts "der sich aufrichtig bemüht, die geschlagenen Wunden zu heilen" als anscheinend noch zu deutliche Anspielung auf das Geschehen der ersten Kriegsmonate gestrichen.

107 Vgl. Oßwald, Bissing, S.45 über Bissings gute Zusammenarbeit mit der katholischen Kirche vor dem Krieg, s. auch das Schreiben Bissings an seinen Sohn vom 15.1.1915 (Nachweis oben Anm. 78), das die Antwort des Generalgouverneurs auf den Bericht seines Sohnes über einen Besuch beim Grafen Hertling am 9.1. 1915 darstellt und in dem Bissing durch die ausführliche Schilderung der Vorgänge um die angebliche Verhaftung Merciers offensichtlich um das Verständnis des bayrichen Ministerpräsidenten warb. Ähnlich bemühte sich Bissing um das Einverständnis Kardinal Hartmanns mit seiner belgischen Kirchenpolitik, s. unten S.66 zur Entsendung Trimborns nach Köln während des ersten Konflikts um Mercier.

108 S. oben Anm.26.

109 Mit Besorgnis verfolgten Graf Hertling und Baron Ritter, der bayrische Gesandte beim Hl. Stuhl sowie die deutsche katholische Presse diese Entwicklung, wie die Münchner Akten zeigen (vgl. GStA München, MA 97653, Bericht Ritters vom 15.9.1914, Hertling an Ritter, Schreiben vom 29.9.1914, Bericht Ritters vom 3.10.1914, Schreiben Hertlings vom 7.10.1914 und Bericht Ritters vom 9.10.1914. Auch Kardinal von Hartmann war beunruhigt, zu seinem Schreiben an Mühlberg s. unten, Kap.4 Anm.57.

110 KV 794 vom 8.9.1914, Artikel "Der Wahrheit die Ehre", wo das Schreiben Bissings vom 5.9.1914 an den "Augustinusverein zur Pflege der katholischen Presse" wiedergegeben wird. (Ausschnitt in GStA München, Vatikangesandtschaft Nr.923). Die Zensur wurde von den Stellvertretenden Generalkommandos ausgeübt (vgl. Koscyk, Deutsche Pressepolitik, S.68 ff.), die dabei durchaus auch eigene politische Auffassungen durchsetzten (ebd., S.37 ff.).

111 S. hierzu auch den Beitrag R. Auberts "Kirche und Staat in Belgien im 19. Jahrhundert" (Nachweis oben Kapitel 1 Anm.71).

112 Die Denkschrift Bissings vom Frühjahr 1915 (Nachweis oben Anm. 79) stellte ein detailliertes Programm für die künftige Stellung der katholischen Kirche in Belgien in Angleichung an die Stellung der Kirchen in Deutschland auf: Einführung der Volksschulpflicht, Rückdrängung des privaten (d.h. katholischen) Unterrichtswesens im Austausch gegen eine zwangsweise Einführung des Religionsunterrichts an den staatlichen Schulen, Abbau der unabhängigen Stellung der freien (d.h. der Brüsseler liberalen und der Löwener katholischen) Universitäten, S.22-S.24, Ablösung der feindlichen Kirchenfürsten wie Mercier, S.10.

113 Erst aufgrund eines Berichtes Hauptmann Dirrs für das AOK VI über Flamenfragen ließ sich Bissing von diesem bayrischen Offizier (im Zivilberuf Archivrat in Augsburg und Mitglied der bayrischen Abgeordnetenkammer) über die flämische Frage Vortrag halten (Lancken, Meine dreißig Dienstjahre, S.214 f., s. auch Wende, Die belgische Frage, S.76 f.).

114 Vgl. Petri, Zur Flamenpolitik des ersten Weltkriegs, S.520 f.

115 Zu den Anfängen der deutschen Flamenpolitik s. unten, S.144 ff. über die feindselige Einstellung der Flamen zu dem deutschen Okkupanten äußerte sich Lancken in einem Privatbrief an Radowitz (Nachweis unten, Kap.8, Anm.38); auch in dem schon erwähnten Schreiben Bissings an Hartmann vom 28.12.1914 (Nachweis oben, Anm.102) spricht der Generalgouverneur von der alle Volksschichten durchdringende Feindseligkeit ohne besondere Differenzierung der Flamen, wie ja auch die Ereignisse des Franktireurkrieges Flamen wie Wallonen betroffen hatten. Ähnlich skeptisch äußerte sich der bayrische Beamte von Lutz in seinem ersten Bericht an Hertling über seine Tätigkeit in der Zivilverwaltung (Nachweis oben, Anm.56); s. auch Bittmann, Werken und Wirken, Bd.3, S.36.

116 Scherer/Gruner, L'Allemagne, Bd.I, S.35 ff.

117 Ebd. S.46 ff., s. auch unten S.145 f.

ANMERKUNGEN 3. KAPITEL

1 Vgl. F. Mayence, La correspondance, S.7 ff.

2 Bissing lehnte die Weitergabe des Schreibens an Hartmann wegen der beleidigenden Äußerungen gegen das deutsche Heer und gegen den Reichskanzler ab (vgl. Bissing an Mercier, Schreiben vom 31.12.1914/3.1.1915, ebd., S.29 ff.), teilte es aber unter der Hand Hartmann mit (AGV Köln, CR 25,14 Bd.20, Bissing an Hartmann, Schreiben vom 3.1.1915). Auch dem Reichskanzler übermittelte er eine Abschrift (PA Bonn, AHQ 6 Bd.1/2, Bissing an Bethmann, Schreiben vom 5.1.1915).

3 Mayence, La correspondance, S.11.

4 Thimme, Kriegsreden, S.14.

5 Bethmann Hollweg bestritt dies und behauptete, seine Worte hätten sich auf das Verhalten der Franzosen, Engländer und Russen bezogen, nach der vorangegangenen deutschen Pressekampagne gegen Belgien mußte Mercier sie allerdings auf Belgien beziehen.

6 Mayence, La correspondance, S.11.

7 Ebd. S.9, Mercier an Bissing, im Schreiben vom 28.12.1914.

8 Ebd.

9 Die Existenz des Hirtenbriefs wurde im Generalgouvernement erstmals am Abend des 1. Januar 1915 bekannt (Lancken, Meine dreißig Dienstjahre, S.181). Die in die Weihnachtsferien reisenden Studenten des Mechelner Priesterseminars hatten den Hirtenbrief in der Diözese verteilt (Mayence, La correspondance, S.26).

10 S. oben S.24 ff.

11 Gegen das Urteil Lanckens in Meine dreißig Dienstjahre, S.177.

12 Widerstand wurde von den deutschen Behörden unnachsichtig verfolgt, wie der Fall des Brüsseler Bürgermeisters A. Max (vgl. Der Völkerkrieg, Bd.2 S.185 ff.) und der Genter Professoren H. Pirenne und P. Fredericq (vgl. Wende, Die belgische Frage, S.105 ff. und unten S.147) bewiesen.

13 Nach Simon, Le cardinal Mercier, S.129 hat König Albert, als er Antwerpen im Oktober 1914 verließ, Mercier eine Art nationales Mandat erteilt.

14 Zur Reaktion der Belgier auf das deutsche Ultimatum s. oben S.45.

15 S. oben S.35 f.

16 Zum abschätzigen Urteil der deutschen Militärattachés über die Einsatzbereitschaft der belgischen Armee von 1914 vgl. Lademacher, Die belgische Neutralität, S.431.

17 Antwerpen fiel am 10.10.1914 (RAW Bd.5, S.221 ff.), die belgische Armee zog sich hinter die Yser zurück.

18 Zur Wirtschafts- und Ernährungslage in den ersten Kriegsmonaten in Belgien vgl. Wende, Die belgische Frage, S.64 ff. Schon am 1.9.1914 hatte sich in Brüssel ein Comité National aus belgischen Notabeln gebildet, das in Zusammenarbeit mit der etwas später entstehenden "Commission for Relief in Belgium" nach langen Verhandlungen mit der belgischen und der englischen Regierung sowie den neutralen Staaten USA und den Niederlanden für Lebensmittel- und Textileinfuhren und deren Verteilung im besetzten Gebiet sorgte. (Vgl. Lancken, Meine dreißig Dienstjahre, S.192 ff., Köhler, Die Staatsverwaltung, S.65 ff.).

19 Große Teile der belgischen Bevölkerung waren beim Vormarsch der deutschen Truppen ins Ausland geflohen. In Frankreich, England und Holland lebten insgesamt fast eine halbe Million Menschen (Zum belgischen Exil im ersten Weltkrieg, s. Wils, Flamenpolitik, S.36 ff.).

20 Trotz Burgfrieden und Zensurverfügung (s. unten S.81) drangen immer wieder Anspielungen auf eine spätere Annexion Belgiens in der deutschen Presse durch und konnten in Belgien natürlich nicht unbemerkt bleiben, wo deutsche Presseerzeugnisse fast die einzigen ausländischen Zeitungen waren (neben einigen neutralen), die im besetzten Gebiet zugelassen waren. Selbst eine als gemäßigt geltende Zeitung wie die "Frankfurter Zeitung" konnte eine Meldung aus Brüssel mit dem Titel versehen "Aus Deutsch-Brüssel" (FZ Nr. 248 vom 8.9.1914).

21 Vgl. AGR Brüssel, FdB 153, Mercier an Broqueville, Schreiben vom 24.4.1915: "Il y a eu, en effet, au moment, où Anvers a dû se rendre et où l'on colportait les insinuations malveillantes à l'adresse du Souverain Pontife, un certain flèchissement des courages; mais la volonté et la foi ont repris le dessus et je vous assure que nos populations, du haut en bas de l'échelle sociale, sont admirables." Dagegen spielten kurzatmige parteipolitische Gründe, wie sie Mercier von deutscher Seite unterstellt wurden (PA Bonn, AHQ 6 Bd. 1/2, Bissing an Bethmann, Schreiben vom 7.1.1915), für Mercier offensichtlich keine ausschlaggebende Rolle (s. auch Simon, Le cardinal Mercier, S.89 ff. und S.131).

22 Vgl. D.J. Mercier "Patriotisme et Endurance", Hirtenbrief vom Dezember 1914, OP V, S.68; ders. "A notre retour de Rome", Hirtenbrief vom 7.3.1916 OP V, S.281; selbst noch in Merciers Schreiben an den Papst vom 5.8.1917 (Nachweis unten Kap.8 Anm.128) klingt die Verärgerung des Kardinals über die 1914 in Rom angetroffene Stimmung gegenüber Belgien an.

23 So das Urteil Simons in Le cardinal Mercier, S.91 bzw. S.128.

24 Erzberger hatte sich die Propaganda unter den Katholiken der neutralen Staaten zur besonderen Aufgabe im Rahmen seiner Propagandatätigkeit im ersten Weltkrieg gemacht (vgl. Erzber-

ger, Erlebnisse, S.11). Dieser Tätigkeit war es zu verdanken, daß den zum Konklave versammelten Kardinälen ein "Memorandum deutscher Katholiken über den gegenwärtigen Weltkrieg", unterzeichnet von einer Gruppe führender deutscher katholischer Laien, durch Kardinal Bettinger überreicht wurde (KFA München, Mappe 1157, Erzberger an Bettinger, Tel. vom 26.8.1914; ein lateinisches und ein deutsches Exemplar des Memorandums befinden sich mit einem Anschreiben Erzbergers vom 13.9.1914 in AEB München, Kasten 42/1. Die KV veröffentlichte das Memorandum am 2.9.1914) Zum Inhalt des Memorandums s. auch unten, Kap.4 Anm.45.

25 Die Hirtenbriefe Merciers wurden durch A. Bruynzeels, den Delegierten Merciers für die belgischen Flüchtlinge in den Niederlanden, an die belgische Regierung, nach Rom und an andere Kontaktleute im befreundeten und neutralen Ausland sowie an die Presse weitergeleitet. Teils ließ Bruynzeels Übersetzungen anfertigen, teils wurden diese durch belgische Propagandaeinrichtungen besorgt. (Einzelheiten siehe hierzu in AGR Brüssel, FVdH 1, Korrespondenz Bruynzeels mit Van den Heuvel, siehe auch unten Kap.6 Anm.16 und Anm.35).

26 In einem Brief an den holländischen Kurienkardinal Van Rossum, der auf Informationen durch den Generalgouverneur zurückgriff, schrieb Hartmann: "Die plötzlich veränderte Haltung des Kardinals ... ist ganz unfaßlich. Sie wird deutscherseits auf englische Einflüsse zurückgeführt, da Englands Berechnung, Belgien werde Revolution machen, bisher nicht in Erfüllung ging, das Land sich vielmehr immer mehr beruhigte." (AGV Köln, CR 25,14 Bd.20, zum Vorgang s. auch unten S.66 f.).

27 Vgl. PA Bonn, AHQ 6 Bd. 1/2, Bethmann an Mühlberg, Tel. Nr.1 vom 2.1.1915 und ebd., Erlaß Bethmanns an Mühlberg vom 2.1. 1915.

28 Im September 1914 verhinderte Mercier eine Pressepolemik in der Genter katholischen Zeitschrift "Bien public" über eine Zuschrift Hartmanns an die (liberale) "Kölnische Zeitung", die ihrerseits durch ein angebliches Interview Merciers für den "Corriere de la sera" veranlaßt war. (PA Bonn, AHQ 6 Bd.1/2, Schreiben Merciers an Verhaeghen, den katholischen Abgeordneten und Herausgeber der Zeitung, vom 24.9.1914 in Abschrift). Mercier begründete seinen Wunsch mit der Schonung Hartmanns, kündigte aber eine spätere Stellungnahme zur "conception allemande barbare de la guerre" schon an dieser Stelle an. Offenkundig schien ihm der Zeitpunkt für eine öffentliche Auseinandersetzung um den Kriegsbeginn noch nicht gekommen, und es ist zu vermuten, daß Mercier zu diesem Zeitpunkt noch nicht das Material über den angeblichen belgischen Volkskrieg beisammen hatte. Der Brief Merciers fiel neben anderen Dokumenten den deutschen Behörden 1915 bei einer Durchsuchung des Genter Hauses Van den Heuvels, des belgischen Botschafters beim Hl. Stuhl, in die Hände und gelangte von da aus abschriftlich in das Archiv

des Auswärtigen Amtes. (Zu der Durchsuchung im Zusammenhang mit der "integralistischen Verschwörung" s. Schmidlin, "Papstgeschichte, Bd.3 S.162 Anm.1 und Poulat, Intégrisme, Einleitung S.11 ff.).

29 Vgl. D.J. Mercier, "Note" in OP V, S.27 f.; AGR Brüssel, FVdH 23, Mercier an Van den Heuvel, Schreiben vom 3.11.1914; Mayence, La correspondance, S.11, Mercier an Hartmann, Schreiben vom 28.12.1914, Nachweis oben Anm.1.

30 Dazu gehörte u.a. die Frage der Seelsorge für die in Deutschland gefangenen oder internierten Belgier (vgl. Mayence, La correspondance, S.13, Mercier an Bissing, Schreiben vom 16.12. 1914), für die Flüchtlinge in Holland und England und die organisatorischen Maßnahmen in Belgien selbst, wo zahlreiche Priester und Lehrer fehlten.

31 Über die Gespräche Merciers mit von Huene, dem Gouverneur von Antwerpen, nach der Kapitulation Antwerpens vgl. die Notiz in Mayence, La correspondance, S.1 und über das Zusammentreffen mit von der Goltz, ebd., S.1 f. und S.7.

32 Ebd. S.7.

33 D.J. Mercier, OP V S.49 ff.

34 Ebd., S.54 f.

35 Ebd., S.59.

36 Ebd., S.50 f.

37 Ebd., S.69 f.

38 Ebd., S.57.

39 Ebd., S.57 f.

40 Ebd., S.60 f.

41 "Dieu sauvera la Belgique, mes Frères, vous n'en pouvez point doutez, disons mieux: Il la sauve" (ebd., S.63).

42 Ebd.

43 Inhaltlich knüpfen Merciers Ausführungen über den Patriotismus an den Hirtenbrief von 1910 über die "Pieté patriotique" an (s. oben S.28 f.), die moraltheologische Zielsetzung ist jedoch entsprechend der veränderten politischen Situation eine andere: Ging es 1910 darum, angesichts der Kritik an Leopold II. die Notwendigkeit des Patriotismus überhaupt zu begründen, so war es 1914/15 infolge der ungewissen Okkupationsdauer notwendig dem patriotischen Aufschwung der ersten Tage durch eine theologische Überhöhung größere Konsistenz zu verleihen und ihn als einigendes Band zwischen Christen und Nichtchristen herauszustellen.

44 D.J. Mercier, "Patriotisme et Endurance", OP V, S.64.

45 Ebd., S.64 f.

46 Ebd., S.65.

47 Ebd.

48 Ebd., S.65 f.

49 Ebd., S.65.

50 Ebd., S.64.

51 Ebd., S.65.

52 Ebd., S.68 f.

53 Ebd., S.69.

54 Ebd., S.69.

55 Ebd., S.71 f.

56 Ebd., S.70.

57 "L'unique Pouvoir légitime en Belgique est celui qui appartient à notre Roi, à son gouvernement, aux représentants de la nation ... D'eux-mêmes les actes d'administration publique de l'occupant seraient sans vigeur, mais l'autorité légitime ratifie tacitement ceux que justifie l'intérêt général et de cette ratification seule leur vient toute valeur juridique." (Ebd., S.71).

58 Ebd., S.71.

59 S. unten S.66. Auch im Vatikan und selbst von dem belgischen Juristen und Diplomaten Jules Van den Heuvel wurde Merciers Interpretation des Völkerrechts nicht akzeptiert, vgl. Simon, Le cardinal Mercier, S.137 f., s. auch unten Kap.5 Anm.162.

60 Aus Kühlmanns Berichterstattung aus Den Haag geht hervor, daß in den Niederlanden zwar der Gedanke einer Annexion Belgiens durch Deutschland heftig bekämpft wurde, aber durchaus nicht mit gleicher Schärfe jede Form indirekter Einflußnahme (vgl. PA Bonn, Belgien 63 Bd.7, Kühlmann an AA, Bericht 180 vom 11.5. 1915).

61 D.J. Mercier, "Patriotisme et Endurance", OP V, S.72.

62 Ebd.

63 Ebd., S.72 f.

64 Ebd., S.74.

65 Ebd., S.75 f. In dem Schreiben versicherte Benedikt XV. Mercier seiner Anteilnahme an den "malheurs" Belgiens und verzichtete auf die Kollekte des Peterpfennigs, die er den belgischen Bedürfnissen zur Verfügung stellte, er verurteilte allerdings nicht die deutsche Haltung gegenüber Belgien.

66 D.J. Mercier "Patriotisme et Endurance", OP V, S.77 f.

67 Bissing wandte sich mit zwei Immediatberichten vom 4.1.1915 und vom 6.1.1915 an den Kaiser (PA Bonn, Wk 17 Bd.1 und AHQ 6, Bd.1/2). Auf die direkte Information durch Bissing geht zurück das Telegramm Bethmanns an Mühlberg Nr. 1 vom 2.1.1915 (PA Bonn, AHQ 6 Bd.1/2). Vgl. auch das Schreiben Bissings an Hartmann vom 3.1.1915 (AGV Köln, CR 25,14 Bd.20), die Notiz über das Verhör Merciers am 2.1.1915 in Mayence, La correspondance, S.27 und Bethmann an Zimmermann in Berlin, Telegramm Nr. 9 vom 2.1.1915 (PA bonn, AHQ 6, Bd.1 u. 2).

68 "Die praktische und unausbleibliche Folge einer Kundgebung wie der des Hirtenbriefs kann nur sein, daß das Volk sich zum offenen Widerstand gegen unsere Verwaltung berechtigt glaubt." (PA Bonn, AHQ 6, Bd.1/2, Bethmann an Mühlberg, Erlaß vom 2.1.1915).

69 Zur Umgehung der deutschen Zensurbestimmungen durch Mercier als einem der Anklagepunkte gegen Mercier s. oben Anm.67.

70 Vgl. Bissing an Mercier, Schreiben vom 31.12.1914/3.1.1915 (Mayence, La correspondance, S.31). Mercier rechtfertigte sich mit Schreiben vom 4.1.1915 (ebd., S.33 ff.) und vom 5.1.1915 (ebd., S.37). Vgl. auch PA Bonn, AHQ 6 Bd.1/2, Bethmann an Falkenhayn, Tel. Nr.3 vom 3.1.1915 und das schon oben S.66 f. erwähnte Schreiben Hartmanns an Van Rossum vom 5.1.1915. Merciers tatsächliche Beweggründe für die Anordnung eines gemeinsamen Buß- und Bettages gehen aus seinem Schreiben an Broqueville vom 11.12.1914 (AGR Brüssel FdB 153) hervor. Mercier bat den Regierungschef, auch der belgische - katholische - König möge sich dem Beispiel des englischen - anglikanischen - Königs anschließen, die Bevölkerung zu einem Buß- und Bettag aufzurufen. Es ging Mercier also mehr um die konfessionelle Demonstration als um die politische.

71 Lancken, Meine dreißig Dienstjahre, S.182.

72 PA Bonn, AHQ 6, Bd.1/2, Bethmann an Zimmermann, Tel. Nr. 9 vom 3.1.1915. Ähnlich lautete die Weisung des Kaisers auf Bissings ersten Immediatbericht vom 4.1.1915 (Nachweis oben, Anm. 67), die dem Generalgouverneur durch den Reichskanzler übermittelt wurde: "Unter keinen Umständen dürften Märtyrer geschaffen werden." (Ebd., Bethmann an Bissing, Tel. vom 5.1. 1915).

73 Ebd., Bethmann an Mühlberg, Tel. Nr.1 vom 2.1.1915 und Erlaß vom 2.1.1915. Um eine Gegenerklärung bemühte sich auch der Nuntius in Brüssel Tacci, vgl. ebd. Bethmann an Mühlberg, Tel. Nr. 4 vom 3.1.1915. Diese Haltung des Nuntius, in Verbindung mit dem als germanophil eingeschätzten Auditor der Brüsseler Nuntiatur de Sarzana, war der Ausgangspunkt einer belgischen Verstimmung gegen den Nuntius, die zu dessen späterer Abberufung beitrug. (Siehe auch unten, Kap.8 Anm.121).

74 Vgl. den Immediatbericht Bissings vom 6.1.1915, Nachweis oben Anm.67.

75 Der Vorschlag stammte von dem spanischen Gesandten in Brüssel Villalobar, wie Bethmann aus Brüssel erfuhr. Er bat Mühlberg mit Tel. 4 vom 3.1.1915 um Stellungnahme (PA Bonn, AHQ 6 Bd.1/2).

76 AGV Köln, CR 25,14 Bd.20, Bissing an Hartmann, Schreiben vom 3.1.1915. Über sein Gespräch mit Hartmann fertigte Trimborn eine Aufzeichnung vom 7.1.1915 an, die Bissing dem Reichskanzler übersandte (PA Bonn, AHQ 6, Bd.1/2).

77 Auch der katholische Militäroberpfarrer Middendorf besuchte Hartmann auf der Durchreise nach Brüssel und berichtete über seine Unterredung mit dem Kölner Kardinal, Hartmann habe den Hirtenbrief verurteilt. (PA Bonn, AHQ 6, Bd.1/2, Bissing an Bethmann, Schreiben vom 9.1.1915). Middendorf erfreute sich des besonderen Vertrauens der Generalgouverneure und des Reichskanzlers. Zu seiner kirchenpolitischen Rolle im besetzten Belgien s. auch unten, Kap. 5 Anm.27 und Anm.32.

78 Aufzeichnung Trimborn vom 7.1.1915, Nachweis oben Anm.76.

79 Hartmann an van Rossum, Schreiben vom 5.1.1915, Nachweis oben Anm.26.

80 PA Bonn, Wk 17 Bd.1, Mühlberg an Bethmann, Tel.Nr. 7 vom 5.1.1915.

81 PA Bonn, AHQ 6 Bd.1/2, Bissing an Bethmann, Schreiben vom 9.1.1915 und ebd., Tel. Lanckens an Jagow vom 13.1.1915.

82 Wesentlich ruhiger urteilte Unterstaatssekretär Zimmermann in Berlin, der auf das erste Telegramm des Reichskanzlers in der Mercier-Angelegenheit (s. oben Anm.72) antwortete: "Das Beste wäre gewesen wenn man von Brüssel aus eine frisierte Depesche mit Hervorhebung des loyalen Teils an die deutsche Presse geschickt hätte." (PA Bonn, Wk 17 Bd.1, Zimmermann an Bethmann, Tel. Nr. 2 vom 4.1.1915).

83 Ebd., Bethmann an Zimmermann, Tel. Nr. 9 vom 2.1.1915.

84 Vgl. das Zitat oben S.66.

85 Zur militärischen Lage beim Jahreswechsel 1914/1915 vgl. das Urteil Helfferichs in Der Weltkrieg, Bd.2, S.17 ff., bes. S.22 und ebd., S.70 f. - Zur Begründung der Zensurverfügung schrieb Bethmann an Zimmermann: "Forderungen unserer anticatholischen Organe nach Repressalien wären inopportun, da wir solche aus militärischen Gründen zur Zeit nicht anwenden können." (Bethmann an Zimmermann, Tel. Nr. 9 vom 2.1.1915, Nachweis Anm.83).

86 Diese Politik gegenüber Mercier ist festgelegt in Bethmanns Telegramm an Zimmermann Nr. 9 vom 3.1.1915 (Nachweis oben, Anm. 83) und im Telegramm Zimmermanns an Bethmann Nr. 2 vom 4.1.1915, PA Bonn, Wk 17 Bd.1, vgl. auch PA Bonn, AHQ 6 Bd. 1/2, Erzberger an Bethmann, Telegramm ohne Datum, und PA Bonn, WK 17 Bd.1, Jagow an Zimmermann, Tel. Nr. 18 und Nr. 19 vom 7.1.1915.

87 Vgl. PA Bonn, Wk 17 Bd.1, WTB-Kommuniqué vom 8.1.1915.

88 Ebd., Mühlberg an Bethmann, Telegramm Nr. 5 vom 4.1.1915 und Tel. Nr. 7 vom 5.1.1915.

89 Vgl. den Immediatbericht Bissings vom 6.1.1915 (Nachweis oben Anm.67) und das Schreiben Bissings an Bethmann vom 9.1.1915 (Nachweis oben Anm.77).

90 Die Times-Meldung vom 7.1.1915 ging auf die Tatsache zurück, daß der Generalgouverneur Mercier am 3.1.1915 untersagt hatte, in Antwerpen an einer kirchlichen Veranstaltung teilzunehmen bzw. am 4.1.1915 den Kardinal praktisch solange in seiner Residenz bewachen ließ, bis dieser seine Fragen im Brief vom 31. 12.1914/3.1.1915 (s. oben Anm.70) beantwortet hatte. Vgl. die Notiz bei Mayence, La correspondance, S.28 f. und S.32 und damit übereinstimmend die Darstellung der deutschen Note an den Vatikan vom 12.1.1915 (PA Bonn, Wk 17 Bd.1, Jagow an Zimmermann, Tel. Nr. 38 vom 12.1.1915) und die Schilderung, die Bissing seinem Sohn gab (Schreiben vom 15.1.1915, Nachweis oben, Kap.2 Anm.78).

91 PA Bonn, Wk 17 Bd.1, Mühlberg an AA, Tel. Nr. 8 vom 7.1. 1915.

92 Dies die Interpretation Mühlberg in Tel Nr. 13 vom 10.1.1915 (ebd.).

93 Ebd., Mühlberg an AA, Tel. Nr. 8 vom 8.1.1915. Parallel dazu wandte sich Gasparri auch über Ritter, den bayrischen Gesandten beim Hl. Stuhl, an Hertling, um eine Freilassung Merciers zu erreichen (GStA München, MA 97657, Ritter an Hertling Tel. Nr. 9 vom 8.1.1915).

94 PA Bonn, AHQ 6 Bd.1/2, Jagow an Mühlberg, Tel. Nr. 7 vom 8.1.1915 und dazu PA Bonn, Wk 17 Bd.1, Mühlberg an AA, Tel. Nr. 12 vom 8.1.1915. Auch Hertling dementierte die Verhaftung des Kardinals nach Rückfrage in Berlin (vgl. GStA München, MA 97657, Hertling an Ritter, Tel. Nr. 628 vom 8.1.1915). – Durch die Kriegsumstände war es für den Vatikan schwer, schnelle und zuverlässige Informationen aus dem besetzten Gebiet zu erhalten. Die diplomatische Post wurde mit Kurier nach Den Haag geschickt bzw. der Haager Vertreter des Vatikans mußte die Reise ins besetzte Gebiet antreten. (Vgl. PA Bonn, Wk 17 Bd.1, Mühlberg an AA, Tel. Nr. 19 vom 14.1.1915, in dem Mühlberg erklärte, die falsche Information ginge auf den Bericht des Haager Vertreters des Nuntius zurück). Um Nachrichten aus erster Hand zu erhalten und Weisungen direkt nach Brüssel gelangen zu lassen, wurde der Botschaftssekretär der Brüsseler Nuntiatur de Sarzana nach Rom gerufen (PA Bonn, AHQ 6 Bd.1/2, Jagow an AA für Mühlberg, Tel. Nr. 44 vom 14.1. 1915).

95 PA Bonn, Wk 17 Bd.1, Mühlberg an AA, Tel. Nr. 16 vom 11.1. 1915.

96 Ebd., Jagow aus dem GHQ an Zimmermann für Mühlberg, Tel. Nr. 38 vom 13.1.1915 und ebd., Mühlberg an AA, Tel. Nr. 19 vom 13.1.1915 sowie Bericht Nr. 5 vom 11.1.1915.

97 Parallel laufend mit der Berichterstattung in der Mercier-Angelegenheit berichtete Mühlberg über die belgische Pressekampagne in Italien (vgl. PA Bonn, WK 17 Bd.1, Tel. Nr. 5 vom 4.1.1915; Tel. Nr. 7 vom 7.1.1915; Tel. Nr. 8 vom 7.1.1915; Tel. Nr. 13 vom 10.1.1915; Tel. Nr. 18 vom 13.1.1915; Tel. Nr. 20 vom 20.1. 1915; Bericht Nr. 9 vom 21.1.1915), die umso gefährlicher war, als gleichzeitig das Ringen um den italienischen Kriegseintritt bzw. die päpstliche Neutralität geführt wurde (s. unten, S.80 f.).

98 Vgl. Lademacher, Kardinal Mercier, S.330 f.. Die Enttäuschung über die päpstliche Neutralitätspolitik war der Hintergrund des belgischen Botschafterwechsels beim Vatikan. Der langjährige belgische Gesandte Baron d'Erp wurde durch den aktiven und engagierten Völkerrechtler Van den Heuvel ersetzt (vgl. ebd., S.333, s. auch Vanlangenhove, Van den Heuvel, Biographie Nationale, Bd.35, Sp.417 ff.).

99 So lud die belgische Kolonie in Rom am 22.1.1915 zur Totenfeier für 43 von den deutschen Truppen beim Einmarsch in Belgien getöteten Priestern ein (GStA München, MA 97657, Ritter an Hertling, Bericht 40 vom 28.1.1915, vgl. auch PA Bonn, Wk 17 Bd.1, Mühlberg an AA, Tel. Nr. 13 vom 10.1.1915). Die angebliche Vergewaltigung belgischer Klosterfrauen durch deutsche Soldaten war ein beliebtes Thema der westlichen Presse im Frühjahr 1915. Handelte es sich im ersten Fall unzweifelhaft um unschuldige Opfer der Kriegspsychose der deutschen Soldaten, so wurdem im zweiten Fall Phantasieprodukte verbreitet, wie die späteren Untersuchungen ergaben, die der Glaubwürdigkeit der belgischen Propaganda auch in den Fällen schadeten, wo sie sich auf Tatsachen stützen konnte. S. hierzu AGR Brüssel, FVdH 2, Schreiben von A. Ernst aus dem Kabinett des belgischen Justizministers an Van den Heuvel vom 22.3.1915: "Jusqu'à présent, toutes les enquêtes auxquelles j'ai pu procédé ont établi que les affirmations d'après lesquelles tel ou tel couvent de religieuses aurait eu à souffrir des soldats allemands, étaient inexactes. Non seulement, je n'ai pas pu constater que les religieuses d'un couvent ont été violées, mais même, je n'ai pas trouvé la preuve qu'une seule religieuse aurait été outragée." Ähnlich die Schreiben desselben Korrespondenten an Van den Heuvel vom 3.5.1915 und vom 5.10.1915 ebd.

100 Zur Ausnutzung der antiprotestantischen Stimmung der römischen Kurie forderte König Albert den neuernannten belgischen Botschafter Van den Heuvel vor dessen Abreise nach Rom auf (AGR Brüssel, FVdH 38, Aufzeichnung Van den Heuvels vom 9.2.1915) vgl. auch unten Kap. 5 Anm.49.

101 Wie Mühlberg schon im Tel. Nr. 18 vom 13.1.1915 berichtet hatte, (PA Bonn, Wk 17 Bd.1) hatte König Albert wegen der Verhaftung Merciers ein Telegramm an den Papst gerichtet, den Inhalt teilte Mühlberg mit Bericht 13 vom 24.1.1915 (ebd.) mit.

102 A. Struker, Die Kundgebungen Papst Benedikts XV. zum Weltfrieden, S.38 ff. - Daß diese Ansprache des Papstes ein Zugeständnis für die Belgier war, geht hervor aus den Korespondenzen von S. Deploige (ein Schüler Merciers und sein Nachfolger am "Institut supérieur de Philosophie" in Löwen, der das besetzte Belgien im Dezember 1914 verlassen hatte und am 1.1.1915 in Rom eingetroffen war, zweifellos mit Wissen, wenn nicht sogar im Auftrag Merciers, um die öffentliche Meinung in Italien und bei der Kurie für Belgien zu beeinflussen) an die belgischen Politiker Schollaert und Helleputte, vgl. AGR Brüssel, FSH 591, Deploige an Helleputte, Schreiben vom 23.1.1915: "J'ai lu ce matin le texte latin de l'allocution. Ce n'est pas tout ce qu'on avait demandé. C'est plus qu'on pouvait espérer. Il faut se dire content et proclamer sans hésitation que le Pape est avec la Belgique." In diesem Sinn richtete Deploige dann auch am 26.1.1915 ein Dankschreiben an den Papst (ebd.).

103 PA Bonn, Wk 17 Bd.1, Mühlberg an AA, Tel. Nr. 15 vom 11.1. 1915, Tel. Nr. 19 vom 14.1.1915 und Tel. Nr. 24 vom 19.1.1915.

104 Die Vermittlungstätigkeit des Brüsseler Nuntius Tacci ist ausführlich dargestellt in dem zusammenfassenden Bericht Lanckens vom 19.1.1915 (PA Bonn, Wk 17 Bd.2).

105 PA Bonn, AHQ 6 Bd.1/2, Lancken an Jagow in GHQ, Tel. vom 13.1.1915.

106 D.J. Mercier, Lateinisches Rundschreiben an den Klerus seiner Diözese, OP V, S.79 ff.

107 Mayence, La correspondance, S.43 ff., vgl. PA Bonn, AHQ 6 Bd. 1/2, Aufzeichnungen über telefonische Mitteilungen aus Brüssel vom 10.1.1915 und vom 12.1.1915; Bissing an Bethmann, Tel. vom 13.1.1915 ebd.

108 Mayence, La correspondance, S.43 f. Vgl. auch PA Bonn, Wk 17 Bd.1, Gesandter Müller (Den Haag) an AA, Tel. Nr. 34 vom 20.1.1915.

109 Diese Vermutung äußerte Lancken in einer Aufzeichnung vom 19. 1.1915 (Nachweis oben Anm.104): "Aus dem ganzen Verhalten des Kardinals geht deutlich die, übrigens von unparteiischer wohlunterrichteter Seite bestätigte, Absicht hervor, den Generalgouverneur zu reizen und ihn womöglich zu Gewaltmaßregeln gegen seine Person oder Geistlichkeit zu veranlassen. Er hoffte wohl auf diese Weise Märtyrer zu werden bzw. zu schaffen, um Mißhelligkeiten zwischen dem Päpstlichen Stuhl und der deutschen Regierung hervorzurufen." Mit der "unparteiischen, wohlunterrichteten Seite" könnte der spanische Gesandte Villalobar gemeint sein, von dem Lancken mitteilte, Mercier habe diesem

im Gespräch vorgeworfen, sein Martyrium verhindert zu haben: "Vous aussi, vous avez jetez des petites pierres pour empêcher mon martyre". (PA Bonn, Wk 17 Bd.2, Bericht vom 6.4.1915).

110 PA Bonn, AHQ 6 Bd.1/2, Jagow an Mühlberg, Tel. Nr. 8 vom 14.1.1915.

111 Allerdings erschien in der Schweiz eine deutsche Ausgabe des Hirtenbriefs (PA Bonn, Wk 17 Bd.2, Romberg an AA, Bericht Nr. 181 vom 3.4.1915), die sicher auch in Deutschland Eingang fand.

112 Das Exemplar kann sowohl aus dem Besitz Faulhabers wie Bettingers stammen, da in das Kardinal-Faulhaber-Archiv auch Akten aus Bettingers Amtszeit übernommen worden sind (KFA München, Mappe 2060).

113 S. oben S.66.

114 S. oben Anm.76 und Anm.77.

115 AGV Köln, CR 25,14 Bd.20, Hartmann an Bissing, Schreiben vom 6.1.1915.

116 S. oben Anm.2.

117 Hartmann an Bissing, Schreiben vom 6.1.1915, Nachweis oben Anm.115.

118 Schulte wurde nach dem Tod Hartmanns 1919 zu dessen Nachfolger auf dem Kölner Bischofssitz gewählt, seiner Stellungnahme kommt insofern besondere Bedeutung zu, als er nach dem Kriegsende vor dem Problem stand, die Beziehungen zum belgischen Episkopat und besonders zu Mercier wieder anzuknüpfen (s. unten S.168 ff.).

119 AGV Köln, CR 25,14 Bd.28, Schulte an Hartmann, Schreiben vom 20.1.1915.

120 Zu Hartmanns Überzeugung von der deutschen Notwehrsituation bei Kriegsausbruch s. unten S. 88 . Auch Faulhaber vertrat in seiner Kriegspredigt die feste Überzeugung von der Einkreisung Deutschlands und der Gerechtigkeit des deutschen Kampfes (vgl. Faulhaber, Waffen des Lichts, 4. Aufl., S.16).

121 Eine Äußerung Hartmanns über seine Vorstellungen von der Zukunft Belgiens konnte trotz seines umfangreichen Briefwechsels mit dem Generalgouverneur in Belgien von Bissing nicht aufgefunden werden.

122 S. hierzu die schon oben Anm. 120 erwähnte Darlegung Hartmanns über den Gasquet-Artikel von 1915 im Osservatore Romano.

123 Ein Urteil Hertlings über Merciers Weihnachtshirtenbrief von 1914 konnte nicht aufgefunden werden, doch war Hertling durch den bayrischen Gesandten beim Vatikan Ritter einerseits, durch Lerchenfeld in Berlin andererseits sowie durch den Sohn des Ge-

neralgouverneurs von Bissing, den Münchner Ägyptologen F.W. von Bissing, zweifellos gut informiert (vgl. die Berichterstattung Ritters im Laufe des Jahres 1915 in GStA München, MA 97657, vgl. auch das oben Kap. 2 Anm.78 nachgewiesene Schreiben Bissings an seinen Sohn für Hertling). Hertlings Weisungen an Ritter (GStA München, MA 97657, Tel. vom 8.1.1915 und ebd. Tel. vom 12.1.1915) lassen keinerlei Distanz zur Politik der Reichsleitung oder des Generalgouverneurs von Bissing im Konflikt um Mercier erkennen.

124 Nach Hammann, Bilder aus der letzten Kaiserzeit, S.113, nahm Erzberger an den täglichen Besprechungen im AA teil.

125 Lerchenfeld beurteilte allerdings Erzbergers Propagandatätigkeit als eher schädlich, vgl. Briefwechsel Hertling - Lerchenfeld, Bd.I, Schreiben an Hertling vom 26.9.1914, S.342 f.

126 PA Bonn, AHQ 6 Bd.1/2, Erzberger an Bethmann, Tel. o.D. (dem Zusammenhang nach vom 4.1.1915).

127 PA Bonn, Wk 17 Bd.1, Zimmermann an Bethmann, Tel. Nr. 2 vom 4.1.1915.

128 Ebd., Erzberger an Bethmann, Schreiben vom 23.1.1915, dazu die "Gehorsame Anzeige" Lanckens vom 30.1.1915 und das Telegramm Jagows an Lancken vom 5.2.1915. Nach dem Telegramm Lanckens vom 6.2.1915 an Jagow (PA Bonn, Wk 17 Bd.2) war es Trimborn, der Erzbergers Vorschlag zu Fall brachte. Erzberger hat die Idee einer kirchenpolitischen Sektion noch bis in den September 1915 hinein verfolgt, s. Erzberger, Erlebnisse, S.201 f.

129 AGV Köln, CR 25,14 Bd.28, Aufzeichnung ohne Datum und ohne Unterschrift, die entweder von Erzberger selbst stammt oder von einem Erzbergers Vorstellungen nahestehenden Katholiken. Nach Auskunft der Erzberger-Memoiren war Hartmann mit der Frage einer kirchenpolitischen Abteilung befaßt (Erzberger, Erlebnisse, S.202), der Text der Aufzeichnung weist zum Teil wörtliche Übereinstimmungen mit Erzbergers Memoiren auf. Die Beteiligung süddeutscher und katholischer Kräfte an der Verwaltung Belgiens war übrigens nicht so gering, wie von Erzberger (ebd. S.201) behauptet wurde, vgl. BA Koblenz, Kl. Erwerbungen 421 "Bayerns Anteil an der deutschen Verwaltung in Belgien in den Kriegsjahren 1914/1918" von E. Vogt, 1964, S.6.

130 S. das oben S.62 angeführte Zitat aus Merciers Schreiben an Bissing vom 28.12.1914.

131 Zu Erzbergers Annexionismus vgl. Epstein, Erzberger, S.129 ff.

132 AGV Köln, CR 25,14 Bd.28.

133 So wandte sich zum Beispiel der seit langem in Belgien lebende, aber aus Deutschland stammende Karmelitermönch Pater Cyrill in der Angelegenheit der kirchenpolitischen Sektion an Hartmann

(ebd., Schreiben vom 14.8.1915), sicher nicht ohne eine Verbindung zu Erzbergers Ideen.

134 Morsey, Die deutsche Zentrumspartei, S.33 ff., vgl. auch Erzberger, Erlebnisse, S.201.

135 Vgl. Deuerlein in der Einleitung zu Briefwechsel Hertling - Lerchenfeld, Bd.I, S.12 ff.

136 Klagen deutscher Katholiken über eine reale oder vermutete Benachteiligung deutscher katholischer Kreise sind in Archiven oder der Literatur häufig: vgl. etwa AEB München, Kasten 42/1, Sonnenschein an Bettinger, Schreiben vom 28.6.1916; AGV Köln, CR 25,14 Bd.28; Spahn an Hartmann, Schreiben vom 9.8.1915, Briefwechsel Hertling - Lerchenfeld Bd.1, Lerchenfeld an Hertling, Schreiben vom 20.12.1915.

137 Dies geht aus der Antwort Frühwirths an Hartmann vom 17.1.1915 (AGV Köln, CR 25,14 Bd.20, mit Bezug auf ein Schreiben Hartmanns vom 4.1.1915) hervor. Ein Konzept des Hartmannschen Schreibens an Frühwirth konnte nicht aufgefunden werden.

138 Während seiner Romreisen im Frühjahr 1915 (s.u. S.85), was von Erzberger nicht in seinen Memoiren erwähnt wurde.

139 Vgl. Deuerlein in der Einleitung zu Briefwechsel Hertling - Lerchenfeld, Bd.I, S.37.

140 Vgl. Mercier an Bissing, Schreiben vom 4.1.1915 (Mayence, La correspondance, S.33 f.).

141 Zu Bissings kirchenpolitischen Vorstellungen vgl. sein Schreiben an Hartmann vom 4.12.1914 (Mayence, S.2 f.), sein Schreiben an den Brüsseler Nuntius Tacci vom 26.6.1915 (Nachweis unten, Kap.5 Anm.51) oder seine Aufzeichnung für den nach Rom zurückkehrenden Auditor der Nuntiatur Sarzana (PA Bonn, Wk 17 Bd.3, Anlage zum Auszug aus einem Privatschreiben Lanckens vom 2.9.1915 über seine Kontakte zu Sarzana, in der der Gouverneur die Grundzüge seiner Kirchenpolitik darstellt).

142 PA Bonn, AHQ 6, Bd.1/2, Bethmann an Mühlberg, Erlaß vom 2.1.1915.

143 Ebd.

144 S. die Aufzeichnung Bissings für Sarzana (Nachweis Anm.141).

145 S. die oben im ersten Kapitel S.24 ff. genannten Beispiele politisch-religiösen Engagements Merciers.

146 Vgl. auch Aubert, Kirche und Staat in Belgien (Nachweis oben, Kap.1 Anm.71).

1 Dies ist, wie schon der Titel anzeigt, auch die These H. Lademachers in Kardinal Mercier, das deutsche Generalgouvernement und die Politik des Hl. Stuhls, in Landschaft und Geschichte, Festschrift für Franz Petri, Bonn 1970. Die Darstellung Lademachers ist allerdings unter dem Gesichtspunkt zu kritisieren, daß sie die Abhängigkeit der Behandlung Merciers von den deutschen Beziehungen zum Vatikan zwar behauptet, aber nicht die Motive dafür analysiert, daß sie den Fall Mercier zu isoliert betrachtet und daß sie den Wandel in den Beziehungen der deutschen Verwaltung in Brüssel zu Mercier im Laufe des Jahres 1916 (s. unten S.119 ff.) übersieht.

2 Pius X. starb am 20.8.1914, das Konklave fand statt vom 31.8. 1914-3.9.1914.

3 Zum Pontifikat Pius X. vgl. Schmidlin, Papstgeschichte, Bd.3, S.21 ff.; Maron, Die römisch-katholische Kirche, S.N 208 ff.; Aubert, Defensive Kräftekonzentration, in Handbuch der Kirchengeschichte, hrsg. von H. Jedin, Bd.6,2, Freiburg 1973; Aretin, Papsttum, 134 ff., S.142 ff. und S.164 ff.

4 G. Knopp, Die Borromäuisenzyklika von 1910 und ihr Widerhall in Preußen, in Zeitschrift für Kirchengeschichte, Bd. 86 Jg. 1975, S.41 ff.

5 Zwischen persönlicher Intention und tatsächlicher Wirkung unterschied auch der preußische Gesandte von Mühlberg bei seiner Beurteilung Pius X., der angesichts seiner sonstigen grobschlächtig-protestantischen und deutsch-nationalistischen Berichterstattung aus Rom zu einem erstaunlich differenzierten Urteil über Pius X. kam: "Es sind eigenartige Gedanken, deren man sich nicht erwehren kann, wenn man persönlich vor Pius X. steht. Unwillkürlich vergleicht man die segensspendenden Worte des milde und mit ruhiger Gelassenheit in die Welt blickenden, von ehrlich gemeinten friedfertigen Absichten getragenen Greises mit den innerkirchlichen Zuständen, wie sie unter Seinem Pontifikate tatsächlich in den verschiedenen Ländern Europas sich herausgebildet haben ... Angesichts dieser allgemeinen Erscheinungen möchte man sich fragen, ob die Geschichte von diesem als Charakter so reinen und fleckenlosen Manne nicht einst sagen wird, daß Er seine Zeit nicht begriffen und daß Er es nicht verstanden hat, zur Verwirklichung der Politik seines Herzens die geeigneten Mittel zu finden und die richtigen Wege einzuschlagen." (PA Bonn, Päpstl. Stuhl 3 Nr. 1, Bd.17, Mühlberg an AA, Bericht Nr. 71 vom 11.7.14). Ähnlich positiv äußerte sich Mühlberg in seiner Würdigung des alten und des neuen Papstes in Bericht Nr. 106 vom 5.9.14 (ebd. Bd.18):

"Ohne Voraussicht für die Wirkungen seiner Handlungen, ohne Verständnis für das religiöse und geistige Ringen der Gegenwart, ein Werkzeug in den Händen einer kleinen, ebenso herrschsüchtigen als bornierten Klique, litt die internationale Politik dieses in seinem inneren Wesen so reinen und tadellosen Priesters Schiffbruch in den Wellen der Zeit." Vgl. auch GStA München, Bayr. Gesandtschaft Päpst. Stuhl 919, Ritter an Hertling, Schreiben vom 8.9.1914, in dem der bayrische Gesandte beim Hl. Stuhl über eine Privataudienz Bettingers bei dem neuen Papst Benedikt XV. berichtete. Bettinger hatte dem Papst einen Überblick über den Schaden gegeben, der durch den Integralismus dem deutschen Katholizismus entstanden war, der selbst Bischöfe verdächtigt hatte, "extra ecclesiam" zu stehen. S. auch E. Ritter, Die katholisch-soziale Bewegung, S.343 f. Zu den deutschen Gesandtschaften beim Vatikan s. F. Hanus, Die preußische Vatikangesandtschaft, S.398 ff. und G. Franz-Willing, Die bayrische Vatikangesandtschaft, S.93 ff.

6 Vgl. auch Mühlbergs Darstellung der römischen Stimmung gegenüber Deutschland in Bericht 1 vom 7.1.1912 (PA Bonn, Päpstlicher Stuhl 3 Nr. 2 geheim Bd.2): "Man kann die Kurie nicht direkt deutschfeindlich nennen ... Dagegen steht es unzweifelhaft fest, daß man in der Kurie in hohem Maße gegen Deutschland voreingenommen ist und daß von einer Freundschaft für Deutschland nicht die Rede sein kann. Der Grund davon ist Angst, Furcht und totale Unkenntnis unserer heimischen Verhältnisse. Rom hat den Schlag, den die deutsche Reformation ihm versetzte, nicht überwunden und wird ihn niemals überwinden ... Man fürchtet den deutschen kritischen Geist und die Wahrheitsliebe der deutschen Forscher, hält Deutschland für die Wiege des Modernismus und besorgt vor allem, wie mir dies von verschiedenen kompetenten Seiten offen und wiederholt gesagt wurde, daß die tägliche Berührung der katholischen Bevölkerung mit den Protestanten, das Ineinanderwohnen und Zusammenleben beider Konfessionen der Reinheit des katholischen Bekenntnisses, der Abhängigkeit von Rom und dem Gehorsam gegen das päpstliche Wort Abbruch tue und sie erschüttere. Diese Stimmung zu beheben, diese Mentalität der Kurie zu zerstören gehört wohl in den Bereich des Unmöglichen."

7 Vgl. Schmidlin, Papstgeschichte Bd.3, S.162 ff. und Aubert, Defensive Kräftekonzentration, S.475 ff. sowie die von E. Poulat herausgegebene Dokumentation über die Sapinière: Intégrisme et catholicisme intégral. Un réseau secret international antimoderniste: La 'Sapinière' (1909-1921), Tournai 1969.

8 Die Rolle Kardinal Kopps beschränkte sich nicht darauf, nur ein Sprachrohr der Integralisten zu sein. S. hierzu R. Morsey, Die deutschen Katholiken, S.279 ff. und H. Gottwald, Zentrum und Imperialismus, S.109 ff.

09 Vgl. Epstein, Erzberger, S.85 ff.; Morsey, Zentrumspartei S.35 ff., ders., Die deutschen Katholiken, S.277 ff. Der Zentrums- und Gewerkschaftsstreit war Hintergrund der Berufung Felix von Hartmanns zum Nachfolger Kardinal Fischers auf den Erzbischofstuhl von Köln. (N. Trippen, Das Domkapitel und die Erzbischofs-Wahlen in Köln, S.420 ff.

10 Ein Beispiel hierfür bieten die Wirren um die Interpretation der Enzyklika "Singulari quadam" von 1912 durch Bischof Schulte von Paderborn und Kardinal Kopp, s. Briefwechsel Hertling - Lerchenfeld, Bd.I, S.269 ff., Nr. 83, 85, 86, 87, 88, 90, 94 und dazu die im Anmerkungsapparat vom Herausgeber zusammengestellten Materialien. Vgl. auch Poulat, Intégrisme, S.254 ff., S.332 ff., S.404 ff., S.415 ff. und öfter.

11 J. Schauff, Das Wahlsystem, S.299 ff., R. Morsey, Zentrumspartei, S.50, J. Bertram, Die Wahlen, S.22 ff. und S.212 ff.

12 Beispiele bei Morsey, Zentrumspartei, S.38 Anm.25 und S.39 Anm.32.

13 Es handelte sich um das Schreiben "Cum nonnulla dubia" vom 8.1.14, das gedruckt in lateinischer und deutscher Sprache vorliegt in Briefwechsel Hertling - Lerchenfeld, Bd.I, S.272 f. Anm.1.

14 Ebd., Bd.I, S.275, Schreiben Hertlings an Lerchenfeld vom 27.2. 1914. Vgl. auch im gleichen Schreiben ebd. S.276: "Ich muß bekennen, daß ich über die ganze Lage sehr ungehalten bin und dies gegenüber dem Nuntius auch ziemlich deutlich gestern zum Ausdruck gebracht habe. Es kann in dieser Weise nicht weitergehen und ich werde alles daran setzen, der Kurie den Grafen Oppersdorff zu verleiden."

15 Zur Rolle des Zentrums vor dem Krieg vgl. Epstein, Erzberger, S.96 ff.; Fischer, Krieg der Illusionen, S.41, S.55 f. und S.257 ff.; Stegmann, Die Erben Bismarcks, S.29 ff.; Rauh, Föderalismus, S.214 ff. und S.45 ff.; Deuerlein in der Einleitung zu Briefwechsel Hertling - Lerchenfeld, Bd.I, S.26 f. und S.31 f.. Die Wende des Zentrums zum Imperialismus (1893) ist auch Thema der Dissertation H. Gottwalds, Zentrum und Imperialismus, Jena 1965.

16 Die Bedeutung der christlichen Gewerkschaften als eines antisozialdemokratischen Bollwerks formulierte auf exemplarische Weise die offiziöse "Bayrische Staatszeitung" in einem gegen die Integralisten gerichteten polemischen Artikel: "Die Staatszeitung tritt entschieden für die christlichen Gewerkschaften ein. Sie tut dies, weil die christlichen Gewerkschaften, in denen katholische und evangelische Arbeiter ohne Rücksicht auf Konfessionszugehörigkeit wirtschaftlich organisiert sind, diejenigen Arbeiterorganisationen darstellen, die nach Mitgliederzahl und Entwicklungsfähigkeit als ernstzunehmende Gegner der sozialdemokratischen freien Gewerkschaften zu erachten sind. Eine Sprengung

der christlichen Gewerkschaften ließe befürchten, daß ein sehr beträchtlicher Prozentsatz ihrer Mitglieder in die Zwangslage versetzt würde, sich zur Sicherung ihrer wirtschaftlichen Interessen den freien Gewerkschaften und damit der Sozialdemokratie anzuschließen. Die christlichen Gewerkschaften haben mit Klugheit und Festigkeit ihre Existenz bisher behaupten können. Ihnen in dem nicht leichten Kampf beizustehen ist eine staatliche Notwendigkeit." ("Bayrische Staatszeitung" Nr. 62, Jg. 1914, gedruckt in Briefwechsel Hertling - Lerchenfeld, Bd.I, S.284 f. Anm.3).

17 Riezler, Tagebücher, S.170 ff, Eintragungen zum 5.2.11, 24.3. 11, 28.3.11, 30.3.11, 2.4.11.

18 Eine Unterredung des Reichskanzlers mit Kardinal Kopp wegen einer befürchteten Enzyklika gegen interkonfessionelle Vereine belegt Riezlers Eintragung vom 30.3.1911 (ebd. S.174).

19 Das oben erwähnte geheime päpstliche Schreiben von Januar 1914 (vgl. Anm.13) löste eine parallele diplomatische Aktion Berlins und Münchens aus, die unter der Befürchtung stand, daß die christlichen Gewerkschaften zerstört werden könnten. (Vgl. Briefwechsel Hertling - Lerchenfeld, Bd.I, S.274 ff. und S.292 ff., Nr. 86, 87, 88, 94).

20 Ein Beispiel hierfür bietet die Aufregung um die bayrische Interpretation des § 1 des Jesuitengesetzes, an dem sich zeigt, wie leicht ein konfessionelles Thema die parlamentarische Zusammenarbeit der bürgerlichen Parteien stören konnte. (Ebd. Bd.I, S.147 ff. und S.222 ff., vgl. auch Epstein, Erzberger, S.66 ff. und Rauh, Föderalismus, S.253 ff.). Im Fall der "Borromäus-Enzyklika" (s. oben S.75) gingen die Wellen der Erregung so hoch, daß Preußen den Abbruch der diplomatischen Beziehungen androhte, falls sich der Vatikan nicht zu einer Zurücknahme der Enzyklika für Deutschland entschließt (s. G. Knopp, die Borromäusenzyklika, S.53 f. und Poulat, Intégrisme, S.201 ff.).

21 J. Bertram, Die Wahlen, S.52 ff., S.167 ff. und S.210 ff.

22 D. Stegmann, Die Erben Bismarcks, S.257 ff.

23 PA Bonn, Päpstlicher Stuhl 3 Nr. 1a Bd. 7, Mühlberg an AA, Bericht 45 vom 20.4.1913.

24 Ebd. Bd.8, Zimmermann an den (im Großen Hauptquartier weilenden) Reichskanzler, Telegramm Nr. 38 vom 20.8.1914 und ebd. Mühlberg an AA, Telegramm Nr. 36 und 37 vom 22.8.1914; vgl. auch GStA München, Bayr. Gesandtschaft Päpstl. Stuhl 919, Ritter an Hertling, Schreiben vom 25.8.1914.

25 Mühlberg an AA, Bericht 45 vom 20.4.1913 (Nachweis oben Anm. 23).

26 Schon 1909, nach der Veröffentlichung der Konstitution "Commissum nobis" vom 20.1.1904, mit der der Papst das Vetorecht der katholischen Großmächte aufhob, hatte Mühlberg die Mög-

lichkeit des politischen Einflusses auf das Konklave optimistisch eingeschätzt: "Daß es für die betreffenden Großmächte auch noch andere Wege gibt ... um das vom Papst ihnen bestrittene Vetorecht zur Geltung zu bringen, darüber sind die Kundigen sich einig und es wird deshalb eine eingreifende Bedeutung dieser Päpstlichen Willensäußerung nicht beigelegt." (PA Bonn, Päpstl. Stuhl 3 Nr. 1 Bd.7, Mühlberg an AA, Bericht Nr. 20 vom 14.3. 1909).

27 Ebd. Bd.8, Mühlberg an AA, Telegramm Nr. 43 vom 28.8.1914.

28 Ebd.- Über das zur Wahl Benedikts XV. führende Konklave von 1914 und das Konklave von 1922 hat der Wiener Kardinal Piffl Tagebuchnotizen hinterlassen, die M. Liebmann unter dem Titel "Les conclaves de Benoît XV et de Pie XI" in der "Revue Nouvelle", Bd.XXXVIII, 19.Jg. 1963 S.34-52 in franz.Fassung veröffentlichte.

29 PA Bonn Päpstl.Stuhl 3 Nr.1 Bd.8, Mühlberg an AA, Bericht Nr. 102 vom 30.8.1914, Telegramm Nr. 40 vom 25.8.1914 und Telegramm Nr. 45 vom 30.8.14. Der Befund nach den deutschen Akten widerspricht damit der Darstellung Schmidlins, Papstgeschichte, Bd.3 S.189, der die Wahl della Chiesas als völlig unerwartet bezeichnet. Auch aus Piffls Aufzeichnungen (Nachweis oben Anm.28) geht deutlich hervor, daß schon vor dem Zusammentritt des Konklaves eine Strömung zugunsten della Chiesas bestand (vgl. Piffls Notizen zum 28. und 30.8.1914, ebd. S.40).

30 "Nach dem Ergebnis der gestrigen gemeinschaftlichen Beratungen mit den deutschen und österreichisch-ungarischen Kardinälen dürfen wir annehmen, daß sie alle in erster Linie für den Kardinal della Chiesa votieren werden, ein Ergebnis, mit dem wir zufrieden sein können. Gegner hat della Chiesa im intransigenten Lager und bei den kurialen Kardinälen." (Mühlberg an AA, Telegramm Nr. 45 vom 30.8.1914, Nachweis oben Anm.29). Ähnlich war die Berichterstattung Ritters, der vom Tage des Zusammentretens des Konklaves nach München telegrafierte: "Deutsche und österreichische Kardinäle scheinen ihre Stimmen zuerst auf della Chiesa ... eventuell Gasparri und Pompilj vereinigen zu wollen." (GStA München, Bayr. Gesandtschaft Päpstl. Stuhl 919, Telegrammkonzept Ritters an Hertling vom 30.8.1914).

Nach den Aufzeichnungen Piffls (Nachweis oben Anm.28) fanden Gespräche zwischen ihm und dem österreichischen Botschafter Prinz Schönburg am 26.8., mit den beiden deutschen Kardinälen von Bettinger und von Hartmann sowie dem bayrischen Gesandten Baron Ritter am 26.8. abends statt. Am 27.8. sprach Piffl u.a. mit Ritter über das Konklave sowie mit den Kardinälen Hartmann und Bettinger, für den 28.8. notiert Piffl eine "conférence" der drei österreichischen und der zwei deutschen Kardinäle. Unter dem 29.8. ist eine "soirée" bei dem Prinzen Schönburg - mit drei namentlich nicht genannten Kardinälen - erwähnt. Für den 30.8. erwähnt Piffl dann noch einmal eine Art förmlichen Zusammentreffens der Kardinäle Csernoch, Bettinger, Hartmann, Hornig und Skrbensky, bei der die Entscheidung gefallen sei, im ersten Wahlgang für della Chiesa zu stimmen und sich dann im Konklave über das weitere Vorgehen zu verständigen. Vom Ergebnis her bestätigen die Aufzeichnungen Piffls also die Berichte Mühlbergs und Ritters, allerdings erwähnt Piffl nicht die Rolle des preußischen Gesandten bei der Meinungsbildung der österreichischen und deutschen Kardinäle. Es fällt zudem auf, daß Name und Person dieses Diplomaten in dem gesamten Text nicht einmal auftauchen, obwohl Piffl sonst selbst Höflichkeitsvisiten und andere belanglose Details notiert. Nun ist undenkbar, daß Piffl nicht wenigstens einen Höflichkeitsbesuch bei Mühlberg - und dieser bei ihm - gemacht haben sollte, d.h. bei dem diplomatischen Vertreter des Landes, das in dem gerade ausgebrochenen Krieg Österreichs Verbündeter war. Das völlige Verschweigen eines Zusammentreffens mit Mühlberg und vor allem das Verschweigen der Besprechung vom 29.8., an der sowohl die Kardinäle wie die diplomatischen Vertreter der Mittelmächte teilnahmen, ist zu ungewöhnlich, um rein zufällig zu sein. Es ist als bewußte Absicht Piffls zu deuten, über Einzelheiten seiner Entscheidung für della Chiesa und der Entscheidung seiner deutschen und österreichischen Amtsbrüder Dunkel walten zu lassen. Das Mindeste, was sich nach einem Vergleich der Tagebuchaufzeichnungen Piffls mit den diplomatischen Berichten Mühlbergs und Ritters sagen läßt, ist die Feststellung, daß die beiden Quellen sich nicht widersprechen, sondern sich z.T. bestätigen und ergänzen.

31 PA Bonn, Päpstl. Stuhl 3 Nr.1a Bd.8, Mühlberg an AA, Telegramm Nr. 36/37 vom 22.8.1914; inhaltlich gleichlautend Ritters Rat nach dem rückschauenden Bericht Nr. 307 vom 7.9.1914 (GStA München, Bayr. Gesandtschaft Päpstl. Stuhl 919).

32 PA Bonn, AHQ 15 Bd. o.Nr., Bethmann an Hartmann, Konzept des Schreibens vom 23.8.1914, lt. Vermerk durch Botschaftsrat von Radowitz nach Köln überbracht. Die Ausfertigung war in den Akten Hartmanns im Generalvikariat der Erzdiözese Köln nicht aufzufinden.

33 Bethmann verwertete nicht eine Anregung Zimmermanns (PA Bonn, Päpstl. Stuhl 3 Nr. 1a Bd.8. Zimmermann an Bethmann, Telegramm vom 21.8.1914), gegenüber Hartmann die russische Gefahr zu beschwören, die die katholische Kirche an die Seite Deutschlands drängen müsse.

34 Bethmann an Kardinal von Hartmann, Schreiben vom 23.8.1914 (Nachweis oben Anm.32).

35 Die Akten des Reichskanzlers im GHQ enthalten keinen Hinweis darauf, woher Bethmann zu diesem Zeitpunkt die Präferenz Bettingers für della Chiesa bekannt geworden ist.

36 Aus München hatte Schön an das AA telgraphiert (PA Bonn, Päpstl. Stuhl 3 Nr. 1 Bd.17, Schön an AA, Telegramm Nr. 55 vom 21.8.1914), daß Hertling die Kandidatur della Chiesas befürwortete und nach der Wahl berichtete er (ebd. Bd.18, Bericht

Nr. 131 vom 4.9.1914), Hertling habe Bettinger in diesem Sinn bearbeitet. Hierzu enthalten die Akten des Erzbischöflichen Archivs in München keinen schriftlichen Niederschlag.

37 Briefwechsel Hertling - Lerchenfeld, Bd.I, S.27 ff.

38 Schön an AA, Bericht Nr. 131 vom 4.9.1914 (Nachweis oben Anm. 36).

39 Ebd.

40 Ebd., Schön an Bethmann, Bericht Nr. 131 vom 4.9.1914. - Nicht minder zufrieden äußerte sich der bayrische Gesandte beim Hl. Stuhl in seiner diplomatischen Berichterstattung. (GStA München, Bayr. Gesandtschaft Päpstl. Stuhl 919, Ritter an Hertling, Telegramm Nr. 297 vom 3.9.1914 und Bericht Nr. 307 vom 7.9.1914). In einem Privatschreiben Ritters an Hertling vom 8.9. 1914 (ebd.) heißt es: "Der Kardinal von Bettinger reist heute abend nach München zurück und zwar sehr befriedigt mit dem Ergebnis der Papstwahl und der Rolle, die die deutschen und österreichischen Kardinäle dabei gespielt haben. 'Wir haben den Papst gemacht' sagte mir Seine Eminenz 'und der Papst weiß es'."

41 PA Bonn, Päpstl. Stuhl 3 Nr. 1a Bd.8, Mühlberg an AA. Telegramm 36/37 vom 22.9.1914 und Bericht 102 vom 30.8.1914. Ähnlich Ritter in Bericht 307 vom 7.9.1914 (Nachweis oben Anm.40). Zur österreichischen Vertretung beim Hl. Stuhl vgl. auch A. Hudal, 'Die österreichische Vatikanbotschaft, S.24 ff.

42 PA Bonn, Päpstl. Stuhl 3 Nr. 1a Bd.8. Auch Ritter bedauerte, über Einzelheiten des Konklaves wenig berichten zu können, teilte aber mit, daß der Kampf sehr hart war und daß die deutsch-österreichische Kardinalsgruppe den Wahlausgang entscheidend beeinflußt habe: "Jedenfalls, soviel steht fest, haben die Deutschen und Österreicher von Anfang an für della Chiesa gestimmt und sind hartnäckig dabeigeblieben und haben nicht unwesentlich zu der Wahl della Chiesas beigetragen." Den "glänzenden Erfolg" führte Ritter auch auf die Kriegssituation und die Erwartung oder Hoffnung mancher Kardinäle auf einen deutsch-österreichischen Sieg zurück. Wie militarisiert das Denken selbst in Kreisen der Kurie war, beweist ein von Ritter weitergegebener Kommentar eines namentlich nicht genannten Kardinals zur Wahl: "Die Deutschen und Österreicher schossen ... mit bewunderungswürdiger Ausdauer nach zwei Seiten und entschieden damit den Sieg. Die zwei Seiten waren, wie ich vermute, die Integralen und die Nationalisten." (GStA München, Bayr. Gesandtschaft Päpstl. Stuhl 919, Ritter an Hertling, Bericht Nr. 307 vom 7.9.1914).

43 PA Bonn, Päpst. Stuhl 3 Nr. 1 Bd.18, Mühlberg an AA, Bericht Nr. 106 vom 5.9.1914. Auch die Ernennung Gasparris zum Kardinal-Staatssekretär wurde von Mühlberg begrüßt. (PA Bonn, Päpstl. Stuhl 3 Nr. 2 Bd.20, Bericht 125 vom 14.10.1914). Er hatte ihn schon 1913 als "deutschfreundlich" qualifiziert. (PA

Bonn, Päpstl. Stuhl 3 Nr. 1a Bd.7, Mühlberg an AA, Bericht 45 vom 20.4.1913). Weitschweifiger in der Form, aber ebenso positiv im Inhalt beurteilte Ritter in seinem schon mehrfach zitierten ausführlichen Bericht Nr. 307 vom 7.9.1914 die Aussichten des neuen Pontifikats.

44 Der Schlußsatz seines die Person des alten und des neuen Papstes würdigenden Berichtes Nr. 106 vom 5.9.1914 (Nachweis oben Anm.43) lautete: "Die bisherigen Beobachtungen sprechen dafür, daß wir in dem neuen Oberhaupt der katholischen Kirche einen Papst begrüßen dürfen, mit dem unsere Beziehungen sich ungestört und freundschaftlich entwickeln werden."

45 Es ist an dieser Stelle nicht möglich, den Komplex der deutsch-vatikanischen Beziehungen unter dem Gesichtspunkt der Polen- bzw. Rußlandpolitik ausführlich zu behandeln, der in engem Zusammenhang zu den Beziehungen des Vatikans zu Österreich zu sehen ist. (Vgl. A. Hudal, Die österreichische Vatikanbotschaft S.282 ff. und F. Engel-Janosi, Österreich und der Vatikan, Bd. 2 S.142 ff). Über "günstige Dispositionen" der Kurie für Deutschland hatte Mühlberg schon in den ersten Kriegstagen berichten können und darauf vom Reichskanzler die Weisung erhalten, "diese zu stärken und soweit möglich in Mithülfe umzusetzen," indem er in der Kurie und in katholischen italienischen Kreisen die Überlegung verbreitet, "der uns aufgezwungene Verteidigungskrieg würde Europa von dem schweren russischen Druck befreien." (PA Bonn, AHQ 15 Bd.o.Nr., Bethmann an Mühlberg, Telegramm Nr. 14 vom 12.8.1914). Dahinter stand die Hoffnung, durch Beschwörung der russischen Gefahr den Vatikan, das katholische Italien und den internationalen Katholizismus an die Seite Deutschlands ziehen zu können und speziell den Vatikan durch Verheißung eines religiös und staatlich unabhängigen Polens für den Kampf gegen Rußland einsetzen zu können: "Den größten Gewinn (sc. der Befreiung Europas vom russischen Druck, d.Verf.) würden hieraus die Polen ziehen, denen die verbündeten Armeen staatliche Selbständigkeit und religiöse Freiheit bringen sollen. Bei Lösung dieser Aufgabe rechneten wir auf eifrige Mitarbeit aller Katholiken, in erster Linie der Kurie. (Zur Information: auch durch Einwirkung auf den polnischen Klerus in Russisch-Polen)." In zweiter Linie erwartete Bethmann vom Vatikan eine Beeinflussung der italienischen katholischen Öffentlichkeit durch Verbreiten der Erkenntnis, daß "unser Bestreben, die übermächtige panslawistische orthodoxe Flut zurückzudämmen, den nationalen und kirchlichen Interessen des katholischen Italiens dient." (Ebd., Bethmann an Mühlberg, Telegramm Nr. 14 vom 12.8.1914) Mühlberg sah zwar während der Sedisvakanz keine Möglichkeit, mit offiziellen Stellen des Vatikans in dieser Richtung Kontakt aufzunehmen, bereitete aber in Gesprächen mit dem bayrischen Gesandten Ritter und dem österreichischen Botschafter Prinz Schönburg die Beeinflussung der Kurie in diesem Sinne vor. (PA Bonn, AHQ 15 Bd.o.Nr., Zimmermann an Bethmann, Telegramm

Nr. 148 vom 27.8.1914 und Nr. 175 vom 29.8.1914, mit denen der Unterstaatssekretär im AA dem Reichskanzler die Berichte Mühlbergs weiterleitete). Durch Benedikts Neutralitätspolitik zerschlug sich die Hoffnung, den Papst offen für die deutsche Seite gewinnen zu können (Mühlberg hatte darüber auch mit den deutschen Kardinälen vor dem Konklave gesprochen, vgl. ebd. Telegramm Zimmermanns Nr. 175 vom 29.8.1914), doch sollte der zweite Ansatzpunkt deutsch-vatikanischer Zusammenarbeit, die Frage der Verhinderung des italienischen Kriegseintritts, noch politische Bedeutung gewinnen, (s. unten S.80 f.).

Die "russische Gefahr" war auch der Angelpunkt eines - sicher nicht ohne Zusammenarbeit mit dem Auswärtigen Amt entstandenen - Memorandums Erzbergers für die zum Konklave versammelten Kardinäle, das in lateinischer und deutscher Version überreicht wurde und von einer Anzahl der prominentesten deutschen Katholiken unterzeichnet war. Dort heißt es: "Der schwerste Angriff, der im jetzigen Weltkrieg ausgefochten wird, kommt vom orthodoxen Moskowitertum. Rußland will alle Slawen nicht nur unter seine politische Gewaltherrschaft, sondern auch unter seine religiöse Unterdrückung zwingen. Rußlands Sieg würde die schwerste Schädigung des Katholizismus darstellen. Dem Katholizismus in Westeuropa tritt kein gefährlicherer Feind entgegen als der gewalttätige Russe, der seit Jahrhunderten die polnischen Katholiken mit den brutalen Mitteln der Gewalt von der Kirche gerissen hat." (Ein Exemplar des Memorandums mit einem Anschreiben Erzbergers an Kardinal Bettinger vom 13.9. 1914 ist enthalten in AEB München, Kasten 42/1; von den österreichischen Kardinälen wurde das Memorandum "wärmstens begrüßt", vgl. A. Hudal, Die österreichische Vatikanbotschaft, S.286.). Mehrere Dokumente im Nachlaß Van den Heuvels belegen, wie stark der Vatikan in der Tat von der Furcht vor einem russischen Übergewicht bzw. von der Furcht vor einem Zerfall Österreichs als katholischer Barriere gegen die russische Orthodoxie beherrscht war. So erklärte Gasparri in einem Gespräch mit Van den Heuvel über das deutsche Friedensangebot im Dezember 1916 (AGR Brüssel, FVdH 38, Aufzeichnungen Van den Heuvels zum 14.12.1916): "Mais si nous trouvons que l'Autriche ne doit pas disparaître, il me semble que l'Angleterre et la France seront, par la simple considération de leur intérêt, amenées à penser comme nous. Van den Heuvel: L'Autriche a couru elle-même à sa perte, elle a soudé son sort à celui de l'Allemagne. Gasparri: Mais refléchissez-y. L'Autriche est une barrière de premier ordre. La Russie avec 200 millions de populations moins civilisées assurément que les Allemands nous guettent et nous menacent à l'orient. Et on lui a encore donné Constantinople, la Cité magique pour toute l'Asie mineure, que dis-je pour toute la méditerrannée orientale!" Auf Van den Heuvels Einwand, ob er die Türken, die zwei Millionen Armenier umgebracht hätten, den Russen vorzöge, die sich doch immerhin später zivilisieren könnten, erwiderte Gasparri" "Vous faites le prophète en m'annoncant que les Russes vont cesser d'être intolérants et exclusifs."

46 Zur Haltung des Vatikans in der Frage des italienischen Kriegseintritts s. unten S.80.

47 Auf Mühlbergs Bericht über seine Antrittsaudienz bei Benedikt XV. telegraphierte der Reichskanzler aus dem GHQ: "Das Verständnis, das Papst Benedikt für die deutschen Verhältnisse an den Tag legt, eröffnet, falls es sich auch in der Praxis bestätitgt, erfreuliche Perspektiven für unsere konfessionellen Verhältnisse. Sollte die Kurie in Zukunft in höherem Grade als das bisher der Fall war, den Bedingungen Rechnung tragen, die allein ein friedliches Zusammenleben der beiden Konfessionen in Deutschland ermöglichen, so würde es der Königlichen Staatsregierung um so leichter fallen, auf dem Wege des Entgegenkommens gegen die Wünsche der deutschen Katholiken fortzuschreiten, als der gegenwärtige Krieg ... die Angleichung vorhandener politischer und religiöser Gegensätze ohnehin erleichtern dürfte." (PA Bonn, Päpstl. Stuhl 3 Nr. 1 Bd.18, Bethmann an AA für Mühlberg, Telegramm Nr. 56 vom 21.9.1914). Über eine stärkere Deutschland und Österreich zuneigende Einstellung des Vatikans in den ersten Kriegsmonaten berichtete auch Ritter an Hertling (GStA München, MA III 2567/2, Bericht Nr. 359 vom 2.11.14): "Der Hl. Stuhl setzt alle seine Hoffnungen auf den Sieg der deutschen und österreichischen Waffen und wenn er diesen Sympathien keinen offenen Ausdruck gibt, so ist das nur darauf zurückzuführen, daß er sich im Interesse einer eventuellen Einwirkung für den Frieden absoluter Unparteilichkeit befleißigen zu müssen glaubt."

48 So z.B. durch eine besonders schnelle Überreichung seiner Akkreditive (PA Bonn, Päpstl. Stuhl 3 Nr. 1 Bd.18, Mühlberg an AA, Telegramm Nr. 61 vom 19.9.1914), Anregung eines kaiserlichen Glückwunschtelegramms zu Benedikts 60. Geburtstag im November, das er explizit mit der "fortdauernden günstigen Stimmung der Kurie" für Deutschland begründete. (Ebd. Mühlberg an AA, Telegramm Nr. 74 vom 14.11.1914). Auf einen günstigen Eindruck bei der Kurie zielte er auch, wenn er ein betontes Entgegenkommen auf den päpstlichen Vorschlag eines Weihnachtswaffenstillstands bzw. den Austausch wehrunfähiger verwundeter Gefangener empfahl. (PA Bonn, AHQ 15 Bd.o.Nr., Telegramm 100 vom 19.12.1914, Telegramm 101 vom 19.12.1914 und Telegramm 106, ab Berlin 30.12.1914). "Für die Fortdauer guter Stimmung der Kurie für uns würde es nützlich sein, wenn wir wenigstens im Prinzip den neuen Vorschlag annehmen und die Verantwortung für seine Ablehnung andern überlassen könnten." (Ebd., Mühlberg an AA, Telegramm 101 vom 19.12.1914). Als Erfolg konnte er verbuchen, daß der Papst in seiner Antwort auf den Neujahrsglückwunsch Mühlbergs "mit warmen Worten der wohlwollenden Aufnahme" gedachte, "die bei Seiner Majestät dem Kaiser sein Vorschlag wegen eines weihnachtlichen Waffenstillstands gefunden hat. Allein Seine Majestät habe der Anregung ohne Vorbehalt und in einer Weise zugestimmt, die ihn zur Dankbarkeit verpflichte." (PA Bonn, AHQ 15, Bd. o.Nr., Mühlberg

an AA, Tel. Nr. 105, ab Berlin 30.12.1914). Der Telegrammwechsel des Papstes mit dem Kaiser erschien im Osservatore Romano vom 2.1.1915 (PA Bonn, AHQ 15 Bd. o.Nr., Mühlberg an AA, Telegramm Nr. 2, mit Telegramm Nr. 29 vom 5.1.1915 ins GHQ mitgeteilt).

49 Schon in der Antrittsaudienz des preußischen Gesandten beim neugewählten Papst deutete Benedikt XV. seine Vorstellung einer aktiven päpstlichen Friedensmission an (PA Bonn, Päpstl. Stuhl 3 Nr. 1 Bd.18, Mühlberg an AA, Telegramm Nr. 61 vom 19.9. 1914), die bekanntlich den deutschen expansionistischen Kriegszielen ebenso zuwiderlief wie den Verfechtern eines Kampfes "jusqu'-au-bout" auf der anderen Seite.

50 Die Kämpfe und der anschließende Brand in Löwen fanden am 25. und 26.8.1914 statt. Mercier schilderte in einer "Note", die seinen Kriegshirtenbriefen vorangestellt ist (D.J. Mercier, O.P. V, S.24 ff.), seinen Eindruck, als er in Rom von der Zerstörung Löwens hörte. Zu den Vorgängen in Löwen s. auch Kapitel 2 Anm.20.

51 "Zur selben Stunde, als der Ausfall der Belgier aus Antwerpen erfolgte, versuchte die gesamte Bürgerschaft von Löwen einen offenbar verabredeten Überfall auf die anwesenden Truppen. Dem sofortigen scharfen Eingreifen der Deutschen gelang es nach hartnäckigem Straßenkampf, der Belgier Herr zu werden. Da sofort in schärfster Form Bestrafung erfolgte, liegt ein Teil der an Kunstschätzen so reichen Stadt heute in Trümmern." (Der Völkerkrieg, Bd.1, S.209) Selbst dem im GHQ anwesenden Reichskanzler gelang es nicht, sofort umfassend informiert zu werden. (Zur Informationspolitik der deutschen militärischen Führung in den ersten Kriegswochen s. auch K. Lange, Marneschlacht und deutsche Öffentlichkeit 1914-1939, S.24 ff., S.42 ff. und S.87 ff.). Eine Aufzeichnung des Generalstabs vom 28.8.1914 stellte in Aussicht, "daß Stadt und nördliche Vorstadt ... wahrscheinlich ganz abgebrannt" sind. (PA Bonn, AHQ 5 Bd.1) Nachdem aus dem Ausland zurückgekehrte deutsche Agitatoren den negativen Eindruck der annexionistischen Presseäußerungen in den neutralen Ländern berichtet hatten, prophezeite Zimmermann: "Noch schlimmer wird die Wirkung der Zerstörung Löwens sein. Dringend erwünscht, daß ihr möglichst schnell mit eingehender unanfechtbarer Darstellung der Vorgänge unter gleichzeitiger Bekanntgabe etwaiger Protokolle ... entgegengetreten werde." (Ebd., Zimmermann an Jagow, Telegramm Nr. 210 vom 31.8.1914) Nachdem mehrere Aufforderungen des Reichskanzlers um die Übermittlung von Material zu den Vorgängen in Löwen ergebnislos blieben (vgl. ebd. Bethmann an Moltke, Schreiben vom 31.8.1914 und derselbe an denselben, Schreiben von Anfang September), erhielt der Reichskanzler erst durch einen Augenzeigenbericht von der Lanckens vom 7.9.14 eine authentische Auskunft über die Verhältnisse in Löwen, wenn auch nicht über die Vorgänge am 25. und 26.8. (Ebd. Bd.2, der Bericht wurde Grundlage einer NAZ-Veröffentlichung vom 18.9.1914 ebd.).

52 Der preußische Gesandte beim Vatikan beklagte sich in seiner Berichterstattung immer wieder über "fortwährende, insbesondere von französischer und belgischer Seite gemachte Versuche, den Vatikan durch die bekannten perfiden Lügen und Verleumdungen gegen uns einzunehmen." (PA Bonn, Päpstl. Stuhl 3 Nr. 1 Bd. 18, Mühlberg an AA, Telegramm 74 vom 14.11.1914) Nach dem französischen Protest wegen der Beschießung der Reimser Kathedrale überreichte Mühlberg im Vatikan eine Aide-Mémoire (PA Bonn, Akten der Preußischen Gesandtschaft beim Päpstl. Stuhl, Krieg 9 b Bd.41, Konzept vom 5.10.1914) und sprach mit dem Unterstaatssekretär Pacelli: "Weil ich ferner wußte, daß man versucht, im Vatikan das katholische Interesse für ... Belgien zu erregen, so wies ich Pacelli bei dieser Gelegenheit darauf hin, daß wir an der Seite Österreichs, des allerkatholischsten Landes, fechten und daß ein Vordringen Rußlands die Stellung Roms im Osten bedrohe." (Ebd. Mühlberg an AA, Telegramm 65 vom 5.10.1914; ähnlich auch ebd. Bericht Nr. 121 vom 2.10.1914) Auch Ritter, der bayrische Gesandte, berichtete nach München in diesem Sinne: "Tatsache ist aber, daß ... aus französischem und belgischem Lager Stimmen laut werden, die den Vatikan glauben machen möchten, daß in dem deutsch-französischen Kriege nicht nur ein Kampf der Nationen, sondern auch der Konfessionen zu erblicken sei und daß ein Sieg Deutschlands den Katholizismus in Europa schwächen würde. Von den Gefahren, die der katholischen Kirche seitens des glaubenslosen Frankreichs und des orthodoxen Rußlands drohen, schweigen natürlich diese Leute." (GStA München, Bayr. Gesandtschaft, Päpstl. Stuhl 923, Bericht Nr. 332 vom 3.10.1914).

53 Sofort nach Bekanntwerden des französischen Protesttelegramms an die Weltöffentlichkeit (Nachweis unten Anm. 54) ließ Bethmann den preußischen Gesandten beim Vatikan eine deutsche Gegendarstellung übermitteln. (PA Bonn, AHQ 5 Bd.2, Bethmann an Zimmermann, Telegramm Nr. 1 vom 23.9.1914) Über sein Gespräch mit dem Kardinalstaatssekretär berichtete Mühlberg, der Kardinalstaatssekretär sei über die deutschen Erklärungen sehr befriedigt gewesen und seine Aufgabe in Rom sei durch die schnelle Unterrichtung erleichtert worden: "Ich bin sehr dankbar für die erhaltene Darstellung, denn mehr noch wie Löwen ist die angebliche Zerstörung der Kathedrale von Reims im Vatikan bösartig gegen uns ausgenutzt worden." (PA Bonn, AHQ 15 Bd. o.Nr., Mühlberg an Bethmann, Telegramm 63, mit Telegramm 544 vom 4.9.1914 ins GHQ übermittelt. Vgl. auch das schon oben Anm.52 zitierte Aide-Mémoire Mühlbergs vom 5.10.1914 für Gasparri und das gleichfalls Anm.52 nachgewiesene Telegramm Nr. 65 vom 5.10.1914 über ein Gespräch mit Unterstaatssekretär Pacelli).

54 In ihrem Protest sprach die französische Regierung von "reiner Zerstörungslust deutscher Truppen", einem "systematischen Bombardement", einem "Vandalismus, der durch Vernichtung eines

Heiligtums unserer Geschichte die ganze Menschheit eines der kostbarsten Kleinodien beraubt." (PA Bonn, AHQ 5 Bd.2, Zimmermann an Jagow, Telegramm Nr. 508 vom 21.9.1914).

55 Der bayrische Gesandte unterstützte Mühlberg eifrig. Auch er erklärte, daß sich der Kardinalstaatssekretär für die deutsche Darstellung dankbar gezeigt habe: "Es geschieht auch auf anderen Gebieten alles, um den Vatikan davon zu überzeugen, daß die Nachrichten von einer barbarischen Kriegsführung unsererseits und von einer Mißachtung der religiösen Gefühle ... absolut nicht begründet sind. In dieser Hinsicht hat es im Vatikan auch einen sehr guten Eindruck gemacht, daß auf Ansuchen des Kardinals von Köln die gefangenen französischen Geistlichen bei uns wie Offiziere behandelt werden." (GStA München, MA III 2567/2, Ritter an Hertling, Bericht 359 vom 2.11.1914).

56 Das vom Kaiser korrigierte und unterzeichnete Telegrammkonzept weist aus, daß der die Priester betreffende Zusatz "The atrocities committed 'even by woman and priests' in this guerilla war" von der Hand des Kaisers selbst stammte (PA Bonn, AHQ 5 Bd.1, Konzept ohne Datum, Paraphe Bethmann Hollwegs vom 3.9.).

57 Zur Pressekampagne gegen den katholischen Klerus insgesamt siehe oben S.57. In seinem Dankschreiben an den preußischen Gesandten beim Vatikan nach der Rückkehr vom Konklave für die während seines Romaufenthalts erhaltene Unterstützung appellierte Hartmann an die Intervention Mühlbergs zugunsten der Erhaltung des konfessionellen Friedens in Deutschland. (PA Bonn, Akten der preußischen Gesandtschaft beim Päpstl. Stuhl, Krieg 9c Bd.42, Hartmann an Mühlberg, Schreiben vom 13.9. 1914). Mühlberg unterstützte Hartmanns Wunsch in seinem Bericht Nr. 121 vom 2.10.1914 (ebd.) mit dem Argument, "daß von französischer und belgischer Seite man sich eifrig bemüht, im Vatikan die Vorstellung zu erwecken, daß es sich in diesem Krieg auch um kirchliche Fragen handele und daß bei Frankreich und Belgien die Vertretung der katholischen Interessen zu suchen sei. Wo ich dieser Auffassung begegne, trete ich ihr mit dem Hinweis entgegen, daß wir an der Seite Österreichs ... fechten und daß ein Vordringen Rußlands mit verderblichen Folgen für die Macht der Kurie im Osten verbunden ist."

58 PA Bonn, AHQ 6 Bd.1/2, Jagow an den bayrischen Gesandten Ritter (in Vertretung Mühlbergs), Telegramm Nr. 15 o.Datum; PA Bonn, AHQ 15 Bd. o.Nr., Ritter an Jagow, Telegramm Nr. 25 vom 17.8.1914; ebd. Jagow an AA, Telegramm o.Datum; Mühlberg an AA, Telegramm 65, mit Telegramm 720 vom 12.10.1914 ins GHQ übermittelt.

Besonders aktiv in der Frage der Verdächtigung belgischer und französischer Geistlicher, sich an Grausamkeiten beteiligt zu haben, war der bayrische Gesante beim Hl. Stuhl Ritter, nicht aber zur Verteidigung seiner Glaubensgenossen, sondern in der Unterstützung des deutschen Standpunkts. Er drängte den Vatikan, eine Ermahnung an die Geistlichen herauszugeben, sich jeder Verhetzung zu enthalten, nachdem er mehrfach über die in Rom umgehende Furcht vor einem neuen Kulturkampf berichtet hatte. (GStA München, MA 97653, Ritter an Hertling, Schreiben vom 15.9.1914 und ders., Bericht Nr. 332 vom 3.10.1914 ebd.; zur Reaktion Hertlings vgl. dessen Schreiben an Ritter vom 29. 9.1914 ebd.) Einen Artikel des "Osservatore Romano" vom 8.10. 1914 und eine die Geistlichen ermahnende Ansprache Benedikts sah Ritter als Erfolg seiner Bemühungen an. (Ebd., Bericht Nr. 348 vom 9.10.1914 und Bericht 359 vom 2.11.1914) Die von Ritter berichtete Aktion Hartmanns, für gefangene französische Priester eine Behandlung als Offiziere zu erwirken, ist auf dem Hintergrund zu sehen, daß der Kurie demonstriert werden sollte, wie die katholischen Belange von Deutschland respektiert werden. (S. oben Anm.55).

59 S. oben S.47 zum Interview Bethmanns für Associated Press; zur Stimmung unter den Diplomaten im GHQ angesichts der englischen "Heuchelei" und "Freiheitsphrase" s. auch die Eintragungen Riezlers vom 18.8.1914, 25.9.1914 und 30.9.14 (K. Riezler, Tagebücher, S.198 und S.209 f.).

60 Über eine lebhafte diplomatische und journaltistische Aktivität der Belgier klagten der deutsche Gesandte Brockdorff in Kopenhagen (PA Bonn, AHQ 5 Bd.1, Zimmermann an Jagow, Telegramm 196 vom 30.8.1914; ebd., ders. an dens., Telegramm 252 vom 3.9.1914; PA Bonn, AHQ 6 Bd.1/2, ders. an dens., Telegramm 302 vom 12.9.1914), der deutsche Gesandte in Stockholm (PA Bonn, AHQ 5 Bd.1, Zimmermann an Jagow, Telegramm 245 vom 2.9.1914; ebd. Bd.2, ders. an dens., Telegramm Nr. 521 vom 22.9.1914), der deutsche Gesandte in Athen (ebd. Bd.2, Zimmermann an Jagow, Telegramm Nr. 577 vom 25.9.1914) und der deutsche Gesandte in den USA (ebd., Zimmermann an Jagow, Telegramm 654 vom 5.10.1914).

61 PA Bonn, AHQ 15 Bd. o.Nr., Mühlberg an Bethmann, Telegramm Nr. 106, mit Telgramm 1279 vom 30.12.1914 ins GHQ übermittelt.

62 GStA München, MA 97 653, Ritter an Hertling, Bericht Nr. 46 vom 5.2.1914.

63 Die Akten des Auswärtigen Amtes in Bonn und des Geheimen Staatsarchivs in München bieten zahlreiche Beispiele dafür, wie Mühlberg und Ritter die Gesten des Vatikans argwöhnisch daraufhin beobachteten, ob die Neutralität gegenüber Belgien, Frankreich und England strikt eingehalten wurde und wie sie protestierten, wenn sie den Eindruck gewannen, der Papst habe der anderen Seite zu große Zugeständnisse gemacht (s. auch unten S.87 ff.).

64 Siehe unten S.85 f.

65 Siehe unten Kap. 5 Anm.61.

66 Diesen Aspekt hatte Bethmann schon im August 1914 gesehen, s. oben Anm.45.

67 Zur Motivation des Vatikans geben auch die Berichte des bayrischen Gesandten Ritter Aufschluß. (Vgl. GStA München, MA III 2657/2, Bericht Ritters Nr. 423 vom 29.12.1914, ebd. MA III 2657/3, Bericht Nr. 3 vom 4.1.1915, Bericht Nr. 61 vom 19.2.1915 und Bericht 115 vom 6.4.1915) Als Motive des Vatikans nennt auch Mühlberg (PA Bonn, Deutschland 128 Nr. 1 geh.Band 39, Telegramm Nr. 6 vom 4.1.1915) die Erhaltung Österreichs als katholischer Großmacht, Furcht vor einem republikanischen Italien und vor Schwierigkeiten für die Verbindungen des Vatikans mit der Außenwelt im Fall eines italienischen Kriegseintritts.

68 Zur Erzberger-Bülow-Mission, den deutsch-österreichischen Verhandlungen 1914/1915 und der Haltung des Vatikans vgl. Epstein, Erzberger, S.138 ff.; Lutz, Zu Erzbergers zweiter römischer Reise, S.268 ff.; Valiani, Verhandlungen zwischen Italien und Österreich, S.152 ff.; A. Monticone, La germania e la neutralità italiana 1914-1915, Bologna 1971; W.A. Renzi, The entente, S.419 ff.; siehe auch Riezler, Tagebücher, Eintragungen vom 2.1.15-25.5.15, S.238 ff. und aus der Memoirenliteratur B. von Bülow, Denkwürdigkeiten Bd.3, S.194 ff. (15., 16., 17. Kap.) und Erzberger, Erlebnisse, S.23 ff. (2. Kap.) sowie H. von Flotow, Um Bülows römische Mission, in Front wider Bülow, S.235 ff.. Der Reichskanzler, der sich zum Jahresende 1914 im GHQ in Charleville aufhielt, erhielt Bülows erste Berichte aus Rom vom Dezember 1914 in den ersten Januartagen (s. hierzu PA Bonn, Deutschland 128 Nr. 1 geh. Bd.39 und 40) und erfuhr daraus, wie erheblich sich die Stimmung in Italien gegenüber Österreich und Deutschland verschlechtert hatte. Auch Mühlberg und Ritter informierten die deutsche Politik von den Besorgnissen der Kurie wegen der Situation in Italien. Das war genau der Zeitraum, in dem es in Brüssel zu dem ersten Konflikt zwischen Mercier und den deutschen Behörden kam. Der Konflikt um Mercier und der Kampf um die Neutralität des Vatikans, der in dieser Situation hohe Bedeutung zukam, erscheinen verknüpft in Mühlbergs Telegramm Nr. 13 vom 10.1.1915 (PA Bonn, Deutschland 128 Nr. 1 geh. Bd.39):
"Die Kurie wird wegen des Zwischenfalls Merciers von unseren Gegnern hart bedrängt, Stellung gegen uns zu nehmen. Zugleich mit der falschen Nachricht von der Verhaftung Merciers erscheinen in der hiesigen Presse offizielle Veröffentlichungen der Belgischen Gesandtschaft ..., die in langer Liste die Namen der angeblich von uns füsilierten Geistlichen und eine Aufzeichnung von brutalen Ausschreitungen unserer Truppen enthielt. ... Dieses zeitliche Zusammenwirken verrät einen bestimmten Plan. Man erhoffte eine Verhaftung Merciers, um den Papst zum Einschreiten zu bewegen und hätte dann der Welt die Sache so dargestellt, als wenn der Papst selbst sich auf die Seite unserer Feinde stellte. Dies ist der Endzweck, den die infame Minierarbeit im Vatikan zu erreichen sucht, und gegen den der Vatikan sich selbst zu wehren hat."

ANMERKUNGEN 5. KAPITEL

1 S. hierzu G. Ritter, Staatskunst, Bd.3, S.45 ff.; Fischer, Griff, S.109 ff., S.120 Ff., S.197 ff., S.208 ff., S.217 ff.; Janßen, Macht und Verblendung, S.21 ff., S.34 ff, S.44 ff., S.61 ff., Schwabe, Wissenschaft, S.46 ff., S.83 ff.

2 Schellenberg, Probleme der Burgfriedenspolitik, S.173 ff., bes. S.178 und Koscyk, Deutsche Pressepolitik, S.112 ff. und S.146 ff.

3 Vgl. Schellenberg, Probleme der Burgfriedenspolitik, S.173 ff. und S.271 ff.

4 Siehe hierzu außer der oben Anm.1 genannten Literatur auch Wende, Die belgische Frage, S.40 ff.

5 Von den zahlreichen Besuchern aus Deutschland, denen in naivem Stolz die Leistungen der deutschen Verwaltung in Belgien vorgeführt wurden, berichten die vor 1918 entstandenen deutschen Darstellungen der deutschen Verwaltungspolitik in Belgien (S. oben Kap. 2 Anm.55).

6 Siehe oben, S.53 f.

7 Über einen Besuch des Kaisers in Belgien berichtete Lerchenfeld nach München: "Wie mir der Reichkanzler erzählt hat, ist der Kaiser, seitdem er mit Moritz I (Bißing) in Flandern war, wieder habgierig auf Belgien geworden." (Briefwechsel Hertling - Lerchenfeld, Bd.I, S.552, Schreiben an Hertling vom 2.11.1915). Auch das schon erwähnte zweifellos zur Weitergabe an Hertling bestimmte Privatschreiben Bissings an seinen Sohn vom 15.1. 1915 (s. oben Kap. 2 Anm.78) zeigt, wie der Generalgouverneur in Bayern um Bundesgenossen für seine Vorstellung von der Zukunft Belgiens warb: "Was nun die Zukunft Belgiens anbelangt, so hängt diese ganz davon ab, wie viel Kraft und Energie wir besitzen, um unseren Willen beim Friedensschluß durchzusetzen ... Wenn der König von Bayern und seine Ratgeber zu dem voraussichtlich noch in nicht absehbarer Zeit zu erwartenden Friedensschluß für eine Besitzergreifung Belgiens in irgendeiner Form mannhaft eintreten, so wird dies natürlich sehr in die Wagschale fallen für diejenigen, die die Grundlagen zum Friedensschluß schaffen müssen." (Ebd., S.5). Vgl. auch das unten Anm.8 zitierte Schreiben Bissings vom 28.12.1916 an Hertling. - Zu den Besuchern in Brüssel gehörte u.a. der Statthalter der Reichslande Dallwitz, der mit einem eigenen Plan zur Zukunft der Reichslande hervorgetreten war. (GStA München, MA 971, Krafft von Dellmensingen an Hertling vom 22.9.1915, siehe auch Janßen, Macht und Verblendung, S.75 f.).

8 Zur Belgien-Reise Hertlings vgl. Briefwechsel Hertling - Lerchenfeld, Bd.I, S.40 f., S.550 f. und S.551 f., Schreiben Hertlings vom 31.10.1915 und Lerchenfelds vom 2.11.1915; GStA München, MA 971, Krafft von Dellmensingen an Hertling, Schreiben vom 22.9.1915; GStA München, MA 964, Schreiben Bissings an Hertling vom 24.11.1915 und PA Bonn, Wk 17 Bd.3, Schön an AA, Bericht 89 vom 19.11.1915 über Hertlings Eindrücke in Belgien. Siehe auch Janßen, Macht und Verblendung, S.85 ff. Ein Jahr nach seiner Reise gedachte Hertling mit Schreiben vom 22.12. 1916 an Bissing seiner Eindrücke in Belgien und bestätigte dem Generalgouverneur, er habe in Belgien "Errungenschaften" geschaffen, die "auch in Zukunft ihren Wert behalten werden". (GStA München, Ma 971). Bissings Antwort vom 28.12.1916 ebd. beweist, wie dankbar der gesundheitlich geschwächte, von den Auseinandersetzungen mit der OHL zermürbte und mit Rücktrittsabsichten spielende Generalgouverneur für die Rückenstärkung aus Bayern war: "Nun weiß ich ja, daß im Bayernland, mit dem kraftvollen König an seiner Spitze, mit dem, was Eure Exzellenz selbst in bezug auf die belgische Frage erstreben, das letzte Wort Gott sei Dank noch nicht gesprochen ist, und so hege ich weiter die Hoffnung, daß das letzte Wort, ob ich mit weiter dazu helfen kann oder nicht, zum Segen Deutschlands gesprochen werden wird."

9 Der den Alldeutschen nahestehende Sohn des Generalgouverneurs Friedrich Wilhelm von Bissing fungierte als Verbindungsmann zur bayrischen Regierung, der den Grafen Hertling unter anderem über die Mercier gegenüber verfolgte Politik auf dem laufenden hielt (GStA München, MA 971, Schreiben des Generalgouverneurs von Bissing an Hertling vom 26.10.1915, in dem sich der Generalgouverneur auf die Informierung Hertlings durch seinen Sohn bezog). Den Einsendungen F.W. von Bissings war in München eine Spezialakte gewidmet (GStA München, MA 97 555/97 556), sie finden sich aber auch in anderen Zusammenhängen in den Münchner Akten. F.W. von Bissing war ein eifriger Propagandist der Ideen seines Vaters, er hielt sich zunehmend im Okkupationsgebiet auf - so war er während der Brüssel-Besuche Rupprechts und Bettingers gleichfalls in Brüssel anwesend (GStA München, MA 971, Krafft von Dellmensingen an Hertling vom 22.9.1915; M. Buchberger, Im Purpur, S.66) - und er war an der Verflamung der Genter Universität beteiligt (s. unten S.147) nach dem Tod des Generalgouverneus fühlte sich F.W. von Bissing als der Hüter des politischen Erbes seines Vaters, als der er vor allem die Politische Abteilung in Brüssel angriff (s. unten S.147 f.). In der Beurteilung der Reichsleitung und speziell des Reichskanzlers deuten sich Gegensätze zwischen Vater und Sohn an, wie aus Briefen des jüngeren Bissing an Hertling vom 7.11.1916 und 20.2.1917 (GStA München, MA 971; vgl. auch ebd. MA 945, Schreiben Krafft von Dellmensingens an Hertling vom 14.4.1916 über einen Besuch Bissings im Hauptquartier Rupprechts) hervorgeht. Zur Rolle des Sohnes Bissings vgl. auch Naumann, Dokumente, S.158 ff., Jan-

ßen, Macht und Verblendung, S.248, Anm.247 und Briefwechsel Hertling - Lerchenfeld, Bd.I, S.395 ff., Bd.II, S.776 f. und S.779 f.

10 Rupprecht, Kronprinz von Bayern, Mein Kriegstagebuch, Bd.I, S.325 (Eintragung vom 12.5.1915), S.378 (Eintragung vom 20.9. 1915); s. auch GStA München, MA 971, Krafft von Dellmensingen an Hertling, Schreiben vom 21.9.1915 und Janßen, Macht und Verblendung, S.75 f.). Als ein weiterer bayrisch-brüsseler Verbindungsmann ist der bayrische Landtagsabgeordnete Pius Dirr zu nennen, der als eines der wenigen Mitglieder der Politischen Abteilung den Ansprüchen F.W. von Bissings an "ehrlicher, deutscher Gesinnung" genügte (Schreiben Bissings vom 7.11.1916 an Hertling, Nachweis oben, Anm.9). Dirr war seit den ersten Anfängen der deutschen Flamenpolitik in Belgien an den flämischen Angelegenheiten beteiligt (vgl. Wende, Die belgische Frage, S.77 f.) und informierte Hertling bzw. Rupprecht über den Fortgang der Flamenpolitik, die in Bayern mit großem Interesse verfolgt wurde. Ein Schreiben Krafft von Dellmensingens vom 2.11.1915 an Hertling (GStA München, MA 944) erwähnt einen Vortrag Dirrs bei Hertling über die "vlamische Sache", mit Schreiben vom 11.9.1915 (GStA München, MA 971) berichtete Krafft von Dellmensingen über ein Schreiben Dirrs an den bayrischen Kronprinzen, mit dem dieser einen Stresemann-Brief über den nachlassenden Annexionswillen in Berlin mitteilte; mit Schreiben vom 4.12.1917 wandte sich Dirr an Hertlings Nachfolger Dandl, um die Flamenbeschwerde über Mercier zu übermitteln (GStA München, MA 971, s. auch unten, S.158.

11 GStA MÜnchen, MA 971.

12 M. Buchberger, Im Purpur bei den Feldgrauen, München 1916.

13 In dieser Kirche hatte Mercier nur wenige Monate vorher zum belgischen Nationalfeiertag am 21.7.1916 in einer Ansprache, um die Zuversicht seiner Landsleute zu stärken, die Feier des hundertjährigen Bestehens Belgiens in vierzehn Jahren in glühenden Farben ausgemalt! (D.J. Mercier, OP V S.301 ff.).

14 Buchberger, Im Purpur, S.66 ff. Auch in Lüttich fand ein Gottesdienst unter ähnlichen Begleitumständen statt, zu dem die Soldaten teilweise in Sonderzügen herantransportiert worden waren. Der politische Zusammenhang der Reise Bettingers mit den bayrischen elsässisch-belgischen Aspirationen (vgl. Janßen, Macht und Verblendung, S.21 ff.) ist zwar nicht direkt nachzuweisen, da darüber in dem Archiv der Erzdiözese München Unterlagen fehlen, doch bei der bekannten stramm nationalen und bayrisch-patriotischen Gesinnung Bettingers (vgl. Naumann, Profile, S.342 ff.) sehr wahrscheinlich. Auch die Frontreisen Ludwigs III. ins Elsaß und nach Nordfrankreich waren trotz aller bayrischen Dementis nicht ohne Zusammenhang mit den bayrischen Vergrößerungsplänen (vgl. Janßen, ebd., S.42, S.89, S.93; Briefwechsel Hertling - Lerchenfeld, Bd.I, S.515, Schreiben Lerchenfelds vom 23.8.1915). - Nach einem italienischen

Zeitungsbericht hatte Mercier beim Papst gegen Bettingers Auftreten in Brüssel protestiert, weil er vom belgischen Episkopat keine Notiz genommen hatte und weil er ohne Erlaubnis des zuständigen Ortsbischofs in der Brüsseler Kirche eine Messe las. (GStA München, MA 97 653, Bericht Ritters an Hertling 248 vom 2.11.1916 mit Bezug auf einen Artikel des "Secolo" vom gleichen Tag). Auf die Mitteilung des Ritter-Berichts durch Hertling an das erzbischöfliche Ordinariat antwortete der Privatsekretär Bettingers Graf von Preysing: "Die Beschwerde ist in dieser Form wohl unwahrscheinlich, da S.E. in Lüttich mit Einverständnis des Ordinarius (Mgr. Rutten) pontifiziert hat und in Brüssel von seinem Kardinalsrecht Gebrauch gemacht hat. 9.XI.16" (ebd.).

15 S. unten, S.157 ff.

16 Siehe oben, Kap. 2 Anm.78.

17 Vgl. die von Wende, Die belgische Frage, S.37 zusammengestellten Erklärungen Bissings für die Öffentlichkeit.

18 Wende, Die belgische Frage, S.54 f.

19 Dieses Programm hatte Bissing schon in dem mehrfach zitierten Schreiben an seinen Sohn vom 15.1.1915 (Nachweis oben Kap. 2, Anm.78) skizziert. Es sah neben der Unterbindung der planlosen Requisitionen eine Steigerung der landwirtschaftlichen Produktion, eine Ankurbelung der industriellen Produktion im Rahmen der beschränkten Ex- und Importmöglichkeiten, eine Hebung der Kohleförderung und Bekämpfung der Arbeitslosigkeit vor. Wie Bissing an das Preußische Kriegsministerium Ende 1915 schrieb (vgl. Wende, Die belgische Frage, S.72 Anm.166) begründete der Generalgouverneur die Politik der Werterhaltung in Belgien zwar auch mit der Erhaltung von Sicherheit und Ordnung im Rücken der kämpfenden Truppen, vor allem aber mit Rücksicht auf eine spätere Angliederung Belgiens an Deutschland.

20 Dazu hieß es in dem Schreiben Bissings an seinen Sohn vom 15.1.1915 (Nachweis oben, Kap. 2 Anm.78): "Was die Zukunft Belgiens anbelangt, so hängt diese ganz davon ab, wieviel Kraft und Energie wir besitzen, um unseren Willen beim Friedensschluß durchzusetzen, und ferner, ob die Zustände in Belgien sich so gefestigt und gestaltet haben werden, daß unsere Wünsche, die Wünsche Deutschlands, durch die Gefühle der Belgier selbst unterstützt, wenigstens nicht erschwert werden." Auch die Bissing-Denkschrift vom Frühjahr 1915 (Nachweis oben, Kap. 2 Anm.79) enthält am Schluß ein Programm zur Umerziehung der Belgier mittels der Wehrpflicht, des Bildungswesens und der Kirchenpolitik, das Bissings Bemühen um die innere Einstellung der Belgier erkennen läßt.

21 Bissing und Lancken führten es auf die Wirkung der intransigenten Haltung Merciers zurück, wenn sich auch die Haltung der übrigen Bischöfe Belgiens, vor allem des Bischofs von Namur Heylen, gegenüber den deutschen Behörden verhärtete (PA

Bonn, Wk 14b Bd.1, Tätigkeitsbericht der Politischen Abteilung vom Mai 1915, vgl. auch PA Bonn, Wk 17 Bd.2, Lancken an AA, Bericht vom 21.5.1915 mit Anlage eines Briefwechsels zwischen Heylen und dem Generalgouverneur).

22 Die mit Erlaß des Generalgouverneurs vom 13.2.1915 (PA Bonn, Wk 14b Bd.1) gegründete Politische Abteilung hatte neben den diplomatischen Angelegenheiten, den Presse- und Flamenfragen auch die Kirchenpolitik zu bearbeiten (Tätigkeitsbericht der Politischen Abteilung vom Mai 1915, Nachweis oben Anm.21).

23 PA Bonn, Wk 17 Bd.2, Lancken an AA, Bericht vom 21.5.1915, vgl. auch ebd., Jagow an Mühlberg, Telegramm vom 18.3.1915 "Zur gelegentlichen Verwertung" in Rom, daß nach mündlichem Bericht Bissings in Berlin Mercier fortfahre, "die belgische Geistlichkeit gegen die Deutschen aufzuhetzen. Die Geistlichen selbst hätten sich ursprünglich korrekt benommen. Daß dies jetzt anders sei, sei ausschließlich die Schuld Merciers." Damit mutete die deutsche Diplomatie der Kurie den Glauben an ständige Sinnesänderungen der belgischen Geistlichkeit in einem sehr kurzen Zeitraum zu - von den den Franktireurkrieg anführenden Geistlichen in den ersten Kriegswochen zur korrekten Haltung vor dem Hirtenbrief Merciers und der feindseligen Einstellung danach.

24 Zur Sozialpolitik, der "deutschen Kulturmission in Belgien" und den Anfängen der Flamenpolitik als Instrumenten zur Gewinnung der Belgier für eine Einverleibung in das Deutsche Reich s. oben, S.54 und S.57 f.

25 Lancken berichtete an das AA (PA Bonn, Wk 17 Bd.2, Bericht vom 3.6.1915), der Kardinal habe in einem Gespräch mit einem Mitarbeiter der Politischen Abteilung erkennen lassen, wie sehr er "in allen zwischen dem Herrn Generalgouverneur und dem erzbischöflichen Amt anhängig gewesenen Angelegenheiten einen starren prinzipiellen und kaum überbrückbaren Gegensatz zum Ausdruck bringt. Der Kardinal will die absolute staatsrechtliche Unabhängigkeit, welche der Geistlichkeit durch die belgische Verfassung und die tatsächliche Praxis gewährleistet ist, auch dem Herrn Generalgouverneur gegenüber aufrechterhalten."

26 Auf dem Tiefpunkt der Beziehungen zu Mercier im Frühsommer 1915 (s. unten S. 84 f.) erklärte Lancken zur Kirchenpolitik des Generalgouverneurs: "Was die kirchenpolitischen Angelegenheiten betrifft, so soll kein direkter Verkehr zwischen ihm und der belgischen Geistlichkeit stattfinden. Um aber deutlich zu beweisen, daß hier keine gegen die katholische Kirche als solche gerichtete Maßnahmen zu erblicken ist, um ferner seine besondere Hochachtung vor dem Oberhaupte der Kirche zu bezeugen, ist der Herr Generalgouverneur bereit, immer mit dem Nuntius zu verkehren." (Lancken an AA, Bericht vom 3.6.1915, Nachweis oben An.25).

27 Bissing-Denkschrift vom Frühjahr 1915, Nachweis oben, Kap. 2 Anm.79. Wie intensiv Bissing die Idee verfolgte, den Vatikan für seine Belgienpolitik zu gewinnen, zeigt sich an einem anderen Vorgang: Auf Anregung Middendorfs schlug Bissing dem Reichskanzler vor, an die Preußische Gesandtschaft beim Vatikan einen geistlichen Consultor zu entsenden (Kandidat hierfür war der Divisionspfarrer Schneider, ein Neffe des früheren Paderborner Bischofs Schneider): "Die ihm zugedachte Stellung ist als Sprungbrett gedacht, um ihn an die Kurie zu bringen, wo er den Machenschaften der belgischen Geistlichkeit entgegenzutreten hätte." (PA Bonn, Päpstl. St. 5 Bd. 5, Bethmann aus dem GHQ an das AA, Telegramm 23 vom 22.3.1915). Die Idee zerschlug sich wegen des italienischen Kriegseintritts. Statt dessen versuchte Bissing etwas später, Kardinal von Hartmann den mit den belgischen Angelegenheiten vertrauten Militäroberpfarrer Middendorf als Reisebegleiter für seine Romreise im Herbst 1915 anzuempfehlen. (AGV Köln, CR 25,14 Nachtragsband, Schreiben Bissings an Hartmann vom 2.11.1915 und Konzept des ablehnenden Antwortschreibens Hartmanns vom 10.11.1915).

28 Mayence, La correspondance, S.14 f., Schreiben der Zivilverwaltung an Mercier vom 28.12.1914, ebd., S.17 ff. und S.20, Schreiben Merciers an den Generalgouverneur vom 27.1.1915 und vom 9.2.1915; ebd., S.21, Schreiben Bissings an Mercier vom 17.2. 1915. Nach der Denkschrift Lanckens vom 26.3.1915 (Nachweis unten, Anm.37) hatten die übrigen Bischöfe Belgiens die Forderung des Generalgouverneurs nicht abgelehnt.

29 Vgl. Bericht des Generalgouverneurs in Belgien vom 28.2.1915 an den Generalquartiermeister West (Innenansicht eines Krieges, hrsg. von E. Johann, S.104 ff., abgedr. aus H. Wandt "Erotik und Spionage in der Etappe Gent", Wien - Berlin 1928). Wie aus diesem Bericht hervorgeht, war die Untersuchung veranlaßt durch Berichte des preußischen Gesandten beim Vatikan über die belgische Kampagne in Rom, die von deutschen Soldaten unschuldig getöteten belgischen Priester betreffend (vgl. PA Bonn, Preuß. Gesandtschaft beim Hl. Stuhl, Krieg 9b, Bd.41, Bericht Nr. 10 vom 4.1.1915 und Bericht Nr. 14 vom 24.1.1915). - Auf die Untersuchung des preußischen Kriegsministeriums bezog sich eine Veröffentlichung der holländischen Zeitung "Nieuwe Rotterdamsche Courant" vom 23.3.1915, die einen angeblichen Abschlußbericht des Kriegsministeriums an den Reichskanzler vom 21.1. 1915 wiedergab, in dem alle Beschuldigungen gegen die belgische Geistlichkeit wiederholt wurden. Diese Zeitungsveröffentlichung war der Anlaß zu einem Protest der Bischöfe Rutten von Lüttich und Heylen von Namur vom 29.4.1915, der in deutscher Übersetzung durch einen in Lüttich lebenden deutschen Priester an Kardinal von Hartmann gelangte und in dem auch diese beiden Bischöfe die Forderung nach einer gemischten Untersuchungskommission unter neutralem Vorsitz erhoben (AGV Köln, CR 25, 14 Bd.20, Schreiben A. Knoch vom 2.5.1915 mit Anlagen).

30 Mit Schreiben vom 20.1.1915 wandte sich der Kreischef von Mecheln Graf Wengersky an Mercier (Mayence, La correspondance, S.47 f.); Merciers Forderung nach einer deutsch-belgischen Untersuchungskommission unter neutralem Vorsitz ist enthalten in seinem Antwortbrief an Wengersky vom 24.1.1915 (ebd. S.48 f.).

31 Über eine Veröffentlichung des Briefwechsels in der spanischen Presse durch die belgische Regierung klagte der deutsche Gesandte in Madrid, Prinz Ratibor, im AA (PA Bonn, Wk 17 Bd.2, Telegramm 377 vom 13.3.1915), daraufhin verfaßte Lancken zur Veröffentlichung in der deutschen Presse eine verfälschende Darstellung (ebd., Lancken an AA, Telegramm 17 vom 18.3.1915), vgl. auch die Darstellung Lanckens in seiner Denkschrift vom 26.3.1915 (Nachweis unten, Anm.37).

32 Zur Organisation der Militärseelsorge vgl. "Der große Krieg 1914-1918", hrsg. M. Schwarte, 10.Bd., 3. Teil, Leipzig 1923, S.222 ff.; zum Gespräch Middendorf-Mercier vom 14.4.1915 vgl. die Aufzeichnung in Mayence, La correspondance, S.71 ff.. Noch ein weiteres Mal hatte sich Middendorf für die peinliche Aufgabe einsetzen lassen, als katholischer Priester einem Kardinal im Auftrag der Staatsgewalt Vorhaltungen zu machen, vgl. PA Bonn, Wk 17, Bd.2, Bissing an Jagow, Schreiben vom 2.4.1915. Später übernahm der gewandtere Lancken die Verhandlungen mit Mercier. Middendorf galt nicht nur Bissing als "kluger und taktvoller" Berater in kirchenpolitischen Dingen (ebd.), sondern auch seinem Nachfolger von Falkenhausen, der sich an Kardinal von Hartmann mit der Bitte wandte, den zum Dompropst in Köln berufenen Middendorf bis zum Kriegsende zu beurlauben (AGV Köln, CR 25,14 Bd.20, Falkenhausen an Hartmann, Schreiben vom 14.12.1917 und Konzept des zustimmenden Antwortschreibens Hartmanns an Falkenhausen vom 16.12.1917 ebd.).

33 Mercier an Kardinal Amette von Paris, Schreiben vom 15.3.1915, in D.J. Mercier, OP V, S.123 ff.

34 Ebd., S.117 ff., Ansprache vom 2.3.1915.

35 Die erst später aufgefundene Leiche des alten Priesters Van Bladel wurde in seiner Gemeinde beigesetzt. Für die Art und Weise, wie deutsche Soldaten beim Einmarsch in Belgien die Priester behandelt hatten, gibt der oben Anm.29 genannte Bericht Bissings an den Generalquartiermeister West ein Beispiel, das dem Tenor des Berichtes nach von Bissing nicht in Zweifel gezogen wurde: "Er (sc. der Pfarrer von Spontin, die Verf.) wurde aus dem Pfarrhause nach einer Wiese beim Bahnhof weggeführt. Unterwegs erhielt er einen Kolbenstoß unter das Kinn, so daß er blutete, dann drei Bajonettenstiche in den Hals. Dann wurde er an Ort und Stelle an Händen und Füßen gebunden, an den Haaren in die Höhe gehoben und schließlich erschossen."

36 Nach Beobachtungen der Politischen Abteilung diente die holländische Zeitung "Tijd" vornehmlich als Sprachrohr Merciers, bis ihre Haltung nach dem italienischen Kriegseintritt "versöhnlicher" gegenüber den Deutschen wurde. Diese Wandlung führte Lancken u.a. auf eine Intervention des holländischen Kurienkardinals Van Rossum, angeregt durch Hartmann, zurück (vgl. PA Bonn, Wk 17 Bd.2, Lancken an AA, Bericht vom 3.6.1915, vgl. auch ebd. Bissing an Bethmann, Schreiben vom 4.9.1915).

37 PA Bonn, Wk 17 Bd.2, Denkschrift Lanckens vom 26.3.1915, die von Lancken in Berlin persönlich übergeben worden war (vgl. ebd., Jagow an Bissing, Telegramm vom 8.4.1915) und Erzberger zur Unterstützung der Forderung, Mercier nach Rom zu berufen, dienen sollte (s. auch unten S.84). In der gleichen Denkschrift heißt es an anderer Stelle: "In den verflossenen drei Monaten hat der Kardinal Mercier die Verhetzungspolitik, die in seinem Neujahrshirtenbrief und in den sich daran anschließenden Verhandlungen zum Ausdruck gekommen war, in konsequentester Weise fortgesetzt. Er begnügte sich nicht damit, einen passiven Widerstand durchfühlen zu lassen oder bei der Regelung der neu auftauchenden Einzelfragen Schwierigkeiten zu bereiten. Er ließ sich vielmehr angelegen sein, seine Renitenz in der Öffentlichkeit kundzugeben. Bis jetzt sind über alle mit ihm geführten Verhandlungen Berichte in die holländische und französische Presse gelangt ... Wenn kein unmittelbarer Anlaß vorlag, erschienen Mitteilungen über ältere Vorkommnisse, um auf diese Weise dauernd eine Konfliktatmosphäre zu erhalten. Man kann sich der Einsicht nicht verschließen, daß wir einer systematisch gegen uns geführten Agitation gegenüberstehen. Das Bestreben des Kardinals, jeden Zwischenfall in die Presse zu bringen, erscheint jedenfalls als ein erschwerendes Moment, das seinen Versicherungen, die Bevölkerung beruhigen zu wollen, direkt widerspricht."

38 Diese Überlegung taucht in den Äußerungen aus Brüssel häufiger auf (vgl. PA Bonn, Wk 17 Bd.2, Denkschrift vom 19.1.1915 aus dem Generalgouvernement; ebd., Lancken an AA, Bericht vom 3.2.1915; PA Bonn, Wk 14 b Bd.2, Tätigkeitsbericht der Politischen Abteilung vom Mai 1915).

39 S. oben S.66 f.

40 Denkschrift Lanckens vom 26.3.1917, Nachweis oben Anm.37.

41 Ebd.

42 Epstein, Erzberger, S.146; Lutz, Zu Erzbergers zweiter römischer Reise, S.269 ff., Monticone, La germania, S.320 f.

43 PA Bonn, Wk 17 Bd.2, Erzberger an AA, Telegramm vom 3.4.1915 und ebd., Auszug aus dem Bericht Erzbergers über seine Audienz beim Papst vom 12.4.1915.

44 Vgl. PA Bonn, Wk 17 Bd.2, Bissing an Jagow, Schreiben vom 2.4.1915; ebd., Bissing an Bethmann, Schreiben vom 15.4.1915; ebd., Lancken an AA, Bericht vom 21.5.1915; ebd. Lancken an AA, Bericht vom 3.6.1915; ebd., Bissing an AA, Telegramm vom 12.6.1915; ebd., Lancken an AA, Telegramm vom 13.6.1915. Die Beschwerden aus Brüssel über den Kardinal wurden meistens an den preußischen Gesandten beim Hl. Stuhl weitergeleitet, um die Stellung Merciers zu unterminieren und ein Eingreifen des Generalgouverneurs, falls notwendig, psychologisch vorzubereiten.

45 Wie in dem Fall des Auftritts zwischen Mercier und deutschen Wachen an der Stadtgrenze von Mecheln, in dem sich Mercier völlig korrekt und den deutschen Vorschriften entsprechend verhalten hatte. (Einzelheiten s. PA Bonn, Wk 17 Bd.2, Bissing an AA, Telegramm vom 12.6.1915 und ebd., Lancken an AA, Telegramm vom 13.6.1915; vgl. auch Mayence, La correspondance, S.92 f. zur Unterredung Lanckens mit Mercier am 7.10.1915. Eine völlig verzerrte Darstellung des Vorfalls gab Lerchenfeld mit Schreiben vom 17.10.1915 an Hertling nach Berichten Bissings, vgl. Briefwechsel Hertling - Lerchenfeld, Bd.I S.546).

46 An einem Gottesdienst in der Brüsseler Kirche St. Gudule monierte Bissing, daß ein Kanoniker in Gegenwart Merciers eine patriotische Predigt gehalten habe, die er mit einer Formel beschloß, "in welcher er von der unausbleiblichen Wiederaufrichtung des darniederliegenden Belgiens sprach "La Belgique libre toujours, libre quand même"! (PA Bonn, Wk 17 Bd.2, Bissing an AA, Telegramm vom 12.6.1915) Selbst die auf den ersten Blick unpolitische Frage der Seelsorge für die in Deutschland inhaftierten Belgier entbehrte nicht des annexionistischen Hintergrunds. Merciers Bitte, belgische Priester in die Gefangenenlager nach Deutschland entsenden zu dürfen, wurde deutscherseits abgelehnt. (Vgl. Mayence, La correspondance, S.13, Schreiben Merciers an Bissing vom 16.12.1914; vgl. auch ebd., S.74 f., S.78 ff. und S.82 ff. die weiteren Schreiben Merciers an Bissing vom 18.4.1915, 14.5.1915 und 29.5.1915). Der zur Politischen Abteilung gehörende Zentrumspolitiker Trimborn regte als Mitglied des Ausschusses für flämische Angelegenheiten an, die Seelsorge unter den flämischen Belgiern zur Förderung der deutschen Flamenpolitik zu nutzen (AGV Köln, CR 25,14 Bd.20, Schreiben Kasler (?) und Stocky (?) als Vorsitzende des "Büros zur Verbreitung deutscher Nachrichten im Auslande", das zu den Erzbergerschen Nachrichten- und Propagandaeinrichtungen gehörte, an Kardinal von Hartmann vom 28.1.1915, dazu Aufzeichnung Trimborns vom 2.3.1915 und Abschrift des Schreibens des Preußischen Kriegsministeriums vom 17.6.1915 an das Generalgouvernement Belgien, das Middendorf dem Erzbischof von Köln mit Schreiben vom 24.6.1915 übermittelte).

47 Vgl. Mayence, La correspondance S.31, Schreiben Bissings an Mercier vom 28.12.1914/3.1.1915, die Unterredung Middendorf - Mercier vom 14.4.1915 ebd. S.71 ff., und die Unterredung Lan-

cken-Mercier vom 7.10.1915 ebd. S.91 f.. Das Argument, daß Mercier die öffentliche Ruhe und Sicherheit gefährde, wurde auch gegenüber Rom benutzt. In dem Schreiben Bissings an den Brüsseler Nuntius Tacci (Nachweis unten Anm.51) heißt es: "Examinant la situation générale, Votre Excellence ne pourra s'empêcher d'être frappée de l'existence d'une agitation constante et reflêchie, ménée dans les Eglises mêmes. Cette agitation d'un caractère nettement politique s'étend sur tout le territoire occupé. Elle se sert de tous les moyens qui peuvent être utilisés et qui, il me semble, ne sont pas toujours dignes de la Saintetê des lieux. Les sermons tendent apparément à surexciter les auditeurs. Ils se terminent souvent par la même phrase. ... Il en résulte un danger immédiat et réel pour la paix publique en dehors jaillissant de l'église."

48 So Mercier zu Middendorf in der Unterredung vom 14.4.1915, Mayence, La correspondance, S.73; ähnlich gegenüber Lancken im Gespräch vom 7.10.1915, ebd. S.94.

49 Die Weigerung Bissings, belgische Priester zur Armee ausreisen zu lassen und die belgischen Häftlinge im Untersuchungsgefängnis in Brüssel durch belgische Priester seelsorgerlich betreuen zu lassen (statt dessen beauftragte er den langjährigen Seeldorger der deutschen Kolonie in Brüssel, Pater Leyendecker mit der Gefängnisseelsorge, vgl. Mayence, La correspondance, Bissing an Mercier, Schreiben vom 22.4.1915 und vom 1.5.1915), veranlaßte Mercier zu dem Kommentar: "Il ne me reste donc qu'a inscrire au compte des intérêts religieux de la Belgique un nouvel échec." (ebd. S.79, Mercier an Bissing, Schreiben vom 14.5.1915). Vor seiner Abreise nach Rom wandte sich Mercier erneut mit einem Schreiben über Mißstände auf dem Gebiet der Gefangenenseelsorge an Bissing (ebd., S.141 ff., Schreiben vom 11.1.1916), das Klagen beim Papst ankündigte und den Generalgouverneur erst erreichte, nachdem Mercier schon abgereist war, so daß ihm die Möglichkeit einer postwendenden Antwort genommen war. Allerdings informierte Bissing Kardinal von Hartmann mit Schreiben vom 19.1.1916 (AGV Köln, CR 25,14 Bd. 20). Von einer Verletzung der religiösen Freiheit und der Gefährdung der Rechte der Kirche sprach auch Van den Heuvel, der neue belgische Botschafter beim Vatikan, in seiner Antrittsrede vor dem Papst: "Parmi les douleurs que la Belgique a eu à subir, une des plus pénibles fut assurément celle qui atteignît les âmes pieuses du pays. De vielle date profondément catholique, la Belgique avait toujours veillé avec un soin particulier à la sauvegarde des intérêts religieux ... aussi je ne puis dire quelle fut son affliction lorsqu'elle vît nombre de ses prêtres déportés, des centaines martyrisés et fusillés, des Evêques livrés à d'indignes traitements, et l'enseignement épiscopal lui-même soumis à de multiples entraves." (PA Bonn, Päpstl. St. 5 Bd.5, Mühlberg an AA, Bericht Nr. 35 vom 24.3. 1915). Im Zusammenhang des Ringens um die Sympathie des Vatikans ist auch zu sehen, wenn sich belgische Bischöfe über

die Benutzung katholischer Kirchen für protestantische Gottesdienste beschwerten (s. unten, Kap. 8 Anm.14) oder wenn andererseits Bissing demonstrativ eine Kapelle im Untersuchungsgefängnis St. Gilles einweihte, für die Hartmann Kelch und Ciborium gestiftet hatte (AGV Köln, CR 25,14 Bd.20, Bissing an Hartmann, Schreiben vom 20.9.1915).

50 Mayence, La correspondance, S.81 f., Bissing an Mercier, Schreiben vom 19.5.1915.

51 PA Bonn, Wk 17 Bd.2, Abschrift des Schreibens Bissings an Nuntius Tacci vom 26.6.1915.

52 Dieses Einlenken kündigte sich schon an mit einem Besuch des Nuntius Tacci in der Politischen Abteilung, über den Lancken an das AA berichtete (PA Bonn, Wk 17 Bd.2, Lancken an AA, Bericht vom 3.6.1915). Es wurde von Lancken mit dem italienischen Kriegseintritt und der dadurch erschwerten Lage des Vatikans in Zusammenhang gebracht, auf den auch der Wandel der politischen Haltung der holländischen Zeitung "Tijd" zurückgeführt wurde.

53 Ebd., Bissing an Bethmann, Schreiben vom 4.9.1915 und Antwortschreiben Bethmanns vom 12.9.1915.

54 D.J. Mercier, OP V, S.188 ff.

55 PA Bonn, Wk 17 Bd.2, Jagow an Bethmann im GHQ nach mündlichem Bericht Lanckens, der sich wegen Wirtschaftsfragen in Berlin aufhielt. Anschließend reiste Lancken weiter ins GHQ, um mit dem Reichskanzler direkt das weitere Verfahren zu besprechen. Der Hirtenbrief wurde übrigens lt. Verfügung Bergens vom 3.2.1916 (PA Bonn, Wk 17 Bd.2) auch den Bischöfen Schulte von Paderborn und Bertram von Breslau übermittelt.

56 Am 26.4.1915 trat Italien dem Londoner Abkommen bei, am 4.5. kündigte es den Dreibundvertrag, am 22.5. erklärte es Österreich den Krieg. (L. Valiani, Verhandlungen S.179 f.).

57 Schmidlin, Papstgeschichte, Bd.3 S.259.

58 In gewisser Weise bestätigte Mercier diese Befürchtungen mit seinem Hirtenbrief "A notre retour de Rome" vom 7.3.1916 (D.J. Mercier, OP V, S.277), in dem er über seinen zweiten Romaufenthalt während des Krieges im Vergleich zur Situation bei Kriegsausbruch berichtete und erklärte, daß sich in der Zwischenzeit ein Ansteigen des moralischen Niveaus in der italienischen Öffentlichkeit ereignet habe, ablesbar am Verständnis und der Parteinahme für Belgien, d.h. am italienischen Kriegseintritt.

59 PA Bonn, Wk 17 Bd.2, Erzberger an AA, Telegramm 445 vom 2.4.1915.

60 Während Jagow noch eine Übersiedlung der deutschen Diplomaten in den Vatikan erwog (PA Bonn, Päpstlicher Stuhl 5 Bd.5, Telegramm 73 vom 5.5.1915, Jagow an Mühlberg; ablehnende Antwort

des Kardinalstaatssekretärs ebd., Mühlberg an AA, Telegramm 122 vom 7.5.1915), schlugen Erzberger und Bülow die Übersiedelung nach Lugano in die Schweiz vor (ebd., Tel. 633 vom 6.5. 1915). Trotz italienischer Zusicherungen, die Souveränität des Papstes respektieren zu wollen (ebd., Mühlberg an AA, Telegramm 128 vom 13.5.1915), wurde die Lage der deutschen beim Vatikan akkreditierten Diplomaten in den letzten Tagen vor Kiregsausbruch unhaltbar (vgl. ebd. die Telegramme Erzbergers und Bülows 739 vom 16.5.1915 und 750 vom 17.5.1915). Über die Abschiedsaudienz beim Papst und Kardinalstaatssekretär berichtete Mühlberg aus Lugano mit Bericht Nr. 48 vom 26.5.1915 (ebd.).

61 PA Bonn, Päpstl.St. 5 Bd.4, Mühlberg an AA, Telegramm 82 vom 27.11.1914 und Telegramm 84 vom 28.11.1914 sowie Bericht Nr. 136 vom 4.12.1914 über die Entsendung Sir Henry Howards als englischem Vertreter bei der Kurie. Zur Ablösung des belgischen Gesandten Baron d'Erp durch den Völkerrechtler der Löwener Universität Jules Van den Heuvel vgl. ebd. Bd.5, Mühlberg an AA, Telegramm 53 vom 17.2.1915, Bericht 33 vom 17.3.1915 und Bericht 35 vom 24.3.1915 mit Anlage der Rede Van den Heuvels in der Antrittsaudienz bei Benedikt XV. nach der "Italie" vom 22.3.1915. Die mögliche Beteiligung des Vatikans an der Vorbereitung des Friedensschlusses ließ es anderen neutralen Staaten geraten erscheinen, gleichfalls diplomatische Beziehung zum Vatikan anzuknüpfen. Ohne die sonst zu erwartende heftige politische Debatte beschlossen die Niederlande die Entsendung eines Diplomaten nach Rom (PA Bonn, Päpstl.St. 5 Bd.5, Kühlmann an AA, Bericht 154 vom 23.4.1915; Mühlberg an AA, Telegramm 103 vom 28.4.1915; Mühlberg an AA; Bericht 190 vom 22. 5.1915; Schmidthahn an AA, Bericht 262 vom 13.7.1915). Ähnlich reibungslos genehmigte die Schweiz die Entsendung eines päpstlichen Delegaten in die Schweiz (PA Bonn, Päpstl.St. 5 Bd.5, Mühlberg an AA, Bericht 83 vom 11.7.1915). Die vom Vatikan und dem französischen Katholizismus gewünschte Wiederanknüpfung diplomatischer Beziehungen zwischen Frankreich und der Kurie gelang jedoch während des Krieges nicht (vgl. hierzu S. Marchese, La Francia ed il Santa Sede 1914-1929, Napoli 1969).

62 Vgl. H. Philippi, Beiträge zur Geschichte der diplomatischen Beziehungen zwischen dem Deutschen Reich und dem Heiligen Stuhl, in Historisches Jahrbuch, Bd.82, München 1963, S.219 ff.

63 Die Frage eines deutschen Kurienkardinals bewegte die deutsche Politik einige Jahre vor Kriegsausbruch. Mit Bericht 26 vom 4.4.1909 (PA Bonn, Päpstl.St. 3 Nr. 2 geheim Bd.2), kommentierte Mühlberg die jüngsten Kardinalsernennungen und das Fehlen eines deutschen Kardinals ohne Bedauern, weil er keinem deutschen Prälaten die Fähigkeit und nationale Gesinnung zutraute, in Rom wirksam deutsche Interessen zu vertreten. (Ähnlich ebd., Mühlberg an AA, Bericht Nr. 56 vom 8.7.1910, Bericht Nr. 96 vom 2.11.1911 und Bericht Nr. 1 vom 7.1.1912). Der Kaiser betrachtete die Frage eines deutschen Kurienkardinals

als Prestigeangelegenheit (Randbemerkung zum vorletzten obengenannten Bericht Mühlbergs: "Ich finde es dennoch ganz unerhört, daß Deutschland wiederum leer ausgegangen ist") und drängte Kardinal Kopp, sich in Rom für die Ernennung eines deutschen Kurienkardinals einzusetzen. (PA Bonn, Päpstl.St. 3 Nr. 2 geheim Bd.2, Kopp an den Preußischen Kultusminister Trott zu Solz, Schreiben vom 2.11.1911, vgl. auch Lerchenfeld an Hertling, Schreiben vom 18.2.1914 in Briefwechsel Hertling - Lerchenfeld Bd.I, S.274). Kopp war allerdings ebensowenig an einem Kurienkardinal interessiert (Lerchenfeld an Hertling, Schreiben vom 9.3.1914, ebd., S.284) wie der preußische Vertreter bei der Kurie Mühlberg, der von einem effizienten katholischen Prälaten eine Minderung seiner Stellung erwarten mußte (so die "Gehorsame Anzeige" Bergens vom 16.11.1911, PA Bonn, Päpstl.St. 3 Nr. 2 geheim). Gegner eines deutschen Kurienkardinals war auch Hertling (ebd., Treutler an AA, Bericht Nr. 39 vom 28.2.1914), schließlich sprach sich auch der erst 1914 zum Kardinal ernannte Kölner Erzbischof von Hartmann gegen einen deutschen Kurienkardinal aus. (ebd., Mühlberg an AA, Bericht Nr. 52 vom 4.7.1914).

64 Die bevorstehende Ernennung Frühwirts zum Kardinal war für den preußischen Gesandten in München Anlaß zu einer Laudatio seiner Verdienste: "Sein Hauptverdienst dürfte aber darin erblickt werden, daß er für die Sache der Mittelmächte in wahrer Begeisterung erglüht, von ihrer siegreichen Kraft fest überzeugt ist, das seinem Einfluß zugängliche Episkopat über die Grenzen seines bayrischen Wirkungskreises hinaus in vaterländischer Gesinnung bestärkt, über die Stimmung in Bayern laufend zutreffend an die Kurie berichtet und den lügnerischen Entstellungen unserer Feinde über die Art unserer Kriegsführung nachdrücklich entgegentritt." (PA Bonn, Päpstl.St. 3 Nr. 2 Bd.20, Schön an AA, Bericht 22 vom 29.10.1915); ähnlich Bericht Treutlers Nr. 96 vom 18.10.1916 in PA Bonn, Päpstl.St. 4 Bd.10 anläßlich der bevorstehenden Abberufung Frühwirths nach Rom: "Auf den Krieg eingehend meinte der Kardinal ... seine Zuversicht auf den endlichen Sieg der Mittelmächte sei niemals erschüttert gewesen. Die gerechte Sache müsse und werde siegen ...".

65 PA Bonn, Päpstl.St. 5 Bd.5, Mühlberg an AA, Bericht Nr. 61 vom 10.6.1915 und ebd. Bericht 83 vom 11.7.1915.

66 Ebd., Bethmann an Mühlberg, Erlaß Nr. 83 vom 17.7.1915, mit dem Mühlberg nachträglich über einen Besuch Marchettis in Berlin informiert wurde, der dort die Bereitschaft des Papstes zur Vermittlung bei der Anbahnung des Friedens signalisiert hatte.

67 Marchetti verließ Anfang 1918 enttäuscht und verbittert die Schweiz, um einen Posten in Bolivien zu übernehmen. Gegenüber dem deutschen Botschaftsrat von Hindenburg, Beauftragter an der Gesandtschaft Bern für die Gefangenenfragen, äußerte er sich über den Krieg in Wendungen, die an Benedikt XV. Äußerungen zum Krieg erinnern: "Fern von der europäischen Politik,

die einem christlich gesinnten Diplomaten Enttäuschung über Enttäuschung bereite, werde er sich dort (sc. in Bolivien, d.Verf.) nur mit kirchlichen Angelegenheiten und Studien beschäftigen. Mit Freude verlasse er Bern, um dessen Warte das übrige Europa sich in immer röteren Orgien zu zerfleischen anschicke. Er empfinde starke Ermüdung nach jahrelanger Arbeit in Gefangenen- und Friedensangelegenheiten ... Über die Friedensmöglichkeiten äußerte sich Monsignore Marchetti pessimistisch. Angesichts der glänzenden militärischen Lage habe in Deutschland die annektionistische und reaktionäre Strömung Oberwasser und die Vision eines Verständigungsfriedens verblasse immer mehr. Er könne sich vorstellen, daß Frankreich und Italien von den Mittelmächten niedergeworfen würden, und daß der Krieg dennoch von England und Amerika bis zur gänzlichen Erschöpfung geführt werden könne." (PA Bonn, Päpstl.St. 4 Bd.10, Bericht vom 23.2.1918, ähnlich ebd. Mühlberg an AA, Bericht 52 vom 25.3.1918).

68 Mühlbergs Bericht Nr. 59 vom 14.11.1916 ist ein Beispiel hierfür (PA Bonn, Päpstl.Stuhl 3 Nr. 2 Bd.21). Selbst die deutsche Botschaft in Bern teilte nicht Mühlbergs Urteil über Marchetti. Im Bericht zu Marchettis Fortgang aus Bern (siehe oben Anm.67) heißt es: "Monsignore Marchetti kannte Deutschland, bewunderte trotz aller Kritik des "Militarismus" die geordnete Kraft des deutschen Systems und liebte das heldenhafte deutsche Volk mit aktiver Sympathie." (Hindenburg an AA, Bericht vom 23.2.1918, Nachweis oben Anm.67). Der anderen Seite galt Marchetti als "germanophile" (AGR Brüssel, FVdH 23, Van den Heuvel an Beyens, Bericht vom 17.1.1916).

69 Über einen Besuch bei dem Jesuitengeneral Graf Ledochowski in Zizers, der sich mit vorsichtigen Worten kritisch zur Frage eines baldigen Friedensschlusses wegen des unbeschränkten deutschen U-Boot-Krieges und des amerikanischen Kriegseintritts geäußert hatte, berichtete Mühlberg dem AA. Schon das war für Mühlberg zuviel. Im Anschreiben zu seinem direkt an den Staatssekretär Zimmermann gesandten Bericht Nr. 64 vom 14.6.1917 (PA Bonn, Päpstl.St.13 a Bd.5) heißt es: "Sie werden somit in der Lage sein, die Stellen zu bestimmen, denen dieser trübe, unlabliche Trunk aus Ledochowskischer Gedankenquelle vorzusetzen ist." Mühlbergs starrer Nationalismus erregte die Verstimmung der Kurie, wie aus einer Notiz ohne Datum und Unterschrift, adressiert an Rittmeister Freiherrn von Lersner, über die Meldung eines zuverlässigen Vertrauensmannes hervorgeht. Nur sein hohes Alter schütze Mühlberg vor dem Wunsch nach Abberufung . Ebd. heißt es über Marchetti: "Der frühere Uditore der Münchner Nuntiatur Monsignore Marchetti, der sich gegenwärtig im Auftrage des Papstes in der Schweiz aufhält, ist sicher nicht deutschfeindlich. Das ungünstige Urteil des deutschen Gesandten über ihn ist sicher nicht richtig." (PA Bonn, Preußen 6 i Bd.2). Auch gegenüber Kardinal von Hartmann äußerte sich Gasparri kritisch über Mühlberg und führte die

"Abkühlung seiner Gesinnungen gegen ihn (den Kardinalstaatssekretär)" auf den Einfluß der falschen freimauerischen Berichte über die Politik des Vatikans zurück (AGV Köln, CR 25,14 Nachtragsband, Aufzeichnung Hartmanns vom 27.11.1915). Zur Romreise Hartmanns Ende 1915 siehe auch unten, S.88.

70 Patin, Beiträge, S.229 ff.; Epstein, Erzberger, S.183 ff.; Akten zur Ausweisung Gerlachs 1917 in PA Bonn, Päpstl.St. 3 Nr. 2 Bd.21.

71 Erzberger betrieb mit dem von ihm organisierten Nachrichtendienst seine eigene Politik. Durch ihn gelangten "99"-Berichte (siehe unten Anm.73) auch an Kardinal von Hartmann. Mit Schreiben vom 18.12.1915, 3.1.1916 und 19.1.1916 übersandte Erzberger mehrere "99"-Berichte an Hartmann (AGV Köln, CR 25,14 Nachtragsband und CR 25,14 Bd.19). Während der Romreise Hartmanns hatten sich der Papst und der Kardinalstaatssekretär über die Freimaurer-Berichte beschwert (AGV Köln, CR 25,14, Nachtragsband, Aufzeichnung Hartmanns über seine Audienz bei Gasparri vom 27.11.1915 und "Memento", ohne Datum und Unterschrift, der Handschrift nach von Gasparri stammend). Nach seiner Rückkehr nach Deutschland informierte Hartmann den Reichskanzler von den Klagen des Vatikans (Steglich, Der Friedensappell, S.28, Randbemerkung Bethmanns vom 25.12.1915 zum Bericht Stockhammerns an das AA Nr. 109 vom 22.12.1915). Mit dem obengenannten Schreiben vom 19.1.1916 teilte Erzberger Hartmann mit, im Vatikan sei tatsächlich ein "Verräter", der Neffe Gasparris Senator Sili, der über vatikanische Angelegenheiten die römischen Freimaurer informierte. Er habe deswegen schon an den Papst geschrieben. Erzberger trug also selbst dazu bei, die Informationsquelle zu verstopfen, die den Freimaurer-Berichten aus Rom Wert gab.

72 Zu Erzbergers Nachrichtendienst vgl. Epstein, Erzberger, S.183 f. und Patin, Beiträge, S.34 ff. und S.55 f.. Anlaufstelle der aus dem Ausland eintreffenden Berichte war das Büro Stockhammern in der Schweiz, das formal der deutschen Gesandtschaft in Bern angeschlossen war.

73 Zur Person des "99" vgl. Epstein, Erzberger, S.184; Steglich, "Der Friedensappell S.28 f. Anm.2; Monticone, La germania, S.427 und S.453 Anm.23. Selbstauskunft des "99" in PA Bonn, Päpstl.St. 3 Nr.2 Bd.21, Stockhammern an Bethmann, Bericht Nr. 362 vom 15.11.1916.

74 Konservative Sympathie für die Mittelmächte und persönliche Eitelkeit waren das Motiv für den Bischof von Chur Schmidt von Grüneck, sich als Mittler nach Rom zur Verfügung zu stellen: PA Bonn, Päpstl.St. 5 Bd.5, Mühlberg an AA, Bericht 89 vom 23.7.1915 und Bericht 109 vom 29.8.1915 über erste Kontakte mit Schmidt von Grüneck; PA Bonn, Päpstl.St. 15 Bd.5, Mühlberg an AA, Bericht 121 vom 14.9.1915 mit Bitte um Informationsmaterial für den nach Rom reisenden Schmidt v. Grüneck; ebd., Jagow an Mühlberg, Erlaß 110 vom 28.9.1915 mit Anlage eines Memo-

randums zur Verwertung in Rom über die deutsche politische und militärische Lage; ebd., Stockhammern an Rk, Bericht 57 vom 15.10.1915 über die Romreise Schmidt von Grünecks; über den Eindruck des aus Rom zurückkehrenden Bischofs informierte Mühlberg das AA mit Bericht 141 vom 7.11.1915 ebd. Diesem Bericht ist als Anlage beigefügt ein Schreiben des Bischofs von Chur an Bethmann und eine Aufzeichnung Mühlbergs über Mercier, die dieser noch kurz vor der Abreise des Churer Bischofs diesem mitgegeben hatte. Die Mittlerrolle des Bischofs von Chur wurde übrigens in Bayern wegen dessen integralistischer Haltung unter Pius X. reserviert betrachtet (vgl. GStA München, Bayr.Ges. Päpstl.St. 934, Ritter an Hertling, Bericht 266 vom 26.8.1915 und Bericht 265 vom 27.9.1915, ebd., Hertling an Ritter, Schreiben vom 8.10.1915, Ritter an Hertling, Schreiben vom 3.10.1915, 29.10.1915 und 3.11.1915).

75 S. oben Anm.78, vgl. auch Päpstl.St. 13a Bd.5, Mühlberg an AA, Bericht 26 vom 11.2.1915 über die Wahl Ledochowskis zum General des Jesuitenordens und ebd., Bericht Mühlbergs über einen Besuch in Zizers vom 3.7.1916.

76 S. hierzu unten S.88.

77 Nachfolger Frühwirts in München nach dessen Abberufung nach Rom Ende 1916 wurde zunächst Aversa, der aber kurze Zeit darauf starb (PA Bonn, Päpstl.St. 3 Nr.2 Bd.21, Mühlberg an AA, Bericht Nr. 10 vom 27.1.1917; PA Bonn, Päpstl.St. 4, Bd. 10, Stockhammern an Bethmann, Bericht 340 vom 23.10.1916).

78 Ebd., Mühlberg an AA, Bericht 60 vom 22.5.1917 über den neuen Nuntius in München, den er auf der Durchreise gesprochen hatte, und ebd., Stockhammern an Bethmann, Bericht 505 vom 29.4.1917.

79 Schon im März 1915 hatte Mühlberg die Folgen eines italienischen Kriegseintritts an der Seite des Westens für die deutsch-vatikanischen Beziehungen analysiert: "Beizeiten mache ich darauf aufmerksam, daß für den leider in so nahe Aussicht gerückten Fall, wo Italien die Waffen gegen Österreich ergreift, eine veränderte Haltung der Kurie zu uns eintreten muß. Nicht allein die Notwendigkeit eines erträglichen Nebeneinanderlebens mit der italienischen Regierung wird sie dazu zwingen, sondern auch der Patriotismus des italienischen Klerus ... Auch die Rücksicht auf England ... wird sich schärfer akzentuieren. England beherrscht in seinen weiten Kolonien die zahlreichen katholischen Missionen. England ist überdies in den Augen der Kurie der Schutzherr über das Schicksal des der Kurie sehr am Herzen liegenden Belgien." (PA Bonn, Päpstl.St.15 Bd.4, Mühlberg an AA, Telegramm Nr. 54 vom 5.3.1915).

80 Ritter und Mühlberg standen besonders nach der Übersiedelung nach Lugano in ständigem engen Kontakt miteinander (GStA München MA 97657, Ritter an Hertling, Schreiben vom 11.10.1915;

über den Brief Gasparris an Van den Heuvel berichtete Ritter mit Bericht Nr. 201 vom 3.8.1915 und Nr. 218 vom 18.10.1915, GStA München, MA 97653).

81 PA Bonn, Päpst.St. 15 Bd.4, Mühlberg an AA, Bericht Nr. 64 vom 22.6.1915 mit Anlage des Interviews nach dem "Corriere della Sera" vom 22.6.1915. Nach einer von dem Schweizer Bundesrat Hoffmann stammenden Information ging die Veröffentlichung des Latapie-Interviews auf innerfranzösische Auseinandersetzungen um die Opportunität diplomatischer Beziehungen zum Vatikan zurück (PA Bonn, Päpstl.St. 15 Bd.5, Romberg an AA, Tel. 825 vom 6.7.1915).

82 PA Bonn, Päpstl.St. 15 Bd.4, Mühlberg an AA, Bericht 70 vom 24.6.1915.

83 Eine im "Osservatore Romano" vom 24.6.1915 erschienene "rectificatione" (PA Bonn, Päpstl.St. 15 Bd.4, Mühlberg an AA, Bericht Nr. 68 vom 24.6.1915) und ein Gasparri-Interview (ebd., Mühlberg an AA, Bericht Nr. 76 vom 28.6.1915) wurden von belgischer Seite als ungenügend empfunden. Auf präzise Fragen des belgischen Botschafters an Gasparri mit der Bitte um schriftliche Beantwortung (Päpstl.St. 15 Bd.5, Gerlach an Mühlberg, Schreiben vom 19.8.1915) übermittelte Gasparri dem belgischen Botschafter eine ausführliche und detaillierte Darstellung zur belgischen Frage. (ebd., Mühlberg an AA, Bericht Nr. 84 vom 18.7.1915 und ebd., Bericht 87 vom 21.7.1915 mit Anlage eines Schreibens des Bischofs von Lugano Peri-Morosini an Mühlberg vom 18.7.1915 und dem gedruckten Text des Gasparri-Schreibens nach dem "Osservatore Romano" vom 18.7.1915). Über den Zweck des Briefes schrieb Gasparri an Hartmann (Nachweis unten Anm. 85): "Il documento suaccenato è la riposta ad una Nota uffiziale del Ministro Belga e fu rimessa per calmare gli animi molto eccitati in Francia e nel Belgico contro la Santa Sede in seguito al noto articulo del signor Latapie. Lo scopo era di tranquillizare i cattolici francesi e belgi, senza però irritare i cattolici tedeschi."

84 PA Bonn, Päpstl.St. 15 Bd.5, Mühlberg an Peri-Morosini vom 21.7.1915, abschriftlich als Anlage zu Bericht 87 vom 21.7.1915 dem AA mitgeteilt; ebd., Jagow an Mühlberg, Erlaß 79 vom 8.8. 1915 und Jagow an Mühlberg, Telegramm 94 vom 11.8.1915.

85 AGV Köln, CR 25,14 Bd.28, Gasparri an Hartmann, Schreiben vom 24.7.1915. Mit diesem Schreiben beauftragte Gasparri den Kölner Kardinal, die Reichsregierung von der unverändert neutralen Haltung des Vatikans zu unterrichten. Hartmanns Mission wurde avisiert mit einem Schreiben Pacellis an Peri-Morosini vom 28.7.1915 (PA Bonn, Päpstl.St. 15 Bd.5, Mühlberg an AA, Bericht 99 vom 2.8.1915 mit Anlage). Über Hartmanns Besuch bei Bethmann wurde Mühlberg mit Telegramm 99 vom 14.8.1915 informiert. Hartmanns Mission sollte einer deutschen Note zuvorkommen, die Mühlberg in Aussicht gestellt hatte (vgl. ebd., Mühlberg an AA, Bericht 95 vom 28.7.1915, Bericht 99 vom 2.8.1915

und Bericht 102 vom 12.8.1915). Außer Hartmann, Marchetti und Peri-Morosini versicherte auch Gerlach im Auftrag des Kardinalstaatssekretärs der deutschen Regierung, daß der Vatikan keine Unfreundlichkeit gegen Deutschland beabsichtigt habe (ebd., Gerlach an Mühlberg, Schreiben vom 28.7.1915, Anlage zu Mühlbergs Bericht Nr. 95 vom 28.7.1915).

86 PA Bonn, Päpstl.St. 15 Bd.5, Mühlberg an AA, Bericht Nr. 111 vom 29.8.1915.

87 Nicht nur der Gasparri-Brief an Van den Heuvel war ihm ein Indiz hierfür, sondern auch zahlreiche päpstliche Schreiben an italienische und französische Bischöfe, die propagandistisch ausgebeutet wurden. Mühlberg rügte in diesem Zusammenhang die Zurückhaltung der deutschen Bischöfe (ebd., Bericht 115 vom 3.9.1915) und empfahl, diese sollten sich gleichfalls mit Klagen und Grußadressen an den Hl. Stuhl wenden, um zur Veröffentlichung geeignete Antworten zu erlangen. Diese Anregung gab Bethmann Hollweg mit Schreiben vom 12.9.1915 an Hartmann weiter (ebd.), der sie bereitwillig aufgriff (ebd., Hartmann an Bethmann, Schreiben vom 14.9.1915) und bald einen Erfolg melden konnte (ebd., Hartmann an Bethmann, Schreiben vom 24.9.1915 mit Anlage der Antwort Benedikts auf die Grußadresse der Fuldaer Bischofskonferenz vom 6.9.1915).

88 Hatte Mühlberg die Ernennung Gasparris zum Kardinalstaatssekretär zunächst wärmstens begrüßt - so heißt es im Bericht 185 vom 14.10.1914: "Er ist politisch ein entschiedener Deutschenfreund und steht trotz seines 19-jährigen Aufenthalts in Paris ... nicht in Verdacht francophil zu sein ... Im Anfang des Krieges äußerte er zu Vertrauten, er zweifele keinen Augenblick an unserem Sieg, denn die moralische Kraft liege bei uns" (PA Bonn, Päpstl.St. 3 Nr. 2 Bd.20) - so änderte sich dieses positive Urteil schon im Verlauf der ersten Mercierkrise (vgl. PA Bonn, Päpstl.St.15, Bd.4, Bericht Nr. 9 vom 21.1.1915), um nach dem italienischen Kriegseintritt ganz umzuschlagen: "Ungewiß über den Ausgang des großen Krieges will man in Rom lavieren und die Bahn nach beiden Seiten freihalten. Dies System paßt ganz zu dem weichen und schwachen Charakter des Kardinal-Staatssekretärs, der sich den großen Ereignissen nicht gewachsen zeigt ... sondern sich von vorherrschenden Einflüssen treiben läßt." (PA Bonn, Päpstl.St. 15 Bd.5, Bericht 84 vom 18.7.1915, ähnliche Urteile über Gasparri finden sich in der Folgezeit häufiger. Die Unterscheidung zwischen positiven Intentionen des Papstes und der Politik Gasparris muß als taktisch angesehen werden, denn nichts deutet darauf hin, daß Gasparri andere Ziele verfolgte als Benedikt billigte. Sie erlaubte Kritik an der vatikanischen Politik unter Schonung des Papstes selbst, der in den Friedensverhandlungen eine Rolle spielen konnte, und unter Schonung der Loyalität der deutschen Katholiken gegenüber Rom. Bethmann benutzte in seinem Schreiben vom 6.11.1915 an Hartmann (Nachweis unten, Anm.100) diese Unterscheidung, um den Kardinal zu einer Romreise zu bewegen.

89 PA Bonn, Päpstl.St. 15 Bd.5, Bericht Mühlberg an AA Nr. 121 vom 14.9.1915: "So manche in der Kurie halten unsere Kräfte auf die Dauer nicht für ausreichend, um der Übermacht unserer Feinde zu widerstehen, und befürchten unsere Niederlage. Zu ihnen möchte ich in erster Linie den Kardinal-Staatssekretär zählen."

90 Ebd. weist Mühlberg auf die Abhängigkeit des Vatikans von dem Patriotismus der italienischen Katholiken und die italienisch-patriotischen Gesinnungen vieler Prälaten der Kurie hin: "Das Vaterlandsgefühl in den Herzen der italienischen Prälaten zu unterdrücken sind wir ohnmächtig. Dagegen sollten wir den Kampf gegen das zweite Hindernis, das in den Gesinnungen des Vatikans sich bemerkbar macht, aufnehmen und es versuchen, die in der Kurie sich einnistende Voraussicht von der schließlichen Niederlage Deutschlands zu erschüttern und zu zerstören. Stockhammern forderte zu gleicher Zeit einen römischen Vertrauensmann auf, über die Frage "Besteht zwischen Kardinal Gasparri und Papst Benedikt eine Verschiedenheit der Anschauungen über den Weltkrieg? Ist insbesondere Kardinal Gasparri ein Anhänger der Theorie, die Zentralmächte würden den Krieg letzten Endes aus Erschöpfung nicht durchhalten können?" zu berichten. (Ebd., Stockhammern an Bethmann, Bericht 46 vom 30. 9.1915 mit Anlage des Berichts des römischen "33" Nr. 28 ohne Datum).

91 PA Bonn, Päpstl.St. 15 Bd.5, Mühlberg an AA, Bericht Nr. 122 vom 14.9.1915. Der Empfehlung Mühlbergs wurde entsprochen mit der Abfassung einer 12-seitigen Aufzeichnung über Deutschlands militärische, finanzielle, wirtschaftliche und innenpolitische Situation, die dem Bischof von Chur zur Verwertung in Rom mitgegeben wurde (ebd., mit Erlaß 110 vom 28.9.1915 an Mühlberg mitgeteilt).

92 Ebd., Mühlberg an AA, Bericht Nr. 132 vom 18.10.1915 mit Anlage des Ausschnitts aus dem "Osservatore Romano" vom 16.10. 1915. "I conflitti internazionali è l'Autorità Pontifizià", siehe auch GStA München, MA 97656, Ritter an Hertling, Bericht Nr. 279 vom 21.10.1915).

93 Zur gleichen Zeit zeigte sich die belgische Politik enttäuscht von der Haltung des "Osservatore Romano", vgl. AGR Brüssel, FVdH 3, Schreiben F. Passeleq an Van den Heuvel vom 11.2. 1916: "Nous n'avons, je pense, aucune sympathie à attendre de la part de ce journal, que je suis depuis un an, avec un sentiment où l'indignation le dispute au mépris."

94 PA Bonn, Päpstl.St. 15 Bd.5, Mühlberg an AA, Bericht 132 vom 18.10.1915. Dem Vorschlag Mühlbergs, durch die deutschen Kardinäle zu antworten, schloß sich Erzberger an (ebd., Erzberger an Bergen, Schreiben vom 26.10.1915 und AGV Köln, CR 25,14 Nachtragsband, Erzberger an Hartmann, Schreiben vom 28.10. 1915). Wie aus dem durch Erzberger an das AA übermittelten Ant-

wortschreiben Bettingers vom 2.11.1915 hervorgeht, hatte sich Erzberger mit einer gleichlautenden Anfrage an den Münchner Kardinal gewandt (PA Bonn, Päpstl.St.15 Bd.5).

95 ebd., Erzberger an Bethmann, Schreiben vom 5.11.1915 mit Anlage des Schreibens Bettingers an Gasparri ohne Datum; AGV Köln, CR 25,14 Nachtragsband, französische Version des Bettinger-Schreibens vom 31.10.1915. Nach Bericht des preußischen Gesandten in München schloß sich Nuntius Frühwirth dem Bettingerschen Prostest inhaltlich völlig an (PA Bonn, Päpstl.St. 15 Bd. 5, Bericht Nr. 84 vom 1.11.1915). Das Konzept des Hartmannschen Schreibens an Benedikt vom 7.11.1915 (AGV Köln, CR 25, 14 Nachtragsband) stammte von dem Moraltheologen Mausbach und äußerte sich ausführlich zum "Notwehrrecht". Das Hartmann-Schreiben ging über den Reichskanzler und den Preußischen Gesandten von Mühlberg nach Rom (PA Bonn, Päpstl.St. 15 Bd.5, Hartmann an Bethmann, Schreiben vom 7.11.1915 mit Anlage seines Schreibens vom gleichen Datum an Benedikt XV.; ebd., Erlaß 131 an Mühlberg vom 10.11.1915). Nachdem Hartmann während seines Romaufenthalts mit Benedikt über den Gasquet-Artikel gesprochen hatte, verzichtete Hartmann auf eine schriftliche Beantwortung durch die Kurie (vgl. AGV Köln, CR 25,14 Nachtragsband, Aufzeichnung Hartmanns vom 27.11.1915 über seine Audienz beim Papst).

96 S. unten S.97.

97 PA Bonn, Päpstl.St. 15 Bd.5, Mühlberg an AA, Bericht Nr. 115 vom 3.9.1915.

98 Bettinger an Gasparri, Schreiben vom 31.10.1915 (Nachweis oben Anm.95). Es trug nicht zur Verbesserung der deutschen Stimmung gegenüber dem Vatikan bei, daß die Antwort Gasparris ausweichend ausfiel (PA Bonn, Päpstl.St. 15 Bd.6, Mühlberg an AA, Bericht Nr. 8 vom 7.1.1916 mit Anlage des Antwortschreibens Gasparris an Bettinger vom 22.11.1915; vgl. auch ebd., Schön an AA, Bericht Nr. 7 vom 28.1.1916 über Bettingers Unzufriedenheit mit der Antwort des Kardinal-Staatssekretärs).

99 Hartmann an Benedikt XV., Schreiben vom 7.11.1915, Nachweis oben Anm.95.

100 PA Bonn, Päpstl.St. 15 Bd.5, Bethmann an Hartmann, Schreiben vom 6.11.1915 zum Stand der deutsch-vatikanischen Beziehungen (Konzept), siehe auch AGV Köln, CR 25,14 Nachtragsband (Ausfertigung). Ähnlich äußerte sich Bethmann gegenüber dem Bischof von Chur Schmidt von Grüneck (PA Bonn, Päpstl.St. 15 Bd.5, Schreiben vom 15.11.1915 auf dessen persönlichen Bericht über seine Rom-Eindrücke vom 3.11.1915, Anlage zu Bericht Mühlbergs Nr. 141 vom 7.11.1915).

101 Ebd., Mühlberg an AA, Telegramm Nr. 175 vom 15.10.1915 und ebd., Bethmann aus dem GHQ an Jagow, Telegramm 364 vom 17.10.1915.

102 Bethmann an Hartmann, Schreiben vom 6.11.1915 (Nachweis oben Anm.100). Das Schreiben läßt im Vergleich zum Brief Bethmanns an den Kölner Kardinal aus Anlaß der bevorstehenden Papstwahl (s. oben Kap. 4 Anm.32) die Fortentwicklung in der Zusammenarbeit von Staat und Kirche im Laufe des ersten Kriegsjahres erkennen. Während Bethmann 1914 noch sehr behutsam dem Kardinal eine Berücksichtigung staatlicher Interessen nahelegen mußte, konnte er ein gutes Jahr später, in dem der Kardinal bewiesen hatte, daß er zur Unterstützung der Reichspolitik bereit war, offen um kirchliche Hilfestellung für die Diplomatie bitten, da der Episkopat "augenblicklich in höherem Maße, wie die Staatsgewalt, in der Lage (ist), eine direkte Einwirkung auf die Kurie auszuüben und der Minierarbeit unserer Gegner entgegenzutreten." Auch Mühlberg konstatierte, als er den Kardinal auf der Durchreise nach Rom in Zürich sprach, daß Hartmann "unseren weltlich-politischen Wünschen viel geneigter" war als ein Jahr zuvor. (PA Bonn, Wk 17 Bd.3, Telegramm Nr. 188 vom 25.11.1915).

103 AGV Köln, CR 25,14 Nachtragsband, Hartmann an Bethmann, Schreiben vom 14.11.1915.

104 Die sich auf die Vorbereitung der Romreise Hartmanns beziehenden Aktenstücke befinden sich in PA Bonn, Wk 17 Bd.3. Wie daraus hervorgeht, hielt sich Hartmann zur Instruktion durch den Reichskanzler am 22.11.1915 in Berlin auf. Außerdem ist er am 19.11.1915 durch Bissing persönlich über die belgischen Fragen informiert worden (ebd., Schreiben Bissings an den Reichskanzler vom 27.11.1915). Da Hartmann die Reise nur "schweren Herzens" unternahm (ebd., Hartmann an Bethmann, Telegramm vom 9.11.1915), wünschte Bethmann ihm gewissermaßen als Rückenstärkung den Militär-Oberpfarrer Middendorf mitzugeben. (ebd., Bethmann an Hartmann, Telegramm vom 15.11.1915), was Hartmann jedoch für unmöglich hielt und ablehnte (ebd., Hartmann an Bethmann, Schreiben vom 15.11.1915) Zur Person Middendorfs s. auch oben Anm.32.

105 D.J. Mercier "Appel à la Prière", OP V, S.188 ff., vgl. auch Mayence, La correspondance, S.99 f. über die Unterredung Lanckens mit Mercier am 7.10.1915. Der apokalyptische Stil des Hirtenbriefs wurde auch von Benedikt XV. kritisch vermerkt, Mercier verteidigte sich jedoch mit dem Argument, er habe nur der Tradition vertraute Bilder verwandt. (AGR Brüssel, FVdH 23, Aufzeichnung Van den Heuvels ohne Datum über die Bilanz der Romreise Merciers).

106 PA Bonn, Wk 17 Bd.2, Bissing an Bethmann, Schreiben vom 30. 9.1915.

107 Ebd., Bissing an Bethmann, Schreiben vom 30.9.1915, dort auch Abschrift der Aufzeichnung Bissings, die Lancken am 7.10.1915 (s. oben Anm.105) dem Mechelner Kardinal vorzutragen hatte, s. auch AGV Köln, CR 25,14 Bd.28, Bissing an Hartmann, Schrei-

ben vom 22.10.1915, dazu Hartmann an Van Rossum in Rom, Schreiben vom 25.10.1915; GStA München, MA 971, Bissing an Hertling, Schreiben vom 26.10.1915. Daß Mercier in Abrede mit der englisch-französischen Gegenoffensive einen Volksaufstand habe vorbereiten wollen, wurde in Rom weder von Van Rossum (AGV Köln, CR 25,15 Bd.28, Van Rossum an Hartmann, Schreiben vom 9.11.1915) noch von Benedikt XV. geglaubt (PA Bonn, Wk 17 Bd.3, Mühlberg an AA, Bericht 141 vom 7.11.1915 über sein Gespräch mit dem aus Rom zurückgekehrten Bischof von Chur Schmidt von Grüneck).

108 Bissing an Bethmann, Schreiben vom 30.9.1915 (Nachweis oben Anm.106).

109 Dieser Plan wurde Anfang Oktober 1915 (zwischen dem 4.10. und dem 6.10.) mündlich von Lancken und Bethmann im GHQ besprochen, er ist als Vorschlag enthalten im Schreiben Bissings an den Reichskanzler vom 30.9.1915 (Nachweis oben Anm.106) und wurde von Bissing gegenüber dem Kölner Kardinal angedeutet. (Nachweis oben Anm.107). Sowohl der Mitte Oktober nach Rom reisende Bischof von Chur als auch Kardinal von Hartmann unterstützten die über Nuntius Frühwirth vorgetragene Forderung des Generalgouverneurs (PA Bonn, Wk 17 Bd.2, Jagow an Bethmann, Telegramm 265 vom 3.10.1915; ebd., Mühlberg an AA, Telegramm 174 vom 9.10.1915 und Telegramm 175 vom 15.10.1915; PA Bonn, Wk 17 Bd.3, Bericht 141 vom 7.11.1915; AGV Köln, CR 25, 14 Nachtragsband, Aufzeichnung Hartmanns vom 27.11.1915 über seine Audienz bei Benedikt XV.; PA Bonn, Wk 17 Bd.3, Schön an AA, Telegramm Nr. 45 vom 29.10.1915 und Bericht Nr. 89 vom 19.11.1915). Bissing war die Angelegenheit so wichtig, daß er sich außerdem noch persönlich nach Köln begab, um Kardinal von Hartmann vor der Abreise nach Rom über den Mercier-Fall zu instruieren (PA Bonn, Wk 17 Bd.3, Bissing an Bethmann, Schreiben vom 23.11.1915).

110 PA Bonn, Wk 17 Bd.2, Randnotiz Bethmanns zum Schreiben Bissings vom 30.9.1917 (s. oben, Anm.106).

111 Ebd., Jagow an Mühlberg, Telegramm Nr. 111 vom 4.10.1915.

112 So Bissings Interpretation gegenüber Hartmann, Schreiben vom 22.10.1915 (Nachweis oben Anm.107).

113 PA Bonn, Päpstl.Stuhl 3 Nr.2 Bd.20, Stockhammern an Bethmann, Bericht Nr. 79 vom 13.11.1915.

114 PA Bonn, Wk 17 Bd.2, Schön an Jagow, Telegramm Nr. 45 vom 29.10.1915.

115 Ebd., Jagow an Mühlberg, Telegramm Nr. 111 vom 4.10.1915 und Telegramm Nr. 112 vom 5.10.1915, siehe auch ebd. Bd.3, Schön an AA, Bericht Nr. 89 vom 19.11.1915. Der Reichskanzler drängte auf nachträgliche Information Hertlings (Aktennotiz Bergens vom 11.10.1915 ebd. nach einer telefonischen Mitteilung Lanckens an das AA). Auch Bissing teilte nicht das Mißtrauen

Jagows gegen die katholischen deutschen Politiker, wie sein Schreiben vom 26.10.1915 an Hertling zeigt (Nachweis oben Anm. 107). Der bayrische Gesandte beim Hl.Stuhl Ritter war zunächst von Mühlberg informiert worden (GStA München, MA 97657, Ritter an Hertling, Bericht Nr. 274 vom 6.10.1915), dann aber von weiteren Informationen ausgeschlossen worden. Ritter war zu Recht verstimmt, da er sich darauf berufen konnte, daß er Mühlberg in der ersten Mercier-Krise wirkungsvoll unterstützt hatte (GStA München, MA 97657, geheimes Schreiben an Hertling vom 5.11.1915).

116 Zur Haltung Erzbergers und Hertlings in der ersten Mercier-Krise siehe oben, S.68 ff.. Hertling äußerte sich nach seiner Belgienreise im Herbst 1915 gegenüber dem preußischen Gesandten in München von Schön nicht bloß anerkennend über die Verwaltungsarbeit in Belgien und die Persönlichkeit des Generalgouverneurs, sondern explizit auch über seine Kirchenpolitik: "... er betrachte es als eine unabwendbare Notwendigkeit, daß der Kardinal nicht nur nach Rom berufen, sondern auch dort dauernd zurückgehalten werde. Er werde zwar auch in Rom durch aufhetzerische Tätigkeit schädlich wirken können, aber doch nicht in dem gleichen Maße, wie in Belgien." (PA Bonn, Wk 17 Bd.3, Schön an AA, Bericht Nr. 89 vom 19.11.1915). Auch Hartmann antwortete Bissing auf dessen Schreiben vom 22.10. 1915 (Nachweis oben Anm.107) mit einer Veruteilung Merciers, wenn er auch ein öffentliche Zurückhaltung der deutschen Katholiken ankündigte (AGV Köln, CR 25,14 Bd.28, Hartmann an Bissing, Schreiben vom 26.10.1915 sowie PA Bonn, Wk 17 Bd.2, Harrach von der Politischen Abteilung Brüssel an AA, Telegramm 192 vom 28.10.1915). Noch deutlicher äußerte sich Hartmann gegenüber Mühlberg, als er mit diesem auf der Durchreise nach Rom in Zürich zusammentraf: "Kardinal Hartmann glaubt, daß Mercier unverbesserlich ist, päpstliche Vorhaltungen bei ihm nicht nachhaltig fruchten, und daß wir zuletzt doch seine definitive Entfernung von Belgien ins Auge fassen müßten. Er hält sie nach dem Charakter des Kardinals für gerechtfertigt." (PA Bonn, Wk 17 Bd.3, Mühlberg an AA, Telegramm 188 vom 25.11.1915).

117 Siehe oben, S.81 f.; zu Erzbergers Kriegszielen in Belgien siehe Epstein, Erzberger, S.129 ff.

118 Über sein Gespräch mit Hertling nach der Münchener Konferenz berichtete Mühlberg telegrafisch an das AA: "Graf Hertling zeigte sich mit unserer Behandlung des Mercier-Falles vollständig einverstanden. Sollte Rom nicht auf unsere Anregung eingehen, dürfen wir, so meinte der Graf, mit ernsten Schritten gegen Mercier nicht mehr zögern." (PA Bonn, Wk 17 Bd.1, Schön an AA, Telegramm 48 vom 3.11.1915).

119 S. oben Anm.114.

120 PA Bonn, Wk 17 Bd.3, Lancken an AA, Tel. 196 vom 2.11.1915.

121 Ebd., Lancken an AA, Tel. 200 vom 9.11.1915, ders. an AA, Tel. 202 vom 12.11.1915, ebd., Mühlberg an AA, Bericht 182 vom 15.11.1915 und Jagow an Lancken, Tel. 175 vom 12.12.1915; GStA München, MA 97 657, Ritter an Hertling, Schreiben vom 14.11. 1915 und Schreiben vom 15.11.1915, Bericht Nr. 335 vom 6.12. 1915; AGV Köln, CR 25,14 Nachtragsband, Aufzeichnung Hartmanns vom 27.11.1915.

122 Über Frühwirth und Mühlberg fragte der Vatikan bei der Reichsregierung an, ob Mercier wieder einreisen dürfe (PA Bonn, Wk 17 Bd.3, Schön an AA, Telegramm 50 vom 14.11.1915 und Mühlberg an AA, Tel. 181 vom 14.11.1915). Auf Jagows Empfehlung an Bissing, dem Kardinal die Wiedereinreise zu gestatten, antwortete Bissing nur mit einer bedingten Zusage, daß Mercier mindestens zwei Monate abwesend sein müsse, und daß der Vatikan Merciers Wohlverhalten nach seiner Rückkehr garantieren solle (ebd., Jagow an Bissing, Tel. 158 vom 15.11.1915 und Bissing an Jagow, Tel. 206 vom 17.11.1915). Die bedingte Zusage genügte Rom nicht (ebd., Schön an AA, Tel. 57 vom 24.11. 1915). Erst nachdem auch Kardinal von Hartmann, der von Bissing durch persönlichen Besuch in Köln instruiert worden war (s. oben, Anm.109) gleichfalls aus Rom telegrafierte, daß ohne eine förmliche und bedingungslose Zusicherung der Wiedereinreise nichts zu machen sei, erklärte sich der Generalgouverneur bereit, Merciers Rückkehr zu genehmigen. (Ebd., Mühlberg an AA, Tel. 193 vom 2.12.1915 und Romberg an AA, Tel. 1597 vom 3.12.1915; Lancken an AA, Tel. 142 vom 4.12.1915; vgl. auch Aufzeichnung Hartmanns vom 27.11.1915, Nachweis oben Anm.121).

123 PA Bonn, Wk 17 Bd. 3, Bissing an AA, Telegramm 206 vom 17. 11.1915.

124 Ebd., Lancken an AA, Bericht vom 10.1.1916; Jagow an Mühlberg, Tel. 35 vom 14.1.1916; Mühlberg an AA, Tel. 51 vom 16.1. 1916; ebd., Bd.4, Bethmann an Bissing, Tel. 19 vom 23.1.1916; Jagow an Mühlberg, Tel. 4 vom 22.1.1916; Jagow an Bischof Schulte (Paderborn) und Fürstbischof Bertram (Breslau) vom 3.2.1916; Mühlberg an AA, Bericht Nr. 35 vom 9.2.1916; Bissing an Bethmann vom 12.2.1916. In diesem Schreiben heißt es zum Kollektivschreiben des belgischen an den deutschen Episkopat (s. unten S.97 ff.): "Diese in Sprache und Inhalt ungeheuerliche Herausforderung hat die Lage von Grund auf verschärft, ja sogar verändert." Bissing plädierte deshalb lieber für eine Zurücknahme der Rückkehrgenehmigung als eine Rückkehr Merciers in das besetzte Gebiet: "Von einem Wortbruch kann übrigens nicht mehr allen Ernstes gesprochen werden. Denn genau in der Zeit, in der Rom dieses Versprechen erwirkte, hat der Kardinal seine neue Herausforderung vorbereitet. Diese Hinterhältigkeit wirft alle Voraussetzungen um. Ich selbst hätte das

Versprechen niemals gegeben, wenn ich von diesem neuen Streich eine Ahnung gehabt hätte."

125 Das Kollektivschreiben des belgischen an den deutsch-österreichisch-ungarischen Episkopat ist an zwei Stellen zu behandeln, einmal als politischer Anstoß für die deutsche Verwaltung in Brüssel, im folgenden Kapitel als Auseinandersetzung des belgischen mit dem deutschen Episkopat.

126 Siehe oben S.56 f.

127 PA Bonn, Päpstl.St. 5 Bd.5, Bethmann aus dem GHQ an AA, Tel. 23 vom 22.3.1915 zu Bissings Wunsch, Croy möge neuer Bischof von Tournay werden.

128 PA Bonn, Wk 14b Bd.3, Lancken an AA, Tel. 173 vom 17.10. 1915; s. auch ebd., Bissing an AA, Tel. 208 vom 23.11.1915. Hartmann wurde beauftragt, auch diese Frage in Rom zur Sprache zu bringen (ebd., Mühlberg an AA, Tel. 189 vom 26.11. 1915). Durch Bericht des aus Rom zurückgekehrten Hartmann erfuhr der Reichskanzler, daß der Vatikan guten Glaubens gehandelt hatte, gegen Crooij lägen keine Bedenken deutscherseits vor, weil der Nuntius in Brüssel Tacci entsprechend berichtet hatte (AGV Köln, CR 25,14 Nachtragsband, Aufzeichnung Hartmanns vom 27.11.1915; PA Bonn, Wk 17 Bd.3, Jagow an Bissing, Tel. 175 vom 12.12.1915). Der Zwischenfall wurde zum auslösenden Moment für den Wunsch des Generalgouverneurs nach Abberufung des Brüsseler Nuntius, dem Rom im Lauf des Jahres 1916 stattgab, zumal Tacci auch belgischerseits keine Freunde hatte, wo man ihm vorwarf, in der Januarkrise versucht zu haben, Mercier zunächst zu einer Rücknahme seines Hirtenbriefs zu bewegen und zu wenig offen für die Belgier Stellung genommen zu haben. (Einzelheiten hierzu in PA Bonn, Wk 14 b Bd.3 und Bd.4, s. auch AGR Brüssel, FVdH Nr. 3, Renkin an Van den Heuvel, Schreiben vom 20.4.1915 und FVdH 23, Van den Heuvel an Beyens, Bericht vom 20.5.1916 und Aufzeichnung Van den Heuvels vom 9.1.1916 über Besuch Heylens in Rom).

129 Aus den im Nachlaß Van den Heuvels erhaltenen Unterlagen geht jedoch hervor, daß Crooij nicht der von Mercier an erster Stelle gewünschte Kandidat war. Für Merciers Votum war ausschlaggebend, daß die Diözese Tournay mit ihrem hohen Anteil an Arbeiterbevölkerung einen Bischof mit christlich-demokratischen Sympathien erhielt. Er schlug daher den Generalvikar der Diözese Doutrelangue vor, der jedoch von Rom abgelehnt wurde. Doutrelangue war auch der Kandidat der belgischen Regierung, während der Name A. Crooijs auf der ersten vom Brüsseler Nuntius eingereichten Dreierliste fehlte. Wie es zur Kandidatur Crooijs kam, geht aus dem mir vorliegenden Archivmaterial nicht hervor, jedoch scheint es sich um eine Art Kompromißkandidatur gehandelt zu haben (AGR Brüssel, FVdH 3, Carton de Wiart an Van den Heuvel vom 25.3.1915, ders. an denselben, Schreiben vom 25.4.1915 und Schollaert an Van den Heuvel, Schreiben vom 2.4.1915).

130 Mercier verließ Belgien am 11.1.1916 (PA Bonn, Wk 17 Bd.4, Lancken an AA, Tel. 6 vom 12.1.1916) und verließ Rom am 24. 2.1916 (AGR Brüssel, FVdH 23, Van den Heuvel an Beyens, Bericht vom 25.2.1916).

131 PA Bonn, Wk 17 Bd.4, Lancken an AA, Tel. 4 vom 10.1.1916.

132 Ebd., Bissing an Bethmann, Schreiben vom 12.2.1916.

133 Bissing an Bethmann, Schreiben vom 12.2.1915 (Nachweis oben Anm.132), das über die Bewertung des Mercierschen Kollektivschreibens durch den Generalgouverneur Auskunft gibt und das im übrigen auch die große persönliche Unsicherheit des Generalgouverneurs gegenüber der intellektuellen Überlegenheit Merciers, seiner Ironie und seiner Dialektik, dokumentiert.

134 Das Treffen kam auf Wunsch Briands zustande. Mercier setzte sich gegenüber dem französischen Ministerpräsidenten für eine bessere Stellung des französischen Katholizismus und für eine Wiederherstellung der diplomatischen Beziehungen zum Vatikan ein (AGR Brüssel, FVdH 23, handschriftliche Aufzeichnung Van den Heuvels vom 11.2.1916). In einem französischen Funkspruch zu dem Treffen hieß es, Mercier habe Briand Dokumente über "deutsche Schandtaten" übergeben (PA Bonn, Wk 17 Bd.4, Bissing an Bethmann, Tel. 35 vom 15.2.1916).

135 Ebd., Bissing an Bethmann, Tel. 35 vom 15.2.1915.

136 Ebd., Bissing an Bethmann, Schreiben vom 19.1.1915 und ders. an denselben, Schreiben vom 12.2.1916.

137 Ebd., Mühlberg an AA, Tel. 2 vom 16.1.1916; Jagow an Mühlberg, Tel. 2 vom 14.1.1916 und ders. an Schön, Tel. 5 vom 18.1.1916.

138 Dies war das hauptsächliche Ziel der diplomatischen Verhandlungen mit Rom über Nuntius Frühwirth in München und Mühlberg (s. oben S.90).

139 Mit Merciers Anwesenheit in Rom beschäftigten sich zwei "99" - Berichte, deren Aussagewert durch das parallel vorliegende Material in Van den Heuvels Nachlaß kontrolliert werden kann. Der italienische Politiker, der sich hinter der Chiffre verbarg, war entweder nicht sehr gut informiert oder nicht gewillt, seine Informationen weiterzugeben. Die Berichte spekulieren auf primitive Weise auf einen deutschen antikatholischen und einen Anti-Mercier-Affekt; der angeblich sehr ungünstige Eindruck Merciers in Rom wird breit ausgemalt, anstelle einer Analyse der vatikanischen und belgischen Politik bietet "99" mehr oder minder Klatsch (PA Bonn, Wk 17 Bd. 4, Stockhammern an Bethmann, Bericht Nr. 138 vom 9.2.1916 mit Anlage des "99"-Berichts 78 o.Datum; ebd. Bd.5, Stockhammern an Bethmann, Bericht 242 vom 17.2.1916 mit Anlage des Berichts 78 (sic) des "99"; s. dazu AGR Brüssel, FVdH 23, Aufzeichnung Van den Heuvels zum Ergebnis der Romreise Merciers).

140 Siehe hierzu auch unten Kap. 6 Anm.48.

141 Ablehnung erfuhr Mercier nach den "99"-Berichten (s. oben Anm.73) bei den Kardinälen De Lai, Bisleti und Vannutelli; nach Van den Heuvels Aufzeichnungen hatte er guten Kontakt mit Ratti, mit dem er über den Wiederaufbau der Löwener Bibliothek verhandelte, AGR Brüssel, FVdH 23, Bericht vom 25.2.1916, s. auch FVdH 1, Schreiben Bruynzeels an Van den Heuvel vom Februar 1918 mit der Liste der Kardinäle, denen Merciers Hirtenbrief "La leçon des Événements" vom 18.Januar 1918 mitzuteilen ist: Rinaldini, Ferrari, Maffi, Gasparri, Gusmini und einer Reihe weiterer Prälaten und Ordensfrauen.

142 PA Bonn, Wk 17 Bd.4, Mühlberg an AA, Bericht 35 vom 9.2. 1916.

143 Vgl. ebd. das Schreiben Pacellis an Mühlberg vom 9.2.1916, das der preußische Gesandte beim Vatikan mit Bericht 36 vom 12.2. 1916 an das AA übermittelte.

144 PA Bonn, Wk 18 Bd.4, Jagow an Schön, Telegramm 12 vom 15.2. 1916 und Telegramm 13 vom 16.2.1916; Jagow an Mühlberg, Telegramm 12 vom 16.12.1916; Jagow an Lancken, Telegramm 39 vom 16.2.1916. Das Auswärtige Amt hatte sich damit völlig Bissings Sicht angeschlossen, wie aus Jagows Telegramm an Bissing (ebd., Telegramm 41 vom 19.2.1916) hervorgeht: "Falls Cardinal trotz unserer Verwarnung jetzt Rückreise nach Belgien antritt, wird beabsichtigt, ihn an Grenze anzuhalten und nach Coblenz zu verbringen, wo er interniert werden soll. Genehmigung S.M. hierzu wird nachgesucht."

145 PA Bonn, Wk 17 Bd.4, Schön an AA, Telegramm 9 vom 19.2.1916; ebd. Bd.5, Romberg an AA, Telegramm 193 vom 20.2.1916, Hartmann an Bethmann, Schreiben vom 21.2.1916; siehe auch AGV Köln, CR 25,14 Bd.28, Pacelli an Hartmann, Schreiben vom 8.3. 1916.

146 PA Bonn, Wk 17 Bd.5, Jagow an Bissing, Telegramm 43 vom 20.2.1916, Jagow an Schön, Telegramm 14 vom 20.2.1916 und Jagow an Mühlberg, Telegramm 11 vom 19.2.1916.

147 Ebd., Bissing an AA, Telegramm 41 vom 20.2.1916.

148 Bissing drohte eine spätere Internierung Merciers an, vgl. das oben Anm.147 nachgewiesene Telegramm.

149 Zur Romreise Merciers enthält der Nachlaß Van den Heuvels reichhaltiges Material (Korrespondenzen, Aufzeichnungen und Doppel der politischen Berichterstattung an den belgischen Außenminister Beyens), das im Rahmen der vorliegenden Arbeit nicht in allen seinen Aspekten ausgewertet werden kann, da es weit in die Fragen der belgischen Innen- und Außenpolitik während des ersten Weltkrieges hineinführt, das aber soweit herangezogen werden soll, als es Merciers politischen Standort während des Krieges, sein Verhältnis zum Vatikan unter Benedikt XV. und die Politik des Vatikans in der belgischen Frage wäh-

rend des ersten Weltkriegs beleuchtet. - Die diplomatische Korrespondenz Van den Heuvels mit dem belgischen Außenminister Beyens im Zeitraum der Romreisen Merciers und Heylens ist abgedruckt in A. Pini-Tronati, Jules Van den Heuvel, Ambasciatore presso la Santa Sede (Lettere del 1916), in Risorgimento, Bd. 15, Jg. 1972 S.3-41.

150 AGR Brüssel, FVdH 23, Aufzeichnung Van den Heuvels ohne Datum über die Ergebnisse der Romreise Merciers: "Le card. Mercier venait en Italie appelé par le Pape. Il savait, qu'on le demandait pour travailler à la constitution définitive de la congrégation des études. Il devinait qu'on allait lui parler de modération ...".

151 Ebd., Beyens an Van den Heuvel, Schreiben vom 26. und 30.11. 1915; Van den Heuvel an Beyens, Schreiben vom 20.11.1915 und vom 29.11.1915; Van den Heuvel an Beyens, Bericht vom 13.11. 1915 und Bericht vom 16.12.1915; s. auch FVdH 38, Schreiben Merciers an Van den Heuvel vom 23.2.1916 und Aufzeichnung Van den Heuvels ohne Datum (vom Vortag der Abreise Merciers aus Rom) über die Schwierigkeiten, die die Deutschen Merciers Wiedereinreise nach Belgien nach dem Gespräch mit Briand bereiteten.

152 AGR Brüssel, FVdH 23, Aufzeichnung Van den Heuvels über die Ergebnisse der Romreise Merciers, s. auch ebd. den abschließenden Bericht Van den Heuvels an Beyens über Merciers Romreise vom 25.2.1916 (gedr. bei Pini-Tronati, Jules Van den Heuvel, S.37 ff.).

153 AGR Brüssel, FVdH 23, Aufzeichnung Van den Heuvels über die Ergebnisse der Romreise Merciers.

154 Vgl. ebd.: "Voici le Cardinal parti. On peut faire un bilan, mettre à l'actif ce qui s'est réalisé et au passif ce qui n'a pas été obtenu."

155 Ebd., vgl. auch FVdH 38, Notizen Van den Heuvels über Merviers zweite Audienz bei Benedikt XV. vom 27.1.1916: "Demande de lui parler clairement et franchement. Dit qu'on attendait de lui une grande parole, qu'il pouvait s'appuyer sur des rapports d'hommes d'autorité et de confiance, les évêques, que le clergé belge n'avait pas besoin de regrets ou de condoléances, mais de paroles d'énergie et de vie."

156 AGR Brüssel, FVdH 23, Aufzeichnung über die Ergebnisse der Romreise Merciers. Auch der fast gleichzeitig in Rom anwesende Bischof von Namur Th.L. Heylen (s. auch unten Anm.182) hat als Augenzeuge der Ereignisse beim Einmarsch der deutschen Truppen in Belgien - er war selbst zeitweilig als Geisel festgehalten worden - die deutsche Propaganda von einem belgischen Volkskrieg wirkungsvoll bekämpft (ebd., Van den Heuvel an Beyens, Bericht vom 10.1.1916, vgl. auch Pini-Tronati, Jules Van den Heuvel, S.4 ff.).

157 AGR Brüssel, FVdH 23, Van den Heuvel an Beyens, Bericht vom 7.2.1916, gedr. bei Pini-Tronati, Jules Van den Heuvel, S.17 ff.

158 Mercier wollte erreichen, daß das belgische Königshaus wie die Habsburger und die spanische Monarchie in den stillen Gebeten der Messe erwähnt wird; ein Zugeständnis, das mitten im Krieg zweifellos politisch gedeutet worden wäre und vom Vatikan abgelehnt wurde (AGR Brüssel, FVdH 23, Aufzeichnung über die Ergebnisse der Romreise Merciers).

159 Im Original abgekürzt.

160 AGR Brüssel, FVdH 23, Aufzeichnung Van den Heuvels über die Ergebnisse der Romreise Merciers, vgl. auch PA Bonn, Wk 17 Bd.5, Stockhammern an AA, Telegramm 167 vom 8.3.1916: Nach einem "99"-Bericht sei der Brief Benedikts an Kardinal Pompilj vom 4.3.1916 als Antwort des Papstes auf das Drängen Van den Heuvels, Gasquets und Merry del Vals zu verstehen, die nach der Abreise Merciers aus Rom eine päpstliche Sympathiekundgebung für das katholische Belgien gefordert hätten. Über den lauen Ton des Papstbriefes sei die Ententepresse empört (ähnlich ebd., Mühlberg an AA, Bericht 46 vom 25.2.1916).

161 "Le cardinal a entendu des paroles de modération", AGR Brüssel, FVdH 23, Aufzeichnung Van den Heuvels über die Ergebnisse der Romreise Merciers. Der vor Mercier in Rom eingetroffene Bischof von Namur Heylen fragte Benedikt direkt, ob er Mercier nach Rom gerufen habe, um ihn zu tadeln (ebd., Aufzeichnung Van den Heuvels über Heylens Audienz beim Papst vom 15.1.1916). Auch Mercier erwartete, wie aus seinem Schreiben an den belgischen König vom 23.2.1916 (Nachweis unten Anm.180) hervorgeht, getadelt zu werden.

162 AGR Brüssel, FVdH 23, Aufzeichnung Van den Heuvels über die Ergebnisse der Romreise Merciers: "Le pape lui a parlé de la théorie soutenu dans sa Lettre pastorale sur le caractère de l'autorité de l'occupant ... Le Pape a signalé le vif émoi qu' avait causé l'Appel à la Prière ... Enfin, quoique le Cardinal ne m'en ait rien dit je pense qu'il a dû être question de la lettre collective des Evêques ...". An anderer Stelle hat Van den Heuvel notiert, daß der Papst mit Mercier sehr wohl über das Kollektivschreiben gesprochen habe (AGR Brüssel, FVdH 38, Aufzeichnung Van den Heuvels über Merciers 2. Audienz bei Benedikt XV. vom 27.1.1916).

163 "Mais le Cardinal a réussi dans d'autres domaines. Il désirait exposer au St. Père l'attitude que l'épiscopat belge aurait souhaité voir prendre à Rome. Il a pu exposer librement cet avis et défendre les considérations qui l'appuient. Il a entendu le St. Père formuler lui-même les objections qui ont entravé et arrêté son action." (AGR Brüssel, FVdH 23, Aufzeichnung Van den Heuvels über die Ergebnisse der Romreise Merciers).

164 PA Bonn, Wk 17 Bd.4, Bericht des "99" Nr. 78, mit Bericht Stockhammerns Nr. 138 vom 9.2.1916 an den Reichskanzler mitgeteilt.

165 AGR Brüssel, FVdH 23, Van den Heuvel an Beyens, Bericht vom 25.2.1916 (vgl. auch Pini-Tronati, Jules Van den Heuvel, S.37 ff.).

166 Dies wurde vom Vatikan indirekt bestätigt. Im Schreiben Pacellis an Hartmann vom 7.2.1916 zur Frage der Ausweisung Merciers (AGV Köln, CR 25,14 Bd.20) heißt es: "Ich habe mir erlaubt, dem preußischen Gesandten beizufügen, daß ... es mir dennoch scheint, daß seine Ausweisung die Unruhen in Belgien und außerhalb nur noch vermehren würde. Die große Popularität, welche der Kardinal in den Ländern der Entente genießt (wie es sich auch in diesen Tagen in Rom bewiesen hat), wäre dadurch vermehrt und mit der Glorie des Martyriums gekrönt." Siehe auch PA Bonn, Wk 17 Bd.4, Mühlberg an AA, Bericht 36 vom 12.2.1916 mit Anlage des Pacelli-Schreibens an Mühlberg vom 9.2.1916.

167 AGR Brüssel, FVdH 23, Aufzeichnung Van den Heuvels über das Gespräch Merciers mit Briand vom 7.2.1916; s. auch ebd., Bericht Van den Heuvels an Beyens vom 25.2.1916 (gedr. Pini-Tronati, Jules Van den Heuvel, S.25 ff.) und FVdH 38, Schreiben Merciers an König Albert vom 23.2.1916 (s. hierzu unten Anm.181).

168 "Enfin, une circonstance fortuite est venue, tout à coup agrandir singulièrement le rôle du Cardinal. La visite de Briand a permis au Cardinal de prendre tout à coup en main la cause religieuse de la France. ... Cet incident a fait entrevoir à la Papauté qu'elle trouverait, à l'occasion, dans le Cardinal de Malines, le représentant le plus habile et le plus écouté pour les grands desseins qu'elle pourrait poursuivre. (AGR Brüssel, FVdH 23, Aufzeichnung über die Ergebnisse der Romreise Merciers). Vgl. hierzu den irreführenden Bericht des "99" (PA Bonn, Wk 17 Bd.4, Stockhammern an AA, Telegramm 147 vom 18.2.1916), wonach sich die Mißstimmung im Vatikan gegen Mercier durch das Zusammentreffen mit Briand verschärft haben soll.

169 Siehe oben Zitat S.92.

170 Zur gängigen Einteilung der Päpste des 19. und 20. Jahrhunderts in "religiöse" und "politische" Päpste s. Schmidlin, Papstgeschichte, Bd.3, S.1 ff. und S.187 ff. In der diplomatischen Berichterstattung Mühlbergs und Ritters wurde Benedikt XV. regelmäßig als "kluger", "gewandter" Politiker apostrophiert; mit antiklerikalem Akzent war in den "99"-Berichten (s. oben Anm.139) von der "Gerissenheit" und "Verschlagenheit" Benedikts XV. die Rede. (Vgl. etwa PA Bonn, Wk 17 Bd.5, Stockhammern an AA, Bericht 142 vom 17.2.1916).

171 Infolge eines Berichts Van den Heuvels über Frankreich und den Vatikan verfaßte der belgische Botschafter in Paris E. de Gaiffier einen ergänzenden Bericht über die Haltung des französischen Katholizismus zum Vatikan, der zwar Ende 1917, nach dem päpstlichen Friedensangebot, entstand, sich aber auch auf den Zeitraum seit Kriegsausbruch bezog: "Le clergé français, à tous les dégrés de la hierarchie, ne se gène pas dans l'intimité pour critiquer avec amertume l'attitude du St. Père. Sa Sainteté disent ils, voit la guerre au point de vue politique, nous catholiques français, nous voudrions qu'il la vît au point de vue moral. Si dès le début Elle avait comme nous le Lui demandions, condamné les violations flagrantes du droit de gens, les attentats contre les prêtres, les destructions non motivées des églises, des cathédrales, Son autorité morale aurait été beaucoup plus grande. Elle aurait, d'ailleurs, sauvé ainsi beaucoup plus de vies humaines que par ses interventions humanitaires. Cette année, les Prélats français ont à se rendre à Rome "ad limina" ... A aucun Evêque, Sa Sainteté n'a permis ... d'aborder le sujet de la guerre. Elle a fait, toutefois, une exception pour l'Archevêque de Paris à l'occasion de sa troisième et dernière audience. "Recommandez bien à vos prêtres, lui dit le Saint Père, de ne pas confondre la victoire de l'Entente avec celle de la religion." ... Ainsi entre le Saint Siège et les catholiques français il existe depuis trois ans un double malentendu. Le premier voit la guerre sous l'angle de la politique, et les seconds la voient sous celui de la morale ... Dans leurs mandements, les Evêques n'osent pas traduires leurs véritables sentiments; ils sont tenus à moins de réserve au cours d'entretiens destinés à rester secrèts. Leur coeur est rempli de dèsillusions et même d'amertume envers le Saint Père ..." (AGR Brüssel, FVdH 2, Bericht Gaiffiers vom 9.12.1917, siehe auch P. Renouvin, "L'Episcopat français devant l'offre de paix du Saint-Siège (Août 1917)" in "Mélanges offerts à G. Jaquemyns", Bruxelles 1968.

172 Inwieweit in den persönlichen Gesprächen Merciers mit dem Papst die fundamentalen theologischen Divergenzen in der Beurteilung des Krieges zur Sprache gekommen sind, muß der weiteren Forschung überlassen bleiben.

173 Die Enttäuschung der belgischen Katholiken über das Schweigen des Papstes zum Fall Belgien und die ausgleichende Wirkung der Stellungnahmen der belgischen Bischöfe geht aus verschiedenen Materialien hervor. Ein Korrespondent Van den Heuvels, der das besetzte Gebiet erst im Frühjahr 1916 verlassen und zuvor einen langen Brief Merciers erhalten hatte, schrieb über die Stimmung im besetzten Gebiet: "La Franc-maçonnerie a extrèmement exploité en Belgique les difficultés que le St. Siège rencontre dans les circonstances présentes. Les lettres du Cardinal, les déclarations de Mgr. Heylen reproduites les unes et les autres à des milliers d'exemplaires ont fait grand bien, parmi les catholiques une partie des préventions sont tombées." (AGR

Brüssel, FVdH 3, Orban de Xivry an Van den Heuvel, Schreiben vom 22.4.1916). Mercier selbst hatte sich schon im Frühjahr 1915 gegenüber Broqueville zur Enttäuschung der Belgier über die Haltung des Vatikans geäußert: "Il y a eu, en effet, au moment où Anvers a dû se rendre et où l'on colportait les insinuations malveillantes à l'égard du Souverain Pontife, un certain fléchissement des courages ..." (AGR Brüssel, FDB 153, Mercier an Broqueville, Schreiben vom 24.4.1915).

174 Siehe hierzu Merciers Äußerung über Benedikt XV. nach der Aufzeichnung Neurays vom Januar 1916, Nachweis unten, Anm.178.

175 PA Bonn, Wk 17 Bd.9, Presseausschnitt aus der Kreuzzeitung vom 7.5.1918 "Mercier als Gegenpapst" nach französischen Presseberichten; vgl. auch Mühlbergs Presseberichte in PA Bonn, Wk 17 Bd.4, Nr. 16 vom 18.1.1916, Nr. 17 vom 20.1.1916, Nr. 39 vom 15.2.1916.

176 Die deutsche Politik suchte diese Konkurrenz politisch auszubeuten. Schon in seinem Memorandum vom März 1915 für Erzberger (s. oben Anm.37) hatte Lancken darauf hingewiesen, daß bei einer Abberufung Merciers nach Rom diesem die Basis entzogen wäre, sich zum geistigen Führer der Entente aufzubauen.

177 Im Original abgekürzt.

178 AGR Brüssel, FVdH 38, Aufzeichnung Van den Heuvels über Merciers Audienz vom 27.1.1916. Legt diese Aufzeichnung ein negatives Urteil Benedikts über Mercier nahe, so scheint Mercier sich umgekehrt gleichfalls negativ über Benedikt XV. geäußert zu haben, denn in einer Aufzeichnung des Journalisten Neuray über seine Gespräche mit Heylen und Mercier in Rom Anfang 1916 im Auftrag de Broquevilles (AGR Brüssel, FDB 426) heißt es: "C'est un brave homme, et il ne nous a jamais été antipathique. Mais c'est avant tout un timide. On n'a ni le caractère ni le tempérament que l'on veut. Comme vous le disiez l'autre jour, ce sont eux ici qui auraient dû dire et faire ce que nous avons dit et fait en Belgique. C'eût été le bon moyen pour lui dire d'être invité à la Conférence de la Paix, invitation qui est l'objet de leurs plus ardents désirs...Malheureusement, on n'a pas compris ici à quel point de vue il fallait se placer." Nicht besser war übrigens Merciers Urteil über den Kardinal-Staatssekretär Gasparri, der Mercier als politisch uninteressiert erschien: "Et puis le Cardinal Gasparri est secrétaire d'état malgré lui. Quand je lui parle de la Belgique, il a parfois l'air distrait; pour le reveiller, je sais ce qu'il faut faire: lui parler du droit canon. Alors il parl (sic), il parl ... Le rôle de l'Eglise est pourtant si simple et notre morale si claire!" (AGR Brüssel, FdB 426, Aufzeichnung Neurays vom Januar 1916).

179 "Le St. Père a été, je pense, convaincu du service que les Évêques belges ont rendu à leur pays et à la religion. Il a compris que leur défense exigeait de l'énergie et l'audace qu'

ils y ont mises." (AGR Brüssel, FVdH 23, Aufzeichnung Van den Heuvels über die Ergebnisse der Romreise Merciers, ähnlich ebd. Van den Heuvel an Beyens, Bericht vom 25.2.1916, s. auch Pini-Tronati, Jules Van den Heuvel, S.40 f.).

180 Nach Van den Heuvels Notizen über die Audienz Merciers am 27.1.1916 beim Papst (AGR Brüssel, FVdH 38) heißt es im Anschluß an den oben S.98 zitierten Passus: "L'entretien dura 5 quarts d'heurs. Il fut assez animé."

181 In seinem Schreiben an König Albert vom 23.2.1916 (AGR Brüssel, FVdH 38) sprach Mercier gleichfalls von einer verständnisvollen Aufnahme bei dem Papst, doch verweist die gewundene Formulierung auf die tatsächlichen Divergenzen: "Ceux qui, en Belgique, avaient prédit que je m'entendrais infliger un blâme, se sont complètement mépris. Le Pape comprend très bien que, dans l'intérêt même de l'ordre public, nos populations appauvries et cruellement éprouvées ont besoin d'être soutenues par les autorités morales dans lesquelles elles ont confiance; Il a dit à Mgr. l'Evêque de Namur et a daigné le répéter, que nous étions parfaitement dans notre rôle de pasteurs en defendant nos libertés religieuses et le patriotisme."

182 Der Bischof von Namur Th.L. Heylen hielt sich vom 7.1.1916 bis zum 22.1.1916 in Rom auf (AGR Brüssel, FVdH 23, Berichte Van den Heuvels vom 10.1.1916 und vom 22.1.1916, gedr. bei Pini-Tronati, Jules Van den Heuvel, S.4-7 und S.11-13). Seine Romreise kam für den belgischen Diplomaten überraschend: "Il n'était ni invité à venir ni même attendu. Mais déjà depuis longtemps il se proposait de faire ce voyage." (Ebd., Bericht vom 10.1.1916). Hauptsächlichster Reiseanlaß war für Heylen die Notlage des nordfranzösischen Klerus, der durch den Frontverlauf von seinen zuständigen Bischöfen abgetrennt war und dessen kirchliche und materielle Situation einer Regelung bedurfte. (AGR Brüssel, FVdH 23, Aufzeichnung Van den Heuvels über Heylens Romaufenthalt, 8 Seiten). Diese Angelegenheit hätte sich jedoch vermutlich auch über die Nuntiatur in Brüssel klären lassen. Wenn Heylen fast gleichzeitig mit Mercier in Rom anwesend war, dann ist diese Koinzidenz zu auffallend, um rein zufällig zu sein, zumal die Kirchenpolitik des Generalgouverneurs ganz im Dienst seiner annexionistischen Ziele stand. Im Gegensatz zu dem umfangreichen Schriftverkehr um Merciers Romreise hat Heylens Romreise in den Akten des Auswärtigen Amts keinen Niederschlag hinterlassen. Dennoch sprechen einige Indizien für eine politische Motivation: Der Generalgouverneur von Bissing schätzte den Bischof von Namur wegen seiner offenen, direkten Art sehr hoch. Über Heylen schrieb Bissing an den Reichskanzler (PA Bonn, Wk 17 Bd. 4, Schreiben vom 12.2.1916): "Das Beispiel des Bischofs Heylen von Namur, eines viel besonneneren Mannes, zeigt, was von dem leidenschaftlichen, nervös überreizten, von seiner eingebildeten weltgeschichtlichen Rolle fanatisierten Politiker Mercier zu gewärtigen ist. Unmittelbar nach seiner Rückkehr von Rom hat Bischof Heylen in einer Pre-

digt nicht nur die von ihm von Rom aus mit dem König Albert ausgetauschten Ergebenheitsdepeschen angeführt, sondern auch angebliche Worte des Heiligen Vaters mitgeteilt, welche das Eintreten des Vatikans für Belgiens Unabhängigkeit verbürgen sollen. Mit einer Persönlichkeit wie Heylen finde ich wegen einer derartigen politischen Kundgebung ein Auskommen. Dagegen sehe ich keinen Ausweg, wenn Kardinal Mercier ... sich an die Bevölkerung wendet. ...". (Eine ähnliche Charakteristik Heylens und des Eindrucks seiner Persönlichkeit in Rom gab Van den Heuvel mit seinem Bericht an Beyens vom 22.1.1916). Bissing wünschte sich Heylen als Nachfolger Merciers auf den Erzbischofsstuhl in Mecheln für den Fall einer Abberufung Merciers nach Rom. (Diesen Vorschlag enthält schon das Memorandum Lanckens über Mercier für Erzbergers zweite Romreise im Frühjahr 1915, Nachweis oben, Anm.37) Durch Mitteilungen von Vertrauenspersonen glaubten die deutschen Behörden zu wissen, daß zwischen Mercier einerseits und den beiden flämischen Bischöfen Heylen und Rutten (Bischof von Lüttich) Gegensätze bestanden, vor allem in der Frage des Kollektivschreibens. (Vgl. PA Bonn, Wk 17 Bd.3, Jagow an Lancken, Telegramm 6 vom 12.1.1916 und ebd., Lancken an Jagow, Telegramm 9 vom 14.1.1916) Mit letzterem Telegramm informierte Lancken das Auswärtige Amt, er habe von Bischof Rutten erfahren, Mercier habe den Kollektivbrief zuerst in einer so scharfen Fassung vorgelegt, daß Rutten sich weigerte, ihn zu unterzeichnen, Rutten sei auch mit seiner Veröffentlichung nicht einverstanden gewesen; zur Haltung Ruttens siehe auch ebd. Bd.6, das Schreiben seines Domkapitulars Knoch an Lancken, das dieser mit Schreiben vom 26.3.1916 an den Reichskanzler mitteilte).

Ein Hinweis auf recht tiefgehende Unterschiede in der Einschätzung der politischen Lage und des Verhaltens gegenüber den deutschen Behörden liegt in der Tatsache, die weder den deutschen Behörden bekannt geworden war noch dem belgischen Gesandten Van den Heuvel, daß Mercier anfänglich versucht hatte, "Patriotisme et Endurance" als Kollektivschreiben des belgischen Episkopats zu veröffentlichen, daß aber die übrigen belgischen Bischöfe ihre Unterschrift verweigerten, vgl. Dom L. Beauduin, Le cardinal Mercier, S.410 f. Über die Gründe der Ablehnung hat Beauduin, der Abgesandte Merciers zu den Bischöfen von Lüttich, Namur und Tournai, nur soviel mitgeteilt, daß zwar einerseits Furcht vor einem Konflikt mit den Okkupationsbehörden eine Rolle gespielt hat (so für den bald darauf verstorbenen, gesundheitlich geschwächten Bischof von Tournai Walravens und wohl auch für die in dem Etappengebiet lebenden und einem noch strengeren Regime unterworfenen Bischöfe von Gent und Brügge), daß aber vor allem Heylen aus einer grundsätzlichen Divergenz der Ansichten heraus nicht zustimmen wollte und sogar für eine Zurückziehung des Pastorales durch Mercier plädierte. Heylen war der Meinung, der Hirtenbrief bringe entweder zuviel oder zu wenig - vom patriotischen Standpunkt aus noch zu wenig, vom religiösen Standpunkt aus zuviel, da die Deutschen inzwischen ihre guten Intentionen gegenüber der katholischen Kirche erklärt hätten. Daß für Heylen und Rutten nicht die Furcht vor Repressalien ausschlaggebend war, hatten beide Bischöfe mit ihrem unerschrockenen Einsatz gegen die deutsche Franktireur-Legende bewiesen (s. hierzu unten S.97 f.) beide Diözesen gehörten zu dem Gebiet, in dem die deutsche Volkskriegspsychose zu zahlreichen Opfern unter dem Klerus und der übrigen Zivilbevölkerung geführt hatte. Heylen selbst war in den ersten Kriegstagen zeitweilig als Geisel festgehalten worden (AGR Brüssel, FVdH 23, Aufzeichnung Van den Heuvel 8 S. über Heylens Romaufenthalt, S.7). Soviel kann mit Sicherheit gesagt werden, daß Mercier mit seiner Haltung gegenüber den Deutschen nicht die einstimmige Meinung des belgischen Episkopats repräsentierte. Für Heylens Romreise Anfang 1916 könnte die Hypothese formuliert werden, daß der Bischof von Namur in Rom eine andere Nuance der belgisch-katholischen Auffassung zu den Kriegsfragen vertreten wollte oder von Rom gerufen worden ist, um, ergänzend zu Mercier, einen weiteren belgischen Bischof zu hören. In der Konsequenz der Mercierschen Kriegsdeutung lag für die Zukunft Belgiens eine engere Anlehnung an Frankreich - "nos deux patries soeurs" - (A. Simon, Position philosophique, S.66), die den beiden flämischen, politisch dem konservativen Flügel der katholischen Partei Belgiens nahestehenden Bischöfen (A.Simon, Rutten, in Biographie Nationale, Bd.31, Suppl. 3, Sp.661 f. und ders., Heylen ebd., Bd.32 Suppl. 4, Sp.296) ebensowenig wünschenswert erscheinen konnte wie der totale Bruch mit dem monarchisch-autoritären Deutschland. Dieser Hypothese widerspricht nicht, daß nach Van den Heuvel Heylen die vatikanische Neutralität kritisiert und vor einem Sieg des lutherischen und modernistischen Deutschlands gewarnt haben soll (AGR Brüssel, FVdH 43, Van den Heuvel an Beyens, Schreiben vom 10.1.1916, vgl. Pini-Tronati, Jules Van den Heuvel, S.156)

Heylen wie Mercier waren bemüht, die Divergenzen im belgischen Episkopat nicht nach außen dringen zu lassen, so daß Van den Heuvels Aufzeichnungen über Heylens und Merciers Romaufenthalt Anfang 1916 keine Hinweise hierzu enthalten, abgesehen von dem unterschiedlichen Eindruck, den beide von ihrer Aufnahme in Rom gewannen. Während sich Heylen offen und uneingeschränkt zufrieden zeigte - "Mgr Heylen a été on ne peut plus satisfait de l'audience que lui a accordé le St. Père" (AGR Brüssel, FVdH 23, Aufzeichnung Van den Heuvels über Heylens Romreise, 8 S.), lassen Merciers gewundene Äußerungen noch die ursprüngliche Enttäuschung durchscheinen. Erst 1917, während seiner zweiten Romreise während des Weltkriegs, hat Heylen Mercier vorsichtig kritisiert (in der Flamenfrage, s. unten S.161).

183 Siehe hierzu unten S.134 f.

184 "Mes collegues feront questionner le Cardinal sur l'état des esprits en Belgique, les souffrances de la population, sur l'attitude des autorités allemandes." (AGR Brüssel, FVdH 23, Beyens an Van den Heuvel, Schreiben vom 12.1.1916). Aus Beyens Briefen hatte Van den Heuvel einen Fragenkatalog für Mercier und Heylen zusammengestellt, deren Antworten verwertete er für die folgenden politischen Berichte aus Rom, sie gehen aber gelegentlich über das hinaus, was der belgische Gesandte beim Vatikan an seinen Außenminister weitergab (AGR Brüssel, FVdH 23, Aufzeichnung Van den Heuvels, 13 Fragen an Mercier, 9 Fragen an Heylen).

185 Ebd., Aufzeichnung Van den Heuvels über Heylens Romaufenthalt 8 S..

186 AGR Brüssel, FVdH 38 Aufzeichnung Van den Heuvels über sein Gespräch mit Mercier am 9.2.1916.

187 Siehe hierzu unten S.137.

188 Zur Regierungsumbildung 1916 enthält die Akte Nr. 38 des Nachlasses Van den Heuvels zahlreiche Korrespondenzen belgischer Politiker, u.a. auch das Schreiben de Broquevilles an Van den Heuvel vom 9.1.1916, das den Besuch des Journalisten Neuray ankündigt, um mit Mercier und Heylen zu sprechen. Eine dreißigseitige Aufzeichnung Neurays über seine Gespräche in Rom mit Heylen und Mercier findet sich in AGR Brüssel, FdB 426.

189 AGR Brüssel, FdB 153, Mercier an Broqueville, Schreiben vom 21.2.1916, abschriftlich auch in FVdH 23. Während Mercier die Maßnahme offen bejahte, die zu einem späteren Zeitpunkt möglicherweise nur zu einem höheren politischen Preis möglich gewesen wäre und die wegen der Probleme des Friedensschlusses auf jeden Fall nötig sei, hatten einige andere Bischöfe Bedenken, die sich auf die späteren Wahlaussichten der katholischen Partei bezogen.

190 AGR Brüssel, FVdH 23, Aufzeichnung Van den Heuvels ohne Datum (Bruchstück); ebd., Van den Heuvel an Beyens, Schreiben vom 13.2.1916, gedr. bei Pini-Tronati, Jules Van den Heuvel, S.30 ff.

191 Ebd., Van den Heuvel an Beyens, Bericht vom 10.1.1916; ebd., 9 Fragen an Heylen (Frage 2 und 9); ebd., Aufzeichnung Van den Heuvels über Heylens Romaufenthalt 8 S. und Van den Heuvel an Beyens, Bericht vom 22.1.1916, s. auch Pini-Tronati, Jules Van den Heuvel, S.11 ff.

192 AGR Brüssel, FdB 426, Aufzeichnung Neurays über seine Gespräche in Rom mit Heylen und Mercier; AGR Brüssel, FVdH 38, Aufzeichnung Van den Heuvels über sein Gespräch mit Mercier am 9.2.1916.

193 AGR Brüssel, FVdH 23, 9 Fragen an Heylen (Frage 4).

194 Ebd., Aufzeichnung Van den Heuvels ohne Datum (Bruchstück); ebd., Bericht Van den Heuvels an Beyens vom 13.2.1916 (gedr. bei Pini-Tronati, Jules Van den Heuvel, 30 ff.); siehe auch FVdH 38, Aufzeichnung Van den Heuvels über sein Gespräch mit Mercier am 9.2.1916.

195 AGR Brüssel, FVdH 23, Van den Heuvel an Beyens, Bericht vom 22.1.1916 und FVdH 38, Van den Heuvel an Beyens, Bericht vom 9.2.1916, s. auch FVdH 23, handschriftliche Aufzeichnung Van den Heuvels über Heylens Romaufenthalt (8 S.).

196 AGR Brüssel, FVdH 38, Van den Heuvel an Beyens, Bericht vom 9.2.1916, s. auch Pini-Tronati, Jules Van den Heuvel, 20 ff.

1 "Lettre des Évêques de Belgique aux Evêques d'Allemagne et d'Autriche-Hongrie" vom 24.11.1915 in D.J. Mercier, OP V, S.224 ff., s. auch oben S.90.

2 Zur Datierung des Kollektivschreibens und zum Zeitpunkt der Veröffentlichung s. unten Anm.37.

3 Obgleich das Kollektivschreiben formell an den deutschen und an den österreichisch-ungarischen Episkopats gerichtet war, war doch nur der deutsche hohe Klerus angesprochen. Mercier wußte aus einer Begegnung mit dem Primas von Ungarn beim Konklave im August 1914, daß in Ungarn die Verletzung der belgischen Neutralität durch Deutschland bedauert wurde (AGR Brüssel, FVdH 38, Notes personelles "Bruxelles-Anvers-Le Hâvre", Aufzeichnung Van den Heuvels zum 16.9.1914 über ein Gespräch mit Mercier über das Konklave und die Wahl Benedikts XV.). Durch die Mission des in Wien lebenden holländischen Priesters Van den Berghe, der Ende 1914 im Auftrag des Wiener Priestervereins und mit einer Empfehlung Kardinal Piffls an Mercier die Frage der von den Deutschen erschossenen belgischen Priester untersucht und über die Ergebnisse in der neutralen Presse Zeitungsartikel veröffentlicht hatte (s. auch Annex 4 des Kollektivschreibens, D.J. Mercier, OP V, S.250 und AGV Köln, CR 25, 14 Bd. 20, Schreiben Piffls an Hartmann vom 18.1.1916, in dem sich dieser von der Mission Van den Berghes distanzierte), war gewissermaßen auch der deutsch-österreichische Episkopat entschuldigt. Hartmann hat sich wegen der Beantwortung des belgischen Schreibens auch mit Piffl in Verbindung gesetzt, wie aus dem Nachsatz seines Schreibens an Bettinger vom 18.1.1916 hervorgeht (ebd. Bd. 28) und ihm am 23.1.1916 ein Exemplar seines Antwortentwurfs zugesandt. Die Antwort Piffls auf die Anfrage aus Köln fehlt in den Kölner Akten.

4 Die KV vom 11.1.1916 berichtete in einer Meldung aus der Schweiz die Tatsache des belgischen Kollektivschreibens mit dem Kommentar: "Man ist hier der Meinung, daß dieser Vorschlag aus faktischen sowohl wie aus rechtlichen Gründen unausführbar ist." (PA Bonn, WK 17 Bd. 3).

5 S. oben S.47 und unten S.101 ff.

6 "Le Cardinal de Malines m'a dit que les Allemands continuaient avec une tenacité digne d'une meilleure cause, à chercher â justifier leurs atrocités ... Si refuté qu'ait été ce thème, les Allemands le rééditent dans des brochures et des ouvrages, qu'ils distribuent même en Belgique, souvent par les soins des aumoniers militaires. Le "Livre blanc" publié par le Gouvernement est l'arsenal ou leurs auteurs vont puiser leurs preuves et les détails de leurs récits. Le volume d'apparance la plus serieuse est celui de l'abbé Rosenberg de Paderborn qui a pour titre "Les accusations mensongéres des catholiques français contre l'Allemagne" et qui a reçu une édition allemande

et une édition française (à Amsterdam)." (AGR Brüssel, FVdH 23, Bericht Van den Heuvels an das Außenministerium vom 7.2.1916, gedr. bei Pini-Tronati, Jules Van den Heuvel, S.17.

7 AGR Brüssel, FVdH 23, Van den Heuvel an Beyens, Bericht vom 7.2.1916, s. auch Pini-Tronati, Jules Van den Heuvel, S.17.

8 Es gibt keine Darstellung der allem Anschein nach engen Beziehungen zwischen dem deutschen und dem belgischen Katholizismus vor 1914. Die ähnliche soziale und wirtschaftliche Struktur Belgiens und des Rheinlands macht es aber sehr wahrscheinlich, daß zwischen beiden Regionen ein lebhafter Austausch auf vielen Ebenen - zwischen Politikern, im Bildungswesen, im Ordenswesen, zwischen den katholischen Organisationen und Verbänden - stattfand, der durch das Fehlen schwerwiegender Probleme im staatlichen Bereich begünstigt wurde. Für die Entstehung der christlichen Demokratie in Belgien war die "Kölner Richtung" in Deutschland und die Arbeit des Mönchen-Gladbacher Volksvereins zweifellos eine Rückenstärkung. Lagen die Erfolge des belgischen Katholizismus auf politischem Gebiet, im Bildungswesen und auf dem Gebiet der "oeuvres", so bewunderte man belgischerseits am deutschen Katholizismus seine Leistungen auf sozialem und organisatorischem Gebiet. Mercier selbst hat dies 1912 auf dem Katholikentag in Köln zum Ausdruck gebracht (vgl. AGV Köln, CR 25, 14 Bd. 20, Schreiben Hartmanns an Bissing vom 23.1.1916, in dem er diesen auf Merciers Rede von 1912 hinweist und ihm ein Belegexemplar der KV übermittelte). In belgischer Sicht war der deutsche Katholizismus zudem immer noch von der Aureole des Widerstands gegen Bismarck im Kulturkampf umgeben, so daß die schon lange vor Ausbruch des ersten Weltkriegs vollzogene Wende zur Integration in das Kaiserreich in ihrem vollen Ausmaß in Belgien nicht wahrgenommen worden ist. Es scheint, daß auch aus dieser historischen Perspektive heraus die belgischen Katholiken ein Wort der Kritik an der Belgienpolitik des Reichs von seiten der deutschen Katholiken erwarteten, das angesichts der längst vollzogenen Anpassung des deutschen Katholizismus an die imperialistische deutschen Politik illusorisch war.

9 S. unten Anm. 15.

10 Als erste Reaktion auf das Baudrillart-Werk erschien in der KV Nr. 486 vom 17.6.1915 (KFA München, Nr. 3007) eine "Denkschrift deutscher Katholiken" mit den Unterschriften zahlreicher prominenter deutscher Katholiken; danach verfaßte auf Anregung Erzbergers (Epstein, Erzberger S.122) und mit Hilfe des Auswärtigen Amtes der Paderborner Theologe A.J. Rosenberg die Schrift "Die falschen Anklagen französischer Katholiken gegen Deutschland, eine Entgegnung auf das Buch "La guerre allemande et le Catholicisme"; Denkschrift und Rosenberg-Schrift wurden zusammengefaßt in der vom Arbeitsausschuß deutscher und katholischer Interessen herausgegebenen Schrift "Der deutsche Krieg und der Katholizismus", Berlin 1915.

11 "Die völkerrechtswidrige Führung des belgischen Volkskrieges" Berlin 1915, herausgegeben vom Auswärtigen Amt. Zu den Manipulationen bei der Sammlung der Zeugenaussagen und der Endredaktion des Weißbuchs vgl. P. Schöller "Der Fall Löwen und das Weißbuch", Köln-Graz 1958.

12 Heylen und Mercier setzten die Zustimmung des zuständigen Bischofs Schulte voraus und damit die Zustimmung des ganzen deutschen Episkopats. Sie beklagten sich in den Audienzen bei Benedikt XV. darüber (AGR Brüssel, FVdH 23, Aufzeichnung Van den Heuvels über Heylens Romaufenthalt, 8 Seiten, und ebd. 38, Aufzeichnung Van den Heuvels über Merciers Audienz vom 27.1.1916). Die Rosenberg-Schrift wurde auch namentlich erwähnt im Kollektivschreiben der belgischen Bischöfe an den deutschen Episkopat, D.J. Mercier, OP V, S.229.

13 Für das nationalistische Auftreten deutscher katholischer Militärgeistlicher in Belgien nennt das Kollektivschreiben ein Beispiel (ebd., S.241 f), ein weiteres Beispiel enthält die Korrespondenz Merciers mit dem Generalgouverneur (Mayence, La correspondance, S.56). Zu Middendorfs Auftreten gegenüber Mercier s. oben S.83.

14 Das Kollektivschreiben nennt die KV als aktivstes katholisches Organ (D.J. Mercier, OP V, S.227); auch gegenüber F. Neuray beklagte sich Mercier über die KV (AGR Brüssel, FdB 426, Aufzeichnung Neurays über seine Gespräche in Rom Anfang 1916 mit Mercier und Heylen). Zur politischen Haltung der KV s. auch E. Heinen "Zentrumspresse und Kriegszieldiskussion unter besonderer Berücksichtigung der "Kölnischen Volkszeitung" und der "Germania", Köln 1963.

15 Im Kollektivschreiben des belgischen Episkopats heißt es von Erzberger: "La campagne de calomnies contre notre clergé et notre peuple ne s'est point ralentie. Le député du centre Erzberger semble s'être donné le rôle de la fomenter," D.J. Mercier, OP V, S.241.

16 Diese Episode wurde durch Schreiben Bruynzeels an Van den Heuvel vom 26.10.1917 (AGR Brüssel, FVdH 23) bekannt. Danach waren der zur Zivilverwaltung des deutschen Generalgouvernements in Brüssel gehörende Zentrumspolitiker Trimborn und der katholische Sozialpolitiker Sonnenschein zu belgischen katholischen Politikern im besetzten Gebiet und im holländischen Exil gekommen, um über eine "Aussöhnung" der Belgier mit Deutschland zu reden. Beide erlebten eine deutliche Abfuhr und wiederholten ihre Annäherungsversuche nicht. Bruynzeels brachte den Vorgang in Verbindung mit der bald danach entstehenden Flamenbewegung bzw. der deutschen Flamenpolitik: "Le mouvement activiste a commencé ici vers le mois d'aout 1915. Il doit être consideré comme un des moyens inventés par la politique allemande pour opérer un rapprochement entre la population belge et le Gouvernement allemande. Quelque mois auparavent - j'ai oublié la date exacte - on avait essayé d'un autre moyen: La

Belgique étant un pays catholique, on voulait opérer un rapprochement entre les catholiques belges et les catholiques allemands. Le député Trimborn, du centre allemand, était à Bruxelles. L'abbé Sonnenschein, Directeur des ouvres sociales, parcourait la Belgique. Leur manoeuvres étant restées sans resultats, ... l'abbé Sonnenschein est venu en Hollande, dans le but de provoquer une conférence d'hommes politiques du Centre allemand avec des députés catholiques belges."
"Le hazard ... l'a mis sur mon chemin ... Quand il manifesta l'intention de m'adresser la parole, je lui ai dit que j'entendais de maintenir entre lui moi la distance que les circonstances imposaient et que je le considerais comme un prêtre appartenant à une nation ennemie qui n'avait pas craint de violer cyniquement notre neutralité. Je lui ai reppelé les cruautés commises par les Allemands, les principes subversifs qui ont guidé l'Allemagne dans cette guerre. Il m'a repondu que des actes regrettables s'étaient commis, m'a parlé des victoires allemands et m'a dit qu'il fallait tenir compte de la possibilité que la Belgique, sous l'un ou l'autre forme, fût annexé à l'Allemagne. J'ai dit que je me refusais d'envisager cette possibilité, parce qu'elle n'existe pas: La Belgique ne se soumettra jamais à l' Allemagne. Il m'a parlé alors de l'utilité, pour les catholiques belges et les catholiques allemands, de s'entendre sur certains intérêts commun, au point de vue catholique, entre les deux peuples, pour l'avenir et même pour le présent. Il savait que le député Trimborn voudrait bien venir dans ce but en Hollande pour s'entendre avec certaines personnalités du parti catholique belge. Je lui ai répondu que, s'il sagissait des intérêts catholiques, on n'avait qu'à s'adresser à Son Eminence le Cardinal Mercier, qui seul, comme Chef de l'Eglise catholique en Belgique, a qualité de traiter de ces questions, que nos hommes politiques ne s'abaisseraient pas jusqu'à conférer avec les représentants de leurs bourraux et que la conférence n' aurait pas lieu. De fait, j'ai averti M. le député Van Cauwelaert à la Haye et la Conférence n'a pas eu lieu."

Von gescheiterten Anknüpfungsversuchen deutscher Katholiken bei belgischen katholischen Politikern berichtete auch von der Lancken im Tätigkeitsbericht der Pol.Abt. vom November 1915 (PA Bonn, WK 17 Bd. 3). Auf den Vorgang scheint sich auch zu beziehen H. Cardauns, Karl Trimborn, S.168; vgl. auch unten Kap.8, Anm. 140.

17 S. oben S.39.

18 S. oben S.60 und S.65.

19 S. oben Anm. 30 zu Kap. 5; das Schreiben Merciers an Wengersky vom 24.1.1915 und die Erklärung Merciers vom 10.1.1915 sind auch im Anhang an das Kollektivschreiben veröffentlicht (D.J. Mercier, OP V, S.246 ff).

20 AGV Köln, CR 25, 14 Bd. 20, Schreiben des (deutschen) Domkapitulars A. Knoch aus Lüttich an Kardinal von Hartmann mit Anlage einer handschriftlichen Kopie der Memoranden Heylens und Ruttens, die an den zuständigen Provinzgouverneur übersandt worden waren (s. auch AGR Brüssel, FVdH 23, Van den Heuvel an Beyens, Bericht vom 10.1.1916, s. auch Pini-Tronati, Jules Van den Heuvel, S.6).

21 AGR Brüssel, FVdH 23, Bericht Van den Heuvels an Beyens vom 7.2.1916 (gedr. bei Pini-Tronati, Jules Van den Heuvel, S.6), s. auch ebd. Aufzeichnung Van den Heuvels über Heylens Romaufenthalt, 8 S.. Vgl. auch A. Simon, Rutten, in Biographie Nationale, Bd. 31, Suppl. 3 Sp. 662 und ders., Heylen, ebd. Bd. 32, Suppl. 4, Sp. 297 f.

22 Wie Heylen dem belgischen Gesandten beim Vatikan berichtete, übergab er auf der Durchreise nach Rom dem ihm persönlich bekannten Bischof von Mainz die Aufzeichnung für Schulte (ebd., Aufzeichnung Van den Heuvels über Heylens Romaufenthalt, 8 S.). Schulte informierte mit Schreiben vom 15.2.1916 den Reichskanzler und teilte eine Kopie der Heylenschen Aufzeichnung mit (PA Bonn, WK 17 Bd. 4); eine zweifellos von Schulte stammende Kopie ist auch in den Kölner Akten ohne Anschreiben vorhanden (AGV Köln, CR 25, 14 Bd. 28) sowie in den Akten des Münchner Erzbischofs (AEB München, Kasten 42, 2). Schulte erhielt übrigens vom Auswärten Amt eine Aufzeichnung und Propagandamaterial übermittelt, um damit dem Namurer Bischof antworten zu können (PA Bonn, Wk 17 Bd. 5, Jagow an Schulte, Schreiben vom 3.3.1916 mit Anlagen). Schulte antwortete dem Staatssekretär mit Schreiben vom 24.3.1916 (ebd. Bd. 6), nachdem er vom AA auch noch Merciers Hirtenbrief "A notre retour de Rom" und Bissings Schreiben vom 15.3.1916 an Mercier (Ebd., Bd. 5, Jagow an Schulte, Schreiben vom 18.3.1916 mit Anlagen) erhalten hatte, über seine und Rosenbergs Stellungnahme zu Heylens Schreiben und über seine Einschätzung des Mercierschen Verhaltens: "Durch die liebenswürdige Vermittlung des kaiserlichen Generalgouverneurs in Brüssel, Exzellenz von Bissing, habe ich anliegende Antwort des Professors Rosenberg an den Bischof von Namur senden können. Nach reiflicher Überlegung bin ich mit Professor Rosenberg übereingekommen, den erregten und von törichten Vorwürfen angefüllten Brief des genannten Bischofs mit möglichst nüchterner, schlichter Darlegung zu erwidern." Wie Schulte weiter mitteilte, hat die Rosenbergsche Erwiderung Bissings volle Zustimmung gefunden. Über Mercier urteilte der Paderborner Bischof: "Wie schmerzlich ich den neuesten ... Hirtenbrief des Kardinals Mercier bedaure, kann ich gar nicht sagen. Die Verquickung von Religion und Politik ist mir niemals so häßlich begegnet wie in den Kriegshirtenbriefen des Kardinals von Mecheln. Es tut einem Katholiken und erst recht einem Bischof innerlich wehe, mit diesem Urteil über den ehedem so verehrten Primas von Belgien nicht mehr hintanhalten zu können." Der beigelegten Antwort Rosenbergs an Heylen

ist zu entnehmen, daß Rosenberg auch weiterhin dem vom Auswärtigen Amt und der Militäruntersuchungsstelle zur Verfügung gestellten Material größeren Glauben schenkte als den Versicherungen eines Bischofs, der selbst ein Augenzeuge der Vorgänge bei Kriegsausbruch war und mit anderen Augenzeugen sprechen konnte. In der Frage der Beteiligung belgischer Priester am sogenannten Volkskrieg konzedierte Rosenberg zwar die Möglichkeit einseitigen deutschen Belastungsmaterials, hielt aber trotzdem die Verdächtigung der belgischen Priester aufrecht. Rosenberg wurde, wie aus Schultes Schreiben an Jagow hervorgeht, von seinem Bischof voll unterstützt, eine Tatsache, die zur Einschätzung Schultes als Nachfolger Hartmanns auf dem Kölner Erzbischofsstuhl von Bedeutung ist, der in dieser Funktion mit Mercier in der Frage der Wiederanknüpfung nach dem Krieg zu tun hatte (s. unten S.168 ff).

23 Mit Schreiben vom 19.2.1916 informierte der Militäroberpfarrer Middendorf den Kölner Kardinal, daß "mir der Herr Bischof von Namur vor einigen Tagen sagte, das Kollektivschreiben sei eigentlich an die Adresse der deutschen Regierung gerichtet, da man aber keine Möglichkeit gehabt, es ihr direkt zukommen zu lassen, so sei die Deckadresse der deutschen Bischöfe gewählt worden." (AGV Köln, CR 25, 14 Nachtragsband).

24 AGR Brüssel, FVdH 23, Bericht Van den Heuvels an Beyens vom 7.2.1916, s. auch Pini-Tronati, Jules Van den Heuvel, S.20 ff.

25 D.J. Mercier, OP V, S.226 ff.

26 Ebd., S.232.

27 Ebd., S.230.

28 Nicht alle deutschen Bischöfe waren von vornherein so nationalistisch verblendet, daß sie jede Infragestellung der deutschen Propaganda empört zurückwiesen. Der Bischof von Mainz Kirstein zeigte sich bestürzt über Heylens Erzählungen aus den ersten Kriegswochen (s. oben Anm. 22). Auch die Antworten der deutschen Bischöfe auf Hartmanns Antwortentwurf (s. u. S.107 und S.109 ff.) zeigen durchaus unterschiedliche Reaktionen.

29 Vgl. die Aufzeichnung Van den Heuvels über Merciers zweite Audienz beim Papst am 27.1.1916 in AGR Brüssel, FVdH 38, handschriftliche Aufzeichnung vom 27.1.1916.

30 S. oben S.92.

31 Im Original abgekürzt.

32 Schwer leserlich.

33 AGR Brüssel, FVdH 23, Aufzeichnung Van den Heuvels über das Ergebnis der Romreise Merciers.

34 Die Ausführungen der "Libre Belgique", der heimlich in Belgien gedruckten und vertriebenen Zeitung, sind für diese Deutung des Schweigens der deutschen Bischöfe als Schuldanerkenntnis exemplarisch. Sie wurden Hartmann durch den deutschen Pfarrer in Brüssel, Pater Leyendecker (s. auch unten Anm. 37) mitgeteilt: "Le Mémorandum a été expédié le 21 novembre dernier. Les évêques allemands ont eu tout le temps d'en prendre connaissance et d'y répondre. Ils n'ont pas jugé à propos d'accepter le tribunal d'honneur proposé par les evêques belges. C'est la meilleur preuve qu'ils se sentent dans l'impossibilité de refuter le terrible acte d'accusation dressé contre les autorités allemands par les évêques belges ... En ne répondant pas aux évêques belges, les évêques allemands avouent implicitement qu'ils n'ont pas un mot à opposer aux accusations formulés par leurs collegues de Belgique." (AGV Köln, CR 25, 14 Bd. 28, Aufzeichnung Leyendecker vom 1.2.1916).

35 S. oben Anm. 33.

36 Diese Meinung scheint auf belgischer Seite sehr verbreitet gewesen zu sein, vgl. AGR Brüssel, FVdH 23, Bericht Van den Heuvels an Beyens vom 7.2.1916: "Il (sc. l'épiscopat belge, d. Verf.) désire une enquête vraiment contradictoire entre les groupes intéressés. Aux évêques allemands à repondre ... si leur Gouvernement les y autorise." Die deutschen Katholiken wurden demnach immer noch ein wenig als Opfer der Regierungspolitik angesehen, es wird nicht wahrgenommen, wie weit sie aus eigener Überzeugung hinter der Regierungspolitik standen.

37 Das vom 24.11.1915 datierte Kollektivschreiben gelangte am 7.1.1916 in Hartmanns Hände, und zwar erhielt er es durch einen ihm unbekannten Kurier aus Holland (AGV Köln, CR 25, 14 Bd. 20, Hartmann an Bissing, Schreiben vom 11.1.1916) in einer handschriftlichen Kopie mit einem Anschreiben A. Bruynzeels, des Delegierten Merciers für die Seelsorge für die belgischen Flüchtlinge in Holland, vom 24.12.1915 (AGV Köln, CR 25, 14, Bd. 28).
Der in Bergen op Zoom residierende Bruynzeels fungierte auch als Merciers Vertrauensmann für Kontakte zum belgischen Gesandten in Rom und zur belgischen Regierung bzw. zu anderen belgischen Politikern. Er besorgte auch die Verbreitung der Mercierschen Hirtenbriefe, Briefe und Ansprachen im neutralen Ausland und in den mit Belgien verbündeten Ländern. Typisch für eine ganze Reihe von Briefen im Nachlaß Van den Heuvels ist es, wenn es etwa in einem Schreiben Bruynzeels vom 30.3.1916 an Van den Heuvel zur Verbreitung des Hirtenbriefs "A notre retour de Rome" heißt: "Malgré tous les efforts des Allemands d'en empêcher la publication à l'étranger, il a paru hier dans les journaux hollandais. Je l'ai envoyé également en France, en Angleterre, en Espagne, en Amérique et en Russie, avec prière de traduire et propager..." (AGR Brüssel, FVdH 2). Bruynzeels hat auch ein Exemplar des Kollektivschreibens an die belgische Regierung übermittelt. Im Begleit-

schreiben an de Broqueville vom 17.12.1915 heißt es, daß außerdem noch der Kardinal-Staatssekretär und der belgische König ein Exemplar erhalten hätten. Außerdem bat Bruynzeels im Auftrag Merciers um strikte Geheimhaltung bis auf ausdrückliche Gegenorder: "Suivant le désir formel de Son Eminence le Cardinal Mercier, le document doit rester sécret. Mais si après un delai à fixer par Son Eminence, les Cardinaux et Evêques d'Allemagne, de Bavière et d'Autriche-Hongrie n'avaient donné aucune réponse à cette Lettre collective, je serais autorisé à faire parvenir un exemplaire du document aux Cardinaux de Londres, de France, d'Italie, d'Espagne, des États-Unis, ainsi qu'à d'autres personnalités à désigner."
Das Kollektivschreiben erschien ab 9.1.1916 in Auszügen oder in vollem Wortlaut in der internationalen Presse (GStA München, MA 97 657, Ritter an Hertling, Schreiben vom 6.2.1916); im besetzten Gebiet wurde es in Form einer heimlich gedruckten Broschüre vertrieben, die dem deutschen Generalgouverneur am 10.1.1916 bekannt wurde (PA Bonn, WK 17 Bd. 3, Lancken an AA, Tel. Nr. 4 vom 10.1.1916). Mochte die Veröffentlichung des Kollektivschreibens im Ausland gegen den Willen Merciers geschehen sein, so muß doch seine heimliche Verbreitung im besetzten Gebiet in der ersten Dekade des Januar 1916 mit dem Kardinal in Verbindung gebracht werden. - Kardinal von Hartmann war über Merciers Vorgehen, das Kollektivschreiben zu veröffentlichen, bevor er selbst es erhalten hatte, empört und beklagte sich darüber mit Schreiben vom 10.11.1916 an Bissing (AGV Köln, CR 25, 14 Bd. 20). Daß es sich bei der vorzeitigen Veröffentlichung um eine bewußte Aktion Merciers handelte, war Hartmann durch ein Schreiben des deutschen Pfarrers der deutsch-katholischen Gemeinde in Brüssel, Pater Leyendecker, vom 8.1.1916 bekannt geworden, in dem dieser ihm in offizösem kirchlichen Auftrag mitteilte, Mercier bäte ihn, Hartmann, wegen der vorzeitigen Veröffentlichung um Entschuldigung. (AGV Köln, CR 25, 14 Bd. 28) Leyendecker hat etwas später über diesen merkwürdigen Vorgang eine Aufzeichnung für Kardinal von Hartmann angefertigt (ebd., Aufzeichnung vom 1.2.1916). Danach wurde er in den ersten Januartagen 1916 von dem mit Mercier gut bekannten Brüsseler Friedensrichter Préherby mit der Bitte angesprochen, einen Brief an das Kölner Generalvikariat zu übermitteln. Bei einem weiteren Treffen wurde ihm das Kollektivschreiben in der Originalfassung - maschinenschriftlich, mit zahlreichen Korrekturen und den Unterschriften Merciers, Heylens, Ruttens, Crooijs und einem Nachsatz von der Hand Merciers, die Bischöfe von Gent und Brügge stimmten dem Inhalt zu, könnten aber wegen der Abgeschlossenheit der Etappe vom übrigen Besatzungsgebiet nicht mitunterzeichnen - vorgelegt. Leyendecker lehnte den Auftrag in einem dritten Treffen ab, erklärte sich aber bereit, den schon zitierten Entschuldigungsbrief an Hartmann vom 8.1.1916 zu schreiben, was er noch am Abend seines letzten Treffens mit Préherby tat. Daraus geht hervor, daß Mercier noch bis zum 8.1.1916 der Meinung war,

daß Hartmann das Kollektivschreiben nicht erhalten hatte und daß er andererseits die Genehmigung zur Veröffentlichung bzw. zur Drucklegung des Kollektivschreibens Ende Dezember/Anfang Januar erteilt haben muß. Schon Leyendecker folgerte deshalb, daß das Kollektivschreiben absichtlich veröffentlicht wurde, bevor es seine Adressaten erreicht hatte: "Aus alledem muß ich mit Sicherheit entnehmen, daß die belgischen Bischöfe vom Erscheinen ihres Briefes vorher unterrichtet waren und diesen sehr leicht hätten anhalten können, noch im letzten Augenblicke." Und schon Leyendecker stellte eine Verbindung her zwischen dem Erscheinen des Briefs und der Romreise Merciers, der Belgien am 11.1.1916 verließ: "Ew. Eminenz wollte ich lediglich diese Mitteilung machen, wie ich gebeten wurde, ohne in irgendeiner Weise mir ein Urteil zu erlauben über das Vorgehen der belgischen Bischöfe, ein an die deutschen Bischöfe gerichtetes Schreiben der neutralen Öffentlichkeit zu übergeben, ehe es an die Adressaten gelangen, geschweige denn von diesen beantwortet werden konnte. Wahrscheinlich soll die Veröffentlichung vorbereitend wirken zu der bevorstehenden Romreise Sr. Eminenz von Mecheln." (ebd., Leyendecker an Hartmann, Schreiben vom 8.1.1916).

38 Mercier kannte die Antwort Benedikts XV. vom 6.9.1915 an die in Fulda versammelten deutschen Bischöfe, (die KV vom 21.6.1915 enthält das Protesttelegramm Bettingers und Hartmanns an den Kaiser wegen der französischen "Schmähschrift"; die KV vom 19.11.1915 veröffentlichte den Text der Ergebenheitsadresse der Fuldaer Bischofskonferenz an den Papst vom 17.8.1915 und die päpstliche Antwort 6.9.1915, s. auch unten, S.108); er zitiert sie in dem Kollektivschreiben vom 24.11.1915 (D.J. Mercier, OP V, S.243, Anm. 3).

39 Hartmanns Antwortentwurf macht auf den umfassenden Charakter der von der Untersuchungskommission zu behandelnden Fragen - also nicht nur den Franktireurkrieg, sondern auch die Neutralitätsverletzung und die Völkerrechtsbrüche der Okkupationsverwaltung in Belgien - aufmerksam (Nachweis s. unten, Anm. 106).

40 Auch die Katholiken der neutralen Länder wären im Verlauf der Diskussion zur Stellungnahme gezwungen worden.

41 Während seines Aufenthalts in München Anfang Februar 1916, um mit Bettinger und dem Nuntius Frühwirth die Beantwortung des Kollektivschreibens zu verhandeln (s. unten S.114 f.), erfuhr Hartmann im mündlichen Gespräch die Einzelheiten. Gasparris Antwort erfolgte am 18.12.1915 über den Nuntius in Brüssel Tacci. (AGV Köln, CR 25, 14, Bd. 28, Aufzeichnung Hartmanns vom 6.2.1916, siehe auch ebd. das Hartmann durch Frühwirth mitgeteilte Telegrammm Gasparris vom 4.3.1916).

43 Siehe hierzu Schreiben Pacellis vom 7.2.1916 an Hartmann (AGV Köln, CR 25, 14 Bd. 20. Vgl. auch GStA München, MA 97657, Ritter an Hertling, Schreiben vom 12.2.1916).

43 Die Abkürzungen folgen dem Text des Originals.

44 Novembre.

45 Directément.

46 Mögliche Leseart auch "vu".

47 AGR Brüssel, FVdH 38, Aufzeichnung Van den Heuvels zum 27.1.1916, der zweiten Audienz Merciers bei Benedikt XV. Vgl. auch ebd. Aufzeichnung vom 16.1.1916, der ersten Audienz beim Papst, wo zum Erstaunen Merciers das Kollektivschreiben an die deutschen Bischöfe nicht angesprochen wurde: "Pas dit un mot de la Lettre. On dit cert. milieu pas arrivé à destinat. Ns. l'avons expédiée par deux soldats allds. en Belgique 1 en Hollande."

48 Es wäre nicht ohne Interesse, die Äußerungen Benedikts XV. zum Krieg (bis 1917 zusammengefaßt und übersetzt von A. Strucker "Die Kundgebungen Benedikts XV. zum Weltfrieden", Freiburg 1917, vgl. auch die Übersicht von R. Leiber, "Die Friedenstätigkeit Benedikts XV." in "Stimmen der Zeit", Bd. 100, Jg. 1921, S.267 ff. und von J. Bielmeyer, "Die Friedensverlautbarungen Benedikts XV." in "Wort der Päpste", hrsg. von W. Sandfuchs, Würzburg 1965) zu vergleichen mit Repräsentanten der katholischen Kriegspredigt auf beiden Seiten der Front im ersten Weltkrieg, also etwa einerseits Merciers als des bekanntesten katholischen Interpreten der westlichen Position und andererseits Faulhabers, des bedeutendsten und am meisten gedruckten katholischen Bischofs auf deutscher Seite (vgl. etwa die Predigtsammlung Faulhabers "Waffen des Lichts", die bis 1918 fünf Auflagen erlebte, oder die von Faulhaber herausgegebene Sammlung von Feldpredigten "Das Schwert des Geistes", die auch mehrere Beiträge Faulhabers enthält, sowie die Schrift "Der Krieg im Lichte des Evangeliums", Sonderheft Nr. 2 der Reihe "Glaube und Leben". Zur katholischen Kriegspredigt im ersten Weltkrieg vgl. H. Missalla "Gott mit uns. Die deutsche katholische Kriegspredigt 1914-1918", München 1968). Schon eine erste Beschäftigung mit Benedikts Äußerungen zum Krieg zeigt, daß es dem Papst um mehr zu tun war als nur um eine theologische Verbrämung der politischen Neutralität des Vatikans, nämlich um die entschiedene Absage an den Krieg als Mittel der Politik und eine ebenso entschiedene Befürwortung friedlicher Konfliktregelung. Gegenüber der zeitgenössischen theologischen Verharmlosung oder gar Verherrlichung des Krieges wegen seiner angeblichen positiven religiösen und moralischen Wirkungen hat Benedikt XV. den Mut besessen, mitten im Krieg den Krieg selbst in Frage zu stellen. Während bei der Beurteilung der Rolle Benedikts im Weltkrieg bisher seine politische Aktivität zur Friedensanbahnung im Mittelpunkt steht, erschiene es mir nicht unwichtig, den theologischen Neuansatz in der Deutung des Krieges herauszuarbeiten (s. auch R. Coste, Le problème du droit de guerre dans la pensée de Pie XII, 1962, S.56-58).

49 Dem Vatikan blieb zweifellos nicht verborgen, daß er mit der Veröffentlichung des Kollektivschreibens vor Merciers Romreise überspielt worden ist.

50 Mercier ist der einzige unter den in dieser Arbeit zitierten Kirchenfürsten, der in seiner Korrespondenz ein Moment persönlicher Frömmigkeit anklingen läßt, so im Schreiben vom 21.2.1916 an Broqueville: "Les profits et les pertes seront ce qu'ils seront et la Providence aboutira toujours, tôt ou tard, à ses fins. Mais il ne nous appartient pas à nous de nous substituer à Elle et de préconiser nos programmes sous prétexte que les résultats entrevus par nous sonst plus avantageux dans une combinaisaon que dans l'autre. Ce que nous savons et devons retenir, c'est que le meilleur moyen d'avancer les intérêts du bon Dieu, c'est de faire chacun notre devoir au poste où nous sommes placés ... J'ai voulu vous dire en deux mots un cordial merci, et voilà que je me laisse aller à une dissertation de philosophie religieuse: c'est que se sujet domine mon âme et que je souffre de voire l'evangile si peu compris dans sa simplicité." (AGR Brüssel, FdB 153)

51 D.J. Mercier, "Les vertus pastorales de l'heure présente, d'après un portrait de Saint Francois de Sales", OP V, S.389 ff.

52 AGR Brüssel, FVdH 39, Benedikt XV. zu Van den Heuvel in der Audienz vom 15.7.1917, handschriftliche Aufzeichnung Van den Heuvels.

53 Vgl. Schmidlin, Papstgeschichte, Bd. 3, S.263.

54 S. oben, S.90 f.

55 AGR Brüssel, FVdH 38, Aufzeichnung Van den Heuvels vom Tag der Abreise Merciers über seine Gespräche mit dem Kardinal auf dem Bahnhof: "Je ne désire pas venir à Rome si on m'y appelle pour me sauver, je préfêre être expulsé. - Après le départ du train je rentre chez moi avec le P. Sordet qui me repète à peu près les Mêmes termes: Le Cardinal a appris du Pape et du Cardinal Secrétaire d'Etat q. l'Allemagne voulait faire opposition à sa rentrée en Belgique. Mais le Pape et le Secretaire d'Etat ... (unleserlich, d. Verf.) prendront vivement la défense du Cardinal. Celui-ci m'a prié de vous dire dans tous les cas et pour l'hypothèse où le Vatican chercherait à le sauver en le fesant venir à Rome, qu'il n'y viendrait pas en 'invité" mais seulement en "expulsé"."

56 AGR Brüssel, FVdH 2, Mercier an Van den Heuvel, Schreiben vom 19.6.1916.

57 So Hartmanns Zusammenfassung in seinem Antwortentwurf, Nachweis s. unten Anm. 106.

58 Vgl. PA Bonn, Päpstl. St. 3 Nr. 2 Bd. 20, Mühlberg an AA, Bericht Nr. 52 vom 4.7.1914 über sein Gespräch mit Kardinal von Hartmann über bayrische Tendenzen, sich zum Sachwalter katholischer Interessen in Deutschland aufzubauen.

59 Vgl. Janßen, Macht und Verblendung, S.21 ff., S.58 ff., S.85 ff. und öfter, Fischer, Griff, S.217 ff.

60 Vgl. F. Wacker, Die Haltung der deutschen Zentrumspartei, S.4 ff., K. Epstein, Erzberger, S.126 ff., F. Fischer, Griff, S.212 ff..

61 Vgl. AGR Brüssel, FVdH 39, Bericht Van den Heuvels vom 3.11.1917 zur Kanzlerschaft Hertlings.

62 Siehe oben Kap. 3 Anm. 24 zu Erzbergers Denkschrift für die zum Konklave 1914 versammelten Kardinäle "Memorandum deutscher Katholiken über den gegenwärtigen Weltkrieg".

63 PA Bonn, Päpstlicher St. 15 Bd. 5, Erzberger an Bergen, Schreiben vom 18.11.1915 mit Anlage "Ist Deutschlands Sieg zum Nachteil des Katholizismus". Die Denkschrift trägt den Bleistift-Vermerk von der Hand Erzbergers: "Von M. Erzberger, Mitglied des Reichstags".

64 Das Verständnis für Belgien litt bei den Katholiken des neutralen Auslands in der Tat darunter, daß Belgien mit Frankreich verbündet war. Hierfür liefern Korrespondenzen im Nachlaß Van den Heuvels verschiedene Beispiele (AGR Brüssel, FVdH 3, Gabriels an Van den Heuvel, Schreiben vom 10.8.1915 und ebd. Pater Rutten an Van den Heuvel, Schreiben vom 4.2.1915 aus New York und ebd. FVdH 1, H. Carton de Wiart an Van den Heuvel über seine Eindrücke bei den amerikanischen Katholiken).

65 Dies betonte schon Bissing in seiner Denkschrift vom Frühjahr 1915 (s. oben S.82 f), ähnlich Erzberger in der Denkschrift "Ist Deutschlands Sieg ..." (s. oben Anm. 63).

66 Das Motiv klingt an in der Denkschrift des bayrischen Kronprinzen Rupprecht über Belgien (s. oben, Kap. 5, Anm. 11, vgl. auch Janßen, Macht und Verblendung, S.65). Umgekehrt konnte der Reichskanzler den Kaiser von der Idee einer Annexion Belgiens mit dem Hinweis abbringen, dort lebten soviele Katholiken (vgl. Riezler, Tagebücher, S.201, Eintragung vom 22.8.1914)!

67 Nachweis oben Kap. 3, Anm. 132.

68 Zu Bissings patriarchalischer Mentalität s. F. Wende, Die belgische Frage, S.34 f.

69 AGV Köln, CR 25, 14 Bd. 28, Anonyme Denkschrift aus deutsch-belgischen Kreisen.

70 S. oben S.87 f.

71 S. oben S.68 f., vgl. auch H. Cardauns, Karl Trimborn, S.162 f.

72 Vgl. Erzbergers Memorandum über die Einrichtung einer kirchenpolitischen Sektion beim Generalgouvernement in AGV Köln, CR 25, 14 Bd. 28 und PA Bonn, WK 14 b Bd. 2.

73 S. oben Kap. 5, Anm. 8.

74 S. oben S.56.

75 In der Denkschrift Erzbergers vom Juli 1915 zur Begründung der Notwendigkeit einer kirchenpolitischen Sektion im Generalgouvernement (Nachweis s. oben, Anm. 72) heißt es: "Es ist einwandfrei erwiesen und auch durch das Zeugnis deutscher Offiziere zu belegen, daß grobe Plünderungen vorgekommen sind, daß viele Häuser ohne berechtigten Anlaß in Brand gesteckt und viele Belgier erschossen worden sind, ohne daß ein Urteil vorlag oder eine Schuld gegen sie festgestellt worden war. Es kommt hinzu die häufig sehr harte Behandlung von Geiseln... Jeder, der den Krieg in Belgien mitgemacht hat, weiß davon zu erzählen und jeder, der mit den breiten Schichten des belgischen Volkes in Berührung gekommen ist, hat die vielen Klagen darüber in patriotischem Schmerz anhören müssen ...". In einem ebd. beiliegendem Memorandum aus deutsch-belgischen katholischen Kreisen heißt es: "Deutsche Soldaten waren voreingenommen gegen die Geistlichkeit. Man holte, wenn deutsche Truppen in den Ort einzogen, zunächst den Pfarrer als Geisel, man zündete Kirchen an ... Unteroffiziere und Mannschaften übten Justiz aus. Man raubte vor allem die in Belgien sich befindenden größeren Weinvorräte und infolge Trunkenheit der Militärpersonen wurden zahlreiche unschuldige Opfer, selbst Frauen und Kinder, von deutschen Soldaten niedergemacht. Zahlreiche unerhörte Vorfälle schrecklichster Art können von deutschen Offizieren einwandfrei erwiesen werden, und diese Herren sind bereit, unter Eid mit Namensnennung aller Zeugen derartige Vorkommnisse auszusagen." Andererseits bat Erzberger mit gleichlautenden Schreiben vom 18.9.1914 an Bettinger und Hartmann (AEB München, Kasten 42/1 und AGV Köln, CR 25, 14 Nachtragsband) um Unterstützung bei der Propagandatätigkeit durch ein Schreiben an die amerikanischen Katholiken mit dem Inhalt, "daß Deutschland den Krieg nur notgedrungen führt, daß alle die im Ausland behaupteten schrecklichen Greuel von unseren braven Soldaten nicht verübt sein können".

76 Trimborn sind Kenntnisse über die Vorgänge in Belgien nicht bloß durch seine Tätigkeit im Generalgouvernement zu unterstellen (entsprechend der Aussage Erzbergers, "Jeder der den Krieg mitgemacht hat", s. oben Anm. 75), er war auch durch die Verwandtschaft seiner aus Belgien stammenden Frau zweifellos informiert (H. Cardauns, Karl Trimborn, S.148 ff). Siehe auch oben Anm. 16 zu den Aussagen Sonnenscheins gegenüber Bruynzeels.

77 Ritter schrieb im Bericht 16 vom 18.1.1916 an Hertling im Zusammenhang mit dem die Vorgänge in Belgien bei Kriegsausbruch berührenden Kollektivschreiben: "Denn ich bin überzeugt, daß wenn auch in Belgien vom deutschen Militär manche Ungerechtigkeiten gegen die Geistlichen begangen worden sind, dies für einen nüchtern denkenden Mann wie Benedikt XV., der Verständnis dafür haben muß, daß in der Hitze des Gefechts manches vorkommt, was vielleicht bei reiflicher Überlegung unterblieben wäre, kein Grund sein kann, das Verhalten des Kardinals Mercier zu billigen". (GStA München, MA 97657).

78 Hartmann schrieb in einem Brief vom 15.9.1915 an van Rossum (AGV Köln, CR 25, 14 Bd. 28): "Beim Durchzug der deutschen Truppen mögen ja allerlei höchst bedauerliche Ausschreitungen vorgekommen sein. Es ist natürlich, daß bei einem Heere von 5 Millionen eine nicht geringe Zahl von Übelthätern sich befindet. Wenn nun von der belgischen Zivilbevölkerung, was nicht zu bestreiten ist, auf unsere Soldaten geschossen wurde, so ist es bei der Aufregung ... sehr wahrscheinlich, daß es zu Ausschreitungen kam, mögen dieselben noch so verwerflich sein. Allein diese Ausschreitungen können nicht dem deutschen Volke zur Last gelegt werden, denn es sind nur die Thaten Einzelner ...". Daß in den ersten Kriegswochen und -monaten manches vorgefallen war, was über die normalen Kriegshandlungen hinausging, wußte Hartmann auch durch Zuschriften deutscher Geistlicher in Belgien (s. oben Kap. 2, Anm. 20).

79 Auch Bischof Faulhaber von Speyer, ab 1917 Münchener Erzbischof und Feldpropst der bayrischen Armee, war frühzeitig bekannt, daß in Belgien manches geschehen sein mußte, was der offiziellen Darstellung widersprach: In einem Schreiben vom 22.10.1915 an Knöpfler (Mitarbeiter wie Faulhaber am "Anti-Baudrillart", dem von G. Pfeilschifter herausgegebenen Sammelband "Deutsche Kultur, Katholizismus und Weltkrieg", Freiburg 1916) spricht Faulhaber die Bitte aus, dieser möge seine Sprache gegen die französischen Bischöfe mäßigen und fährt fort: "Die historische Klarstellung der Vorkommnisse in Belgien ist übrigens noch nicht abgeschlossen. Nach dem neuesten Aktenmaterial (es ist nicht ersichtlich, worauf sich Faulhaber hier bezieht, d. Verf.) liegt wahrscheinlich doch mehr Schuld auf seiten deutscher Soldaten als wir anfänglich glauben kommen. Wie aber, wenn wirklich 43 Priester unschuldig erschossen und die, welche zur Salbung der Augen bei der heiligen Ölung bei Soldaten am Boden niederknieten, für Augenausstecher gehalten wurden?" (KFA München, Mappe 3007) Und wie, wenn in Belgien hunderte von unschuldigen Zivilisten erschossen wurden? Denn warum sollte, was hier für die Gruppe der Geistlichen anerkannt wurde, nicht auch für die anderen Opfer des "Franktireurkrieges" gelten?

80 Zu den Kenntnissen Bertrams vom Unrecht in Belgien s. unten Anm. 147.

81 Wenn nach Erzbergers Aussage "jeder, der den Krieg in Belgien mitgemacht hat" von dem Unrecht an den Belgiern erfahren hat (s. oben Anm. 75), so mußte das in noch höherem Maße für den Militäroberpfarrer Middendorf gelten, der mit dem Generalgouverneur in Belgien und der Zivilverwaltung in Brüssel in engster Verbindung stand. Middendorf war über die belgischen Angelegenheiten so gut informiert, daß der Generalgouverneur ihn (im Verein mit dem Reichskanzler, s. oben Kap. 5, Anm. 104) dem Kölner Kardinal von Hartmann für seine Romreise Ende 1915 als Begleiter aufdrängen wollte. (AGV Köln, CR 25, 14 Nachtragsband, Bissing an Hartmann, Schreiben vom 2.11.1915).

82 Wer immer mit der belgischen Bevölkerung in Verbindung kam und die Augen nicht ganz vor der Wirklichkeit verschloß, mußte sich von der Berechtigung der belgischen Anklagen gegen Deutschland überzeugen, vgl. etwa die Lebenserinnerungen des deutschen Rechtsanwalts F. Grimm über seine Tätigkeit als Verteidiger von Belgiern und Franzosen im ersten Weltkrieg, der u.a. auch einen in Löwen wohnenden belgischen Adligen gegen die Anklage, ein Anführer des Franktireurkrieges zu sein, verteidigt hatte (BA Koblenz, Bestand 151, Nachlaß Grimm Nr. 1, Lebenserinnerungen eines deutschen Rechtsanwalts, Bd. 1, S.311 f.).

83 Verdächtigungen der nationalen Zuverlässigkeit der deutschen Katholiken waren schnell bei der Hand, s. unten Anm. 94.

84 Nach Epstein, Erzberger S.122 hat Erzberger die Rosenberg-Schrift angeregt, nach einem Schreiben Faulhabers an Bettinger (AEB München, Kasten 42/2 Schreiben vom 14.9.1915) scheint Erzberger auch an der Abfassung mitbeteiligt gewesen zu sein.

85 S. oben, S.101.

86 Nach Mitteilung Bissings an den Reichskanzler nach seinem Gespräch mit Hartmann vom 19.11.1915 stimmte auch Hartmann einer Entfernung Merciers aus Belgien zu, wenn auch nur mit Zögern (PA Bonn, Wk 17 Bd. 3, Schreiben Bissings an Bethmann Hollweg vom 29.11.1915). Faulhaber und der Militäroberpfarrer Middendorf plädierten noch im Frühjahr 1916 in einer Audienz bei Wilhelm II. für Merciers Ausweisung, als im Auswärtigen Amt längst feststand, daß sich Deutschland aus politischen Gründen keine Gewaltmaßnahmen gegen den Mechelner Kardinal leisten könne (ebd. Wk 17 Bd. 5, Treutler an AA, Tel.Nr. 104 vom 25.2.1916). Nur von taktischen Überlegungen war Erzbergers Eingreifen zugunsten Merciers, dessen sich der Reichstagsabgeordnete in seinen Memoiren rühmt (M. Erzberger, Erlebnisse, S.203 f.) bestimmt, nicht als eine Unterstützung für den von Mercier repräsentierten belgischen Unabhängigkeitswillen.

87 Die Haltung des deutschen katholischen Episkopats zu wichtigen politischen Grundfragen des ersten Weltkriegs ist bisher nur lückenhaft erforscht, s. R. Morsey, Zentrumspartei, S.14. Eine wichtige, schon vorliegende Studie ist die Arbeit von R. Patemann "Der deutsche Episkopat und das preußische Wahlrechtsproblem 1917/18" in "Vierteljahreshefte für Zeitgeschichte", 1965, S.345 ff.

88 Von Faulhaber wurde die Rosenbergsche Entgegnung auf Baudrillarts Sammelwerk als eine unzureichende erste deutsche Antwort empfunden, wie seine Briefe an Bettinger vom 14.9.1915 und vom 9.10.1915 zeigen (AEB München, Kasten 42/2). Faulhaber beteiligte sich deshalb aktiv an der Herausgabe einer repräsentativen deutsch-katholischen Antwort, des schon oben Anm. 79 genannten Sammelwerks "Deutsche Kultur, Katholizismus und Krieg".

89 Das von A. Baudrillart und einem "Comité catholique de propagande française à l'étranger" im Frühjahr 1915 herausgegebene Sammelwerk enthält, außer einem Vorwort Amettes und einem "Avertissement" Baudrillarts, einen Beitrag von B. Gaudeau "Les lois chrétiennes de la guerre"; von G. Goyau "La 'culture' germanique et le catholicisme"; von einem anonymen Verfasser "Le rôle catholique de la France dans le monde", von F. Veuillot" "La guerre aux Eglises et aux prêtres" und von Bouget, Ardant und Baudrillart "La religion dans l'armée française" und eine Dokumentation als Anhang.
Das Werk richtete sich nach Auskunft Baudrillarts in der Vorbemerkung an die Katholiken der neutralen Länder, die wegen der kirchenfeindlichen französischen Politik und wegen der Hochschätzung des Prinzips der Ordnung und der Autorität in Deutschland einen deutschen Sieg vorzögen, weil er, "plus que la nôtre, favorable aux intérêts sacrés du catholicisme" wäre. (S.IX). Die Propagandaschrift folgt in ihrem Aufbau dem einfachen Schema, Deutschland als kirchenfeindliches Land darzustellen und demgegenüber die tiefe Religiosität Frankreichs in hellstem Licht erstrahlen zu lassen: "Eh bien! Regardez: voyez ce que fait l'Allemagne et voyez ce que fait la France! - Voyez si, par la doctrine de ses intellectuels, par sa façon de conduire la guerre, par les actes de ses chefs et de ses soldats, l'Allemagne ne se manifeste pas, en dépit des déclarations religieuses de son souverain, comme adversaire théorique et pratique du catholicisme. - Jetez d'autre part un regard sur les services rendus à la foi catholique par la nation française, dans le passé et dans le présent; considérez aujourd'hui même l'attitude de ses prêtres, de ses soldats, de la majeure partie de ses habitants, et voyez, si cette nation n'est pas plus fidèle à l'Eglise, votre mère comme la nôtre, que l'Allemagne du Kaiser "l'ami de Luther"." (Ebd. S.XI/XII). Die Katholiken der neutralen Länder sollten davon überzeugt werden, daß es in diesem Krieg wohl politische, nicht aber moralische Neutralität geben könne, da der Krieg um die christ-

lich-katholische, lateinische Kultur geführt werde: "Le vrai danger pour l'Eglise est en Allemagne, parce que le vrai foyer de l'athéisme intellectuel, et par suite de l'anarchisme sociale, est en Allemagne, et ce sont là les périls de demain pour l'Eglise et pour le monde civilisé. L'enjeu véritable de cette épouvantable guerre, ce n'est pas le déplacement de quelques centaines de kilomètres de frontières au profit d'une nation ou d'une autre; ... ce n'est même pas la vie ou la mort d'une nation. L'enjeu de cette guerre, c'est vraiment le règne de Dieu dans les âmes, parce que c'est la restauration ou la ruine de l'absolu dans l'intelligence humaine..." (B. Gaudeau, S.28).
Die Wortbeiträge wurden unterstützt durch die Herausgabe dreier "Albums photographiques", die auch noch im Bild den Kampf Deutschlands gegen die katholische Kirche, das Wiederaufleben heidnischer Bräuche im modernen Deutschland und das Fortbestehen Frankreichs als katholischer Nation zeigen sollten. ("La guerre allemande et le catholicisme. Documents photographiques illustrants la conduite respective des armées allemande et française à l'egard de l'eglise", Bd. 1-3, hrsg. von A. Baudrillart und dem gleichen "Comité de propagande française", Paris 1915). Vgl. auch Poulat, Intégrisme, S.525 ff.

90 Im Rahmen der These vom Germanismus als Quelle aller Häresien - von der deutschen Philosophie über den Protestantismus zum Modernismus - die besonders G. Goyau in seinem Beitrag herausgearbeitet hat (der im übrigen manche richtige kultur-kritische Bemerkung enthält), werden die deutschen Katholiken verdächtigt, auch von der germanisch-protestantischen Kultur infiziert worden zu sein: "Les catholiques d'Allemagne et même d'Autriche, ... n'ont pas la force directrice qu'ils devraient avoir pour réagir contre la pensée allemande moderne anticatholique, antireligieuse dans son essence en dépit des formes extérieures, et identifiée à la puissance du germanisme. Les catholiques, très assouplis par le pouvoir civil, soumis à un régime oppressif et déprimant, sont entrainé politiquement, socialement, doctrinalement, dans l'orbite du germanisme ... le modernisme, semi-protestantisme né chez eux, a fait parmi les catholiques de langue allemande de terribles ravages." (B. Gaudeau, S.29) Ähnlich heißt es in dem anonymen Beitrag "Le rôle catholique de la France dans le monde": "Au fond, le Kulturkampf a eu plus de succès qu'on ne le pense communément. Son but était de nationaliser le catholicisme allemand, en le détachant de Rome pour en faire un instrument docile à l'usage de l'empereur et de l'empire. Le moyen a échoué, mais le résultat a été, à sa manière obtenu. Que les catholiques allemands soient des patriotes, c'est leur droit et leur devoir .... Mais ce dont on peut s'étonner, c'est la facilité avec laquelle ils sont entrés, pour leur part, dans cette espèce de delirium germanicum, dont toute la nation parait decidément atteinte." (S.49).

91 Durch Erzberger, der während seiner dritten römischen Reise im Frühjahr 1915 auch über die bevorstehende Schrift Baudrillarts mit dem Papst gesprochen hatte, wurde dem deutschen Episkopat der Wunsch Benedikts bekannt, die deutschen Bischöfe mögen nicht antworten. Danach war es für Hartmann ganz ausgeschlossen, daß sich deutsche Bischöfe an einer Abwehrschrift gegen Baudrillart beteiligten, und Faulhaber hatte große Mühe, ihm seine Mitarbeit an dem Sammelwerk Pfeilschifters akzeptabel zu machen. (Zu Erzberger: KFA München, Mappe 3007, Finke an Faulhaber, Schreiben vom 18.6.1915, zum Schweigen der deutschen Bischöfe s. auch ebd. Finkes Mitteilung nach Erzberger, das Auswärtige Amt unterstütze den Wunsch des Papstes, den man in den gerade laufenden Verhandlungen um Italiens Neutralität nicht verstimmen wollte). Am 5.6.1915 erschien in der KV eine Notiz, der deutsche Episkopat werde sich nicht an einer Abwehr der französischen Anklagen beteiligen (KFA München, Mappe 3007, Zeitungsausschnitt). Am widerwilligsten scheint sich Faulhaber dem Verzicht auf eine energische Gegenschrift gebeugt zu haben, denn am 9.10.1915 schrieb er an Bettinger: "Von Anfang an war ich der Meinung, die furchtbare Anklage des französischen Kommitees, der deutsche Katholizismus sei von der Wurzel bis zum Gipfel angefault und verseucht, könne auch seitens des indirekt mitangeklagten deutschen Episkopats nicht unwidersprochen bleiben. Ich habe diesen Eindruck am 29. Mai auch Sr. Eminenz dem Herrn Kardinal Hartmann vorgetragen, Eminenz hat aber damals eine Abwehraktion des Gesamtepiskopats als unmöglich bezeichnet. In der Wiener Reichspost (Pfingstwoche) erschien eine Notiz, der hl. Vater wünsche nicht eine Beteiligung der "Bischöfe" an der Gegenschrift ... Beide Zeitungsnotizen waren in meinen Augen nicht verbindlich, da sie keinerlei amtlichen Charakter trugen und im Ernstfall doch auf der via ordinaria uns zugestellt worden wären. Trotzdem habe ich damals den sicheren Weg gewählt und trotz wiederholter Aufforderung keinen Beitrag für die Abwehrschrift übernommen." (F. betont dann, daß er in letzter Minute für einen verunglückten Beitrag eingesprungen sei, aber immer darauf geachtet habe, daß das Sammelwerk jede polemische Schärfe vermeide. (AEB München, Kasten 42/2).

92 KV vom 21.6.1915 "Der deutsche Episkopat und die französische Schmähschrift gegen Deutschland" (KFA München, Mappe 3007, Zeitungsausschnitt).

93 Hartmann teilte den Text der Ergebenheitsadresse der Fuldaer Bischofskonferenz vom 17.8.1915 dem Reichskanzler mit (PA Bonn, Päpstlicher Stuhl 15, Bd. 5, Hartmann an Bethmann, Schreiben vom 14.9.1915), erst am 19.10.1915 machte die KV den Text der Öffentlichkeit bekannt (KFA München, Mappe 3007, Zeitungsausschnitt).

94 PA Bonn, Päpstl. St. 15 Bd. 5, Mühlberg an AA, Bericht Nr. 115 vom 7.9.1915, Bericht 128 vom 29.9.1915, Bericht 132 vom

18.10.1915. GStA München, MA 97656, Ritter an Hertling, Bericht Nr. 219 vom 21.10.1915, siehe auch ebd., Schreiben Ritters an Hertling vom 26.10.1915.

95 AGV Köln, CR 25, 14 Nachtragsband, Bettinger an Hartmann unter Berufung auf Informationen Erzbergers, Schreiben vom 3.11.1915; s. auch ebd. Erzberger an Hartmann, Schreiben vom 26.10.1915. Es ist aufschlußreich, daß Bettinger in seinem Schreiben an Hartmann die Ergebenheitsadresse der Fuldaer Bischofskonferenz (s. oben Anm. 93) kritisiert, weil sie nicht hält, was das Telegramm der beiden deutschen Kardinäle an den Kaiser versprochen hat, nämlich einen Protest gegen die Verunglimpfung des deutschen Kaisers und des deutschen Heeres. Die Adresse der Fuldaer Bischofskonferenz sprach dagegen nur von der Verdächtigung der Glaubensreinheit der deutschen Katholiken. Bettinger hat demnach schon bei dieser Gelegenheit einen schärferen nationalistisch-politisch argumentierenden Protest in Rom erwartet.

96 S. oben S.87 f.

97 AGV Köln, CR 25, 14 Nachtragsband, Bettinger an Hartmann, Schreiben vom 3.11.1915.

98 Fehlt sowohl in den Kölner wie in den Münchner Akten.

99 S. oben S.88.

100 Der Entwurf des Schreibens Hartmanns an Gasparri in der Gasquet-Angelegenheit stammte von Mausbach, dem Münsteraner Theologen. Es konnte nicht festgestellt werden, ob Mausbach auch an dem Entwurf einer Antwort auf das belgische Kollektivschreiben beteiligt war, da dieses in den Akten nur in einer gedruckten Fassung vorliegt (s. unten, Anm. 106).

101 Bettinger machte kein Hehl aus seiner Verärgerung über den Kardinalstaatssekretär. Während der Münchener Mercier-Konferenz (s. oben S.89) sprach er mit Mühlberg über Gasparri (PA Bonn, Wk 17 Bd. 3, Mühlberg an AA, Bericht 48 vom 3.11.1915 aus München; vgl. auch PA Bonn, Päpstl.St. 15 Bd.6, Mühlberg an AA, Bericht 8 vom 7.1.1916 und ebd. Schön an AA, Bericht 7 vom 28.1.1916 sowie GStA München, MA 97656, Ritter an Hertling, Schreiben vom 9.1.1916).

102 AGV Köln, CR 25, 14 Nachtragsband, Aufzeichnung Hartmanns über seine Romreise. Hartmann hat sich nach der Rückkehr aus Rom sehr viel positiver über die Einstellung Gasparris zu Deutschland geäußert als der Bischof von Chur (PA Bonn, Päpstl. St. 15 Bd. 6, Mühlberg an AA, Bericht 170 vom 11.12.1915 und ebd., Bericht 172 vom 14.12.1915). Nachdem Bettinger Gasparris Antwort auf seinen Protest erhalten und Mühlberg darüber berichtet hatte (Bericht Nr. 8 vom 7.1.1916, s. oben Anm.101) notierte Bethmann am Rand: "Kardinal von Hartmann hat sich danach von Gasparri sehr viel Sand in die Augen streuen lassen". (Glosse vom 11.1.1916)

103 So insbesondere die bayrische Auffassung, s. unten S.109 ff.

104 KFA München, Mappe 2050, Text des Kollektivschreibens mit einem Gruß von C. Berghaus, dem persönlichen Sekretär Hartmanns vom 8.1.1916, und ebd. Schreiben Hartmanns an Bettinger vom 18.1.1916.

105 S. oben Anm. 3.

106 AGV Köln, CR 25, 14 Bd. 28.

107 Ebd.

108 Ebd.

109 Ebd.

110 Hartmann ging es dabei in erster Linie um das kirchliche Interesse, die Einheit des Episkopats zu wahren. Inwieweit dabei auch politische Hoffnungen auf eine spätere Angliederung Belgiens an das Deutsche Reich eine Rolle gespielt haben mögen, ist nach den Akten nicht zu entscheiden, da eine Äußerung Hartmanns zur Kriegszielproblematik nicht aufgefunden werden konnte. Es ist aber aufgrund seiner engen Kontakte zum Generalgouverneur von Bissing und aufgrund seiner Hochschätzung für dessen Verwaltungsarbeit in Belgien denkbar, daß er Bissings annexionistische Pläne kannte und guthieß, zu denen ja auch eine "Versöhnung" zwischen Belgiern und Deutschen gehörte.

111 PA Bonn, Wk 17, Bd. 4, Bethmann an Hartmann, Tel. vom 4.2.1916.

112 Auf diese mögliche innenpolitische Wirkung machte Bettinger Hartmann mehrfach aufmerksam (AGV Köln, CR 25, 14 Bd. 28, Bettinger an Hartmann, Schreiben vom 2.2.1916 und ebd., Schreiben vom 14.2.1916). Das latente Mißtrauen gegen den deutschen Katholizismus beweist immer wieder Mühlbergs Berichterstattung, der zur Frage der Beantwortung des belgischen Kollektivschreibens im Bericht 29 vom 7.2.1916 (PA Bonn, Wk 17 Bd. 4) erklärte: "Da die Kurie ... keine Mittel und Wege findet, dem Unfug zu steuern (sc. der weiteren Verbreitung des Kollektivschreibens, d. Verf.) ..., so erscheint es nötig, daß der deutsche Episkopat sein Schweigen bricht und eine geharnischte Erklärung erläßt ... Ein längeres Schweigen des deutschen Episkopats erweckt im Auslande leicht den Glauben, daß die katholische Geistlichkeit in Deutschland in diesem Krieg auf einem anderen Boden steht als das deutsche Volk und die deutsche Regierung. Selbst der Anschein, daß dies der Fall sein könnte, muß vermieden werden. Denn mit teuflisch zu nennender Geschicklichkeit und Findigkeit wissen unsere Gegner alles aufzustöbern und zu unserem Schaden auszunutzen, was die Meinung erwecken könnte, daß die Einheit im deutschen Volke erschüttert sei." Was Mühlberg als Gespenst ausländischer Propaganda an die Wand malte, war aber genau die Argumentation konservativ-protestantischer Kräfte gegen die deutschen Katholiken, die jederzeit bereit waren, die Katholiken unter patriotischem Vorwand zu bekämpfen.

113 Diese These widerspricht der Darstellung L. Volks in Kardinal Mercier, der deutsche Episkopat und die Neutralitätspolitik Benedikts XV. 1914-1916, in Stimmen der Zeit 1974, S.611 ff., der den Konflikt zwischen Hartmann und Bettinger auf einen bloßen Gegensatz der Charaktere reduziert, wonach Hartmanns Entschlußlosigkeit und Bedenklichkeit eine so schwierige Lage heraufbeschworen haben soll, daß nur noch Schweigen die einzig mögliche Lösung war. Diese Deutung geht von der unzutreffenden Voraussetzung aus (s. unten Anm. 116), daß Hartmann von vornherein um die Zustimmung Roms zu seinem Antwortentwurf nachgesucht hat, sie eliminiert außerdem den in Bettingers Gutachten an die Bischöfe Bayerns und in den Briefen an Hartmann anklingenden (s. unten Anm. 152) und gegenüber Hertling deutlich formulierten politischen Widerspruch gegen Hartmanns zu wenig national formulierten Entwurf. Volks Interpretation ist übrigens auch insofern nicht ganz konsistent, als er einerseits Hartmanns Entschlußlosigkeit kritisiert, andererseits aber von seinem "krampfhaft festen Entschluß" in der gleichen Angelegenheit spricht (S.628).

114 Hartmann hat am 16.1.1916 erstmals in der Angelegenheit nach Rom geschrieben. Die Verzögerung vom 7.1. bis zum 16.1.1916 erklärt sich daher, daß Hartmann verschiedene Erkundigungen einzog, ob das ihm zugestellte Schreiben auch echt sei. So schrieb er am 11.1.1916 an den Generalgouverneur von Bissing, der am 14.1.1916 antwortete (AGV Köln, CR 25, 14 Bd. 20).

115 AGV Köln, CR 25, 14 Bd. 28, Frühwirth an Hartmann, Schreiben vom 15.1.1916, enthaltend das Telegramm Gasparris vom 14.1.1916.

116 Ebd., Hartmann an Frühwirth, Schreiben vom 16.1.1916. Die Behauptung L. Volks in Kardinal Mercier, S.622, Hartmann habe seinen Entwurf in Rom prophylaktisch vorgelegt, trifft nicht zu. Hartmanns Schreiben vom 16.1.1916 ist eine Antwort auf Frühwirths Schreiben vom 15.1.1916, es ist auf dessen Briefbogen konzipiert, trägt die Überschrift "Antwort" und beginnt mit den Worten "E.E. geehrtes Schreiben vom 15. d.M. mit der chiffrierten Depesche aus Rom vom 14. d.M. habe ich zu empfangen die Ehre gehabt." Diese Korrektur ist insofern von Bedeutung, als Volk u.a. auf der fälschlichen Einordnung des Hartmann-Schreibens die These von der Unentschlossenheit des Kölner Kardinals aufzubauen sucht, der die Entscheidung von außen erwartete, die er selber zu treffen hatte.

117 AGV Köln, CR 25, 14 Bd. 28, Hartmann an Frühwirth, Schreiben vom 16.1.1916.

118 Hartmann betonte in seinem Schreiben vom 16.1.1916 (s. oben Anm. 114) mehrfach den Zwang zu antworten, der durch die Veröffentlichung des Kollektivschreibens auf den deutschen Episkopat ausgeübt wurde. Ähnlich schrieb er an den Generalgouverneur von Bissing (Cr 25, 14 Bd. 20, Hartmann an Bissing, Schreiben vom 23.1.1916).

119 So Hartmann im Schreiben vom 16.1.1916 nach Rom (s. oben Anm. 114) und an Bissing vom 23.1.1916 (s. oben Anm. 118).

120 Hartmann an Frühwirth, Schreiben vom 16.1.1916 (s. oben Anm. 114).

121 "... Ich war gerade im Begriff, den anliegenden Entwurf zu einer solchen (sc. Antwort, d. Verf.) beim Episkopate zirkulieren zu lassen, als E.E. geehrtes Schreiben einging" (Hartmann an Frühwirth, Schreiben vom 16.1.1916, Nachweis oben Anm. 114).

122 AGV Köln, CR 25, 14, Bd. 28, Bischof Kilian von Limburg an Hartmann, Schreiben vom 26.1.1916, s. auch KFA München, Mappe 2050, Faulhaber an Bettinger, Schreiben vom 31.1.1916.

123 AGV Köln, CR 25, 14 Bd. 28, Rundschreiben Hartmanns an die Fuldaer Bischofskonferenz vom 17.1.1916. Auch gegenüber Bettinger erwähnte Hartmann die Weisung aus Rom nicht.

124 S. unten S.114.

125 Schon Mühlberg hatte mit Bericht Nr. 99 vom 2.8.1915 die ganz besondere Romergebenheit des Kölner Kardinals kritisiert (PA Bonn, Päpstl. St. 15 Bd. 5, vgl. auch Mühlbergs Kritik am Schweigen der deutschen Bischöfe nach dem belgischen Kollektivschreiben in Bericht 40 vom 20.2.1916 (PA Bonn, Wk 17 Bd. 5).

126 Der von L. Volk, Kardinal Mercier ... S.630 herausgearbeitete Unterschied der Führungsstile und Charaktere ist durchaus zutreffend, nur ist dabei zu berücksichtigen, daß die persönliche Psychologie der handelnden Personen immer auch den Spielraum bezeichnet, der in einer bestimmten historischen Situation zur Verfügung steht. Merciers Eigenständigkeit gegenüber Rom ist nicht denkbar ohne die fast hundertjährige Tradition des belgischen Katholizismus, auf kirchlich-politischem Gebiet einen eigenen Weg unter nur widerstrebender Duldung Roms zu verfolgen. Hartmann repräsentierte den Typ des zuverlässigen und fleißigen, aber auch unnahbar korrekten und phantasielosen höheren preußischen Beamten, wie er unter den preußischen obrigkeitsstaatlichen Verhältnissen entstanden und diesen Verhältnissen auch angepaßt war. Wenn in den Jahren der Ruhrbesetzung in Deutschland geklagt wurde (vgl. O. von der Lancken-Wakenitz, Meine dreißig Dienstjahre, S.190 f.), daß es keinem deutschen Bischof gelungen sei, wie Mercier während des Krieges den nationalen Widerstand zu symbolisieren und somit der Ruf nach der überragenden Persönlichkeit erschallte, so war diese Forderung (und die damit verbundene unterschwellige Kritik) insofern unbillig, als man dann konsequenterweise auch belgische Verhältnisse auf dem Gebiet von Staat und Kirche hätte fordern müssen, die die Entfaltung einer Persönlichkeit wie der Kardinal Merciers ermöglicht hatten, eine Konsequenz, von der man jedoch weit entfernt war.

127 Die Burgfriedenspolitik Bethmanns seit Kriegsausbruch erfüllte viele Katholiken mit großen Hoffnungen auf innenpolitische Gewinne in der Nachkriegszeit (vgl. H. Lutz, Demokratie im Zwielicht, S.49 f.).

128 Rücksicht auf politische Interessen des Reichs hatte Hartmann nicht nur bei der Papstwahl (s. oben S.77 f.), sondern auch in der Frage der deutschen Antwort auf das Baudrillart-Werk genommen (s. oben Anm. 91), als er mit dem Schweigen der deutschen Bischöfe auch einem Wunsch des Auswärtigen Amtes nachkam, auf keinen Fall den Vatikan zu verstimmen. Als Erzberger ihn aufforderte, wegen des Gasquet-Artikels in Rom vorstellig zu werden (s. oben, Kap. 5, Anm. 94) telegraphierte Hartmann zunächst an den Reichskanzler: "Ist es Eurer Exzellenz erwünscht, daß ich wegen Gasquet-Artikel Osservatore in Rom vorstellig werde?" (PA Bonn, Päpstl. St. 15 Bd. 5).

129 AGV Köln, CR 25, 14 Bd. 28. Es schrieben oder telegraphierten zustimmend die Bischöfe von Limburg, Mainz, Hildesheim, Frauenburg, Fulda, Rottenburg, Osnabrück, Straßburg, Paderborn, Trier, die Erzbischöfe von Freiburg und Posen-Gnesen, der katholische Feldpropst in Berlin und der Apostolische Vikar von Dresden. Die Zuschrift des Bischofs von Culm fehlt in den Kölner Akten, seine zustimmende Antwort ist aber in einer von Hartmann aufgestellten Übersicht vermerkt (ebd.).

130 Ebd., Zuschriften der Bischöfe von Metz, Münster und des Fürstbischofs von Breslau.

131 S. hierzu auch L. Volk, Akten Michael Kardinal Faulhabers, S. LXVf über den "preußischen Zug" der Beratungen im Norden und das "unkomplizierte Einvernehmen" der bayrischen Bischöfe in Freising.

132 S. oben Anm. 22.

133 AGV Köln, CR 25, 14 Bd. 28; H.G. Kirstein, Schreiben vom 24.1.1916 an Hartmann.

134 Ebd. F. Löbmann (Dresden) an Hartmann, Schreiben vom 24.1.1916.

135 Ebd. A. Fritzen, Bischof von Straßburg an Hartmann, Schreiben vom 24.1.1916.

136 Ebd. F. Korum, Bischof von Trier an Hartmann, Schreiben vom 28.1.1916.

137 Ebd. Th. Nörber, Erzbischof von Freiburg an Hartmann, Schreiben vom 25.1.1916.

138 Ebd. K.J. Schulte, Bischof von Paderborn an Hartmann, Schreiben vom 26.1.1916.

139 Ebd. W. Benzler, Bischof von Metz an Hartmann, Schreiben vom 29.1.1916 und J. Poggenburg, Bischof von Münster, Schreiben vom 25.1.1916 an Hartmann.

140 Vgl. PA Bonn, Wk 17 Bd. 3, Schreiben Jagows vom 12.1.1916 an Schulte und an Bertram in der Angelegenheit des belgischen Kollektivschreibens und der Frage der Rückkehr Merciers aus Rom.

141 Nachweis s. oben Anm. 138.

142 AGV Köln, CR 25, 14 Bd. 28, Bertram an Hartmann, Schreiben vom 26.1.1916. Bertram gab nicht an, um welche Stellen es sich im einzelnen handelte.

143 Ebd.

144 Ebd., P.W. Keppler, Bischof von Rottenburg an Hartmann, Schreiben vom 24.1.1916.

145 Ebd., W. Berning, Bischof von Osnabrück an Hartmann, Schreiben vom 25.1.1916.

146 Ebd. F. Korum an Hartmann, Nachweis s. oben Anm. 136.

147 Merkwürdigerweise hat Bertram seine Haltung zum belgischen Kollektivschreiben dem Staatssekretär von Jagow ausführlicher dargelegt als dem Vorsitzenden der Fuldaer Bischofskonferenz. Auf Jagows Anfrage, ob er das Kollektivschreiben erhalten habe (PA Bonn, Wk 17 Bd. 4, Jagow an Bertram v. 3.2.1916 an Bertram), antwortete Bertram am 7.2.1916 (ebd.) bejahend und erging sich in langen formaljuristischen und politisch-taktischen Erwägungen, warum das von den Belgiern beantragte Schiedsgericht "unausführbar" sei. Er plädierte allerdings dafür, dem Wunsch Merciers nach Rehabilitierung der Ehre der beim Einmarsch der deutschen Truppen getöteten belgischen Priester nach Möglichkeit entgegenzukommen "sowohl wegen des Rechts der Betroffenen auf ihre Ehre, wie wegen der sonst entstehenden maßlosen Anklagen gegen die deutschen Behörden, die nach Beendigung des Kriegs durch Publikationen im Auslande noch zunehmen dürften." Auch Bertram war klar, daß eine nachträgliche Überprüfung der Vorfälle in Belgien bei Kriegsausbruch Unrecht zutage fördern würde, wie er gegenüber dem Staatssekretär in gewundenen Worten zu verstehen gab: "Daß bei dem summarischen Verfahren, das mitten im Ansturm kriegerischer, sich überstürzender Ereignisse notwendig erschienen sein wird, auch Unschuldige von harten Strafen mitbetroffen sein können, ist nicht zu verwundern." Die Vorstellung alarmierte Bertram jedoch nicht so sehr, daß er deshalb auf eine umfassende Klärung der Vorgänge wenigstens nach dem Krieg gedrungen hätte. Auch bei ihm siegte die Staatsräson über eine oberhirtliche Solidarität und die moralische Verpflichtung, als Interpret und Bewahrer der christlichen Lehre auf eine Klärung von Recht und Unrecht zu drängen. Nur im Fall der belgischen Priester machte Bertram, wie schon 1914 andere katholische Bischöfe und die katholische Presse, eine Ausnahme. Die Furcht vor Rückwirkungen auf die Stellung der katholischen Kirche in Deutschland ließ ihn die Frage der von deutschen Soldaten willkürlich

umgebrachten belgischen Priester abtrennen von dem Problem der übrigen Opfer unter der belgischen Zivilbevölkerung, zu denen Frauen, Greise und Kinder bis hin zu Säuglingen gehörten. Immerhin war demnach auch Bertram nicht ein Anhänger der Idee eines massiven Gegenschlags, sondern einer sehr viel reduzierten Antwort, die in jeder Richtung weniger Angriffspunkte bot.

148 Es ist wenig wahrscheinlich, daß Hartmann nicht an die möglichen innenpolitischen Folgen seiner Antwort im Fall einer Veröffentlichung gedacht haben soll. Hartmann wußte, daß die Gegner einer innenpolitischen Gleichberechtigung des deutschen Katholizismus nur darauf warteten, die deutschen Katholiken als Staatsbürger zweiter Klasse zu diffamieren. Gerade zum Jahreswechsel 1915/16 hatte Hartmann zu tun, eine derartige Pressekampagne (im Anschluß an eine Papstrede gegen protestantische Propaganda in Rom) in Zusammenarbeit mit dem preußischen Kultusminister von Trott zu Solz niederzuschlagen (die Akten zu diesem Vorgang befinden sich in PA Bonn, Päpstl. St. 15, Bd. 5 und Bd. 6), er war es auch sonst gewohnt, über Pressemitteilungen an die KV Politik zu treiben. Möglicherweise glaubte er, dank seiner guten Zusammenarbeit mit dem Reichskanzler auch eine eventuelle Pressefehde im Gefolge der Antwort auf das Kollektivschreiben durch die Zensur verhindern zu können.

149 Es handelt sich wohlgemerkt nur um ein Indiz, das als Ausgangsthese für weitere Untersuchungen zur politischen Haltung der deutschen Bischöfe im ersten Weltkrieg dienen kann.

150 S. oben gleiche Seite.

151 Vgl. E. Heinen, Zentrumspresse, S.33 ff.

152 Zur Bewertung des Kollektivschreibens und des Hartmannschen Antwortentwurfs durch Bettinger vgl. KFA München, Mappe 2050, Rundschreiben Bettingers an den bayrischen Episkopat vom 27.1.1916, ebd. Bettinger an Hartmann, Schreiben vom 2.2.1916 sowie ebd. Schreiben Bettingers an Hertling vom 10.2.1916.

153 "Aber das belgische Schreiben ist eine politische Aktion, als solche gedacht und darum auch vor Empfang irgendwelchen Bescheides zur Veröffentlichung gebracht, als politische Aktion wird es auch von aller Welt aufgefaßt...", Bettinger an Hartmann, Schreiben vom 2.2.1916 (Nachweis oben, Anm. 152).

154 Als Drahtzieher im Hintergrund vermutete Bettinger im Schreiben an Hertling vom 10.2.1916 (Nachweis oben Anm. 152) den "Ränkeschmied Baudrillart", s. auch unten Anm. 161.

155 Bettinger an den bayrischen Episkopat, Rundschreiben vom 27.1.1916, s. oben Anm. 152.

156 Von einer "Falle" sprach Bettinger sowohl im Rundschreiben an den bayrischen Episkopat vom 27.1.1916 als auch im Schreiben an Hertling vom 10.2.1916, Nachweis s. oben, Anm. 152.

157 KFA München, Mappe 2050, stenografische Notiz Bettingers auf dem Konzept seines Schreibens an Hartmann vom 2.2.1916. Hartmann hatte am 29.1.1916 telegrafisch gedrängt, Bettinger möge seinen Entschluß der Frage der Mitunterzeichnung mitteilen (ebd.).

158 Die Antworten der sieben bayrischen Bischöfe an Bettinger wurden von Bettinger an Hartmann weitergegeben und von diesem, ohne eine Kopie zurückzubehalten, nach München zurückgesandt. Sie sind gleichfalls in der Akte KFA München, Mappe 2050 enthalten.

159 Ebd., Bettinger an Hartmann, Schreiben vom 2.2.1916.

160 S. hierzu auch Akten Michael Kardinal Faulhabers, hrsg. von L. Volk, S.7 f., Schreiben Donders an Faulhaber vom 19.8.1917, enthaltend eine Mitteilung Hartmanns an den Bischof von Münster über Bettingers Verhalten in der Angelegenheit der Beantwortung des Kollektivschreibens, der (wohl bei dem persönlichen Zusammentreffen in München am 6.2.1916) in seinem Antwortentwurf wild herumgestrichen habe.

161 "Daß wir es hier vorwiegend mit einer in Nachahmung des französischen Beispiels und zur Entkräftung der deutschen Abwehr erfolgten antideutschen Demonstration zu tun haben, beweist auch der Umstand, daß das fragliche Schreiben schon längst im Feindeslande und in der Presse der neutralen Länder veröffentlicht war, ehe es an seine eigentliche Adresse gelangte", Bettinger an die Mitglieder der bayrischen Bischofskonferenz, Schreiben vom 27.1.1916. Von einer "belgischen Anpöbelung" ist die Rede in Bettingers Schreiben an Hartmann vom 14.2.1916 (KFA München, Mappe 2050, s. auch AGV Köln, CR 25, 14 Bd. 28). Überraschend ähnlich ist das Urteil des bayrischen Gesandten beim Vatikan, der Inhalt und Verbreitung des belgischen Kollektivschreibens in mehreren Berichten kommentierte (GStA München, MA 97657, Bericht 16 vom 18.1.1916, ebd. Bericht 20 vom 20.1.1916, ebd. Schreiben an Hertling am 16.2.1916, ebd. Bericht 32 vom 7.2.1916). So heißt es in Bericht 16: "Nach dem zu urteilen, was der "Corriere d'Italia" darüber schreibt, liegt dem Schreiben ... nicht die Absicht zu Grunde, ... auszugleichen, sondern im Gegenteil immer wieder von neuem gegen Deutschland zu hetzen... Die belgischen Bischöfe unterstützen mit ihrem Schreiben die bekannte Kampagne, die aus französischen geistlichen Kreisen gegen uns geführt wird und bezeichnen das deutsche Weißbuch, mit dem auf diese französischen Angriffe geantwortet wurde, als ein Produkt anekelnder Verleumdungen." Nach dieser scharfen Verurteilung des Kollektivschreibens nimmt es nicht wunder, daß auch Ritter spontan für eine scharfe deutsche Erwiderung plädierte: "Eine energische Zurückweisung dieses heimtückischen und böswilligen Manövers seitens unserer Bischöfe wäre jetzt mehr denn je am Platze, damit unsere Gegner aus dem Schweigen der Bischöfe nicht den Schluß ziehen, daß dieselben uneinig sind, zum Teil wenigstens

die Berechtigung des belgischen Verlanges doch anerkennen und damit indirekt Zweifel setzen in die Glaubwürdigkeit der von der deutschen Reichsleitung veranlaßten Untersuchung" (Ritter an Hertling, Bericht 32 vom 7.2.1916). Hertling ließ Ritter in einem ausführlichen Schreiben vom 17.2.1916 seine Stellungnahme bzw. die Hartmanns und Bettingers wissen; auch er bewertete das Kollektivschreiben als Propagandaaktion und stand voll hinter Bettingers Haltung in der Angelegenheit: "Ich kann nur beifügen, daß ich den von Kardinal Bettinger eingenommenen Standpunkt nach wie vor durchaus billige und die beste Antwort auf die Merciersche Herausforderung gar keine Antwort mit einem entsprechenden deutlichen Kommentar des Schweigens in der Presse finde." (GStA München, MA 97657, vgl. auch PA Bonn, WK 17 Bd. 4, Schön an AA, Bericht Nr. 8 vom 28.1.1916 über sein Gespräch mit Hertling über Mercier und das Kollektivschreiben und ebd. WK 17, Bd. 5, Schön an AA, Bericht 21 vom 3.3.1916).

162 Sc. als politischer Aktion, s. oben Anm. 153.

163 KFA München, Mappe 2050, Bettinger an Hartmann, Schreiben vom 2.2.1916.

164 Ebd., Bettinger an die bayrische Bischöfe, Rundschreiben vom 27.1.1916.

165 Zu Hartmanns Monarchismus vgl. PA Bonn, Preußen 2 Nr. 2b Bd. 9, Zeitungsausschnitt "Reichsanzeiger" vom 13.2.1913, der den Text der Ansprache enthält, die Hartmann bei der Gelegenheit seiner Vereidigung als Kölner Erzbischof vor Wilhelm II. hielt. Siehe auch Hartmanns Schreiben vom 19.5.1919 an den Kaiser zur Auslieferungsforderung der Siegermächte: "Die unerschütterliche treue Ergebenheit gegen Eure Kaiserliche und Königliche Majestät, die in meinem Herzen lebt und die Sorge um Eurer Majestät teures Haupt, die mir Tag und Nacht keine Ruhe läßt", ließ Hartmann dem Kaiser im Exil den Vorschlag unterbreiten, der Kaiser möge einen internationalen Gerichtshof unter Vorsitz des Papstes anrufen, sollte es zu einer Gerichtsverhandlung gegen ihn kommen. (AGV Köln, CR 25, 14 Nachtragsband).

166 Zu Faulhabers Haltung siehe oben, S.112 f.

167 KFA München, Mappe 2050, Bettinger an Hertling, Schreiben vom 10.2.1916.

168 Das ausführliche Zitat folgt S.111.

169 S. oben Anm. 78.

170 Bettinger an Hartmann, Schreiben vom 14.2.1914, Nachweis s. oben Anm. 152.

171 Ebd.

172 Bettinger an Hertling, Schreiben vom 10.2.1916, Nachweis s. oben Anm. 152.

173 Im Original hervorgehoben.

174 Bettinger an Hertling, Schreiben vom 10.2.1916.

175 Nachweis s. oben Anm. 152.

176 Bettinger an Hartmann, Schreiben vom 2.2.1916, Nachweis oben Anm. 152.

177 KFA München, Mappe 2050, F. Schloer an Bettinger, Schreiben vom 31.1.1916.

178 Ebd., L. v.Mergel an Bettinger, Schreiben vom 30.1.1916.

179 Nachweis oben Anm. 152.

180 KFA München, Mappe 2050, S. Freiherr von Ow-Felldorf an Bettinger, Schreiben vom 30.1.1916.

181 Ebd., J. v.Hauck an Bettinger, Schreiben vom 31.1.1916.

182 Ebd., M. v.Lingg an Bettinger, Schreiben vom 31.1.1916.

183 Ebd., A. v.Henle an Bettinger, Schreiben vom 30.1.1916.

184 Ebd.

185 S. oben Anm. 91.

186 KFA München, Mappe 2050, Faulhaber an Bettinger, Schreiben vom 31.1.1916.

187 Ebd.

188 "Die formale Behandlung der Sache ist dadurch nicht erleichtert, daß Eminenz von Hartmann den uns zur Äußerung übersandten Entwurf gleichzeitig in Rom vorgelegt hat. Wird dieser Entwurf durch Zustimmung des hl. Vaters ein textus receptus, dann hört für uns die Verhandlung auf, obgleich der Entwurf wesentliche Punkte ... z.B. Beleidigungen des Kaisers, ganz übergangen hat." Faulhaber an Bettinger, Schreiben vom 31.1.1916 ebd.

189 Als von außen angezettelte kirchenfeindliche Intrige, um die Einheit der Kirche zu spalten, deren Opfer Mercier und seine Amtsbrüder geworden seien, interpretierte der Bischof von Passau in seinem Schreiben vom 30.1.1916 (Nachweis s. oben Anm. 180) das belgische Kollektivschreiben.

190 S. oben Anm. 79.

191 In seinem Schreiben vom 31.1.1916 an Bettinger bezog sich Faulhaber auch auf längere Ausführungen des Bischofs von Nizza Chapon, die er im französischen "Correspondant" gelesen habe. (Nachweis s. oben Anm. 186)

192 Diese Überzeugung geht aus Faulhabers Kriegspredigt deutlich hervor: Er zeigte sich überzeugt von der langjährigen Friedenspolitik des Kaisers (M. Faulhaber, Waffen des Lichts, S.16 und ebd., S.178 f.) und von einer hinterhältigen, gegen Deutschland gerichteten Geheimpolitik seiner europäischen Nachbarn (ebd.,

S.62), ihm stand fest, daß Deutschland bei Kriegsausbruch in "Notwehr" gehandelt hat (ebd., S.16), die Darstellungen der gegnerischen Seite zum Kriegsausbruch sind für ihn eine Lügenkampagne, die die wahren Sachverhalte verschleiert (ebd., S.62 und S.132), mit Empörung weist er den gegen Deutschland erhobenen Vorwurf des Militarismus zurück (ebd., S.135 und S.179), zur Gerechtigkeit der deutschen Sache bekannte er sich mti dem vielzitierten Wort: "Nach meiner Überzeugung wird dieser Feldzug in der Kriegsethik für uns das Schulbeispiel eines gerechten Krieges werden." (ebd., S.132, vgl. auch in der 5. Auflage von 1918, S.200: (Die Jünger des Osterglaubens) "wissen aber auch, daß auf jede Sturmflut ein Regenbogen folgt, daß das gute Recht den Sieg fordern muß.") In "Schwert des Geistes", hrsg. von M. Faulhaber, heißt es Seite 209 in einer Faulhaberschen Kriegspredigt: "Beten wir beharrlich weiter, daß Gottes Wille geschehe ..., die gerechte Sache bald triumphiere und unser Volk seinen Platz an der Sonne behalte." Entgegen seiner Darstellung in einem Schreiben vom 22.11.1932 an einen Militärpfarrer (Akten Kardinal Michael v.Faulhabers, S.647 f.), daß seine Kriegspredigt von der Situation der Jahre 1914/15 ausgegangen sei und daß er sein Urteil über den Krieg in dessen späterer Phase geändert habe, hat sich Faulhaber auch bis in das Jahr 1918 hinein zum offiziellen deutschen Standpunkt bekannt und das deutsche Staats- und Regierungssystem verteidgt. (Vgl. M. Buchberger, Frontbesuche des Erzbischofs, S.155-157 und ebd., S.70 f.)

193 Vgl. oben, S.107 f.

194 Nachweis s. oben, Anm. 152.

195 AGV Köln, CR 25, 14 Bd. 28, Frühwirth an Hartmann, Schreiben vom 28.1.1916.

196 "Ich würde dankbar sein, wenn E.E. die Güte haben wollten, den Entwurf in Rom mit der Bitte vorzulegen, mich gütigst wissen zu lassen, ob gegen den Entwurf beim Hl. Vater Bedenken bestehen." (AGV Köln, CR 25, 14 Bd. 28, Hartmann an Frühwirth, Schreiben vom 16.1.1916).

197 Unter Berufung auf den Nuntius mahnte Hartmann in München telegraphisch: "Papst und Bischöfe einverstanden, Sind Eminenz bereit, Entwurf für Belgien mit mir zu unterzeichnen? Card. von Hartmann" (KFA München, Mappe 2050, Hartmann an Bettinger, Telegramm vom 29.1.1916).

198 AGV Köln, CR 25, 14 Bd. 28, Frühwirth an Hartmann, Schreiben vom 29.1.1916. Den vollen Wortlaut des Gasparri-Telegramms vom 28.1.1916 teilte Frühwirth schließlich mit Schreiben vom 31.1.1916 Hartmann mit (ebd.).

199 Ebd. Hartmann an Gasparri, Telegramm vom 31.1.1916.

200 Ebd., Frühwirth an Hartmann, Schreiben vom 1.2.1916.

201 AGV Köln, CR 25, 14 Bd. 28.

202 Ebd., Aufzeichnung Hartmann vom 6.2.1916 über seinen Münchener Aufenthalt.

203 Nachweis oben Anm. 114.

204 Aufzeichnung Hartmanns vom 6.2.1916, Nachweis oben Anm. 202.

205 Vgl. oben Anm. 195, 198 und 200.

206 Zur Haltung Frühwirths vgl. auch den Bericht des preußischen Gesandten in München Schön, Nr. 8 vom 28.1.1916 (PA Bonn, Wk 17 Bd. 4), wonach Frühwirth die Meinung vertreten hatte, nicht die deutschen Bischöfe müßten antworten, sondern die deutsche Regierung bzw. der Vatikan. Nach dem Bericht Schöns Nr. 16 vom 25.2.1916 (ebd. Wk 17 Bd. 5) soll Frühwirth sogar Kritik am Vatikan in seiner Haltung gegenüber Mercier geäußert haben.

207 Es ist mit Sicherheit anzunehmen, daß Frühwirth von Bettingers Position genau informiert war, nicht nur, weil Bettinger ihm das Rundschreiben an die bayrischen Bischöfe vom 27.1.1916 und Hartmanns Schreiben vom 11.2.1916 mitgeteilt hat, wie aus den Akten in KFA München, Mappe 2050 hervorgeht, sondern auch, weil die räumliche Nähe persönliche Kontakte voraussetzen läßt, bei denen über die aktuellen Fragen gesprochen wurde.

208 Nachweis oben, Anm. 201.

209 Hervorhebungen nach dem Original.

210 AGV Köln, CR 25, 14 Bd. 28, Aufzeichnung Hartmanns über die Münchner Konferenz vom 6.2.1916.

211 Ebd.

212 "Ich erwiderte darauf, daß die deutschen Bischöfe einen Wunsch des Papstes unbedingt respektieren würden, und daß nach meiner Meinung eine Antwort deutscherseits unterbleiben könne, wenn der Kardinalstaatssekretär dem belgischen Episkopat sein Mißfallen über die Publikation des Kollektivschreibens ausspreche, ohne in seine Details einzugehen und den Entschluß der deutschen Bischöfe nicht zu antworten billige, welcher gefaßt sei entsprechend dem erhabenen Willen des Papstes..." (ebd.).

213 AGV Köln, CR 25, 14 Bd. 28, Frühwirth an Gasparri, Telegramm vom 7.2.1916.

214 Ebd. Frühwirth an Hartmann, Schreiben vom 10.2.1916, enthaltend die Antwort Gasparris vom 9.2.1916, s. auch KFA München, Mappe 2050, Text des Gasparri-Telegramms vom 9.2.1916 ohne Anschrift und Unterschrift. Das ihm von der Nuntiatur zugeleitete Blatt hat Bettinger mit einem Schreiben vom 10.2.1916 an Hertling weitergeleitet, der es mit der Bemerkung zurücksandte: "Den Ausführungen Euerer Eminenz kann ich nach wie vor nur vollständig beipflichten."

215 Gasparri an Frühwirth, Telegramm vom 9.2.1916 (Nachweis s. oben Anm. 214). - Bettinger beurteilte die Antwort Gasparris außerordentlich negativ, wie aus seinem elf seitenlangen Schreiben an Hartmann vom 14.2.1916 hervorgeht (Nachweis s. oben Anm. 152), ganz auf der Linie seiner sehr viel negativeren Bewertung der Politik des Kardinalstaatssekretärs, wie sie schon in der Gasquet-Angelegenheit zutage trat. Hartmann, der parallel zu den offiziellen Kontakten zum Vatikan über den Nuntius eine vertrauliche, halbamtliche Korrespondenz mit Pacelli (in deutscher Sprache) unterhielt, hat diesem mit Schreiben vom 20.2.1916 (AGV Köln, CR 25, 14 Bd. 19) die Entscheidung des deutschen Episkopats, den Belgiern nicht zu antworten, mitgeteilt und bei dieser Gelegenheit wohl auch über die "Mißverständnisse" innerhalb des deutschen Episkopats bezüglich der Haltung Gasparris mitgeteilt, worauf ihm Pacelli am 8.3.1916 (ebd. Bd. 28) antwortete: "Was den Entwurf des deutschen Episkopats betrifft, so beauftragte der hl. Vater ... den vorgenannten apostolischen Pro-Nuntius, Euerer Eminenz dafür zu danken, daß Sie denselben dem hl. Stuhl unterbreitet hatten, und zu gleicher Zeit Sie wissen zu lassen, daß Er nichts dagegen einzuwenden habe und folglich die Veröffentlichung approbiere. Außerdem legte Seine Heiligkeit nahe, der Antwort selbst einige Worte als Einleitung vorauszuschicken. Diese Worte drückten nicht aus, daß der hl. Stuhl die Antwort bloß toleriere, vielmehr enthielten sie einen einschließlichen, aber deutlichen Tadel an den belgischen Episkopat und gaben allen zu verstehen, daß der hl. Stuhl ähnliche Polemiken zwischen Gliedern der Hierarchie lebhaft bedaure." So klar hatte sich der Vatikan allerdings erst geäußert, als feststand, daß Hartmann nicht antworten würde (vgl. auch ebd. die Kopie der Weisung Gasparris an Frühwirth vom 4.3.1916, in der der Vatikan seine Politik in der Mercier-Angelegenheit, u.a. in der Frage des Kollektivschreibens, rechtfertigte).

216 KFA München, Mappe 2050, Hartmann an Bettinger, Schreiben vom 11.2.1916.

217 Ebd. Schreiben Bettingers an Hartmann vom 14.2.1916.

218 Ebd.

219 AGV Köln, CR 25, 14 Bd. 28, KV vom 18.2.1916.

220 Ebd., Rundschreiben Hartmanns an die Fuldaer Bischofskonferenz vom 19.2.1916.

221 Siehe hierzu auch die oben, Anm. 161 dokumentierte Unterstützung Hertlings für Bettingers Standpunkt und die ähnliche Einschätzung des Kollektivschreibens durch den bayrischen Gesandten beim Vatikan Ritter, ehe dieser von der Reaktion Bettingers bzw. Hartmanns unterrichtet war. Der Vorgang um das belgische Kollektivschreiben von 1916 hatt eine Parallele gut ein Jahr später. Nach den Deportationen belgischer Arbeitsloser nach Deutschland (s. hierzu unten S.125 ff.) wandte sich Mercier mit einem Schreiben vom 23.1.1917 an die beiden

deutschen und den Wiener Kardinal mit der Bitte, sich dafür einzusetzen, daß belgische Priester für die Seelsorge dieser Deportierten zugelassen werden. Hartmann leitete das Schreiben Merciers nach München weiter (KFA München, Mappe 2061, Hartmann an Bettinger, Schreiben vom 3.2.1917 mit Anlage des Schreibens Merciers vom 23.1.1917). Hartmann bat Bettinger, mit Hertling zu beraten, was in der Angelegenheit zu tun sei, wobei deutlich ist, daß Hartmann geneigt war, Mercier nach Möglichkeit entgegenzukommen. Er erhielt darauf eine völlig ablehnende Antwort Bettingers, in der sich der Münchner Kardinal selbst für die von Mercier angesprochenen seelsorgerlichen Interessen unansprechbar zeigte: "Das von neuen meines Erachtens unbegründeten Anschuldigungen strotzende Schreiben des Kardinals Mercier beehre ich mich anliegend zurückzuleiten. Das Verbringen belgischer Arbeiter nach Deutschland war vielleicht kriegstaktisch unklug, es wird tatsächlich vielerorts so qualifiziert; aber ein böswilliger oder feindseliger Akt war es nicht, sondern eine durch die Arbeitslosigkeit der Betreffenden veranlaßt erscheinende Maßnahme, die den Vorteil der Arbeiter selbst zum Ziele hatte, wie sie die Interessen der deutschen Verwaltung wahren wollte. Wenn die **Gesinnungen** unserer Feinde gegenüber deutschen Internierten auf der gleichen Höhe sich hielten, würden wir ihnen diesbezüglich unkluge Maßnahmen ... gerne verzeihen. Kardinal Mercier, der bisher nur als politischer Märtyrer fungieren konnte, glaubt nun die Drehscheibe zum **religiösen** Martyrium gefunden zu haben. Die religiöse Versorgung der belgischen Arbeiter in Deutschland kann er ruhig uns überlassen, sie werden jedenfalls bei uns seelsorgerlich besser bedient werden als unsere deutschen Gefangenen und Internierten im Feindeslande, wo man sprachlich Deutschen gegenüber weit unbeholfener ist. Das preußische Kriegsministerium hat, ohne die Deklamationen des Kardinals Mercier abzuwarten, den Jesuitenpater Seiler mit der Ordnung der Seelsorge für die belgischen Arbeiter betraut, der letztere hat an alle deutschen Bischöfe Bericht erstattet und alle werden pflichtschuldigst die geeigneten Anordnungen treffen ...". Nach Rücksprache mit Hertling schlug Bettinger vor, an Mercier kurz und ablehnend zu antworten. Er schloß sein Schreiben mit den Worten: "Mit dem, was E.E. tun werden, halte ich die Sache für mich erledigt. Ich selbst werde an K.M. nicht schreiben. Möge Gott uns bald Sieg und Friede bescheren."(Hervorhebungen nach dem Original; ebd., Schreiben vom 16.2.1917).

222 Nach Faulhabers Haltung im ersten Weltkrieg ist es kein Zufall, daß Faulhaber zu den schärfsten Gegnern der Weimarer Republik gehörte. (Vgl. L. Volk in der Einleitung S. LXII ff. zu Akten Michael Kardinal von Faulhabers).

ANMERKUNGEN 7. KAPITEL

1 G. Ritter, Staatskunst Bd. 3, S.84 ff. und S.97 ff.

2 Voraussetzung für eine Annexion Belgiens war die militärische Bezwingung Englands. Bissings Denkschrift vom Frühjahr 1915 (Nachweis s. oben Kap. 2 Anm. 79) zeigt, wie sorglos selbst der militärisch geschulte Generalgouverneur über diese Grundvoraussetzung einer deutschen Annexionspolitik in Belgien hinweggehen konnte. Als Mercier nach seiner Rückkehr aus Rom den Hirtenbrief "A notre retour de Rome" veröffentlichte, reagierte Bissing mit besonderer Heftigkeit auf dessen Bekundungen der Siegeszuversicht (s. unten, S.120).

3 S. oben S.54.

4 Erst Lanckens Denkschrift zur Kirchenpolitik vom 31.7.1916 (s. unten S.121 f.) bringt die Erkenntnis, daß das patriotische Engagement des belgischen Klerus eine Erscheinung ist, die nicht bloß vom Vorbild des Mechelner Kardinals abhängt und daher auch nicht mit einer Ausschaltung Merciers beseitigt werden kann.

5 G. Ritter, Staatskunst Bd. 3, S.163 ff.

6 PA Bonn, Wk 17 Bd. 5, Bissing an Bethmann, Schreiben vom 26.2.1916.

7 PA Bonn, Wk 17 Bd. 4, Bissing an Bethmann, Schreiben vom 12.2.1916, s. auch ebd., Bissing an Bethmann, Schreiben vom 19.1.1916.

8 Ebd., Bd. 5, Bissing an Bethmann, Telegramm 41 vom 20.2.1916.

9 Ebd., Bethmann an Bissing, Telegramm 51 vom 24.2.1916.

10 Ebd. Bd. 6, Randnotiz Bethmanns (Datum unleserlich) auf dem Schreibens Lanckens vom 3.3.1916 an das AA, mit dem Lancken den Entwurf eines Immediatberichts Bissings übermittelte, der am 12.3.1916 dem Kaiser eingereicht wurde. - Aus den Akten geht nicht hervor, aus welchen Quellen Bethmann von den Vorbehalten im österreichischen Episkopat gegen Gewaltmaßnahmen im Fall Mercier unterrichtet war. Seine Angabe wird aber bestätigt durch einen späteren Brief Erzbergers (ebd. Bd. 6, Schreiben vom 26.3.1916 an den Reichskanzler), der ihm als ein Ergebnis seines 2-tägigen Wien-Aufenthalts mitteilte, daß im österreichischen Episkopat Gewaltanwendung gegen Mercier nicht verstanden werden würde.

11 Ebd. Bd. 5, Bissing an Bethmann, Schreiben vom 26.2.1916, das die Antwort des Generalgouverneurs auf Bethmanns Telegramm vom 24.2.1916 (Nachweis oben Anm. 9) enthält.

12 Siehe die kaiserlichen Randglossen zu Bissings Immediatbericht vom 12.3.1916 (Nachweis oben, Anm. 10). Nachdem Merciers Hirtenbrief "A notre retour de Rome" (s. unten Anm. 13) bekanntgeworden war, bat Bissing um Immediatvortrag beim Kaiser, der ihm am 14.3.1916 gewährt wurde. Auch mündlich wiederholte der Kaiser noch einmal, es seien "tunlichst lange" keine Märtyrer zu schaffen. (ebd. Bd. 6, Treutler an AA, Telegramm Nr. 6 vom 13.3.1916, siehe auch ebd. Randnotiz Bethmanns über ein Telefongespräch mit Treutler am gleichen Tag und Treutlers Bericht über den Verlauf des Immediatvortrags ebd., Telegramm Nr. 10 vom 14.3.1916).

13 D.J. Mercier "A notre retour de Rome", OP V, S.277 ff.

14 PA Bonn, Wk 17 Bd. 5, Lancken an AA, Telegramm Nr. 54 vom 12.3.1916, das eine Zusammenfassung der von deutscher Seite inkriminierten Passagen des Hirtenbriefs enthält: "Erwarteter Hirtenbrief Merciers, der heute in Kirchen verlesen wurde, ist durchaus politisch. Offensichtlich bestimmt, in Bevölkerung Siegeshoffnungen zu erhalten und den inneren Widerstand gegen die Okkupation zu nähren. Mercier schildert seine angeblichen Triumphe in Rom, dann Empfang beim Papst, welcher auf 1. Mai Gebete und Kommunion der Gläubigen für Belgien angeordnet habe. Mercier deutete das im Sinne einer Wiederherstellung Belgiens, für die gleichzeitig auch in den Ländern des Vierverbandes gebetet werden solle. Weiter wird Londoner Abkommen mit Vierverbandsmächten und die entschlossene Verteidigung der belgischen Neutralität als einzig richtige Politik bezeichnet."

15 Die politischen Ausführungen des Hirtenbriefs "A notre retour de Rome" wurden auch von belgischen Politikern und Katholiken kritisiert, weil die offene Befürwortung der engen Bindung Belgiens an die westlichen Alliierten in die politischen Diskussionen um die Gestaltung der Zukunft Belgiens - Neutralität oder Bündnis mit den Westmächten - eingriff. (Siehe hierzu A. Simon, Le cardinal Mercier, S.141 f., siehe auch PA Bonn, Wk 17 Bd. 6, Schreiben Lanckens an den Reichskanzler vom 26.3. 1916 mit Anlage des Schreibens A. Knoch, des deutschen Domkapitulars in Lüttich, über die Reaktion auf Bissings Verwarnungsschreiben im Lütticher Bischofspalais).

16 F. Mayence, La correspondance, S.151 ff., Bissing an Mercier, Schreiben vom 15.3.1916, abschriftlich auch in PA Bonn, Wk 17 Bd. 6 als Anlage zum Schreiben Bissings an Bethmann vom 15.3.1916 und AGV Köln, CR 25, 14 Bd. 20, als Anlage zum Schreiben Bissings an Hartmann vom 15.3.1916. Das Schreiben wurde mit Zustimmung Hartmanns (PA Bonn, Wk 17, Bd. 6, Lancken an AA, Telegramm 53 vom 18.3.1916) zuerst in Brüssel, dann in der deutschen Presse verbreitet.

17 Der Verzicht auf Gewalt gegenüber Mercier bedeutete nicht eine Tolerierung der patriotischen Aktivitäten des Klerus oder anderer Katholiken. Der Drucker des Mercierschen Hirtenbriefes wurde verhaftet (PA Bonn, Wk 17 Bd. 7, Lancken an AA, Bericht über die kirchenpolitischen Verhältnisse in Belgien vom 31.7.1916); wegen Teilnahme am Briefschmuggel (es handelte sich dabei um das "Oeuvre du mot du soldat", das Nachrichten zwischen den belgischen Frontsoldaten und ihren Angehörigen im besetzten Gebiet austauschte) wurde der persönliche Sekretär Merciers Loncin verhaftet (PA Bonn, Wk 17 Bd. 6, Lancken an AA, Bericht vom 4.4.1916). Über eine verschärfte Verfolgung von Priestern beklagte sich Mercier mit Schreiben vom 23.5.1916 an den Generalgouverneur (F. Mayence, La correspondance, S.170 f., siehe auch die Zwischenbemerkung von Mayence ebd., S.167 über Hausdurchsuchungen und Verhaftungen in Brüsseler katholischen Schulen im Frühjahr 1916).

18 AGR Brüssel, FVdH 23, Berichte vom 16.3.1916, 10.4.1916, 15.5.1916.

19 PA Bonn, Wk 17 Bd. 6, Romberg an AA, Telegramm 324 vom 23.3.1916, enthaltend das Telegramm Nr. 179 Stockhammerns über Mitteilungen eines vatikanischen Vertrauensmannes; ebd. Romberg an AA, Telegramm 395 vom 5.4.1916, enthaltend ein Telegramm Stockhammerns über Mitteilungen des "99"; ebd. Schön an AA, Bericht 42 vom 14.4.1916 über ein Gespräch mit Frühwirth; ebd. Mühlberg an AA, Bericht 78 vom 12.4.1916 mit Anlage der Note Gasparris vom 8.4.1916.

20 Hartmann war Ende Februar in der Frage der Wiedereinreisegenehmigung für Mercier ein von der Kurie beauftrager Mittler zur deutschen Regierung, um Merciers Ausweisung zu verhindern (vgl. AGV Köln, CR 25, 14 Bd. 20, Jagow an Hartmann, Schreiben vom 5.2.1916; ebd. Pacelli an Hartmann, Schreiben vom 7.2.1916, ebd. Frühwirth an Hartmann, Schreiben vom 19.2.1916 und vom 21.2.1916; ebd. Hartmann an Bethmann, Schreiben vom 21.2.1916 und Bethmann an Hartmann, Schreiben vom 23.2.1916; Hartmann an Pacelli, Schreiben vom 25.2.1916). Obgleich die kaiserliche Entscheidung, Mercier trotz Bissings Bedenken wieder nach Belgien zurückkehren zu lassen (s. oben Kap. 5 Anm. 146) schon vor Hartmanns Schreiben vom 21.2.1916 gefallen war, mußte das engagierte Eintreten des Kölner Kardinals für eine Rückkehr Merciers in das besetzte Gebiet für den Reichskanzler ein weiteres Warnsignal sein, den Fall Mercier nicht Bissing zuliebe auf die Spitze zu treiben. Hartmann, der von Bissing postwendend über den jüngsten Zwischenfalls mit Mercier unterrichtet worden war (s. das Schreiben des Generalgouverneurs an Hartmann vom 15.3.1916 mit der Anlage des Verwarnungsschreibens an Mercier vom 15.3.1916, Nachweis oben, Anm. 16) hat ein Zusammentreffen mit dem Kaiser während seiner Reise an die Westfront vom 6. bis zum 14. April 1916 benutzt, um den Kaiser zu bitten, "doch unter allen Umständen von einer Gefangennahme bzw. Ausweisung des Herrn Kardinals Mercier

abzusehen." Er konnte daraufhin nach Rom mitteilen, daß "die Absicht, gegen den Herrn Kardinal mit Gewalt vorzugehen, aufgegeben ist." (AGV Köln, CR 25, 14 Bd. 20, Hartmann an Pacelli, Schreiben vom 17.4.1916). Zur Reise Hartmanns an die Westfront s. auch Berg, Ein Kirchenfürst im Felde, Köln 1916.

21 PA Bonn, Wk 17 Bd. 7, Bissing an Bethmann, Schreiben vom 30.4.1916, s. auch die Note Gasparris an Mühlberg vom 8.4.1916 (s. oben Anm. 19), in der es heißt: "Sua Santità, del resto, ha avuto cura, die rivolgere testè al medesimo E. mo Cardinale una nuova e più pressante esortazione alla calma ed al prudenti riserbo, ed ha motivo di ritenere che Sua Eminenza se conformera per l'avvenire a tale autorevole invito." Daß Mercier sehr dringlich ermahnt worden sei, erklärte Frühwirth dem preußischen Botschafter in München Schön, vgl. PA Bonn, Wk 17 Bd. 6, Schön an AA, Bericht 42 vom 14.4.1916 und ebd., Bericht 50 vom 1.6.1916.

22 S. unten S.133 ff.

23 D.J. Mercier "Pour nos soldats. Allocution faite en l'église Sainte-Gudule le 21 juillet 1916", OP V, S.301 ff.

24 "Dans quatorze ans, à pareil jour, nos cathédrales restaurées et nos églises rébâties seront toutes larges ouvertes; la foule s'y précipitera; notre Roi Albert, débout sur son trône, inclinera, mais d'un geste libre devant la majesté du Roi des rois, son front indompté; la Reine, les princes royaux l'entoureront; nous réentendront les envolées joyeuses de nos cloches, de l'Yser à la Meuse et de La Panne à Arlon, sous les voûtes des temples, les Belges, la main dans la main, renouvelleront les serments à leur Dieu et à leur souverain et à leurs libertès, tandis que les évêques et les prêtres interprêtes de l'âme de la nation, entonneront, dans un commun élan de reconnaissance, un triomphal Te Deum," (ebd., S.301 f.).

25 "Haïr, c'est prendre le mal d'autrui pour but, et s'y complaire. Quelles que soient nos douleurs, nous ne voulons point de haine à ceux qui les nous infligent ... Mais au-dessus de l'universelle fraternité, nous plaçons le respect du droit absolu, sans lequel il n'y a pas de commerce possible, ni entre les individus ni entre les nations. Et voilà, pourquoi, avec Saint Thomas d'Aquin, ... nous proclamons que la vindicte publique est une vertu. Le crime, violation de la justice, attentat à la paix publique, - qu'il émane d'un particulier ou d'une collectivité, doit être reprimé." (ebd., S.302).

26 PA Bonn, Wk 17 Bd. 7, Lancken an AA, Telegramm 130 vom 28.7. 1916: "In seiner Antwort an Generalgouverneur hat Kardinal Mercier sich bemüht, den wegen seiner Rede in St. Gudula entstandenen Zwischenfall beizulegen ... Generalgouverneur läßt Kardinal unter Berichtigung eines tatsächlichen Mißverständnisses erwidern, daß er sich mit Antwort zufriedengebe, da Kardinal nicht Absicht gehabt habe, aufreizend zu wirken. Unter diesen Umständen wünscht Generalgouverneur, daß bei Meldung

nach Rom der Rede Kardinals an sich keine große Bedeutung beigemessen werde." Zum Briefwechsel Bissings mit Mercier aus Anlaß der Mercierschen Ansprache in Ste. Gudule siehe auch F. Mayence, La correspondance, S.197 ff. . Als es im Moment der Abfahrt Merciers aus Brüssel zu einer spontanen Menschenansammlung und zu Hochrufen auf den Kardinal kam, wurde dieses von den Militärbehörden als ein Anfang von Widerstand gegen deutsche Vorschriften und Maßnahmen gewertet und die Stadt Brüssel zu einer Zahlung von einer Million Mark verurteilt. (PA Bonn, Wk 17 Bd. 7, Lancken an AA, Telegramm 125 vom 28.7.1916 und F. Mayence, La correspondance, S.196 f.).

27 Siehe oben S.83 ff.

28 PA Bonn, Wk 17 Bd. 7. In Lanckens Begleitbrief an das AA heißt es: "Der für einen größeren Leserkreis bestimmte Tätigkeitsbericht enhält in seinem kirchenpolitischen Teil nur eine gedrängte Darstellung der Entwicklung der Beziehungen zur belgischen Geistlichkeit. Ich beehre mich daher, in der Anlage einen eingehenderen Bericht über den Gegenstand ergebenst vorzulegen."

29 Mit der Gründung der Politischen Abteilung am 13.2.1915 unter der Leitung von der Lanckens entstand die Verpflichtung, vierteljährlich über das Aufgabengebiet der Politischen Abteilung - Diplomatisches, Innenpolitik (Kirchen- und Flamenpolitik) und Pressewesen - zu berichten. (S. hierzu den ersten Tätigkeitsbericht in PA Bonn, Wk 14 b Bd. 1). Nach einem Erlaß des Kriegsministers Wild von Hohenborn vom 19.4.1916 (ebd. Bd. 3) brauchte die Politische Abteilung nur noch in halbjährlichem Turnus zu berichten. Als nächster Fälligkeitstermin wurde der August 1916 festgesetzt. Der Bericht vom 1.8.1916 behandelt also erstmals den halbjährlichen Zeitraum vom Februar 1916 bis Juli 1916 (ebd. Bd. 4).

30 Für den Generalgouverneur von Bissing war das ständige Nachgeben gegenüber Mercier psychologisch schwer erträglich. Umso mehr freuten ihn anerkennende Worte des Münchner Nuntius, die Treutler mit Bericht 96 vom 18.10.1916 an das AA mitteilte und die von diesem an den Generalgouverneur weitergeleitet worden waren (PA Bonn,Wk 17 Bd. 7). Bissing antwortete darauf dem Reichskanzler: "Es ist mir eine Genugtuung, daß meine Politik auf diese Weise Anerkennung gefunden hat. In meinem Verhalten gegen den Kardinal Mercier habe ich viele Anfeindungen erdulden müssen. Man hat mir meine weit mehr im Interesse unserer Reichspolitik gelegene, als in den innenpolitischen Notwendigkeiten begründete Mäßigung wiederholt falsch ausgelegt. Es steht zu wünschen, daß überall da, wo ich im Interesse Deutschlands hier in Belgien mit Voraussicht und weiser Mäßigung zu handeln habe, man mir in der Heimat mehr und mehr Verständnis entgegenbringen möge, anstatt von mir zu verlangen, daß ich hier Gewaltpolitik treibe." (Ebd., Schreiben vom 28.10.1916).

31 Die Tätigkeitsberichte der Politischen Abteilung vom Mai 1915 bis zum Januar 1916 (vgl. PA Bonn, Wk 14 b Bd. 2 und Bd. 3) stellen die Kirchenpolitik des Generalgouverneurs in Belgien unter dem Gesichtspunkt der Wahrung der Kultusfreiheit dar. Die politische Rolle der belgischen Geistlichkeit und besonders Merciers wird zwar in starken Worten kritisiert, doch verzichten die Berichte auf genaue Auskunft, mit welchen Maßnahmen deutscherseits das patriotische Engagement des Klerus bekämpft wurde. Insbesondere verschweigen die Berichte, wie intensiv der Generalgouverneur sich um eine Entfernung Merciers aus dem besetzten Gebiet bemühte. Auch die enge Zusammenarbeit mit dem Reichskanzler und dem Auswärtigen Amt wird nicht erwähnt. Die Tätigkeitsberichte suchen den Eindruck zu erwecken, als handele es sich um eine vom Generalgouverneur autonom betriebene Politik, von der die Reichsbehörden gewissermaßen nur nachträglich unterrichtet werden.

32 Nachweis oben, Anm. 28.

33 "Die erwarteten Wirkungen sind in befriedigender Weise eingetroffen. Der Kardinal schien sich Rechenschaft von dem Ernste der Lage abzulegen und vermied es zunächst, öffentlich in einer Weise aufzutreten, die irgendwie hätte beanstandet werden können ... Vom deutschen Standpunkte aus war es als ein durchaus genügender Erfolg anzusehen, wenn Kardinal Mercier sich öffentlich Wohlverhalten gegen die besetzende Macht angelegen sein ließ." (PA Bonn, Wk 14 b Bd. 4, Tätigkeitsbericht vom August 1916).

34 Mercier hatte schon immer behauptet, daß seine patriotischen Äußerungen zur Beruhigung der Lage beitrügen, weil sie für die unter der Okkupation leidenden Belgier eine psychische Entlastung brächten. Doch diese dialektische Argumentation (vgl. etwa das Schreiben Merciers an Bissing vom 4.1.1915, F. Mayence, La correspondance, S.33 ff.) ließ Bissing zu einem früheren Zeitpunkt nicht gelten, während nun Lancken selbst bereitwillig auf Merciers Argumente zurückgriff, um den kirchenpolitischen Rückzug zu bemänteln.

35 PA Bonn, Wk 14 b Bd. 4, Tätigkeitsbericht vom August 1916.

36 Ebd.

37 Ebd.

38 "Die erwarteten Wirkungen sind in befriedigender Weise eingetroffen. Wie von belgischer Seite bestätigt wurde, machte der feste, entschiedene und doch maßvolle Ton der Verwarnung im Lande einen recht günstigen Eindruck. Der Kardinal selbst schien sich vom Ernste der Klage klar Rechenschaft abzulegen. Er verhielt sich ruhig, obgleich er sich damit öffentlich als der Unterlegene bekannte." (PA Bonn, Wk 17 Bd. 7, Denkschrift vom 31.7.1916).

39 Die Denkschrift vom 31.7.1916 beginnt mit den Worten: "Gegen Schluß des verflossenen Jahres hatten sich die Verhältnisse im besetzten Gebiet ziemlich ungünstig gestaltet. Mit der Romreise des Kardinals Mercier, ... mit den während dieser Reise eingetretenen Zwischenfällen ... war die Lage einer gewissen Spannung zugetrieben, welche eine Lösung verlangte." (Nachweis siehe oben, Anm. 38).

40 Aus den Berichten Merciers und Heylens in Rom (s. oben S.94 f.) geht hervor, daß die Parteistreitigkeiten zwar in gewissem Maß wieder aufgelebt waren. Doch Lancken täuschte sich ganz erheblich, wenn er den patriotischen Elan der belgischen Katholiken nur auf Parteiinteressen zurückführte. Es gab selbst auf deutscher Seite eine Reihe illusionsloser Beobachter, die erkannten, wie stark sich gerade durch die Kriegsereignisse das belgische Nationalgefühl und die Verehrung für die Dynastie vertieft hatten (s. etwa den oben Kap. 2 Anm. 56 erwähnten Brief des bayrischen Beamten von Lutz an Hertling).

41 Denkschrift vom 31.7.1916 (Nachweis oben Anm. 38).

42 Ebd.

43 Zu den Bemühungen Lanckens, mit Mercier ins Gespräch zu kommen, siehe unten S.125 f.

44 Siehe oben S.50 f.

45 Siehe oben S.51.

46 Über die Behandlung des Generalgouverneurs von Bissing schrieb Wahnschaffe an den Unterstaatssekretär Richter im Reichsamt des Innern: "Wenn man Bissing mit praktischen Besserungsvorschlägen kommt, und sie ihm in einer Form beibringt, die es ihm ermöglicht, den Gedanken als seinen eigenen Vorschlag an den Herrn Reichskanzler heranzubringen, so ist er immer für vernünftige Ideen zu haben. Dagegen macht ihn jede Belehrung und jeder direkte Hinweis, daß irgendeine Anordnung von ihm mit der Reichspolitik in Widerspruch stehe, sofort bockig und veranlaßt ihn, sich auf seine Immediatstellung zu berufen." (zit. nach F. Wende, Die belgische Frage, S.35 Anm. 98). Die Charakteristik trifft genau auf die Umgangsformen Lanckens mit Bissing zu!

47 Siehe oben, Kap. 5 Anm. 9.

48 Wie aus einem anderen Schreiben F.W. von Bissings hervorgeht, (GStA München, MA 971, F.W. von Bissing an Hertling, Schreiben vom 7.11.1916), war Graf Harrach der Pressereferent der Politischen Abteilung.

49 BA Koblenz, Nachlaß Hertling 38, F.W. von Bissing an Hertling, Schreiben vom 4.10.1917.

50 Vgl. auch die giftigen Anfeindungen F.W. von Bissings gegen Lanckens Mitarbeiter in der Politischen Abteilung als fachlich nicht kompetente, moralisch minderwertige, "verjudete" zwielichtige Gestalten in seinem Schreiben vom 7.11.1916 (Nachweis oben Anm. 48) sowie seinen gegen den Reichskanzler und die

auf mein Verhältnis zu Generalgouverneur" bat.) In Telegramm Politische Abteilung intrigierenden Brief vom 20.2.1917 (GStA München, MA 971)

51 Siehe auch oben Anm. 29.

52 Siehe oben S.66.

53 Manches spricht dafür, daß es sich bei der Bildung der Politischen Abteilung nicht um eine selbstherrliche Geste des Generalgouverneurs handelte, sondern um eine von Lancken und Harrach betriebene, dem Generalgouverneur abgerungene Maßnahme. (Gegen F. Wende, die belgische Frage S.37, vgl. PA Bonn, Wk 14 b Bd. 1, Telegramm Harrach an das AA vom 13.2.1915 und ebd. Lancken an AA, Telegramm für Harrach vom 15.2.1915, sieh auch GStA München, MA 971, Lutz an Hertling, Schreiben vom 18.4.1915, in dem es zur Verselbständigung von Politischer und Bankabteilung heißt: "Ich habe mich, um die volle Unabhängigkeit nach allen Seiten zu bewahren, bisher in keine Gespräche über die dieser Maßregel in erster Linie zu Grunde liegenden persönlichen Unstimmigkeiten eingelassen. Ich kann mich aber des Eindrucks nicht erwehren, daß die Einheitlichkeit der Verwaltung durch diese Organisation nicht eben gewonnen hat."). Lancken wollte von der ihm lästigen Unterstellung unter den Verwaltungschef von Sandt loskommen. Zwischen Lancken und Sandt bestanden politische Gegensätze. Der konservative Verwaltungsfachmann schätzte die Feindseligkeit der Belgier gegen die deutsche Okkupationsverwaltung realistisch ein und betrachtete den illusionären Eifer derer, die glaubten, die Sympathien der Belgier für Deutschland gewinnen zu können, mit Spott. Insbesondere war er ein Gegner der deutschen Flamenpolitik. (Siehe hierzu K. Bittmann, Werken und Wirken, Bd. 3, S.40 ff., Lancken, Meine dreißig Dienstjahre, S.138 ff., Wende, Die belgische Frage, S.36 f. und S.112 ff., ders., Enkele opmerkingen, Sp. 218).

54 Siehe hierzu F. Wende, Die belgische Frage, S.46 f.

55 Lancken war schon bei Merciers erstem patriotischen Hirtenbrief "Patriotisme et Endurance" klar, daß von Bissings Reaktion die deutschen diplomatischen Beziehungen zum Vatikan betroffen sein müssen und daß deshalb eine Verständigung mit dem Reichskanzler notwendig ist. (Lancken, Meine dreißig Dienstjahre, S.182 ff.)

56 Es ist sehr wahrscheinlich, daß die oben S.120 erwähnte telefonische Weisung Bethmanns an Lancken dem Generalgouverneur nicht bekannt wurde. Bei anderer Gelegenheit ließ Lancken einem telefonischen Kontakt mit dem AA ein Telegramm mit der ausdrücklichen Begründung folgen, er wünsche nicht, daß Bissing erfährt, er habe mit dem AA telefonisch gesprochen. (PA Bonn, Wk 17 Bd. 5, G.A. des Zentralbüros vom 18.3.1916, vgl. auch PA Bonn, Wk 14 b Bd. 4, Lancken an Zimmermann, Telegramm Nr. 125 vom 28.7.1916, mit dem Lancken auf Instruktionen des Reichskanzlers für Lewald vom Reichsamt des Innern, betreffend Verhandlungen über die Flamenpolitik, Einfluß nahm und um Geheimhaltung seines Telegramms "mit Hinblick

160 vom 16.9.1916 ebd. informierte Lancken das AA von der Reise des Generalgouverneurs in das Große Hauptquartier Pleß und über den Inhalt der dort zu führenden Gespräche mit dem Zusatz: "Bitte dringendst Generalgouverneur nicht das Geringste davon merken zu lassen, daß ich über Zweck seiner Reise vorstehende Information gab."

57 Auch in seinen Memoiren sprach Lancken davon, er sei "als Vertreter des Auswärtigen Amtes" nach Brüssel entsandt worden. (Lancken, Meine dreißig Dienstjahe, S.138). Lancken ist jedoch, genau wie alle anderen Zivilbeamten, dem Verwaltungschef von Sandt für den Aufbau einer zivilen deutschen Verwaltung in Belgien zugeteilt und unterstellt worden. Falkenhausen, der Nachfolger Bissings als Generalgouverneur, hat deshalb zu Recht erklärt, als er den Einfluß Lanckens eindämmen wollte, es sei ihm neu, daß dieser die Funktion eines "Vertreters des Auswärtigen Amtes" im Generalgouvernement innehabe. (Vgl. MA Freiburg, Falkenhausen, Erinnerungen, S.159).

58 Siehe hierzu unten S.144 ff.

59 Der Wandel in der Behandlung Merciers geht auch aus der erbitterten Polemik Friedrich Wilhelm von Bissings gegen die Kirchenpolitik der Politischen Abteilung hervor. Mit Schreiben vom 20.2.1916 an Hertling (Nachweis oben Anm. 50) kritisierte er indirekt die kaiserliche Entscheidung, gegen Mercier nicht mit Gewalt vorzugehen: "Euer Exzellenz ist wohl bekannt, daß die Politik, wie sie dem Kardinal Mercier gegenüber in anscheinend widerspruchsvoller Weise vertreten worden ist, in dem entscheidenden Wendepunkt auf ein unmittelbares Eingreifen Sr. Majestät des Kaisers zurückgeht, der verhindert hat, daß der Kardinal bei seiner Rückkehr aus Rom aus Belgien wieder hinausgeschoben wurde, wofür alle Vorkehrungen ... getroffen waren. Der Kaiser, ich weiß nicht, von wem beraten, wünschte jeden Konflikt zu vermeiden, der den Kardinal in irgendwelcher Weise zum Märtyrer gemacht hätte. Nachdem man einmal diesen Weg bechritten hatte, blieb aber kaum etwas anderes übrig, als ihn weiterzugehen." Der Sohn des Generalgouverneurs hoffte, die Politik der Bekämpfung Merciers jedoch wieder aufleben lassen zu können durch eine Anschwärzung der dogmatischen Richtigkeit seiner Lehren. Diesen Vorschlag erwähnte er schon in seinem Schreiben vom 7.11.1916 (Nachweis oben An. 48) unter Berufung auf eine frühere Anregung Hertlings: "Immer wieder muß ich an die Anregung denken, die Euer Exzellenz vor Jahresfrist gegeben haben, nach Brüssel Prof. Knecht oder Prof. Mausbach zu berufen. Ich darf glauben, daß mein Vater an sich einer solchen Berufung nicht widerstreben würde, aber die politische Abteilung zieht es vor, diese schwierigen Dinge ... von irgendwelchen Journalisten bearbeiten zu lassen." Mit seinem schon genannten Schreiben vom 20.2.1917 konnte er dem bayrischen Ministerpräsident melden, daß es ihm durch persönlichen Vortrag bei seinem Vater gelungen sei, diesen dafür zu gewinnen, daß ein katholischer Theologe die Äußerungen Merciers einer dogmatischen Prüfung unterzieht und "nach

einigem Zögern" habe sich Mausbach (Münster) dazu bereit erklärt. - Es scheint, daß es zu einem Gutachten Mausbachs gegen Mercier jedoch nicht gekommen ist. Mit Bezug auf die Reaktion der Politischen Abteilung auf Merciers Hirtenbrief "La voix de Dieu" (s. unten S.128) schrieb F.W. von Bissing an Hertling: "Ich fürchte aber, daß mein Vater nur sehr mangelhaft über diese Dinge unterrichtet wird. Aus verschiedenen Äußerungen schließe ich, daß mein Vater glaubt, der Kardinal wolle seinen Frieden mit uns machen, er habe eingesehen, daß er sich auf die falsche Seite gestellt habe. Sollten solche Äußerungen wirklich seitens des Kardinals gefallen sein, so hat er sie meiner Ansicht nach in der bewußten Absicht getan, uns in Sicherheit zu wiegen." (Schreiben vom 7.11.1916, Nachweis oben, Anm. 48).

60 Lancken an Mercier, Schreiben vom 1.8.1916 in Mayence, La correspondance, S.218 ff. . Der Brief nahm Bezug auf ein früheres Schreiben Merciers an den Generalgouverneur (ebd., S.190 ff., Mercier an Bissing, Schreiben vom 12.7.1916).

61 Mercier an Lancken, Schreiben vom 25.9.1916 (ebd. S.245 ff.).

62 Mercier an Lancken, Schreiben vom 16.8.1916, ebd. S.224 ff., siehe auch oben S.64 f.

63 Mercier an Lancken, Schreiben vom 16.8.1916 (Mayence, La correspondance, S.225 f.).

64 Lancken an Mercier, Schreiben vom 1.8.1916 (ebd. S.223).

65 Ebd. S.221 f.

66 Die Politische Abteilung hatte mit dem Militärgouverneur von Brüssel General von Sauberzweig große Schwierigkeiten, der sich als besonders militaristisch gesinnt erwies. (Vgl. Lancken, Meine dreißig Dienstjahre, S.238 ff. zur Erschießung der englischen Krankengeschwester Edith Cavell wegen Spionage. Zur Rolle Sauberzweigs bei den Deportationen belgischer Arbeitskräfte vgl. auch G. Ritter, Staatskunst, Bd.3, S.445 f.).

67 Diese Absicht geht aus dem bei F. Mayence, La correspondance, S.275 veröffentlichten Protokoll der Unterredung zwischen Lancken und Mercier am 15.10.1915 deutlich hervor. Lancken hatte Mercier bei dieser Gelegenheit sehr dringlich aufgefordert, sich bei irgendwelchen Beschwerden direkt an ihn zu wenden und offene Konfrontationen nach Möglichkeit zu vermeiden.

68 Zur Beendigung der Arbeiterdeportationen im Februar 1917 siehe Ritter, Staatskunst, Bd. 3 S.449 ff. . Mercier war bereit, mit anderen belgischen Notabeln ein Bittgesuch an den Kaiser zu richten, um eine Einstellung der Deportationen zu erreichen (s. auch F. Mayence, La correspondance, S.324 ff., Bittgesuch vom 14.2.1917 und mündliche Antwort Lanckens vom 9.3.1917, ebd., S.327).

69 PA Bonn, Wk 14 Bd. 4, Lancken an AA, Telegramm 160 vom 16.9.1916 über die Fahrt Bissings nach Pleß und den vom Generalgouverneur beabsichtigten Gang der Verhandlungen - auch dies übrigens ein Beispiel für eine Information des AA durch Lancken hinter dem Rücken des Generalgouverneurs.

70 Vgl. Ritter, Staatskunst, Bd. 3, S.433 ff.

71 Zu den Verhandlungen Bissings in Pleß siehe Ritter, ebd. S.440.

72 Zum Aufbau der deutschen Verwaltung in Belgien und den Kompetenzen des Generalgouverneurs bzw. der Etappenverwaltungen s. F. Wende, Die belgische Frage, S.35 f.

73 Die offizielle Sprachregelung für das Ausland in der Frage der Arbeiterdeportationen ist der Korrespondenz Bissings mit Mercier zu dieser Angelegenheit zu entnehmen. (Vgl. F. Mayence, La correspondance, S.281 ff., Mercier an Bissing, Schreiben vom 19.10.1916 und ebd., S.284 ff., Bissing an Mercier, Schreiben vom 26.10.1916). Mit Bericht Lanckens vom 27.10.1916 wurde dieser Briefwechsel auch dem Auswärtigen Amt mitgeteilt zur Wiedergabe an den Vatikan (PA Bonn, Wk 14 b Bd. 4). Zur Übernahme dieser Sprachregelung durch Kardinal von Bettinger siehe auch oben Kap. 6 Anm. 221, Schreiben vom 16.2.1917 an Kardinal von Hartmann.

74 PA Bonn, Wk 14 b Bd. 4, Bissing an Bethmann, Schreiben vom 26.9.1916.

75 Über den katastrophalen Eindruck der Rückkehrer telegrafierte Lancken an AA (PA Bonn, Wk 14 b Bd. 5, Telegramm 18 vom 14.1.1916): "Es ist hier Beobachtung gemacht worden, daß noch schlimmeren Eindruck als Arbeiterabschiebungen Zustand derjenigen irrtümlich Abgeschobenen gemacht hat, die hierher zurückbefördert worden sind. Die Zurückgekehrten sind in jämmerlicher Verfassung, heruntergekommen, vielfach krank und halb verhungert angekommen. Bitte bei Kriegsamt dahin wirken, daß die Leute in besserem Zustand hier ankommen und auf der Reise gut verpflegt werden."

76 F. Mayence, La correspondance, S.290 ff.; siehe auch AGR Brüssel, FDB 153, Schreiben Merciers an Broqueville vom 8.1.1916: "J'avais d'abord cru vous adresser, en votre qualité de Président du Conseil, la pièce ci-jointe; mais je ne savais pas s'il vous eût été agréable d'être mis directément en cause; puis il eût eu une sorte de bravade des ordonnances allemandes, à afficher que je corresponds clandestinément avec notre Gouvernement."
Es ist übrigens bezeichnend, daß Mercier dann im folgenden seine Hoffnungen auf eine Beendigung der Deportationen auf den Präsidenten der USA und nicht auf den Papst setzt: "La situation que nous décrivons est très douloureuse. Je présume que les Americains pourraient nous sauver. Nous mettons en eux notre espoir, et en votre puissante et bienfaisante intervention sur eux."

77 F. Mayence, La correspondance, S.293. Außerdem sprach Mercier am 26.11.1916 öffentlich in Ste. Gudule über die Arbeiterabschiebungen (D.J. Mercier, OP V, S.336 ff.) und verurteilte sie in seinem Fasten-Hirtenbrief von 1917 "Courage, mes Frères" (ebd., S.373 f.).

78 Nachweis oben Anm. 76.

79 Zur schwächlichen Haltung Bethmanns in der Frage der Arbeiterdeportationen s. G. Ritter, Staatskunst, Bd. 3, S.442.

80 Die Deportation belgischer Arbeiter war die einschneidendste, aber nicht die einzige Maßnahme der Ausbeutung Belgiens für die deutsche Kriegsführung. Hierzu gehörte auch die Beschlagnahme von Rohstoffen und Maschinen sowie die Stilllegung ganzer Betriebe, s. Wende, Die belgische Frage, S.193 ff., s. auch unten, S.161 ff.

81 Das Zerwürfnis mit der OHL belastete den Generalgouverneur als Soldaten besonders. Er klagte seinen inneren Konflikt dem bayrischen Ministerpräsidenten Graf Hertling in seinem Schreiben vom 28.12.1916 (GStA München, MA 971): "Euere Exzellenz werden darüber unterrichtet sein, daß ich seit Wochen auf erhebliche Meinungsverschiedenheiten bei der Obersten Heeresleitung über die Aufgaben eines Generalgouverneurs in Belgien gestoßen bin und ich dort mehr oder weniger klar die Auffassung vertreten fand, daß meine Politik nicht immer im Interesse Deutschlands geführt worden wäre. In zwei langen Briefen an den Feldmarschall habe ich diese mich auch als alten Soldaten verletzende Auffassung widerlegen müssen ... Es ist auch meiner Meinung nach nicht der Feldmarschall, der mir Vorwürfe machen will, sondern es sind seine Mitarbeiter, welche in vollständiger Unerfahrenheit der politischen Verhältnisse Urteile sich bilden, die von einem zum anderen gehen und schließlich in Angriffen der verschiedensten Art zum Ausdruck kommen." Das Zerwürfnis mit Ludendorff bestätigt auch F.W. von Bissing in seiner Zuschrift an Hertling vom 20.2.1917, in der er aber den Reichskanzler zum Schuldigen für diesen Zustand erklärt und behauptet, der Reichskanzler arbeite an der Entlassung seines Vaters als Generalgouverneur.
Im gleichen Schreiben sprach er die Erwartung aus, Hertling könne an einer Aussöhnung zwischen seinem Vater und Ludendorff mitwirken: "Besser als irgend jemand werden Euere Exzellenz beurteilen können, welche Möglichkeiten sich bieten, um meinen Vater an seinem Posten zu halten, und ihn mit Ludendorff ... auszusöhnen. Der Kanzler besitzt offenbar nicht jenes Maaß von Selbständigkeit früheren Lieblingsplänen gegenüber, um auch unter dem Stern des Ubootkrieges sich loszumachen von der Hoffnung einer friedlichen Auseinandersetzung mit England. Und weil er folgerichtig an einer Preisgabe Belgiens festhält, ist er ein ungeeigneter Interpret der Politik meines Vaters die doch auch dem ausgesprochenen Willen nicht nur des Kaiser, sondern auch unseres Königs entspricht, bei dem Großen Hauptquartier. Ludendorff ist viel zu klug, um zu erkennen, daß

die realen Garantien des Kanzlers ohne eine deutsche Oberherrschaft in Belgien wertlos sind, er kann gar nicht anders, als sich davon nichts zu versprechen, und also ... von der ganzen Schonung Belgiens und der Flamenpolitik nichts wissen wollen." (Nachweis oben Anm. 50).

82 PA Bonn, Wk 17 Bd. 7, Lancken an Bergen, vertrauliches Schreiben vom 15.10.1916.

83 Bissing richtete nach Merciers Ansprache in Ste. Gudule vom 26.11.1916 (Nachweis oben, Anm. 77) einen Immediatbericht an den Kaiser (nicht in den Akten des AA). Für die Beantwortung durch den Kaiser instruierte Bethmann den Vertreter des AA im kaiserlichen Gefolge Grünau, Bissing habe wegen seiner gemäßigten Politik im Fall Mercier den Interessen des Reichs gedient, wünsche aber wegen der Mißdeutung seiner Haltung als schwächlich eine besondere kaiserliche Anerkennung. (PA Bonn, AHQ 4 Bd. 1 und 2, Bethmann an Grünau, Telegramm 1490 vom 30.11.1916). Als Text schlug der Reichskanzler vor: "Euere Exzellenz haben in dieser Zeit mit fester Hand und vorausschauendem Blick das Land geleitet, für Ruhe und Ordnung gesorgt, alle Zeit die Ihnen anvertrauten deutschen Interessen pflichtmäßig vorangestellt, zugleich aber auch die Wohlfahrt des Landes auf materiellem und kulturellem Gebiet gefördert..." (ebd., Bethmann an Grünau, Tel. 1492 vom 1.12.1916).

84 D.J. Mercier, OP V, S.309 ff.

85 Nachdem die Bearbeitung der Kirchenpolitik fast völlig auf Lancken übergegangen war, bemühte sich dieser vor allem um eine Anerkennung der deutschen Zessurbestimmungen durch Mercier (s. oben S.126). Nach Erscheinen des Herbsthirtenbriefs "La voix de Dieu" suchte er den Kardinal auf, um ihm Vorhaltungen wegen der erneuten Mißachtung der deutschen Zensurbestimmungen zu machen. Außerdem kritisierte er einige Textstellen des Hirtenbriefs. (Zum Verlauf des Gesprächs zwischen Mercier und Lancken am 15.10.1916 s. das bei F. Mayence, La correspondance, S.276 ff. abgedruckte Protokoll des Gesprächs in wörtlicher Rede).
Nach der Aufzeichnung bei Mayence hat Lancken am 15.10. angeregt, Mercier möge sich wenigstens indirekt der deutschen Zensur (über Mittelspersonen) unterwefen, Mercier habe dies jedoch strikt abgelehnt. Nach Lanckens offiziellem Bericht an das AA vom 15.10.1915 (vor dem Gespräch mit Mercier abgefaßt) war er Ende September 1916 schon einmal mit Mercier zusammengetroffen. Über den Anlaß des Treffens teilte Lancken nichts mit, es sei aber von einem bevorstehenden Hirtenbrief die Rede gewesen und Mercier habe eine gewisse Bereitwilligkeit gezeigt, den Text vor der Veröffentlichung des Hirtenbriefs Lancken zukommen zu lassen. Und tatsächlich hätte ihm eine Mittelsperson versichert, der neue Hirtenbrief Merciers sei durchaus "korrekt". (Das Treffen Merciers mit Lancken Ende September wird bei Mayence nicht erwähnt).

Nach Erscheinen des Hirtenbriefs hätte er dem Kardinal durch die genannte Mittelsperson Vorhaltungen machen lassen, und Mercier hätte sich schriftlich zu einigen Änderungen bereiterklärt. Auch eine solche schriftliche Äußerung Merciers wird bei Mayence nicht erwähnt, Lancken konnte sie aber nicht erfunden haben, da der Generalgouverneur seinen Bericht sicher kannte und ihn danach fragen konnte. Wohl um über weitere Änderungen mit Mercier zu verhandeln, hat Lancken Mercier dann am 15.10.1916 aufgesucht.
Der Bericht an das Auswärtige Amt über den neuesten Hirtenbrief Merciers ist merkwürdigerweise abgefaßt, bevor Lancken in Mecheln war. Über das Treffen mit Mercier berichtete Lancken dann in einem beigefügten vertraulichen Brief an den Gesandten von Bergen vom gleichen Tag (ebd. Wk 17 Bd. 7), den der Generalgouverneur sicher nicht sah. (Lancken verbat sich eine schriftliche Antwort nach Brüssel). Er ging nur kurz auf die "von beiden Seiten mit Liebenswürdigkeit geführte Unterhaltung" ein und berichtete, Mercier habe sich noch zu einigen Änderungen bereiterklärt. Im übrigen sei aber hauptsächlich von der drohenden Maßnahme der Deportation belgischer Arbeiter die Rede gewesen und Mercier habe einen scharfen Protest angekündigt, falls diese einen größeren Umfang annähmen. Bei Mayence findet sich keine Anspielung darauf, daß am 15.10.1916 auch von den drohenden Arbeiterdeportationen die Rede war; Merciers Textkonzessionen erscheinen als taktisches Zugeständnis, um die Strafe des Druckers abzumildern.
Die Tatsache der Textkorrekturen war auch dem Papst bekannt. In einer Audienz vom 13.11.1916 für Van den Heuvel erwähnte Benedikt XV. sie und rühmte im übrigen das neueste Pastorale Merciers (AGR Brüssel, FVdH 39, Aufzeichnung Van den Heuvels zur Audienz vom 13.11.1916 und ebd., Bericht vom 14.11.1916 an Beyens).

86 Nach Mayence, La correspondance, S.277 f. monierte Lancken die Formulierung, die Unabhängigkeit Belgiens werde von niemandem mehr bezweifelt (s. auch D.J. Mercier, OP V, S.322), die Fürbitte für die belgischen Truppen und die Alliierten Belgiens und die Phrase "hâtons notre délivrance" (ebd. S.325).

87 Siehe oben Anm. 85.

88 Siehe hierzu das Schreiben F.W. von Bissings an Hertling vom 7.11.1916 (Nachweis oben, Anm. 48).

89 PA Bonn, Wk 17 Bd. 7, Lancken an AA, Telegramm 199 vom 24.10.1916 für Lewald (RdI).

90 Ebd., Lancken an AA, Telegramm 203 vom 29.10.1916.

91 Nachweis oben, Anm 76.

92 "Zur Beurteilung seines Auftretens ist jedenfalls zu beachten, daß er auf diese Weise nach außen hin das getan hat, was er nun einmal für seine Gewissenspflicht hält, auf der anderen Seite aber auch keine öffentliche Kundgebung im Lande selbst unternimmt, welche den weiteren ruhigen Verlauf der Abschie-

bungen gefährden könnte. Ich habe wenigstens Gründe anzunehmen, daß er sich mit seinem Protest an das neutrale Ausland begnügen wird. (PA Bonn, Wk 14 b Bd. 4, Lancken an AA, Bericht vom 15.11.1916). Lanckens Vermutung, Mercier werde im Inland schweigen, erwies sich als irrig, wie die schon oben Anm. 77 erwähnten weiteren Proteste Merciers zeigen. Ende Oktober 1916 wurde in Gent der Bischof Stillemans eingesetzt. Lancken war sehr bemüht, Mercier und den übrigen belgischen Bischöfen die Einreise in das Etappengebiet zu ermöglichen und hatte damit erst nach einer Intervention des AA bei der OHL Erfolg. (PA Bonn, Wk 17 Bd. 7, Harrach an AA, Schreiben vom 8.11.1916 und ebd., Lancken an AA, Bericht vom 15.11.1916). Im Anschluß an seinen Dank für die Unterstützung durch das AA bemerkt Lancken: "Die endgültige Verweigerung der Reiseerlaubnis für den Kardinal wäre zweifellos geeignet gewesen, die mühsam erlangte Besserung in den Beziehungen zu ihm sehr zu gefährden ... Die Vermeidung des aus diesem Anlaß drohenden Konflikt ist umso mehr zu begrüßen, als der Kardinal sich veranlaßt fühlte ... zu der Frage der Arbeitslosenabschiebung Stellung zu nehmen...".

93 F. Wende, Die belgische Frage, S.27 und S.45 zu Bethmanns Schreiben an Delbrück und Zimmermann vom 18.10.1914.

94 F. Fischer, Griff, S.264 f., G. Ritter, Staatskunst, Bd. 3, S.48 f., F. Wende, Das belgische Problem, S.45 ff.

95 Siehe hierzu besonders Wende, Die belgische Frage, S.48 f.

96 Vgl. F. Fischer, Griff, S.327 ff. F. Wende, Das belgische Problem, S.52 ff.

97 F. Wende, Die belgische Frage, S.58-63, vgl. auch F. Fischer, Griff, S.338.

98 Zur Weisung Bethmanns, Formen einer indirekten Herrschaft über Belgien zu suchen, vgl. Wende, Die belgische Frage, S.45, S.50 f. und S.54, siehe auch ebd., S.41 zu Bethmanns Reaktion auf Lanckens Denkschrift vom Februar 1915, in der der Chef der Politischen Abteilung einen ähnlichen Gedanken geäußert hatte. In diesem Zusammenhang ist auch Bethmanns Aufzeichnung vom 1.1.1916 (Scherer/Gruner, L'Allemagne, Bd. I, S.243 f.) heranzuziehen, in der Bethmann als bestenfalls erreichbare Lösung für das belgische Problem "ein Schutzbündnis mit politischen, militärischen und wirtschaftlichen Garantien" erklärte, "wobei dahingestellt bleibt, ob wir Lüttich annektieren oder nicht." Es ist nicht ohne Interesse, diese Aufzeichnung Bethmanns, die den Anstoß zu einer Intensivierung der Flamenpolitik gab (siehe unten, S.147 ff) zu vergleichen mit einer Äußerung Lanckens gegenüber Krafft von Dellmensingen nach einer Sitzung des erweiterten Flamenausschusses in Brüssel, die dieser dem bayrischen Ministerpräsidenten weiterleitete: "Außerhalb der Sitzung habe ich erfahren, daß man in der politischen Abteilung des Generalgouvernements glaubt, allmählich deutlicher erkennen zu können, wie sich der Reichskanzler die zukünftige Gestaltung Belgiens denkt. Nach Ansicht der dortigen

Herren soll ins Auge gefaßt sein, Belgien im allgemeinen bis zur Maaslinie zu annektieren und den übrigen Teil als selbständigen Staat, Deutschland durch ein völkerrechtliches Vertrags- oder Bündnisverhältnis nähergebracht, neu erstehen zu lassen. In diesem Staat wären die Vlamen der weitaus überwiegende Volksteil; ihr Einfluß soll verhüten, daß sich dieser Staat später wieder unseren Gegnern anschließt. Deshalb müsse den Vlamen während der Okkupationszeit der feste Glaube beigebracht werden, daß sie bei uns jederzeit Verständnis für ihre Bestrebungen finden, während sie beim Anschluß an die Entente den Wallonen auf Gnade und Ungnade ausgeliefert wären ...". (GStA München, MA 944, Schreiben vom 21.2.1916). Lanckens Äußerungen zu Krafft von Dellmensingen zeigen eine Ähnlichkeit zu Bethmanns Aufzeichnung vom 1.1.1916, zeigen aber auch, daß Lancken den Intentionen des Reichskanzler eine entschlossenere machtpolitische Note gab, die den Worten des Reichskanzlers fehlt.

99 Das Schlagwort taucht in Äußerungen Bethmanns im Lauf des Jahres 1915 häufig auf, so etwa in der Rede des Reichskanzlers in der Sitzung des Reichstags vom 28.5.1915, vgl. Bethmann Hollweg, Kriegsreden, S.35.

100 Siehe hierzu oben S.46.

101 Die Darstellung folgt hier der Interpretation Wendes, Das belgische Problem, S.49 f., vgl. auch ebd., S.61.

102 Texte zu den Verhandlungen des bayrischen Grafen Törring mit dem belgischen Soziologen Waxweiler in der Schweiz 1915/1916 in Scherer/Gruner, L'Allemagne, I Nr. 152, Nr. 169, Nr. 172, Nr. 183, Nr. 205, Nr. 206; zur Interpretation der Verhandlungen vgl. F. Fischer, Griff, S.268 ff., G. Ritter, Staatskunst Bd. 3, S.289 f., F. Wende, Das belgische Problem, S.66 ff.

103 Törring an Jagow, Schreiben vom 29.2.1916, Scherer/Gruner, L'Allemagne, I Nr. 206, S.277 ff.; zur Erklärung der Botschafter Englands, Frankreichs und Rußlands vom 14.2.1916 siehe auch F. Fischer, Griff, S.276, Ritter, Staatskunst Bd. 3, S.292 f. und F. Wende, Das belgische Problem, S.91 und 93. Über die Hintergründe der Garantieerklärung der drei Botschafter, keinen Frieden zu schließen, ohne daß Belgien in seiner politischen und wirtschaftlichen Unabhängigkeit wiederhergestellt und reichlich entschädigt sei, konnte Stockhammern dem Reichskanzler einen Bericht nach Auskünften des "99" liefern (PA Bonn, Wk 20 a geheim Bd. 1, Stockhammern an Bethmann, Bericht 153 vom 24.2.1916). Vgl. auch unten Anm. 162 zur Affäre Hénusse.

104 Waxweiler sprach gegenüber Törring von drei Ministern des 14köpfigen Ministeriums (Törring an Jagow, Schreiben vom 29.2.1916, Nachweis oben Anm. 103).

105 Im Schreiben Alberts an Törring vom Januar 1916 heißt es: "Je vois que chez vous un courant se fait jour: on parle, dans des manifestes et des interview, de garanties que l'Allemagne réclamerait pour protéger sa frontière occidentale et l'on dit

que ces garanties doivent être créés en Belgique," Scherer/ Gruner, L'Allemagne I, S.246.

106 Zu Berichten des spanischen Gesandten in Brüssel Villalobar über seine Gespräche mit König Albert und belgischen Politikern im Frühjahr 1916 s. PA Bonn, Wk 20 a geh. Band 1, Kühlmann an AA, Bericht vom 26.3.1916 und ebd., Lancken an AA, Bericht vom 5.4.1916; zu den aus dem Vatikan stammenden Nachrichten vgl. Scherer/Gruner, L'Allemagne, I Nr. 235, 236, 259, 268 (Briefwechsel Erzberger - Gerlach - Bethmann), vgl. auch F. Fischer, Griff, S.278 f., Ritter, Staatskunst, Bd. 3, S.294 und M. Epstein, Erzberger, S.133).

107 Steglich, Bündnissicherung, S.76 ff., vgl. auch den ebd. S.37 zitierten Erlaß Bethmanns vom Oktober 1916 gegen eine Festlegung deutscher Friedensbedingungen (gedruckt Scherer/Gruner, L'Allemagne, I S.532 f.).

108 Steglich, Bündnissicherung S.73, gedruckt bei Scherer/Gruner, L'Allemagne I, S.542 f.

109 Zur Bundesratssitzung vom 30./31.10.1916 vgl. Steglich, Bündnissicherung, S.78; Ritter, Staatskunst, Bd. 3, S.337; K.H. Janßen, Macht und Verblendung, S.113 ff.

110 Bethmann vor dem preußischen Staatsministerium am 27.10.1916, zitiert nach Ritter, Staatskunst, Bd. 3, S.335.

111 Bethmann mußte wissen, daß eine Forderung Deutschlands, Lüttich zu annektieren, bei der belgischen Regierung auf schärfsten Widerspruch stoßen und die Hoffnung auf wirtschaftliche Vereinbarungen zunichte machen mußte. Es fragt sich deshalb, ob die Nennung Lüttichs nicht auch taktischer Natur war, um nach innen ein handfestes Ziel vorweisen zu können - zumal ja Bethmann an anderer Stelle zu etwa gleicher Zeit den Wert einer Annexion Lüttichs sowieso bezweifelt hat.

112 Das 13 maschinenschriftliche Seiten umfassende Gutachten liegt in den Akten des Politischen Archivs des Auswärtigen Amtes in zwei Exemplaren vor: Einmal in Wk 20 a Bd. 2 (Jr. Nr.A 34326 /pr. 16.12.1916, zum anderen in Wk 20 a geh. Bd. 1 (Jr. Nr.AS 4590/16). Es trägt weder Anschrift noch Unterschrift und ist auch nicht durch ein die Entstehungsgeschichte erläuterndes Schreiben begleitet. Das in Wk 20 a Bd. 2 befindliche Exemplar trägt die handschriftlichen Vermerke Zimmermanns "Von Frhrn. von Lancken eingereicht, Z.16.12." und "von S.E. 16.12." sowie von der Hand eines Referenten "RK hat Kenntnis genommen". Ein Sichtvermerk Bethmanns oder Randvermerke fehlen. - Das in Wk 20 a geh. Bd. 1 befindliche Exemplar trägt das Datum "10. Dezember 1916" und anstelle einer Unterschrift den Vermerk von anderer Hand "gez. von Lancken". Diesem Exemplar voran gehen zwei Blätter mit Vermerken der Wiedervorlage im Lauf des Jahres 1917 und eine "Gehorsame Anzeige" vom 7.9.1917 eines Referenten (Unterschrift unleserlich), aus der u.a. hervorgeht, daß das Gutachten auf Anregung Bethmanns verfaßt wurde, siehe unten Anm. 115.

113 Lancken, "Skizze..." S.2. Weiter heißt es im Anschluß an die zitierte Passage: "Zugleich müssen unsere westlichen Feinde verhindert werden, Belgien als einen Damm gegen künftige Betätigung unserer Ausdehnungskraft zu errichten."

114 In diesem Sinne interpretiert F. Fischer, Griff, S.341 das Gutachten, ohne jedoch auf Bethmanns direkte Äußerungen zu den Belgien zu stellenden Friedensbedingungen, etwa vor dem preußischen Staatsministerium, einzugehen (S. oben Anm. 110, vgl. auch G. Ritter, Staatskunst, Bd. 3, S.335 und S.650 Anm. 31).

115 In der oben Anm. 112 erwähnten G.A. vom 7.9.1917 heißt es mit Bezug auf einen hier nicht aufzuklärenden Vorgang, wohl eine Anfrage Lanckens an das RdI: "Vom Reichsamt des Innern urschriftlich für kurze Zeit zur Verfügung gestellt. Das von Lancken erbetene Material trifft voraussichtlich morgen ein. Lanckens Aufzeichnung +über seine Belgien betreffende Ideen, die er auf Veranlassung Herrn von Bethmanns eingereicht hatte, liegt gleichfalls bei." Zu "Aufzeichnung +" ist am Rand vermerkt AS 4590/16." Lancken hat, wie aus einem Schreiben an den Gesandten von Bergen vom 3.12.1916 (Scherer/Gruner, L'Allemagne, I, S.590) hervorgeht, "neulich", also wohl im Lauf des November in Berlin mit Bergen über das geplante deutsche Friedensangebot gesprochen. Es ist gut denkbar, daß in diesem Zusammenhang die Lanckensche Aufzeichnung "angeregt" wurde. Wie aus Aktenstücken der Akte PA Bonn, Wk 14 b Bd. 5 zu erschließen ist, hielt sich Lancken zum Jahresende 1916 in Berlin auf, so daß eine Besprechung des Gutachtens möglicherweise mündlich erfolgte und das Ausbleiben eines schriftlichen Niederschlags zur Entstehung und Verwertung des Schriftstücks erklärlich wird.

116 In dem Gutachten ist ausgiebig von der "Gestaltung der deutschen Weltmachtstellung" oder der "wirtschaftlichen Eroberung Belgiens" die Rede. Ein Resümee des Inhalts bei F. Fischer, Griff, S.339 ff.

117 Laut dem Gutachten in PA Bonn, Wk 20 a geh. Bd. 1 beiliegenden Blatt wurde Lanckens Denkschrift am 21.4.1917, am 24.5.1917, am 21.7.1917, am 12.10.1917 und am 25.11.1917 wiedervorgelegt, ohne daß ersichtlich ist, wodurch die häufige Wiedervorlage verursacht wurde, (s. auch oben Anm. 115).

118 Lancken, "Skizze ..." vom 10.12.1916, S.2.

119 Ebd., S.2.

120 Eine Zusammenfassung ebd., S.14.

121 Ebd., S.12 f.

122 Lancken führte sehr geschickt das Argument an, eine direkte Einverleibung Belgiens würde die innere Kraft des deutschen Reichs schwächen ("Skizze ...", S.3), andererseits stellte er in Aussicht, die äußerst enge wirtschaftliche Bindung Belgiens an Deutschland würde - über die Einsicht der Belgier in die Gleichheit der Interessen mit dem deutschen Reich - in fernerer

Zukunft auch politisch zu einer engeren Verbindung führen (ebd.).

123 Nur durch den Zwang, Reisepässe bei der OHL zu beantragen, ist ein Aktenniederschlag über manche Einzelheiten der Lanckenschen Friedensbemühungen entstanden, so z.B. auch zu Merciers Ausreiseabsicht (s. unten Anm. 148).

124 Lancken, Meine dreißig Dienstjahre, S.235 ff. über sein Gespräch mit Ludendorff am 20.2.1917.

125 Nachweis oben Anm. 28.

126 Scherer/Gruner, L'Allemagne, I S.590.

127 Vgl. die Villalobar gewidmeten Ausführungen Lanckens in Meine dreißig Dienstjahre S.164 ff.; siehe auch Scherer/Gruner I, S.607 ff., Lancken an Langwerth, Schreiben vom 8.12.1916.

128 Über ein Gespräch mit E. Franqui, dem einflußreichen belgischen Finanzier, berichtete Lancken Jagow mit Schreiben vom 17.6.1916, (PA Bonn, Wk 20 a, geh. Bd. 1).

129 Vgl. Lanckens Bemerkung im Gespräch mit Mercier vom 15.10.1916, Mayence, La correspondance, S.276.

130 PA Bonn, Wk 20 a geh. Bd. 1, Lancken an AA, Bericht vom 16.9.1917. Der Bericht ist veranlaßt durch eine dringende Warnung Lanckens vor militaristischen Eingriffen ins besetzte Gebiet, die ähnlich wie die Arbeiterdeportationen Ende 1916 die Friedenssehnsucht im belgischen Volk, die "heute viel tiefer geworden ist", zerstören müßten. Als Beispiel für die katastrophalen Folgen des militaristischen Vorgehens erwähnt Lancken in dem Bericht die Absicht Merciers, sich bei den Verbündeten für den Friedensschluß einzusetzen, die durch die Arbeiterdeportationen zunichte gemacht worden sei.(Siehe hierzu S.126 f.). Lanckens Situationsbericht vom September 1917 wird bestätigt durch die Äußerungen Bischof Heylens, der sich im November 1917 zum zweitenmal während des Krieges in Rom aufhielt und dort dem Gesandten Van den Heuvel zur Stimmung im besetzten Gebiet erklärte: "Je crois m'a dit Mgr. Heylen à entretenir autant que possible la flamme de l'énergie et à mettre en relief les raisons de notre confiance dans l'avenir. Mais je sens que les convictions faiblissent. Je vois beaucoup d'ouvriers poussés par la misère, se resigner à partir pour l'Allemagne. Et j'entends nombre de gens murmurer autour de moi qu'il serait temps de négocier la paix si les Allemands sont prêts à nous rendre une indépendance complète comme ils le disent parfois. J'ai beau leur répéter qu'il ne faut pas se laisser prendre à des paroles non autorisées. Ils me repondent qu'on négocie; on saura alors nettement à quoi s'en tenir." (AGR Brüssel, FVdH 23, Bericht Van den Heuvels vom 30.11.1917 zum Romaufenthalt Heylens, s. auch unten, S.156).

131 Siehe oben, S.94 f.

132 Der Nachlaß de Broquevilles enthält zahlreiche Memoranden und Zeitungsausschnitte zum belgischen Annexionismus im ersten Welt-

krieg, der im Rahmen dieser Arbeit nicht zu behandeln ist. Das grundsätzliche Problem der belgischen Annexionisten war, daß die populärsten und verbreitesten Forderungen nicht Deutschland berührten, sondern das neutrale Holland bzw. französische Interessen - nämlich, in Erinnerung an die 1839 verlorenen Provinzen, das Großherzogtum Luxemburg, die holländische Provinz Limburg und das holländische linke Scheldeufer. Erst in letzter Linie wurde auch an den Erwerb deutschen Gebiets im Rheinland gedacht. Den Umschlag vom Kriegsziel der Verteidigung zum Kriegsziel der "Sicherung" durch Annexionen, der sich unter belgischen Politikern ähnlich wie in Deutschland ereignete, zeigt deutlich ein Schreiben Jules Renkins, Minister im Kabinett de Broquevilles, vom 8.3.1915 an Broqueville: "J'ai l'impression très nette qu'on laisse trop flotter les choses au département des affaires étrangeres. Les questions les plus graves vont se poser, se posent déjà. De leur solution va dépendre l'avenir du pays. Il s'agit de faire en sorte que la Belgique retire le fruit de ses sacrifices qu'elle a subis pour l'accomplissement loyal de ses obligations." Im Anschluß daran kritisierte Renkin Beyens, den belgischen Außenminister, er vernachlässige es, sich um Luxemburg, Limburg und das linke Scheldeufer zu kümmern. (AGR Brüssel, FdB 183), siehe auch J. Willequet, Gaston Barbanson. Promotuer d'une 'Grande Belgique' en 1914-1918, in Revue belge de philologie et d'histoire 1970, S.335 ff. sowie E. Defoort, Het Belgische Nationalisme vóór de eerste wereldoorlog, in Tijdschrift voor Geschiedenis, 1972, S.524 ff.

133 Die Verstimmung der belgischen Annexionisten gegen den Papst ist der eigentliche Hintergrund der Hénusse-Affäre, die von deutscher Seite mangels näherer Informationen nicht richtig eingeschätzt werden konnte (vgl. F. Wende, Die belgische Frage, S.86 Anm. 223). Zu der Audienz des belgischen Jesuitenpaters Hénusse und den sich daran anschließenden Auseinandersetzungen s. auch unten Anm. 162.

134 Vgl. Ritter, Staatskunst, Bd. 3, S.220.

135 So hatte Bethmann in seiner Rede vor dem Reichstagshauptausschuß vom 9.11.1916 betont, Deutschland strebe keine Annexion Belgiens an (Bethmann Hollweg, Kriegsreden, S.163).

136 Angst vor der völligen Zerstörung Belgiens bei einer Rückeroberung durch die Alliierten war auch ein Motiv der Gräfin Mérode, sich für eine deutsch-belgische Verständigung einzusetzen (PA Bonn, Wk 2 geh. Bd. 28, Lancken an Langwerth, Schreiben vom 29.12.1916).

137 Auch Törring berichtete nach einer Reise an die Westfront, in deren Verlauf er auch in Brüssel mit führenden Belgiern zusammengekommen war, von wachsender Kriegsmüdigkeit in Belgien. (Ebd. Bd. 27, Törring an Bethmann, Schreiben vom 29.12.1916).

138 Villalober berichtete nach seinen Reisen nach Paris, Le Hâvre und Madrid im Sommer 1916 und Ende 1916 Lancken über die Stimmung in Frankreich und unter den belgischen Politikern im Exil. (F. Wende, Die belgische Frage, S.100 f.)

139 Erst Villalobars Bericht nach seiner Reise vom Dezember 1916/Januar 1917 ließ Broqueville in einem der Verständigung mit Deutschland geneigteren Licht erscheinen. (PA Bonn, Wk 2 geh. Bd. 28, Lancken an AA, Telegramm Nr. 3 vom 11.1.1917)

140 F. Wende, Die belgische Frage, S.86 f.

141 In diesem Zusammenhang ist daran zu erinnern, daß Lancken in der Denkschrift vom 10.12.1916 für den Reichskanzler (Nachweis oben Anm. 112) von der belgischen Frage als dem Schlüssel für den Friedensschluß im Westen gesprochen hat.

142 In Lanckens Kontakten mit Mercier, der Merode und Villalobar Ende 1916 ist immer die Rede von Friedensaussichten und -stimmungen nicht bloß bei belgischen Politikern, sondern auch den westlichen Verbündeten Belgiens (vgl. Lancken an Bergen, Schreiben vom 3.12.1916, Scherer/Gruner, L'Allemagne I, S.590; Lancken an Langwerth, Schreiben vom 8.12.1916, ebd., S.607; Lancken an Langwerth, Schreiben vom 28.12.1916, PA Bonn, Wk 2 geh. Bd. 28). Daß Lancken durchaus nicht nur an eine deutsch-belgische Verständigung dachte (gegen Wende, Die belgische Frage, S.102), scheint sich auch darin anzudeuten, daß schon sehr früh, nämlich in seinem Schreiben an Bergen vom 3.12.1916, von Konzessionen in der Elsaß-Lothringen-Frage die Rede war.

143 In Lanckens Bericht an das AA vom 16.9.1917 (Nachweis oben Anm. 130) heißt es: "Ich darf hier daran erinnern, daß Kardinal Mercier im September 1916 schon das Interesse Belgiens an einem baldigen Friedensschluß erkannte...". Bei dem Gespräch Lanckens mit Mercier über die Friedensfrage vom September 1916 muß es sich um die von Lancken in seinem Bericht an das AA vom 15.10.1916 (s. oben Anm. 85) erwähnte "persönliche" Unterredung handeln, über deren eigentlichen Inhalt Lancken in diesem Bericht keine Mitteilungen machte und die in der Ausgabe der Mercierschen Korrespondenz mit dem Generalgouverneur auch nicht erwähnt ist, mit gutem Grund, wenn es um eine Initiative Merciers in der Friedensfrage ging! - In seinem Schreiben an Bergen vom 3.12.1916 (s. oben Anm. 142) setzte Lancken die Kenntnis des AA von der Verbindung zur Gräfin Merode, in seinem Schreiben vom 8.12.1916 (Nachweis oben Anm. 142) die Kenntnis des AA von dem Mercierschen Reiseprojekt voraus. Da Lancken im Oktober und November 1916 wegen der Arbeiterdeportationen aus Belgien mehrfach persönlich mit dem AA in Berlin zu tun hatte, ist anzunehmen, daß er bei dieser Gelegenheit auch mündlich die Anknüpfungsmöglichkeiten zu Deutschlands Gegnern im Westen über seine belgischen Mittelsleute erörtert hat.

144 Lancken an Bergen, Schreiben vom 3.12.1916 (Nachweis oben Anm. 142).

145 In der Behandlung des deutschen Friedensangebots von 1916 (Steglich, Bündnissicherung S.162 ff., Ritter, Staatskunst, Bd. 3, S.334 ff.) ist bisher nicht gewürdigt, daß die öffentliche Kundgebung von intensiven Bemühungen begleitet war, über die verschiedensten Kanäle Friedensbereitschaft zu signalisieren, so über Villalobar, der Ende 1916 nach Madrid reiste und bei dieser Gelegenheit in Paris, Le Hâvre und La Panne mit belgischen Politikern sprach bzw. mit König Albert zusammentraf, über den Vatikan (siehe hierzu Wende, Die belgische Frage, S.101) und eben auch über Mercier.

146 Lancken an AA, Bericht vom 16.9.1917 (Nachweis oben Anm. 130).

147 Hierzu heißt es in dem Schreiben Lanckens an Langwerth vom 8.12.1916 (Nachweis oben Anm. 142): "Kardinal Mercier scheint auch zu denken, daß jetzt Friedensideen aufkommen könnten. Er hat mich heute wissen lassen, daß er bereit sei, auch früher als wir in Aussicht genommen hatten, (Mitte Januar), nach Le Hâvre, La Panne usw. zu fahren." Aus der Fortsetzung des Briefes geht übrigens hervor, daß die Gräfin Merode auch zwischen Mercier und Lancken vermittelte: "In England, so fügte die Gfn. M. hinzu, schreite die Vorarbeit für sein Friedenswerk günstig fort. Sie hat ihre Nachrichten von den Jesuiten." (Scherer/Gruner, L'Allemagne I, S.608). Nachdem Lancken mit Villalobar nach Berlin gerufen wurde (ebd. S.608, Telegramm Zimmermanns an Lancken vom 11.12.1916), fertigte er dort eine Aufzeichnung über Merciers Reiseprojekt an, die wohl weniger zur Unterrichtung des Auswärtigen Amtes als als Unterlage für die Anträge für Reisepässe für Mercier und seinen Begleiter bei der OHL dienten: "Kardinal Mercier hat den Wunsch geäußert, sich demnach über die Schweiz nach La Panne und Le Hâvre zu begeben, um dem König Albert und der belgischen Regierung mündlich darzulegen, daß Belgien dringend einen baldigen Friedensschluß braucht. Es liegt im politischen Interesse, dem Kardinal und seinem Begleiter die Reise ungehindert zu ermöglichen." (PA Bonn, Wk 2 geh. Bd. 27, Aufzeichnung Lanckens vom 28.12.1916). Scheint es nach den von 1916 stammenden Dokumenten, Mercier habe vornehmlich auf die belgische Regierung einwirken wollen, so heißt es in Lanckens Bericht vom 16.9.1917 (s. oben Anm. 130), daß "Mercier damals im Begriffe stand auszureisen, um bei den Verbündeten auf eine Beschleunigung des Friedensschlusses hinzuwirken."

148 Merciers Reise konnte nur Erfolg haben, wenn sie geheim blieb, es ist aber schwer vorstellbar, wie ein Aufenthalt des Kardinals in Frankreich oder im unbesetzten Gebiet Belgiens unbemerkt bleiben sollte. - Nach der Rückkehr Lanckens aus Berlin (er hatte sich dort über die Weihnachtsfeiertage aufgehalten), war der Reiseplan noch nicht aufgegeben, denn am 29.12.1916 schrieb Lancken an Langwerth im AA, Mercier wolle ihn sehen, er werde aber nicht nach Mecheln fahren, sondern der Kardinal möge zu ihm nach Brüssel kommen, damit er "dadurch dokumentiert, daß **er** es ist, der mich zu sehen wünscht." (PA Bonn, Wk 2

geh. Bd. 28, Lancken an Langwerth, Schreiben vom 29.12.1916, Hervorhebung im Original).

Mit Telegramm 97 vom 18.1.1917 ließ die OHL das AA wissen, daß Mercier das besetzte Gebiet bis zum 26.1.1917 verlassen haben müsse (PA Bonn, AHQ 4 Bd. 1-2, Grünau an AA), darauf teilte Lancken mit Telegramm 11 vom 19.1.1917 an Lersner mit, die Abreise Merciers sei auf unbestimmte Zeit verschoben (ebd.). Inwieweit Merciers Absage auch mit dem Auftreten eines weiteren Mittlers zwischen Deutschland und der belgischen Regierung, dem Industriellen Coppée, zusammenhing, müssen weitere Forschungen ergeben. Coppée hatte am 29.12.1916 erstmals mit Lancken gesprochen, (vgl. Lancken an Langwerth, Schreiben vom 29.12.1916), er stand nachweislich später mit Mercier in Verbindung, als es um die Anbahnung eines Kontaktes zwischen Lancken und Broqueville ging (s. auch unten Anm. 151).

149 Zur Reise Villalobars im Dezember 1916 nach Berlin s. Scherer/Gruner, L'Allemagne I, S.590 und ebd. S.607 f., Lancken an Bergen vom 3.1.1916 und ders. an Langwerth vom 8.1.1916, s. auch F. Wende, Die belgische Frage, S.101.

150 AGR Brüssel, FdB Nr. 142, Lichtervelde an Broqueville, Schreiben vom 3.1.1917. Zum Gewicht eines Wortes von Louis de Lichtervelde vgl. auch P.H. Spaak, Memoiren eines Europäers, S.29.

151 F. Wende, Die belgische Frage, S.101 Anm. 45. In Ermangelung weiteren Aktenmaterials unterstellt Wende den deutschen Friedenssondierungen über Villalobar die gleichen Intentionen wie den Törring-Waxweiler-Gesprächen, nämlich in Sonderfriedensverhandlungen mit Belgien größere "Garantien und Sicherheiten" für Deutschland herauszuholen als es bei einer allgemeinen Friedenskonferenz möglich wäre (ebd., S.102). Mir scheinen jedoch die deutschen Bedingungen an Belgien vom Ende des Jahres 1916 im Vergleich zu den noch Waxweiler genannten (siehe oben, S.129 f.) sehr viel zurückhaltender zu sein als Wende es wahrhaben will. Faktisch handelt es sich doch um die Bedingungen, die der Reichskanzler am 26.6.1917 auch Pacelli nannte (Steglich, Die Friedenspolitik der Mittelmächte, S.119 ff. und ders., Der Friedensappell Nr. 526, S.640 ff.) Auch Van den Heuvel wußte von weitgehenden Zugeständnissen, die Lancken Coppée und der Merode gemacht haben soll. In einer Aufzeichnung vom 10.11.1917 (AGR Brüssel, FVdH 43, handschriftliche Aufzeichnung Van den Heuvels, Überschrift "Cumont") heißt es: "Voici les faits que je tiens d'une personne très au courant. Mme Merode et Coppée sont venus trouver Broqueville lui disant que Van der Lancken (sic) les avait charger de dire q. l'All. était disposer d'abandonner la Belgique, à l'indemniser de tous les dommages et à négocier au sujet de l'Alsace-Lorraine, moyennant restitution de colonies et liberté de négoce, que pour l'Italie on céderait le Trentin et le Trieste..."

152 Scherer/Gruner, L'Allemagne I, S.673 f., Lancken an AA, Telegramm Nr. 3 vom 11.1.1917.

153 Über das deutsche Friedensangebot vom Dezember 1916 sprach der Papst mit Van den Heuvel in seiner Audienz vom 28.12.1916 (AGR Brüssel, FVdH 38, handschriftliche Aufzeichnung Van den Heuvels). Van den Heuvel zeigte sich, da er nur die offiziellen deutschen Erklärungen kannte, mißtrauisch gegenüber den Andeutungen des Papstes, Deutschland wäre vielleicht zur Wiederherstellung Belgiens bereit, weil Deutschland diese Behauptung immer mit der Forderung nach Garantien verbunden habe. Die deutsche Forderung, Belgien müsse von England und Frankreich unabhängig sein, schockierte Van den Heuvel hingegen nicht: "Vous devriez être indépendant de l'Angleterre et aussi de la France, observe le Pape. Mais nous ne demandons pas autre chose, repliquai-je. Seulement l'Allemagne me semble toujours affirmer que nous ne seront indépendant de l'Angleterre que sie elle possède des servitudes sur notre territoire. Si elle n'a pas cette pensée qu'elle le dise ou le fasse dire..."

154 Wie aus einem Schreiben Merciers an Van den Heuvel vom 4.2.1917 hervorgeht (AGR Brüssel, FVdH 2), weigerte sich der Nuntius in Brüssel, Briefe an andere Adressaten als den Kardinal-Staatssekretär und die römischen Kongregationen mit diplomatischer Post befördern zu lassen. Mercier war deshalb auf "d'autres intermédiaires" angewiesen. Möglicherweise hat er deshalb das Reiseprojekt in seinem Brief an Broqueville vom 11.12.1916 (Nachweis unten Anm. 157) nicht erwähnt, um jedes vorzeitige Bekanntwerden zu vermeiden.

155 Die Tatsache englischer Kontakte Merciers in der Friedensfrage Ende 1916 wurde bestätigt durch das Schreiben Lanckens an Langwerth vom 8.12.1916 (Nachweis oben, Anm. 142, vgl. auch oben, Anm. 144), wo Lancken eine Mitteilung der Gräfin Merode weiterleitete, Mercier habe aus England Post in der Friedensfrage erhalten.

156 Im handschriftlichen Original schwer leserlich.

157 AGR Brüssel, FdB 153, Mercier an Broqueville, Schreiben vom 11.12.1916.

158 Siehe oben, Anm. 137.

159 Mercier hatte zuvor von den Schwierigkeiten gesprochen, gegen die Deportation belgischer Arbeitskräfte einen passiven Widerstand zu organisieren.

160 Mercier an Broqueville, Schreiben vom 11.12.1916, Nachweis oben, Anm. 157.

161 Einen Ansatz zu Vergeltungsforderungen hatte Mercier zu Beginn des Krieges gezeigt, als nach der Zerstörung der Löwener Bibliothek Möglichkeiten des Wiederaufbaus erörtert wurden und Mercier, psychologisch verständlich, zunächst eine Wiederbeschaffung der verlorenen Bestände "livres par livres" aus deutschen Bibliotheken erwog. Van den Heuvel, gleichfalls ein ehemaliger Hochschullehrer der Löwener Universität, widersetzte sich mit Energie einer Wiederherstellung der Bibliothek

durch die "pillage" anderer Bibliotheken. Mercier ließ sich schließlich von den Argumenten des früheren Kollegen an der Löwener Universität überzeugen. (AGR Brüssel, FVdH 38, "Notes personnelles", Bruxelles, Anvers, Le Hâvre, Aufzeichnung Van den Heuvels vom 16.9.1914 und 5.10.1914).

162 Der belgische Jesuitenpater Hénusse, der als Seelsorger in der belgischen Armee an der Front wirkte, hatte am 4.12.1915 eine Audienz beim Papst (AGR Brüssel, FVdH 40, Aufzeichnung Van den Heuvels "Interview Hénusse" ohne Datum). Wie es zu der Audienz gekommen war, geht aus Van den Heuvels Aufzeichnungen nicht hervor, Hénusse selbst hat sich jedoch gegenüber Minister Beyens in seinem Bericht vom 18.12.1915 als Sonderbeauftragter des König Albert bezeichnet. (F. Wende, Die belgische Frage, S.86 Anm. 223, siehe auch AGR Brüssel, FdB 183, Schreiben Renkins an Broqueville vom 24.12.1915, der dagegen protestierte, daß derartige Missionen ohne Wissen der Regierung stattfänden). Nach Van den Heuvels Aufzeichnung über die Hénusse-Audienz hat der belgische Jesuit dem Papst von der schlechten Stimmung in der belgischen Armee gegenüber dem Papst gesprochen: "Le pape s'étonne qu'on n'ait pas dans les tranchées une vue claire de sa bienveillance pour les Belges et qu'on ne soit pas persuadé de sa volonté de venir en aide à la Belgique. Il raconte qu'au mois de juin il a consulté - par l'intermédiaire du secretaire d'Etat - le ministre de Belgiq. sur l'opportunité d'une demarche en faveur de la paix et qu' alors il lui a dit que son premier point de réclamation serait l'indépendance de la Belgiq. Il prie H. de le proclamer dans l'armée. H. demande s'il peut dire q. par lâ le Pape entend une indépendance intégrale comprenant le Congo, et les réparations q. commande la Justice. Le Pape lui répond que s'est bien lâ sa pensée, qu'il ne desire pas qu'on l'exprime dans un interview, mais qu'il peut l'affirmer dans ses discours et conversations." (AGR Brüssel, FVdH 40, Aufzeichnung Van den Heuvels, "Interview Hénusse", ohne Datum). In unmittelbarer Nachbarschaft dieser Aufzeichnung befindet sich in dem Nachlaß Van den Heuvels ein undatiertes anonymes Memorandum über die Stimmung in der belgischen Armee, in der jeder päpstliche Friedensappell als moralische Unterstützung für Deutschland aufgefaßt werde, das vielleicht eine Kopie einer von Hénusse dem Papst überreichten Denkschrift ist.
Die vom Papst als Beruhigung gedachte Erklärung über sein Friedensprogramm, Belgien betreffend, rief unter belgischen Politikern lebhafte Unruhe hervor, und zwar einmal wegen der darin liegenden angeblichen Absage des Papstes an belgische Vergrößerungswünsche und wegen des Anscheins belgischer Sonderfriedensneigungen, da Hénusse auch verbreitete, er sei im Auftrag des Königs beim Papst gewesen. Hénusses Erzählungen veranlaßten Broqueville, den Ministerrat einzuberufen, dessen Verhandlungen mit der Aufforderung an Beyens endeten, Van den Heuvel um nähere Informationen zur Hénusse-Audienz zu ersuchen. (AGR Brüssel, FVdH 43, Schreiben Beyens an Van den Heuvel vom 22.12.1915). Van den Heuvel antwortete mit Bericht vom 30.12.1915, er sei in der Tat im Juni vom Kardinal-Staats-

sekretär Gasparri wegen einer Friedensvermittlungsaktion des Papstes zum Herbst 1915 angesprochen worden, er habe aber von einer solchen Aktion spontan und nach gründlicher Überlegung am nächsten Tag als "prématurée" abgeraten (AGR Brüssel, FVdH 43). Van den Heuvel hielt es für geraten, wegen der Äußerungen des Papstes gegenüber Hénusse nicht selbst Gasparri zu befragen, sondern die gerade Anfang Januar 1916 in Rom anwesenden belgischen Bischöfe Heylen und Mercier zu bitten, direkt den Papst anzusprechen. (AGR Brüssel, FVdH 43, Bericht an Beyens vom 10.1.1916 und Privatschreiben an Beyens vom 24.1.1916, siehe auch ebd. FVdH 38, handschriftliche Aufzeichnung Van den Heuvels über Merciers Ankunft in Rom am 14.1.1916 und ebd. FVdH 23, handschriftliche Aufzeichnung Van den Heuvels über Heylens erste Audienz bei Benedikt XV. vom 15.1.1916). Heylen hatte den Papst gefragt, "si les paroles du Pape doivent être interprêtées dans ce sens qu'elles s'opposent à tout aggrandissement et à toute rectification de frontière." Der Papst habe darauf geantwortet: "En parlant au Père Hénusse, j'ai voulu dire qu'une condition sine qua non des négociations devait être l'évacuation de la Belgique et le rétablissement du status quo ante; mais j'ai nullement voulu dire que la Belgique ne pouvait pas exiger autre chose. C'est au Gouvernement et non à moi de le décider." (Diese Erklärung des Papstes ist von der Hand Heylens selbst aufgeschrieben und von Van den Heuvel in den Text seiner Aufzeichnung eingeklebt worden.) Auch über Mercier versuchte Van den Heuvel Näheres über den Vermittlungsversuch des Papstes vom Juni 1915 zu erfahren, da Hénusses Erzählungen den Eindruck erweckten, Deutschland habe den Papst im Juni 1915 um eine Friedensvermittlung gebeten. Hierzu konnte Mercier dem belgischen Gesandten mitteilen, daß dem Papst kein konkreter deutscher Friedensfühler vorgelegen habe, daß er aber infolge der Rückkehr eines römischen Prälaten aus Bayern einige Persönlichkeiten habe sondieren wollen: "Ce prélat avait insisté sur les forces dont disposaient les Empires du Centre. Il avait déclaré qu'il y avait lieu de croire qu'une tentative de négocier ne serait pas rejetée par l'Allemagne et que la Quadruple Entente avait peut-être intérêt à lui faire bon accueil." (AGR Brüssel, FVdH 23, Bericht Van den Heuvels an Beyens vom 17.1.1916). Mercier wurde der Name des römischen Prälaten nicht mitgeteilt, nach Van den Heuvel handelte es sich dabei Marchetti, den Auditor der Münchener Nuntiatur und späteren päpstlichen Beauftragten in der Schweiz, der vor seiner Abreise in der Tat mit Bethmann Hollweg zusammengetroffen war und über Friedenschancen gesprochen hatte. (Siehe oben, Kap. 5 Anm. 66)

Es ist verständlich, daß der Papst wegen des unerwarteten belgischen Echos auf seine Erklärung zu seinen Friedensbedingungen für Belgien verärgert war. (AGR Brüssel, FVdH 40, Bericht Van den Heuvels vom 4.2.1916 über das am 1.2.1916 erschienene Dementi des "Osservatore Romano", gedr. bei Pini-Tronati, Jules Van den Heuvel, S.14 ff.). Die Affäre Hénusse hat die Spannungen in der belgischen Regierung verschärft und zu Broquevilles Entschluß der Regierungsumbildung beigetragen, durch die drei Minister der sozialistischen und liberalen Opposition in das bis dahin homogen katholische Kabinett aufgenommen wurden. Vor der umgebildeten Regierung gab Broqueville eine Erklärung ab, die Van den Heuvel durch einen persönlichen Abgesandten des belgischen Regierungschefs vorgetragen wurde und über die sich der Diplomat beim Vatikan Notizen machte. Dort hieß es unter anderem über die Frage eines Friedensschlusses mit Deutschland: "La Belgique ne fera pas de paix séparée avec l'Allemagne. Elle doit reprendre son indépendance la plus complète au point de vue politique, économique et financier aussi bien pour son territoire continental que pour sa colonie. Il y a lieu de ne rien négliger de ce qui pourrait au point de vue du droit international assurer la plénitude de son autonomie." (AGR Brüssel, FVdH 38, Aufzeichnung Van den Heuvels vom 24.1.1916). Bekanntlich scheiterten die deutsch-belgischen Sonderfriedenskontakte zwischen Törring und Waxweiler auch an dem auf deutscher Seite entstandenen Verdacht, es sei auf belgischer Seite zu Indiskretionen gekommen, was Waxweiler lebhaft bestritt. (Vgl. Törring an Jagow, Schreiben vom 29.2.1916, Nachweis oben Anm. 103). Wenn man aber in Belgien wegen eines angeblichen deutschen "offre de paix" in Belgien alarmiert war (vgl. die von F. Wende, Die belgische Frage, S.90 f. Anm. 242 zitierten Beispiele aus den deutschen Akten, die als Beweis für belgische Indiskretionen angesehen wurden) so bezog sich das mit großer Wahrscheinlichkeit auf die Hénusse-Erzählungen, der ja berichtet hatte, Deutschland hätte sich im Juni 1915 mit einem Sonderfriedensangebot an den Papst gewandt. Diese Erzählungen wurden zum Jahreswechsel 1915/16 in der Tat sehr lebhaft unter den belgischen Politikern und Journalisten im Exil diskutiert und drangen offensichtlich auch in das besetzte Gebiet ein, daher ist es gut erklärlich, wenn etwa eine Offiziersgattin am 7.1.1916 an ihren Mann im belgischen Hauptquartier schreiben konnte: "... très très curieux ce que tu dis de cette offre de paix" (Wende, ebd., S.90 Anm. 242), ein Schreiben, das von der deutschen Postüberwachung aufgefangen wurde und nicht auf die Hénusse-Erzählungen, sondern auf belgische Indiskretionen über die Törring-Waxweiler-Gespräche bezogen wurde.

163 Die Wiederherstellung der "Ordnung" als wesentlicher Voraussetzung des Friedensschlusses ist ein bei Mercier häufig ausgedrückter Gedanke, so etwa in seinem Fasten-Hirtenbrief vom 2.2.1915 "Pie X et Benoit XV. La Papauté", in D.J. Mercier, OP V, S.87 ff., wo Mercier das päpstliche Friedensgebet mit den Worten kommentierte: "Il y a une prière, toutefois, que l'on devra réciter... après la messe principale, c'est la belle prière que Notre Saint Père le Pape a composé pour l'obtention de la paix. Et vous ne l'ignorez pas, mes Frères, la paix est, par définition, la sérénité dans l'ordre, l'ordre lui-même étant l'expression de la justice. Quand vous prierez pour le rétablissement de la paix, vous demanderez donc, en union avec le Souverain Pontife, la répression des violences,

qui ont troublé l'ordre européen, et vous attendez avec confiance ... le triomphe de notre droit."

164 AGR Brüssel, FVdH 23, Bericht Van den Heuvels an Beyens vom 16.1.1916, gedr. bei Pini-Tronati, Jules Van den Heuvel, S. 8 f.

165 Ebd. FVdH 23 /Pini-Tronati, Jules Van den Heuvel S.9. Noch deutlicher akzentuiert tritt Merciers Vorstellung vom Friedensschluß im Gespräch mit Briand am 11.2.1916 hervor: "Le Cardinal fait observer que le moral de la population occupée est à la hauteur de celui de la jeunesse qui est au front. Tout le monde souffre du manque d'air et de liberté. Mais il n'est personne qui désire une paix prématurée. La seule paix à laquelle nous aspirons c'est la paix après la victoire; aucune autre ne serait durable et ne nous assurerait une indépendance complète." Van den Heuvel an Beyens, Bericht vom 10./12.2.1916 in AGR Brüssel, FVdH 23, gedr. bei Pini-Tronati, Jules Van den Heuvel, S.28

166 Ebd., FVdH 38, Aufzeichnung Van den Heuvels zur Ankunft Merciers in Rom (14.1.1916) vom 15.1.1916. Van den Heuvel hatte ihm in dem ersten Gespräch "l'incident Hénusse" erzählt. Mercier erklärte, auch er sei im Juni 1915 vom Papst angesprochen worden, er habe aber erklärt: "que ce n'était pas l'heure de la paix et q. la population ne désirait la voir négocier q. le jour où elle pouvait l'être dans des conditions qui pouvaient assurer sa stabilité." (Vgl. auch den Bericht Van den Heuvels vom 17.1.1916 in FVdH Nr. 23, gedr. bei Pini-Tronati, Jules Van den Heuvel, S.8 f.).

167 Durch einen der belgischen Regierung bekanntgewordenen Bericht des englischen Gesandten beim Vatikan hörte Beyens etwas von einer angeblichen Sondierung des Vatikans bei Mercier im Oktober 1915, über die Van den Heuvel Genaueres berichtete mit Telegramm vom 14.2.1916 und Bericht vom 19.2.1916 (ebd. S.32 f. und S.36 ff.). Danach hat Mercier auch diese Anfrage negativ beantwortet unter Hinweis auf die militärischen Anstrengungen der Entente, die erst abzuwarten wären.

168 Siehe oben, Anm. 132.

169 Siehe oben, Anm. 162.

170 "Il est une autre question, sur laquelle, pour le travail qui m'incombe, j'attacherais beaucoup de prix à connaître son impression, sur laqualle aussi des renseignements contradictoires me sont parvenues. C'est celle des conditions de la paix. Est-il vrai que la majeure partie de nos compatriotes rêvent des acquisitions territoriales aux dépens de l'ennemi - bien entendu - mais encore aux dépens de la Hollande; qu'une Belgique, redevenue complêtement indépendante, aggrandie même du Luxemburg, dépouillée de la neutralité qui lui a été une gène et un leurre ne leur suffirait pas; qu'ils la veulent élargie jusqu'à et y compris l'embouchure de l'Escaut, appuyée sur tout le cours de la Meuse, ce qui lui vaudrait la cession

du Limburg néerlandais, s'étendant même jusqu'au Rhin? Est-il vrai que les aggrandissements constituent dans l'opinion des Belges de Belgique - je ne parle pas de ceux du Hâvre,- la rémunérations des sacrifices, faits par eux pour sauver lès Alliés, des souffrances et des dommages éprouvés? L'opinion du Cardinal sur la mentalité règnant actuellement dans notre pays, serait pour moi du plus haut intérêt." (AGR Brüssel, FVdH Nr. 23, Beyens an Van den Heuvel, Schreiben vom 12.1.1916).

171 Ebd., Bericht Van den Heuvels vom 13.2.1916. Noch anschaulicher tritt Merciers Auffassung aus der persönlichen Aufzeichnung Van den Heuvels (ebd., von I-IV numeriert) heraus: "Jusqu'il y a un mois le Card n'a pas entendu parler du désir d'aggrandissement. Il est vrai qu'il est renfermé dans le cercle de son diocèse et qu'il ne voit pas autant de pers. qu'il le souhaiterait à cause des diff.tés de communications. La seule chose dont il était parlé c'était la libération du territoire. On a toujours l'Allemand devant soi, on n'a qu'une pensée son éloignement. ... Depuis qq. semaines d'ici de là certaines personnes paraissent songer à la possibilité d'aggrandissements en cas de victoire. ... La plupart de ceux - il sont en bien petit nombre qui ont agité cette question - paraissent fort peu désireux de voir adjoindre à la Belgique des populations allemandes. L'antipathie contre les Allemands est trop forte pour qu'on puisse souhaiter leur coude à coude."

172 Siegesgewißheit sprach auch aus Merciers Hirtenbrief "A notre retour de Rome" vom 7.3.1916 (Nachweis oben, Anm. 13): "La conviction, naturelle et surnaturelle, de notre victoire final est, plus profondément que jamais, ancrée en mon âme. Si, d'ailleurs, elle avait pu être ébranlée, les assurances que m'ont fait partager plusieurs observateurs dèsintéressés et attentifs de la situation générale, ... l'eussent solidement raffermie: Nous l'emporterons, n'en doutez pas, mais nous ne sommes pas au bout de nos souffrances."

173 Nachweis oben, Anm. 157.

174 Siehe oben, S.129 ff.

175 Siehe hierzu Anm. 130 und Anm. 148.

176 Auch in seinem, auf ein persönliches Gespräch mit Mercier zurückgehenden Bericht vom 21.5.1917 (Nachweis unten Anm. 180) betonte Lancken, es seien die Arbeiterdeprotationen gewesen, die Mercier schließlich gehindert hätten, den Friedensplan von Ende 1916 weiterzuverfolgen (ähnlich auch Lancken an Lersner, Schreiben vom 13.5.1917 in PA Bonn, AHQ 12, Bd. 1, 1 a und 2).

177 Siehe hierzu Steglich, Die Friedenspolitik, S.126 ff. und S.140 f. In einer Aufzeichnung Coppées im Nachlaß Broquevilles (AGR Brüssel, FdB 428, "Note No. 4" vom Juni 1917) heißt es, er habe sich auf Grund der komplizierten Situation an Mercier gewendet, "qui aux yeux de nous tous Belges prison-

niers, incarnait notre espoir et notre orgeuil national. Son Eminence voulait bien me recevoir et je Lui exposais toute l'affaire depuis son origine. Son Eminence m'engagea à beaucoup de prudence et à demander des garanties de sincérité avant d'aller plus loin, la pratique que Son Eminence avait du Département politique l'amenait à me donner ce conseil." Nach dem Gespräch mit Mercier sei er mit Lancken erneut am 14. und am 21. Juni zusammengetroffen und habe danach Mercier in dessen Landhaus in Braine-l-Alleud getroffen, dem er seine Gespräche mit Lancken berichtet habe: "Son Eminence estima que dans ces conditions mon devoir était de mettre le Baron de Broqueville au courant de la mentalité et des avances du gouvernement allemand et que, naturellement, c'etait sous ma responsabilité et à mes risques et périls que j'agissais." (ebd., S.18)

178 Im Laufe des Jahres 1917 gab es zweimal Reisegerüchte in bezug auf Mercier, ohne daß zu entscheiden ist, welche Interessen hinter diesen Gerüchten standen. Die Politische Abteilung in Brüssel wußte jedenfalls nichts von einer Absicht Merciers, nach Rom zu reisen (s. hierzu PA Bonn, Wk 17 Bd. 8, Romberg an AA, Telegramm Nr. 697 vom 19.4.1917 und Stockhammern an AA, Bericht Nr. 495 vom 19.4.1917, siehe auch Lancken an AA, Telegramm 135 vom 27.4.1917 sowie ebd. Bd. 9, Auszug aus einem Stockhammern-Bericht vom September 1917).

179 Siehe auch unten, S.150 ff.

180 Nach der Übernahme des Amtes des Generalgouverneurs durch Falkenhausen (s. unten S.141) wollte der neue Generalgouverneur den Austausch von Höflichkeitsbesuchen vermeiden, aber Mercier nicht ohne eine offizielle Unterrichtung lassen. Er sandte deshalb von der Lancken zum Kardinal, um diesem den Wechsel an der Spitze der deutschen Verwaltung in Belgien anzuzeigen. Dieser Besuch führte zu einem von Lancken als bedeutsam empfundenen Gespräch mit dem Kardinal, über das Lancken am 21.5.1917 dem AA berichtete. (PA Bonn, Wk 17 Bd. 8).

181 Ebd.

182 Ebd., Mercier zu einem anderen, von Lancken nicht namentlich genannten Vertreter der Politischen Abteilung.

183 PA Bonn, Wk 17 Bd. 9, Bericht vom 17.10.1917.

184 Die militärischen Behörden hatten den in der Etappe residierenden Bischöfen von Gent, Brügge und Tournai die Genehmigung zum Verlassen des Etappengebiets versagt. Daß Mercier den päpstlichen Friedensappell von 1917 begrüßte, geht aus seinem Schreiben an den Papst vom 10.10.1917 (Abschrift in AGR Brüssel, FVdH 42) hervor, das möglicherweise anstelle der nicht zustandegekommenen Grußadresse abging. Mercier schrieb dem Papst: "Nous craindrions de sortir de notre rôle, si nous nous arrogions le droit d'apprécier l'objet du conflit qui déchire et ensanglante le monde depuis plus de trois années; mais nous éprouvons le besoin de dire à Votre Sainteté la douce émotion

que nous avons ressentie en présence du nouveau témoignage de prédilection paternelle pour la Belgique contenu dans le Message de paix aux nations belligerantes." Langen Ausführungen des Dankes für die besondere Berücksichtigung Belgiens in dem päpstlichen Friedensappell folgte dann die Ergebenheitsadresse: "Nous manquérions à un devoir et serions sourds à la voix de pieté filiale, si, en retour de tant d' attentions délicates, nous n'offrions à Votre Sainteté ... l'hommage de notre vive et religieuse gratitude."

185 Über die Stimmung der französischen Katholiken gegenüber dem päpstlichen Friedensappell berichtete der belgische Botschafter in Paris, Baron Gaiffier: "Dès le début, Benoit XV a prévu, avec beaucoup de perspicacité d'ailleurs, qu'on arriverait à une paix de conciliation, les catholiques français aspiraient et croyaient fermement à la Paix du Droit." Den im Herbst 1917 nach Rom reisenden Erzbischof von Paris, Kardinal Amette, hätte Benedikt XV. gemahnt: "Recommandez bien à vos prêtres ... de ne pas confondre la victoire de l'Entente avec celle de la religion. Puis, Il fit observer avec humeur que l'Archevêque de Paris n'avait pas publié dans la "Semaine Religieuse" la lettre pontificale. Mgr Amette Lui répondit que la "Semaine Religieuse" en avait publié un commentaire favorable et que l'opinion française n'en aurait pas supporté davantage." AGR Brüssel, FVdH 2, Bericht Gaiffiers vom 19.12.1917). Zur Haltung des französischen Katholizismus gegenüber der päpstlichen Neutralität bzw. den päpstlichen Bemühungen um einen Verständigungsfrieden s. auch J. Brugerette, Le prêre français et la societé contemporaine, Bd. 3, S.547 ff.; P. Renouvin, "L'Episcopat français devant l'offre de paix du Saint-Siège" in "Mélanges offerts à G. Jaquemyns", S.551 ff. und J.-M. Mayeur "Le catholicisme français et la première guerre mondiale" in "Francia", 1974, S.377 ff.

186 So äußerte er Verständnis für die Schwierigkeiten Hertlings bei der Parlamentarisierung in Deutschland und kritisierte Hartmann wegen seiner starren Haltung in der Frage der Arbeitervereine. (PA Bonn, Wk 17 Bd. 9, Lancken an AA, Bericht vom 27.9.1918).

187 Ebd. Bericht Lanckens vom 27.9.1918. An anderer Stelle heißt es: "Nochmals auf die Friedensfrage eingehend, zeigte sich der Kardinal an und für sich geneigt, sie auch allgemein zu fördern. Aber es könne nur mit Bedacht und mit Schonung aller Empfindlichkeiten vorgegangen werden. Die Franzosen, Clémenceau an der Spitze, seien jetzt gänzlich unzugänglich, auch mit Lloyd George sei kaum etwas zu machen. Nach seinen gelegentlichen Informationen wisse er, daß dagegen Balfour vernünftig denke. Unter diesen Umständen wäre es für Deutschland wohl am besten abzuwarten, bis die militärische Situation wieder mehr zur Erstarrung gelangt sei, da damit namentlich in Frankreich ein Rückschlag in der Stimmung einträte. Erst dann könne mit Hoffnung auf Erfolg an Verhandlungen gedacht

werden. Jedenfalls hielt er jetzt den Augenblick nicht für gekommen, mit entsprechenden Kundgebungen an die Öffentlichkeit zu treten. Dagegen sollten wir im Geheimen zu verstehen geben, daß wir in Bezug auf Belgien einen vernünftigen Standpunkt vertreten."

188 Ebd.

189 Mercier bat besonders um deutsche Zurückhaltung bei dem Einsatz belgischer Männer und Frauen zur Zwangsarbeit.

190 Nach dem Tod Merciers 1926 hat Lancken der Meinung widersprochen, Mercier sei "Deutschlands erbittertster Hasser" gewesen. (Lancken, Meine dreißig Dienstjahre, S.189 f., Zuschrift Lanckens an das 'Berliner Tageblatt' ")

191 Die den politischen Widerstand Merciers und der belgischen Geistlichkeit dokumentierende Akte des Auswärtigen Amts Wk 17 trägt denn auch bezeichnenderweise den Titel "Deutschfeindliche Haltung des Erzbischofs von Mecheln und die belgische Geistlichkeit".

192 Siehe oben S.134 zu der Hypothese, daß Lancken sich Ende 1916 gegenüber Mercier ähnlich geäußert hat wie gegenüber Villalobar.

193 Siehe oben S.59 zu Merciers Schreiben an Hartmann und an Bissing vom 28.12.1914.

194 So heißt es hierzu in Lanckens Bericht vom 21.5.1917 (Nachweis oben Anm. 180): "Worauf diese Wandlungen zurückzuführen sind, möchte ich nicht mit Bestimmtheit sagen. Es ist möglich, daß von Rom aus auf den Kardinal eingewirkt wurde, und daß er selbst an eine starke Einflußnahme der Kirche auf den Friedensschluß denkt, namentlich seitdem der internationale Sozialismus sich zum Friedensmacher aufwirft. Er denkt sicherlich auch an die Lage der katholischen Partei nach dem Kriege, deren weitere Herrschaft durchaus nicht sicher steht."

195 AGR Brüssel, FdB 153, Mercier an Broqueville, Schreiben vom 6.3.1917, siehe auch den Fastenhirtenbrief Merciers von 1917 "Courage, mes Frères", in D.J. Mercier, OP V, S.371 ff.).

196 Ebd., Mercier an Broqueville, Schreiben vom 9.9.1917, siehe auch ebd. Schreiben Merciers an Broqueville vom 9.6.1916.

197 Ebd., Mercier an Broqueville, Schreiben vom 11.12.1916.

198 Ebd., Mercier an Broqueville, Schreiben vom 9.9.1917. Den gleichen Vorschlag hat auch Heylen der belgischen Regierung übermittelt. In seiner "Note" vom 8.11.1917 aus Rom über die Stimmung im besetzten Gebiet schrieb er dem Außenminister: "Il y a encore des Belges qui veulent continuer à souffrir, plutôt que d'avoir la paix avant que l'Allemagne soit écrasée; mais leur nombre a diminué beaucoup. La plupart disent: des deux cotés, on doit être convaincu, qu'aucun des deux adversaires ne peut écraser l'autre." En particulier, l'opinion se repand de plus en plus que l'Allemagne ne sera vaincu ni militaire-

ment, ni économiquement. Pourquoi donc, demande-t-on, continuer à verser le sang inutilement? Pourquoi ne pas négocier? Pourvu que la Belgique redevienne libre et indépendante, et qu'elle reçoive les indemnités qui lui sont dues, nous n'avons pas à demander autre chose. Nous comprenons que la Belgique ne peut pas conclure une paix separée, mais est-il impossible d'obtenir que les Alliés acceptent de négocier? On dit de tous les cotés que l'Allemagne présentera des conditions très acceptables.
Nous avons regretté que les alliés n'avaient pas répondu à la note du Saint Père. Ce sont donc eux, dit-on, qui veulent continuer la guerre à tout prix ..., J'ajoute que de l'avis de beaucoup de Belges, la conférence de la Paix devrait se tenir à Bruxelles sous la présidence de notre Roi. Bien des raison plaident en faveur de cette idée. Voici une raison utilitaire. Nous sommes trés effrayés de la situation qui suivra la cessation des hostilités et le retrait des troupes allemandes. Il faudra de toute nécessité des mésures spéciales, telle que la continuation de l'état de siège. Mais le gouvernement belge ne peut pas prendre sur lui la responsabilité de cette mesure, qui sera odieuse à une population ayant souffert pendant des années. Mais ces mesures paraîtront toutes naturelles si la conférence se tient à Bruxelles. Elles seront exigèes par les puissances, dont les délégués doivent être protéger." (AGR Brüssel, FSH 607)

199 AGR Brüssel, FDB 153, Mercier an Broqueville, Schreiben vom 2.12.1917.

ANMERKUNGEN 8. KAPITEL

1 PA Bonn, Wk 14 b Bd. 6, Lyncker an Rk, Tel. vom 22.4.1917.

2 Zur Stimmung Bissings Ende 1916 bzw. Anfang 1917 vgl. GStA München, MA 971, F.W. von Bissing an Hertling, Schreiben vom 20.2.1917, sowie ebenda das Schreiben des Generalgouverneurs von Bissing an Hertling vom 28.12.1916, in dem es weiter heißt: "Euere Exzellenz sind nun so überaus gütig und nachsichtig, meine Arbeit hier in Belgien als eine auch für die Zukunft wirkende Errungenschaft zu bezeichnen. Ich danke Euerer Exzellenz für diese mich so tief bewegende Anerkennung und möchte noch weiter gern die Kraft besitzen, um für die Gegenwart und für die Zukunft Ersprießliches im deutschen Interesse leisten zu können, zumal mir die charakterfesten Persönlichkeiten immer mehr abzunehmen scheinen, welche die Angliederung Belgiens an Deutschland zum Nutzen und zur Stärkung desselben in militärischer, wirtschaftlicher und politischer Beziehung erstreben. Es scheint, als ob ein giftiger Hauch gefallen sei, der die Ansichten über unsere so notwendige Kräftigung im Westen beeinträchtigt und diese Kräftigung für viel weniger bedeutungsvoll erklärt, als diejenige zum Schutz und zur Stärkung unserer Grenzen im Osten."

3 S. oben, S.126 f.

4 PA Bonn, AHQ 4, Bd. 1 u. 2, Ludendorff über Lersner an Rk, Telegramm Nr. 252 vom 27.2.1917. Die Ausführungen Ludendorffs bezogen sich auf Verhandlungen im Reichsamt des Innern über eine Erhöhung der belgischen Kriegskontribution. Ähnlich ebd. Hindenburg über Lersner an Bethmann, Tel. Nr. 303 vom 12.3.1917. Schon am 24.1.1917 hatte General Hahndorff aus dem Stab Ludendorffs auf ein Schreiben Bethmanns vom 24.1.1917 über die Unzuträglichkeiten, die aus der unterschiedlichen Behandlung des Etappengebiets und des Generalgouvernements für die politischen Interessen Deutschlands entstehen, geantwortet: "Wenn eine noch größere Einheitlichkeit 'für gewisse Zweige der Wirtschaftspolitik' nötig sein sollte, so könnte das nur durch Übertragung der in den Armeegebieten herrschenden Grundsätze auf das Generalgouvernement erreicht werden, denn m.E. kommt es jetzt nicht auf unser zukünftiges Verhältnis zu Belgien, sondern auf die weitgehende Nutzbarmachung seiner Mittel für unsere Kriegführung an." (PA Bonn, AHQ 4, Bd. 3).

5 Der Abbau der von Weisungen der OHL unabhängigen Stellung des Generalgouverneurs in Belgien war in der Folge das Ziel der OHL, vgl. das oben Anm. 4 zitierte Telegramm Hindenburgs an Bethmann vom 12.3.1917, in dem Hindenburg neue Grundzüge für die Verwaltung Belgiens anregte. Einen Entwurf legte der preußische Kriegsminister am 5.6.1917 (PA Bonn, Wk 14 b, Bd. 6) vor, der aber sowohl vom AA wie vom Rk abgelehnt wurde, da es unter 1. in dem Entwurf hieß: "Die Weisungen seiner Majestät in militärischen Angelegenheiten und für die Ausnutzung des Generalgouvernements zur Unterstützung des Feld-

heeres und der heimischen Kriegswirtschaft gehen ihm durch die Oberste Heeresleitung zu." Der Versuch, die unabhängige Stellung des Generalgouverneurs einzuschränken, stieß auch auf den Widerstand Falkenhausens, der mit Rücktritt drohte, da er seinen Posten unter anderen Voraussetzungen angetreten habe. (L. von Falkenhausen, Erinnerungen, S.146).

6 Die OHL setzte durch, daß die Kreise Mons, Ath, Arlon und Tournai dem Etappengebiet zugeschlagen wurden, wodurch an der Verwaltung Belgiens neben dem Generalgouvernement vier verschiedene Armeeoberkommandos beteiligt waren. Zwar sollte in politischen Fragen nach Richtlinien des Generalgouverneurs verfahren werden, doch konnten die Armeeoberkommandos faktisch die Politik des Generalgouverneurs nach eigenem Belieben unterstützen oder hintertreiben. So hatte der Generalgouverneur in der Flamenpolitik ständig mit der Etappeninspektion Gent (zur IV. Armee gehörend) zu kämpfen. In Gent war auf Drängen Bethmanns die flämische Universität eröffnet worden (s. unten S.146 f.), Gent war ein Zentrum der aktivistischen, mit den Deutschen zusammenarbeitenden Flamenbewegung. Bethmann versuchte von Hindenburg eine Verschiebung der Etappengrenze zugunsten des Generalgouvernements in Ostflandern zu erreichen, jedoch ohne Erfolg (s. hierzu PA Bonn, Wk 14 b Bd. 5, Aufzeichnung Lanckens vom 30.12.1916 über die politischen Auswirkungen der Abtrennung der Kreise Ath, Arlon und Mons, s. auch ebd., Rk an Hindenburg, Schreiben vom 4.12.1916 und Zimmermann an Grünau, Tel. 1. vom 2.1.1917, sowie Bethmann an Hindenburg, Schreiben vom 7.3.1917 und das schon öfter zitierte Telegramm Hindenburgs an den Reichskanzler vom 12.3.1917 (Nachweis oben, Anm. 4). Über die Frage wurde zwischen Reichsleitung und OHL am 5.4.1917 in Kreuznach verhandelt, jedoch ohne Erfolg (vgl. PA Bonn, Wk 14 b Bd. 6, Protokoll-Auszug "II die Vlämische Frage").

7 PA Bonn, Wk 14 b Bd. 6, Bissing an Bethmann, Schreiben vom 14.2.1917; ebd. Bethmann an den preußischen Kriegsminister, Schreiben vom 19.2.1917; ebd. Bissing an den Kaiser, Immediatbericht vom 25.2.1917. Das Gerücht einer Beschlagnahmung belgischen Kirchenguts alarmierte sofort den Vatikan, der über Kardinal von Hartmann Einspruch erhob. (AGV Köln, CR 25, 14 Bd. 20, Hartmann an Rk, Schreiben vom 17.2.1917 mit Anlage des Schreibens des Unterstaatssekretärs Pacelli vom 10.2.1917, vgl. auch den Briefwechsel Hartmanns mit Bissing vom 17.2.1917 und vom 27.2.1917 sowie Hartmanns Briefwechsel mit dem preußischen Kriegsminister von Stein vom 25.3.1917 und 10.4.1917). Die Angelegenheit fand mit dem Schreiben des Kriegsministeriums an das Auswärtige Amt vom 10.4.1917 (PA Bonn, Wk 14 b, Bd. 6) eine vorläufige Erledigung, indem sich der Kriegsminister damit einverstanden erklärte, vorerst auf eine Einziehung von Kultgegenständen aus belgischem Kirchenbesitz zu verzichten.

8 Ein Protokoll der Verhandlungen vom 20.2.1917 befindet sich in PA Bonn, AHQ 4, Bd. 1 u. 2; mit Telegramm Nr. 62 und Nr. 63 vom 21.2.1917 (PA Bonn, Wk 14 b Bd. 6) berichtete Lancken dem Reichskanzler ergänzend über das Klima und Einzelheiten seiner Verhandlungen.

9 An den Reichskanzler telegrafierte Lancken über die Kreuznacher Verhandlungen: "Hatte gestern in Kreuznach wiederholte Unterredungen mit Feldmarschall Hindenburg und General Ludendorff über Verhältnis Oberster Heeresleitung zu Generalgouverneur. ... Beide betonten, es liege keinerlei Voreingenommenheit gegen Generalgouverneur vor geschweige denn böse Absicht ... Die langen, zum Teil unter vier Augen zwischen Ludendorff und mir geführten Gespräche, die je länger je mehr einen sehr angenehmen Ton annahmen, ergaben schließlich, daß wir uns gegenseitig zusagten, alles Irgendmögliche zu tun, um Konflikte zu vermeiden. Diese Stimmung Ludendorffs bewährte sich gleich in der von ihm präsidierten Detailbesprechung mit den verschiedenen Herren seines Stabes über die schwebenden Einzelfragen." (Nachweis oben, Anm.8).

10 PA Bonn, Wk 14 b Bd. 5, Schreiben des Grafen Harrach (Politische Abteilung Brüssel) vom 20.12.1916 an das AA und ebd. "Gehorsame Anzeige" Wahnschaffes vom 9.1.1917 nach Mitteilungen Lanckens über die Schwierigkeiten, die zwangsrekrutierten Arbeiter in der deutschen Industrie zu verwenden.

11 F. Mayence, La correspondance, S.324 ff.

12 Lancken an Rk, Telegramm Nr. 63 vom 21.2.1917 (Nachweis oben Anm. 8), s. auch das Protokoll der Sitzung vom 20.2.1917 in Kreuznach (Nachweis oben, Anm. 8). Nach längerem Hin und Her zwischen OHL und Reichsleitung konnte Lancken die Antwort Wilhelms II. dem Präsidenten des belgischen Senats Baron Faverau mündlich überbringen (F. Mayence, La correspondance, S.327, deutscher Text im Immediatbericht Bethmanns für den Kaiser vom 28.2.1917 in PA Bonn, AHQ 4, Bd. 1 u. 2).

13 Durch die Verschiebung der Etappengrenzen - s. oben Anm. 6 - wurde auch das belgisch-amerikanische Ernährungswerk in Mitleidenschaft gezogen, dessen Beauftragte in den Etappengebieten geringere Rechte als im Generalgouvernement hatten. Lancken warnte davor, das Ernährungswerk für Belgien durch eine verständnislose Behandlung seiner Vertreter zu gefährden (s. das Protokoll der Verhandlungen vom 20.2.1917, Nachweis oben Anm. 8, s. auch Bethmann an Hindenburg, Schreiben vom 4.12.1916 und Aufzeichnung Lanckens vom 30.12.1916 in Wk 14 b Bd. 5).

14 Vgl. das Protokoll der Verhandlungen vom 20.2.1917. Die Frage der protestantischen Militärgottesdienste in belgischen katholischen Kirchen ist ein gutes Beispiel dafür, daß es bei den Forderungen der OHL nicht nur um "militärische Notwendigkeiten" ging, sondern auch um Demonstrationen der Macht gegenüber der einheimischen Bevölkerung. Die Truppenführer bean-

spruchten für die evangelischen Militärgottesdienste würdige Räumlichkeiten. Da es in Belgien kaum protestantische Kirchen gab, wünschten sie katholische Kirchen zu benutzen ohne Rücksicht darauf, daß der zuständige Bischof die Kirche mit dem Interdikt belegen und für katholische Gottesdienste sperren konnte. Eine großzügige Duldung war von den belgischen Bischöfen gegenüber den Okkupationstruppen nicht zu erwarten. Lancken kämpfte mit aller Kraft gegen die drohenden Kirchenentweihungen, da diese seine Kirchen- und Flamenpolitik empfindlich belasten wußten. (Einzelheiten s. PA Bonn, AHQ 4, Bd. 1 u. 2, Protokoll der Verhandlungen vom 20.2.1917 in Kreuznach und PA Bonn, Wk 14 b Bd. 6, Protokoll der Verhandlungen vom 5.4.1917 in Kreuznach). Durch den Vatikan alarmiert, wurde übrigens auch Kardinal von Hartmann aktiv (Einzelheiten zu Hartmanns Korrespondenz in dieser Frage in AGV Köln, CR 25, 14 Bd. 20). Das Ergebnis der Bemühungen von staatlichen und kirchlichen Stellen bei den militärischen Führungen war, daß General Hahndorff die Armeeoberkommandos und Etappeninspektionen anwies, daß katholische Kirchen nur unter eingeschränkten Bedingungen für evangelische Militärgottesdienste benutzt werden dürften. (Ebd., Anweisung Hahndorffs vom 19.4.1917). Da ein grundsätzlicher Verzicht nicht ausgesprochen wurde, bestand die Gefahr neuer Zwischenfälle weiter. In höchster Erregung benachrichtigte zum Beispiel Lancken Ende 1917 den Vertreter des AA im GHQ Lersner, daß ausgerechnet in der Genter Kathedrale ein evangelischer Militärgottesdienst geplant sei. Durch ein Machtwort des Kaisers konnte die Maßnahme abgewendet werden, die für die Flamen- und Kirchenpolitik in Belgien wohl katastrophal gewesen wäre. (PA Bonn, AHQ 4 Bd. 3, Lersner an Grünau, Telegramm vom 15.12.1917, Grünau an Lersner, Tel. 27 ohne Datum und Lersner an Lancken, Telegramm 24 vom 16.12.1917, ebd.). - Auch Hartmann erkannte, daß das Problem nicht endgültig gelöst war, denn aus eigenem Antrieb wandte er sich am 8.4.1917 an Gasparri, um ihm darzulegen, welch starker Druck auf den Generalgouverneur ausgeübt werde, um die Benutzung katholischer Gotteshäuser für evangelische Gottesdienste zuzulassen, und um ihn zu bitten, der Vatikan möge den belgischen Bischöfen nahelegen, in derartigen Fällen zwar zu protestieren, aber von der Interdikt-Verhängung abzusehen.

15 Lancken an AA, Tel. 62 vom 21.2.1917 (Nachweis oben, Anm. 8). Bethmann hat danach schriftlich den Wunsch der Verwaltung in Belgien nach einer Verschiebung der Etappengrenze in Ostflandern vorgetragen, doch ohne Erfolg (s. oben Anm. 6).

16 Falkenhausen, Erinnerungen, S.147.

17 PA Bonn, AHQ 4 Bd. 3, Lersner an Grünau, Tel. vom 20.4.1917 mit den Vorschlägen Lanckens.

18 Falkenhausen tauchte unter den von Lancken genannten Kandidaten (s. oben Anm. 17) nicht auf. Bethmann lehnte Falkenhausen explizit ab (PA Bonn, AHQ 4 Bd. 3, Bethmann an Grünau, Tel. vom 14.4.1917). Dieser war der Kandidat der OHL, wie Valentini mitteilte (PA Bonn, Wk 14 b Bd. 6, Valentini über Grünau an Bethmann, Tel. Nr. 34 vom 20.4.1917). Valentini empfahl dem Reichskanzler, der Wahl Falkenhausens zuzustimmen, da dieser "gegenüber Heeresleitung mehr Rückgrat" zeigen werde als andere in Frage kommende Kandidaten. Daraufhin stimmte Bethmann der Ernennung Falkenhausens zu, drängte aber darauf, den neuen Generalgouverneur vor Amtsantritt persönlich über die in Belgien zu verfolgende Politik zu instruieren. (Ebd., Bethmann an Grünau, Tel. vom 26.4.1917).

19 Scherer/Gruner, L'Allemagne, Bd. II, S.142 ff., Lancken an Bethmann, Aufzeichnung vom 24.4.1917. Um das Verhältnis zu Mercier zu verbessern, riet Lancken zu einem Antrittsbesuch Falkenhausens bei Mercier: "Allerdings hat ja inzwischen der Kriegszustand zwischen Bissing und Mercier bestanden. Dieser hat aber in mancher Hinsicht Unzuträglichkeiten. Es wäre erwünscht, ihm bei jetziger Gelegenheit ein Ende zu bereiten und wieder normale Beziehungen zu schaffen ... Wegen der Schwierigkeiten, die von mir vertretener vorsichtiger Kirchenpolitik hier von wilden ... (Wort fehlt, d.Vf.) ohnehin schon immer bereitet werden, möchte ich den größten Wert darauf legen, daß mein Name in Verbindung mit dieser Anregung auf keinen Fall genannt wird."

20 Siehe unten S.147.

21 PA Bonn, Wk 14 b Bd. 8, Tätigkeitsbericht der Politischen Abteilung August bis Januar 1918, s. auch ebd. Wilmowsky (Zivilkabinett des Generalgouverneurs) an AA, Schreiben vom 29.11.1917 und Falkenhausen, Erinnerungen, S.159 f. und S.252.

22 Falkenhausen wünschte eine Ablösung Lanckens, mußte aber an der Reaktion des Staatssekretärs Kühlmann erkennen, daß das AA ihm keinen gleichwertigen Ersatz stellen würde und verzichtete deshalb auf seine Forderung (Falkenhausen, Erinnerungen, S.252 f.).

23 Falkenhausen, Erinnerungen, S.153 f.

24 Ebd., S.154.

25 Ebd., S.244 f.

26 Vgl. ebd., S.172 und S.242.

27 Moritz Freiherr von Bissing, Politisches Testament, in Das größere Deutschland, Jg. 1917, H. 20.

28 Bei dem sogenannten Politischen Testament handelte es sich um eine Denkschrift, die Bissing am 25.12.1915 dem Generalstabschef von Falkenhayn übersandt hatte. Das Auswärtige Amt bemühte sich, den Informanten der Zeitschrift "Das größere Deutschland" herauszufinden, doch ohne Erfolg. (S. hierzu PA

Bonn, AHQ 4 Bd. 3, Stumm an Grünau, Tel. 286 vom 1.6.1917, ebd. Stumm an Lersner, Tel. 1101 vom 12.6.1917, in welchem Stumm eine Beteiligung F.W. von Bissings an der Veröffentlichung der Denkschrift vermutete, ebd. Grünau an AA, Tel. 75 vom 2.7.1917 und Grünau an Lersner, Tel. 1266 vom 11.7.1917). Daß F.W. von Bissing Verbindungen zur OHL hatte, geht schon aus seinem Brief vom 20.2.1917 an Hertling (Nachweis oben, Anm. 2) hervor. Andererseits zeigt ein Schreiben des Herausgebers des "Größeren Deutschlands" W. Bacmeister vom 25.5.1917 an R. Fester (BA Koblenz, Nachlaß Fester), daß diese Zeitschrift sich die Bekämpfung Bethmanns zu diesem Zeitpunkt zum Ziel gesetzt hatte: "Ihre erste Arbeit (über Bissing) lasse ich mit großer Freude im "Größeren Deutschland" erscheinen. Die hier wieder beiliegende Arbeit muß ich Ihnen leider zurückgeben, nicht weil ich irgendwie ängstlich wäre, sie zu veröffentlichen, sondern weil ich gegenüber Ihrer Taktik der Festlegung Bethmann Hollwegs Bedenken habe ... Ich sehe kein Heil darin, den Kanzler fälschlicherweise nur aus taktischen Gründen stärker hinzustellen als er ist, vielmehr glaube ich, daß er in seiner ganzen Schwachheit immer wieder entlarvt werden muß, damit die Kreise, auf die es demnächst ankommen wird, ihn ganz durchschauen."

29 F.W. von Bissing an Hertling, Schreiben vom 20.2.1977 (Nachweis oben, Anm. 2).

30 F.W. von Bissing, Schreiben vom 8.11.1917 an Hertling (Nachweis unten, Anm. 86). Es scheint, daß jedoch die von Falkenhausen in seinen Erinnerungen erwähnte Versetzung des Grafen Harrach, des engsten Mitarbeiters Lanckens in der Politischen Abteilung, auf Bissings Quertreibereien zurückging (Falkenhausen, Erinnerungen, S.252).

31 Lancken war vom AA informiert worden, daß sich Ludendorff über die Flamenpolitik der Politischen Abteilung beschwert hatte, vgl. PA Bonn, Belgien 63 Bd. 13, Lersner an AA, Tel. Nr. 1767 vom 29.11.1917. Dort heißt es: "Euerer Exzellenz ist bekannt, welchen Wert Oberste Heeresleitung aus Gründen militärischer Sicherheit der deutschen Westgrenze darauf legen muß, daß wir Belgien nach dem Kriege so in der Hand haben, daß England und Frankreich dort nicht von neuem Ausgangsbasis zu Angriff auf Deutschland finden. Neben Mitteln wirtschaftlicher Art ist es vor allem Förderung der Ziele der Flamen, wodurch wir Belgien für uns gewinnen wollen. Ich habe aus mehrfachen Beobachtungen der letzten Zeit nicht den Eindruck gewonnen, daß Politische Abteilung des Generalgouvernements Belgien uns durch Flamenpolitik in wünschenswerter Weise unterstützt. Es fehlt dieser Politik an Klarheit und Entschlossenheit und daher Flamen Vertrauen zu unserem politischen Ernst."

32 PA Bonn, Belgien 63 Bd. 13, Lancken an AA, Schreiben vom 13.12.1917.

33 Auch die Auflösung der mit der Erforschung der belgischen Archive beteiligten Sektion der Politischen Abteilung unter Oberst Schwertfeger scheint in diesem Zusammenhang zu stehen, denn Schwertfeger hatte durch seine intensive Beschäftigung mit der belgischen Vorkriegspolitik eine Art Bekehrungserlebnis, das ihn die Rechtmäßigkeit des belgischen Standpunkts begreifen ließ, so daß Schwertfeger innerhalb der Politischen Abteilung gleichfalls nicht zu den Unterstützern einer ganz verbohrten Machtpolitik gehörte. (Einzelheiten s. hierzu in BA Koblenz, Nachlaß Schwertfeger, Materialien in den Dossiers Nr. 68, 76, 97). Besonders aufschlußreich ist ein Schreiben Schwertfegers an Oßwald vom 16.2.1928, in dem Schwertfeger seinen Standpunkt sehr pointiert in 16 Thesen darstellt. Hier heißt es am Schluß: "Noch eine menschliche Feststellung. Ich kam 1916 nach Belgien, um Belgiens Schuld zu erweisen, und mußte das Gegenteil feststellen. Alles dies hat mich damals schwerste Seelenkämpfe gekostet. Ich mußte damals Entschlüsse fassen, die von größter Tragweite waren, und über die ich mich bisher niemals öffentlich geäußert habe."

34 Vgl. Wende, Die belgische Frage, S.175.

35 Die deutsche Flamenpolitik im ersten Weltkrieg, der flämische Aktivismus und Merciers Haltung zu Flamenpolitik und Aktivismus sind der Gegenstand zweier neuerer Arbeiten - L. Wils, Flamenpolitik en aktivisme, Leuven 1974 und R. Boudens, Kardinaal Mercier en de vlaamse beweging, Leuven 1975 - die ausgebreitetes Quellenmaterial verarbeiten (Boudens war sogar das Erzbischöfliche Archiv Mecheln zugänglich). Sie erlauben - in Verbindung mit der Darstellung Wendes, Die belgische Frage, und J. Elias, Vijfentwintig jaar vlaamse beweging 1914-1939, Antwerpen 1969 sowie der Darstellung von holländischer Seite A.W. Willemsen, Het Vlaams-nationalisme, 2. Auflage Utrecht 1969 - hier eine gedrängte Darstellung zum Ablauf des Geschehens. Es ist das Ziel der folgenden beiden Abschnitte, Merciers Haltung zu Aktivismus und Flamenbewegung auf dem Hintergrund des Ende 1916 erreichten Stadiums in den Beziehungen zwischen Mercier und den deutschen Behörden darzustellen sowie den Anteil des deutschen Katholizismus an der Flamenpolitik in Belgien herauszustellen.

36 Vgl. J. Gotovitch, La légation d'Allemagne et le Mouvement flamand entre 1867 et 1914, in Revue belge de Philologie et d'Histoire, Bd. XLV 1967, S.438 ff., speziell S.477 und Lademacher, Die belgische Neutralität, S.394 ff.

37 Zitiert nach Wende, Die belgische Frage, S.75 f.

38 PA Bonn, AHQ 4 Bd. 1 u. 2, Lancken an Radowitz (der sich mit dem Reichskanzler im GHQ aufhielt): "Übrigens sind die Flamen jetzt ebenso wild auf uns wie die französischsprechenden Volksteile. Ihre Anregung der Förderung des Flämischen auf Kosten des Französischen werden wir im Auge behalten." (Aus den Akten ist nicht ersichtlich, ob Lancken auf ein Schreiben

Radowitz' antwortete oder auf das Schreiben des Reichskanzlers an von Sandt vom 2.9.1914 - Nachweis oben Anm. 37).

39 Vgl. Wende, Die belgische Frage, S.76, der auf den inneren Zusammenhang zwischen Septemberprogramm und Bethmanns Schreiben an Sandt vom 2.9.1914 hinweist.

40 Scherer/Gruner, L'Allemagne, Bd. I Nr. 23, S.35 ff., vgl. auch Wende, Die belgische Frage, S.77 zur Beurteilung der militärischen Situation Ende 1914 durch den Reichskanzler und seine Vorstellungen vom Friedensschluß zu diesem Zeitpunkt als Hintergrund des Schreibens an Bissing vom 16.12.1914.

41 Scherer/Gruner, L'Allemagne, Bd. I, Nr. 35, S.46 ff.

42 Vor allem lehnte Bissing das Programm der Genter Jungflamen (s. auch unten Anm. 47) ab, die kurz zuvor eine Eingabe an den Kaiser gerichtet hatten. Obwohl Bissing in diesem Schreiben und in seiner Denkschrift vom Frühjahr 1915 Belgien als künstliches Staatsgebilde beurteilte, wollte er doch die zentralistische Verwaltungsstruktur erhalten wissen, wenn auch in Abhängigkeit von Deutschland. Wenn Bissing das Aufeinanderangewiesensein der beiden Landesteile Flandern und Wallonien betonte, so könnte dies auch eine Reaktion auf die ihm sicher bekannte Denkschrift Lanckens sein, der eine Auflösung Belgiens in mehrere Einzelstaaten gefordert hatte (Nachweis unten Anm. 45). Im Grunde sind Bissings Darlegungen über die Zusammengehörigkeit des flämischen und des wallonischen Landesteils eine Apologie des belgischen Staats von 1830: "Die Teilung nach Sprachgrenzen in zwei in sich abgeschlossene und selbständige Gebiete würde auf unüberwindliche Schwierigkeiten stoßen. ... Die vierundachtzigjährige Zusammengehörigkeit der beiden Völkerrassen hat trotz des Auseinanderstrebens der wesensverschiedenen Volksstämme doch eine Menge lebensfähiger Zusammenhänge geschaffen, deren Trennung den ... Übergang in die völlige Abhängigkeit des eroberten Gebietes von Deutschland erschweren würde." (Bissing-Denkschrift vom Frühjahr 1915 S.13, Nachweis oben Kap. 2, Anm. 79).

43 Zur politischen Einstellung Sandts vgl. Wende, Die belgische Frage, S.112 und ders., Enkele opmerkingen, Sp. 218.

44 Nach Wende, Die belgische Frage, S.80.

45 Siehe oben S.124 f.

46 Vgl. PA Bonn, Wk 14 b Bd. 2, erster Tätigkeitsbericht der Politischen Abteilung vom Mai 1915, S. 2 und S. 9 ff.

47 Zur Genter Gruppe "Vrij Vlaanderen", später "Jong Vlaanderen" unter der Führung des holländischen protestantischen Pastors Domela Nieuwenhuis vgl. Willemsen, Het Vlaams-nationalisme, S.30 ff., Elias, Vijfentwintig jaar, S.15 f. und S.24 ff., Wende, Die belgische Frage, S.78 f. und Wils, Flamenpolitik, S.56 f. Zentraler Programmpunkt der Genter Jungflamen war die staatliche Selbständigkeit Flanderns und seine Anlehnung an Deutschland, vgl. Wende, Die belgische Frage, S.78 f. Anm. 192.

48 Bissings reservierte Haltung gegenüber den Jungflamen geht aus verschiedenen Schreiben hervor, so außer aus dem schon oben Anm. 42 genannten Schreiben vom 10.1.1915 auch aus seinem Schreiben vom 28.5.1915 an das Auswärtige Amt (PA Bonn, Belgien 63 Bd. 7) und selbst noch aus seinem Schreiben vom 11.1.1916, in welchem er sich an sich zur Forcierung der Flamenpolitik bereit zeigte (Nachweis unten Anm. 66).

49 Ihre Position zur flämischen Bewegung im Krieg legten die "passivistischen" Flamen mit dem "Vlaamsch Manifest" vom 21.7.1915 fest (Text in PA Bonn, Belgien 63 Bd. 7, Zeitungsausschnitt "Het Vaterland" vom 21.7.1915; s. auch PA Bonn, Wk 14 b Bd. 2, Tätigkeitsbericht der Politischen Abteilung vom August 1915; Elias, Vijfentwinzig jaar, S.56 und S.169; Wils, Flamenpolitik, S.121 f., Boudens, Kardinaal Mercier en de vlaamse beweging, S.138 ff.). - Auch die Umgestaltung der Genter Universität führte zu einem Protest führender flämischer Politiker, die sich mit einer Eingabe an den Generalgouverneur wandten. (Wende, Die belgische Frage, S.109, Wils, Flamenpolitik, S.42 und Elias, Vijfentwintig jaar, S.157 f.). Erst recht riefen die Bildung des "Rates von Flandern" und die Verwaltungstrennung Proteste führender flämischer Vertreter hervor (Elias, Vijfentwintig jaar, S.158, Wils, Flamenpolitik, S.196 und S.200, Boudens, Kardinaal Mercier en de vlaamse beweging, S.144).

50 Zur Entstehung der Bezeichnungen "Aktivismus" und "Passivismus" für die zur Zusammenarbeit mit den Deutschen bereiten und die jede Fortsetzung des Sprachenstreits ablehnenden flämischen Kräfte s. Willemsen, Het Vlaams-nationalisme, S.30. Zu den inneren Differenzierungen in der aktivistischen und der passivistischen Tendenz der flämischen Bewegung s. Elias, Vijfentwintig jaar, S.23 f. und S.156.

51 Zur Forderung nach Verwaltungstrennung - "bestuurlijke scheiding" - vor dem Krieg s. Lademacher, Die belgische Neutralität, S.400 f. und S.450; Petri, Flamenpolitik, D. 59; Boudens, Kardinaal Mercier en de vlaamse beweging, S.143.

52 Es ist ein in der Forschung umstrittenes Problem, inwieweit der flämische Aktivismus im ersten Weltkrieg als originärer Bestandteil der flämischen Bewegung oder als von außen aufgezwungene Erscheinung anzusehen ist. (Eine Darstellung beider Positionen und ihrer Vertreter bei Wende, Enkele opmerkingen, Sp. 214 ff., der Besprechung des Buches von L. Wils, "Flamenpolitik en aktivisme", dessen Autor dezidiert die These vertritt, der Aktivismus sei ein Produkt der deutschen Einmischung in den Sprachenkonflikt, vgl. ebd., S.255). - Die deutsche Flamenpolitik hat erst mit der Ernennung Bissings im Dezember 1914 begonnen. Von der Goltz, der erste deutsche Generalgouverneur in Belgien, hatte keine politischen Ambitionen, s. oben S.50 f., in seiner Amtszeit kam es nur zu einigen Good-will-Aktionen gegenüber den Flamen. (Vgl. Wende, Die belgische Frage, S.76 f. und Wils, Flamenpolitik, S.36 f.). Andererseits

hatten sich ohne deutsches Zutun einige "kleine kernen" von aktivistischen Gruppen gebildet, die die Auswirkungen des deutschen Einfalls in Belgien auf die flämische Bewegung diskutierten und zu der Ansicht neigten, der Kampf für das Flämische müsse auch während des Krieges fortgeführt werden (Elias, Vijfentwintig jaar, S.23). Es war also eine gewisse aktivistische Bereitschaft unter den Flamen vorhanden, die nun von deutscher Seite aufgegriffen und durch das deutsche Eingreifen geformt wurde, wie die Tätigkeitsberichte der Politischen Abteilung über die Entwicklung auf flamenpolitischem Gebiet zeigen. Nicht zu unterschätzen ist bei der Entstehung des Aktivismus auch die Tätigkeit der deutschen Botschaft in Den Haag unter Leitung Kühlmanns, so daß insgesamt die These Wils' in "Flamenpolitik en aktivisme" überzeugend erscheint. (S. auch die Zusammenfassung Wils' ebd., S.252 ff.).

53 Welchem Druck die aktivistisch gesinnten Flamen von seiten der loyalen Belgier ausgesetzt waren, war den deutschen Behörden in Brüssel bekannt. Im Tätigkeitsbericht vom Mai 1915 (PA Bonn, Wk 14 b Bd. 2, S.13) teilte Lancken mit: "Die Neigung, mit der deutschen Verwaltung zusammenzuarbeiten, ohne den eigenen politischen Überzeugungen etwas zu vergeben, macht sich da und dort in steigendem Maße geltend. Sie würde in viel größerem Umfange wirksam werden, wenn nicht der schwer zu fassende Terrorismus der französisch Gesinnten im Verborgenen an der Arbeit wäre. Vlämische Persönlichkeiten, die mit den Deutschen zum Besten des Volkes arbeiten wollen, werden förmlich als Hochverräter verschrieen und gebrandmarkt..." Ähnlich Bissing in seinem Schreiben an den Reichskanzler vom 11.1.1916, Nachweis unten Anm. 66).

54 In seiner Aufzeichnung "Deutschland, Flandern, Holland" vom 10.12.1915 (Nachweis unten Anm. 58) hatte Lancken geraten, die zweite Phase der Flamenpolitik nicht offen als deutsche Sache erscheinen zu lassen, was dem Reichskanzler unverständlich war, weil ihm, anders als Lancken, die konkrete Anschauung fehlte, in wie starkem Maße die aktivistischen Flamen als Handlanger der Deutschen angesehen wurden: "Weshalb die Aktion, wie Lancken meint, aus Gründen der internationalen Politik, unter keinen Umständen als deutsche Sache erscheinen darf, ist mir einstweilen unverständlich. Im Gegenteil, als Wohltäter der Flamen zu erscheinen, kann uns sowohl während des Krieges als auch nach diesem nur nutzen." (Aufzeichnung vom 1.1.1916, Scherer/Gruner, L'Allemagne, Bd. I, S.243). Um nicht die Masse der Flamen zu verschrecken, blieb die Haltung der deutschen Behörden gegenüber den Genter Jungflamen auch nach dem Entschluß zur zweiten Phase der Flamenpolitik zurückhaltend. (Vgl. PA Bonn, Belgien 63 Bd. 8, Lancken an AA, Bericht vom 27.1.1916; ebd. Bd. 9, Kühlmann an AA, Bericht 357 vom 12.3.1916 und ebd., Bd. 11, Lancken an AA, Bericht vom 10.1.1917, s. auch Wende, Die belgische Frage, S.83 und S.113 f.).

55 Die Beobachtung der flämischen Bewegung gehörte unter doppelten Gesichtspunkten zum Aufgabengebiet der deutschen Botschaft in Den Haag: einmal wegen des holländischen Interesses an der Entwicklung in Belgien sowie wegen der "großniederländischen Bewegung", die bis in höchste Regierungskreise hinein Sympathien genoß, zum anderen wegen der zahlreichen in Holland lebenden flämischen Emigranten, die eine eigene Presse aufbauten und unter denen die Zukunft Flanderns und Belgiens natürlich lebhaft diskutiert wurde. (Zum flämischen Exil in Holland während des ersten Weltkriegs vgl. Elias, Vijfentwinig jaar, S.32 ff. und S.159 ff., Willemsen, Het Vlaams-Nationalisme, S.35 f. und S.50, Wils, Flamenpolitik, vornehmlich Kap. 8, 9 und 10. In Holland residierten auch führende flämische Politiker, so der flämisch-katholische Abgeordnete F. Van Cauwelaert. (Zur Person Van Cauwelaerts s. Elias, Geschiedenis, S.105 ff., Boudens, Kardinaal Mercier en de vlaamse beweging, S.68 f.).

56 Vgl. PA Bonn, Belgien 63 Bd. 7, Bissing an Bethmann, Schreiben vom 26.9.1915. Wenn Bissing sich hier erst etwas günstiger über die Genter Jungflamen äußerte, so lag dies sicher am Einfluß Lanckens, (so Wende, Die belgische Frage, S.84), möglicherweise aber auch an dem seines Sohnes F.W. von Bissing, der nach Lanckens Auskunft Kontakt zu den Genter Jungflamen hatte (Lancken an Kühlmann, Schreiben vom 13.12.1917, Nachweis oben, Anm.32).

57 PA Bonn, Belgien 63 Bd. 7, Kühlmann an AA, Bericht 429 vom 7.10.1915. Verfasser war nach Kühlmanns Bericht 445 vom 23.10. 1915 (ebd.) der Holländer Gerretson, der der großniederländischen Bewegung nahestand. (Zur Person Gerretsons s. auch Wils, Flamenpolitik, S.117 und 128 f.).

58 PA Bonn, Belgien 63 Bd. 8, Aufzeichnung Lanckens "Deutschland, Flandern, Holland" vom 10.12.1915.

59 Ebd.

60 PA Bonn, Belgien 63 Bd. 8, Kühlmann an AA, Bericht 572 vom 28.10.1915 mit Anlage des Programms eines in Holland weilenden jungen Flamen, das die Bildung eines Flamenkomitees forderte.

61 Vgl. Scherer/Gruner, L'Allemagne, Bd. I Nr. 180, S.243 f., Aufzeichnung Bethmanns vom 1.1.1916: "Wie die Dinge jetzt liegen, können wir nicht darauf rechnen, beim Friedensschluß mit Belgien nach Gutdüncken schalten und walten zu können." S. auch oben, S.49 f.

62 PA Bonn, Belgien 63 Bd. 8, Bethmann an Bissing, Schreiben vom 6.1.1916.

63 Seinem Schreiben vom 6.1.1916 hatte Bethmann die Anlage des Kühlmannschen Berichts vom 28.12.1915 (Nachweis oben, Anm. 60) beigelegt.

64 S. oben, S.31 f.

65 Bethmann an Bissing, Schreiben vom 16.12.1914, Nachweis oben, Anm. 40.

66 PA Bonn, Belgien 63 Bd. 8, Bissing an Bethmann, Schreiben vom 11.1.1916.

67 Ebd., Lancken an Jagow, Schreiben vom 5.1.1916 mit Anlage eines Zeitungsausschnittes aus der "Kölnischen Zeitung" vom 31.12.1915 "Die Genter Universität", der nach Lanckens Auskunft von der Politischen Abteilung veranlaßt worden war.

68 Vgl. Wende, Die belgische Frage, S.107 und S.110 über die Beratungen zwischen dem Generalgouvernement Belgien, dem RdI und Genter militärischen Stellen Anfang März in Brüssel über die Wiedereröffnung der Genter Universität. Am Rande sei erwähnt, daß sich unter den Vertretern deutscher Universitäten bei diesen Verhandlungen auch der prominente evangelische Theologe A. von Harnack befand, vgl. PA Bonn, Belgien 63 Bd. 9 adh., Protokoll der Tagung vom 8.-9. März 1916 in Brüssel, S.2 Anwesenheitsliste.

69 Zur Eröffnung der Genter Universität im Oktober 1916 vgl. Wende, Die belgische Frage, S.105 ff., Elias, Vijfentwintig jaar, S.49 ff., Willemsen, Het Vlaams-Nationalisme, S.49 ff., Wils, Flamenpolitik, S.161 ff., Boudens, Kardinaal Mercier en de vlaamse beweging, S.132 ff. Wegen ihes Widerstands gegen die Wiedereröffnung der Genter Universität als flämischer Universität durch den deutschen Okkupanten wurden die beiden bekannten Genter Professoren P. Fréderiq und H. Pirenne nach Deutschland deportiert, eine Maßnahme, die im Ausland, vor allem in Holland, auf Widerstand stieß. Auch der Vatikan sah sich zur Fürsprache für die beiden Hochschullehrer bewogen (Einzelheiten hierzu in der Akte PA Bonn, Belgien 63 Bd. 9, s. auch Wende, Die belgische Frage, S.110). Pirenne hat über seine Gefangenschaft berichtet in Souvenirs de ma Captivité en Allemagne (Mars 1916-Novembre 1918), Bruxelles 1920. Teile seines Kriegstagebuchs wurden herausgegeben von B. und M. Lyon, The Journal de guerre of Henri Pirenne, Amsterdam, New York, Oxford 1976.

70 Die Anregung hierzu war wieder von Kühlmann ausgegangen, der mit Bericht 341 vom 9.3.1916 eine holländisch-flämische Denkschrift zugesandt hatte, in der die Spaltung des Ministeriums für Wissenschaft und Kunst in eine flämische und eine wallonische Abteilung vorgeschlagen wurde. (PA Bonn, Belgien 63 Bd. 9). Bethmann leitete den Vorschlag nach Brüssel weiter (Schreiben vom 24.3.1916 ebd.), zu den sich daran anschließenden Verhandlungen zwischen Berlin und Brüssel vgl. Wende, Die belgische Frage, S.111 ff.

71 Die Verordnung des Generalgouverneurs über die "Bildung zweier Verwaltungsgebiete" datiert vom 21.3.1917 (Wende, Die belgische Frage, S.122); Falkenhausen gab am 2.7.1917 die Ernennung zweier deutscher Verwaltungschefs - Schaible für Flandern, Haniel für Wallonien - bekannt. Damit wurde auch die zentrale

deutsche Zivilverwaltung gespalten, der bisherige Verwaltungschef von Sandt, erbitterter Gegner der Verwaltungstrennung, trat zurück. Vgl. auch Falkenhausen, Erinnerungen, S.156 ff.

72 Indirekt geht dies schon aus Bissings Schreiben vom 11.1.1916 an den Reichskanzler (Nachweis oben Anm. 66) hervor, im Juli 1916 gestand Bissing den Kurswechsel in der Flamenpolitik offen ein (Wende, Die belgische Frage, S.108). Wils datiert die zweite Phase der Flamenpolitik erst gegen Ende 1916 mit dem Argument, daß die Verflamung der Genter Universität und die Spaltung des Ministeriums für Wissenschaft und Kunst zur Not noch als im Rahmen der administrativen Begünstigung der Flamen durch die deutsche Verwaltung liegend angesehen werden können (Wils, Flamenpolitik, S.184).

73 Über die Anfänge der aktivistischen Politik s. Willemsen, Het Vlaams-Nationalisme, S.31 ff.; Elias, Vijfentwintig jaar, S.23 ff., S.41 f.; Wils, Flamenpolitik, S.58 ff., S.73 ff.; zum deutschen Anteil am Entstehen des Aktivismus s. Wils, Flamenpolitik, S.32 ff., 60 ff., 75 ff., 81 ff., 96 ff. .

74 Siehe oben Anm. 62.

75 Willemsen, Het Vlaams-Nationalisme, S.55 f.; Elias, Vijfentwintig jaar, S.67 f.; Wils, Flamenpolitik, S.194 f.; Wende, Die belgische Frage, S.115 f. .

76 Elias, Vijfentwintig jaar, S.65 f.; Wende, Die belgische Frage, S.114.

77 Text des Programms in PA Bonn, Belgien 63 Bd. 11, Anlage zu dem Schreiben des Vorsitzenden des Rates von Flandern P. Tack an Bethmann Hollweg vom 4.2.1917, s. auch Wende, S.115 f.; Elias, Vijfentwintig jaar, S.67 f.; Wils, Flamenpolitik, S.194.

78 Die Forderung nach Verwaltungstrennung war nicht nur in dem Programm enthalten, auf das sich die "national-flämische Landestagung" vom 4.2.1917 geeinigt hatte (Nachweis oben Anm. 77), sondern auch in der Ansprache, die P. Tack als Sprecher der Delegation des Rates von Flandern am 3.3.1917 vor dem Reichskanzler in Berlin hielt (Text in PA Bonn, Belgien 63 Bd. 11, Wahnschaffe an Zimmermann, Mitteilung vom 2.3.1917). Der Reichskanzler sagte in seiner Antwort (ebd.) zu, die deutschen Behörden in Brüssel würden noch während des Krieges die Verwaltungstrennung in Angriff nehmen. Galt die Flamenpolitik in erster Linie dem Aufbau einer Alternative für den Fall der Freigabe Belgiens, so hatte sie doch den sehr erwünschten Nebeneffekt, daß Deutschland in der ideologischen Auseinandersetzung der westlichen Propaganda mit dem Nationalitätenprinzip die Befreiung des flämischen Volkes entgegensetzen konnte. So hatte Bethmann schon in seiner Reichtstagsrede vom 5.4.1916 gegen Asquith erklärt, Deutschland werde "den lange niedergehaltenen flämischen Volksstamm nicht wieder der Verwelschung preisgeben". (Thimme, Kriegsreden, S.97, s. auch Wende, Die belgische Frage, S.108). Auch in seiner Ansprache

vor der Delegation des Rates von Flandern versprach der Reichskanzler den Flamen die Unterstützung des deutschen Volkes für "ihre freie Entwicklung". Damit war der Ton angegeben für ein ganzes Heer von Propagandisten, die nun mit Wilhelm II. glaubten, endlich den westlichen "Phrasen von der Befreiung der kleinen Völker" etwas Gleichwertiges entgegensetzen zu können. (Vgl. Wilhelm II. an Bethmann vom 9.2.1917, Scherer/Gruner, L'Allemagne, Bd. II, Nr. 5, S.5 f.).

79 Nachweis der Reden des Reichskanzlers und des Sprechers der aktivistischen Delegation in Berlin oben Anm. 78.

80 Nach Elias, Vijfentwintig jaar, S.74, wünschten die Mitglieder des Rates von Flandern zunächst nicht, ihre Namen bekanntzugeben, wurden aber durch die deutsche Propaganda mit der Anwesenheit der flämischen Delegation in Berlin förmlich in die Öffentlichkeit gestoßen. (Vgl. auch Wils, Flamenpolitik, S.195). Zum öffentlichen Auftreten Domela Nieuwenhuis s. Wende, Die belgische Frage, S.83 und S.119 Anm. 144.

81 Zur Datierung des ersten Gesprächs zwischen Lancken und Mercier über das Friedensproblem s. oben S.133 f., vgl. auch Kap. 7 Anm. 85.

82 Siehe oben, S.134.

83 Auf den Zusammenhang von Flamenpolitik und Kriegszieldiskussion in der deutschen Politik des ersten Weltkrieges hat Fischer in Griff nach der Weltmacht mehrfach verwiesen (vgl. S.126 f., S.341 f., S.583 ff.), allerdings unter Einebnung der politischen Divergenzen zwischen den Positionen des Reichskanzlers, Lancken und Kühlmanns einerseits, Bissings, der OHL und den rechtsnationalistischen Kräften andererseits. So heißt es z.B. ebd., S.345: "Die Kontinuität der deutschen Flamenpolitik und prinzipielle Einigkeit zwischen Kanzler und höchstem Vertreter des Kaisers trat aus den zuletzt analysierten Dokumenten (sc. Bethmanns Aufzeichnung vom 1.1.1916, seinem Schreiben vom 6.1.1916 an Bissing und Bissings Antwort an Bethmann vom 11.1.1916, Nachweis oben Anm. 61, Anm. 62 und Anm. 66, d. Verf.) klar zutage." Fischer übergeht aber, daß Bethmann in seiner Aufzeichnung vom 1.1.1916 gerade von den Schwierigkeiten gesprochen hatte, Bissing für die zweite Phase der Flamenpolitik zu gewinnen. Berechtigterweise kritisiert Petri, Flamenpolitik, S.518 f. denn auch die Beurteilung Fischers der Kontroverse zwischen Ludendorff und der Politischen Abteilung Ende 1917 (vgl. Fischer, Griff, S.589 f., s. auch unten Anm. 86). Der konservative Bissing (dem Fischer die Vornamen von dessen Sohn Friedrich Wilhelm verleiht) war nicht einmal völlig mit den Anschauungen seines Sohnes einverstanden, dieser beklagte sich ja Hertling gegenüber mit Schreiben vom 8.11.1917 (Nachweis unten Anm. 86), daß es ihm nicht gelungen sei, das Vertrauen seines Vaters zur Politik Lanckens und Harrachs zu erschüttern, geschweige denn mit der politischen Begründung der Flamenpolitik des Reichskanzlers, diese gerade für den Fall der Freigabe Belgiens voranzustreiben. Gegenüber Fischers These

von der Kontinuität der Kriegsziele ab 1914 und der Identität der Kriegsziele in allen politischen Lagern weist Wende, Die belgische Frage, S.111-124 überzeugend nach, daß die Flamenpolitik Bethmanns in ihrer zweiten Phase mit der Erwartung der Wiederherstellung Belgiens gekoppelt war. Allerdings rechnet Wende Lancken nicht zu den Anhängern dieser Konzeption von Flamenpolitik, weil Lancken, wie aus einem vom Mai 1917 datierenden "Entwurf für einen deutsch-belgischen Friedensvertrag" (zum Inhalt vgl. Wende, Die belgische Frage, S.123) hervorzugehen scheint, weitergehende Ziele als Bethmann Hollweg vertreten haben soll. Nun ist aber gerade auch nach Wendes Darstellung offen, aus welchem Anlaß und für welchen konkreten politischen Zweck Lancken den Entwurf verfaßt hat und inwieweit er den Entwurf auf den Empfänger, den neuen Generalgouverneur in Belgien, zugeschnitten hat. (Ein ähnliches Problem trat ja schon oben bei der "Skizze" vom Dezember 1916 auf, s. oben S.130 f.). Aber selbst wenn der "Entwurf" als Ausdruck der politischen Überzeugung Lanckens in der Flamenfrage anzusehen ist, dann ist Lancken doch in seinem faktischen politischen Handeln der flamenpolitischen Richtung des Reichskanzlers zuzurechnen, der zwar den Flamen die Verwaltungstrennung zugestehen wollte, sich aber weigerte, ihnen die staatliche Unabhängigkeit zuzusichern. Sinnfälliger Ausdruck für die eine oder andere Richtung der deutschen Flamenpolitik war die Frage der Beibehaltung der belgischen Monarchie. Während Bethmann und mit ihm Lancken in der entscheidenden Sitzung vom 7.2.1917, in der der Beschluß der Verwaltungstrennung gefaßt wurde, von der Rückkehr König Alberts nach Brüssel ausgingen (es war Lancken, der dies aussprach, vgl. das Protokoll Wahnschaffes vom 7.2.1917 in Scherer/Gruner, L'Allemagne Bd. II, Nr. 3 S.3 f.), so polemisierte F.W. von Bissing in seinem Schreiben an Ludendorff vom 15.11.1917 (zum Vorgang s. unten Anm. 86) gerade gegen die Beibehaltung Alberts als belgisches Staatsoberhaupt, die offensichtlich auch Ende 1917 noch Ausgangspunkt der Flamenpolitik der Politischen Abteilung war: "König Albert als König von Flandern und Herzog von Wallonien würde eine Komödie bedeuten, die das alte Belgien im Handumdrehen unter neuem Namen wiederherstellte."

Unter der Voraussetzung, daß die Flamenpolitik des Reichskanzlers und Lanckens von einer späteren Wiederherstellung Belgiens ausging, ist das Nebeneinander von forcierter Flamenpolitik und Friedenssondierungen Lanckens erklärbar: Bethmann konnte die Bereitschaft Deutschlands zur Freigabe Belgiens zusagen lassen, weil er in der Flamenpolitik ein Mittel zu haben glaubte, auf die zukünftige belgische Politik Einfluß nehmen zu können, und er drängte auf eine Forcierung der Flamenpolitik, je mehr die Notwendigkeit eines Verständigungsfriedens am Horizont auftauchte. Mochte, wie auch unten S.149 f. festgestellt wird, diese Konzeption gleichfalls illusionär sein, ihr Unterschied zu den Auffassungen des nationalistisch-militaristischen Lagers bleibt unübersehbar.

84 Die Kriegsziele des Militärs und der nationalistischen Rechten Belgien betreffend sind bei Fischer, Griff, S.120 ff., S.198 ff., S.208 ff., S.217 ff., S.414 ff., S.442 ff., S.453 f., S.535, S.553 ff. in aller Ausführlichkeit nachzulesen.

85 Die 3. OHL hat sich erst spät mit der Flamenpolitik befaßt, aufmerksam geworden durch Einwendungen der Politiker gegen eine rücksichtslose Heranziehung Belgiens zu den Lasten der deutschen Kriegführung, die mit negativen Auswirkungen auf die Flamenpolitik begründet wurden. (Vgl. PA Bonn, AHQ 4 Bd. 3, Lersner an AA, Telegramm 252 vom 27.2.1917). Zuvor hatte Lancken bei den Kreuznacher Verhandlungen vom 20.2.1917 (s. oben S.141 ff.) die Schwierigkeiten beklagt, die der Flamenpolitik durch das Unverständnis der militärischen Stellen bereitet wurden. So hatten die Aktivisten aus dem Etappengebiet zunächst keine Ausreisegenehmigung für die Tagung in Brüssel am 4.2.1917 bekommen (s. hierzu den Telegrammwechsel Lanckens mit Lersner zwischen dem 30.1.1917 und dem 2.2.1917 in PA Bonn, Belgien 63 Bd. 11). Nach Lanckens Vortrag am 20.2. 1917 sagte Ludendorff die Unterstützung der Militärs für die im Generalgouvernement begonnene Flamenpolitik zu, bedachte aber nicht die Rückwirkungen auf die Pläne zur Heranziehung Belgiens zu den Kriegslasten. Deshalb wiederholte Hindenburg am 12.3.1917 (Nachweis oben, Anm. 4) diese Zusicherungen eher widerwillig: "Nachdem wir den Flamen diese Zusicherungen gegeben haben (sc. des Reichskanzlers vor der Flamendelegation am 3.3.1917, d.Verf.), kann ich nicht mehr den Standpunkt vertreten, daß wir in der Ausbeutung Belgiens soweit gehen sollten, daß aus der belgischen Bevölkerung heraus das Friedensbedürfnis gewaltsam hervorbricht, wohl aber muß Belgien bei Friedensschluß mehr geschwächt werden als das deutsche Reich, nur dann werden wir es wirtschaftlich von uns abhängig halten können." Von seiten Hindenburgs und Ludendorffs wurde die Flamenpolitik also in Kauf genommen, solange sie die expansiven Kriegsziele nicht zu stören schien und, wie die scharfe Kritik Ludendorffs Ende 1917 an der Politischen Abteilung zeigte, sofort gebremst, sowie sie diese Ziele zu bedrohen schien. (S. auch unten Anm. 86).

86 Ebenso wenig wie für die Kriegsziele der OHL im Westen war die Flamenpolitik für den Generalgouverneur an sich eine Notwendigkeit, er hatte seine Denkschrift vom Frühjahr 1915 ganz ohne eine spezielle Flamenpolitik konzipiert. Unter Lanckens Einfluß und Bethmanns Drängen hat sich Bissing dann an die Flamenpolitik heranführen lassen, zumal die Kirchenpolitik als Mittel der Gewinnung der belgischen Bevölkerung ausfiel (s. oben S.57 f.). Wenn der Generalgouverneur sich schließlich hat dazu bewegen lassen, die Grundlage der belgischen Gesetzgebung für die Flamenpolitik zu verlassen, so mag dazu auch sein Sohn F.W. von Bissing beigetragen haben, der neben dem Münchener Professor von Dyck an der Umwandlung der Genter Universität beteiligt war. Nach Aussage Lanckens in seinem Privatbrief an Kühlmann vom 13.12.1917 (Nachweis oben, Anm. 32) stand dieser

mit den Genter jungflämischen Kreisen in Verbindung und hat diese "gegen die Politische Abteilung vorgetrieben". F.W. von Bissing war es auch, der Ludendorff gegen die Politische Abteilung alarmiert hat, wie Lancken in dem gleichen Brief sehr richtig vermutete. Ludendorff bemängelte (Nachweis oben, Anm.31), es fehle der Flamenpolitik der Politischen Abteilung an der nötigen "Klarheit und Entschlossenheit". (S. auch Fischer, Griff, S.590; Wende, Die belgische Frage, S.176). Den Anlaß zu F.W. von Bissings Aktion bei Ludendorff hatte die Politische Abteilung selbst geboten, da sie die Entfernung des jüngeren Bissing aus der Zivilverwaltung betrieben hatte. Er wandte sich daraufhin Unterstützung suchend nicht nur an Dandl, den Nachfolger Hertlings als bayrischer Ministerpräsident, sondern auch an den Reichskanzler Hertling und an Ludendorff. (GStA München, MA 97555/97556, F.W. von Bissing an Dandl, Schreiben vom 15.11.1917 mit Anlage der Kopien seiner Schreiben vom 8.11.1917 an Hertling und vom 15.11.1917 an Ludendorff). Sehr geschickt verknüpfte Bissing die Frage seines Verbleibens bei der Zivilverwaltung in Brüssel mit einem Bekenntnis für oder wider die Politik seines Vaters, die seiner Darstellung nach durch die Politische Abteilung bedroht sei. Im Brief an Ludendorff teilt Bissing mit, die Politische Abteilung habe eine Unterschriftensammlung für einen Aufruf des flämischen Volks an das deutsche Volk, der Deutschland zu einer Garantieerklärung für Flandern aufrief und dafür eine Bindung Flanderns an Deutschland in Aussicht stellte, verhindert; sie erschwere "hier nach wie vor alles, was dazu dienen kann, einen engen Anschluß Flanderns und Walloniens an das deutsche Reich vorzubereiten, wie es doch mein Vater erstrebt hat und wie es das Wohl des Reiches gerade aus militärischen Gründen mir zu erheischen scheint." Bissing an Ludendorff, Schreiben vom 15.11.1917). An gleicher Stelle spricht Bissing von der Absicht der Politischen Abteilung, die Unabhängigkeit Flanderns ausrufen zu lassen (die "spontane" Erklärung der Selbständigkeit Flanderns auf der Sitzung des Rates von Flandern am 22.12.1917 kam deshalb für die Deutschen durchaus nicht so überraschend, wie Wende, Die belgische Frage, S.172 nach seinem Quellenmaterial urteilt): "Statt dessen trägt man sich, wie ich von flämischer Seite höre, mit m.A. nach höchst gefährlichen Plänen: hätten wir im Herbst 1914 nach der Ablehnung unserer Friedensvorschläge an König Albert ihn des Thrones für verlustig erklärt, so wäre das vielleicht eine klare Lösung geworden, wollen die Flamen heute etwa durch den Mund des Rates von Flandern sich von der Regierung in Le Hâvre lossagen, so kann uns das recht sein. Aber ein für alle Mal muß meiner Ansicht nach feststehen, daß, solange der Krieg dauert, keine andere als die Regierung Seiner Majestät des Deutschen Kaisers an die Stelle derjenigen König Alberts treten kann. Jetzt über die garnicht durchgeführte Verwaltungstrennung hinaus die politische Trennung zu erklären, zwei Staaten Flandern und Wallonien zu schaffen, die doch unmöglich ihr rechtmäßiges Oberhaupt erhalten können, scheint mir, auch wenn einige Flamen das wollen, das verkehrteste Ding von der Welt." Nach Bissings Auffassung darf die

ganze Flamenpolitik nicht dahin führen, daß den Flamen eine tatsächliche Selbstbestimmung zugestanden wird. Sie ist im Grunde nur eine andere Vokabel für Annexion, während er der Politischen Abteilung unterstellt, den Flamen ein zu großes Mitspracherecht gewähren zu wollen: "Wollen wir das Vertrauen der zuverlässigen Flamen haben, so dürfen wir nicht Aesthetenpolitik treiben, sondern deutsche. Wer den Flamen ehrlich sagt, daß wir deutsche Ziele verfolgen, aber da diese mit den flämischen sich zum guten Teil decken, auch die ihren verfechten, sie nicht einverleiben wollen, aber auch nicht schutzlos auf dem Ocean der Weltpolitik schwimmen lassen wollen, der wird ihr Vertrauen haben. Eine Teilung Belgiens in seine natürliche Bestandteile ist nur im Frieden möglich, denn wir müssen unmittelbar die neue Staatsform schaffen können, dürfen auch nicht, wenn wir die Trennung durchführen, sie durch Personalunion wieder aufheben, es sei denn, daß diese in der Person des Kaisers als oberster Kriegsherr möglich wäre." (Es folgt der oben schon zitierte Passus über König Albert als König von Flandern und Herzog von Wallonien). Bissings autoritäre, den Flamen die Fähigkeit zur politischen Selbstbestimmung absprechende Denkweise geht aus dem folgenden Abschnitt hervor: "Die Flamen bedürfen noch sehr der politischen Erziehung, und sie wissen es. Darum darf auf längere Zeit hinaus der Rat von Flandern keine andere als beratende Stimme haben... Eine Exekutive darf der Rat von Flandern oder ein aus ihm gebildeter Ausschuß nicht bekommen ..." (an Ludendorff, 15.11.1917). Im Schreiben an Dandl machte Bissing noch die präzisierende Angabe zur Ausrufung der Selbständigkeit Flanderns, daß er von flämischer Seite erfahren habe, "die Politische Abteilung beabsichtige zu Weihnachten die Proklamation der zwei Staaten, die dann von uns anerkannt werden sollten. Ich habe in meinem Brief absichtlich die unbestimmtere Form gewählt, weil es mir nicht darauf ankam, die Politische Abteilung anzugreifen, sondern zu verhindern, daß durch eine voreilige papierene Erklärung Hoffnungen geweckt würden, deren Enttäuschung meiner Befürchtung nach zu einer Katastrophe für unsere deutschen Ziele in Belgien führten müßte."
Im Brief Bissings an Hertling vom 8.11.1917 geht es neben der Bitte um Unterstützung für sein Verbleiben im besetzten Belgien noch um einige weitere Auskünfte, die ermöglichen, den politischen Standort des jüngeren Bissing noch näher zu bestimmen: Er berichtete von den (gescheiterten) Plänen, in Brüssel eine Ortsgruppe der Vaterlandspartei mit Mitgliedern aus der deutschen Kolonie in Belgien zu gründen und von Kontakten zu Reichenau, dem alldeutschen Vorsitzenden der deutsch-flämischen Gesellschaft, von der eine Ortsgruppe in Gent gebildet worden sei.

87 Von "degenerierten Wallonen" sprach eine Denkschrift des Mecklenburgischen Herzogs Johann Albrecht (Fischer, Griff, S.221); von dem "hohen völkischen Wert" des flämischen Volkes und dem "Gebärwillen" "Rubensscher Frauentypen" der Prof. Schultze-Gävernitz (Schwabe, Wissenschaft, S.85 f.), von den

"4 1/2 Millionen blauäugiger, blondhaariger, kinderreicher Germanen" der Reichstagsabgeordnete Mumm (Wende, Die belgische Frage, S.119).

88 Eine realistische Einsicht in die Stimmung der Flamen gegenüber der deutschen Okkupation zeigte Bissing in seinem Schreiben an den Reichskanzler vom 10.1.1915 (Nachweis oben, Anm. 41), vom 26.9.1915 (Nachweis oben Anm. 56) und vom 11.1.1916 (Nachweis oben Anm. 66).

89 Zu Bissings Versuchen, den Reichskanzler in der Kriegszielfrage vor der Weiterführung der Flamenpolitik festzulegen, s. Wende, Die belgische Frage, S.111 f. und S.117.

90 Bethmanns Vorstellung war dabei, durch die Verwaltungstrennung und die Verflamung der Genter Universität eine neue flämische Führungsschicht aufzubauen, die sich einem späteren deutschfeindlichen Kurs des wiederhergestellten Belgiens widersetzt bzw. diesen verhindert. (In der Besprechung vom 7.2.1917, Nachweis oben, Anm. 83, war es für Zimmermann das entscheidende Argument, daß angeblich auch die flämische Intelligenz für die Zusammenarbeit mit den Deutschen sei).

91 Siehe hierzu Merciers von Enttäuschung zeugende Bemerkung über die Politische Abteilung gegenüber Coppée im Juni 1917 (Nachweis oben, Kap. 7 Anm. 177).

92 Vgl. Boudens, Kardinaal Mercier en de vlaamse beweging, S.134.

93 PA Bonn, Wk 17 Bd. 7, Erzberger an AA, Schreiben vom 7.11.1917 mit Anlage einer Aufzeichnung "Entschiedene Opposition des belgischen Klerus gegen den Besuch der neuen flämischen Universität in Gent"; s. auch Boudens, Kardinaal Mercier en de vlaamse beweging, S.134 f.

94 Auch der Studie von Boudens, Kardinaal Mercier en de vlaamse beweging, ist nicht zu entnehmen, warum Mercier erst verhältnismäßig spät gegen den Aktivismus Stellung nahm.

95 S. oben S.32 ff.

96 D.J. Mercier, OP V, S.371 ff.

97 Vgl. ebd. S.374.

98 D.J. Mercier, "Les vertus pastorales de l'heute présente", OP V, S.390 ff., Zitat S.413 f.

99 Vgl. ebd. S.389 das Anschreiben Merciers an die Dechanten der Diözese, von Ostern 1917 datiert.

100 Die einzelnen oppositionellen Stellungnahmen und Maßnahmen Merciers werden belegt durch die beiden Schreiben Falkenhausens an den Reichskanzler vom 29.5.1917 (Nachweis unten Anm. 105) und vom 27.6.1917 (Nachweis unten Anm. 107) mit ihren Anlagen sowie durch die beiden von Lancken eingereichten Memoranden katholischer Mitarbeiter der Politischen Abteilung Kisky und Beyerle (s. hierzu unten Anm. 112), außerdem durch

verschiedene Materialien im Nachlaß Van den Heuvels und de Broquevilles, so etwa Merciers ausführliches Rechtfertigungsschreiben an Gasparri vom 4.9.1917 (Nachweis unten Anm. 101).

101 Mercier teilte den lateinischen Text der Gehorsamserklärung dem Kardinal-Staatssekretär mit Schreiben vom 4.9.1917 mit (AGR Brüssel, FdB 153, Anlage zum Schreiben Merciers an Broqueville vom 26.9.1917, s. auch Boudens, Kardinaal Mercier en de vlaamse beweging, S.145).
Seine Sorge um ein zu lebhaftes Engagement seines Klerus für die flämischen Fragen äußerte Mercier im Laufe des Jahres mehrfach, so im Schreiben vom 8.7.1917 an Van den Heuvel (AGR Brüssel, FVdH 2), im Schreiben vom 9.9.1917 und vom 26.9.1917 an de Broqueville (AGR Brüssel, FdB 153) und vom 4.9.1917 an Gasparri (ebd.). Um die Bindungen zu seinem Klerus zu stärken, unternahm Mercier es im Herbst 1917, zu den Retraiten aller seiner Priester (etwa 3000) zu predigen. (AGR Brüssel, FVdH 1, Bruynzeels an Van den Heuvel, Schreiben vom 19.8.1917). Es lag ein gewisser Widerspruch darin, daß Mercier für sich selbst in Anspruch nahm, das religiöse und moralische Moment politischer Ereignisse herauszuarbeiten und sich unter diesem Aspekt lebhaft um das politische Geschehen kümmmerte, seinem Klerus aber ein Engagement aus ähnlichen Beweggründen für die flämische Frage untersagte. So konnte Mercier über einen flamingantischen Priester urteilen: "... il peut s'aveugler sur l'utilité morale et religieuse du mouvement flamingant ..." (AGR Brüssel, FdB 153, Mercier an Broqueville, Schreiben vom 6.3.1917, zum Vorgang s. auch Boudens, Kardinaal Mercier en de vlaamse beweging, S.170 ff.).

102 PA Bonn, Wk 17 Bd. 8, Mercier an Falkenhausen, Schreiben vom 6.6.1917, Anlage zum Schreiben Lanckens vom 16.6.1917 an das AA, s. auch Mayence, La correspondance, S.372 ff.

103 Auf Anregung Merciers wurde von den Leitern der kirchlichen Normalschulen beschlossen, keinen Staatsvertreter aus dem flämischen Unterrichtsministerium, wie gesetzlich vorgeschrieben, zu den Abschlußexamen hinzuzuziehen. Die Leiter der staatlichen Schulen folgten dem kirchlichen Beispiel (AGR Brüssel, FVdH 40, Mercier an Benedikt XV., Schreiben vom 5.8.1917, s. auch Mayence, La correspondance, S.377 ff.).

104 In den deutschen Aufzeichnungen ist von zwei verschiedenen Ansprachen des Kardinals die Rede, am 7.6.1917 in Brüssel, am 8.6.1917 in Mecheln, vgl. das Memorandum Beyerle S.17 (Nachweis unten Anm. 112) und Schreiben Falkenhausens an Bethmann vom 27.6.1917 (Nachweis unten Anm. 107), Mercier dagegen bestritt heftig die Ansprache in Brüssel und den ihm vorgeworfenen Inhalt (Schreiben an Gasparri vom 4.9.1917, Nachweis oben Anm. 101, s. auch Boudens, Kardinaal Mercier en de vlaamse beweging, S.154).

105 PA Bonn, Wk 17 Bd. 8.

106 S. oben S.136.

107 PA Bonn, Wk 17 Bd. 8, Falkenhausen an Bethmann, Schreiben vom 27.6.1917 mit Anlage der Aufzeichnung "Neueste politische Betätigung des Kardinals Mercier" und eines aktivistischen Zeitungsartikels gegen Mercier aus dem "Vlaamschen Nieuws" vom 27.6.1917.

108 Zur Audienz Falkenhausens beim Kaiser bei seinem Amtsantritt vgl. Falkenhausen, Erinnerungen, S.147 und S.165 f.; zum Gespräch Falkenhausens mit dem Reichskanzler vgl. die von Lancken stammende Aufzeichnung "Gesichtspunkte für die Politik in Belgien" vom 24.4.1917, in der es zur Kirchenpolitik heißt: Erwägungen der "speziell belgischen Kirchenpolitik" erforderten, "auf keinen Fall einen völligen Bruch mit den Katholiken entstehen zu lassen." (Scherer/Gruner, L'Allemagne, Bd. II, S.145 f.)

109 Pacelli hielt sich am 26.6.1917 in Berlin, am 29.6.1917 bei dem Kaiser im Großen Hauptquartier in Kreuznach auf; von seiner Absicht, einen Antrittsbesuch in Berlin zu machen, hatte er schon Ende Mai in München gesprochen. Diese Absicht war in Berlin über V. Naumann und Erzberger bekannt geworden. (Steglich, Friedenspolitik, S.118 f.; Epstein, Erzberger, S.210).

110 PA Bonn, Wk 17 Bd. 8, Zimmermann an Mühlberg, Erlaß 74 vom 19.6.1917.

111 Ebd., Zimmermann an Mühlberg, Erlaß 91 vom 20.7.1917.

112 Ebd., Lancken an Bergen, Schreiben vom 28.6.1917. Der Vorschlag ging ursprünglich auf Kardinal von Hartmann zurück, mit dem Lancken am 23.6.1917 in Köln zusammengetroffen war. (S. unten S.155). Dies geht aus Lanckens Schreiben an Hartmann vom 28.6.1917 (Nachweis unten Anm. 151) hervor. Lancken konnte Hartmanns Vorschlag umso leichter zu dem seinigen machen, als er von der bevorstehenden Aktion der aktivistischen Flamen wußte (s. auch unten Anm. 120). Zur Information Bergens fügte Lancken aber zwei Denkschriftentwürfe bei, die nach einem handschriftlichen Vermerk von den beiden katholischen Mitarbeitern der Politischen Abteilung, Beyerle und Kisky, stammten. Sie suchten, entgegen der von Hartmann vorgeschlagenen Linie, sehr wohl die Berechtigung der deutschen Flamenpolitik nachzuweisen. Die beiden Denkschriftenentwürfe stellen wohl also die ursprüngliche, von Lancken beabsichtigte Argumentationsstruktur dar, die nach Hartmanns Ratschlag aufgegeben wurde. Da Lancken die beiden Denkschriftenentwürfe vertraulich Hartmann mit Schreiben vom 28.6.1917 übermittelte und Hartmann sie mit Schreiben vom 30.6.1917 an Gasparri weiterleitete, haben sie schließlich doch ihr ursprüngliches Ziel erreicht.

113 Im Tätigkeitsbericht der Politischen Abteilung vom August 1917 heißt es: "Die abgelaufene Berichtsperiode brachte für die Kirchenpolitik eine Krisis, wie sie in gleicher Bedeutung während der nahezu dreijährigen Besetzung Belgiens nicht zu verzeichnen war." (PA Bonn, Wk 14 b Bd. 7). Von dieser aufgeregten Lagebeurteilung ließ sich Kardinal von Hartmann an-

stecken, vgl. unten Anm. 155. Krafft von Dellmensingen erfuhr von dem Verwaltungschef von Flandern Schaible, daß kurzfristig auch der Gedanke einer Abschiebung Merciers noch einmal aufgetaucht war. (GStA München, MA 945, Krafft von Dellmensingen an Hertling, Schreiben vom 6.8.1917).

114 Ritter teilte mit Bericht 135 vom 3.7.1917 seiner Regierung die neuesten Schwierigkeiten mit Mercier und Mühlbergs Auftrag, in Rom zu protestieren, mit (GStA München, MA 97657), zum Urteil Ritters in dieser Angelegenheit vgl. auch ebd. Bericht 145 vom 26.7.1917 und Bericht 177 vom 9.9.1917. In letzterem heißt es: "Ich weiß nicht, ob Euer Exzellenz eine der letzten Blüten der politischen Verblendung des Kardinals Mercier schon bekannt ist. Sie verdient zu den Akten genommen zu werden. Der Kardinal hat nämlich jede Unterstützung der flämischen Bewegung zu einer Todsünde erklärt." Wenn Ritter auch nicht in Rom schriftlich vorstellig wurde, so geht daraus deutlich hervor, in welcher Weise sich Ritter demnach über Mercier zu vatikanischen Kontaktleuten wie Mgr. Marchetti geäußert hat.

115 Zur Haltung Hartmanns s. unten S.155.

116 Während des geheimen Berlin-Besuchs Pacellis am 24.7.1917 hat Bergen offensichtlich mit Pacelli auch über Mercier gesprochen, denn Bergen notierte auf dem Konzept des Erlasses 91 vom 20.7.1917 an Mühlberg (s. oben Anm. 111): "p.n. je ein Exemplar der Anlagen habe ich dem Nuntius Pacelli am 24. VII. übergeben." (Bei den genannten Anlagen handelte es sich um die Anlagen des Falkenhausen-Schreibens vom 27.6.1917 an den Reichskanzler, s. oben Anm. 107.) Pacelli lehnte zwar ab, wie Mühlberg angeregt hatte, in Rom zu beantragen, daß die Instruktionen für Mercier durch seine Hände gehen sollten, (PA Bonn, Wk 17 Bd. 8, Treutler an AA, Bericht 221 vom 10.8.1917), aber er empfing doch die flämisch-aktivistische Delegation, die ihm eine Beschwerdeschrift gegen Mercier überreichte und leitete diese nach Rom weiter. (s. unten S.157 f.).

117 PA Bonn, Wk 17 Bd. 8, Mühlberg an AA, Bericht 71 vom 24.6.1917.

118 Ebd., Mühlberg an AA, Bericht 83 vom 18.7.1917 mit Anlage der Antwort Gasparris vom 11.7.1917.

119 Ebd. Bd. 9, Harrach an AA, Bericht vom 23.9.1917 mit Anlage des Textes der Beschwerdeschrift und ebd., Harrach an AA, Bericht vom 25.9.1917, mit Anlage der Unterschriftenliste der Beschwerdeschrift, s. auch Boudens, Kardinaal Mercier an de vlaamse beweging, S.149 f.

120 "Wir haben dazu (sc. die eingehende Verteidigung der deutschen Flamenpolitik zu unterlassen, s. oben Anm. 112) umso mehr Grund, als die katholischen Flamen selbst mit einer Bitt- und Beschwerdeschrift gegen Mercier als ihren Bischof an den Papst herantreten wollen. Rom gegenüber wollen wir als Mitwisser dieses Schrittes der Flamen nicht in Erscheinung treten, da er nur als Notschrei gewissensbedrängter Katholiken gelten

soll." (Lancken an Bergen, Schreiben vom 28.6.1917, Nachweis oben Anm. 112) Auf eine deutsche Beteiligung an der Abfassung der Beschwerdeschrift verweist auch die Tatsache, daß Pius Dirr, seit den Anfängen der Flamenpolitik an deren Entwicklung und Durchführung beteiligt (s. auch Wende, Die belgische Frage S.78), dem Auswärtigen Amt schon im August einen Entwurf vorlegen konnte (PA Bonn, Wk 17 Bd. 8, Schreiben vom 21.8.1917 mit Anlage).

121 Seit Mitte 1916 war Locatelli Nachfolger des Nuntius Tacci in Brüssel. Tacci hatte das Vertrauen der Belgier schon in den ersten Kriegsmonaten verloren, weil er u.a. Mercier im ersten Konflikt um "Patriotisme et Endurance" nicht energisch genug unterstützt haben soll (s. oben S.67). Da nach der Ernennung Crooijs zum Bischof von Tournai auch der Generalgouverneur verärgert war und seine Ablösung forderte (s. oben S.90), wechselte der Vatikan seinen diplomatischen Vertreter im besetzten Gebiet aus. (Aktenmaterial zur deutschen Verstimmung gegen Tacci in PA Bonn, Wk 14 b Bd. 3 und 4, zur belgischen Verärgerung im Nachlaß Van den Heuvel, vgl. AGR Brüssel, FVdH 40 "Nonces en Belgique"). Aber auch Locatelli konnte nicht den beiden Seiten gerecht werden, was nicht nur an mangelnder persönlicher Eignung liegen mochte, sondern an der prinzipiellen Schwierigkeit, als Vertreter einer neutralen Macht diplomatische Beziehungen zu zwei miteinander im Krieg liegenden Mächten gleichzeitig aufrecht zu erhalten. (Zur Kritik an Locatelli s. AGR Brüssel, FVdH 40, Beyens an Van den Heuvel, Schreiben vom 16.8.1916, zur Beurteilung Locatellis durch Mercier dessen Schreiben vom 26.9.1917 an Broqueville in AGR Brüssel, FdB 153, zur deutschen Kritik an Locatelli s. PA Bonn, Wk 16 Bd. 7, Lancken an AA, Bericht vom 27.11.1916).
Noch kurz vor Kriegsende kam der Vatikan erneut der Kritik an dem Brüsseler Nuntius nach und entsandte Nicotra nach Brüssel (AGR Brüssel, FVdH 40, Berichte Van den Heuvels vom 20.7.1917, 21.9.1918 und 30.9.1918).

122 PA Bonn, Wk 17 Bd. 9, Harrach an AA, Bericht vom 23.9.1917, s. auch Mercier an Broqueville, Schreiben vom 26.9.1917 (Nachweis oben Anm. 121). Die Beschwerde wurde statt dessen über Mühlberg und über den Münchner Nuntius Pacelli nach Rom übermittelt (PA Bonn, Wk 17 Bd. 9, Erlaß Nr. 110 vom 1.10.1917 an Mühlberg und Erlaß Nr. 123 vom 1.10.1917 an Treutler).

123 AGR Brüssel, FVdH 40, Bericht Van den Heuvels vom 11.10.1917, s. auch PA Bonn, Wk 17 Bd. 9, Mühlberg an AA, Bericht 20 vom 3.2.1918. Mühlberg teilte dem AA darin mit, Gasparri habe nur den Eingang der aktivistischen Beschwerdeschrift bestätigt.

124 Vgl. Anm. 101 und Anm. 103.

125 Schon im Juli 1917 hatte sich Mercier mit der Bitte an Van den Heuvel gewandt, er möge den Vatikan über den wahren Charakter des Aktivismus aufklären: "Vous êtes assurément au courant des ménées des flamingants. Il serait bien utile de faire connaître ce mouvement en haut lieu. Ces flamingants outrés ne sont qu'une poignée, mais ils sont très rémuants, bénéficiants de toutes les protections de l'ennemi tandis que l'on ne permet à aucun organe de leur répondre..." (AGR Brüssel, FVdH 2, Mercier an Van den Heuvel, Schreiben vom 8.7.1917). Mit Schreiben vom 26.9.1917 äußerte Mercier seine Besorgnis Broqueville gegenüber: "Quelque chose m'inquiète dans notre situation générale et je prends mon recours, en toute confiance, vers vous. Les activistes dirigent, contre ma personne, depuis trois mois, ... une campagne rageuse de calomnies et d'injures." Dem Exposé dieser Kampagne fügte Mercier die Bitte an, Broqueville möge ihn sowohl in Rom wie gewissen Kreisen im besetzten Belgien gegenüber (Woeste, der Lütticher Bischof Rutten) verteidigen. Broqueville hat sich daraufhin in dem gewünschten Sinn an Van den Heuvel gewandt und ihn beauftragt, im Vatikan zu erklären, daß die Haltung des Mechelner Kardinals nicht nur vielen den Glauben bewahrt, sondern auch viele zum Glauben zurückgeführt habe und daß es für die religiösen Interessen des Landes katastrophal wäre, ließe sich der Vatikan durch die "ménées machiavelliques" der Deutschen beeindrucken! (AGR Brüssel, FVdH 42, Broqueville an Van den Heuvel, Schreiben vom 13.10.1917).

126 Ende Mai erst hatte Benedikt XV. in einer Audienz für Van den Heuvel mit dem belgischen Diplomaten über mögliche belgische Friedensbedingungen gesprochen (AGR Brüssel, FVdH 39, Aufzeichnung Van den Heuvels zur Audienz vom 25.5.1917). Ende Juni hielt sich Pacelli in Berlin auf, um mit der deutschen Regierung über die deutschen Friedensbedingungen zu sprechen (s. oben Anm. 109). In Gasparris Schreiben an Mercier vom 16.8.1917 hieß es unter deutlicher Anspielung auf die päpstliche Friedensmission: "Dal resto, nel momento attuale pendono tra la Santa Sede ed il Governo tedesco trattative di sommo interesse per il Belgio, sarebbe quindi opportuno evitare qualsiasi atto che potesse rendere più difficile il felice successo delle medesime. (Zitiert nach Boudens, Kardinaal Mercier en de vlaamse beweging, S.155 Anm. 136).

127 Vgl. AGR Brüssel, FVdH 39, Aufzeichnung Van den Heuvels zur Audienz beim Papst am 15.7.1917. Der mißbilligende Passus über Merciers Januar-Ansprache wurde schon oben S.101 zitiert, auf einen verteidigenden Einwand erwiderte der Papst: ... Je souhaite qu'il évite tout ce que peut donner prise à la critique ..." Nach einer längeren, Mercier rechtfertigenden Erwiderung Van den Heuvels bemerkte Benedikt XV. "Oui. Mais on ne peut mettre trop de modération dans ces brulants questions."

128 Mercier ist von Locatilli mündlich zur Berichterstattung über seine Haltung zur Verwaltungstrennung aufgefordert worden, wie aus dem Briefanfang des Schreibens Merciers an den Papst vom 5.8.1917 hervorgeht, das abschriftlich im Nachlaß Van den Heuvels (AGR Brüssel, FVdH 40) erhalten ist. In der von Mayence, La correspondance, S.377 ff. wiedergegebenen Version ist der Briefanfang verändert, hier wird der Eindruck erweckt, Mercier habe dem Papst aus freien Stücken über die Lage in Belgien berichten wollen.

129 Zum Schreiben Gasparris an Mercier vom 16.8.1917 s. Boudens, Kardinaal Mercier en de vlaamse beweging, S.153 Anm. 134 und S.155, Anm. 136.

130 Mercier an Benedikt XV., Schreiben vom 5.8.1917, Nachweis oben Anm. 128.

131 Vgl. Mayence, La correspondance S.377.

132 Ebd., S.381.

133 Ebd., S.381.

134 Boudens, Kardinaal Mercier en den vlaamse beweging, S.153.

135 Mercier an Gasparri, Schreiben vom 4.9.1917, Nachweis oben Anm. 101. Dort heißt es gegen Ende des Schreibens: "J'ai la confiance que votre Excellence voudra profiter de l'occasion que lui fournit la correspondance engagée avec Son Excellence le Ministre de Prusse pour inviter les autorités Allemandes à ne pas bouleverser notre politique intérieure. Pourquoi ces Messieurs ne régissent-ils pas la Belgique en conformité avec la constitution et les lois du pays? Nous ne leur demandons que cela pour vivre en paix autant qu'une paix ext possible sous un régime étranger. Mais non, ils s'acharnent à nous diviser. Ce qu'ils apellent chez nous 'action politique', c'est une résistance digne, nécessaire à une intrusion tantôt violent, tantôt sournoise, dans un domaine que la vertu du patriotisme nous commande de sauvegarder."

136 S. unten Anm. 160.

137 Falkenhausen, Erinnerungen, S.165.

138 Zur aktivistischen Pressekampagne gegen Mercier vgl. das denkschriftähnliche Schreiben Bruynzeels an Van den Heuvel vom 26.10.1917, das sicher im Auftrag Merciers entstand und auf von Mercier übermittelten Materialien beruhte (AGR Brüssel, FVdH 23) und Merciers Schreiben an Broqueville vom 26.9.1917 (Nachweis oben Anm. 101).

139 S. oben S.68 ff, S.81 f. und S.101 f.

140 S. oben Kap. 6 Anm. 16. Auch Mercier hatte 1916 während seines Romaufenthalts von den deutsch-katholischen Anknüpfungsversuchen erzählt, vgl. AGR Brüssel, FVdH 38, Aufzeichnung Van den Heuvels über die Gespräche beim Diner am 29.1.1917:

"Trimbron était venu me voir après le Siège d'Anvers, me disant de me resoudre à l'inévitable, qu. la Belg. serait annexée. Je lui ai répondu g. je ne partageais pas son sentiment et q. l'avenir déciderait entre nous." (Abkürzungen nach dem Original).

141 AGV Köln, CR 25, 14 Bd. 20, Schreiben eines Rechtsanwalts Kasler (?) und eines Herrn Stocky (?) vom Düsseldorfer "Büro zur Verbreitung Deutscher Nachrichten im Auslande" an Hartmann. Dort heißt es: "In Brüssel besteht unter Leitung des Herrn Justizrat Trimborn eine Kommission, die sich mit der flämischen Frage befaßt und insbesondere den Auftrag hat, nach Wegen zu suchen, um die Flamen den Deutschen näher zu bringen. Diese Kommission legt nun großen Wert darauf, daß die belgischen Kriegsgefangenen flämischer Nationalität eine besondere seelsorgerische Fürsorge erhalten. Es wäre deshalb von großem Wert, einen geeigneten deutschen Geistlichen oder Pater zur Verfügung zu haben, der befähigt ist, sich der flämischen Kriegsgefangenen nach jeder Richtung hin anzunehmen." Diesem Anschreiben folgte im Frühjahr 1915 ein Zusammentreffen Trimborns mit Hartmann (vgl. ebd. Schreiben Trimborns vom 2.3.1915 an Kardinal von Hartmann). Wie aus einem Schreiben des preußischen Kriegsministeriums an Middendorf hervorgeht (ebd., Schreiben vom 17.6.1915 abschriftlich), hatten die vereinten deutsch-katholischen Bemühungen um die Seelsorge für die gefangenen Flamen dahingeführt, daß die Belgier in sechs Lagern zusammengefaßt wurden und daß das Kriegsministerium die Einsetzung von sechs deutschen, der flämischen Sprache kundigen Geistlichen genehmigte.

142 S. das schon oben Kap. 6 Anm. 221 erwähnte Schreiben Merciers an Kardinal von Hartmann, Kardinal von Bettinger und den Wiener Kardinal Piffl. Mercier hat seit Kriegsbeginn darum gekämpft, die belgischen Gefangenen in Belgien und in Deutschland, später auch die deportierten belgischen Arbeiter in Deutschland durch Priester belgischer Nationalität geistlich betreuen zu lassen, wie zahlreiche Schreiben in seiner Korrespondenz mit den deutschen Generalgouverneuren zeigen. (S. hierzu Mayence, La correspondance, S.13 ff. und öfter, s. auch AGR Brüssel, FVdH 23, Aufzeichnung des belgischen Feldgeistlichen Deckers o. Datum "Tentatives faites en vue d'obtenir la permission d'envoyer des Aumoniers Belges ou Hollandais auprès des prisonniers Belges en Allemagne".) Während die Seelsorge im Gefängnis für politische Gefangene in Brüssel dem deutschen, aber seit Jahren in Belgien lebenden Pater Leyendecker übertragen wurde (s. auch Boudens, Kardinaal Mercier volgens het archief, S.511 f.), blieb die Seelsorge für die in Deutschland gefangenen und internierten Belgier in den Händen deutscher Seelsorger (vgl. das Schreiben Bettingers an Hartmann vom 16.2.1917, Nachweis oben Kap. 6 Anm. 221). Nur zwei jungen aktivistischen Priestern aus der Diözese Merciers, die ihren Platz ohne Genehmigung Merciers verlassen hatten, wurde genehmigt, in einem Gefangenenlager bei Göttingen zu amtieren, wogegen Mercier naturgemäß heftig protestierte (s. sein Schrei-

ben vom 4.9.1917 an Gasparri, Nachweis oben Anm. 101, s. auch Schreiben Bruynzeels an Van den Heuvel vom 26.10.1917, Nachweis oben Anm. 138). Diese Angelegenheit wurde in der aktivistischen Pressekampagne gegen Mercier ausgebeutet, so daß Bruynzeels den Auftrag erhielt, in der holländischen Presse für Richtigstellungen zu sorgen (Bruynzeels an Van den Heuvel, Schreiben vom 26.10.1917).
Zu den in Göttingen wirkenden "Seelsorgern" gehörte übrigens auch der Jurist Beyerle, über den Sonnenschein an Bettinger schrieb (AEB München, Kasten 42/1 Mappe "Erzberger", Schreiben Sonnenscheins vom 28.6.1916): "Eminenz gestatten, daß ich in einer Angelegenheit, die auf unser letztes Gespräch zurückgreift, um ihre Unterstützung bitte. Der katholische Universitätsprofessor Beyerle, der sich seit Monaten in Göttingen um die dortigen kriegsgefangenen Flamen kümmert, ihnen Vorlesungen hält und sie in außerordentlich wirksamer Weise für das Deutschtum beeinflußt, hat an dieser Arbeit (er ist zudem der beste Kenner der flämischen Rechtsgeschichte in Deutschland) solche Freude gewonnen und ist sich so klar darüber, daß diese Brücke von deutschen Katholiken geschlagen werden muß, daß er sich bei Exzellenz von Hertling um eine Anstellung in Brüssel in der dortigen politischen Abteilung bzw. um Verwendung an der Universität Gent beworben hat. Angesichts der Tatsache, daß in Belgien, wie Eminenz wissen, in erdrückender Anzahl Protestanten verwendet werden, läßt er durch mich ergebenst bitten, seine Bewerbung bei Exzellenz von Hertling mit einem wirksamen Worte oder ein paar frdl. Zeilen unterstützen zu wollen."

143 Vgl. das Schreiben Hartmanns an Bettinger vom 3.2.1917 (Nachweis oben Kap. 6 Anm. 221), in dem es heißt: "M.E. dürfen wir das Schreiben nicht ignorieren, so wenig Aussicht auch vorhanden ist, daß die deutsche Regierung belgische Geistliche zur Pastoration ihrer in Deutschland gefangenen bzw. internierten Landsleute zulassen wird." Hartmanns Bereitschaft, Mercier entgegenzukommen, ist umso erstaunlicher, als ihm die entgegengesetzten Absichten deutscher katholischer Kreise mit der Flamenseelsorge ja durchaus bekannt waren und er den Versuch, die Flamen über die Seelsorge politisch für Deutschland zu gewinnen, wenigstens 1915 auch gestützt hat.

144 S. hierzu das oben Kap. 6 Anm. 221 erwähnte Schreiben Bettingers an Hartmann vom 16.2.1917. Aus den Kölner Akten geht nicht hervor, in welcher Weise Hartmann Mercier geantwortet hat.

145 Die doppelte Motivation Hartmanns, für Kirche und Vaterland wirken zu wollen, geht schon aus seinen ersten Schreiben an Bissing bzw. Mercier hervor (s. oben Kap. 2 Anm. 104 und Anm. 105, s. auch Anm. 153 dieses Kapitels).

146 Falkenhausen scheint keinen Antrittsbesuch bei Hartmann in Köln gemacht zu haben, doch ist im Schreiben Hartmanns an Lancken vom 6.6.1917 (Nachweis unten Anm. 148) ein Briefwechsel mit Falkenhausen erwähnt, in dem Falkenhausen Hartmanns Rat für die Kirchenpolitik erbeten zu haben scheint und Hartmann offensichtlich seine Bereitschaft unterstrichen hat, weiterhin für die Kirchenpolitik in Belgien zur Verfügung zu stehen. (Dieser Briefwechsel ist in den mir zur Verfügung gestellten Kölner Akten nicht vorhanden).

147 In Köln erschien die katholische "Kölnische Volkszeitung", deren politische Haltung sich im Lauf des Krieges immer weiter nach rechts entwickelte, so daß Hertling sie im Juni 1917 abbestellte (s. Morsey, Zentrumspartei, S.57 Anm. 20). Es ist also eine Intervention des Kardinals bei der KV zu vermuten.

148 AGV Köln, CR 25, 14 Bd. 20.

149 Ebd., Lancken an Hartmann, Schreiben vom 18.6.1917.

150 Nachweis oben Anm. 107.

151 AGV Köln, CR 25, 14 Bd. 28, Lancken an Hartmann, Schreiben vom 28.6.1917 mit Anlage der Abschrift des Schreibens Falkenhausens an den Reichskanzler, in dem allerdings der Passus über Lanckens Besuch in Köln weggelassen war, sowie mit Anlage der Denkschriftentwürfe Kiskys und Beyerles, s. auch oben Anm. 120.

152 Im Juni war Pacelli in Berlin, s. oben Anm. 109.

153 AGV Köln, CR 25, 14 Bd. 28, Hartmann an Gasparri, Schreiben vom 30.6.1917. Eine Abschrift erhielt der Generalgouverneur von Falkenhausen, der sich nach Lanckens Dankschreiben vom 5.7.1917 hochbefriedigt zeigte (ebd.).

154 "Die belgische Bevölkerung besteht bekanntlich aus zwei verschiedenen Volksstämmen, aus den zahlreichen flämischen mit niederländischer Muttersprache in Flandern und dem wallonischen mit französischer Muttersprache in den Provinzen Namur und Luxemburg. Der erste ist fast ganz katholisch und in seiner weitaus überwiegenden Mehrheit der katholischen Kirche treu ergeben. In den wallonischen Provinzen ist dagegen der Einfluß liberaler und sozialistischer Kreise vorherrschend. Einem alten Wunsche der Flamen entgegenkommend hat das Generalgouvernement neuerdings Belgien in zwei Bezirke eingeteilt, einen flämischen und einen wallonischen, und jeden einer besonderen Verwaltung unterstellt." (Hartmann an Gasparri, Schreiben vom 30.6.1917, Nachweis oben Anm. 153).

155 Vgl. ebd.: "Euere Eminenz bitte ich, der Angelegenheit die ernsteste Aufmerksamkeit zuzuwenden, da die Situation m.E. gegenwärtig viel kritischer ist als zur Zeit der letzten Reise des Kardinals nach Rom. Damals fühlte sich die deutsche Regierung nur durch rednerische Entgleisungen Sr. Eminenz beschwert, jetzt aber durch Handlungen, die regierungsseitig als Herausforderung angesehen werden."

156 Vgl. PA Bonn, Wk 14 b Bd. 6, Tel. Lanckens an Hartmann vom 10.7.1917, das einen bevorstehenden Besuch ankündigt.

157 AGV Köln, CR 25, 14 Bd. 28, Hartmann an Pacelli, Schreiben vom 12.7.1917. Pacelli antwortete postwendend, er habe die Anregung telegrafisch nach Rom weitergegeben, machte aber gleichzeitig darauf aufmerksam, daß die Bereitschaft des Vatikans, den deutschen Wünschen in der Flamenfrage entgegenzukommen, von der Großzügigkeit abhängt, mit der die deportierten belgischen Arbeiter wieder nach Belgien zurückgebracht werden (AGV Köln, CR 25, 14 Bd. 20, Pacelli an Hartmann, Schreiben vom 14.7.1917). Hartmann gab die Mitteilung Pacellis nach Brüssel weiter. (Ebd., Hartmann an Lancken, Schreiben vom 17.7.1917).

158 Da Mercier in seiner Antwort vom 5.8.1917 (Nachweis oben Anm. 103, s. auch Mayence, La correspondance S.382 f.) nicht nur seine eigene Haltung zur Verwaltungstrennung darlegte, sondern auch die seiner bischöflichen Kollegen erläuterte, ist zu rekonstruieren, daß Locatelli beauftragt war, Mercier auch zur Äußerung über die Meinungen der übrigen belgischen Bischöfe zu ersuchen, zweifellos infolge von Pacellis Telegramm.

159 S. auch oben S.137 f. Daß nicht Rutten zur Berichterstattung nach Rom gerufen wurde, mag an seinem hohen Alter, aber auch an seiner allzu bekannten Kritik an Mercier (vgl. dessen Schreiben an Broqueville vom 16.9.1917, s. oben Anm.125) liegen.

160 Vgl. Lanckens Schreiben an Lersner vom 22.10.1917 (PA Bonn, AHQ 4 Bd. 3): "Außerdem sollten wir gerade jetzt die Bischöfe etwas rücksichtsvoll behandeln, wo das Kriegsamt die Fortnahme der Kirchenglocken durchsetzen will. Nur wenn wir in dieser äußerst unangenehmen Angelegenheit, die unsere ganze Kirchenpolitik in Belgien einer starken Belastung aussetzt, die Bischöfe durch vorsichtige Vorkehrhandlungen dazu bringen, das Sakrileg einigermaßen ruhig hinzunehmen, können wir hoffen, die peinlichsten Zwischenfälle zu vermeiden. Dazu aber ist es nötig, daß wir sie nicht vorher ganz nutzlos verärgern."

161 AGR Brüssel, FVdH 23, handschriftliche Aufzeichnung Van den Heuvels vom November 1917. Dort heißt es nach Heylens erster Audienz bei Papst und Kardinalsstaatssekretär am 21.11.1917 über den Zweck der Reise: "... qu'il venait pour de multiples affaires ecclesiastiq. de son diocèse et des provinces occupées, qu'il avait eu des difficultés de divers genres."

162 Abkürzungen nach dem Original.

163 Aufzeichnung Van den Heuvels vom November 1917, s. oben Anm. 161.

164 S. oben S.151 f.

165 Aufzeichnung Van den Heuvels vom November 1917, Nachweis oben Anm. 161.

166 Zur "Frontbewegung" vgl. Willemsen, Het Vlaams-Nationalisme, S.82 ff., Elias, Vijfentwintig jaar, S.106 ff., Boudens, Kardinaal Mercier en de vlaamse beweging, S.168 ff.

167 Vgl. Aufzeichnung Van den Heuvels November 1917, Nachweis oben Anm. 161.

168 Zur Regierungskrise Ende 1917 vgl. Höjer, Le régime parlementaire, S.74 ff.

169 AGR Brüssel, FVdH 23, Bericht Van den Heuvels an Hymans vom 6.12.1917, s. auch oben Kap. 6 Anm. 16 und in diesem Kapitel Anm. 140.

170 AGR Brüssel. FVdH 2, Bruynzeels an Van den Heuvel, Schreiben vom 18.11.1917. Bruynzeels berief sich auf eine Mitteilung des Doyens von Brüssel Mgr. Pieraerts.

171 Soweit sie mir zur Verfügung gestellt wurden. Es ist denkbar, daß Aktenstücke, die sich auf Belgien und den ersten Weltkrieg beziehen, in andere Aktenbände geraten sind.

172 Vgl. KFA München, Mappe 2059.

173 Nach dem Tod Kardinal von Bettingers im Frühjahr 1917 wurde der Bischof von Speyer Michael Faulhaber zu seinem Nachfolger bestimmt. Da Faulhaber im Oktober 1917 in seiner Funktion als Feldpropst der bayrischen Armee an die Ostfront reiste, ist nicht sicher, daß es zu einer persönlichen Begegnung zwischen Faulhaber und der Flamendelegation gekommen ist. (Vgl. Buchberger, Frontbesuche des Erzbischofs und Feldpropstes Dr. M. von Faulhaber im Osten und auf dem Balkan, Regensburg 1918, s. auch L. Volk, S.LVII in Akten Kardinal Michael von Faulhabers Bd. I).

174 S. oben Kap. 5 Anm. 10.

175 GStA München, MA 971, Dirr an Dandl, Schreiben vom 4.12.1917.

176 S. oben S.81.

177 Vgl. GStA München, MA 944, MA 945 und MA 971.

178 Vgl. GStA München, MA 971, Krafft von Dellmensingen an Hertling, Bericht vom 22.9.1915, s. auch GStA München, MA 944 Krafft von Dellmensingen an Hertling, Bericht vom 2.11.1915 und Bericht vom 21.2.1916. Belgische Fragen behandeln auch die Berichte Krafft von Dellmensingens vom 2.3.1915, vom 22.7.1915, vom 23.7.1915 und vom 11.9.1917 in GStA München, Ma 945.

179 Zu Hertlings Haltung zur Flamenfrage als Reichskanzler s. Wende, Die belgische Frage, S.174 ff.

180 S.70 f., S.84, S.97.

181 S.70 ff. und S.93 f.

182 Die 1916 erfolgten Ernennungen Kiskys und Beyerles sind sehr wahrscheinlich nicht ohne Erzbergers Zutun zustande gekommen. Auch die - von Lancken abgewehrte - Anstellung des Priesters Overbeek (PA Bonn, Wk 14 b Bd. 6, Lancken an AA, Schreiben

vom 26.5.1917) geht vermutlich auf Erzberger zurück. Auf das Gerücht hin, im AA solle eine spezielle Sektion für flämische Angelegenheiten eingerichtet werden, empfahl Erzberger Kisky als geeigneten Mitarbeiter (PA Bonn, Belgien 63 Bd. 11, Erzberger an Von dem Bussche, Schreiben vom 29.8.1917 mit Anlage des Lebenslaufs Kiskys).

183 Dies der Hintergrund für Erzbergers Einsatz für die Errichtung einer kirchenpolitischen Abteilung, s. oben S.70 f., s. auch das oben Anm. 142 zitierte Schreiben Sonnenscheins an Bettinger.

184 Es ist bezeichnend für Erzbergers Verleugnung einer deutsch-katholischen Schuld gegenüber Belgien, daß die Frage des belgischen Kollektivschreibens in seinen Memoiren nicht vorkommt (vgl. Erzberger, Erlebnisse, S.197 ff.).

185 Epstein, Erzberger, S.132 f.

186 Vgl. PA Bonn, Belgien 63 Bd. 10, Erzberger an Bergen, Schreiben vom 3.7.1917, vgl. auch ebd. Erzberger an Bethmann, Schreiben vom 3.7.1917. Es scheint sich um eine Konferenz von Zentrumspolitikern und katholischen Flamen gehandelt zu haben, über die die Akten keine weiteren Einzelheiten enthalten.

187 Ebd., "Denkschrift katholischer Flamen. 1916", lt. beiliegendem Aktenvermerk von Erzberger am 4.7.1917 eingereicht. s. auch ebd. Erzberger an Bergen, Schreiben vom 20.7.1916 mit Anlage der "Niederschrift der Vlamen über die Herausgabe einer vlämischen Zeitung in Gent." Erzbergers Beziehungen zu flämischen Aktivisten scheinen besonders eng zu Genter Kreisen gewesen zu sein, denn er wandte sich am 23.11.1916 mit einem Besetzungsvorschlag für den Genter Bischofssitz an das AA und bot seine Mittlerdienste nach Rom an, um einen "flämischen Bischof" durchzusetzen, "der dann dauernd bleiben würde" (PA Bonn, Wk 17 Bd. 7), er kannte auch die belgisch-katholischen Widerstände gegen die Genter flämische Universität Gent. S. unten Anm. 188.

188 Mit Schreiben vom 7.11.1916 reichte Erzberger die Aufzeichnung "Entschiedene Opposition des belgischen Klerus gegen den Besuch der neuen Genter flämischen Universität in Gent" ein, Nachweis oben Anm. 93.

189 Wenn sich Sonnenschein bei Bettinger und Hertling für eine Entsendung Beyerles an die Politische Abteilung einsetzte, (s. oben Anm. 142), dann hat Erzberger mit großer Sicherheit die Aktion parallel unterstützt. Zur Verbindung zwischen Kisky und Erzberger s. oben Anm. 182.

190 KFA München, Mappe 2004. Den Denkschriften liegt kein Anschreiben oder sonst ein Aktenvermerk bei, aus dem hervorgeht, auf welchem Weg die Denkschriften in das Münchner erzbischöfliche Archiv gelangt sind. Es scheint aber nicht, daß die beiden Denkschriften speziell angefertigt worden sind für den Erzbischof von München, sondern daß sie daneben auch noch an

andere einflußreiche deutsche Katholiken oder kirchliche Amtsträger verschickt wurden. Aus welchem Grund Kisky fast gleichzeitig zwei Denkschriften zur gleichen Thematik verfaßte, ist ebenfalls nicht klar. Die beiden Denkschriften unterscheiden sich nicht wesentlich im Inhalt, wohl aber in der Form. Während die Denkschrift "Die flämische Frage und die katholischen Interessen" sehr viel vorsichtiger argumentiert, läßt Kisky in "Die belgische Frage und der deutsche Katholizismus" seinen deutsch-nationalistischen Standpunkt deutlich durchscheinen, auf die hier deshalb vornehmlich eingegangen werden soll.

191 Kisky, Die belgische Frage, S.3.

192 Vgl. ebd. S.9: "Daher ist es deutsche Pflicht, allen Versuchen, im deutschen Katholizismus inbetreff der flämischen Frage flau zu machen, scharf entgegenzutreten."

193 Vgl. ebd. S.9, vgl. auch Kisky, Die flämische Bewegung, S.12 und S.5 ff.

194 Vgl. Kisky, Die belgische Frage, S.2-5.

195 Die Diskussion um die Beantwortung des belgischen Kollektivschreibens zeigt, daß es im bayrischen Episkopat Ansätze einer kritischen Sicht des deutschen Vorgehens in Belgien gab, s. oben S.111, s. auch oben S.107 zur Haltung des Mainzer Bischofs in der Frage der belgischen angeblichen Franktireurs. Kisky verweist nur auf einen "rätselhaften" Artikel der "Augsburger Postzeitung" vom 31.1.1917, in dem die Meinung vertreten worden war, Deutschland möge sich nicht in die flämische Frage einmischen. (Kisky, Die belgische Frage, S.2).

196 Zum Einfluß des flämischen Aktivismus und der zahlenmäßigen Stärke seiner Anhängerschaft vgl. Wende, Die belgische Frage, S.168 f. und S.177. Vgl. dagegen Kisky, Die belgische Frage, S.6 ff., ders., Die flämische Bewegung, S.23.

197 "Das deutsche Reich, das heute mehr als je hoffen darf, den Frieden entscheidend zu beeinflussen, hat durch wiederholte Erklärungen der Reichsleitung sich verpflichtet, dem Flamentum seine Unterstützung zu leihen und es nicht mehr der früheren Verwelschung anheimfallen zu lassen. Somit steht die Lösung der flämischen Frage als einem unserer wichtigsten Kriegsziele fest. Wir werden mit dem Sieg der deutschen Waffen Flandern unter dem deutschen Schutz wieder erstehen sehen. Alle nationalen Parteien sind sich darüber einig. Je deutlicher die Reichsleitung positive Ziele mit Bezug auf Belgien enthüllt, um so lauteren Widerhall finden sie im deutschen Volke. Es ist also nicht sentimentales Gefühlsinteresse für ein unterdrücktes germanisches Brudervolk, sondern positive deutsche Politik, die uns gebietet, zum Ausbau unserer realen Garantien nach Westen die Verselbständigung Flanderns zu gesellen." (Kisky, Die belgische Frage, S.8).

198 Vgl. ebd., S.8: "Deutschlands Katholiken, welche ihre Vaterlandsliebe in diesem Krieg glänzend bewährt haben, werden in der Mitarbeit an diesem Ziel vor anderen nicht zurückstehen wollen. Leider fehlt es hierbei nicht an Bedenken, die hier und da auftauchen, und in der eingangs erwähnten Weise vom Standpunkt des katholischen Gesamtinteresses einem gewissen Passivismus hinsichtlich Belgiens auch bei uns das Wort reden möchten." Von diesem Passivismus behauptet Kisky aber ebd. S.2/3, daß es sich um eine "Stimmungsmache" flämischer katholischer Passivisten "mit oder ohne Auftrag der Kreise Merciers" handele.

199 Kisky stellt dem nicht bestrittenen Schwinden des katholischen Einflusses auf die Wallonie, der aber sowieso unvermeidbar sei, eine Blüte des katholischen Lebens im autonomen Flandern gegenüber (vgl. ebd. S.10 ff., s. auch ders., Die flämische Bewegung, S.17 ff.).

200 Kisky, Die belgische Frage, S.15, vgl. auch ders., Die flämische Bewegung, S.24: "Alles in allem genommen wird man bei ruhiger Überlegung sagen müssen, daß die Gründe, die von katholischer Seite gegen die deutsche Flamenpolitik geltend gemacht werden, keineswegs unbedingt stichhaltig sind, wenn auch einzelnen von ihnen vom katholisch-belgischen Standpunkt aus eine gewisse Berechtigung nicht abgesprochen werden soll. Man kann mit gutem Gewissen behaupten, daß diejenigen, die sich durch jene Gründe in ihrer Haltung bestimmen lassen, zu einseitig nur die Nachteile betonen und die Vorteile geflissentlich übersehen."

201 Vgl. Morsey, Zentrumspartei, S.55 f., s. auch Epstein, Erzberger, S.176 ff. und Der interfraktionelle Ausschuß, Bd. 1, S.XXII (Einleitung Matthias).

202 Erzbergers Haltung zur Flamenfrage im Rahmen seiner Vorstellungen von der Lösung der belgischen Frage wird von seinem Biographen Epstein nicht problematisiert, sie stellt indessen einen Prüfstein für die Ernsthaftigkeit der Erklärungen der Reichstagsresolution vom 17.7.1917 dar, die gegen "erzwungene Gebietserwerbungen" und gegen "politische, wirtschaftliche oder finanzielle Vergewaltigungen" Stellung nahm (vgl. Matthias/Morsey, Der Interfraktionelle Ausschuß, Bd. 1, S.114).

203 Der Interfraktionelle Ausschuß, Bd. 1, Sitzung vom 28.8.1917, Erzbergers Interventionen S.163 und S.166, vgl. auch ebd., S.177, Erzberger in der Sitzung des Siebenerausschusses, der über den Text der deutschen Antwort auf die Papstnote zu beraten hatte, vom 28.8.1917: "Allgemeine Antwort. Das 'Setzen an Friedenstisch' muß erreicht werden. Gleiches Ziel wie Papst. Die alten Verträge haben keine Garantien gegeben. Es muß ein neues Belgien mit neuen Garantien gemacht werden (Unabhängigkeit gegen alle). Es bindet uns nicht die Hände. Solche Erklärung bindet nicht unsere Bewegungsfreiheit. Entwaffnung. Regelung der Flamenfrage. Entfestung. Alles dies kann im Rahmen der Papstnote erreicht werden. Passus über Belgien ist

nötig. Kann so formuliert werden, daß unsere Interessen gewahrt."

204 Obgleich Mercier in seinem Hirtenbrief "La leçon des Evénements" vom 18.1.1918 (Op V, S.450 ff.) die flämischen Aktivisten als Verräter brandmarkte und von der Gewißheit der Wiederherstellung der Unabhängigkeit und Freiheit Belgiens als Ergebnis des Krieges ausging (vgl. ebd. S.476), haben die deutschen Behörden doch relativ gelassen reagiert. Im Februar 1918 kam es noch einmal zu einer Beschwerde über Mercier und die belgische Geistlichkeit wegen aufhetzender Predigten und Unterstützung der Spionage (PA Bonn, Wk 17 Bd. 9, Lancken an AA, Bericht vom 23.2.1918). Aus den Formulierungen Lanckens wird deutlich, daß er auf Veranlassung des Generalgouvernements handelte und nicht viel von einer Beschwerde in Rom hielt. Mühlberg erwartete gleichfalls keinerlei Wirkung in Rom - "In der Hauptsache werden wir in Belgien auf unsere eigene Kraft angewiesen sein " - (ebd., Mühlberg an AA, Bericht Nr. 49 vom 19.3.1918) aber er führte den Auftrag pflichtgemäß aus und erhielt Monate später eine Antwort vom Kardinalstaatssekretär, der ihn auf die schwierige Situation des Vatikans zwischen den Fronten verwies (ebd., Mühlberg an AA, Bericht Nr. 94 vom 18.7.1918).

205 S. unten S.164 f.

206 Vgl. Wende, Die belgische Frage, S.193.

207 S. oben S.126.

208 Wende, Die belgische Frage, S.194.

209 Wende, ebd. S.194. Nach Bekanntwerden der Verordnung vom 30.12.1917, daß Gegenstände aus Kupfer, Zinn usw. beschlagnahmt werden, sandte Mercier eine Erklärung an den Generalgouverneur von Bissing, daß nach dem kanonischen Recht das Eigentum der Kirchen nur mit päpstlicher Genehmigung zweckentfremdet werden dürfe und daß er als Bischof nicht seine Einwilligung geben würde. (Mayence, La correspondance, Mercier an Bissing, Schreiben vom 14.2.1917, S.346 f.).

210 Hartmann wurde mit Schreiben vom 10.2.1917 von Unterstaatssekretär Pacelli um eine Intervention bei der Regierung gebeten (AGV Köln, CR 25, 14 Bd. 20); er gab davon mit Schreiben vom 19.2.1917 dem Generalgouverneur von Bissing Kenntnis (ebd.) Er erhielt mit Datum vom 27.2.1917 eine Verständnis beteuernde, aber eine feste Zusage vermeidende Atnwort des Generalgouverneurs (ebd.). Danach schrieb Gasparri am 13.3.1917 an Hartmann. Dies Schreiben fehlt zwar in den Kölner Akten, wird aber von Hartmann erwähnt in seinem Schreiben vom 25.3.1917 an den preußischen Kriegsminister von Stein und seinem Schreiben vom 13.4.1917 an Pacelli (ebd.). Vom preußischen Kriegsminister erhielt Hartmann schließlich die Zusage, "daß nicht beabsichtigt wird, solche metallene Gegenstände aus römisch-katholischen Kirchen und Klöstern der besetzten feindlichen Gebiete herauszunehmen, die wegen ihres Gebrauchs zu gottesdienstlichen Handlungen als geweiht anzusehen sind." Stein wies

allerdings daraufhin, daß die Befreiung nicht gelten könne für die "wirtschaftlichen-profanen Zwecken" dienenden Metallgeräte in kirchlichem Besitz. Zur Haltung des Generalgouvernements und des AA in der Frage der Glockenbeschlagnahme Anfang 1917 s. auch oben Anm. 7.

211 Wende, Die belgische Frage, S.194.

212 Auf das Gerücht hin, die belgischen Glocken sollten beschlagnahmt werden, wandten sich Mercier, Heylen und Rutten mit Schreiben vom 9.9.1917 an den Generalgouverneur und suchten die Zusicherung zu erlangen, daß die Glocken verschont würden. (Mayence, La correspondance, S.396 ff.) Falkenhausen antwortete ausweichend. (Ebd., S.398, Falkenhausen an Mercier, Schreiben vom 29.9.1917). Mit Schreiben vom 8.2.1918 kündigte er dem Kardinal die bevorstehende Bestandsaufnahme aller in Belgien befindlichen Glocken und Orgelpfeifen aus Zinn an (ebd., S.399 f.).

213 PA Bonn, WK 14 b Bd. 7, Falkenhausen an Hertling, Schreiben vom 11.10.1917 mit Anlage einer Aufzeichnung vom 11.10.1917 für den Staatssekretär des Innern, vgl. auch Falkenhausen, Erinnerungen, S.227 ff.

214 PA Bonn, WK 14 b Bd. 8, Lancken an AA, Bericht vom 8.1.1918 unter Berufung auf einen nicht in den Akten des AA befindlichen Immediatbericht Falkenhausens vom 25.10.1917, auf den nach Lancken keine Antwort ergangen ist. Statt dessen sei eine Mitteilung des Kriegsministeriums unter Berufung auf einen Thronvortrag eingegangen, daß nunmehr in Belgien die Glockenbeschlagnahmung vorzunehmen ist.

215 Lanckens Bericht vom 8.1.1918 (s. oben Anm. 214) löste im Auswärtigen Amt und beim Reichskanzler keine Aktivität zugunsten der belgischen Glocken aus, statt dessen wurden Mühlberg und Treutler angewiesen, "die absolute Notwendigkeit der Maßnahme" der Kurie darzulegen, vgl. PA Bonn, WK 14 b Bd. 8, Erlaß Nr. 12 vom 14.2.1918 an Mühlberg und Erlaß Nr. 25 vom 14.2. 1918 an Treutler. Auch Lancken sah keine Chance mehr, die Glockenrequisition aufzuhalten und versuchte nur noch, den befürchteten Zusammenstößen zwischen den Requisitionstrupps, den Geistlichen und der Zivilbevölkerung zuvorzukommen, indem erst eine "Bestandsaufnahme" erfolgen und dann erst, nach etwa zwei Monaten, mit der Einziehung begonnen werden sollte. Außerdem erhoffte er in der Zwischenzeit eine Einwirkung des Vatikans auf die belgischen Bischöfe, daß diese sich mit einem formalen Protest begnügen mögen. Diesen Plan entwickelte Lancken im Schreiben an Bergen vom 11.2.1918 ebd.. Lancken teilte im gleichen Schreiben mit, er habe sich auch unter der Hand mit den belgischen Bischöfen in Verbindung gesetzt, damit diese auf einen aktiven Widerstand bei der Glockeneinziehung verzichteten. Es diente also der psychologischen Vorbereitung der Maßnahme, nicht ihrer Verhinderung, wenn Falkenhausen am 8.2.1918 an Mercier schrieb (Nachweis oben Anm. 212) und am gleichen Tage an Hartmann, (AGV Köln, CR 25, 14 Bd. 20)

den er um Unterrichtung des Vatikans bat, weil "der Zeitpunkt gekommen (sei), wo die Beschlagnahme der Kirchenglocken nicht länger hinausgeschoben werden kann." - Die Befürchtungen der deutschen Behörden vor offenen Szenen des Aufruhrs waren aber vermutlich unbegründet, denn Mercier rief in dem Schreiben an seine Diözese, in dem er von der bevorstehenden Beschlagnahme der Glocken Mitteilung machte, die Gläubigen und den Klerus auf, auf gewaltsamen Widerstand zu verzichten (D.J. Mercier, Schreiben vom 2.3.1918, OP V, S.519 ff., vgl. besonders S.524).

216 Vgl. auch den Tätigkeitsbericht der Politischen Abteilung vom Februar 1918 S.11 (PA Bonn, Wk 14 b Bd.8).

217 S. oben Anm. 210.

218 Die Aktion des Vatikans wurde ausgelöst durch eine Mitteilung Merciers an den Papst infolge des Falkenhausen-Schreibens vom 8.2.1918 (s. die Bemerkung des Herausgebers in Mayence, La correspondance, S.403). Gasparris Brief an Hartmann vom 20.2. 1918, in dem der Kardinalstaatssekretär den Kölner Kardinal drängte, alles in seiner Macht stehende zu tun, um die Glockenbeschlagnahmung zu verhindern (AGV Köln, CR 25, 14 Bd. 20) kreuzte sich mit Hartmanns Schreiben an Pacelli vom 16.2.1918 (ebd.), mit dem Hartmann Falkenhausens Aufforderung um Unterrichtung des Vatikans entsprach (s. oben Anm. 215). - Auch der Rektor der Löwener Universität bat um Hilfe. Die Buntmetall-Requisitionen betrafen auch die wissenschaftlichen Geräte der Forschungslabors, außerdem sollten Universitätsräume in Lazaretts verwandelt werden (AGV Köln, CR 25, 14 Bd. 20, Ladeuze an Benedikt XV., Schreiben vom 19.10.1917). Der Vatikan übergab die Angelegenheit Hartmanns bewährter Fürsprache, der auch schließlich die Befreiung des wissenschaftlichen Geräts erreichte, allerdings nicht die Nutzung der Universitätsgebäude als Lazarett verhindern konnte (ebd., Hartmann an Falkenhausen, Schreiben vom 21.12.1917 und Falkenhausen an Hartmann, Schreiben vom 5.1.1918).

219 Das Original des Schreibens Merciers an Hertling vom 14.2.1918 befindet sich im Nachlaß Hertling (BA Koblenz, Nachlaß Hertling 40) es wurde gedruckt in Mayence, La correspondance, S.400 ff. Eine Antwort Hertlings fehlt sowohl im Nachlaß wie in der gedruckten Korrespondenz Merciers während des Krieges.

220 Vgl. Mayence, La correspondance, S.401/402: "Cette voix de la cloche, qui a sonné votre invitation à la vie chrétienne et sonnera votre comparution devant le tribunal de Dieu, vous la connaissez, Excellence, vous la vénérez, vous l'aimez. Ce qu'elle était pour vous, simple fidèle, elle l'est encore pour le Chancelier de l'Empire. Les dignités humaines ne changent rien aux réalités de l'ordre spirituel ni au droit ecclésiastique. Vous ne pouvez ni ordonner ni autoriser la profanation des cloches consacrées au culte catholique, sans coopérer à un sacrilège."

221 "Eurer Exzellenz brauche ich nicht zu sagen, wie schwer es unseren Gemeinden geworden ist, ihre Glocken für das Vaterland dahinzugeben, ihre Glocken, die in Freud und Leid eine so ergreifende Sprache zu den Herzen reden. Besonders empfindlich war es für uns Kölner, die berühmte Kaiserglocke auf den Altar des Vaterlands zu legen - die ein Wahrzeichen für unsere Stadt und ein kostbarer Schatz unseres Domes war. ... (Wort unleserlich), möchte ich doch auf das dringendste abrathen, ein solches Opfer von den Belgiern zu verlangen." (AGV Köln, CR 25, 14 Bd. 20, Hartmann an den Generaladjutanten des Kaisers von Plessen, Schreiben vom 10.4.1918. (Konzept von der Hand Hartmanns, z.T. sehr schwer leserlich.)

222 Hartmann übernahm damit ein Argument Merciers, das ihm Gasparri mit Schreiben vom 20.2.1918 (Nachweis oben Anm. 218) übermittelt hatte, er verwendete es sowohl im Schreiben an den Generalgouverneur vom 6.3.1918 (s. unten Anm. 225) als auch an Plessen.

223 Wort nicht oder schwer leserlich (s. oben Anm. 221).

224 Hartmann wies Plessen darauf hin, daß die Einziehung der Glocken in Belgien nicht die erwarteten 12 000 t, sondern nur 1200-1500 t Metall ergeben würde, daß aber dieser Gewinn in keinem Verhältnis zum angerichteten Schaden stünde.

225 Hartmann an Plessen, Schreiben vom 10.4.1918 (Nachweis oben Anm. 221). Hartmann hatte sich zuvor noch einmal an Falkenhausen gewendet, um ihm das Interesse des Vatikans an der Glockenfrage darzulegen und mitzuteilen, daß der preußische Gesandte von Mühlberg im Juli 1917 dem Vatikan versichert habe, die Glocken im besetzten Gebiet würden verschont werden. Erst dieses Schreiben Hartmanns (AGV Köln, CR 25, 14 Bd. 20) bewog den Generalgouverneur, auch seinerseits noch einmal an den Kaiser heranzutreten. (Ebd., Falkenhausen an Hartmann, Schreiben vom 19.3.1918).

226 Man vergleiche etwa die Sprache Hartmanns in diesem Schreiben mit der Sprache Bettingers in der Frage der Seelsorge für die flämischen Gefangenen (s. oben Kap. 6 Anm. 221, s. auch in diesem Kapitel S.160). Diese inneren Differenzierungen in der Haltung des deutschen Katholizismus in den Kriegfragen sind bisher noch nicht Gegenstand der Forschung gewesen, vgl. etwa H. Misalla "Gott mit uns. Die deutsche katholische Kriegspredigt 1914-1918", München 1968 und H. Lutz "Demokratie im Zwielicht. Der Weg der deutschen Katholiken aus dem Kaiserreich in die Republik", München 1963. Zur protestantischen Kriegstheologie vgl. W. Pressel "Die Kriegspredigt 1914-1918 in der evangelischen Kirche Deutschlands", Göttingen 1967 und G. Brakelmann, "Protestantische Kriegstheologie im ersten Weltkrieg. Reinhold Seeberg als Theologe des deutschen Imperialismus", Bielefeld 1974. Wie Pressel zeigt, führte ein Weg von den alldeutsch-nationalistischen Positionen im Weltkrieg zur Dolchstoßlegende als Erklärung der Niederlage. (Vgl. S.22 ff. und S.303 ff.)

Es ist interessant zu vermerken, bedürfte aber einer weiteren Untersuchung, daß in den von Hartmann dem Klerus seiner Diözese vorgeschlagenen Predigtthemen nach dem November 1918 Anklänge an eine Deutung des Weltgeschehens unter dem Aspekt der Dolchstoßlegende fehlen. (Vgl. AGV Köln, CR 25, 14 Nachtragsband, Hartmann an den Klerus seiner Diözese "Die Seelsorge der Gegenwart betreffend" vom 18.12.1918).

227 Die Gefahr für die belgischen Glocken lebte ein drittes Mal im Sommer 1918 auf und bestimmte Hartmann nochmals zum Eingreifen, vgl. das Schreiben Merciers an Hartmann vom 20.8.1918 (AGV Köln, CR 25, 14 Bd. 20), s. auch PA Bonn, Wk 14 Bd. 9, Lancken an AA, Schreiben vom 4.9.1918, s. auch Hartmann an Plessen, Schreiben vom 16.10.1918 und Plessen an Hartmann, Schreiben vom 23.10.1918 (AGV Köln, CR 25, 14 Bd. 20). - Hartmanns entscheidende Rolle für die Rettung der belgischen Glocken ist weder von Mercier noch von Falkenhausen zugegeben worden. Mercier bedankte sich zwar im Schreiben vom 20.8.1918 für Hartmanns tatkräftigen Einsatz: "Madame votre soeur, Mère de Nazareth, a eu la bonté de remercier déjà, en mon nom, Votre Éminence de sa haute et efficace intervention pour la conservation des cloches et des orgues de nos églises. Je saisis avec bonheur cette occasion, qui m'est donné de renouveler à Votre Eminence l'expression de mes sentiments reconnaissants. J'espère que la menace publiée naguère par les Hamb. Nachr. n'annonce pas un changement d'attitude du Gouvernement Impérial et j'ai la confiance qu'éventuellement nous pourrions toujours compter sur la protection et l'appui du Cardinal de Cologne." (Zur Rolle der Schwester Hartmanns s. auch unten Anm. 231). Dennoch erwähnte Mercier in der Edition seiner Korrespondenz mit den Generalgouverneuren nicht Hartmanns Rolle bei der Rettung der belgischen Glocken. (Vgl. Mayence, La correspondance, S.403). Ebensowenig gönnte Falkenhausen Hartmann das Verdienst, den Verzicht auf die Einziehung der belgischen Glocken erreicht zu haben. (Vgl. Falkenhausen, Erinnerungen, S.229). Es steht jedoch fest, daß Falkenhausen und das Auswärtige Amt schon jeden Widerstand gegen die Glockenbeschlagnahme aufgegeben hatten und der Generalgouverneur erst wieder tätig wurde, als Hartmann ihn mit Schreiben vom 6.3.1918 ansprach (s. oben Anm. 225). - Hartmann selbst wollte sich nach Kriegsende gegenüber Mercier auf seine Aktivität in der Glockenfrage berufen, als er dem Mechelner Kardinal wegen der Waffenstillstandsbedingungen schrieb (s. unten Anm. 232), doch strich er den entsprechenden Passus seines Konzepts (wohl wegen der Veröffentlichung des Schreibens).

228 AGV Köln, CR 25, 14 Bd. 20.

229 Über die drohende Nutzung katholischer Kirchen für protestantische Militärgottesdienste beklagte sich besonders Bischof Heylen von Namur, dessen Diözese teilweise im Etappengebiet lag und deshalb besonders von dieser Angelegenheit betroffen

war. (S. hierzu oben Anm. 14, s. auch oben S.142 zu Heylens Romreise Ende 1917, während derer sich Heylen auch über das Vorgehen der Etappeninspektionen in dieser Frage beklagt hatte). Erwähnt sei noch, daß Hartmann sich auch in dieser Angelegenheit an den kaiserlichen Generaladjutanten von Plessen wandte (AGV Köln, CR 25, 14 Bd. 20 Hartmann an Plessen, Schreiben vom 21.4.1918). Da Schwierigkeiten in dieser Frage immer wieder auflebten, wie oben Anm. 14 schon gesagt, hat sich Heylen anscheinend Ende 1917 auch direkt an Hartmann gewendet, die Kölner Akten enthalten ein liebenswürdiges Schreiben Hartmanns an Heylen vom 21.1.1918 (ebd.), in dem Hartmann auf die Kirchenbeschlagnahmungen eingeht und zu verschiedenen humanitären Fragen Stellung nimmt.

230 Vgl. etwa AGV Köln, CR 25, 14 Bd. 20, Hartmann an Lancken, Schreiben vom 6. Juni 1917.

231 Aus der Fülle von Hartmanns Interventionen im Lauf des Weltkrieges seien genannt sein Eintreten für die Kommunikationsmöglichkeiten des belgischen Episkopats mit dem Vatikan (zu Hartmanns Schreiben an Mercier vom 6.12.1914 S.58 ff., Nachweis Kap. 2 Anm. 104); für die in deutsche Kriegsgefangenschaft geratenen französischen Priester, die auf Hartmanns Einsatz hin wie Offiziere behandelt wurden (hierzu eine Reihe von Aktenstücken in AGV Köln, CR 25, 14 Nachtragsband); für die belgischen Geistlichen, die als Geiseln festgehalten wurden oder in den ersten Kriegsmonaten ständig verdächtigt wurden, Anführer des belgischen Volkskrieges zu sein (hierzu befindet sich in AGV Köln, CR 25, 14 Bd. 20 ein Schreiben Hartmanns vom 13.12.1914, das vermutlich an Bissing gerichtet war); für belgische deportierte Arbeiter (ebd., Hartmann an Bissing, Schreiben vom 26.12.1916). Ein besonders trübes Licht auf die Verhältnisse im besetzten Gebiet wirft ein Schreiben der in der Diözese Mecheln lebenden Schwester Kardinal von Hartmanns, der Äbtissin Mère Marie de Nazareth an ihren Bruder in der Frage der Requisition der Wollpolsterungen der Matratzen. In Deutschland war der Rohstoffmangel so akut geworden, daß die Beschaffungsstellen 1918 die Beschlagnahmung der Wollauflagen bei Matratzen verfügten und auch vor Beschlagnahmungen in Krankenhäusern und Altersheimen nicht zurückschreckten. (Falkenhausen, Erinnerungen S.228). Im Auftrag Merciers bat Mère Marie ihren Bruder um Intervention bei den deutschen Behörden, daß wenigstens die Krankenhäuser und Altersheime verschont würden (AGV Köln, CR 25, 14 Bd. 20, Schreiben vom 29.7.1918). Ob Mère Marie noch öfter zwischen Mercier und Hartmann Botschaften übermittelt hat, ist aus den Akten nicht festzustellen, doch ist anzunehmen, daß sie in ihrer privaten Korrespondenz Hartmann Stimmungsbericht aus dem besetzten Belgien liefern konnte.

232 AGV Köln, CR 25, 14 Bd. 28, Donders an Hartmann, Schreiben vom 21.11.1918. Donders teilte Hartmann mit, er habe aus sicherer Quelle (von einem Franziskaner aus Merciers Diözese, Name und Ortsangabe sind durchgestrichen) gehört, Mercier sei

an der Abfassung der harten Waffenstillstandsbedingungen beteiligt gewesen: "Sicher aber ist, daß Se. Eminenz bei den Vorbereitungen mit den führenden Stellen den H. Thomas zitiert und gesprochen hat: "Sühne muß sein." Hartmann folgte der Anregung Donders und schrieb am 25.11.1918 an Mercier um Milderung der harten Waffenstillstandsbedingungen (ebd., Konzepte vom 23. und 25.11.1918 und Zeitungsausschnitte aus der KV vom 30.11.1918).

233 Nachweis oben Kap. 7 Anm. 186.

234 S. den oben S.138 zitierten Passus aus Lanckens Brief vom 27.9.1918. An anderer Stelle heißt es: "Nochmals auf die Friedensfrage eingehend, zeigte sich der Kardinal an und für sich geneigt, sie auch allgemein zu fördern...". (Eine Aktion könne aber erst nach Erstarrung der Fronten in Betracht kommen.) "Erst dann könne mit Hoffnung auf Erfolg an Verhandlungen gedacht werden. Jedenfalls hielt er jetzt den Augenblick nicht für gekommen, mit entsprechender Kundgebung an die Öffentlichkeit zu treten. Dagegen sollten wir im Geheimen zu verstehen geben, daß wir in Bezug auf Belgien einen vernünftigen Standpunkt einnehmen." Und nach einer weiteren Auskunft Lanckens soll Mercier Verständnis gezeigt haben "für unsere Forderung, daß sowohl die belgische Regierung wie die Ententegenossen zu erklären hätten, das Land in völliger Unabhängigkeit nach allen Seiten hin wiederherzustellen."

235 Vgl. ebd.: "Ich darf keinen Zweifel darüber lassen, daß Kardinal Merciers Auffassungen stark beeinflußt ist (sic!) von der Möglichkeit einer neuen Einbeziehung Belgiens in die Feuerzone. Es machte sichtlich starken Einfluß auf ihn, als ich ihm auf seine ausdrückliche Frage sagte, wir würden im Falle eines weiteren Rückzuges jeden Fußbreit Bodens verteidigen, was also einer Vernichtung Belgiens gleichkäme. Es ist anzunehmen, daß der Kardinal, je näher diese Gefahr rückt, umso ernsthafter daran denken wird, die Friedensbewegung zu fördern."

236 Steglich, Friedenspolitik, S.356 ff.

237 PA Bonn, Wk 17 Bd. 9, Aktennotiz nach Tel. 200 Lanckens vom 7.10.1918.

238 Ebd., Lancken an AA, Tel. 202 vom 8.10.1918.

239 Ebd.

240 Ebd., Lancken an AA, Tel. 205 vom 9.10.1918.

241 Ebd., Lancken an AA, Tel. 202 vom 8.10.1918.

242 Vgl. PA Bonn, Wk 14 b Bd. 10, Lancken an AA, Tel. Nr. 257 vom 27.10.1918. Hier zeigt sich Lancken überzeugt davon, daß Mercier mit der Drohung der Zerstörung Belgiens nicht erpreßbar ist.

243 Die Darstellung muß sich hier auf die Sicht Lanckens von der Haltung Merciers beschränken. Auch Boudens, dem Einsicht in das Mechelner erzbischöfliche Archiv gestattet wurde, bezieht sich in seiner Darstellung der Haltung Merciers im Oktober 1918 auf die Akten des Auswärtigen Amtes. (Boudens, Kardinaal Mercier en de vlaamse beweging, S.193 ff.).

244 Zur deutschen Haltung vor dem Eintreffen der ersten Wilsonnote und nach deren Bekanntwerden s. Die Regierung des Prinzen Max von Baden, Abschnitt II S.55 ff. und Abschnitt III, S.115 ff; s. auch Schwabe, Deutsche Revolution, S.88 ff. und S.105 ff.

245 PA Bonn, Wk 14 b Bd. 10, Lancken an AA, Tel 205 vom 9.10.1918.

246 Mayence, La correspondance, S.433. Deutscher Text der Ansprache Lanckens vom 17.10.1918 vor Mercier in PA Bonn, Wk 14 b Bd. 10, Tel. 257 vom 27.10.1918. Da die Erklärung von der deutschen Rechten heftig angegriffen wurde, distanzierte sich der Generalgouverneur von Falkenhausen davon mit Schreiben vom 30.10.1918 an den Reichskanzler Prinz Max von Baden (ebd.). - Der Vorschlag zu einer freiwilligen deutschen Amnestierung der gefangenen Belgier ist übrigens von Mercier ausgegangen, wie aus Lanckens Tel. Nr. 208 vom 11.10.1918 (ebd.) hervorgeht. Lancken knüpfte zu diesem Zeitpunkt noch die Hoffnung daran, im Gegenzug von der belgischen Regierung eine Amnestie für die flämischen Aktivisten zu erhalten. - Über den Verlauf seines Zusammentreffens mit Mercier am 17.10.1918 berichtete Lancken mit Tel. 224 vom 17.10.1918 (ebd.).

247 D.J. Mercier, OP V, S.612 f.

248 PA Bonn, Wk 14 b Bd. 10, Lancken an AA, Tel. 225 vom 18.10.1918, s. auch ebd. Tel. 240 vom 22.10.1918.

249 Ebd., Tel. 232 vom 20.10.1918. Im gleichen Telegramm teilte Lancken mit, Mercier habe den Papst von seinem Telegramm an Wilson informiert und ihn gebeten, "sich für Schonung Belgiens durch Einstellung der Kriegshandlungen zu verwenden." Außerdem würde Mercier noch König Albert von seinem Schritt bei Wilson und dem Papst unterrichten.

250 "Im ganzen läßt sich sagen, daß durch die Amnestie hier in Belgien eine Stimmung der Versöhnlichkeit ausgelöst wurde, die sowohl für die nach der Räumung hier verbleibenden Deutschen wie für die spätere Wiederaufnahme der Beziehungen zu Deutschland von Nutzen sein wird." PA Bonn, Wk 14 b Bd. 10, Lancken an AA, Tel. Nr. 240 vom 22.10.1918, s. auch unten Anm. 253.

251 Selbst nach der grundsätzlichen Annestieerklärung mußte Lancken darauf drängen, daß die Amnestie großzügig und rasch durchgeführt wird und sich auch auf die in Deutschland inhaftierten Belgier bezieht. (Einzelheiten hierzu in PA Bonn, Wk 14 b Bd. 10).

252 Lancken scheint gerüchtweise bekannt geworden zu sein, daß in Belgien zeitweilig an Mercier als einen belgischen Delegierten zur Friedenskonferenz gedacht wurde (vgl. AGR Brüssel, FVdH 38, handschriftliche Aufzeichnung Van den Heuvel über sein Gespräch mit Gasparri am 23.12.1918).

253 "Der Kardinal bereitet sich vor, sobald er freie Bewegung haben wird, eine große politische Rolle im Interesse des Katholizismus beim Friedensschluß zu spielen, wozu ihn namentlich der Zusammenbruch Österreichs bewegt. Zu diesem Zweck will er, einem langgehegten Plan entsprechend, bald nach Paris, England und vielleicht auch nach Amerika gehen, um für die Versöhnung der Völker zu wirken. Nachdem wir ihm mit der Amnestie Gelegenheit zu politischem Auftreten gegeben haben, liegt für uns umso mehr Veranlassung vor, nun auch mit ihm bei der Durchführung seiner Rolle in Fühlung zu bleiben." (PA Bonn, Wk 14 b Bd. 10, Lancken an AA, Tel. Nr. 298 vom 6.11.1918).

254 S. hierzu die von Schwabe, Deutsche Revolution, S.265 f. berichtete Anekdote über die Einstellung Hoovers zu Lancken. Hoover hatte Lancken während des Krieges in Brüssel als Vertreter des amerikanischen Ernährungswerkes für Belgien kennengelernt.

255 S. oben S.121 f. zu Lanckens kirchenpolitischer Denkschrift vom 31.7.1916 und S.142 f. zu Lanckens Aufzeichnung vom 24.4.1917 für die Unterredung des Reichskanzlers mit Falkenhausen.

256 Einzelheiten hierzu in PA Bonn, Wk 14 b Bd. 10.

257 D.J. Mercier, OP V, S.620 f.

258 Lancken schloß seine Tätigkeit als Chef der Politischen Abteilung in Brüssel mit einem Bericht über "Die Vorgänge in Brüssel während der letzten Tage vor der Räumung" ab (PA Bonn, Wk 14 b Bd. 10). Dort S.4 die Angabe über die Bitte des Mitglieds des Soldatenrats Dr. Einstein, Mercier möge die Bevölkerung zu Ruhe und Ordnung ermahnen, und ebd. S.6 die Erwähnung des letzten Zusammentreffens mit Mercier am 11.11.1918.

ANMERKUNGEN 9. KAPITEL

1 S. oben, S.165.

2 Vgl. Mercier an Bissing, Schreiben vom 26.4.1916 (Mayence, La correspondance, S.154 ff.), in dem Mercier den Wunsch geäußert hatte, seine Haltung den deutschen Katholiken darzulegen, und dazu Bissings erstaunte Reaktion (PA Bonn, Wk 17 Bd. 7, Bissing an Bethmann, Schreiben vom 30.4.1916); s. auch oben, S.136 ff.

3 Vgl. die Ausführungen im Kollektivschreiben des belgischen Episkopats an den deutschen und österreichisch-ungarischen Episkopat (D.J. Mercier, OP V, S.238 f.) und in der Januaransprache an die Doyens der Diözese (ebd., S.398 ff.). An letztgenannter Stelle heißt es: "Certes, l'Evangile incline au pardon. Mais l'Eglise sait à quelles conditions elle peut l'octroyer. Imitons-la. Elle exige du coupable l'aveu de sa faute; le repentir; la promesse de ne pas récidiver et si la faute est une injustice, la promesse de restituer... Aussitôt que nos ennemis auront remplis ces conditions, l'heure de la miséricorde aura sonné pour eux." (Ebd. S.405).

4 Vgl. hierzu besonders den Michaelshirtenbrief von September 1915 (s. oben S.89 f.).

5 Das Grundthema der Mercierschen Predigt in den Nachkriegsjahren gibt schon der erste Hirtenbrief nach dem Kriegsende an: "Homage à la Justice de Dieu", D.J. Mercier, OP V, S.624 ff. Hirtenbrief vom 15.11.1918.

6 S. oben S.102 und S.159 f.

7 D.J. Mercier, OP V S.224.

8 Zur politischen Haltung Schultes s. oben S.69 u. S.107 f., vgl. auch Kap. 6 Anm. 22. Zu Faulhabers Meinung in der Diskussion um die Beantwortung des Kollektivschreibens aus Belgien vgl. oben S.112 f.

9 S. oben Kap. 6 Anm. 48.

10 S. oben S.97.

11 S. PA Bonn, Päpstl. St. 3 Nr. 2 Bd. 21, Mühlberg an AA, Bericht Nr. 156 vom 11.11.1916 über die Ernennung dreier neuer französischer Kardinäle. Bethmann intervenierte beim Vatikan über den Nuntius in München und bat um Ernennung Bertrams zum Kardinal (ebd., Bethmann an Treutler, Tel. vom 18.11.1916). Die Intervention hatte nach längerem Hin und Her Erfolg, Hartmann schrieb dem Reichskanzler im Auftrag Gasparris am 12.12.1916, Bertram sei im Konsistorium vom Dezember 1916 "in petto" zum Kardinal ernannt worden (ebd.).

12 Pater Cyrill hatte sich 1915 in der Frage der Errichtung einer kirchenpolitischen Sektion beim Generalgouverneur in Belgien befürwortend an Kardinal von Hartmann gewandt, eine Ver-

bindung zu Erzberger ist von daher zu vermuten. (AGV Köln, Cr 25, 14 Bd. 28, Cyrill an Hartmann, Schreiben vom 14.8.1915). Über Trimborn ließ Cyrill vor einem bevorstehenden Hirtenbrief Merciers warnen (ebd., Trimborn an Hartmann, Schreiben vom 13.9.1915), er war also einerseits über deutsch-belgische kirchliche Angelegenheiten gut informiert, andererseits hielt er Kontakt zum deutschen Zentrum.

13 AGV Köln, CR 25, 14 Bd. 28, Cyrill an Schulte, Schreiben vom 27.4.1921.

14 Ebd., Cyrill an Schulte, Schreiben vom 27.5.1921, das das geplante Zusammentreffen zwischen Mercier und Schulte auf unbestimmte Zeit verschiebt.

15 S. hierzu das Schreiben Schultes an Mercier vom 26.11.1922 (ebd.).

16 Ebd., Mercier an Schulte, Schreiben vom 10.12.1922.

17 Dies geht aus der einleitenden Passage des Schreibens Merciers an Schulte vom 18.12.1923 hervor (Nachweis unten Anm. 21).

18 Schulte an Mercier, Schreiben vom 26.11.1922 (Nachweis oben Anm. 13).

19 Ebd.

20 Mercier an Schulte, Schreiben vom 10.12.1922 (Nachweis oben Anm. 13).

21 AGV Köln, CR 25, 14 Bd. 28, Mercier an Schulte, Schreiben vom 18.12.1923. Das Schreiben ist in den Kölner Akten nur in zwei deutschen Übersetzungen vorhanden, das Original fehlt.

22 Ebd.

23 Ebd.

24 Vgl. die ausführliche Darstellung der Kontroverse um die belgischen "Franktireurs" in den Jahren nach 1918 bis 1933 in der Staatsexamensarbeit von L. Wieland, Der deutsche Angriff auf Belgien im August 1914 und das Problem des belgischen "Franktireurkrieges", (Universität Bremen, März 1978).

25 Erzberger, Erlebnisse, S.197 ff.

26 Erstes Konzept des Antwortschreibens Schultes an Mercier vom 18.12.1923 (AGV Köln, CR 25, 14 Bd. 28).

27 Ebd.

28 AGV Köln, CR 25, 14 Bd. 28, Abschrift des Berichtes des Gesandten von Keller an das Auswärtige Amt vom 20. Juni 1924. Dieser Bericht ist Schulte vermutlich ebenso vom Auswärtigen Amt mitgeteilt worden wie ein Bericht Kellers vom 10.9.1925 (Ebd., mit Anschreiben H. Meyers vom 22.9.1925).

29 Keller an AA, Bericht vom 20.6.1924, Nachweis oben Anm. 28.

30 AGV Köln, CR 25, 14 Bd. 28, Adenauer an Schulte, Schreiben vom 29.12.1923 und ders. an dens., Schreiben vom 2.1.1924.

31 Das Originalschreiben Bertrams an Schulte vom 31.12.1923 fehlt in den Kölner Akten, doch hat Schulte Bertram wörtlich in seinem Schreiben an Mercier vom 10.1.1924 zitiert (Nachweis unten Anm. 33).

32 Widerstände im deutschen Episkopat befürchtete Schulte schon im ersten Konzept einer Antwort an Mercier (Nachweis oben Anm. 26).

33 CR 25, 14 Bd. 28, Schulte an Mercier, Schreiben vom 10.1.1914.

34 Ebd.

35 AGV Köln, CR 25, 14 Bd. 28, Faulhaber an Schulte, Schreiben vom 11.3.1924.

36 "Wie damals wäre ich aber auch heute noch der weiteren Auffassung, die deutschen Bischöfe hätten wenigstens eine höfliche Antwort geben und darin ihren Standpunkt begründen müssen, warum sie sich vor einem Gerichtshof in Kriegszeit nichts versprechen können. Die Nichtbeantwortung der Zuschrift des belgischen Episkopats war eine Unhöflichkeit, die natürlich auf der anderen Seite verletzen mußte." Faulhaber an Schulte, Schreiben vom 11.3.1914, vgl. dazu oben S.112 f.

37 Faulhaber an Schulte, Schreiben vom 11.3.1924, Nachweis oben Anm. 25.

38 Vgl. L. Volk in der Einleitung zu Akten Kardinal Michael von Faulhabers, Bd. I S.LXIX und ebd. Nr. 266.

39 Auch Knoch hat gelegentlich mit Hartmann über belgische Angelegenheiten während des Krieges korrespondiert, bewies aber in der Frage der deutschen Kriegführung ("Franktireurkrieg", Behandlung belgischer Geistlicher, Deportationen belgischer "Arbeitsloser" nach Deutschland) Verständnis für die belgischen Klagen (AGV Köln, CR 25, 14 Bd. 20, Knoch an Hartmann, Schreiben vom 2.5.1915 und vom 7.5.1915, vgl. auch Bd. 28, Knoch an Schulte, Schreiben vom 8.12.1924). Knoch (nach dem Krieg Pfarrer in Köln-Bayenthal) hat sich deshalb auch über den Krieg hinaus ein gutes Andenken in Lüttich erhalten, wie ein Schreiben des zum Koadjutor für die Diözese Lüttich ernannten Kanonikers Kerkhof an Schulte vom 17.2.1924 zeigt, in dem Kerkhof von "mon cher ancien collègue et fidèle ami" spricht (AGV Köln, CR 25, 14 Bd. 28).

40 AGV Köln, CR 25, 14 Bd. 28, Knoch an Schulte, Schreiben vom 8.12.1924 (das Datum ist wahrscheinlich verschrieben und muß in 8.1.1924 korrigiert werden).

41 "Dieser vortreffliche und besonnene Geistliche (sc. Knoch, d. Verf.) ... bot sich freiwillig an, durch einen Brief an Euere Eminenz, in der er seinen früheren Lehrer verehrt, mir zu helfen, die bei den Katholiken und Bischöfen unserer beiden

Länder noch obwaltenden Dunkelheiten in der Beurteilung der Schuldfrage aufzuhellen". Schulte an Mercier, Schreiben vom 10.1.1924, Nachweis oben Anm. 33.

42 AGV Köln, CR 25, 14 Bd. 28, Knoch an Schulte, Schreiben vom 25.1.1924, Schreiben vom 18.3.1924.

43 Ebd., Mercier an Schulte, Schreiben vom 16.5.1924.

ABKÜRZUNGSVERZEICHNIS

1. Archive

AEB München	Archiv der Erzbischöfe von München und Freising
AGR Brüssel	Archives Générales du Royaume Brüssel
- , FdB	Fonds de Broqueville
- , FSH	Fond Schollaert - Helleputte
- , FVdH	Fonds Van den Heuvel
AGV Köln	Archiv des Generalvikariats Köln
BA Koblenz	Bundesarchiv Koblenz
BA / MA Freiburg	Bundesarchiv - Militärarchiv Freiburg
GStA München	Geheimes Staatsarchiv München
KFA München	Kardinal-Faulhaber-Archiv
PA Bonn	Politisches Archiv des Auswärtiges Amtes Bonn
- , Wk	Der Weltkrieg
- , AHQ	Auswärtiges Amt Großes Hauptquartier

2. Sonstige Abkürzungen

AA	Auswärtiges Amt
DD	Die deutsche Dokumente
FZ	Frankfurter Zeitung
GHQ	Großes Hauptquartier
KV	Kölnische Volkszeitung
LThK	Lexikon für Theologie und Kirche
NAZ	Norddeutsche Allgemeine Zeitung
OHL	Oberste Heeresleitung
OP	Oeuvres pastorales (D.J. Mercier)
RAW	Das Reichsarchivwerk
RdI	Reichsamt des Innern
Rk	Reichskanzler
WTB	Wolffs Telegraphen-Büro

LITERATURVERZEICHNIS

1. Ungedruckte Quellen

Politisches Archiv des Auswärtigen Amtes Bonn

Päpstl. Stuhl	3 Nr. 1 Akten betreffend den Papst	Bd. 17, 18
-	3 Nr. 1 a Die Papstwahl	Bd. 7, 8
-	3 Nr. 2 Kirchliche Würdenträger	Bd. 20, 21
-	3 Nr. 2 Geh. Kirchliche Würdenträger	Bd. 2
-	4 Die diplomatische Vertretung der Curie im Ausland	Bd. 10
-	5 Das diplomatische Corps bei der Curie	Bd. 4, 5
-	13 a Jesuiten	Bd. 5
-	15 Beziehungen des Päpstl. Stuhles zum Deutschen Reich	Bd. 4, 5, 6
Deutschland 128	Nr. 1 geh. Bündnisvertrag zwischen Deutschland, Österreich-Ungarn und Italien	Bd. 39, 40
Preußen 2	Nr. 6 i Die Preußische Gesandtschaft beim Päpstl. Stuhl	Bd. 2
Preußen 2	Nr. 2 b Der Erzbischof von Köln.	Bd. 9
Belgien 63	Beziehungen zu den Niederlanden (die vlämische Bewegung in Belgien)	Bde. 7-13
Der Weltkrieg	Nr. 14 b Verwaltung besetzter Gebiete in Belgien	Bde. 1-10
Der Weltkrieg	Nr. 17 Deutschfeindliche Haltung des Erzbischofs von Mecheln und die belgische Geistlichkeit	Bde. 1-9
Der Weltkrieg	Nr. 20 a Die Zukunft der besetzten Gebiete in Belgien	Bd. 2
Der Weltkrieg	Nr. 20 a geheim Die Zukunft der besetzten Gebiete in Belgien	Bd. 1

Akten des Auswärtigen Amtes im Großen Hauptquartier

4	Belgien allgemein	Bd. 1,2,3
4,4 a	Verschiedenes, Flamenbewegung	Bd. 1
5	Kriegsführung (Beschwerden über völkerrechtswidrige Kriegsakte)	Bd. 1,2
6	Belgische Haltung	Bd. 1,2
12	Friedensanknüpfungen	Bd. 1,1a u. 2
15	Haltung des Vatikans	Bd. o.Nr.
15	Kriegsführung	Bd. 1,3,4
28	Verwaltung besetzter Gebiete	Bd. 1,2

Königlich-Preußische Gesandschaft beim Päpstlichen Stuhl in Rom Bd. 41,42

Geheimes Staatsarchiv München

MA 944	Geheimer Legationsrat Krafft von Dellmensingen Berichte aus dem Hauptquartier des Kronprinzen Rupprecht von Bayern 1914-1916
MA 945	wie oben 1917-1918
MA 964	Politische Reisen des Ministerpräsidenten Graf Hertling, 1. nach Belgien
MA 971	Außenpolitische Probleme
MA III 2567/2	Gesandtschaft beim Vatikan. Politische Berichte
MA III 2567/3	wie oben
MA 97555/97556	Einsendungen des Univ. Prof. Fr. W. Freiherr von Bissing, Zivilverwaltung Brüssel 1915
MA 97652	Der Krieg und die Geistlichkeit
MA 97653	Kurie - Katholische Geistlichkeit und der Krieg - die Lage des hl. Stuhls
MA 97656	Kardinal Gasquet 1915/1916
MA 97657	Kardinal Mercier 1915/1916

Bayerische Gesandtschaft Päpstl. Stuhl Nr. 919, 923, 934

Bundesarchiv Koblenz

Nachlaß Hertling Nr. 38 und Nr. 40

Nachlaß Fester 122

Nachlaß Schwertfeger Nr. 68, Nr. 76, Nr. 97

Bestand 151

Nachlaß F. Grimm Nr. 1 Lebenserinnerungen eines deutschen Rechtsanwalts von Friedrich Grimm, Bd. 1 Einleitung und der Krieg 1914-1918

Kleine Erwerbungen Nr.421

Bayerns Anteil an der deutschen Verwaltung in Belgien in den Kriegsjahren 1914/1918. Von E. Vogt, ehem. Beamter des Zivilverwaltungschefs für Flandern in Brüssel. 1964

Bundesarchiv - Militärarchiv Freiburg

Ludwig Freiherr von Falkenhausen "Erinnerungen"

Archives Génerales du Royaume Bruxelles

Fonds de Broqueville	Nr. 142, 153, 426, 428
Fonds Schollaert-Helleputte	Nr. 591, 607
Fonds Van den Heuvel	Nr. 1, 2, 3, 23, 38, 39, 40, 42, 43

Archiv des Generalvikariats Köln

CR 25, 14	Bd. 19, 20, 28
CR 25, 14	Nachtragsband (Aktenstücke, die nach 1945 dem Archiv zugeführt wurden)

Erzbischöfliches Ordinariat München

Archiv der Erzbischöfe von München und Freising	Kasten 42, 1
	Kasten 42, 2

Kardinal-Faulhaber-Archiv

Mappe 1157, 2004, 2050, 2059, 2060, 2051, 3007

2. Verzeichnis der gedruckten Quellen und der Sekundärliteratur

AKTEN Kardinal Michael von Faulhabers 1917-1934, Bd. I 1917-34 bearb. von L. Volk, Mainz 1975

ANHOLT, F., Die deutsche Verwaltung in Belgien, Berlin 1917

ARETIN, K.O. von, Papsttum und moderne Welt, München 1970

AUBERT, R., Le cardinal Mercier et la question romaine en 1918-19, in Risorgimento, Bd. XX, Bruxelles 1979, S.195-246

AUBERT, R., Les conversations de Malines. Le cardinal Mercier et le Saint Siège. Bulletin de la classe des lettres et des sciences morales et politiques. Academie Royale de Belgique, Serie 5, Bd. 43, Bruxelles 1972

AUBERT, R., Defensive Kräftekonzentration, in Handbuch der Kirchengeschichte, hrsg. von H. Jedin, Bd. VI, 2, Die Kirche in der Gegenwart: Die Kirche zwischen Anpassung und Widerstand, Freiburg 1973

AUBERT, R., Les démarches du cardinal Mercier en vue de l'octroi à la Belgique d'un mandat sur la Palestine, in Bulletin de la classe des Lettres et des Sciences morales et politiques, 5e série, t. LXV 1979-5, S.166-228

AUBERT, R., Kirche und Staat in Belgien im 19. Jahrhundert, in Beiträge zur deutschen und belgischen Verfassungsgeschichte im 19. Jahrhundert, Beiheft zur Zeitschrift Geschichte in Wissenschaft und Unterricht, hrsg. von W. Conze, Stuttgart 1967, S.5-25

AUBERT, R. - LILL, R., Die Auseinandersetzungen zwischen Katholizismus und Liberalismus, in Handbuch der Kirchengeschichte, Bd. VI, 1, Die Kirche in der Gegenwart: Die Kirche zwischen Revolution und Restauration, Freiburg 1971, S.696 ff. Hrsg. H. Jedin

BEAUDUIN, L., Le Cardinal Mercier et ses suffragants en 1914, in Revue Général Belge, Bruxelles 1953, S.410 ff.

BERG, Prof. Dr., Ein Kirchenfürst im Felde. Seine Eminenz Felix Kardinal von Hartmann Erzbischof von Cöln an der Westfront vom 6. bis 14. April 1916, Cöln o.J.

BERTRAM, J., Die Wahlen zum Deutschen Reichstag vom Jahre 1912, Düsseldorf 1964

BETHMANN HOLLWEG, Th. von, Kriegsreden, hrsg. F. Thimme, Stuttgart-Berlin 1919

BIELMEYER, J., Die Friedensverlautbarungen Benedikts XV. in Wort der Päpste, hrsg. von W. Sandfuchs, Würzburg 1965

BISSING, M. Freiherr von, Politisches Testament, in Das größere Deutschland, H. 20, Jg. 1917

BITTMANN, K., Werken und Wirken. Erinnerungen aus Industrie und Staatsdienst, Bd. 3, Im besetzten Belgien von 1914-1917, Karlsruhe 1924

BOUDENS, R., Kardinaal Mercier en de vlaamse beweging, Leuven 1975

BOUDENS, R., Kardinaal Mercier volgens het archief van de Wilhelmstraße, in Collationes 18, 1972, S.505 ff.

BRAKELMANN, G., Protestantische Kriegstheologie im ersten Weltkrieg. Reinhold Seeberg als Theologe des deutschen Imperialismus, Bielefeld 1974

BRIEFWECHSEL HERTLING - LERCHENFELD 1912-1917. Dienstliche Privatkorrespondenz zwischen dem bayrischen Ministerpräsidenten Georg Graf von Hertling und dem bayrischen Gesandten in Berlin Hugo Graf von und zu Lerchenfeld, 2. Bde., hrsg. von E. Deuerlein, Boppard 1973

BRUGERETTE, J., Le prêtre français et la societé contemporaine, t. III, Paris 1938

BUCHBERGER, M., Frontbesuche des Erzbischofs und Feldpropstes Dr. M. von Faulhaber im Osten und auf dem Balkan, Regensburg 1918

BUCHBERGER, M., Im Purpur bei den Feldgrauen. Bericht über den Besuch Sr. Eminenz des Kardinals Franziskus von Bettinger bei den bayrischen Truppen, Kempten - München o.J. (1917)

BÜLOW, B. von, Denkwürdigkeiten, Bd. 3, Berlin 1930

LE CARDINAL MERCIER, Hrsg. von Comte Carton de Wiart, Brüssel 1927

LE CARDINAL MERCIER (1851-1926). Les conversations de Malines, Sonderheft der Zeitschrift "Unité des chrétiens", Paris, Juli 1976 Nr. 23

CARTON DE WIART, H., Souvenirs politiques, o.O. 1948

COLLECTANEA MECHLINENSIA, 46. Jg. 1961 und 47. Jg. 1962

COSTE, R., Le problème du droit de guerre dans la pensée de Pie XII, Paris 1962

DEFOORT, E., Het Belgische Nationalisme vóor de eerste wereldoorlog, in Tijdschrift voor Geschiedenis 1977, S.524 ff.

DE RAEYMAKER, L., Le cardinal Mercier et l'Institut supérieure de Philosophie, Louvain 1957

DE RAEYMAKER, L., Le cardinal Mercier et la philosophie d'aujourd'hui, in Revue Générale Belge, Brüssel 1951, S.567 ff.

DE RAEYMAKER, L., Dominanten in de philosophische persoonlijkheid van Kardinaal Mercier Mededelingen van de Koninklijke Vlaamse Akademie voor Wetenschapen, Letteren en Schone Kunsten, Klasse der Letteren, Jg. XIV, 7, Brüssel 1952

DE RAEYMAEKER, L., Le Seminaire Léon XIII. de 1892 à 1942, Louvain 1942

DE RAEYMAEKER, L., Verité et libre recherche selon le cardinal Mercier, in Verité et libre recherche, Louvain 1952

DIE DEUTSCHEN DOKUMENTE ZUM KRIEGSAUSBRUCH 1914, zusammengestellt von Karl Kautsky, hrsg. von Max Graf von Montgelas und Walter Schücking, Bd. 1-4, Neue, vermehrte und durchgesehene Auflage, Berlin 1927

DER DEUTSCHE KRIEG UND DER KATHOLIZISMUS, hrsg. vom "Arbeitsausschuß deutscher und katholischer Interessen", Berlin 1915

DEUTSCHE KULTUR, Katholizismus und Weltkrieg. Eine Abwehr des Buches "La guerre Allemande et le Catholicisme", hrsg. von G. Pfeilschifter, Freiburg 1916

DAS DEUTSCHE WEISSBUCH vom 10. Mai 1915, Die völkerrechtswidrige Führung des belgischen Volkskrieges, hrsg. vom Auswärtigen Amt

DEVLEESHOUWER, R., Les Belges et le danger de guerre, Louvain-Paris 1958

DUMOULIN, R., La propagande belge dans les pays neutres au début de la première guerre mondiale (Août 1914 - Février 1915), in Revue belge d'histoire militaire, 1972 S.246-259

ELIAS, H.J., Geschiedenis van de vlaamse gedachte, vierde deel: Taalbeweging en cultuurflamingantisme. De groie van het vlaamse bewustzijn 1883-1914, Antwerpen 1965

ELIAS, H.J., Vijfentwintig jaar vlaamse Beweging 1914-1939, 2 delen, Antwerpen 1969

ENGEL-JANOSI, F., Österreich und der Vatikan, Bd. 2, Die Pontifikate Pius X. und Benedikts XV. (1903-1918), Köln-Graz-Wien 1960

EPSTEIN, K. Matthias Erzberger und das Dilemma der deutschen Demokratie, Berlin-Frankfurt/M. 1962

ERZBERGER, M., Erlebnisse im Weltkrieg, Stuttgart 1920

FISCHER, F., Griff nach der Weltmacht, 4. Aufl., Düsseldorf 1971

Fischer, F., Krieg der Illusionen, Düsseldorf 1969

FLOTOW, H. von, Um Bülows römische Mission, in Front wider Bülow, hrsg. von F. Thimme, München 1931

FRANKFURTER ZEITUNG, Juli bis Dezember 1914

FRANZ-WILLING, G., Die bayrische Vatikangesandtschaft 1803-1934, München 1964

FAULHABER, M., Der Krieg im Lichte des Evangeliums, in Glaube und Leben, Sonderheft 2, München 1915

FAULHABER, M. (Hrsg.), Das Schwert des Geistes, Feldpredigten im Weltkrieg, Freiburg 1917

FAULHABER, M. (Hrsg.), Waffen des Lichts. Gesammelte Kriegsreden von Dr. M. Faulhaber, 4. Aufl., Freiburg 1916 und 5. Aufl. Freiburg 1918

GOLTZ, C. Freiherr von der, Denkwürdigkeiten, Berlin 1929

GOTOVITCH, J., La légation d'Allemagne et le Mouvement Flamand entre 1867 et 1914, in Revue belge de Philologie et d' Histoire, Bd. XLV Jg. 1967, S.438 ff.

GOTTWALD, H., Zentrum und Imperialismus. Zur Geschichte der Wandlung des Zentrums beim Übergang zum Imperialismus in Deutschland, Phil. Diss. Jena 1965

GOYAU, G., Le cardinal Mercier, Paris 1932

GUERIN, Pottier, in Biographie Nationale, Bd. 30, Suppl. 2 Sp. 726 ff.

LA GUERRE ALLEMANDE ET LE CATHOLICISME. Ouvrage publié sous la Direction de Mgr. Alfred Baudrillart, Recteur de L'Institut Catholique de Paris et sous le haut Patronage du Comité Catholique de Propagande Française à l'Etranger, Paris 1915

LA GUERRE ALLEMANDE ET LE CATHOLICISME. Documents photographiques illustrants la conduite respective des armées allemande et française à l'égard de l'église, publié sous la Direction de Mgr. Alfred Baudrillart etc., Paris 1915, 3 Albums

HAMANN, O., Bilder aus der letzten Kaiserzeit, Berlin 1922

HANUS, F., Die preußische Vatikangesandtschaft 1747-1920, München 1924

HAUSSMANN, C., Schlaglichter. Reichstagsbriefe und Aufzeichnungen, Frankfurt/M. 1924

HEINEN, E., Zentrumspresse und Kriegszieldiskussion unter besonderer Berücksichtigung der "Kölnischen Volkszeitung" und der "Germania", Phil. Diss. Köln 1963

HELFFERICH, K., Der Weltkrieg, Bd. 2, Berlin 1919

HEYER, F., Die katholische Kirche von 1648-1870, in Die Kirche in ihrer Geschichte, Bd. 4, Teil N 1, Göttingen 1963 hrsg. von K.D. Schmidt und E. Wolf

HÖJER, C.H., Le régime parlementaire belge de 1918-1940, 2. Aufl., Bruxelles 1969

HUDAL, H., Die österreichische Vatikanbotschaft 1806-1918, München 1952

HYMANS, P., Mémoires, hrsg. von F. van Kalken und J. Bartier, Bd. 1, Bruxelles 1958

DER INTERFRAKTIONELLE AUSSCHUSS 1917/1918, hrsg. von E. Matthias und R. Morsey, Bd. 1,1 der Quellen zur Geschichte des Parlamentarismus und der politischen Parteien, Düsseldorf 1959

JANSSEN, K.-H., Der Kanzler und der General, Göttingen-Berlin-Frankfurt/M.-Zürich 1967

JANSSEN, K.-H., Macht und Verblendung, Berlin 1963

JOHANN, E. (Hrsg.), Innenansicht eines Krieges. Bilder, Briefe, Dokumente, Frankfurt/M. 1968

KISKY, W., Kardinal Mercier und wir. Sonderdruck aus dem "Hochland", München und Kempten 1926

KNOPP, G., Die Borromäusenzyklika und ihr Widerhall in Preußen, in Zeitschrift für Kirchengeschichte, Bd. 86, 1975, S.41 ff.

KÖHLER, L. v., Die Staatsverwaltung der besetzten Gebiete, Bd. 1 Belgien, Stuttgart-Berlin-Leipzig 1927

KOSZYK, K., Deutsche Pressepolitik im Ersten Weltkrieg, Düsseldorf 1968

LADEMACHER, H., Die belgische Neutralität als Problem der europäischen Politik 1830-1914, Bonn 1971

LADEMACHER, H., Kardinal Mercier, das deutsche Generalgouvernement und die Politik des Hl. Stuhls, in Landschaft und Geschichte, Festschrift für Franz Petri, Bonn 1970, S.325-358

LAMBERTY, M., Die flämische Frage, in Beiträge zur deutschen und belgischen Verfassungsgeschiche im 19. Jahrhundert, Beiheft zur Zeitschrift Geschichte in Wissenschaft und Unterricht, hrsg. von W. Conze, Stuttgart 1962, S.170-179

LANCKEN-WAKENITZ, O. Frhr. von, Meine dreißig Dienstjahre, 1888-1918, Postdam-Paris-Brüssel, Berlin 1931

LANGE, K., Marneschlacht und deutsche Öffentlichkeit 1914-1939, eine verdrängte Niederlage und ihre Folgen, Düsseldorf 1964

LAVEILLE, A., Le cardinal Mercier, Paris 1926

LEIBER, R., Die Friedenstätigkeit Benedikts XV., in Stimmen der Zeit, Bd. 100 Jg. 1921, S.267 ff.

LICHTERVELDE, L. de., Avant l'orage (1911-1914), Brüssel 1928

LICHTERVELDE, L. de, Leopold II., Bruxelles 1926

LIEBMANN, M., Les conclaves de Benoît XV et de Pie XI, in La Revue Nouvelle, 19. Jg., Bd. XXXVIII, 1963, S.34-52

LUTZ, H., Demokratie im Zwielicht. Der Weg der deutschen Katholiken aus dem Kaiserreich in die Republik, München 1963

LUTZ, H., Zu Erzbergers zweiter römischer Reise (Ostern 1915), in Römische Quartalsschrift Bd. 57, Jg. 1962, S.268 ff.

LYON, BRYCE UND MARY (Hrsg.), The Journal de guerre of Henri Pirenne, Amsterdam/New York/Oxford 1976

MARCHESE, S., La Francia ed il Santa Sede 1914-1924, Napoli 1969

MARON, G., Die römisch-katholische Kirche von 1870-1970, in Die Kirche in ihrer Geschichte, Göttingen 1972 hrsg. von K.D. Schmidt u. E. Wolf, Bd. 4, Teil N 2

MARTINI, A., Studi sulla Questione Romana e la conciliazione, Rom 1963

MAYENCE, F. (Hrsg.), La correspondance de S.E. le Cardinal Mercier avec le Gouvernement général allemand pendant l'occupation 1914-1918, Bruxelles-Paris 1919

MAYEUR, J.M., Le catholicisme français et la première guerre mondiale, in Francia, Bd. 2, 1974

MEDICUS, F., Ein Wortführer der Neuscholastik und seine Kantkritik, Kantstudien Bd. 5, Berlin 1901, S.30 ff.

MERCIER, D.J., Le bilan philosophique du XIX siècle, in Revue Néo-Scolastique, Bd. 7, Jg. 1900, S.5 und S.315 ff.

MERCIER, D.J., La création d'une école supérieure de Philosophie, in Science catholique 1890

MERCIER, D.J., Oeuvres pastorales, Bd. I-VII, Bruxelles-Paris 1908-1927

MERCIER, D.J., La philosophie néo-scolastique, in Revue Néo-Scolastique, Bd. I, Jg. 1894, S.5 ff.

MERCIER, D.J., Rapport sur les études supérieures de Philosophie presenté au Congrès de Malines le 9 septembre 1891, Louvain 1892

MISSALLA, H., Gott mit uns. Die deutsche katholische Kriegspredigt 1914-1918, München 1968

MOMMSEN, W., Die Regierung Bethmann Hollweg und die öffentliche Meinung 1914-1917, in Vierteljahreshefte für Zeitgeschichte, Jg. 17 1969, S.118 ff.

MONTICONE, A., La germania e la neutralità italiana 1914-1915, Bologna 1971

MORSEY, R., Die deutschen Katholiken und der Nationalstaat zwischen Kulturkampf und Erstem Weltkrieg, in Deutsche Parteien vor 1918, hrsg. von G.A. Ritter, Köln 1973, S.270 ff.

MORSEY, R., Die deutsche Zentrumspartei 1917-1933, Düsseldorf 1966

MÜLLER, G.A. von, Regierte der Kaiser? Kriegstagebücher, Aufzeichnungen und Briefe des Chefs des Marinekabinetts Admiral G.A. von Müller 1914-1918, hrsg. von Walter Görlitz, Göttingen 1959

NAUMANN, V., Dokumente und Argumente, Berlin 1928

NAUMANN, V., Profile. 30 Portraitskizzen aus den Jahren des Weltkrieges nach persönlichen Begegnungen, Leipzig 1925

OSSWALD, R.P., Bissing, in Deutsche biographische Jahrbücher, Überleitungsband II, 1917-1920, Berlin-Leipzig 1928, S.35 ff.

OSSWALD, R.P., Die Errichtung des Generalgouvernements in Belgien 1914, in Festschrift für Erich Brandenburg "Staat und Persönlichkeit", hrsg. von Alfred Doren, Leipzig 1928, S.23 ff.

PATEMANN, R., Der deutsche Episkopat und das preußische Wahlrechtsproblem 1917/1918, in Vierteljahreshefte für Zeitgeschichte, 13. Jg. 1965, S.345 ff.

PATIN, W., Beiträge zur Geschichte der deutsch-vatikanischen Beziehungen in den letzten Jahrzehnten. Als MS gedruckt. Berlin 1942

PAULSEN,F., Kant der Philsoph des Protestantismus, in Kant-Studien, Bd. 4 1900, S.1 ff., Berlin

PETRI, F., Belgien, Niederlande, Luxemburg von der Krise 1867 bis zum Ende des ersten Weltkriegs, in Handbuch der europäischen Geschichte, hrsg. von Th. Schieder, Bd. 6, Europa im Zeitalter der Nationalstaaten und europäischer Weltpolitik bis zum Ersten Weltkrieg, Stuttgart 1968, S.466 ff.

PETRI, F., Zur Flamenpolitik des ersten Weltkriegs. Ungelöste Fragen und Aufgaben, in Festgabe für K. von Raumer "Dauer und Wandel der Geschichte", Münster 1966

PETRI, F. - SCHÖLLER, P., Zur Bereinigung des Franktireurproblems vom August 1914, in Vierteljahreshefte für Zeitgeschichte, 9. Jg. 1961, S.234 ff.

PHILIPPI, H., Beiträge zur Geschichte der diplomatischen Beziehungen zwischen dem Deutschen Reich und dem Hl. Stuhl 1872-1909, in Historisches Jahrbuch, Bd. 82 1963, S.219 ff.

PINI-TRONATI, A., Jules Van den Heuvel, Ambasciatore presso la Santa Sede (Lettere del 1916), in Risorgimento, 15. Jg. 1972, S.3-41

PIRENNE, H., Histoire de la Belgique, Bd. 7, De la Révolution de 1930 à la Guerre de 1914, Bruxelles 1932

PIRENNE, H., Souvenirs de Captivité en Allemagne (Mars 1916-Novembre 1918), Bruxelles 1920

POULAT, E., Catholicisme, démocratie et socialisme. Le mouvement catholique et Mgr Benigni de la naissance du socialisme à la victoire du fascisme. Tournai 1977

POULAT, E., Intégrisme et catholicisme intégral. Un réseau secret international antimoderniste: La 'Sapinière" (1909-1921). Tournai 1969

PRESSEL, W., Die Kriegspredigt 1914-1918 in der evangelischen Kirche Deutschlands, Göttingen 1967

RAUH, M., Förderalismus und Parlamentarismus im Wilhelminischen Reich, Düsseldorf 1973

DIE REGIERUNG DES PRINZEN MAX VON BADEN, hrsg. von E. Matthias und R. Morsey, Quellen zur Geschichte des Parlamentarismus und der politischen Parteien. Band 2, Düsseldorf 1962

RENOUVIN, P., L'épiscopat français devant l'offre de paix du St. Siège (Août 1917), in Mélanges offerts à G. Jaquemyns, Bruxelles 1968, S.551 ff.

RENZI, W.A., The Entente and the Vatican during the period of Italien neutrality, august 1914-May 1915, in Historical Journal XIII 3, 1976, S.491 ff.

RESZOHAZY, R., Origines et formations du Catholicisme social en Belgique 1842-1909, 1958

REVUE NEO- SCOLASTIQUE, Mai-Heft 1926

RIEZLER, K., Tagebücher, Aufsätze, Dokumente, eingeleitet und herausgegeben von K.D. Erdmann, Göttingen 1972

RITTER, E., Die katholisch-soziale Bewegung Deutschlands im 19. Jahrhundert und der Volksverein, Köln 1954

RITTER, G., Staatskunst und Kriegshandwerk, Bd. 3, Die Tragödie der Staatskunst, Bethmann Hollweg als Kriegskanzler (1914-1917), Wien-München 1964

ROSENBERG, A.J., Der deutsche Krieg und der Katholizismus. Entgegnung auf das Buch "La guerre allemande et le Catholicisme", Berlin 1915

RUPPRECHT, Kronprinz von Bayern, Mein Kriegstagebuch, hrsg. von Eugen von Frauenholz, 3 Bde. München 1929

SCHAUFF, J., Die Parteistärke des Zentrums, in Deutsche Parteien vor 1918, hrsg. von G.A. Ritter, Köln 1973, S.299 ff.

SCHELLENBERG, J., Probleme der Burgfriedenspolitik. Zur innenpolitischen Strategie und Taktik der herrschenden Klassen Deutschlands von 1914-1916, Diss. Phil. Berlin 1967

SCHERER, A., GRUNEWALD, J. (Hrsg.), L'Allemagne et les problèmes de la paix pendant la première guerre mondiale. Documents extraits des archives de l'Office allemande des Affaires Etrangères, 2 Bde., Paris 1962, 1966

SCHMIDLIN, J., Papstgeschichte der neuesten Zeit, Bd. 2 und Bd. 3, München 1934 und 1939

SCHÖLLER, P., Der Fall Löwen und das Weißbuch. Eine kritische Untersuchung der deutschen Dokumentation über die Vorgänge in Löwen vom 25. bis 28. August 1914, Köln-Graz 1958

SCHULTHESS' Europäischer Geschichtskalender, Jg. 1914, Bd. 1 und Bd. 2, München 1917

SCHWABE, K., Deutsche Revolution und Wilsonfrieden. Die amerikanische und deutsche Friedensstrategie zwischen Ideologie und Machtpolitik 1918/1919, Düsseldorf 1971

SCHWABE, K., Wissenschaft und Kriegsmoral. Die deutschen Hochschullehrer und die politischen Grundfragen des ersten Weltkriegs. Göttingen, Zürich, Frankfurt 1969

UN SIECLE DE L'EGLISE CATHOLIQUE EN BELGIQUE 1830-1930, 2 Bde., hrsg. von C. Joset, Paris-Bruxelles-Courtrai o.J.

SIMON, A., Le cardinal Mercier, Bruxelles 1960

SIMON, A., Le cardinal Mercier et l'union des Eglises, in Union et dèsunion des chrétiens, Bruges-Paris 1963, S.109 ff.

SIMON, A., Catholicisme et Politique. Documents inédits (1832-1909), Wetteren 1955

SIMON, A., Daens, in Biographie Nationale, Bd. 31, Suppl. 3, Sp. 745 ff.

SIMON, A., Goossens, in Biographie Nationale, Bd. 31, Suppl. 3, Sp. 412 ff.

SIMON, A., Heylen, in Biographie Nationale, Bd. 32, Suppl. 4, Sp. 297 ff.

SIMON, A., L'Hypothèse libérale en Belgique. Documents inédits, Wetteren 1956

SIMON, A., Mercier, in Biographie Nationale, Bd. 30, Suppl. 2, Sp. 583 ff.

SIMON, A., Le parti catholique belge 1830-1945, Bruxelles 1958

SIMON, A., Position philosophique du Cardinal Mercier. Esquisse psychologique. Académie Royale de Belgique, Classe des Lettres et des Sciences morales et politiques. Memoires, LVI fasc. 1, Bruxelles 1962

SIMON, A., Primas Belgii, in Collectanea Mechlinensia 34, Jg. 1949

SIMON, A., Rutten, in Biographie Nationale, Bd. 31, Suppl. 3, Sp. 662 ff.

SPAAK, P.H., Memoiren eines Europäers, Hamburg 1969

SPAEL, W., Das katholische Deutschland im 20. Jahrhundert. Seine Pionier- und Krisenzeiten 1890-1945, Würzburg 1964

STEGLICH, W., Bündnissicherung oder Verständigungsfrieden. Untersuchungen zu dem Friedensangebot der Mittelmächte vom 12. Dezember 1916. Göttingen-Frankfurt/M.-Zürich 1958

STEGLICH, W., Der Friedensappell Papst Benedikts XV. vom 1.8.1917 und die Mittelmächte, Wiesbaden 1970

STEGLICH, W., Die Friedenspolitik der Mittelmächte 1917/1918, Wiesbaden 1964

STEGMANN, D., Die Erben Bismarcks. Parteien und Verbände in der Spätphase des Wilhelminischen Deutschlands, Sammlungspolitik 1897-1898, Köln-Berlin 1970

STRUKER, A., Die Kundgebungen Benedikts XV. zum Weltfrieden, Freiburg 1917

TESKE, H., Colmar Freiherr von der Goltz, Frankfurt/Main 1957

TOEBOSCH, G., Willems, in Biographie Nationale, Suppl. 9, Sp. 838ff.

TRIPPEN, N., Das Domkapitel und die Erzbischofs-Wahlen in Köln 1821-1921, Köln-Wien 1972

VALIANI, L., Verhandlungen zwischen Italien und Österreich-Ungarn 1914-1915, in Kriegsausbruch 1914, München 1967, S.152 ff.

VANDERVELDE, E., Souvernirs d'un militant socialiste, Paris 1939

VAN KALKEN, F., La Belgique contemporaine 1780-1949, Histoire d'une évolution politique, 2. Aufl., Paris 1950

VAN LANGENHOVE, F., Van den Heuvel, in Biographie Nationale, Bd. 35, Suppl. 6, Sp. 417 ff.

VIETSCH, E. von, Bethmann Hollweg. Staatsmann zwischen Macht und Ethos, Boppard 1969

VERVOORT, C., Kardinaal Mercier, zijn leven, zijn werk. 2 Bde., Leuven 1926

DER VÖLKERKRIEG. Eine Chronik der Ereignisse, hrsg. von C.H. Baer, Bd. 1, Stuttgart 1915

VOLK, L., Kardinal Mercier, der deutsche Episkopat und die Neutralitätspolitik Benedikts XV. 1914-1916, in Stimmen der Zeit, 1974, S.611 ff.

VOLKMANN, L., Das Generalgouvernement Belgien. Zwei Jahre deutscher Arbeit. Auf Grund amtlicher Quellen zusammengestellt von L. Volkmann, Leipzig 1917

WACKER, F., Die Haltung der deutschen Zentrumspartei zur Frage der Kriegsziele im Weltkrieg 1914-1918, Diss. Würzburg-Lehr 1937

WANDT, H., Erotik und Spionage in der Etappe Gent, Wien-Berlin 1928

DER WELTKRIEG 1914-1918, bearb. im Reichsarchiv, Bd. I, Bd. 3, Bd. 4, Bd. 5, Bd. 6, Berlin 1925-1944

WENDE, F., Die belgische Frage in der deutschen Politik des ersten Weltkrieges, Hamburg 1969

WENDE, F., Enkele opmerkingen over het charakter van de duitse Flamenpolitik 1914-1918, in Wetenschapelijke Tijdingen, Gent Bd. XXXIV, 1975

WENDE, F., Machtpolitik und kontinentaler Imperialismus. Zu den Motiven der deutschen Belgienpolitik 1914-1918, in Revue belge d'histoire contemporaine, Bd. 7 Jg. 1976, S.55-82

WIELAND, L., Der deutsche Angriff auf Belgien im August 1914 und das Problem des belgischen "Franktireurkrieges". Ein Beitrag zum Kontinuitätsproblem der deutschen Geschichte. Schriftliche Hausarbeit zum Ersten Staatsexamen im Fach Geschichte. Als MS gedruckt, Universität Bremen 1978

WILLEMSEN, A., Het Vlaams - Nationalisme, 2. Aufl., Utrecht 1969

WILLEQUET, J., Gaston Barbanson. Promoteur d'une 'Grande Belgique' en 1914-1918, in Revue belge de Philologie et d'Histoire 1970, S.335 ff.

WILMOWSKY, Th. von, Rückblickend möchte ich sagen, Oldenburg-Hamburg 1961

WILS, L., David, in Biographie Nationale, Bd. 35, Suppl. 6, Sp. 157 ff.

WILS, L., Flamenpolitik en aktivisme, Leuven 1974

WOESTE, Ch., Mémoires pour servir à l'histoire contemporaine de la Belgique, Bd. 2, Bruxelles 1937

ZECHLIN, E., Deutschland zwischen Kabinetts- und Wirtschaftskrieg. Politik und Kriegführung in den ersten Monaten des Weltkrieges 1914, in Historische Zeitschrift 199, 1964, S.347 ff.

ZECHLIN, E., Friedensbestrebungen und Revolutionierungsversuche, Beilage der Zeitschrift "Das Parlament" Nr. 20, 1963

Eisenbeiss, Wilfried

DIE BÜRGERLICHE FRIEDENSBEWEGUNG IN DEUTSCHLAND WÄHREND DES ERSTEN WELTKRIEGES

Organisation, Selbstverständnis und politische Praxis 1913/14—1919

Frankfurt/M., Bern, 1980. 445 S.
Erlanger Historische Studien. Bd. 5
ISBN 3-8204-6001-2 br. sFr. 65.—

«Zivilcourage», Essen:
'Dem historisch Interessierten kann das Buch nur empfohlen werden, zumal es in einem flüssigen Stil geschrieben ist.'

«Neue Politische Literatur», Wiesbaden:
'Durch klaren Aufbau und gute Durchdringung des Materials ist eine kleine, aber bislang viel zu wenig beachtete soziale Gruppe in der Umbruchszeit des Ersten Weltkrieges erstmals in wünschenswerter Breite erschlossen worden.'

Die Geschichte der Friedensbewegung in Deutschland während des Ersten Weltkriegs ist als Sonderfall des politischen Handelns und Denkens im deutschen Bürgertum eng mit den Strukturproblemen des Wilhelminischen Staates verbunden. Im Mittelpunkt der vorliegenden Arbeit stehen daher die Fragen nach den Chancen und Hindernissen für eine liberale, demokratische Alternative zur damaligen deutschen Aussenpolitik sowie nach den Formen einer internationalen Friedensordnung zu Beginn unseres Jahrhunderts.

Aus dem Inhalt: Der Entwicklungsstand der organisierten Friedensbewegung 1913/14 — Die Geschichte der pazifistischen Verbände während des Krieges — Die pazifistischen Vorschläge als «Modell» einer internationalen Friedensordnung.

Weingarten, Ralph

Die Hilfeleistung der westlichen Welt bei der Endlösung der deutschen Judenfrage

Das «Intergovernmental Committee on Political Refugees» (IGC) 1938-1939

Bern, Frankfurt/M., 1981. 232 S.
Europäische Hochschulschriften: Reihe 3, Geschichte und ihre Hilfswissenschaften. Bd 157
ISBN 3-261-04939-1 br. sFr. 41.70

Was taten die Länder der Welt 1933-39 um die in Deutschland verfolgten Juden zu retten? Wieso taten sie so wenig? Hat ihr abweisendes Verhalten nicht auch zur Endlösung beigetragen? Eine Antwort auf diese Fragen gibt das vorliegende Buch. Auf Grund z.T. bisher unzugänglichen Materials liegt nun erstmals eine umfassende Darstellung der internationalen Flüchtlingspolitik in bezug auf die Flüchtlinge aus Deutschland vor. Neben der Schilderung der Bemühungen des Völkerbundes und der Konferenz von Evian stehen dabei die Tätigkeit des Intergovernmental Committee on Political Refugees (IGC) 1938-39 – dem alle Länder der westlichen Welt angehörten – und dessen geheime Verhandlungen mit Deutschland im Vordergrund.
Aus dem Inhalt: Internationale Flüchtlingspolitik: Allgemein und im Völkerbund – Entstehung und Tätigkeit des IGC: Die Konferenz von Evian, Geheimverhandlungen mit Deutschland, Siedlungsprojekte – Bilanz: Die Flüchtlingspolitik der einzelnen Länder.